»Wider die Tabuisierung des Ungehorsams«

Fritz Bauer Institut
Studien- und Dokumentationszentrum zur
Geschichte und Wirkung des Holocaust

Wissenschaftliche Reihe des Fritz Bauer Instituts, Band 13

Claudia Fröhlich, Dr. phil., ist wissenschaftliche Mitarbeiterin an der Forschungsstelle Widerstandsgeschichte der Freien Universität Berlin und der Gedenkstätte Deutscher Widerstand.

Claudia Fröhlich

»Wider die Tabuisierung des Ungehorsams«

Fritz Bauers Widerstandsbegriff und die Aufarbeitung von NS-Verbrechen

Campus Verlag
Frankfurt/New York

Bibliografische Information der Deutschen Bibliothek
Die Deutsche Bibliothek verzeichnet diese Publikation in der Deutschen Nationalbibliografie. Detaillierte bibliografische Daten sind im Internet über http://dnb.ddb.de abrufbar.
ISBN 3-593-37874-4

Umschlaggestaltung: conceptdesign, Offenbach
Umschlagmotiv: Fritz Bauer während des Remer-Prozesses
© Fritz Bauer Institut, Frankfurt
Druck und Bindung: KM-Druck, Groß-Umstadt
Gedruckt auf säurefreiem und chlorfrei gebleichtem Papier.
Printed in Germany

Besuchen Sie uns im Internet: www.campus.de

Widerstand ist die Unruhe in der Geschichte der Menschen, die den Widerspruch von Soll und Haben, auch den Widerspruch von Soll und Haben an Rechten beseitigen will. Widerstand ist Kritik, Opposition, lebendiges Gären und Brodeln, Phantasie und Wille, Traum und Tat, die Zuflucht der Mühseligen und Beladenen, aller Erniedrigten und Verfolgten. Widerstand ist Notwehr derer, die innerlich und äußerlich vergewaltigt werden, (...) er ist der ewige Kampf gegen Selbstentfremdung, erwachsen aus dem Trieb von Individuum und Volk sein Schicksal selbst zu bestimmen.

Fritz Bauer

Inhalt

Einleitung

»Wort und Idee ›Widerstand‹ (...) sind wieder in das Blickfeld von Recht, Ethik und Politik geraten. Sie sind ein Thema deutscher Diskussion und ein wichtiger Teil unserer Neubesinnung auf die demokratischen Grundwerte.«[1]

Als der hessische Generalstaatsanwalt Fritz Bauer im Oktober 1965 in dem im Zentralorgan der Widerstandskämpfer und Verfolgtenverbände *Freiheit und Recht* publizierten Aufsatz *Widerstand als geschichtlicher Auftrag. Das Widerstandsrecht in unserer Geschichte* die Auseinandersetzung mit widerständigem Verhalten im Nationalsozialismus als eine Form der Konstituierung der demokratischen Ordnung seitens der westdeutschen Gesellschaft beschrieb, zählte er selbst längst zu den Schlüsselakteuren der Widerstandsrezeption.

Von 1950 bis 1956 als Generalstaatsanwalt in Braunschweig, danach bis zu seinem Tod am 30. Juni 1968 in derselben Funktion in Frankfurt am Main tätig, plante und initiierte Fritz Bauer mehrere Ermittlungs- und Gerichtsverfahren wegen nationalsozialistischer Gewaltverbrechen und der Verleumdung des Widerstandes gegen Hitler, in denen er das Recht widerständigen Verhaltens im NS-Unrechtsstaat begründete. In öffentlichen Stellungnahmen zur weitreichenden Entlegitimierung von Widerstand in der westdeutschen Rechtsprechung seit 1949, in Reden anlässlich einer Gedenkfeier für die im Konzentrationslager Bergen-Belsen gestorbene Jüdin Anne Frank[2] oder anlässlich einer im Oktober 1960 vom Landesjugendring Rheinland-Pfalz veranstalteten Tagung zum Thema Rechtsradikalismus[3] und in zahlreichen Texten, die er vor allem in der gesellschaftskritischen Zeitschrift *Geist und Tat* publizierte, legte er die exemplarische Bedeutung des Widerstandes gegen den Nationalsozialismus, als Recht des Bürgers zur Verteidigung der Menschen-rechte, für die politische Ordnung der Bundesrepublik dar. Im März 1952 führte Fritz Bauer als Vertreter der Anklage mit dem als Braunschweiger Remer-Prozess bekannt

1 Fritz Bauer: Widerstand als geschichtlicher Auftrag. FuR, H. 10, 1965. S. 1.

2 Fritz Bauer: Lebendige Vergangenheit. Vorgänge, H. 7, 1963. S. 197ff.

3 Fritz Bauer: Die Wurzeln faschistischen und nationalsozialistischen Handelns. Frankfurt a.M. 1965.

gewordenen Verfahren einen ersten Prozess mit dem Ziel der Sanktionierung des Widerstandsrechts. Hier formulierte er den auf die Menschenrechte und den Unrechtscharakter des NS-Staates bezogenen Widerstandsbegriff und charakterisierte widerständiges Verhalten im NS-Staat als »Samen« der demokratischen Ordnung der Bundesrepublik.[4] Die Reaktionen der westdeutschen publizistischen und politischen Öffentlichkeit ließen im Frühjahr 1952 erahnen, dass mit Fritz Bauer ein Akteur die politische Bühne des jungen Staates betreten hatte, dessen Rechtsauffassung für die post-diktatorische Gesellschaft, die mehrheitlich die nationalsozialistische Politik mitgetragen oder wenigstens geduldet hatte und die noch sieben Jahre nach der Kapitulation des NS-Regimes widerständiges Verhalten gegen den Unrechtsstaat mehrheitlich als Verrat stigmatisierte[5], eine Herausforderung bedeutete.

Fritz Bauer war seit März 1928 im Justizdienst tätig.[6] Als Vorsitzender der Ortsgruppe Stuttgart des Reichsbanners Schwarz-Rot-Gold und als Mitbegründer des Republikanischen Richterbundes in Württemberg war er allerdings unter den Juristen der Weimarer Republik ein Außenseiter. Anders als die Mehrheit der Juristen hatte er die demokratische Ordnung der Weimarer Verfassung verteidigt.[7] 1933 wurde Bauer, zudem Mitglied der SPD und Jude, auf Grundlage des Gesetzes zur Wiederherstellung des Berufsbeamtentums aus dem Staatsdienst entlassen. Nachdem er im April 1933 von der Gestapo verhaftet und neun Monate lang im Konzentrationslager Heuberg inhaftiert worden war, konnte er 1936 emigrieren, und er überlebte die nationalsozialistische Verfolgung im dänischen und seit 1943 im schwedischen Exil. [8]

In Stockholm hatte sich Bauer der Sozialdemokratischen Partei Deutschlands im Exil (SoPaDe) angeschlossen, und schon in seinen in der Emigration verfassten und in der gemeinsam mit Willy Brandt gegründeten Exil-Zeitung

---

4 Fritz Bauer: Eine Grenze hat Tyrannenmacht. GuT, H. 1, 1952. S. 197.

5 Laut der Umfragen des Allensbacher Instituts hatte sich 1951 eine Mehrheit der Deutschen, zu einer Beurteilung des 20. Juli aufgefordert, gegen die Widerstandskämpfer ausgesprochen oder sich gar kein Urteil über den Widerstand gebildet, und ein Viertel der Bevölkerung war der Meinung, Deutschland habe den Krieg wegen Sabotage, Verrat und schlechter Führung verloren. Vgl. Elisabeth Noelle, Erich Peter Neumann (Hg.): Jahrbuch der öffentlichen Meinung 1947-1955. Allensbach 21965. S. 137f.

6 Vgl. HMJE, Personalakte Fritz Bauer.

7 Vgl. zur mehrheitlich von den Juristen in der Weimarer Republik vertretenen Staatstheorie: Justiz im Dritten Reich. Eine Dokumentation. Hg. v. Ilse Staff. Frankfurt a.M. 1964 und Theo Rasehorn: Rechtspolitik und Rechtsprechung. In: Karl-Dietrich Bracher u.a. (Hg.): Die Weimarer Republik. Bonn 21988. S. 407ff.

8 Vgl. die biographische Skizze von Irmtrud Wojak, Joachim Perels: Motive im Denken und Handeln Fritz Bauers. In: Dies. (Hg.): Fritz Bauer. Die Humanität der Rechtsordnung. Ausgewählte Schriften. Frankfurt, New York 1998. S. 9ff. Vgl. auch Rudolf Wassermann: Fritz Bauer. In: Peter Glotz, Wolfgang R. Langenbucher (Hg.): Vorbilder für Deutsche. München 1974. S. 296ff.

Sozialistische Tribüne publizierten Texten reflektierte er die politische Bedeutung einer Aufklärung der Strukturen des NS-Unrechtssystems und der nationalsozialistischen Vernichtungspolitik für die Konstituierung einer post-diktatorischen Gesellschaft. Im September 1945 berichtet Bauer aus Kopenhagen über die Rolle »deutscher Antinazisten« in der Emigration und die Bedeutung »antinazistischer Arbeit« auch nach dem Ende des NS-Staates, die ihm »in hohem Maße notwendig« erscheint: »Es gilt nicht nur die nazistischen Kräfte zurückzudrängen (...). Es gilt vor allem, das nazistische ›Gedankengut‹ zu beseitigen, das sich in den Köpfen (...) findet.«[9] Die politische Haltung des Widerstandes beschreibt Fritz Bauer als Basis für die Realisierung einer postdiktatorischen demokratischen Gesellschaftsordnung in Deutschland.[10] Dass die politische Tradition des Widerstandes in dieser Perspektive einen zentralen Bezugsmoment für die Etablierung einer Demokratie markierte, geht auch aus einer Stellungnahme Bauers zu seiner Rückkehr nach Deutschland im April 1949 hervor:

> »Ich bin zurückgekehrt, weil ich glaubte, etwas von dem Optimismus und der Gläubigkeit der jungen Demokraten in der Weimarer Republik, etwas vom Widerstandsgeist und Widerstandswillen der Emigration im Kampf gegen staatliches Unrecht mitbringen zu können. (...) Als das Grundgesetz geschaffen wurde, das den Rechtsstaat, die Freiheit und Gleichheit aller Menschen sanktionierte, fuhr ich nach Deutschland zurück. Schon einmal war die Demokratie zu Grunde gegangen, weil sie keine Demokraten besaß. Ich wollte einer sein.«[11]

Die »Bewältigung unsere Vergangenheit«[12] betrachtete Bauer als einen essentiellen Bestandteil der Konsolidierung der demokratischen Ordnung, und im Rahmen der mit dem Grundgesetz institutionalisierten demokratischen Struktur wurde die Auseinandersetzung mit dem Widerstand gegen das NS-Unrechtssystem, wie er in dem eingangs zitierten Aufsatz schreibt, zum »Kristallisationspunkt gesellschaftlichen Denkens und Handelns«.[13]

Als Otto Ernst Remer, Mitglied des Vorstandes der rechtsextremen Sozialistischen Reichspartei (SRP), in einer Rede anlässlich einer im nieder-sächsischen Landtagswahlkampf abgehaltenen Wahlkampfveranstaltung seiner Partei am 3. Mai 1951, die Widerstandskämpfer vom 20. Juli 1944 als Verräter bezeichnete, klagte Fritz Bauer, der am 1. August 1950 in Braunschweig das Amt

---

9 Fritz Bauer: Brief aus Dänemark. Sozialistische Tribüne, H. 8/9, 1945. S. 24.

10 Vgl. Fritz Bauer: Die Abrechnung mit den Kriegsverbrechern. Sozialistische Tribüne, H. 2, 1945. S. 13.

11 Fritz Bauer in Deutsche Post, H. 24, 1963. S. 658.

12 Fritz Bauer: In unserem Namen. In: Helmut Hammerschmidt (Hg.): Zwanzig Jahre danach. München u.a. 1965. S. 301.

13 Fritz Bauer: Widerstand als geschichtlicher Auftrag. FuR, H. 10, 1965. S. 1.

des Generalstaatsanwalts übernommen hatte[14], ihn auf der Grundlage von § 186 StGB wegen »übler Nachrede« an.[15] Eine Verurteilung des Angeklagten Remer konnte demnach nur erfolgen, wenn ihm nachgewiesen wurde, dass er tatsächlich eine falsche Behauptung aufgestellt hatte. Die Auswertung der Akten der Staatsanwaltschaft zeigt, dass Bauer damit sieben Jahre nach der Kapitulation des NS-Regimes gezielt die Legalität und Legitimität des Widerstandes vom 20. Juli 1944 zum Gegenstand eines Gerichtsverfahrens gemacht hatte. In den Augen von Fritz Bauer hatte die westdeutsche Gesellschaft diesen Prozess nötig, weil nicht nur Ergebnisse zeitgenössischer Meinungsumfragen belegten, dass eine Mehrheit der westdeutschen Gesellschaft widerständiges Verhalten noch immer als Verrat betrachtete. Vielmehr zeichnete sich seit 1949 eine weitreichende Entlegitimierung des Widerstandes durch die westdeutsche Rechtsprechung ab, und seit Gründung der Bundesrepublik, im Kontext der angestrebten Westbindung und Souveränität, war der militärische Widerstand um Claus Graf Schenk von Stauffenberg seitens westdeutscher Deutungseliten zwar als nationale Freiheitsbewegung politisch funktionalisiert und zum legitimatorischen sowie legitimationsstiftenden Bezugsmoment westdeutscher Staatlichkeit und damit in außenpolitischer Perspektive zu einem strategisch genutzten Topos gemacht worden. Die Analyse zeitgenössischer Reden von Angehörigen des Widerstandes und Politikern zeigt aber, dass mit dieser Deutung des Widerstandes als einer national bedeutsamen Tradition eine Entpolitisierung widerständigen Verhaltens auf der Ebene des Subjekts einhergeht. Zudem blieb Bundeskanzler Konrad Adenauer in der Beurteilung widerständigen Verhaltens ambivalent. Nur auf Veranlassung der Alliierten hatte er als Reaktion auf die zunehmenden verbalen Attacken aus rechten und rechtsextremen Kreisen auf den Widerstand in einer Kabinettssitzung Anfang Oktober 1951 einer Ehrenerklärungen für den Widerstand zugestimmt.[16] Bereits im April 1951 hatte Adenauer in einer Rede im Bundestag jedoch auch das Verhalten der ehemaligen Wehrmachtssoldaten gewürdigt.[17] In diesem historischen von Bauer als normativ indifferent wahrgenommenen Kontext strebte er einen Paradigmenwechsel in der Thematisierung des Widerstandes an, und die mit dem Verfahren angestoßene Auseinandersetzung mit dem Widerstand kann tatsächlich – auf mehreren Ebenen – als ein »Kristallisa-

14 Vgl. HMJE, Personalakte Fritz Bauer.

15 Vgl. die Anklageschrift vom Oberstaatsanwalt bei dem LG an das LG. NdsStA, 62 Nds. Fb. 3, Zg 51/1985, Nr. 2/1.

16 Vgl. dazu Die Kabinettsprotokolle der Bundesregierung. Bd. 4, 1951. Bearb. v. Ursula Hüllbüsch. Boppard a. Rhein 1988. S. 671. Vgl. auch SZ, Die Welt, F.A.Z. und FR vom 3.10.1951 und die folgenden Ausgaben.

17 Vgl. Stenographische Berichte des Deutschen Bundestages, I. Wahlperiode. Sitzung vom 5. April 1951.

tionspunkt« politischen Denkens in den frühen fünfziger Jahren beschrieben werden.

Nach den Erfolgen der SRP bei Landtagswahlen und ihren Versuchen, mittels Verratskampagnen gegen den Widerstand als einer neuen Dolchstoßlegende, die Legitimität der jungen Republik in Frage zu stellen, wurde das Verfahren gegen Remer auch als Verfahren gegen neonationalistische Politik betrachtet. Daneben ging es im Prozess um die »Gesetze des deutschen Soldatentums«, wie die *F.A.Z.* schrieb.[18] Um die Legitimität des Widerstandes zu begründen und dem Angeklagten Remer eine »Verleumdung« der Widerstandskämpfer nachzuweisen, musste Fritz Bauer im Prozess die Frage beantworten, ob der Eid, den die Soldaten auf Hitler geleistet hatten, einem Widerstandsrecht nicht die Legitimation entzogen hatte. Die Analyse des Prozessgeschehens, der Strategien von Anklage und Verteidigung sowie der Berichterstattung und Kommentierung des Verfahrens ergibt, dass die strittige Wiederbewaffnungsfrage als zeitgenössischer Kommunikationszusammenhang die rechtliche Qualifizierung des Widerstands zu einem tagesaktuellen Thema machte. Seit Herbst 1951, im politisch aufgeheizten Klima im Kontext der von der Regierung angestrebten Remilitarisierung der Bundesrepublik und als rechte Agitatoren wie Otto Ernst Remer sowie Vertreter des Verbandes deutscher Soldaten (VdS) die Widerstandskämpfer als Verräter beschimpften und öffentlich rechte Positionen vertraten, stand die Frage zur Diskussion, in welche militärische Tradition der eigenen Geschichte die Bundesrepublik sich stellen werde. Die Frage war, »ob die neue Armee ihre Traditionsbildung im Zeichen einer soldatischen Kontinuität von kaiserlich-preußischer Armee, dann der Reichswehr und schließlich der Wehrmacht betreiben würde, oder ob sie vielmehr im Geiste eines demokratisch verpflichteten grundsätzlichen Neuanfangs geschehen«[19] sollte. Die Bewertung des Widerstandes war dabei in der frühen Bundesrepublik ein wichtiger Bezugspunkt geworden: Die rechte Propaganda hatte die Auseinandersetzung um den Widerstand zu einer simplifizierenden gemacht und eine Kontroverse um den Widerstand ausgelöst, die »oft plakativ«[20] als eine zwischen Eidbrechern und Eidtreuen geführt wurde. Im Kontext der sich abzeichnenden Wiederbewaffnung waren damit, vor allem seit den Oktobertagen 1951, alle Parteien herausgefordert, zur Eidfrage Stellung zu beziehen und die historischen und zukünftigen Inhalte des Soldateneides zu diskutieren und zu bewerten.

18 F.A.Z. vom 24.8.1951.

19 Robert Buck: Die Rezeption des 20. Juli 1944 in der Bundeswehr. In: Gerd R. Ueberschär: Der 20. Juli 1944. Köln 1994. S. 215.

20 Ebd.

Die Verteidigung stütze ihre Argumentation auf die noch immer öffentlich zu verzeichnende Reputation ehemaliger militärischer Funktionseliten des NS-Regimes und den rein formalen Hinweis, wer einen Eid breche sei eben ein Verräter. Fritz Bauer dagegen begründete widerständiges Verhalten als Handlungskompetenz eines mündigen Bürgers, indem er auf Grundlage moraltheologischer und historischer Gutachten die Funktion eines Eides als Verpflichtung der Handlungsorientierung des Einzelnen am Gemeinwohl herleitete und die Unrechtmäßigkeit des von den Wehrmachtssoldaten auf die alleinige Autorität Hitler geleisteten Eides nachwies. Die moraltheologischen und historischen Gutachten sollen als Basis von Bauers Prozessstrategie in ihrer Bedeutung für die juristische Beurteilung von Widerstand analysiert und in die zeitgenössischen Diskussionen zur Eid-Frage eingeordnet werden. Eine ergänzende Auswertung der Briefe, die Fritz Bauer im Frühjahr 1952 von der Bevölkerung erhielt, und eine Analyse der damals in der westdeutschen Presse geführten Debatte zeigt, dass der hier als Subtext des Rechtsstreits um Widerstand im Nationalsozialismus angelegte Konflikt die Rolle des Individuums im Staat thematisierte. Die Frage, ob das Individuum als mündiger Bürger oder Untertan bestimmt werden sollte, setzte ein für die junge Demokratie zentrales Thema auf die Agenda.

Jenseits einer politischen Instrumentalisierung und in der Auseinandersetzung mit den Handlungsprinzipien von widerständigem Verhalten als dem Einspruch des Einzelnen gegen die nationalsozialistische Unrechtsherrschaft, der demokratische Handlungsprinzipien strukturell und inhaltlich realisierte, weil er diktatorische Herrschaft zu begrenzen versuchte, begründete Fritz Bauer – am Beispiel des militärischen Widerstandes vom 20. Juli 1944 – das objektive Recht zum Widerstand gegen den NS-Staat und seine historische Bedeutung für die politische Ordnung der Nachkriegsgesellschaft als Konkretion bürgerschaftlicher Handlungskompetenz.

Ausgehend von den in der Analyse der Debatten um die Legitimität widerständigen Verhaltens im Nationalsozialismus sichtbar werdenden zeitgenössischen Haltungen zu grundlegenden Normen der demokratischen Ordnung, ergibt sich die politikwissenschaftliche Relevanz der in der Untersuchung zu entfaltenden Analyse des Widerstandsbegriffs von Fritz Bauer in mehrfacher Hinsicht:

Die Anklage gegen Otto Ernst Remer markierte den Beginn der vergangenheitspoltischen Arbeit von Fritz Bauer, die jene Zeit umfasst, die in der zeitgeschichtlichen Forschung als Epoche des »CDU-Staat(s)«[21] und als »for-

---

21 Axel Schildt: Zur Entwicklung der westdeutschen Gesellschaft in der »Ära Adenauer«. Blätter, H. 1, 1989. S. 34.

matives Jahrzehnt«[22] beschrieben und als Phase einer »Umgründung«[23] der Bundesrepublik charakterisiert wird. Die fünfziger und sechziger Jahre gelten als jene Zeit, in der der junge Staat eine Entwicklung »vom Obrigkeitsstaat zur Demokratie«[24] vollzogen hat. Die hier evozierte Frage nach der praktischen Formierung der demokratischen Ordnung in Westdeutschland in den ersten zwei Jahrzehnten nach deren institutionellen Verankerung im Grundgesetz kann als eine der spannendsten der politologischen und zeitgeschichtlichen Forschung gelten[25], und für Martin Greiffenhagen »liefert die Bundesrepublik (...) das vielleicht dramatischste Beispiel für (...) soziale(n) Wandel mit Einstellungsänderungen in Familie, Beruf, Politik, Änderung von Werten und Normen, Zuwächse oder Verluste in der speziellen und diffusen Legitimation, der politischen Folgebereitschaft«.[26] Ulrich Herbert spricht von einem »Wandlungsprozess«, der sich nach der Institutionalisierung der Demokratie in Westdeutschland vollzogen hat, der mit dem Begriff der »Liberalisierung« beschrieben werden kann und eine »Modernisierung der Lebensweisen und -normen und der politischen Einstellungen im Sinne von Partizipation, Pluralität und

---

22 Axel Schildt, a.a.O. S. 22.

23 Manfred Görtemaker: Geschichte der Bundesrepublik Deutschland. Von der Gründung bis zur Gegenwart. München 1999. S. 184, S. 475.

24 Martin Greiffenhagen: Vom Obrigkeitsstaat zur Demokratie. Die politische Kultur in der Bundesrepublik. In: Peter Reichel (Hg.): Politische Kultur in Westeuropa. Frankfurt a.M., New York 1984.

25 Anselm Doering-Manteuffel beispielsweise betont mit Blick auf die institutionellen Veränderungen in den fünfziger und dem ideellen Wandel in den sechziger Jahren die Einflüsse der Westintegration und spricht von »Westernisierung«. Anselm Doering-Manteuffel: Westernisierung. Politisch-ideeller und gesellschaftlicher Wandel in der Bundesrepublik bis zum Ende der 60er Jahre. In: Axel Schildt, Detlef Siegfried, Karl Christian Lammers (Hg.): Dynamische Zeiten. Die 60er Jahre in den beiden deutschen Gesellschaften. Hamburg 2000. S. 311ff; Ders.: Wie westlich sind die Deutschen? Amerikanisierung und Westernisierung im 20. Jahrhundert. Göttingen 1999. Der Soziologe Heinz Bude beschreibt neben der »vergangenheitspolitische(n) Selbstvergewisserung« drei Elemente als Kennzeichen des veränderten Selbstverständnisses der bundesrepublikanischen Gesellschaft: »die mittelständische Verhaltensprägung im Gefolge der Schicksalsgemeinschaft des Wiederaufbaus, ferner die korporatistische Systemsteuerung in Abkehr von der Klassengesellschaft der Zwischenkriegszeit und schließlich die machtpolitische Westintegrationin den Verhältnissen des Kalten Krieges.« Dabei fungierte Amerika nach Bude als »Leitkultur des Westens, die für die Bundesrepublik die Maßstäbe für den Neuanfang nach 1945 setzte.« Vgl. Das Vorwort von Heinz Bude in: Heinz Bude, Bernd Greiner (Hg.): Westbindung. Amerika in der Bundesrepublik. Hamburg 1999. Bes. S. 7f.

26 Martin Greiffenhagen: Vom Obrigkeitsstaat zur Demokratie. Die politische Kultur in der Bundesrepublik. In: Peter Reichel (Hg.): Politische Kultur in Westeuropa. Frankfurt a.M., New York 1984. S. 53.

Abbau hierarchischer und autoritärer Strukturen« umfasste.[27] Eine für die Geschichte der westdeutschen Demokratie zentrale Frage lautet demnach, wie die noch während des NS-Systems wirksame Tradition einer konservativ-autoritären politischen Haltung der Mehrheit der deutschen Gesellschaft, die 1945 die »parlamentarische Demokratie als Staatsform der Siegermächte« akzeptierte[28], sich hin zu demokratischen Einstellungen verändern konnte, so dass die Bundesrepublik zu einer der »stabilsten Demokratien des Westens«[29] werden konnte. Auf diese Frage nach den Konstituierungsmodi der demokratischen Ordnung in Westdeutschland in den fünfziger und sechziger Jahren kann – so die Ausgangsüberlegung der vorliegenden Untersuchung – die Analyse der westdeutschen Rezeptionsgeschichte des Widerstandes gegen den Nationalsozialismus *eine* Antwort liefern.

Die Relevanz der Rekonstruktion der Geschichte der westdeutschen Demokratie am Beispiel der Analyse einer ausgewählten vergangenheits-politischen Debatte ergibt sich zunächst in Anlehnung an den von Axel Schildt festgestellten Zusammenhang, dass nicht nur der öffentliche Umgang mit der NS-Vergangenheit stets von den politischen Ideen der Beteiligten abhängig war, sondern dass umgekehrt die Analyse des Umgangs mit dem Nationalsozialismus das Verstehen der Formierung der politischen – demokratischen – Ordnung ermöglicht.[30] Der Umgang der westdeutschen Gesellschaft mit ihrer nationalsozialistischen Vergangenheit – hier deren Deutung von Widerstand – kann im Anschluss an Edgar Wolfrum als ein Handlungsfeld gelten, »auf dem verschiedene Akteure Geschichte mit ihren spezifischen Interessen befrachten und politisch zu nutzen suchen.«[31] Die Thematisierung von Geschichte in einer pluralistischen Gesellschaft hat demnach eine legitimatorische, mobilisierende, politisierende oder auch skandalisierende Funktion in der politischen Auseinandersetzung, die auf »die Deutung des gegenwärtigen Selbstverständnisses« sowie die Bestimmung des »Standort(s) der Republik« zielt.[32] Die

27 Ulrich Herbert: Wandlungsprozesse in Westdeutschland. Belastung, Integration, Liberalisierung 1945-1980. Göttingen 2002. S. 12.

28 Martin Greiffenhagen, a.a.O. S. 56.

29 Martin Greiffenhagen, a.a.O. S. 59.

30 Vgl. Axel Schildt: Der Umgang mit der NS-Vergangenheit in der Öffentlichkeit der Nachkriegszeit. In: Wilfried Loth, Bernd-A. Rusinek (Hg.): Verwandlungspolitik. NS-Eliten in der westdeutschen Nachkriegsgesellschaft. Frankfurt, New York 1998. S. 26. Vgl. auch Peter Reichel: Zwischen Dämonisierung und Verharmlosung: Das NS-Bild und seine politische Funktion in den 50er Jahren. Eine Skizze. In: Axel Schildt, Arnold Sywottek (Hg.): Modernisierung im Wiederaufbau. Bonn 1998. S. 681.

31 Edgar Wolfrum: Geschichtspolitik in der Bundesrepublik Deutschland. Der Weg zur bundesrepublikanischen Erinnerung 1948-1990. Darmstadt 1999. S. 25.

32 Edgar Wolfrum, a.a.O. S. 26.

»öffentliche Interpretation der Vergangenheit« kann also als ein »Medium«[33] und als zentrales Handlungsfeld des skizzierten politischen Wandlungsprozesses gelten.

Aus der Vielzahl der vergangenheitspolitischen Themen der Nachkriegszeit[34] wurde die Auseinandersetzung mit dem Widerstand als Gegenstand einer Analyse des Formierungsprozesses der demokratischen Ordnung ausgewählt, weil widerständiges Verhalten als Konkretion politischen Handelns, das in der historischen Situation der NS-Diktatur als einem Unrechtsstaat den Einspruch des Einzelnen gegen die Einschränkung und Aufhebung der Menschenrechte bedeutete, immer – wie eingangs mit einem ersten Blick auf das Verfahren gegen Remer gezeigt – die Frage nach dem Verhältnis von Individuum und Staat stellt. Hier folgt die Untersuchung einer grundlegenden Überlegung von Peter Steinbach zur Rezeptionsforschung von Widerstand, wonach die Auseinandersetzung mit widerständigem Verhalten im Nationalsozialismus zu den zentralen Herausforderungen für die postdiktatorische und demokratische Gesellschaft nach 1945 zählt, nicht nur weil die Mehrheit der Gesellschaft den NS-Staat mitgetragen und eben keinen Widerstand geleistet hat, sondern – und insofern richtet sich die Perspektive der Rezeptionsforschung auf die Konstruktion der postdiktatorischen Gesellschaft – weil im Urteil der Gesellschaft über den Widerstand sich deren Verständnis vom Einzelnen, sprich vom Bürger im Staat spiegelt. Die von politischen Akteuren anlässlich von Gedenktagen, der Notwendigkeit der Regelung der Wiedergutmachung von nationalsozialistischem Unrecht und der Beantwortung der damit verknüpften Frage, was in juristischer Perspektive unter widerständigem Verhalten zu verstehen ist, ausgetragenen Definitionskonflikte um den Widerstand können als Deutungskonflikte verstanden werden, die um eine zentrale Norm der demokratischen Ordnung, nämlich die politische Idee des Bürgers, kreisen.

Mit der Rekonstruktion der politischen Ideen vom Verhältnis von Individuum und Staat, die sich in den Auseinandersetzungen um den Widerstand konkretisiert haben, nimmt die Arbeit »Vorstellungen« von politischen Akteuren in den Blick, die auf einer »grundsätzlichen Ebene« eine ganz »spezifische Sicht politischer Grundprobleme« der westdeutschen Gesellschaft nach einer

33 Helmut Dubiel: Niemand ist frei von Geschichte. Die nationalsozialistische Herrschaft in den Debatten des Deutschen Bundestages. München 1999. S. 14.

34 Peter Reichel unterscheidet vier Handlungsfelder im Umgang der westdeutschen Gesellschaft mit der NS-Vergangenheit: eine politisch-justitielle Auseinandersetzung, eine Geschichte der öffentlichen Erinnerungs- oder Memorialkultur, eine ästhetische Kultur und künstlerische Medien sowie die wissenschaftliche Auseinandersetzung. Vgl. Peter Reichel: Vergangenheitsbewältigung in Deutschland. Die Auseinandersetzung mit der NS-Diktatur von 1945 bis heute. München 2001. S. 9.

historischen Krisenerfahrung thematisieren.[35] So können die mit der Analyse der Widerstandsrezeption darzustellenden Formierungsmodi der demokratischen Ordnung im Anschluss an Karl Rohe als Aspekte der Etablierung der politischen Kultur betrachtet werden.

Auf Grundlage der von Rohe vorgenommenen Definition politischer Kultur als dem Repertoire von »Vorstellungen über die Welt der Politik«[36] und als dem Bestand von Ideen über die Grundlagen der politischen Ordnung sowie auf der Basis seines Plädoyers für die Analyse politischer Kultur im Sinne einer »politischen Deutungskultur«, die in der Kommunikation von politischen Akteuren produziert wird und ein politisches Interpretationsangebot herstellt[37], möchte die vorliegende Untersuchung mit der von Michael Schwab-Trapp und Thomas Herz entworfenen »Theorie der NS-Konflikte« die Debatten um den Widerstand als »Konflikte« verstehen, die in der politischen Kommunikation sichtbar werden und die »Konstruktionsprinzipien der Gesellschaft« sichtbar machen.[38] Im Anschluss an Rohe, brechen Schwab-Trapp und Herz – ebenso wie Axel Schildt – mit ihrem Ansatz dezidiert eine Lanze für eine qualitative politische Kulturforschung, die nach der Bedeutung der in den Konflikten über die NS-Vergangenheit vorgetragenen Argumente für die Gesellschaftsordnung fragt. Können im Anschluss an Schildt, Schwab-Trapp und Herz Konflikte also als ein »Schlüssel zur Gesellschaft« betrachtet werden und sind die Deutungen von »politische(n) Konflikte (...) ein besonderes Mittel zur Analyse der politischen Kultur einer Gesellschaft«[39], erfasst die vorliegende Untersuchung die Rekonstruktion der Argumente der Akteure in der Auseinandersetzung um den Widerstand, der Deutungsmuster und der politischen Kommunikationszusammenhänge, in denen Widerstand thematisiert wurde, als einen Beitrag zur Analyse der Etablierungsmodi der demokratischen Ordnung nach 1945.

Im Anschluss an die von der zeitgeschichtlichen Forschung bisher vorgelegten Analysen vergangenheitsbezogener Konflikte, sollen dabei die für das politische Handeln der Akteure wirksamen »Entscheidungsprozesse analysiert, Einflussstrukturen ermittelt und Diskussionszusammenhänge verdeutlicht

---

35 Karl Rohe: Politische Kultur und kulturelle Aspekte politischer Wirklichkeit. In: Dirk Berg-Schlosser, Jakob Schissler (Hg.): Politische Kultur in Deutschland. Bilanz und Perspektiven der Forschung. Opladen 1987. S. 40.

36 Karl Rohe, a.a.O. S. 39.

37 Karl Rohe, a.a.O. S. 42f.

38 Thomas Herz, Michael Schwab-Trapp: Umkämpfte Vergangenheit. Diskurse über den Nationalsozialismus seit 1945. Opladen 1997. Bes. S. 11.

39 Ebd.

werden«.[40] Daneben soll nach Ausgrenzungen, Tabuisierungen sowie Schlüsselbegriffen gefragt werden. Die Untersuchung zielt damit auf eine Erklärung des Konsolidierungsprozesses westdeutscher Demokratie »Pars pro toto«, wie Alfons Söllner sie einmal anregend vorgeführt hat[41], und verpflichtet sich – inspiriert von Theodor W. Adorno[42] – einer qualitativen Arbeit, die in der Analyse des Besonderen das Allgemeine erkennen möchte.

Mit der Verurteilung Otto Ernst Remers wegen «übler Nachrede in Tateinheit mit Verunglimpfung des Andenkens Verstorbener«[43] am 15. März 1952 durch das Landgericht Braunschweig hatte Fritz Bauer eine Rehabilitierung des Widerstandes vom 20. Juli 1944 erreicht. Das Urteil erkannte aber widerständiges Verhalten im NS-Staat nicht prinzipiell als rechtmäßig an, und im Bewusstsein, dass Gerichtsverfahren im jeweiligen historischen Kontext nur einen begrenzten Beitrag zur Aufarbeitung der Vergangenheit, Bestimmung von Recht und Gestaltung der politischen Ordnung leisten können, forderte der Jurist Fritz Bauer als politischer Akteur in Gedenkreden, politischen Diskussionsveranstaltungen und in Vorträgen von der politischen und publizistischen Öffentlichkeit die Thematisierung des Widerstandes als Konstituens der Demokratie.

Um diese prinzipielle Dimension des Widerstandsbegriffs von Fritz Bauer, die im Remer-Prozess auf den konkreten Gegenstand des Verfahrens, den Widerstand vom 20. Juli 1944, pragmatisch reduziert worden war, im zweiten Kapitel der vorliegenden Arbeit in den Blick nehmen zu können, wird zunächst der eingangs aufgezeigte von Bauer konstatierte funktionale und normative Zusammenhang einer Thematisierung von Vergangenheit und der Demokratisierung der postdiktatorischen Gesellschaft betrachtet und das politische Konzept der »Bewältigung der Vergangenheit« rekonstruiert. Ausgehend von einer historisch-genetischen und kritisch-dialektischen Position entwickelte Bauer in Abgrenzung zur historischen Erfahrung einer Negation des Individuums im NS-Unrechtsstaat eine Ethik des Pluralismus, die ein politisches Konzept demokratischer Identität, das Postulat eines Vorrangs des

40 Norbert Frei: Vergangenheitspolitik. Die Anfänge der Bundesrepublik und die NS-Vergangenheit. München 21997. S. 12.

41 Vgl. Alfons Söllner: Demokratie als Lernprozeß. Drei Stichworte zur Entwicklung der politischen Kultur in der Bundesrepublik Deutschland. Mittelweg 36, H. 4, 1995. S. 84ff.

42 Vgl. Theodor W. Adorno: Einleitung. In: Der Positivismusstreit in der deutschen Soziologie. Von Theodor W. Adorno, Hans Albert, Ralf Dahrendorf, Jürgen Habermas, Harald Pilot, Karl R. Popper. München 1993. (Zuerst 1969). S. 7ff, bes. 49ff.

43 Urteil des Landgerichts Braunschweig vom 15. März 1952 in der Strafsache gegen Generalmajor a.D. Remer wegen übler Nachrede. In: Herbert Kraus (Hg.): Die im Braunschweiger Remerprozeß erstatteten moraltheologischen und historischen Gutachten nebst Urteil. Hamburg 1953. S. 105.

Subjekts, beinhaltet und das politische Konzept des »Mitbürgers« als zentralem Schlüsselbegriff seines Denkens entfaltete.

Die Ethik des Pluralismus als Kern demokratischer Ordnung beinhaltet demnach nicht nur die Normativität von Individualität und Pluralität als Begründung subjektiver Rechte. Pluralismus als gesellschaftliches Strukturprinzip beschreibt und anerkennt nicht allein die Existenz der Interessen und Werte in ihrer Vielfalt, sondern ist zugleich ein normatives Postulat, das auf eine intersubjektive Dimension verweist: Pluralismus verlangt eine horizontale, das heißt eine gleichwertige Zuordnung der Individuen in der Gesellschaft. Diese horizontale Ordnung kann nach Bauer allein durch ein das gesellschaftliche – zwischenmenschliche – Leben bestimmende »Klima der Toleranz und Anerkennung«[44] verwirklicht werden. Bauer forderte, dass Menschen einander nicht nur duldend tolerieren, sondern dass aus der Toleranz, einem Wahrnehmen, Erkennen und einer Akzeptanz des Mitbürgers, dessen Anerkennung erwächst. Anerkennung des anderen meint dabei die Achtung des Mitbürgers als ein die gesellschaftliche Ordnung und den politischen Gestaltungsprozess gleichberechtigt bestimmendes Subjekt. Im Vergleich zu der von Ernst Fraenkel entfalteten Pluralismus-Theorie, die sich gleichermaßen als ein Gegenentwurf zur Diktatur verstand, können dabei die Spezifika des politischen Denkens von Bauer herausgearbeitet werden, vor allem seine Begründung einer normativen Priorität des Subjekts.

Die Analyse der politischen Kommunikationszusammenhänge ergibt, dass dieses von Bauer vertretene politische Konzept einer demokratischen Identität des Bürgers mit dem Postulat der Konsolidierung nationaler Identität seitens westdeutscher Deutungseliten konkurrierte.

Dabei zeigt sich zunächst eine thematische Verschiebung in der Widerstandsrezeption seit Mitte der fünfziger Jahre. Nachdem mit der Verurteilung von Remer und der Rehabilitierung des Widerstandes vom 20. Juli 1944 das Braunschweiger Landgericht im März 1952 das objektive Recht zum Widerstand gegen den NS-Unrechtsstaat anerkannt hatte, rückte die Frage in den Mittelpunkt der Auseinandersetzung, wer berechtigt war von diesem Widerstandsrecht Gebrauch zu machen. Gegenstand der öffentlich-publizistischen und juristischen Auseinandersetzungen war die Rolle des Subjekts und die Bedeutung seiner Partizipationsrechte. Während Fritz Bauer das Widerstandsrecht als Recht jeden Bürgers gegenüber dem Staat verteidigte und in Abgrenzung vom NS-Staat sowie in der Begründung des Widerstandsrechts als Men-

44 Fritz Bauer: Antinazistische Prozesse und politisches Bewußtsein. Dienen NS-Prozesse der politischen Aufklärung? In: Hermann Huss, Andreas Schröder (Hg.): Antisemitismus. Zur Pathologie der bürgerlichen Gesellschaft. Frankfurt a. M. 1965. S. 187.

schenrecht widerständiges Verhalten gegenüber einem diktatorischen Staat als exemplarische Realisierung der demokratischen Handlungskompetenz des mündigen Bürgers thematisierte, manifestierte sich in der Abwehr dieses Widerstandsbegriffs nicht nur eine Pluralismuskritik, sondern auch ein elitäres Verständnis von staatlicher Ordnung, das exemplarisch in der Forderung entfaltet wurde, nur eine gesellschaftliche und institutionalisierte Elite als potentielle Träger von Widerstand anzuerkennen. Dieser Deutungskonflikt um die subjektive Dimension von Widerstand, in dem der erste Präsident des BGH, Hermann Weinkauff, die Gegenposition zu Fritz Bauer vertrat, spiegelt die gegensätzlichen politischen Vorstellungen von der Rolle des Bürgers in der Demokratie. Die Analyse der antagonistischen Auffassungen von Bauer und Weinkauff zeigt, welche politischen Haltungen und Orientierungen in der Bundesrepublik um die Gestaltung der demokratischen Ordnung kämpften und welche politische Traditionen wirksam wurden. So sollen die Naturrechtsbegriffe der beiden Juristen ebenso reflektiert werden wie ihre Betrachtungen zum Gewissen als handlungsleitende Instanz. Dabei wird die Bedeutung von Fritz Bauers Kritik an einem transmoralischen Gewissensbegriff von Weinkauff und dessen a priorischer Gültigkeit sowie die historische Relevanz seines Plädoyers für die Akzeptanz eines subjektiven und historisch geprägten Gewissensbegriffs untersucht.

Das zweite Kapitel führt mit einer Analyse der Deutungskonflikte in das politische Denken von Fritz Bauer ein und erarbeitet die Bezugsmomente, die sein juristisches und politisches Denken bestimmten – von Arthur Schopenhauers Ethik des Mitleids über Gustav Radbruchs Begründung des Relativismus in den zwanziger Jahren und dessen nach 1945 formulierten Überlegungen zum »übergesetzlichen Recht« sowie der 1922 vorgelegten *Kulturlehre des Sozialismus*, von Max Webers Konzept der Werturteilsfreiheit, Karl Marx' frühen Reflexionen über menschliche Existenz wie den Ausführungen über Determinismus und Theodor W. Adornos kritischer Sozialforschung bis hin zu Albert Camus' existentiellem Begriff der Brüderlichkeit. Dabei kann schließlich eine Verortung von Fritz Bauer als einem demokratischen Sozialisten vorgenommen werden. Während in der Abwehr der gemeinwohlzentrierten und im Pluralismus verankerten Rechtsauffassung von Fritz Bauer eine etatistische Tradition politischen Denkens wirksam wurde, die den Staat als Institution betrachtet, die zuerst die Funktion hat Ordnung zu erhalten, und Politik nicht als Angelegenheit des ganzen Volkes, sondern einer Elite definiert, rückt Bauer den Menschen als empirischen und realistischen Bezugspunkt von Recht und Politik in den Mittelpunkt. In der Begründung von Widerstand im NS-Staat als Notwehr einerseits und – anlässlich der Abwehr der von der rechten *Deutschen*

Soldaten- und Nationalzeitung initiierten Kampagne gegen Hans Oster[45] – als Nothilfe andererseits entfaltet Bauer ein politisches Konzept bürgerschaftliche, subjektiver und sozialer Identität als Basis demokratischer Ordnung. Damit steht Fritz Bauer als politisch denkender Jurist in der Nähe der egalitär orientierten Identitäts-Theoretiker, die nach 1945 mit dem Begriff der Identität vor allem auch das Postulat einer normativen Integration der demokratischen Gesellschaft entwickelt haben.[46]

Das zweite Kapitel führt in die Dimensionen der politischen Haltung von Fritz Bauer als der Grundlage seines Widerstandsbegriffs ein und dient als Scharnier zwischen dem ersten und dritten Kapitel. Beschäftigte sich das erste Kapitel mit dem Remer-Prozess, der als Prozess um den 20. Juli die objektive Dimension des Widerstandsrechts zum Thema hatte, stehen im dritten Kapitel zwei von Fritz Bauer Ende der fünfziger Jahre initiierte Verfahren im Zentrum, in deren Kontext die subjektive Dimension des Widerstandsrechts diskutiert wurde. Mit dem von Bauer geplanten Verfahren gegen den Arzt Werner Heyde wegen seiner Beteiligung an der nationalsozialistischen »Euthanasie« und mit der geplanten Anklage der ehemaligen OLG-Präsidenten und Generalstaatsanwälte, mit deren Hilfe die NS-Führung die »Euthanasie« legitimatorisch absichern wollte, rücken zwei Verfahren in den Blick, in deren Zusammenhang Bauer nicht nur das Recht, sondern die Verpflichtung des Individuums zum Ungehorsam und Widerstand gegenüber dem national-sozialistischen Unrecht konstatierte.

Zur Rechtsposition des Widerstandes bildet die strafrechtliche Aufklärung der Verantwortung gesellschaftlicher Eliten und die Aufklärung ihrer Tatbeteiligung im NS-Unrechtssystem das Gegenstück. Die strafrechtliche Aufarbeitung des NS-Systems zielt auf die Überwindung einer »Tabuisierung des Ungehorsams«[47] und die Etablierung eines Rechtsbegriffs von Widerstand wie eines Widerstandsethos. Die von Fritz Bauer demnach konstatierte politische normative Funktion von Strafprozessen wird in den historischen Kontext eingeordnet und auf das bereits vorgestellte Konzept der »Bewältigung der Vergangenheit« bezogen.

Schließlich werden als zentrale Bezugspunkte der Ermittlungen und der geplanten Anklagen im Zusammenhang mit der Tatbeteiligung von Ärzten

45 Vgl. DSZNZ vom 30.3.1962. S. 3 und 13.4.1962, 20.4.1962, 27.4.1962, 4.5.1962, 11.5.1962, 18.5.1962, 25.5.1962 immer S. 4.

46 Vgl. zu Identitäts-Theorien den Aufsatz von Jürgen Straub: Personale und kollektive Identität. Zur Analyse eines theoretischen Begriffs, sowie den Text von Peter Wagner: Fest-Stellungen. Beobachtungen zur sozialwissenschaftlichen Diskussion über Identität in: Aleida Assmann, Heidrun Friese (Hg.): Identitäten. Frankfurt a.M. 21999. S. 44ff und 73ff.

47 Der Sinn der KZ-Prozesse. Die Tat vom 15.2.1964.

und Juristen im NS-Unrechtssystems die historischen Analysen der Diktatur im Anschluss an Raul Hilberg und Franz Neumann[48], die das NS-System als arbeitsteiliges Handlungsgefüge von politischer Führung und Funktionsgruppen der Gesellschaft beschrieben, rekonstruiert. Auf dieser Grundlage strebte Fritz Bauer eine Neubewertung des NS-Systems seitens der Rechtsprechung an, die bisher auf der Basis einer weitreichenden Gehilfenjudikatur als Verantwortliche für das NS-System einen kleinen Führungskreis um Hitler wahrnahm und die Mehrheit der tatbeteiligten Subjekte exkulpierte[49].

Neben der Wirksamkeit der mit der Gehilfenjudikatur vollzogenen Entlastung des Einzelnen von einer Verantwortung, rückten die Verteidiger der von Bauer beschuldigten höchsten Repräsentanten der NS-Justiz im Anschluss an die von dem Strafrechtswissenschaftler Hans Welzel dargelegte Rechtsauffassung eine wiederum autoritäre Position in den Mittelpunkt, wonach die Treue gegenüber dem Staat dem Rechtsgut menschlichen Lebens überzuordnen sei.[50] Eine Analyse der Rechtspositionen lässt – parallel zu Positionen in den politischen Debatten – eine Verfestigung eines elitären und gelegentlich auch material völlig entleerten Begriffs staatlicher Ordnung erkennen. Fritz Bauer hingegen konstatierte eine »strafrechtlich fassbare konkrete Pflicht« zum Widerstand[51], und er band – wie schon im Remer-Prozess – an die Qualifizierung des NS-Staates als einem Unrechtsstaat eine Handlungsverpflichtung des Subjekts. Hier ist seine Rechtsauffassung im zeitgenössischen Kontext einer weitgehenden Entsubjektivierung des NS-Unrechts beinahe revolutionär.

In der historisch angelegten Analyse von Bauers Widerstandsbegriff und dem der Gegenkonzepte zeigt sich als Folge der Verfestigung eines elitären Politikbegriffs und der Wirksamkeit einer etatistischen Tradition politischen Denkens in der Bundesrepublik der fünfziger und sechziger Jahre, eine Neuakzentuierung seines politischen Denkens und Handelns.

Im Kontext einer Negation eines Widerstandsrechts des Bürgers und der damit vollzogenen Einschränkung seiner Partizipationsrechte und -pflichten,

---

48 Raul Hilberg: The Destruction of the European Jews. Chicago 1961. Die deutsche Ausgabe erschien Anfang der achtziger Jahre unter dem Titel: Die Vernichtung der europäischen Juden. Die Gesamtgeschichte des Holocaust. Berlin 1982; Franz Neumann: Behemoth. Struktur und Praxis des Nationalsozialismus 1933-1944. Frankfurt 1993.

49 Bettina Nehmer: Die Täter als Gehilfen? Zur Ahndung von Einsatzgruppenverbrechen. In: Redaktion Kritische Justiz (Hg.): Die juristische Aufarbeitung des Unrechts-Staats. Baden-Baden 1998. S. 635ff und Stefan Wittke: Teilexkulpation von KZ-Tätern? In: Redaktion Kritische Justiz (Hg.): Die juristische Aufarbeitung des Unrechts-Staats. Baden-Baden 1998. S. 547ff.

50 Vgl. dazu unten S. 328.

51 Fritz Bauer am 24.12.1965 in einem Schreiben an den Untersuchungsrichter am LG Limburg/Lahn. HStA, Abt. 631a, Nr. 1740. Bl. 15.

löste er in den sechziger Jahren den Begriff des Widerstandes von dem noch 1952 im Prozess gegen Otto Ernst Remer und im Zusammenhang mit der Sanktionierung des objektiven Widerstandsrechts zentralen Bezug zum NS-Staat. Er unterschied nun vom »totalen Widerstand« als dem Widerstand, der sich gegen den NS-Unrechtsstaat manifestierte, den »partiellen Widerstand«[52] als politische Haltung des Bürgers, die Opposition und Kritik gegenüber dem Staat in der Demokratie postuliert.

Um 1952 die Anerkennung des Widerstandsrechts der Männer vom 20. Juli 1944 zu erreichen, führte Fritz Bauer einen pragmatischen Prozess. Zum Gegenstand des Verfahrens gegen Remer machte er nur den in der politischen und publizistischen Öffentlichkeit positiv besetzten Widerstand vom 20. Juli 1944. Die Frage nach dem Widerstandsrecht der in der Bundesrepublik als kommunistisch gesteuertem Spionagering stigmatisierten Roten Kapelle klammerte er – wie eine Auswertung seiner Handakten ergibt – in dem Verfahren gezielt aus. Die Prozessstrategie von Fritz Bauer bewegte sich in den engen Grenzen der offiziellen Vergangenheitspolitik der Bundesregierung und knüpfte an diese an. Auf der Basis dieses pragmatisch reduzierten Widerstandsbegriffs erreichte er mit dem Braunschweiger Verfahren gegen Remer die Anerkennung des objektiven Widerstandsrechts gegenüber dem NS-Unrechtsstaat durch ein westdeutsches Gericht. Im Kontext einer Verfestigung autoritärer Haltungen in der Bundesrepublik, der Abwehr eines an die Grundlagen von Pluralismus und eines bürgerschaftlichen Rechts zur Verteidigung eigener und fremder Menschenrechte gebundenen Widerstandsbegriffs und der Wirksamkeit obrigkeitsstaatlicher Vorstellungen von Politik im Rahmen des demokratischen und rechtsstaatlichen Normgefüges, mit der Fritz Bauer auch im Kontext der Inkorporation von NS-Eliten in das System der Bundesrepublik konfrontiert war, avancierte er dann aber zu einem öffentlichen Kritiker staatlicher Vergangenheitspolitik. Die von ihm mit dem Ziel einer Aufweichung dieser Haltung angestoßenen Debatten und juristischen Verfahren, begründeten und realisierten ein auf das Fundament der demokratischen Verfassung bezogenes Postulat einer Verantwortung des mündigen Bürgers. Dieser Haltung entsprechend realisierte Fritz Bauer das von ihm formulierte politische Konzept, indem er sich als Beamter und Bürger in die politische Auseinandersetzung einmischte und Kritik als Ethos und Tat übte.

In einer Schlussbetrachtung soll die Funktion der politischen Haltung und Praxis von Fritz Bauer, in Abgrenzung zur staatlichen Vergangenheitspolitik, einem weitreichenden Prozess der Integration und Amnestierung der ehemali-

52 Fritz Bauer: Ungehorsam und Widerstand in Geschichte und Gegenwart. Vorgänge, H. 8/9, 1968. S. 292.

gen Träger des NS-Regimes[53], als kritische Vergangenheitspolitik gekennzeichnet werden. In einer systematischen Perspektive soll nach der Bedeutung seines politischen Denkens und Handelns im Kontext der Etablierung der demokratischen Ordnung und Veränderung der politischen Kultur gefragt und die Rolle von Fritz Bauer als einem Akteur zwischen Justiz und Politik beleuchtet werden.[54]

Mit dem Juristen Fritz Bauer richtet die vorliegende Arbeit den Fokus auf einen politischen Protagonisten, der alles andere ist als ein klassischer politischer Akteur. Während neben anderen Exekutive, Legislative, Medien und Wissenschaft als Arenen gelten, die geradezu zur Durchsetzung politischer Entscheidungen und Formulierung politischer Interessen, Werte und Normen auffordern[55], scheint ein Akteur der Judikative – als einer noch immer als objektiv und politisch unabhängig wahrgenommenen Dritten Gewalt des westdeutschen Staates – auf den ersten Blick wenig geeignet, um den Formierungsprozess der demokratischen Ordnung zu analysieren. Die vorliegende Untersuchung geht allerdings im Anschluss an Wolfgang Abendroth und die moderne Rechtstheorie von einer gestaltenden Funktion und politischen Wertbezogenheit von Rechtsprechung aus.[56] So kann mit Eberhard Lämmert konstatiert werden, dass nicht nur die »individuelle und soziale Bedingtheit jeglicher Textinterpretation«, sprich die soziale Erfahrung und individuelle Situation der beteiligten Juristen die Handhabung von Gesetzestexten beeinflusst. Vielmehr

53 Vgl. Norbert Frei: Vergangenheitspolitik. Die Anfänge der Bundesrepublik und die NS-Vergangenheit. München. 21997.

54 Vgl. zur Differenzierung einer historischen und systematischen Perspektive einer Forschung zur Widerstandsrezeption Andreas Wöll: »Wegweisend für das deutsche Volk«. Der 20. Juli 1944: Öffentliche Erinnerung und Vergangenheitsbewältigung in der Bundesrepublik. In: Helmut König, Michael Kohlstruck, Andreas Wöll (Hg.): Vergangenheitsbewältigung am Ende des 20. Jahrhunderts. Leviathan, Sonderheft 18, 1998. S. 17ff.

55 Vgl. dazu Ulrich Sarcinelli (Hg.): Demokratische Streitkultur. Theoretische Grundpositionen und Handlungsalternativen in Politikfeldern. Opladen 1990. Peter C. Dienel nennt in seinem Beitrag über »Alte und neue Arenen politischen Streitens« neben Verwaltung, Wissenschaft, Parlamentsdebatte, Wahlkampf Demonstrationen und Massenmedien als »politisch relevante Arenen« des Streits. Peter C. Dienel: Alte und neue Arenen politischen Streitens. In: Ulrich Sarcinelli (Hg.): Demokratische Streitkultur. Theoretische Grundpositionen und Handlungsalternativen in Politikfeldern. Opladen 1990. S. 121ff, bes. 12.

56 Vgl. dazu Hubert Rottleuthner: Einführung in die Rechtssoziologie. Darmstadt 1997. Bes. das Kapitel »Justizforschung«. S. 100ff; Fritz Sack: Strafrecht und Kriminalität in einer freiheitlichen Gesellschaft – einige Folgerungen für das Verständnis zwischen Rechtsanwalt und Mandant. In: Werner Holfort (Hg.): Strafverteidiger als Interessenvertreter. Berufsbild und Tätigkeitsfeld. Neuwied, Darmstadt 1979. S. 132ff; Dieter Simon: Zäsuren im Rechtsdenken. In: Martin Broszat (Hg.): Zäsuren nach 1945. Essays zur Periodisierung der deutschen Nachkriegsgeschichte. München 1990. S. 153; Richard Schmid: Justiz in der Bundesrepublik. Pfullingen 1967.

noch spielen »Übereinkünfte besonderer Art«, wie etwa die »herrschende Meinung« sowie der öffentliche und politische Kommunikationszusammenhang, »im Vorhof der (...) Rechtsprechung (...) eine nicht unwichtige Rolle«.[57] Danach können justitielles Handeln und die unter den spezifischen Bedingungen der Strafprozessordnung geführten juristischen Verfahren als Bestandteil von Deutungsprozessen von Vergangenheit betrachtet werden, die in einem historischen und gesellschaftlichen Kontext zu verorten sind.[58]

Obgleich mit Fritz Bauer ein Akteur im Zentrum steht, handelt es sich bei der vorliegenden Arbeit also keinesfalls um eine Biographie. Vielmehr sollen die Debatten um den Widerstand in einer biographischen Perspektive untersucht werden, die hinsichtlich der formulierten Fragestellung – auf der Grundlage der Analyse der Widerstandsrezeption Aussagen über die Konstituierung der westdeutschen demokratischen Ordnung in den fünfziger und sechziger Jahren treffen zu können – viel versprechende Aufschlüsse erwarten lässt.

Die Analyse der Widerstandsrezeption folgt der chronologischen Thematisierung durch Fritz Bauer, verknüpft diese mit einer in Querschnitten eingefügten Rekonstruktion seines Widerstandsbegriffs und der von ihm ausgelösten öffentlichen und justizinternen Debatten als Konkretion politischen Denkens in den fünfziger und sechziger Jahren. Betrachtet werden dabei die Argumente in der Auseinandersetzung um den Widerstand und damit die als Subtext zu analysierenden Vorstellungen von der Rolle des Subjekts sowie die politische Praxis von Fritz Bauer und das politische Handeln der an den Auseinandersetzungen beteiligten Akteure. Ausgehend von der Überlegung, dass sich in den Bewertungen von Widerstand als Subtext Vorstellungen von der Rolle des Subjekts im Staat spiegeln, bietet eine biographische Perspektivierung der Fragestellung die Möglichkeit, neben den politischen Haltungen auch ihre praktische Konkretion – nämlich den Umgang mit dem Protagonisten Fritz Bauer als einem politischen Subjekt – in den Blick zu nehmen. Dass Fritz Bauer 1961 die Humanistische Union als erste Bürgerrechtsbewegung der Bundesrepublik mit gründete, kann so ebenso in die Analyse einbezogen werden, wie eine parlamentarische Debatte, in der Politiker im Juli 1962 einen Vortrag von Fritz Bauer über die *Wurzeln faschistischen und nationalsozialistischen Handelns* diskutierten und in der konservative Landespolitiker von dem Beam-

57 Eberhard Lämmert: Zum Auslegungsspielraum von Gesetzestexten. In: Helmut Brackert, Jörn Stückrath (Hg.): Literaturwissenschaft. Ein Grundkurs. Reinbek 1992. S. 158.

58 Vgl. dazu auch Harry Kalinowsky: Kampfplatz Justiz. Politische Justiz und Rechtsextremismus in der Bundesrepublik Deutschland. 1949-1990. Pfaffenweiler 1993. S. 24.

ten Fritz Bauer ein Verzicht auf ein politisches Engagement forderten[59] und damit seine politischen Partizipationsrechte erheblich einschränken wollten.

Indem die Arbeit den Stationen der Thematisierung des Widerstandes im Leben von Bauer folgt und die jeweiligen Debatten in ihrem historischen Kommunikationszusammenhang analysiert, erreicht sie die Verknüpfung der auf den einzelnen Akteur gerichteten Perspektive mit einer generalisierbaren Ebene, auf der Aussagen über den Prozess der Etablierung der demokratischen Ordnung getroffen werden können. Die gewählte und von Ulrich Raulffs Überlegungen über Biographik und historisch orientierte Forschung[60] angeregte biographische Perspektive eröffnet so die Möglichkeit einer Konkretion, die die Analyse keineswegs auf die Rekonstruktion des Denkens und Handelns eines Individuums reduziert, sondern durch eine historische Kontextualisierung die strukturelle Bedeutung der Geschichte – hier der Auseinandersetzung um Widerstand – erfassen möchte.

Das Erkenntnisinteresse der Arbeit und die formulierten Prämissen bestimmen den Umgang mit den Quellen und dem einschlägigen Material: Die Materialbasis der Untersuchung bilden die im Hessischen Hauptstaatsarchiv in Wiesbaden und im Staatsarchiv Wolfenbüttel archivierten Akten zu den drei ausgewählten juristischen Verfahren. Die Untersuchung rekonstruiert diese Verfahren und die Argumentation der beteiligten Akteure in ihrer Bedeutung für die zeitgenössische Deutung von Widerstand. Daneben bilden die von Fritz Bauer publizierten Texte, die von ihm vorgelegten Monographien und Dokumentationen einen umfangreichen Quellenkorpus. Da auch die anderen an den Verfahren beteiligten Akteure ihre Argumentation und die für die Deutung von Widerstand entwickelten juristischen Kategorien in den historischen Kontext eingebettet haben, an publizistische und öffentliche Auseinandersetzungen um den Widerstand anschlossen, indem sie selbst außerhalb der justitiellen Handlungsarena Texte, Kritiken und Kommentare publizierten und Interviews gaben, wurde dieses Material erschlossen und herangezogen. Im Vergleich der publizierten Texte mit der innerjuristischen Argumentation können die Spezifika der Argumentationen und Positionen der Akteure in beiden Handlungsarenen herausgearbeitet werden. Dabei wird deutlich, welche juristischen Kategorien zu Qualifizierung des Widerstandsrechts entwickelt wurden und in welchem Zusammenhang sie zur öffentlichen, politischen und publizistischen Auseinandersetzung standen. Neben den Verfahrensakten, den

59 Vgl. Stenographische Berichte des Landtages von Rheinland-Pfalz, IV. Wahlperiode. Sitzung vom 10. Juli 1962. S. 1939ff, bes. S. 1951.

60 Ulrich Raulff: Das Leben – buchstäblich. Über neuere Biographik und Geschichtswissenschaft. In: Christian Klein (Hg.): Grundlagen der Biographik. Theorie und Praxis des biographischen Schreibens. Stuttgart 2002. S. 55ff.

publizierten Texten der beteiligten Akteure, veröffentlichten Vorträgen und Interviews werden zudem die einschlägigen Landtags- und Bundestagsdebatten hinzugezogen. Um historische Kontextualisierungen der politischen Haltungen der Akteure vornehmen und Traditionen politischer Ideen einordnen zu können, erschließt die Untersuchung zudem die Personalakten der beteiligten Richter und Staatsanwälte. Schließlich ermöglicht eine breite Analyse der damaligen Presseberichterstattung die Rekonstruktion der historischen Konstellationen und Kontexte.

Anders als von Zeitgenossen erwartet, hat die Forschung Fritz Bauer erst vor einigen Jahren entdeckt. Bis Ende der achtziger Jahre haben befreundete Wegbegleiter seine Arbeit beschrieben und an seine Biographie erinnert. Hervorzuheben sind vor allem die Beiträge von Rudolf Wassermann über Fritz Bauer und den Braunschweiger Remer-Prozess von 1984 und 1985, die von Helmut Kramer verfasste Analyse des Verfahrens gegen die OLG-Präsidenten und Generalstaatsanwälte und die von der Frankfurter Strafrechtlerin Ilse Staff vorgelegte Betrachtung zu Fritz Bauers Demokratieverständnis.[61] Seit Grün-

61 Rudolf Wassermann: Fritz Bauer (1903-1968). In: Peter Glotz, Wolfgang R. Langenbucher (Hg.): Vorbilder für Deutsche. Korrektur einer Heldengalerie. München, Zürich 1974. S. 296ff; Ders.: Zur juristischen Bewertung des 20. Juli 1944. Der Braunschweiger Remer-Prozeß als Meilenstein der Nachkriegsgeschichte. RuP, H. 2, 1984. S. 68ff; Ders.: Fritz Bauers Plädoyer im Remer-Prozeß. Eine Erinnerung. Strafverteidiger, H. 1, 1985. S. 40ff; Helmut Kramer: Oberlandesgerichtspräsidenten und Generalstaatsanwälte als Gehilfen der NS-»Euthanasie«. Selbstentlastung der Justiz für die Teilnahme am Anstaltsmord. KJ, H. 1, 1984. S. 26ff. 1996 erschien zudem in der Wissenschaftlichen Reihe des Fritz Bauer Institut ein von Hanno Loewy und Bettina Winter herausgegebener Sammelband zu dem von Bauer geplanten Verfahren gegen die Oberlandesgerichtspräsidenten und Generalstaatsanwälte, der die von Bauer verfasste Anschuldigungsschrift und die nach seinem Tod verfassten Anträge und Beschlüsse zur Einstellung des Verfahrens dokumentiert: Hanno Loewy, Bettina Winter (Hg.): NS-»Euthanasie« vor Gericht – Fritz Bauer und die Grenzen juristischer Bewältigung. Frankfurt a.M. 1996. Vgl. auch Ilse Staff: Überlegungen zum Staat als »Vereinigung einer Menge von Menschen unter Rechtsgesetzen«. In memoriam Fritz Bauer. Blätter, H. 12, 1993. S. 1520ff und Dies.: Fritz Bauer (1903-1968). »Im Kampf um des Menschen Rechte«. In: Kritische Justiz (Hg.): Streitbare Juristen. Eine andere Tradition. Baden-Baden 1988. S. 440ff. Später veröffentlichten der mit Bauer befreundete Jurist Herbert Jäger und der Journalist Kurt Nelhiebel Erinnerungen: Einem Nestbeschmutzer zum Gedenken – über Fritz Bauers Wirken als politischer Mensch. Radioessay von Kurt Nelhiebel. Radio Bremen 1993 und Herbert Jäger: Erinnerung an Fritz Bauer. Strafverteidiger, H. 7, 1993. S. 389f. Der Remer-Prozess wird zudem seit Mitte der achtziger Jahre in einigen Studien erwähnt. Vgl. zum Beispiel Peter Steinbach: Mit der Vergangenheit konfrontiert. Vom Erkennen der NS-Verbrechen zur »Wiedergutmachung«. Tribüne, H. 98, 1986. S. 137ff; Franz Gress, Hans-Gerd Jaschke: Politische Justiz gegen rechts: Der Remer-Prozeß 1952 in paradigmatischer Perspektive. In: Ingo Müller, Rainer Eisfeld (Hg.): Gegen Barbarei. Frankfurt a.M. 1989. S. 453ff und Klaus Erich Pollmann: Traditionen des Rechtsradikalismus im Raum Braunschweig. In: Bernd Weisbrod (Hg.): Rechtsradikalismus in der politischen Kultur der Nachkriegszeit. Die verzögerte Normalisierung in Niedersachsen. Hannover 1995. S. 231ff.

dung des Frankfurter Fritz Bauer Instituts Mitte der neunziger Jahre als einem »Studien- und Dokumentationszentrum zur Geschichte und Wirkung des Holocaust« steht die Beschäftigung mit den von Bauer initiierten NS-Prozessen – vor allem dem Frankfurter Auschwitz-Prozess, der als das bedeutendste politische Verfahren im Kontext der juristischen Aufarbeitung des Nationalsozialismus in Westdeutschland gilt – im Mittelpunkt.[62] Daneben erschienen in der Wissenschaftliche Reihe des Instituts ausgewählte Schriften von Fritz Bauer[63], und 2001 publizierte der Historiker Matthias Meusch eine Studie, die

62 Vgl. Gerhard Werle, Thomas Wandres: Auschwitz vor Gericht: Völkermord und bundesdeutsche Strafjustiz. Mit einer Dokumentation des Auschwitz-Urteils. München 1995; »Habt ein besseres Gedächtnis«. Über Fritz Bauer und den Auschwitz Prozeß. Radiofeature von Malte Linde. Westdeutscher Rundfunk 1996; Wolfgang Benz: »Bürger als Mörder und die Unfähigkeit zur Einsicht: Der Auschwitz-Prozeß«. In: Uwe Schultz (Hg.): Große Prozesse: Recht und Gerechtigkeit in der Geschichte. München 1996. S. 382ff; Norbert Frei: Der Frankfurter Auschwitz-Prozeß und die deutsche Zeitgeschichtsforschung. In: Fritz Bauer Institut (Hg.): Auschwitz: Geschichte, Rezeption und Wirkung. Jahrbuch 1996 zur Geschichte und Wirkung des Holocaust. Frankfurt a.M., New York 1996. S. 123ff; Devin O. Pendas: »Ich wußte nicht, was Auschwitz ist.« Der Auschwitz-Prozeß im Spiegel der Presse. Manuskript eines Vortrages am Fritz Bauer Institut, Frankfurt am Main vom 25. November 1997; Irmtrud Wojak: Herrschaft der Sachverständigen? Zum ersten Frankfurter Auschwitz-Prozeß. KJ, H. 4, 1999. S. 605ff; Dies.: Die Verschmelzung von Geschichte und Kriminologie. Historische Gutachten im ersten Frankfurter Auschwitz-Prozeß. In: Norbert Frei, Dirk van Laak, Michael Stolleis (Hg.): Geschichte vor Gericht. Historiker, Richter und die Suche nach Gerechtigkeit. München 2000. S. 29ff; Werner Renz: Der erste Frankfurter Auschwitz-Prozeß. Völkermord als Strafsache. 1999 Zeitschrift für Sozialgeschichte des 20. und 21. Jahrhunderts. H. 2, 2000. S. 11ff; »Gerichtstag halten über uns selbst ...«. Geschichte und Wirkung des ersten Frankfurter Auschwitz-Prozesses. Jahrbuch 2001 zur Geschichte und Wirkung des Holocaust hg. v. Irmtrud Wojak. Frankfurt a.M., New York 2001; Auschwitz-Prozess 4 Ks 2/63 Frankfurt am Main. Hg. v. Irmtrud Wojak i.A. des Fritz Bauer Instituts. Köln 2004.
Mit dem von Bauer geplanten Verfahren gegen den Arzt Werner Heyde/Fritz Sawade u.a. wegen Beteiligung an der NS-»Euthanasie« hat sich der Jurist Klaus-Detlev Godau-Schüttke beschäftigt: Ich habe nur dem Recht gedient. Die »Renazifizierung« der Schleswig-Holsteinischen Justiz nach 1945. Baden-Baden 1993; Ders.: Die Heyde/Sawade-Affaire: Juristen und Mediziner in Schleswig-Holstein decken den NS-Euthanasiearzt Prof. Dr. Werner Heyde und bleiben straflos. In: Helge Grabitz, Klaus Bästlein, Johannes Tuchel (Hg.): Die Normalität des Verbrechens. Bilanz und Perspektiven der Forschung zu den nationalsozialistischen Gewaltverbrechen. Festschrift für Wolfgang Scheffler zum 65. Geburtstag. Berlin 1994. S. 444ff; Ders.: Die Heyde/Sawade-Affäre. Wie Juristen und Mediziner den NS-Euthanasieprofessor Heyde nach 1945 deckten und straflos blieben. Baden-Baden 1998. Einiges dazu auch bei Ernst Klee: Der Aufstieg des Stationsarztes Werner Heyde 1933-1936. In: Ders.: »Euthanasie« im NS-Staat. Die »Vernichtung lebensunwerten Lebens«. Frankfurt a.M. 1994. (Erstausgabe 1985) S. 59ff und Ders.: Der Aufstieg des »Irrentöters«. Das Verfahren gegen Prof. Werner Heyde u.a. In: Ders.: Was sie taten – Was sie wurden. Ärzte, Juristen und andere Beteiligte am Kranken- oder Judenmord. Frankfurt a.M. 1992. S. 19ff. (Erstausgabe 1986)

63 Irmtrud Wojak, Joachim Perels (Hg.): Fritz Bauer. Die Humanität der Rechtsordnung. Ausgewählte Schriften. Frankfurt, New York 1998.

nahezu alle Facetten des Wirkens von Fritz Bauer in Hessen zu rekonstruieren versucht.[64] Der Widerstandsbegriff von Fritz Bauer wird neben den von ihm initiierten NS-Prozessen allenfalls als Episode behandelt und ist bisher ein Forschungsdesiderat geblieben.

Mit einer historischen und systematischen Analyse der von Bauer entwickelten Rechtsposition zum Widerstand rekonstruiert die vorliegende Arbeit den Kampf ihres Protagonisten »(w)ider die Tabuisierung des Ungehorsams« als eine Konfliktgeschichte, die einen Zugang zur Analyse der westdeutschen postdiktatorischen Gesellschaft und Ordnung bietet.[65] Als historische Detailstudie »Über Fritz Bauers Widerstandsbegriff und die Aufarbeitung von NS-Verbrechen« soll sie einen Beitrag zur Erklärung des facettenreichen Entwicklungsprozesses der westdeutschen Demokratie in den fünfziger und sechziger Jahren leisten.

64 Matthias Meusch: Von der Diktatur zur Demokratie. Fritz Bauer und die Aufarbeitung der NS-Verbrechen in Hessen (1956-1968). Wiesbaden 2001.

65 Vgl. Simone Barck: Widerstands-Geschichten und Helden-Berichte. Momentaufnahmen antifaschistischer Diskurse in den fünfziger Jahren. In: Martin Sabrow (Hg.): Geschichte als Herrschaftsdiskurs: Der Umgang mit der Vergangenheit in der DDR. Köln, Weimar, Wien 2000. S. 119.

Erstes Kapitel: Fritz Bauers Widerstandsbegriff zwischen Pragmatismus und Prinzip: Der Braunschweiger Remer-Prozess

Am Abend des 20. Juli 1944 erteilte Reichskanzler Adolf Hitler dem Kommandeur des in Berlin-Moabit liegenden Wachbataillons »Großdeutschland«, Otto Ernst Remer, den Befehl, »alle Mittel zur Unterdrückung jeglichen Widerstandes«[1] in Berlin anzuwenden. Hitler hatte den am Nachmittag von Claus Graf Schenk von Stauffenberg im Führerhauptquartier Wolfschanze verübten Sprengstoffanschlag überlebt. Gegen 22.30 Uhr besetzte Remers Wachbataillon die Ausgänge des Bendlerblocks, dem Sitz des Oberkommandos des Heeres (OKH) und der Zentrale des Widerstandes vom 20. Juli. Generaloberst Ludwig Beck, Generaloberst Erich Hoepner, General Friedrich Olbricht, Oberst i.G. Claus Graf Schenk von Stauffenberg, Oberst Albrecht Ritter Mertz von Quirnheim und Oberstleutnant Werner von Haeften wurden als Führer des Umsturzversuches festgenommen. Beck wurde, nachdem er versucht hatte Selbstmord zu begehen, erschossen, und ein von Generaloberst Friedrich Fromm berufenes Standgericht verurteilte Haeften, Olbricht, Stauffenberg und Merz von Quirnheim zum Tode. Gegen 0.30 Uhr wurden die Widerstandskämpfer auf dem Innenhof des Dienstgebäudes des OKH in der Bendlerstraße im Scheinwerferlicht der dort abgestellten Fahrzeuge erschossen.[2]

Otto Ernst Remer, wegen der Verdienste, die er sich als Major in der Division »Großdeutschland« bei der Niederschlagung des 20. Juli erworben hatte noch zum Oberst und später zum Generalmajor befördert[3], gründete im Oktober 1949, vier Jahre nach der Kapitulation der NS-Diktatur, die Sozialistische Reichspartei (SRP) mit. Keine zwei Jahre danach, im Mai 1951, errang die rechtsextreme Nachfolgepartei der NSDAP bei der Landtagswahl in Nieder-

---

1 Peter Hoffmann: Widerstand, Staatsstreich, Attentat. München ^{4}1985. S. 597.

2 Vgl. zur Geschichte des 20. Juli 1944 Peter Hoffmann a.a.O.; Ders.: Widerstand gegen Hitler und das Attentat vom 20. Juli 1944. Konstanz 1994; Ders.: Zu dem Attentat im Führerhauptquartier »Wolfschanze« am 20. Juli 1944. VfZ, H. 12, 1964. S. 254ff.

3 Vgl. Horst W. Schmollinger: Die Sozialistische Reichspartei. In: Richard Stöss (Hg.): Parteien-Handbuch. Opladen 1984. S. 2276.

sachsen mit einem Stimmengewinn von 11 Prozent einen überraschend großen Erfolg.[4] Als Mitglied der Parteileitung war auch Otto Ernst Remer im niedersächsischen Wahlkampf aufgetreten. Am Tag vor der Landtagswahl berichtete die *Frankfurter Allgemeine Zeitung (F.A.Z.)* von einer Wahlkampfveranstaltung der SRP in Braunschweig, auf der Remer als ein gefeierter und umjubelter Wahlredner seiner Partei aufgetreten war und zum Widerstand vom 20. Juli 1944 Stellung genommen hatte. Unter der Überschrift »Remer greift Widerstandskämpfer« an referierte die *F.A.Z.* seine Ausführungen: Die »Widerstandskämpfer vom 20. Juli 1944 (seien) in sehr starkem Maße Landesverräter gewesen (...), die vom Ausland bezahlt wurden«, und Remer habe gemeint, es werde »einmal die Zeit kommen, in der man schamhaft verschweige, dass man zum 20. Juli 1944 gehört habe.«[5]

Der Innenminister der Bundesrepublik, Robert Lehr, stellte wenige Wochen später, im Juni 1951, beim zuständigen Landgericht in Braunschweig Strafantrag gegen den SRP-Politiker. Als Angehöriger des Widerstandskampfes fühlte er sich durch Remers »Missachtung gegenüber den Widerstandskämpfern« beleidigt, wie Lehr seinen Strafantrag begründete.[6] Am 18. November 1951 beantragte die Staatsanwaltschaft bei dem Landgericht Braunschweig die Eröffnung des Hauptverfahrens gegen Otto Ernst Remer. In der Anklageschrift heißt es:

»Der Generalmajor a.D. Otto Ernst Remer aus Varel in Oldenburg, geboren am 18. August 1912 in Neu-Brandenburg, wird angeklagt, in Braunschweig am 3. Mai 1951 in Beziehung auf einen anderen, nämlich den Bundesminister des Inneren Dr. Lehr, der im öffentlichen Leben steht, eine nicht erweislich wahre, ehrenrührige Tatsache behauptet zu haben, die geeignet ist, ihn verächtlich zu machen und des Vertrauens unwürdig erscheinen zu lassen, dessen er für sein öffentliches Wirken bedarf, indem er als Redner in einer öffentlichen Wahlversammlung zu dem 20. Juli 1944 ausführte: ›Es wird die Zeit kommen, in der man schamhaft verschweigt, dass man zum 20. Juli gehört hat. Wenn man schon bereit ist, Hochverrat zu begehen, dann bleibt die Frage offen, ob nicht in sehr vielen Fällen dieser Hoch-

4 Vgl. Horst W. Schmollinger, a.a.O. S. 2274, S. 2278; vgl. auch Günter J. Trittel: Die Sozialistische Reichspartei als Niedersächsische Regionalpartei. In: Bernd Weisbrod (Hg.): Rechtsradikalismus in der politischen Kultur der Nachkriegszeit. Die verzögerte Normalisierung in Niedersachsen. Hannover 1995. S. 67ff; Kurt P. Tauber: Beyond Eagle and Swastika. German Nationalism since 1945. Middletown, Connecticut 1967; Otto Büsch, Peter Furth: Rechtsradikalismus im Nachkriegsdeutschland. Studien über die »Sozialistische Reichspartei«. Berlin, Frankfurt a.M. 1957.

5 F.A.Z. vom 5.5.1951. Vgl. zum Wahlkampf in Niedersachsen auch den Bericht von Bernd Wilden: Wahlkampf mit »Alten Kämpfern«. NZ vom 12.4.1951.

6 Strafantrag von Dr.h.c. Robert Lehr, Bundesminister des Inneren, vom 20.6.1952. NdsStA, 62 Nds. Fb. 3, Zg 51/1985, Nr. 2/1.

verrat gleich Landesverrat ist. Diese Verschwörer sind zum Teil in starkem Maße Landesverräter gewesen, die vom Auslande bezahlt wurden«.«[7]

Am 7., 8., 10. und 11. März 1952 wurde der Prozess gegen Otto Ernst Remer vor dem zuständigen Braunschweiger Landgericht verhandelt.

1. Fritz Bauer initiiert einen Prozess um den 20. Juli

Die Presse kündigte im Frühjahr 1952 nahezu bundesweit das Verfahren gegen den zweiten Vorsitzenden der SRP, Otto Ernst Remer, wegen Verunglimpfung der Widerstandskämpfer als Prozess um den 20. Juli an. Nicht der im Prozess Angeklagte, sondern der »20. Juli kommt vor Gericht«[8], kommentierten westdeutsche Tageszeitungen den Prozessauftakt. Die etwa siebzig Journalisten, die im Braunschweiger Gerichtssaal die Verhandlung gegen Otto Ernst Remer verfolgten[9], berichteten übereinstimmend von ihrem Eindruck, dass der Angeklagte im Verfahren nur noch eine Nebenrolle spielte, »während des Braunschweiger Prozesses immer mehr in den Hintergrund«[10] trat und »selbst (...) nicht mehr wichtig«[11] war. Gerhard Thimm beschrieb in der *Neuen Zeitung*, worum es im Verfahren gegen Remer ging: »Es geht um die Widerstandsbewegung.«[12] Und die *F.A.Z.* titelte in einer Überschrift, der 20. Juli 1944 sei der »eigentliche(...) Gegenstand des Beleidigungs-Prozesses gegen Remer in Braunschweig.«[13] Einige Prozessbeobachter berichteten, während der Gerichtsverhandlung sei völlig in Vergessenheit geraten, dass die Beleidigungsklage gegen Remer zumindest doch der »formale Anlass« des Prozesses gewesen sei.[14]

7 Die Anklageschrift vom Oberstaatsanwalt bei dem LG an das LG. NdsStA, 62 Nds. Fb. 3, Zg 51/1985, Nr. 2/1.

8 Deutsche Zeitung und Wirtschaftszeitung vom 13.2.1952.

9 Über das große Interesse der Presse am Verfahren berichtet u.a. die F.A.Z. vom 15.3.1952.

10 Paul Sethe: »Hochverräter und Landesverräter« F.A.Z. vom 18.3.1952.

11 Gerhard Thimm in der Neuen Zeitung vom 10.3.1952.

12 Ebd. Vgl. auch Guido Zöller: Rehabilitierung der Widerstandskämpfer. RNZ vom 14.3.1952.

13 Josef Schmidt: »Ein Landgericht soll Geschichte schreiben. Der 20. Juli 1944 als eigentlicher Gegenstand des Beleidigungsprozesses gegen Remer in Braunschweig« F.A.Z. vom 11.3.1952, vgl. auch »Remer wird zur Randfigur des Prozesses« F.A.Z. vom 10.3.1952 und »Im Hintergrund der 20. Juli« SZ vom 8./9.3.1952.

14 Vgl. Rüdiger Proske: Prozess um den 20. Juli. Der Monat, H. 43, 1952. S. 16; Michael Freund: Der Angeklagte aus Versehen. Zum Prozess gegen Remer. Die Gegenwart, H. 6, 1952. S. 168; Vgl. auch den Sonderbericht mit zahlreichen Bildern zum Remer-Prozess in der Quick vom 23. März 1952, S. 5.

Initiator des von der westdeutschen Presse als Prozess um den 20. Juli wahrgenommenen Verfahrens war Generalstaatsanwalt Fritz Bauer. Unter seiner Federführung war das Gerichtsverfahren gegen Remer zum Prozess um die Legitimität des Widerstandes geworden. Noch bevor die Verhandlung im Gericht in der Braunschweiger Münzstraße begonnen hatte, hatte Bauer öffentlich erklärt, der Remer-Prozess sei für die Staatsanwaltschaft der »Anlass«, »die Geschichte und Problematik des 20. Juli 1944 zu klären.«[15] Und tatsächlich belegen schon die justizinternen Ereignisse, die beinahe unbemerkt von der Öffentlichkeit im Herbst und Winter 1951 mit der Formulierung der Anklageschrift und der Erhebung der Anklage gegen Otto Ernst Remer im Zusammenhang stehen, dass Fritz Bauer von Beginn an die Intention verfolgte, das Widerstandsrecht des 20. Juli zum Gegenstand des Verfahrens zu machen.

Nachdem Bundesinnenminister Robert Lehr beim Braunschweiger Landgericht Strafantrag gegen Otto Ernst Remer gestellt und der zuständige Oberstaatsanwalt, Dr. Erich Günther Topf, drei Monate lang ermittelt hatte, hatte er dem Bundesinnenminister Ende September 1951 schriftlich mitgeteilt, die »Erhebung der öffentlichen Klage auf Grund Ihres Strafantrages«, habe »keine Aussicht auf einen sicheren Erfolg«.[16] Die Eröffnung eines Strafverfahrens gegen Remer lehnte der Staatsanwalt deshalb ab. Als Fritz Bauer den Bericht des Oberstaatsanwaltes wenige Tage später zur Kenntnis nahm, schaltete er sich sofort in die Ermittlungen ein. Zwischen ihm und Oberstaatsanwalt Topf entbrannte in den folgenden Wochen eine Debatte um die materialrechtliche Bewertung des Strafantrags von Robert Lehr und den Fall Remer.

Auslöser des zwischen beiden Juristen ausgetragenen Streits war zunächst die Frage, ob Robert Lehr überhaupt antragsberechtigt war. Der Oberstaatsanwalt ging davon aus, dass Remers Äußerung, die Widerstandskämpfer seien Landesverräter gewesen, sich gegen eine Personenmehrheit gerichtet habe und »alle unter den Sammelbegriff fallenden Personen nur dann als beleidigt und damit auch als strafantragsberechtigt anzusehen (seien), wenn sich die Äußerung des Täters erkennbar und nach seinem eigenen Willen auf alle von dem Sammelbegriff umfassten Personen bezogen hat und beziehen sollte«.[17] Der Oberstaatsanwalt glaubte aber nicht nachweisen zu können, dass Remer tatsächlich »den Vorwurf des Landesverrates gegen alle Widerstandskämpfer erheben wollte«. Denn, so argumentierte der Staatsanwalt, die Anklage müsste dann beweisen, dass Remer den »Willen« hatte, mit seiner Aussage auch den Bundesinnenminister persönlich zu beleidigen. »Eine derartige Feststellung«

15 F.A.Z. vom 9.2.1952.

16 Der Oberstaatsanwalt Dr. Erich Günther Topf am 29.9.1951 an den Bundesinnenminister Robert Lehr. NdsStA, 62 Nds. Fb. 3, Zg 51/1985, Nr. 2/4.

17 Ebd.

hielt er, »angesichts der unwiderlegbaren Einlassung des Beschuldigten«, kaum für möglich.[18] Remer hatte ausgesagt, er habe gar nicht gewusst, dass der Bundesinnenminister zu den Widerstandskämpfern gehört habe, könne ihn also auch nicht beleidigt haben.[19] Fritz Bauer wies die rechtliche Einschätzung des Oberstaatsanwaltes, die »jeder niederträchtigen Verleumdung einer Personenmehrheit Tür und Tor« öffnen würde, zurück:

»Es kann keinen Unterschied machen, ob Remer alle Widerstandskämpfer, so gut wie alle Widerstandskämpfer, sehr viele Widerstandskämpfer oder viele Widerstandskämpfer als Landesverräter bezeichnet hat. (...) An jedem Widerstandskämpfer blieb (...) etwas hängen.«

Bauer argumentierte weiter:

»Zugegebenermaßen hat Remer diejenigen Widerstandskämpfer als ›Landesverräter‹ bezeichnet, die ›in Verbindung mit dem Ausland gestanden (...) haben‹. (...) Der Herr Bundesinnenminister dürfte sich dieses ›Verbrechens‹ schuldig gemacht haben und gehört deswegen zu den ›sehr vielen Personen, die sich heute als Widerstandskämpfer bezeichnen und in Wahrheit Landesverräter gewesen sind, weil sie in Verbindung mit dem Ausland standen‹.«[20]

Auch die Rechtsanwälte von Otto Ernst Remer, Dr. Erwin Noack aus Kiel und Dr. Josef Wehage aus Oldenburg[21], stellten die Antragsberechtigung Lehrs in Frage. Sie stützten ihre Argumentation aber nicht wie der Oberstaatsanwalt auf die Ausführungen ihres Mandanten, sondern auf die vermeintliche Unglaubwürdigkeit des Innenministers. Im Dezember 1951 schrieben sie an das Gericht:

»Im übrigen mag der Herr Bundesminister Dr. Lehr einmal genau angeben, wie er begründen will, dass er zum Goerdeler-Kreis gehört hat, denn wenn er wirklich dazu gehört hat, ist es doch unwahrscheinlich, dass ihm im Zusammenhang mit dem 20. Juli nichts passiert ist.«[22]

Der Vorsitzende der Strafkammer des Landgerichts, Landgerichtsdirektor Joachim Heppe, verlangte daraufhin von der Staatsanwaltschaft den Nachweis, dass Lehr zu den Widerstandskämpfern gegen das NS-Regime gehört habe.

18 Ebd.

19 RAWehage am 24.12.1951 in einem Schreiben an das LG. Vgl. NdsStA, 62 Nds. Fb. 3, Zg 51/1985, Nr. 2/1.

20 Fritz Bauer in einem Schreiben vom 8.10.1951 an den NMdJ. NdsStA, 62 Nds. Fb. 3, Zg 51/1985, Nr. 2/4.

21 Dr. Erwin Noack vertrat auch die SRP im Verbotsverfahren vor dem Bundesverfassungsgericht, am 1. März 1953 gründete er in Kiel die »Deutsche Solidarität«. Vgl. Horst W. Schmollinger: Die Sozialistische Reichspartei. In: Richard Stöss (Hg.): Parteien-Handbuch: die Parteien der Bundesrepublik Deutschland 1945-1980. Bd II. Opladen 1984. S. 2308.

22 RA Wehage am 24.12.1951in einem Schreiben an das LG. Vgl. NdsStA, 62 Nds. Fb. 3, Zg 51/1985, Nr. 2/1.

Während Robert Lehr die Zweifel der Verteidigung an seiner Rolle im Widerstand mit der lakonischen Bemerkung quittierte, er teile die Verwunderung der Verteidigung, dass er noch lebe[23], verwies Fritz Bauer auf die Darstellung der widerständigen Haltung Robert Lehrs in der gerade in zweiter Auflage erschienenen Studie von Hans Rothfels über *Die Deutsche Opposition gegen Hitler*.[24] Zwar betrachtete der zuständige Richter die Antragsberechtigung Lehrs damit als ausreichend begründet, Remers Verteidiger griffen aber im Verlauf des Prozesses, in ihren Plädoyers und noch in der Begründung des Revisionsantrages die Glaubwürdigkeit Robert Lehrs immer wieder scharf an. Doch ihre Verteidigungsstrategie blieb wirkungslos. Der Strafantrag von Lehr war zulässig, und die Braunschweiger Strafkammer hob später im Urteil gegen Remer hervor, »dass der Bundesinnenminister Dr. Lehr zu den Widerstandskämpfern des 20. Juli 1944 gehört«[25] habe.

Die Debatte um die Antragsberechtigung Lehrs stand am Beginn der materialrechtlichen Diskussion des Falles Remer, die sich in den folgenden Wochen, nachdem Fritz Bauer nun auf den Fall aufmerksam geworden war, zuspitzte. Generalstaatsanwalt Bauer und der zuständige Oberstaatsanwalt erörterten jetzt, wegen welcher Tatbestände Remer angeklagt werden sollte. Nach einer Besprechung, während der Bauer und der Oberstaatsanwalt ihre gegensätzlichen Positionen hinsichtlich einer Klage gegen Remer diskutiert hatten, musste der Oberstaatsanwalt die Anklageschrift überarbeiten. Hand-schriftlich vermerkte er, Otto Ernst Remer werde auf Weisung des Generalstaatsanwaltes nach § 186 StGB angeklagt, und der Oberstaatsanwalt hielt fest, er persönlich habe dagegen »Bedenken« geltend gemacht.[26]

Streitpunkt war also § 186 StGB. Nach § 186 StGB wird eine »üble Nachrede« angeklagt, deren Strafbarkeit im Unterschied zur »einfachen Beleidigung« darauf beruht, dass die vom Angeklagten geäußerte Behauptung »fremde Missachtung möglich macht, ihr das Material liefert« und dass die von Remer be-

23 Der Bundesinnenminster Robert Lehr am 23.1.1952 in einem Brief an den Generalstaatsanwalt beim OLG, Fritz Bauer. Vgl. NdsStA, 62 Nds. Fb. 3, Zg 51/1985, Nr. 2/1.

24 Der Generalstaatsanwalt beim OLG, Fritz Bauer, am 17.1.1952 in einem Schreiben an das LG. NdsStA, 62 Nds. 3, Zg 51/1985, Nr. 2/1. Die erste deutsche Auflage der Studie von Rothfels über den deutschen Widerstand war 1949 erschienen: Hans Rothfels: Die deutsche Opposition gegen Hitler. Eine Würdigung. Krefeld 1949. (= erw. Fassung des Originaltitels: The German Opposition to Hitler. Hinsdale 1948).

25 Urteil des Landgerichts Braunschweig vom 15.2.1952 in der Strafsache gegen Generalmajor a.D. Remer wegen übler Nachrede. In: Herbert Kraus (Hg.): Die im Braunschweiger Remerprozeß erstatteten moraltheologischen und historischen Gutachten nebst Urteil. Hamburg 1953. S. 109.

26 Handschriftliche Notiz des Oberstaatsanwaltes. Vgl. NdsStA, 62 Nds. Fb. 3, Zg 51/1985, Nr. 2/4.

hauptete Tatsache, die Widerstandskämpfer seien Landesverräter gewesen, »nicht erweislich wahr« sein muss. Mit einer Anklage Otto Ernst Remers nach § 186 StGB forderte Bauer, wie es in der juristischen Fachterminologie heißt, den »Wahrheitsbeweis« heraus. Um eine Verurteilung Remers im Sinne der »üblen Nachrede« nach § 186 StGB zu erreichen, musste die Anklage die Unwahrheit der von Remer behaupteten Tatsache nachweisen. Die Staatsanwaltschaft musste also im Remer-Prozess überzeugend darlegen, dass die Männer um Stauffenberg keine Landesverräter waren, sondern dass sie das Recht hatten gegen den NS-Staat Widerstand zu leisten. Nur wenn dieser Nachweis im Verfahren gelingen würde, würde das Gericht Remer wegen seiner Äußerung, dass die Widerstandskämpfer Verräter gewesen seien, verurteilen.

Fritz Bauer beendete im November 1951 die materialrechtliche Debatte mit einer Weisung an den Oberstaatsanwalt, ihn »mündlich laufend über den Fortgang des Verfahrens zu unterrichten«, ihm Schriftsätze »sofort zur Kenntnis zu bringen« und Remer »baldigst« nach § 186 StGB anzuklagen.[27] Damit hatte der Generalstaatsanwalt nicht nur von seinem Weisungsrecht Gebrauch gemacht. Die Position, die Bauer in der Auseinandersetzung um die Klage gegen Remer vertrat, lässt erstmals seine Absicht erkennen, die rechtliche Legitimierung des Widerstandes vom 20. Juli 1944 zum Thema eines Verfahrens zu machen. In einem Interview erörterte Fritz Bauer, der auch Jahre nach Abschluss des Verfahrens seine Prozessstrategie immer wieder erläutern musste, Ziel seiner Prozessführung sei die »Rehabilitierung der Widerstandskämpfer« gewesen und, wie er hinzufügte, »nichts sonst.«[28] An anderer Stelle bemerkte er, dass er den Prozess gegen Remer aber »nicht nur um des Andenkens der Männer und Frauen willen (führte), die für die Erhaltung der Menschenrechte in den Tod gegangen waren, sondern vor allem, um das Widerstandsrecht, das in der deutschen Rechtslehre und Praxis völlig verkümmert und in das Raritätenkabinett der Rechtsgeschichte verbannt war, erneut zu sanktionieren.«[29] Als Remers Verteidiger ankündigten, sich auf den Wahrheitsbeweis einzulassen, sie also ihrerseits den Nachweis antreten wollten, dass die Widerstandskämpfer durchaus Landesverräter waren und als solche auch bezeichnet werden dürfen, übernahm Fritz Bauer nach § 145 GVG das Verfahren. Die »Anklage wird wegen der grundsätzlichen Bedeutung des Prozesses

27 Der Generalstaatsanwalt beim OLG, Fritz Bauer, am 16.11.1951 an den Oberstaatsanwalt. NdsStA, 62 Nds. Fb. 3, Zg 51/1985, Nr. 2/4.

28 Fritz Bauer im Frankenpost-Interview. Das Lehrstück von Kain und Abel. Frankenpost (Hof) vom 24.12.1964.

29 Fritz Bauer: Im Kampf um des Menschen Rechte. Vorgänge, H. 6, 1969. S. 206.

von Generalstaatsanwalt beim Oberlandesgericht in Braunschweig, Dr. Fritz Bauer vertreten«, berichtete daraufhin die *Neue Zeitung*.[30]

Dass die Presse das Verfahren gegen Remer als Prozess um den 20. Juli ankündigte, entsprach also ganz der Prozessstrategie von Fritz Bauer. Gerhard Thimm stellte in der *Neuen Zeitung* nun aber auch die nahe liegende Frage, ob die westdeutsche Öffentlichkeit, sieben Jahre nach dem Zusammenbruch der Diktatur, diesen Prozess um den 20. Juli eigentlich »nötig« habe.[31]

Als Generalstaatsanwalt Fritz Bauer sich am dritten Verhandlungstag erhob, um sein Plädoyer gegen den Angeklagten Otto Ernst Remer zu halten, herrschte im Gerichtssaal »eine kaum noch erträgliche Spannung«.[32] In den Augen der Journalisten erreichte der Prozess gegen Remer jetzt einen Höhepunkt, und das Plädoyer des Generalstaatsanwalts gewann schon in den Augen der zeitgenössischen Beobachter »historische Bedeutung«[33], weil Bauer die Frage von Gerhard Thimm beantwortete und ganz klar wurde, warum die westdeutsche Gesellschaft diesen Prozess »nötig« hatte. Fritz Bauer leistete in seinem Plädoyer eine rechtliche Legitimierung des gesamten Widerstandes und die Quintessenz seiner Rechtsauffassung, dass der NS-Staat ein Unrechtsregime und »jedermann« berechtigt gewesen sei, Widerstand zu leisten[34], stand im Frühjahr 1952 in Konfrontation zur Beurteilung des Widerstandes seitens der Mehrheit der westdeutschen Bevölkerung, Politiker und Rechtsprechung. Mit dem Ziel, im Verfahren gegen Remer die Legitimität des Widerstandes vom 20. Juli nachzuweisen, strebte Fritz Bauer Anfang der fünfziger Jahre eine argumentative, paradigmatische Wende im Umgang mit dem Widerstand an.

Seit dem Zusammenbruch des nationalsozialistischen Herrschaftssystems stand die Auseinandersetzung mit dem Widerstand im Zeichen des politischen Konsolidierungsprozesses, den das besiegte und besetzte Land und seine postdiktatorische Gesellschaft zu leisten hatte.[35] Auf der Suche nach einer nationa-

30 NZ vom 7.2.1952.

31 Gerhard Thimm: Remer selbst ist nicht mehr wichtig. NZ vom 10.3.1952.

32 Gerhart H. Mostar: »Dann wird die Rebellion zur Pflicht.« Stuttgarter Zeitung vom 12.3.1952.

33 Gerhard Thimm: Was Recht ist, steht schon im »Sachsenspiegel«. NZ vom 12.3.1952.

34 Fritz Bauer: Eine Grenze hat Tyrannenmacht. GuT, H. 7, 1952. S. 199.

35 Die Darstellung im folgenden stützt sich auf die Arbeiten, die zu einzelnen Aspekten der Auseinandersetzung mit dem Widerstand nach 1945 vorliegen; vgl. zum Thema u.a. Peter Steinbach: Widerstand im Widerstreit. Paderborn 1994; Peter Steinbach, Johannes Tuchel (Hg.): Widerstand gegen den Nationalsozialismus. Bonn 1994; Joachim Perels: Der Umgang mit Tätern und Widerstandskämpfern nach 1945. KJ, H. 3, 1997. S. 357ff; Norbert Frei: Erinnerungskampf. Zur Legitimationsproblematik des 20. Juli 1944 im Nachkriegsdeutschland. In: Christian Jansen (Hg.): Von der Aufgabe der Freiheit: politische Verantwortung und bürgerliche Gesellschaft im 19. und 20. Jahrhundert. Berlin 1995. S. 493ff; Gerd R. Ueberschär (Hg.): Der 20. Juli 1944. Bewertung und Rezeption des deutschen Widerstandes gegen das NS-Regime. Köln 1994; Jürgen Danyel: Bilder vom »anderen Deutschland«.

len und demokratischen Identität und nach einem Begründungszusammenhang für deren politische Legitimierung wurde der Widerstand in der öffentlichen Auseinandersetzung in den westlichen Besatzungsländern und der frühen Bundesrepublik seitens der Deutungseliten vor allem als nationale Freiheitsbewegung erinnert und gewürdigt, in deren Tradition die Bundesrepublik ihren staatlichen Souveränitätsanspruch gegenüber den Westalliierten sowie die Anbindung an die westliche Staatengemeinschaft und die Abgrenzung von der Politik in der SBZ und frühen DDR politisch glaubhaft begründen konnte.36 Zunächst schien in der unmittelbaren Nachkriegszeit der unausgesprochene Konsens zu bestehen, den Widerstand gegen das NS-Regime in seiner ideellen und intentionalen Breite wahrzunehmen. Doch schon die frühe Auseinandersetzung mit dem Widerstand hatte einen funktionalen Charakter, nämlich Widerstand als schlagkräftiges Argument gegen eine angenommene Kollektivschuld ins Feld zu führen. Politiker entdeckten, dass der Widerstand gegen das NS-Regime die staatspolitische Legitimität und nationale Identität der bundesdeutschen Gesellschaft begründen konnte. Und für die Angehörigen und Überlebenden des Widerstandes war der gegenwartsbezogene funktionale Bezug des Erinnerns von Beginn an eine Möglichkeit, ihre politische Vergangenheit, die die einer Minderheit war, zu rechtfertigen.

Die Dichterin Ricarda Huch hatte es sich schon 1946 zur Aufgabe gemacht, die Lebensbilder von Widerstandskämpfern wie Hans und Sophie Scholl, Arvid und Mildred Harnack, Adam Kuckhoff und Dietrich Bonhoeffer zusammenzustellen, »damit das deutsche Volk daran einen Schatz besitze, der es mitten im Elend noch reich macht.«[37] Auch die *Rede über die deutsche Wider-*

Frühe Widerstandsrezeption nach 1945. ZfG, H. 7, 1994. S. 611ff; Andreas Wöll: »Wegweisend für das deutsche Volk«. Der 20. Juli 1944: Öffentliche Erinnerung und Vergangenheitsbewältigung in der Bundesrepublik. In: Helmut König, Michael Kohlstruck, Andreas Wöll (Hg.): Vergangenheitsbewältigung am Ende des 20. Jahrhunderts. Leviathan, Sonderheft 18, 1998. S. 17ff; Regina Holler: 20. Juli 1944. Vermächtnis oder Alibi? Wie Historiker, Politiker und Journalisten mit dem deutschen Widerstand gegen den Nationalsozialismus umgehen. Eine Untersuchung der wissenschaftlichen Literatur, der offiziellen Reden und der Zeitungsberichterstattung in Nordrhein-Westfalen von 1945-1986. München 1994. Ferner stütze ich mich auf die Sammlung von Zeitungsartikeln im Margret Boveri Archiv der Gedenkstätte Deutscher Widerstand, Berlin. Außerdem sei darauf verwiesen, dass sich die Darstellung der Auseinandersetzung mit dem Widerstand nach 1945 hier auf die Aspekte konzentriert, die die Folie für Bauers Begriff darstellen.

36 Vgl. Peter Steinbach: Widerstand im Dritten Reich – Keimzelle der Nachkriegsdemokratie? In: Gerd R. Ueberschär: Der 20. Juli 1944. Köln 1994. S. 89; Martin Broszat: Der Bedeutungswandel eines Begriffs der Zeitgeschichte. SZ vom 22.11.1986; Andreas Wöll: »Wegweisend für das deutsche Volk«. In: Helmut König, Michael Kohlstruck, Andreas Wöll (Hg.): Vergangenheitsbewältigung am Ende des zwanzigsten Jahrhunderts. Opladen 1998. S. 17ff.

37 Ricarda Huchs öffentlicher Aufruf, mit der Bitte Material über die Widerstandskämpfer an sie zu schicken, erschien in der RNZ vom 28.5.1946. Als Ricarda Huch im November 1947 starb,

standsbewegung[38], die der Schriftsteller Günther Weisenborn im Mai 1946 im Berliner Hebbel Theater hielt und in der er an den Widerstand der Geschwister Scholl ebenso erinnerte wie an den von Mildred und Arvid Harnack und den der Gruppen um Anton Saefkow sowie Harro und Libertas Schulze-Boysen, stand noch im Zeichen des anfänglichen Konsenses, jenseits der politischen Motivation der Widerstandskämpfer als Kennzeichen von widerständigem Verhalten dessen antinationalsozialistische Stoßrichtung zu beschreiben und anzuerkennen. »(U)nter Berufung auf den Widerstand« sollte Deutschland so seine »politische Selbstbestimmung (...) nach Hitler« zurückgewinnen.[39] Die »Zusammenstellung von Tatsachen und Zahlen über die deutsche Widerstandsbewegung«, schrieb Weisenborn im Dezember 1946 in der *Rhein-Neckar-Zeitung*, werde »die Welt in Erstaunen versetzen.«[40] »Es ist Zeit, dass unser Volk und dass die Welt von diesen Organisationen erfahren, denn das Ansehen des neuen Deutschlands in der Welt wird sich danach richten, was die Welt über die deutsche Widerstandsbewegung erfährt.«[41] In diesem Sinne glaubte auch Franz Reuter zum zweiten Jahrestag des 20. Juli »den richtigen Weg bei der Wertung des 20. Juli zu zeigen: Menschen aller Schichten und der verschiedensten Herkunft haben (...) daran gearbeitet, unser Vaterland und die Welt vor dem völligen Wahnsinn und dem völligen Verderben zu bewahren. Das ist ein mildernder Umstand für die moralische Schuld, die alle Kreise unseres Volkes und jeder einzelne durch Mithandeln oder wenigstens Mitdulden, wenn auch in sehr verschiedenem Ausmaß, auf sich geladen haben.«[42] Im Sommer 1947, zum dritten Jahrestag des 20. Juli, forderte auch Jakob Kaiser, Mitbegründer der CDU in Berlin, dass »das allgemeiner werdende Wissen um die Widerstandsbewegung« von den »Weltmächten« als außen- und innenpolitisch wirksames »Gut des deutschen Volkes« und als »positives Faktum«, das für Deutschland spreche, anerkannt werden müsse.[43]

---

hinterließ sie ein unvollendetes Manuskript. Gestützt auf ihr damals gesammeltes Material, das im Deutschen Literaturarchiv Marbach aufbewahrt worden ist, erschien ergänzt um eine biographische und editorische Einleitung sowie ergänzt durch die Publikation der damaligen Korrespondenz zwischen Huch und Angehörigen der Widerstandskämpfer: Ricarda Huch: In einem Gedenkbuch zu sammeln ... Bilder deutscher Widerstandskämpfer. Hg. u. eingel. v. Wolfgang Matthias Schwiedrzik. Leipzig 1997.

38 Günther Weisenborn: Rede über die deutsche Widerstandsbewegung. Aufbau, H. 6, 1946. S. 571ff.

39 Jürgen Danyel: Bilder vom »anderen Deutschland«. ZfG, H. 7, 1994. S. 613.

40 »Es gab eine deutsche Widerstandsbewegung«. RNZ vom 9.12.1946.

41 Günther Weisenborn, a.a.O. S. 578.

42 Franz Reuter: Zum Gedächtnis des 20. Juli. RNZ vom 20.7.1946.

43 Jakob Kaiser: Drei Jahre danach. Neue Zeit vom 20.7.1947; ähnlich auch Jakob Kaiser: »20. Juli«. RNZ vom 20.7.1946.

Während der Konsens, als Widerstand jede antifaschistische und antinationalsozialistische Arbeit anzuerkennen, bedingt durch die sich abzeichnende Systemkonfrontation zwischen Ost und West, allmählich zerfiel[44], spitzte sich die politische Funktionalisierung der Thematisierung des Widerstandes Ende der vierziger Jahre zu. Unter den politischen Rahmenbedingungen des Kalten Krieges und der Teilung Deutschlands geriet die Beschäftigung mit dem Widerstand in »Zwänge und Verzerrungen welt-anschaulich bestimmter Legitimation.«[45] In der SBZ und dann in der DDR wurden der bürgerliche Widerstand und die Männer vom 20. Juli als Bewahrer einer »imperialistischen Klassenherrschaft«[46] diskreditiert und der kommunistische Widerstand wurde zur antifaschistischen Volksbewegung und wirklichen Opposition aufgewertet.[47] Westdeutschland hingegen begründete seine politische Legitimität in der Tradition des konservativen und christlichen Widerstandes. Schon anlässlich des dritten Jahrestages des 20. Juli waren schließlich jene Stimmen in der Minderheit, die vor dessen Mythologisierung, Stilisierung und politischen Instrumentalisierung unter Preisgabe der Wahrnehmung und Auseinandersetzung mit der intentionalen und ideellen Breite widerständigen Verhaltens warnten.[48] Die Reden von Jakob Kaiser und die Texte von Annedore Leber aus den Jahren 1947 und 1948 spiegeln beispielhaft die Dominanz einer allmählichen argumentativen Indienstnahme des 20. Juli für die politische Selbstdefinition Westdeutschlands. In der Erinnerung an den 20. Juli verortete die westdeutsche Deutungselite ihre Zugehörigkeit zur westlichen Staatengemeinschaft mittels einer nun zweifachen Abgrenzung vom nationalsozialistischen Staat und von

44 Vgl. Martin Broszat: Der Bedeutungswandel eines Begriffs der Zeitgeschichte. SZ vom 22.11.1986.

45 Ebd.

46 Ines Reich, Kurt Finker: Reaktionäre oder Patrioten? In: Gerd R. Ueberschär: Der 20. Juli 1944. Köln 1994. S. 128.

47 Vgl. zur Auseinandersetzung mit dem Widerstand in der SBZ und in der DDR u.a. Werner Bramke: Neuordnung der Nachkriegsverhältnisse in Ostdeutschland aus dem Geist des Widerstandes. In: Peter Steinbach, Johannes Tuchel (Hg.): Widerstand gegen den Nationalsozialismus. Bonn 1994. S. 582ff; Ines Reich: Das Bild vom deutschen Widerstand in der Öffentlichkeit und Wissenschaft der DDR. In: Peter Steinbach, Johannes Tuchel (Hg.): Widerstand gegen den Nationalsozialismus. Bonn 1994. S. 557ff; Ines Reich, Kurt Finker: Reaktionäre oder Patrioten? Zur Historiographie und Widerstandsforschung in der DDR bis 1990. In: Gerd R. Ueberschär (Hg.): Der 20. Juli 1944. Köln 1994. S. 126ff und Jürgen Danyel: Die geteilte Vergangenheit. In: Jürgen Kocka (Hg.): Historische DDR-Forschung. Berlin 1993. S. 129ff; Simone Barck: Widerstands-Geschichten und Helden-Berichte. In: Martin Sabrow (Hg.): Geschichte als Herrschaftsdiskurs. Köln, Weimar, Wien 2000. S. 119ff.

48 Vgl. »Der deutsche Widerstand«. RNZ vom 19.7.1947; Tägliche Rundschau vom 20.7.1947; Herbert Burgmüller: Eine notwendige Klarstellung. Freiheit (Düsseldorf) vom 22.7.1947; »Aber ein Unrecht ist es, wenn wir es (den 20. Juli) vereinzigen. (...) Es starben auch die Leuschner und die Leber, die Maaß und Haubach und die Ernst von Harnack« schreibt Adolf Grimme: Widerstand vom Geist her. Sammlung, H. 10, 1947. S. 537ff.

der politischen Entwicklung in der SBZ und der späteren DDR.[49] »Die Schatten der Vergangenheit« wurden »schwächer«, wie Jakob Kaiser 1947 angesichts des Kalten Krieges betonte, »weil die Schatten der Gegenwart stärker« wurden.[50] Und während Annedore Leber noch 1947 in ihrer *Erinnerung und Besinnung* zum 20. Juli hervorhob, dass es »allen« deutschen Widerstandskämpfern »gemeinsam (...) um ein höheres Ziel«, nämlich um »einen Frieden Europas, um eine Welt der Gerechtigkeit« ging[51], stand ein Jahr später die unter den teilungspolitischen Entwicklungen bedeutsame Interpretation des 20. Juli im Mittelpunkt auch ihrer Erinnerung:

»Für die deutsche Bevölkerung ist aber der Tag das Erinnerungszeichen dafür, dass eine Geisteshaltung und der Gehalt einer aus dem Gewissen kommenden Tat nicht nach dem äußeren Erfolg abgeschätzt werden dürfen. Nicht jedes Ziel wird erreicht. Trotzdem darf man es niemals aus den Augen verlieren, eine Erkenntnis, die auch heute unseren Weg bestimmen muss, über dem weit bessere Vorzeichen stehen als über dem Weg der Männer vom 20. Juli. Der Ruf in weitere Kreise ist möglich, in eine Umwelt, die durch die Methoden der Diktatur belehrt, selbst alle Energien in sich zu entwickeln versucht, um sich den Bedingungen einer neuen Totalität entgegenzustellen.«[52]

Ähnlich wie Annedore Leber betrachtete auch Achim Oster, Sohn des im April 1945 im KZ Flossenbürg ermordeten Widerstandskämpfers Hans Oster, ein Jahr später anlässlich des fünften Jahrestages den 20. Juli es als eine »Verpflichtung« der Erinnerung »für das, um dessen Willen die Väter, Freunde und Brüder starben« einzustehen, nämlich für die »Unteilbarkeit unseres Landes, das Recht, die Freiheit und den Frieden.«[53] Seit dann Jakob Kaiser als Bundesminister für gesamtdeutsche Fragen in seiner Rundfunkansprache am Abend des 20. Juli 1950 an den Widerstand vom 20. Juli 1944 als den »letzte(n) Versuch aufrechter deutscher Patrioten« erinnerte, ihn als Vorbild für die »freien Völker der Welt« würdigte und aufforderte, dass in der Bundesrepublik im »Kampf gegen die Gefahr einer Diktatur (...) die Toten vom 20. Juli (...) Mahnung, Vorbild und Beispiel« sein sollten[54], war die Deutung des 20. Juli als einer nationalen Freiheitsbewegung in Westdeutschland zum feststehenden Topos der Wahrnehmung und Erinnerung an den Widerstand geworden.

49 Vgl. dazu auch Jürgen Danyel: Die geteilte Vergangenheit. In: Jürgen Kocka (Hg.): Historische DDR-Forschung. Berlin 1993. S. 129.

50 Jakob Kaiser: Drei Jahre danach. Neue Zeit vom 20.7.1947.

51 Annedore Leber: Erinnerung und Besinnung. Zum 20. Juli. Telegraf vom 20.7.1947.

52 Annedore Leber: Juli 1944 - Juli 1948. Telegraf vom 20. Juli 1948.

53 Achim Oster: Wandlungen um den 20. Juli. Heidelberger Tageblatt vom 20.7.1949.

54 Jakob Kaiser zum 20. Juli 1950. Ansprache in NWDR am 20.7.1950 um 20 Uhr. Typoskript in der Margret Boveri Sammlung der Gedenkstätte Deutscher Widerstand, Berlin.

Sichtbarer Ausdruck der in der Bundesrepublik nach Gründung der beiden deutschen Staaten angestrebten Traditionsbildung und Erinnerungskultur waren die seit 1952 in jedem Sommer anlässlich des 20. Juli veranstalteten offiziellen Gedenkfeiern in Berlin.[55] Während Eugen Kogon in seiner Ansprache im September 1952 anlässlich der Einweihung der Gedenkstätte in Berlin-Plötzensee, an dem Ort an dem viele Widerstandskämpfer hingerichtet worden waren, bedauerte, dass »die Organisation der Widerstandskämpfer nach 1945 (...) es nicht vermocht (habe), alle zu vereinen, die unter dem Hitler-Regime geduldet, gelitten oder gekämpft haben«, dass die Widerstandskämpfer »wieder auseinandergegangen« seien und »so der Widerstand keine politische Grundlage für die Erneuerung unserer Nachkriegswelt abgegeben«[56] habe, hatte sich die »geteilte« Erinnerung[57] und ihre politische Funktionalisierung längst durchgesetzt. So stand bereits die Rede von Hans Lukaschek anlässlich der Einweihung der Gedenkstätte in Berlin-Plötzensee ganz im Zeichen westdeutscher Standortbestimmung in der Tradition des 20. Juli. »Die Menschen, die hier das Schafott bestiegen haben«, so der Bundesminister der Vertriebenen, »haben es für ihr Vaterland getan (...). Das Mahnmal enthält die Mahnung, dass immer wieder, wenn noch jemals an dieser ewigen Idee der Freiheit und der Ordnung gerüttelt werden sollte, im deutschen Volke sich wieder Männer finden, die bereit sind, ihr Leben für die Freiheit einzusetzen.«[58] Unter dem unmittelbaren Eindruck des Volksaufstandes vom 17. Juni 1953 markierte schließlich die Gedenkveranstaltung an die Widerstandskämpfer vom 20. Juli, die im Sommer 1953 zum zweiten Mal im Hof des Bendlerblocks in Berlin stattfand, einen Höhepunkt der politisch funktionalisierten Erinnerung an den 20. Juli seit dem Ende der NS-Diktatur. Ein Jahr nach der Grundsteinlegung für das Denkmal an die Widerstandskämpfer, an dem Ort an dem die Widerstandskämpfer am 20. Juli 1944 erschossen worden waren, erinnerte der Berliner Senator für Sozialwesen, Otto Bach, an den 20. Juli als »Höhepunkt einer Widerstandsbewegung« in der »Männer und Frauen aus allen Schichten des Volkes (...), aus den Gewerkschaften, den Parteien, dem Heer, der Verwaltung und den Kirchen« für »Freiheit und das Recht« gekämpft hätten, »wie heute in

---

55 Vgl. Andreas Wöll: »Wegweisend für das deutsche Volk«. In: Helmut König, Michael Kohlstruck, Andreas Wöll (Hg.): Vergangenheitsbewältigung am Ende des zwanzigsten Jahrhunderts. Opladen 1998. S. 20; Peter Steinbach: Widerstand im Dritten Reich – Keimzelle der Nachkriegsdemokratie? In: Gerd R. Ueberschär (Hg.): Der 20. Juli 1944. Köln 1994. S. 86.

56 Eugen Kogon in: Die Märtyrer mahnen. Hg. v. Senator für Sozialwesen Otto Bach. Berlin o.J. S. 17.

57 Jürgen Danyel: Die geteilte Vergangenheit. In: Jürgen Kocka (Hg.): Historische DDR-Forschung. Berlin 1993. S. 129ff.

58 Hans Lukaschek in: Die Märtyrer mahnen. Hg. v. Senator für Sozialwesen Otto Bach. Berlin o.J. S. 7.

Berlin und Mitteldeutschland für die Freiheit und das Recht gegen eine andre Tyrannei gekämpft wird.« Und der Senator fuhr fort: »Die Junitage des Jahres 1953 reihen sich würdig an die Julitage 1944.«[59] Nachdem Bach vermittels der Erinnerung an den Widerstand die Anbindung der Bundesrepublik an den Westen betont hatte, begründete er, dem in den vergangenen Jahren gebildeten Wahrnehmungsmuster folgend, den Souveränitätsanspruch der Bundesrepublik:

»In dem Kampf des deutschen Volkes um Freiheit und Demokratie darf der Widerstand gegen die Hitlerdiktatur nicht der Vergessenheit anheimfallen. Er ist ein wesentlicher Bestandteil jener politischen Grundlagen, auf die sich der deutsche Anspruch auf Achtung und Gleichberechtigung in der Welt stützen kann.«[60]

Ernst Reuter enthüllte dann im Hof des Bendlerblocks ein Bronzedenkmal zur Erinnerung an die Widerstandskämpfer, und in seiner Rede nahm der Regierende Bürgermeister von Berlin die Gedanken Bachs auf: »Der 20. Juli 1944 war das erste sichtbare, weithin wirkende Fanal, das der Welt« gezeigt habe, so meinte Reuter, »dass in Deutschland der Wille zur Freiheit und der Wille zum eigenen Leben nicht untergegangen war.«[61] Auch in seiner Rede folgte dieser impliziten Legitimierung der staatlichen Souveränität der Bundesrepublik angesichts dieser »vaterländischen Tat« die Abgrenzung zur DDR. Reuter betrachtete es als nationale Aufgabe, den Menschen in der DDR, »an die wir auch an diesem Tage denken müssen«, »zu helfen«, denn, so fuhr er fort, es

»brennt in unseren Herzen, dass wir sie befreien, dass wir sie in ihre Heimat heimbringen und dass wir unser Vaterland in Einheit und Freiheit zusammenführen. (...) Und die einzige Ehre, die wir Deutschen diesen Männern (vom 20. Juli) antun können ist die: uns zu bemühen, mit aller Kraft das Werk zu vollenden, das unvollendet heute noch vor uns liegt.«[62]

Und auch Reuter spannte den Bogen vom 20. Juli 1944 zum 17. Juni 1953:

»Das Verbindende dieser Ereignisse ist der feste Wille, nicht unterzugehen als Volk, ist der feste Wille, frei zu werden (...) hinweg zu dem Tag zu führen, an dem über unseren Häuptern die schwarz-rot-goldene Fahne der Freiheit wehen wird und an dem wir einmal werden sagen können: wir haben vollendet, was diese Männer uns aufgetragen haben (...). Wir haben ein freies Leben und ein freies Volk geschaffen.«[63]

59 Otto Bach: Ein geschichtlicher Auftrag. In: Ihr trugt die Schande nicht – Ihr wehrtet Euch. Hrsg. v. Senator für Sozialwesen. Berlin 1953. S. 5.

60 Otto Bach, a.a.O. S. 6.

61 Ernst Reuter: Der 20. Juli 1944 – Das erste Fanal. In: Ihr trugt die Schande nicht – Ihr wehrtet Euch. Hrsg. v. Senator für Sozialwesen. Berlin 1953. S. 8.

62 Ernst Reuter, a.a.O. S. 10.

63 Ebd.

Das Denkmal, das am Ort ihrer Ermordung an die Widerstandskämpfer vom 20. Juli erinnern soll, hatte nach Reuter vor allem die Funktion »an(zu)spornen, gemeinsam zu wirken – bis wir unser Ziel erreicht haben!«[64] Bevor dann auch Jakob Kaiser, der persönlich an der Gedenkveranstaltung nicht teilnehmen konnte, verlesen ließ, dass »der Wille des 20. Juli (...) der gleiche war wie der des Juni-Aufstandes« und Emil Henk von der Stiftung 20. Juli zum Abschluss der Gedenkveranstaltung den 17. Juni 1953 als »späten Bruder des 20. Juli 1944« deutete[65], legte der Sohn des am 20. Juli 1944 ermordeten Stauffenberg am Fuß des Denkmals einen Lorbeerkranz nieder und wiederholte die der Überlieferung nach letzten Worte seines Vaters, die jetzt wie eine Kurzformel der Verpflichtung der Erinnerung erschienen: »Es lebe das heilige Deutschland!«[66]

So wie das öffentliche Erinnern und Gedenken an den Widerstand in der unmittelbaren Nachkriegszeit »vor allem deutschland- wie allgemein europa- und außenpolitische(n) Thematisierungsstrategien« folgte[67], bestimmte der politische Kontext auch die Perspektive der Geschichtsschreibung.[68] Hatte schon Günther Weisenborn auf die beabsichtigte politische Signalwirkung seiner Arbeit hingewiesen, konnte die erste Gesamtdarstellungen des Widerstandes, die Hans Rothfels in deutscher Fassung 1949 vorgelegt hatte[69], »als Versuch gelesen werden unter Berufung auf den Widerstand, die politische Selbstbestimmung für ein Deutschland nach Hitler zurückzugewinnen«.[70] Vor allem konnte Rothfels Arbeit Ende der vierziger Jahre »einen Durchbruch erzielen und im Ausland den Respekt vor dem deutschen Widerstand begrün-

---

64 Ernst Reuter, a.a.O. S. 11.

65 Vgl. Ernst Reuter, a.a.O. S. 14 und S. 23.

66 Ernst Reuter, a.a.O. S. 14. Auch Ernst Reuter und Emil Henk hatten zuvor die von Stauffenberg überlieferte Formel vom »heiligen Deutschland« aufgegriffen. Vgl. a.a.O. S. 11 und S. 21. Kritisch zur Überlieferung der Worte von Stauffenberg äußert sich Peter Steinbach: Wem gehört der Widerstand gegen Hitler? DH, H. 6, 1990. S. 56f.

67 Andreas Wöll: »Wegweisend für das deutsche Volk«. In: Helmut König, Michael Kohlstruck, Andreas Wöll (Hg.): Vergangenheitsbewältigung am Ende des zwanzigsten Jahrhunderts. Opladen 1998. S. 21.

68 Vgl. zur Entwicklung und zum Stand der Widerstandsforschung u.a. Klaus-Jürgen Müller, Hans Mommsen: Der deutsche Widerstand gegen das NS-Regime. In: Klaus-Jürgen Müller (Hg.): Der deutsche Widerstand 1933-1945. Paderborn u.a. 1986. S. 13ff; Günter Plum: Widerstand und Resistenz. In: Martin Broszat, Horst Möller (Hg.): Das Dritte Reich. München 1983. S. 248ff; Regina Holler: 20. Juli 1944. München u.a. 1994. Bes. S. 69ff; Regine Büchel: Der Deutsche Widerstand im Spiegel von Fachliteratur und Publizistik seit 1945. Bericht und Bibliographie. München 1975; Gerd R. Ueberschär: Von der Einzeltat des 20. Juli 1944 zur »Volksopposition«? Stationen und Wege der westdeutschen Historiographie nach 1945. In: Ders. (Hg.): Der 20. Juli 1944. Köln 1994. S. 101ff.

69 Hans Rothfels: Die deutsche Opposition gegen Hitler. Eine Würdigung. Krefeld 1949. (= erw. Fassung des Originaltitels: The German Opposition to Hitler. Hinsdale 1948)

70 Jürgen Danyel: Bilder vom »anderen Deutschland«. ZfG, H. 7, 1994. S. 613.

den.«[71] Auch Rudolf Pechel hob 1947 hervor, die in seiner Arbeit »angeführten Beweise werden genügen, um den Nachweis des Vorhandenseins einer starken deutschen Widerstandsbewegung überzeugend zu führen und das Urteil der Welt gründlich zu revidieren.«[72] Die geschichtswissenschaftlichen Arbeiten über den deutschen Widerstand, die im Zeichen des Kalten Krieges entstanden, sind so nicht nur »geprägt von dem Bemühen, das antitotalitäre liberaldemokratische Staats- und Gesellschaftsideal auf den national-konservativen Widerstand zurückzuprojezieren«, vielmehr lag der damaligen Widerstandsinterpretation der Historiker, wie der in der öffentlichen Erinnerung, »ein Verständnis von Widerstand zugrunde, das durch den Dualismus ›totalitärer Staat‹ – ›freiheitlich-demokratischer Widerstand‹ bestimmt war.«[73]

Neben dieser Deutung des 20. Juli als einer nationalen Freiheitsbewegung, in deren Tradition die Bundesrepublik ihre Westanbindung ebenso wie ihre Souveränität legitimieren und beanspruchen konnte, vollzog sich die Beschäftigung mit dem Widerstand in den späten vierziger und frühen fünfziger Jahren entlang eines zweiten, ebenso wirkungsmächtigen Wahrnehmungsmusters, auf die der von Fritz Bauer seit 1952 und mit dem Remer-Prozess intendierte Paradigmenwechsel gleichfalls reagierte.

Mit der Interpretation des Widerstandes als politisch im Sinne einer national bedeutsamen Tradition ging eine Entpolitisierung des Widerstandes auf der Ebene des widerständig handelnden Subjekts einher. Indem Politiker und Überlebende des Widerstandskampfes im Anschluss an den Widerstand versuchten, eine »Kontinuität des politischen Anstandes über die Epochenschwelle des Jahres 1945 hinweg zu begründen«[74], wurde widerständiges Verhalten vor allem als eine Handlungsalternative zum Mitmachen und Schweigen im Nationalsozialismus gedeutet, die wesentlich moralisch und ethisch legitimiert und als eine »metapolitische« Gewissensentscheidung[75] der Widerstandskämpfer gedeutet wurde. Der Widerstand wurde insofern entpolitisiert, als das widerständiges Verhalten von seinem politischen Systembezug und seiner politischen Motivation losgelöst, von seinem politischen

71 Peter Steinbach: Widerstand im Dritten Reich – die Keimzelle der Nachkriegsdemokratie. In: Gerd R. Ueberschär (Hg.): Der 20. Juli 1944. Köln 1994. S. 84.

72 Rudolf Pechel: Deutscher Widerstand. Erlenbach-Zürich u.a. 1947. S. 12.

73 Klaus-Jürgen Müller, Hans Mommsen: Der deutsche Widerstand gegen das NS-Regime. In: Klaus-Jürgen Müller (Hg.): Der deutsche Widerstand 1933-1945. Paderborn u.a. 1986. S. 14; vgl. auch Gerd R. Ueberschär: Von der Einzeltat des 20. Juli 1944 zur »Volksopposition«? Stationen und Wege der westdeutschen Historiographie nach 1945. In: Ders.: Der 20. Juli 1944. Köln 1994. S. 101ff.

74 Peter Steinbach: Widerstandsforschung im politischen Spannungsfeld. APuZ, B 28, 1988. S. 4.

75 Martin Broszat: Der Bedeutungswandel eines Begriffs der Zeitgeschichte. SZ vom 22.11.1986.

Ideengehalt abstrahiert und als »transpolitischer« Protest[76] bewertet wurde. Die Überbetonung der ethisch-moralischen Motivation von Widerstand[77] und der Entwurf des Bildes vom Widerstandskämpfer als dem »Märtyrer« und dem heroischen Kämpfer verlieh dem Widerstand nicht nur einen bis in die achtziger Jahre anerkannten »Glorienschein«[78], sondern verhinderte vor allem, dass Widerstand als Verhalten des Individuums in einem politischen Kontext wahrgenommen wurde. Die Bilder vom Widerstand erzählten Anfang der fünfziger Jahre »die Geschichten von Helden und Märtyrern, die aus banalen geschichtlichen Zusammenhängen herausgelöst und in die Zeitlosigkeit erhoben erscheinen.«[79] Während zum Beispiel Marion Gräfin Dönhoff in der *Zeit* schrieb, dass Widerstand »aus dem Gefühl einer höheren Verantwortung« die »Stimme des eigenen Gewissens über den blinden Gehorsam« stelle[80], Annedore Leber von widerständigem Verhalten als »einer aus dem Gewissen kommenden Tat«[81] sprach und Michael Freund in der *Gegenwart* feststellte, dass die »Persönlichkeiten« aus dem Widerstand »erst zum geringsten Teil als politische, menschliche und soziologische Charaktere« erkannt würden[82], erreichte diese »Deutung des Widerstands als Suche nach politisch-moralischer Vorbildlichkeit«[83] mit den beiden von Annedore Leber edierten Bänden *Das Gewissen steht auf* und *Das Gewissen entscheidet* Mitte der fünfziger Jahre einen Höhepunkt.[84]

Fritz Bauer sah dabei vor allem, dass die Überbetonung der ethisch-moralischen Qualität von Widerstand mit einer Unklarheit hinsichtlich seiner Legalität im Bewusstsein der Öffentlichkeit und der Deutungseliten korrespondierte. Nachdem auf der Grundlage der Studie von Hans Rothfels der Nachweis gelungen war, dass Robert Lehr zum Widerstand gehört hatte und dessen

76 Ebd.

77 Vgl. auch Klaus-Jürgen Müller, Hans Mommsen: Der deutsche Widerstand gegen das NS-Regime. In: Klaus-Jürgen Müller (Hg.): Der deutsche Widerstand 1933-1945. Paderborn u.a. 1986. S. 14.

78 Rudolf Wassermann: Gibt es ein Recht auf zivilen Ungehorsam? ZfP, H. 4, 1983. S. 344.

79 Günter Plum: Widerstand und Resistenz. In: Martin Broszat, Horst Möller (Hg.): Das Dritte Reich. München 1983. S. 257.

80 Marion Gräfin Dönhoff: Das »heimliche« Deutschland der Männer des 20. Juli. Die Zeit vom 18.7.1946.

81 Annedore Leber: Juli 1944 - Juli 1948. Telegraf vom 20.7.1948.

82 Michael Freund: Zur Problematik des 20. Juli. Bemerkungen zu einem Jahrestag. Die Gegenwart, H. 14/15, 1946. S. 16ff, hier S. 16 u. S. 17.

83 Peter Steinbach: Widerstand im Dritten Reich – die Keimzelle der Nachkriegsdemokratie? In: Gerd Ueberschär (Hg.): Der 20. Juli 1944. Köln 1994. S. 90.

84 Annedore Leber: Das Gewissen steht auf: 64 Lebensbilder aus dem deutschen Widerstand 1933-1945. Hg. in Zusammenarbeit mit Willy Brandt und Karl Dietrich Bracher. Berlin u.a. 1954; Dies.: Das Gewissen entscheidet: Bereiche des deutschen Widerstandes 1933-1945. Hg. in Zusammenarbeit mit Willy Brandt und Karl Dietrich Bracher. Berlin u.a. 1957; vgl. dazu auch Regina Holler: 20. Juli 1944. München u.a. 1994. S. 88ff.

Antragsberechtigung nachgewiesen werden konnte, wollte Bauer den Historiker als Gutachter für das spätere Verfahren gegen Remer gewinnen, um mit seinem Sachverstand die Legitimität des Widerstandes begründen zu können.[85] Rothfels lehnte jedoch ab, als Sachverständiger für Zeitgeschichte in dem Verfahren aufzutreten. Er schrieb an Bauer:

»Ich darf als bekannt unterstellen, dass mir das Andenken der Widerstandskämpfer ausserordentlich hoch steht und dass ich ihre tendenziöse Verunglimpfung tief bedauere. Für mich liegt die Würdigung dieser Männer indessen auf der Ebene des Religiösen und Ethischen sowie auf der eines tiefer gefassten Patriotismus und eines politischen Verantwortungsgefühls, das deutsch und europäisch zugleich war. Zum Juristischen habe ich als Laie kein Urteil. Aber wenn ich von der Verteidigung, wie mit Sicherheit anzunehmen ist, über die Tatsachen befragt werde, so sehe ich nicht, wie ich bestreiten könnte, dass im positiv rechtlichen Sinn die Männer des 20. Juli Hochverräter waren und einige von ihnen (...) auch Landesverräter (...).«[86]

Ein Rechtsbewusstsein von Widerstand war Anfang der fünfziger Jahre in Deutschland kaum verankert. In einem offenen Brief schrieb etwa auch Theodor Heuss 1952 an die Witwe eines Widerstandskämpfers schrieb, die ihn um Rat gebeten hatte, wie mit den immer öfter zu hörenden Verleumdungen der Widerstandskämpfer umzugehen sei. Der Bundespräsident riet der Frau, deren Mann wegen Widerstandes gegen den NS-Staat hingerichtet worden war, auf das »geschichtliche und sittliche Urteil« über den Widerstand zu vertrauen, und er riet davon ab, wegen der Verleumdung der Widerstandskämpfer Gerichtsverfahren anzustrengen. Die Justiz, schrieb Heuss, »so sachlich ihre Verfahren und so redlich ihr Bemühen um Rechtsfindung sein mögen, sind für solche Geschichtsurteile, die keine Gerichtsurteile sind, unzuständig.« Nichts sei »schrecklicher, als sehr komplexe Geschichtsvorgänge jetzt den formaljuristischen Techniken und dann dem forensischen Pathos von Staats- und Rechtsanwälten ausgesetzt zu sehen.«[87]

Die Entpolitisierung des Widerstandes durch die Beschreibung wider-ständigen Verhaltens als einem unpolitischen Gewissensprotest gegenüber dem NS-Staat und das fehlende Bewusstsein von der Legalität des Widerstandes, das in Heuss Äußerungen ebenso zum Ausdruck kam wie bei Rothfels, war

85 Fritz Bauer am 6.12.1951 in einem Brief an Hans Rothfels. Vgl. NdsStA, 61 Nds. Fb. 1, Nr. 24/1.

86 Hans Rothfels am 13.12.1951 in einem Brief an Fritz Bauer. NdsStA, 61 Nds. Fb. 1, Nr. 24/1. Obwohl Fritz Bauer Rothfels in einem Brief am 18.12.1951 noch einmal darlegte, dass er als »Sachverständiger für Zeitgeschichte« aufgrund seiner »Quellenkenntnise die Geschichte des 20. Juli wiedergeben« sollte, bat Rothfels Bauer mit Schreiben vom 23.12.1951 von seiner Berufung als Sachverständigem abzusehen.

87 Theodor Heuss: Zum 20. Juli 1944. In: Bulletin des Presse- und Informationsamtes der Bundesregierung. Nr. 94, 19. Juli 1952. S. 927.

auch Folge einer rechtlichen Negation des Widerstandes in den NS-Prozessen, die vor westdeutschen Gerichten in den frühen fünfziger Jahren geführt wurden. Richtungweisend hatte in dieser Hinsicht ein Verfahren gewirkt, das zwei Jahre vor dem Remer-Prozess in der politisch-publizistischen Öffentlichkeit für viel Aufsehen gesorgt hatte. Anfang 1950 musste sich in Kiel der Bundestagsabgeordnete der Deutschen Partei (DP) Wolfgang Hedler vor Gericht verantworten, dem die Anklage neben anderen Tatbeständen die Verleumdung von Widerstandskämpfern vorwarf.[88] Am 15. Februar 1950 wurde Hedler freigesprochen.[89] Das Gericht habe aufgrund widersprüchlicher Zeugenaussagen nicht feststellen können, dass Hedler die Widerstandskämpfer als »Lumpen« oder »Verräter« bezeichnet hatte. Im Kontext der Thematisierung von Widerstand war vor allem die Bemerkung des vorsitzenden Richters brisant, Hedler habe wohl in seiner Rede eine nachträgliche Überbewertung der Widerstandskämpfer kritisiert, dabei handele es sich aber um die politische Meinung des Abgeordneten, über die das Gericht ebenso wenig zu urteilen habe wie über die Widerstandskämpfer. Auch mit Blick auf die übrigen Anklagepunkte zeichnete sich die Urteilsbegründung vor allem durch die Unterscheidung zwischen einer rechtlichen und einer politischen Bewertung des Widerstandes aus. Die *F.A.Z.* hob hervor, der Richter habe betont, Hedler hätte »Dinge erörtert, die man in dieser Formulierung aus politischem Taktgefühl besser nicht gesagt hätte.«[90] Die Bundestagsdebatte, in der am Tag nach der Urteilsverkündung die Vorgänge um Hedler zur Diskussion standen, zeigte, dass die Legitimität des Widerstandes weiterhin zur Disposition stand. Während Erich Ollenhauer (SPD) hervorhob, dass mit dem Urteil im Hedler-Prozess »den Opfern und Gegnern des Naziterrors (...) ihr Recht verweigert worden«[91] sei, und er die Rehabilitierung der Widerstandskämpfer sowie eine Anklage der Richter wegen Rechtsbeugung forderte, verwies der CDU-Abgeordnete Kurt Georg Kiesinger auf die »Unabhängigkeit der Justiz«.[92] Er appellierte an die Bundestagsabgeordneten:

88 Vgl. zu den anderen Tatbeständen und zur Einordnung des Prozesses in den Kontext Antisemitismus nach 1945: Werner Bergmann: Antisemitismus in öffentlichen Konflikten. Frankfurt, New York 1997. S. 117ff; vgl. auch Detlef Korte: Der Hedler-Skandal 1949-53. In: Demokratische Geschichte. Jahrbuch zur Arbeiterbewegung und Demokratie in Schleswig-Holstein. Bd. IX, 1995. S. 275ff.

89 Vgl. zum Prozess Norbert Frei: Vergangenheitspolitik. München ^{2}1997. S. 309ff; Eugen Kogon: Der Fall Hedler. FH, H. 4, 1950. S. 426ff.

90 Freispruch für Hedler. F.A.Z. vom 16.2.1950.

91 Stenographische Berichte des Deutschen Bundestages, I. Wahlperiode. Sitzung vom 16. Februar 1950. S. 1302.

92 Stenographische Berichte des Deutschen Bundestages, a.a.O. S. 1302.

»(W)ir können von diesem Grundsatz nicht dann abgehen, wenn es uns passt, und uns ein andermal zu ihm bekennen, wenn es uns passt. Wir müssen diesen Grundsatz auch dann respektieren, wenn uns ein Urteil einmal nicht gefällt.«[93]

Der FDP-Abgeordnete August-Martin Euler pflichtete Kiesinger bei.[94] Auch der Abgeordnete Hans-Joachim von Merkatz von der DP zollte dem »deutschen Richter, der den Mut hat, dem politischen Druck nicht nachzugeben« Respekt.[95] Die Reden von Kiesinger, Euler und von Merkatz spiegeln exemplarisch die in der Bundesrepublik weit verbreitete Haltung, die Behauptung, die Widerstandskämpfer seien »Verräter« gewesen, sei durch das Recht der freien Meinungsäußerung legitim. In Übereinstimmung mit Kiesinger, Euler und dem wirkungsmächtigen Topos vom Widerstand als bloßer Meinung erklärte Paul Sethe in der *F.A.Z.*:

»(D)ass politische Führer und Journalisten von Rang und Ansehen von einem Gericht fordern, es solle einen Mann verurteilen, nur weil er politisch gefährliche Ideen habe, das eigentlich ist der tiefe Grund der Beunruhigung.«

Und Sethe warnte: »(W)enn ein Mann, der nicht Politiker, sondern Richter ist, bei seinen Urteilen anfängt, an politische Folgen zu denken, so ist das Recht schon verloren.«[96] Ähnlich argumentierte auch Ernst Friedländer in der *Zeit*: »Die Justiz eines Rechtsstaates ist machtlos dagegen, dass ein Redner etwa erklärt, (...) er halte die Handlungsweise der Männer des 20. Juli für falsch.«[97] Die Stellungnahme des Richters in der Urteilsbegründung, das Gericht sei für die Beurteilung der Widerstandskämpfer nicht zuständig, kommentierte Friedländer zustimmend mit dem Hinweis, dieser Satz sei vermutlich der »vernünftigste«, der bisher in der Hedler-Affäre gesprochen worden sei. Und da für eine Verurteilung Hedlers sowohl die »erforderlichen Beweise wie die einschlägigen Gesetzesparagraphen fehlten, wäre es besser gewesen, den Staatsanwalt gar nicht erst erfolglos zu bemühen.«[98] Unausgesprochen und dennoch wirksam impliziert blieb der Umkehrschluss der Argumentation von Kiesinger,

93 Stenographische Berichte des Deutschen Bundestages, a.a.O. S. 1303.

94 Ebd.

95 Stenographische Berichte des Deutschen Bundestages, a.a.O. S. 1304.

96 Paul Sethe: Das Recht steht über der Partei. F.A.Z. vom 18.2.1950.

97 Ernst Friedländer: Es gibt Wichtigeres als Hedler. Die Zeit vom 23.2.1950.

98 Ebd.; Wolfgang Hedler wurde in dem von der StaA beantragten Revisionsverfahren am 20. Juli 1951 zu neun Monaten Haft verurteilt. Eine erneute Revision, die Hedler daraufhin einlegte, scheiterte. Vgl. »Hedler-Urteil«. BGH, Urteil vom 8.5.1952 - 5 StR 182/52 (LG Kiel). NJW, H. 30, 1952. S. 1183. In der Presse galt der Fall Hedler jedoch als abgehandelt und von dem Urteil nahm man kaum Notiz. Vgl. Werner Bergmann: Antisemitismus in öffentlichen Konflikten. Frankfurt a.M., New York 1997. S. 132f u. Norbert Frei: Vergangenheitspolitik. München ^{2}1997. S. 324.

Euler und anderen, denn die Verleumdung des Widerstandes als Meinungsfreiheit strafrechtlich für unbedenklich zu qualifizieren, beurteilte die Position des Widerstandes als eine mögliche politische Haltung neben anderen und nicht als Verwirklichung von Recht gegenüber einem Unrechtsstaat. Dolf Sternberger vertrat in der *Welt am Sonntag* die Gegenposition. Sein Kommentar zum Urteil im Prozess gegen Hedler kam der Rechtsposition von Fritz Bauer in der späteren Anklage im Remer-Prozess sehr nah: »Wenn hier der Tatbestand einer Beleidigung der Widerstandskämpfer zu prüfen war,« schrieb Sternberger mit Blick auf das Hedler-Urteil, so »war nach § 186 StGB auch der mögliche Wahrheitsgehalt der beleidigenden Äußerung zu untersuchen. Und wenn der Tatbestand einer Verleumdung zu prüfen war, war nach § 186 StGB erst recht die Wahrheit oder Unwahrheit der fraglichen Äußerung sorglich zu untersuchen. Soweit sich die Äußerungen auf die Widerstandskämpfer bezogen, musste das Gericht furchtlos in die geschichtliche Sachlage eindringen und also auch die Widerstandskämpfer beurteilen (...).«[99] Während jüdische Kultusgemeinden, die Vereinigung der Verfolgten des Nazi-Regimes (VVN), Betriebsräte und ein Gemeinderat, sozialdemokratische Ortsgruppen sowie der Präsident des Bayerischen Landtags im Namen aller Abgeordneten Unverständnis über das Urteil gegen Hedler äußerten und in Neumünster und Kiel gewerkschaftliche Protestkundgebungen gegen das Urteil stattfanden[100], forderte auch der amerikanische Hohe Kommissar John McCloy eine moralische und politische Abgrenzung der Deutschen von der Propaganda Hedlers. McCloy bezweifelte, dass Hedler, »wenn er (...) tatsächlich die Dinge gesagt hat, die man ihm zur Last legte, (...) moralisch von der öffentlichen Meinung der Welt oder Deutschlands freigesprochen werden kann oder wird«.[101] Auch die Stellungnahme des Hohen Kommissars leistete damit dem wirkungsmächtigen Argument Vorschub, die Verleumder der Widerstandskämpfer vertreten lediglich ein politische Meinung. Der von Ollenhauer in die Bundestagsdebatte eingebracht Gedanke, dass das Urteil im Hedler-Prozess den Angehörigen des Widerstandes ihr Recht vorenthalte, war nicht Thema der Diskussion. Vielmehr rückte die tagespolitische Frage in den Mittelpunkt der Auseinandersetzung, wie die westdeutsche Gesellschaft den neuen Nationalismus abwehren sollte, denn es waren die Politiker aus den Reihen der DP und der SRP, die die Widerstandskämpfer verleumdeten und beleidigten. Schon im Februar 1950 hatten hohe Beamte der US-High Commission ein Treffen mit Adenauer und Kabinettsmitgliedern genutzt, um ihre Sorge über den wachsenden Nationa-

---

99 Welt am Sonntag vom 18.2.1950.

100 Vgl. Norbert Frei: Vergangenheitspolitik. München ^{2}1997. S. 317f.

101 McCloy hat Zweifel. F.A.Z. vom 16.2.1950.

lismus in der Bundesrepublik mitzuteilen.[102] Die westdeutsche Presse hatte im Sommer 1950 zudem eine Stellungnahme von John McCloy zitiert, die Vorfälle hätten alle Besatzungsmächte beunruhigt und man würde die politischen Vorgänge in Deutschland genau beobachten.[103] Die Forderung nach der Anerkennung der Legitimität des Widerstandes trat hinter dieser Thematisierung des neuen Nationalismus zurück.

Noch am Tag der Urteilsverkündung im Hedler-Prozess legte die SPD dem Bundestag zwei Gesetzesvorlagen vor, die zeigen, dass die normative Distanzierung von neonationalistischer Politik und die Anerkennung des Widerstandes zwei Seiten einer Medaille waren. Mit einem »Gesetz gegen die Feinde der Demokratie« klagte die SPD einen politischen, normativen Akt gegen rechts ein und mit dem Entwurf eines »Gesetzes zur Wiedergutmachung nationalsozialistischen Unrechts auf dem Gebiete der Strafrechtspflege« forderten die Sozialdemokraten die Anerkennung des aus Überzeugung geleisteten Widerstandes gegen das NS-Regime. Georg August Zinn begründete in der ersten Lesung der Vorlage im Bundestag am 16. März 1950 die »rechtliche, politische und moralische Rehabilitierung« derer, die »Überzeugungswiderstand gegen die Gewaltherrschaft« geleistet hatten als Rechtsposition gegenüber dem Unrechtscharakter des nationalsozialistischen Herrschaftssystems. Die strafrechtliche Sanktionierung von Widerstand im NS-System müsse durch den Bundestag aufgehoben werden.[104] Bundesjustizminister Thomas Dehler jedoch erkannte keinen Handlungsbedarf, die Gesetzesvorlage fand keine Mehrheit im Bundestag und scheiterte.[105] Eugen Kogon kam in einer in den *Frankfurter Heften* veröffentlichten Analyse der Bundestagsdebatte, die am Tag nach dem Freispruch von Hedler stattgefunden hatte, zu dem Ergebnis, dass die »Verwirrung der Begriffe (...) erheblich (sei), weil zwischen zwei verschiedenen, aber gleich wichtigen Errungenschaften der Demokratie nicht unterschieden wurde: der Anwendung des Gesetzes auf politische Tatbestände und der Unabhängigkeit der Richter.«[106] Die Frage, die in Deutschland jetzt auf der politischen Agenda stand, lautete, ob sich Widerstandskämpfer im Namen der Meinungsfreiheit verleumden lassen mussten.[107]

---

102 Vgl. Frank M. Buscher: The U.S. High Commission and German Nationalism, 1949-52. Central European History, H. 23, 1990. S. 63.

103 Vgl. dazu Werner Bergmann: Antisemitismus in öffentlichen Konflikten. Frankfurt, New York 1997. S. 128.

104 Stenographische Berichte des Deutschen Bundestages, I. Wahlperiode. Sitzung vom 16. März 1950. S. 1610; vgl. auch Norbert Frei: Vergangenheitspolitik. München ^{2}1997. S. 319f.

105 Stenographische Berichte des Deutschen Bundestages, I. Wahlperiode. Sitzung vom 16. März 1950. S. 1611ff

106 Eugen Kogon: Der Fall Hedler. FH, H. 4, 1950. S. 430.

107 Vgl. Norbert Frei: Vergangenheitspolitik. München ^{2}1997. S. 315.

Dass das Bewusstsein von der Legalität des Widerstandes nach 1945 in die Defensive gedrängt werden konnte, hatte auch damit zu tun, dass eine Mehrheit der postdiktatorischen Gesellschaft den Nationalsozialismus mitgetragen hatte[108] und die Vergangenheitspolitik der Bundesregierung unter Kanzler Konrad Adenauer vor allem die »Amnestierung und Integration der vormaligen Anhänger des ›Dritten Reichs‹« durchsetzte.[109] Als eins der ersten Gesetze hatte der Bundestag nach seiner Konstituierung das Gesetz über die Gewährung von Straffreiheit verabschiedet, das mehreren zehntausend NS-Tätern zugute kam und die Entschlossenheit der Regierung zum Ausdruck brachte, einen Schlussstrich unter die NS-Vergangenheit zu ziehen. Zu einem sehr frühen Zeitpunkt, nämlich schon Weihnachten 1949, war damit der »Einstieg in eine rasch fortschreitende Delegitimierung der Verfolgung von NS-Straftaten« eingeleitet und ein großzügiges Integrationsangebot an die Mehrheit der Gesellschaft gemacht, die sich eben nicht vom Nationalsozialismus distanziert hatte.[110] Während die Selbsthilfeorganisationen der Angehörigen des Widerstandes, wie das Hilfswerk 20. Juli 1944 und die Vereinigung der Verfolgten des Nazi-Regimes (VVN), schon Anfang der fünfziger Jahre resümierten, die westdeutsche Gesellschaft habe der Minderheit der Gegner des NS-Regimes nicht den von ihnen erwarteten Einfluss zugestanden und sie vor allem im tagespolitischen Kontext instrumentalisiert[111], war der Bundesregierung daran gelegen, die bestmögliche Verteidigung der von den Alliierten angeklagten oder verurteilten NS-Tätern sicherzustellen. Schon 1949 war deshalb eine Zentrale Rechtsschutzstelle im Bundesjustizministerium eingerichtet worden.[112] Symptomatisch für die west-deutsche Vergangenheitspolitik war, dass sich eine breite gesellschaftliche Front von Vertretern der Kirchen, der Publizistik, der alten militärischen Elite und der Bundesregierung zusammengefunden hatte, um das Problem der wie es im Sprachgebrauch der politischen Akteure hieß, »sogenannten Kriegsverbrecher« zu lösen.[113] Als John McCloy im Januar 1951 weitreichende Begnadigungen für verurteilte NS-Verbrecher

108 Die Mehrheit der Deutschen (57 Prozent) hatte noch im Oktober 1948 den Nationalsozialismus für eine »gute Idee« gehalten, die nur »schlecht ausgeführt« worden sei. Vgl. Elisabeth Noelle, Erich Neumann (Hg.): Jahrbuch der öffentlichen Meinung 1947-1955. Allensbach ²1965. S. 136.

109 Norbert Frei: Vergangenheitspolitik. München ²1997. S. 397.

110 Norbert Frei, a.a.O. S. 29ff, hier S. 53.

111 Vgl. Christiane Toyka-Seid: Der Widerstand gegen Hitler und die westdeutsche Gesellschaft. In: Peter Steinbach, Johannes Tuchel (Hg.): Widerstand gegen den Nationalsozialismus. Bonn 1994. S. 576.

112 Norbert Frei: Vergangenheitspolitik. München ²1997. S. 21f.

113 Vgl. Ulrich Brochhagen: Vergangene Vergangenheitsbewältigung. Mittelweg 36, H. 5, 1992. S. 148.

aussprach, schien das Problem der deutschen Vergangenheit allmählich gelöst zu sein.[114]

Es waren Wenige, die in der unmittelbaren Nachkriegszeit und in der frühen Bundesrepublik eindeutig und hörbar für die Widerstandskämpfer Partei ergriffen. Kurt Schumacher begründete in seiner Rede am 6. Mai 1945 seinen parteiinternen Mitgestaltungsanspruch mit seinem Kampf gegen das NS-Regime.[115] »Doch die Verfolgten selber zogen es manchmal vor, ihre Widerstandstätigkeit (...) zu verschweigen«, weil sie selbst vergessen und ihren Platz in der Gesellschaft finden wollten. Die Opposition gegen den NS-Staat war die Erfahrung einer Minderheit. Die Angehörigen des Widerstandes hatten sich während des Nationalsozialismus »außerhalb der nationalen Gemeinschaft gestellt« und in der bundesrepublikanischen Gesellschaft bestand nach 1945 »Distanz zu ihr (...) selbst bei Menschen, die keinerlei Sympathie für die Nazis hegten.«[116] Eine Konfrontation der Mehrheit der Angehörigen der westdeutschen postdiktatorischen Gesellschaft, mit der Position der Minderheit, dem »anderen Deutschland«, forderte niemand heraus.[117] Weder Kurt Schumacher machte das Thema Widerstand zu einem öffentlichen, weil auch die SPD auf einen Zugewinn neuer Wählerstimmen von der Mehrheit der Bevölkerung angewiesen war, noch waren »Bekenntnis« und »Dank«, die Bundespräsident Theodor Heuss in seiner viel zitierten Rede dem Widerstand entgegenbrachte[118], eindeutig. Als Bundespräsident hatte er zwar schon 1949 eine »Kollektivscham« der Deutschen bekannt[119] und im November 1952 anlässlich der Eröffnung der Gedenkstätte Bergen-Belsen den Umgang der Deutschen mit ihrer Vergangenheit als ein »Verfahren der moralisch Anspruchlosen«[120] verurteilt. Doch sprach Heuss in Bergen-Belsen vom »europäischen Schicksal«, seine Deutung der Verbrechen erfasste den Nationalsozialismus als ein subjektloses Geschehen und trug zur Durchsetzung einer »Ent-Konkretisierung«

---

114 Vgl. dazu Ulrich Brochhagen: Nach Nürnberg. Berlin 1999. S. 35ff.

115 Vgl. Kurt Schumacher: In: Willy Albrecht (Hg.): Kurt Schumacher, Reden – Schriften – Korrespondenzen. Bonn 1985. S. 215.

116 Susanne Miller: Widerstand und Exil. Bedeutung und Stellung des Arbeiterwiderstands nach 1945. In: Gerd R. Ueberschär: Der 20. Juli 1944. Köln 1994. S. 238.

117 Vgl. auch Jürgen Danyel: Bilder vom »anderen Deutschland«. ZfG, H. 7, 1994. S. 611ff.

118 Theodor Heuss: Vom Recht zum Widerstand – Dank und Bekenntnis. In: Theodor Heuss. Die großen Reden. Der Staatsmann. Tübingen 1965. S. 247ff. (Rede zum Gedächtnis des 20. Juli 1944, gehalten am 19. Juli 1954 in der Freien Universität Berlin)

119 Theodor Heuss: Mut zur Liebe. In: Theodor Heuss. Die großen Reden. Der Staatsmann. Tübingen 1965. S. 99ff.

120 Theodor Heuss: Das Mahnmal. In: Theodor Heuss. Die großen Reden. Der Staatsmann. Tübingen 1965. S. 224ff, hier S. 226.

des NS-Systems bei.[121] Die Frage nach der Verantwortung der Deutschen für die Verbrechen stellte Heuss nicht, und er konfrontierte die Gesellschaft nicht mit der Handlungsalternative wider-ständigen Verhaltens. Vielmehr trat auch Heuss Mitte der fünfziger Jahre für die Rehabilitierung eines verurteilten NS-Täters ein.[122] Die Abwehr der Vergangenheit sowie eine gleichzeitige Entpolitisierung und Entlegitimierung von Widerstand zugunsten der Integration der NS-Täter erreichte im Herbst 1952 einen vorläufigen Höhepunkt. In der Bundestagsdebatte am 17. September berieten die Abgeordneten eine von der DP vorgelegte Anfrage über die »Lösung der ›Kriegsverbrecher‹-Frage« und kritisierten parteiübergreifend die alliierten NS-Prozesse als »Siegerjustiz« und als »Ausübung politischer Macht und Gewalt«. Die den alliierten NS-Prozessen zugrunde liegende Absicht einer Aufklärung des NS-Systems wurde nicht reflektiert. Der FDP-Abgeordnete Erich Mende konnte unwidersprochen appellieren:

»(M)eine Damen und Herren, sieben Jahre danach scheint doch nun Gelegenheit zu sein, einen Schlussstrich zu ziehen. (...) Wir wollen den Blick nach vorn tun.«[123]

Fritz Bauer resümierte später, dass auch die Juristen Anfang der fünfziger Jahre den Schluss zogen, eigentlich sei das Thema erledigt.[124] Während die Legitimität von Widerstand weitgehend negiert wurde, markierte die sich im Kalten Krieg verändernde Rolle Westdeutschlands, vom besiegten und besetzten Land zum politischen Verbündeten, den Beginn einer weitreichenden Rechtsprechung zugunsten der Täter sowie einer Exkulpation des nationalsozialistischen Unrechts durch die Rechtsprechung.[125] Obwohl 1950 und 1951 die der Justiz nach der Kapitulation auferlegten Beschränkungen weitgehend aufgehoben wurden und der Justiz damit die Möglichkeit gegeben war, die NS-Verbrechen nach deutschem Recht zu verfolgen, sank die Zahl der rechtskräftigen Verurteilungen wegen NS-Verbrechen stetig und erreichte 1952, in dem Jahr, in dem dann in Braunschweig der Remer-Prozess stattfand, den nied-

121 Vgl. Joachim Perels: Vergessen – Gedenken – Erinnern. FR vom 10.4.1999 und Sabine Moller: Die Entkonkretisierung der NS-Herrschaft in der Ära Kohl. Hannover 1998.

122 Vgl. Joachim Perels: Der Umgang mit Tätern und Widerstandskämpfern nach 1945. KJ, H. 3, 1997. S. 362.

123 Stenographische Berichte des Deutschen Bundestages, I. Wahlperiode. Sitzung vom 17. September 1952. S. 19502.

124 Fritz Bauer: Zu den Nazi-Verbrecherprozessen. SdG, H. 18, 1963. S. 566.

125 Susanne Benzler hat auf den Zusammenhang vom Gewinn der politischen Souveränität der Bundesrepublik und dem Beginn der das NS-System exkulpierenden Rechtsprechung am Beispiel der »Euthanasie«-Prozesse in einem Aufsatz hingewiesen. Susanne Benzler: Justiz und Anstaltsmord nach 1945. In: Redaktion Kritische Justiz (Hg.): Die juristische Aufarbeitung des Unrechts-Staats. Baden-Baden 1998. S. 383ff.

rigsten Stand seit 1946.[126] Öffentlichkeit und Politik schienen Anfang der fünfziger Jahre mit den NS-Tätern Frieden zu schließen.[127] Für eine Auseinandersetzung mit dem Widerstand als Handlungsalternative im NS-Unrechtsstaat und eine Anerkennung des Widerstandsrechts fühlten sich weder Politik, Öffentlichkeit noch Gerichte zuständig. Vor diesem Hintergrund strebte Fritz Bauer mit einem Prozess um den 20. Juli den Nachweis der Legitimität von Widerstand im NS-Staat ebenso an wie eine historische und politische Kontextualisierung der Prinzipien widerständigen Handelns.

2. Die Verfahrensstrategien der Prozessparteien im vergangenheitspolitischen Kontext

Nachdem die Staatsanwaltschaft beim zuständigen Landgericht Braunschweig Klage gegen Otto Ernst Remer eingereicht hatte und während Staatsanwaltschaft und Verteidigung das Verfahren vorbereiteten, zeigte sich, dass Remers Rechtsanwälte auf die Wirksamkeit der Rechtsprechung und der vergangenheitspolitischen Stimmung zugunsten der ehemaligen Funktionäre des NS-Systems setzten, um im Prozess Remers Rede zu rechtfertigen und die Legitimität des Widerstandes zurückzuweisen. Der Termin zur Hauptverhandlung gegen Otto Ernst Remer stand schon fest, als die Verteidigung Anfang März 1952 der Staatsanwaltschaft mitteilte, dass sie den Generalrichter a.D. Manfred Roeder und den Juristen Walter Huppenkothen als Zeugen benennen würden.[128]

Manfred Roeder hatte als Ankläger beim Reichskriegsgericht die Untersuchung und Anklage gegen die Widerstandskämpfer der Roten Kapelle und die Untersuchung gegen Dietrich Bonhoeffer und Hans von Dohnanyi geleitet.[129] Auf Veranlassung des früheren preußischen Kultusministers Adolf Grimme, des Schriftstellers Günther Weisenborn sowie Greta Kuckhoff wurden nach 1945 mehrfach Versuche unternommen, Roeder wegen Verbrechen gegen die Menschlichkeit, Aussageerpressung, Rechtsbeugung und anderer Straftaten vor

126 Vgl. Adalbert Rückerl: NS-Verbrechen vor Gericht. Heidelberg 21984. S. 329.

127 Vgl. Ulrich Brochhagen: Nach Nürnberg. Berlin 1999. S. 36.

128 RA Wehage am 8.3.1952 in einem Schreiben an den Oberstaatsanwalt beim LG. Vgl. NdsStA, 61 Nds. Fb. 1, Nr. 24/3.

129 Vgl. Heinrich W. Grosse: Dietrich Bonhoeffer, sein Ankläger Manfred Roeder und die Lüneburger Nachkriegsjustiz. In: Jahrbuch der Gesellschaft für Niedersächsische Kirchengeschichte, Bd. 93, 1995. S. 243f.

Gericht zu stellen.[130] In dem Ermittlungsverfahren, das die zuständige Staatsanwaltschaft Lüneburg in den Jahren 1949 bis 1951 geführt hatte, kam der Staatsanwalt aber zu dem Ergebnis, dass Roeder in »keinem Fall« eine Straftat nachgewiesen werden konnte.[131] Der Prozess gegen die Mitglieder der Roten Kapelle sei kein Verbrechen gegen die Menschlichkeit gewesen, weil nach der damaligen Gesetzeslage Recht gesprochen worden und das Verhalten der Mitglieder der Roten Kapelle als Landesverrat mit dem Tode zu bestrafen gewesen sei.[132] Die Ermordung der Widerstandskämpfer wurde von dem zuständigen Lüneburger Staatsanwalt nicht als unrechtmäßiger Akt nationalsozialistischer Repression gedeutet, sondern als Folge des von den Widerstandskämpfern begangenen »Landesverrats«.[133] Es »lässt sich nicht widerlegen, dass die Todesurteile rechtmäßig waren«, hielt der Staatsanwalt in seinem Schlussbericht am 17. Juli 1951 fest, und er ging davon aus, dass von Bonhoeffer, Dohnanyi und »der Gruppe des 20. Juli in umfassendem Maße Landesverrat und Spionage betrieben worden ist«. Die Militäropposition habe ein »ungeheures Maß an Schuld auf sich genommen. (...) Blut deutscher Soldaten« sei »unnütz und unschuldig durch ihre Verratshandlungen geflossen«.[134] Roeder, der die damalige Ermittlungsarbeit der Gestapo-Beamten gegen die Widerstandskämpfer wie auch die Angemessenheit des Strafverfahrens gegen die damaligen angeklagten »Kommunisten« und »Verräter« rechtfertigte, gelang Anfang der fünfziger Jahre im Ermittlungsverfahren gegen ihn die »Umkehrung der Fronten zwischen Anklage und Verteidigung«.[135] Die Staatsanwaltschaft folgte nicht nur seiner Argumentation, indem sie die Perspektive der Täter reproduzierte.[136] Vielmehr blendete sie die Position der Widerstandskämpfer aus. Den Überlebenden und Angehörigen des Widerstandes, die wie Christine von Dohnanyi und Harald Poelchau als Belastungszeugen in dem Ermittlungsverfahren gegen Roeder aussagten, wurde vorgehalten, dass sie die Vorgänge »seinerzeit und auch jetzt aus der Perspektive des ›schuldbewussten Täters‹ sehen, der das

130 Vgl. Norbert Haase: Der Fall »Rote Kapelle« vor dem Reichskriegsgericht. In: Hans Coppi, Jürgen Danyel, Johannes Tuchel (Hg.): Die Rote Kapelle im Widerstand gegen den Nationalsozialismus. Berlin 1994. S. 175.

131 Vgl. Heinrich W. Grosse, a.a.O. S. 251.

132 Vgl. Norbert Haase, a.a.O. S. 172f.

133 Vgl. Peter Steinbach: Widerstandsorganisation Harnack/Schulze-Boysen. In: Ders.: Widerstand im Widerstreit. Paderborn u.a. 1994. S. 236. Vgl. auch Ulrich Sahm: Das Ermittlungsverfahren gegen Dr. Manfred Roeder (1946-1951). In: Ders.: Rudolf von Scheliha 1897-1942. Ein deutscher Diplomat gegen Hitler. München 1990. S. 297ff.

134 Zit.n. Heinrich W. Grosse, a.a.O. S. 252.

135 Peter Steinbach: Die Rote Kapelle – 50 Jahre danach. In: Hans Coppi, Jürgen Danyel, Johannes Tuchel (Hg.): Die Rote Kapelle im Widerstand gegen den Nationalsozialismus. Berlin 1994. S. 57.

136 Vgl. Heinrich W. Grosse, a.a.O. S. 253.

Bestreben hat, sich für unschuldig und nur die Gegenseite für schuldig zu erklären!«[137] Danach habe die »Mehrzahl der vernommenen Zeugen (...) aus Menschen (bestanden), die sich in einen maßlosen Hass gegen den nationalsozialistischen Staat hineingesteigert haben und die aus diesem übersteigerten Hass auch heute noch nicht herausgefunden haben (...).«[138] Zudem äußerte die Staatsanwaltschaft den Verdacht, die Vorwürfe gegen Roeder seien »kommunistisch gesteuerte Machenschaften«.[139] Obwohl der »Schlussbericht des Oberstaatsanwaltes in Lüneburg« im Ermittlungsverfahren gegen Roeder nicht zu den Akten genommen und mit dem Vermerk »geheim« unter Verschluss gehalten wurde, wurde er rechtswirksam: Der Staatsanwalt, der den Schlussbericht verfasst hatte, konzipierte auch die Begründung für die Einstellungsverfügung im Ermittlungsverfahren gegen Roeder. Im November 1951 schickte der Lüneburger Oberstaatsanwalt die Mitteilung über die Einstellung des Verfahrens gegen Roeder an Grimme: »In keinem Fall hat (Roeder) eine Rechtsbeugung oder eine sonstige Straftat nachgewiesen werden können. (...) Ich habe daher das Verfahren eingestellt.«[140] Es war Dr. Erich Günther Topf, der im September 1951 bereits die Eröffnung eines Prozesses gegen Otto Ernst Remer abgelehnt hatte, Grimme nun den Einstellungsbescheid übersandte und die Einstellung des Verfahrens mit der Rechtmäßigkeit der Verurteilung der Mitglieder der Roten Kapelle begründete:

»In der gesetzmäßigen Anwendung der Bestimmungen während des Krieges kann (...) nicht ohne weiteres eine Straftat, insbesondere auch nicht ein Verbrechen gegen die Menschlichkeit, erblickt werden, da auch in anderen Ländern westlichen Kulturkreises schwere Fälle von Landesverrat, besonders während des Krieges, mit dem Tode bestraft werden (...).«[141]

Die Unterzeichnung des Einstellungsbeschlusses im Ermittlungsverfahren gegen Manfred Roeder gehörte zu den ersten Amtshandlungen von Staatsanwalt Topf in Lüneburg. Erst wenige Tage zuvor war er mit Wirkung vom 1. November 1951 von Braunschweig nach Lüneburg abgeordnet worden. In Braunschweig war Oberstaatsanwalt Dr. Erich Günther Topf zuvor – wie gezeigt – für die Ermittlungen gegen Remer zuständig gewesen und nur auf Weisung von Fritz Bauer hatte er die Anklageschrift gegen Remer geschrieben, nachdem er Ende September 1951 dem Bundesinnenminister Robert Lehr zunächst mitgeteilt hatte, dass eine Anklage von Remer keine Aussicht auf Erfolg haben werde und er von einer Anklage gegen Remer absehen werde.

137 Zit.n. ebd.
138 Zit.n. Heinrich W. Grosse, a.a.O. S. 254.
139 Zit.n. ebd.
140 Zit.n. Heinrich W. Grosse, a.a.O. S. 251.
141 Zit.n. Heinrich W. Grosse, a.a.O. S. 255.

Der »Fall« Topf gibt beispielhaft Aufschluss über die Dominanz der früheren Träger des NS-Systems bei der Zurückweisung des Widerstandsrechts durch die Justiz in der Bundesrepublik.

Erich Günther Topf, 1904 in Magdeburg geboren, hatte sein Studium der Rechtswissenschaft und Promotion zum Dr. jur. in den zwanziger Jahren in Berlin und Göttingen absolviert und war von 1930 bis 1935 als Gerichtsassessor bei den Staatsanwaltschaften in Erfurt, Torgau, Magdeburg, Naumburg, Halle, Kiel und Königsberg/Pr. und bis 1939 bei der Staatsanwaltschaft in Kiel tätig. In den vierziger Jahren hatte er als Oberregierungsrat beim Preiskommissar und der Landesregierung Sachsen-Anhalt gearbeitet, seit 1938 war er Mitglied der NSDAP und Mitte der dreißiger Jahre war er dem RDB, dem NSV und dem RLB beigetreten. Drei Jahre lang, von 1936 bis 1939, war er Sturmmann und Rottenführer der SA. Seine Überprüfung durch die Entnazifizierung wurde im Juni 1947 mit der Einstufung in Gruppe V abgeschlossen. Topf galt als »Entlasteter«. Im Juli 1947 trat er seinen Dienst als Staatsanwalt in Kiel an, zunächst auf Widerruf und seit April 1948 als Erster Staatsanwalt. Seit 1. März 1949 war er als Oberstaatsanwalt in Braunschweig tätig.[142] Das Zonal Office of the Legal Adviser in Herford stand zwar noch im Februar 1949 einer Einstellung von Topf als Oberstaatsanwalt in Braunschweig ablehnend gegenüber[143] und vermerkte:

»Wir haben ausserordentliche Bedenken, der Ernennung Dr. Erich Topf zum Oberstaatsanwalt beim Landgericht Braunschweig zuzustimmen. Er war Parteimitglied von 1937 und Rottenführer in der SA. Wir sind der Auffassung, dass wegen der besonderen Stellung der Staatsanwaltschaft in Braunschweig und wegen der dort bestehenden höchst unbefriedigenden Zustände, daselbst nicht nur ein energischer und tüchtiger Oberstaatsanwalt benötigt wird, sondern auch ein Mann mit völlig einwandfreien politischen Papieren. Der Legal Adviser to the Regional Commissioner des Landes Niedersachsen ist der gleichen Ansicht und weist darauf hin, dass z.Z. annähernd 1/3 der unter die Verordnung Nr. 41 fallenden Stellen seines Landes mit früheren Parteimitgliedern besetzt ist. Das ist ein düsteres Bild.«[144]

Nachdem sich aber in den folgenden zwei Wochen der Generalstaatsanwalt von Kiel beim Zentral-Justizamt für Topfs Wiedereinstellung einsetzte, Topf Fürsprache aus dem Justizministerium von Schleswig-Holstein erhielt und er selbst beim Zentral-Justizamt in Hamburg vorgesprochen und dargelegt hatte, dass seine NSDAP-Mitgliedschaft eine rein nominelle gewesen sei, kam das

142 NMdJE, Personalakte Dr. Erich Günther Topf.

143 Vgl. zum Wiederaufbau der Justiz in der britischen Zone Joachim Reinhold Wenzlau: Der Wiederaufbau der Justiz in Nordwestdeutschland 1945 bis 1949. Königstein 1979; Bernhard Diestelkamp, Susanne Jung: Die Justiz in den Westzonen und der frühen Bundesrepublik. APuZ, B 13/14, 1989. S. 19ff.

144 NMdJE, Personalakte Dr. Erich Günther Topf.

Zonal Office of the Legal Adviser nur zwölf Tage später, am 16. Februar 1949, zu einer wesentlich günstigeren Einschätzung von Topf. Seiner Einstellung als Oberstaatsanwalt in Braunschweig stand nichts mehr im Weg. Als im November 1950 der Verdacht aufkam, Topf habe über seine Zugehörigkeit zur NSDAP und zu seiner Tätigkeit während der NS-Zeit falsche Angaben gemacht, nahm Fritz Bauer als sein Vorgesetzter dienstrechtliche Vorermittlungen auf. Als Bauer mit dem Staatsanwalt den materialrechtlichen Streit im Fall Remer führte, ermittelte er also schon mehrere Monate gegen Topf. Trotz »aller Bemühungen«, so teilte Bauer am 1. November 1951 dem Nieder-sächsischen Minister der Justiz in einem Schreiben mit, konnte er jedoch die für seine Ermittlungen benötigten Akten nicht einsehen und die Untersuchung nicht zum Abschluss bringen.[145] Im November 1951 gab Bauer die dienstrechtlichen Ermittlungen an die nach Topfs Versetzung zuständigen Stellen nach Lüneburg ab und bat hinsichtlich der Vorermittlungen, die »Frage der Zugehörigkeit (Topfs) zur NSDAP und (...) seiner Verwendung zu Kriegsbeginn als Staatsanwalt oder Richter im Rahmen der Militärgerichtsbarkeit zu prüfen.«[146] Im April 1952 schloss der zuständige Oberstaatsanwalt in Stade den Fall Topf ab, und der Generalstaatsanwalt in Celle stellte die dienstrechtlichen Ermittlungen ein. Mit Bezug auf die Ermittlungsergebnisse des Oberstaatsanwalts in Stade hielt der Generalstaatsanwalt in Celle fest, dass »in keinem Punkte (...) sich dienststrafrechtliche Verfehlungen« von Topf ergeben haben und alle Vorwürfe widerlegt worden seien, vielmehr hielt er Topf für »besonders geeignet«, die Leitung der Staatsanwaltschaft in Lüneburg zu übernehmen. Am 1. Mai 1952 trat Dr. Erich Günther Topf in Lüneburg seine neue Position als Oberstaatsanwalt an.[147]

Der Historiker Christoph Kleßmann bezeichnet das Ausmaß der personellen Restauration, die sich in der jungen Bundesrepublik vollziehen konnte, als eine »fatale Hypothek« für die Demokratie.[148] In der britischen Besatzungszone, in der auch der Gerichtsbezirk Braunschweig lag, waren so viele Juristen, die zur ehemaligen Interpretationselite des Nationalsozialismus zählten, in den Justizdienst zurückgekehrt, dass das zuständige Ministerium bemerkte, »die personelle Besetzung der Gerichte im Jahre 1949 (biete) äußerlich im wesentli-

145 Fritz Bauer konnte vor allem die für seine Ermittlungen wichtigen polizeilichen Akten aus dem Zuständigkeitsbereich des Polizeipräsidenten in Kiel nicht einsehen. Von dort teilte man Bauer mit, die polizeilichen Vorgänge seien ausschließlich »für den innerdienstlichen Gebrauch bestimmt (...) und das Ministerium des Inneren der Landesregierung Schleswig-Holstein (habe) die Überlassung derartiger Akten an Justizbehörden untersagt.« Vgl. NMdJE, Personalakte Dr. Erich Günther Topf.

146 Ebd.

147 Ebd.

148 Vgl. Christoph Kleßmann: Die doppelte Staatsgründung. Bonn 1991. S. 252.

chen genau das gleiche Bild (...) wie im Jahre 1945 vor dem Zusammenbruch.«[149] Zwar war das Personal in Verwaltung, Justiz und später im Militär gezwungen, die demokratische Ordnung der Bundesrepublik anzuerkennen, doch zeigt der »Fall« Dr. Erich Günther Topf exemplarisch die Wirksamkeit dieser strukturellen Hypothek auf das sich entwickelnde demokratische und rechtsstaatliche Normgefüge.

Nach der Versetzung von Staatsanwalt Topf nach Lüneburg übernahm Staatsanwalt Rolf Herzog an der Seite von Fritz Bauer die Vertretung der Anklage gegen Remer vor dem Braunschweiger Landgericht. Fritz Bauer musste sich mit den Unsicherheiten hinsichtlich der Auswirkungen möglicher personeller Kontinuitäten von Juristen, die den Nationalsozialismus mitgetragen hatten und nun bei der Staatsanwaltschaft Braunschweig tätig waren, auseinandersetzen – auch die persönliche Vergangenheit des vorsitzenden Richters spielte im Prozess später eine Rolle. Zunächst aber musste er sich weiterhin mit der Prozessstrategie der Verteidigung von Otto Ernst Remer beschäftigen, die neben Manfred Roeder auch Walter Huppenkothen als Zeugen laden wollte. Wie Roeder sollte er als ehemaliger Vertreter der Anklage gegen die Widerstandskämpfer das Braunschweiger Gericht von der Unrechtmäßigkeit des Widerstandes überzeugen. Auch Huppenkothen war gerade von einem westdeutschen Gericht vom Vorwurf der Beihilfe zum Mord freigesprochen worden. Der Jurist und Standartenführer, der als Regierungsdirektor die Spionageabwehr im Reichssicherheitshauptamt geleitet hatte, hatte im April 1945 den Auftrag übernommen, als »Anklagevertreter« in den Konzentrationslagern Sachsenhausen und Flossenbürg »Standgerichts-Verfahren« gegen Hans von Dohnanyi, Dietrich Bonhoeffer, Wilhelm Canaris, Hans Oster, Ludwig Gehre und Karl Sack durchzuführen, in denen die Widerstandskämpfer zum Tode verurteilt worden waren. Im Februar 1951 sprach das Landgericht München I Huppenkothen vom Vorwurf der Beihilfe zum Mord mit der Begründung frei, alle sechs Widerstandskämpfer hätten nach damaligem Recht den Tatbestand des Hoch- und Landesverrats erfüllt.[150] Obwohl das Revisionsurteil des BGH noch im Februar 1952, also noch vor dem Beginn der

149 Zit. der Mitschrift einer Besprechung vom 28.1.1949 im Ministerium bei: Hinrich Rüping: Staatsanwälte und Parteigenossen. Haltung der Justiz zur nationalsozialistischen Vergangenheit zwischen 1945 und 1949 im Bezirk Celle. Baden-Baden 1994. S. 31.

150 Vgl. zum ersten und den dann noch folgenden Prozessen gegen Walter Huppenkothen Günter Spendel: Die »Standgerichtsverfahren« gegen Admiral Canaris u.a. in der Nachkriegsrechtsprechung. In: Ders.: Rechtsbeugung durch Rechtsprechung. Berlin, New York 1984. S. 89ff; Joachim Perels: Die schrittweise Rechtfertigung der NS-Justiz. Der Huppenkothen-Prozess. In: Peter Nahamowitz, Stefan Breuer (Hg.): Politik-Verfassung-Gesellschaft: Traditionslinien und Entwicklungsperspektiven. Baden-Baden 1995. S. 51ff; Christoph U. Schminck-Gustavus: Der »Prozess« gegen Dietrich Bonhoeffer und die Freilassung seiner Mörder. Bonn 1995.

Hauptverhandlung gegen Remer, das Münchner Urteil im Prozess gegen Huppenkothen rügte, weil das Schwurgericht »nicht die Möglichkeit ausgeräumt« habe, »dass die angeblichen Urteile der Standgerichte in Wahrheit nur in Urteilsform gekleidete, willkürliche Machtsprüche waren«[151], und obwohl der BGH das Urteil gegen Huppenkothen aufhob, war es für die Verteidiger von Remer bereits zum rechtswirksamen Bezugspunkt geworden. Nach Auffassung der Rechtsanwälte war das Münchner Gericht in dem Urteil zu der Überzeugung gekommen, dass die Widerstandskämpfer Landesverräter gewesen seien. Schließlich habe sogar die Staatsanwaltschaft im Fall Huppenkothen »eingeräumt, dass es sich (bei den Handlungen der von Huppenkothen angeklagten Widerstandskämpfer) um Tatbestände handelt, die nach dem im Jahre 1944 und 1945 geltenden Strafrecht als Hoch- und Landesverrat des MStGB mit dem Tode zu bestrafen waren (...).«[152] Der ehemalige NS-Ankläger der Widerstandskämpfer Huppenkothen sollte deshalb im Verfahren gegen Remer bezeugen, dass die Widerstandskämpfer vom 20. Juli tatsächlich Verräter gewesen seien.

Für die Angehörigen der Widerstandskämpfer wurde die Situation immer unerträglicher. Gerhard Leibholz, dem Jugendfreund von Hans von Dohnanyi und Ehemann von Dietrich Bonhoeffers Zwillingsschwester, der aufgrund seiner jüdischen Herkunft 1938 emigriert und in London als enger Mitarbeiter und Freund von George Bell, des Bischofs von Chichester, bemüht war, die Haltung der deutschen Opposition gegen das NS-Regime der britischen Öffentlichkeit und Regierung zu vermitteln[153] und der seit seiner Rückkehr nach Deutschland als Richter am Bundesverfassungsgericht tätig war, erschien der Freispruch von Walter Huppenkothen »wie ein Hohn«.[154] Während Dolf Sternberger nach dem Freispruch von Hedler die dann von Bauer intendierte paradigmatische Wende in der Auseinandersetzung mit dem Widerstand gefordert hatte, mahnte auch Walter Dirks nach dem Freispruch von Walter

151 Justiz und NS-Verbrechen. Sammlung Deutscher Strafurteile wegen nationalsozialistischer Tötungsverbrechen 1945-1966. Bd. XIII. Hg. v. Christiaan F. Rüter. Amsterdam 1975. S. 325ff. Hier S. 332.

152 RA Wehage am 4.3.1952 in einem Schreiben an das LG. NdsStA, 62 Nds. Fb. 3, Zg. 51/1985, Nr. 2/1.

153 Vgl. Winfried Meyer: Unternehmen Sieben. Eine Rettungsaktion für vom Holocaust Bedrohte aus dem Amt Ausland/Abwehr im Oberkommando der Wehrmacht. Frankfurt am Main 1993. S. 11, S. 37 u. S. 365. Vgl. auch Manfred H. Wiegandt: Der Weg Gerhard Leibholz‹ in die Emigration. In: Redaktion Kritische Justiz (Hg.): Die juristische Aufarbeitung des Unrechts-Staats. Baden-Baden 1998. S. 47ff.

154 Leibholz am 21.2.1951 an den Kurator der Universität Göttingen. Zit.n. Anikó Szabó: Vertreibung, Rückkehr, Wiedergutmachung. In der Zeit des Nationalsozialismus verfolgte Hochschullehrer: Die Universität Göttingen als Fallbeispiel. Diss. phil. an der Fakultät für Geistes- und Sozialwissenschaften der Universität Hannover 1997.

Huppenkothen durch das LG München, nach der Einstellung des Verfahrens gegen Manfred Roeder in Lüneburg und nach den Presseberichten über die politische Agitation Otto Ernst Remers im niedersächsischen Wahlkampf im Juni 1951 in den *Frankfurter Heften*:

»Eine Klärung des ganzen Komplexes Widerstand, Hochverrat, Landesverrat tut dringend not. (...) Es ist Zeit, den (...) anständigen Ungehorsamen Rechts- und Ehrenschutz zu sichern.«[155]

Gemeinsam mit dem Mitherausgeber der *Frankfurter Hefte* Eugen Kogon forderte er ein »Gesetz zum Schutz der Widerstandskämpfer vor Verleumdung und Beleidigung«.[156] Denn inzwischen war auch die SPD mit dem nach dem Hedler-Urteil eingebrachten »Gesetz gegen die Feinde der Demokratie« gescheitert. Die im Juli 1951 verabschiedete Fassung als »Erstes Strafrechtsänderungsgesetz (StÄg)« zielte nicht einmal mehr auf eine Abwehr des Neonazismus, vielmehr wehrte das Gesetz den als viel bedrohlicher betrachteten Kommunismus ab. »Konzeptionell zeigte sich dies«, wie Frei analysiert, »im faktischen Austausch des zu schützenden Rechtsguts: An die Stelle des Individuums und der freiheitlichen Demokratie, die der SPD-Entwurf vor politischer Verunglimpfung zu bewahren suchte, war der Staat getreten; der besondere Schutz der Widerstandskämpfer war entfallen.«[157]

Franz Neumann verortete den notwendigen Perspektivwechsel in der Thematisierung von Widerstand schließlich in dessen Loslösung von einer politischen Instrumentalisierung. Seine 1952 publizierte Abhandlung *Über die Grenzen berechtigten Ungehorsams* wollte die Problematik des Widerstandes als Gegenstand der politischen Philosophie, jenseits der Grenzen politischer Argumentation, begreifen. Neumann stellte aber fest: »Als ich mit der Arbeit für diesen Aufsatz begann, dachte ich, die Lösungen wären einfach. (...) Indes: je länger ich nachdachte, und je mehr ich mich in die Literatur vertiefte, desto unsicherer wurde ich.« Sieben Jahre nach dem Ende der NS-Diktatur galt es nach Neumann, das »fraglos sehr alt(e)« Problem, unter welchen Bedingungen der Bürger dem positiven Recht den Gehorsam verweigern und Widerstand leisten darf, zu thematisieren.[158]

---

155 Walter Dirks: Widerstand, Hochverrat, Landesverrat. FH, H. 7, 1951. S. 475 und 482.

156 Walter Dirks, a.a.O. S. 482.

157 Norbert Frei: Vergangenheitspolitik. München ^{2}1997. S. 323. Vgl. Reinhard Schiffers: Zwischen Bürgerfreiheit und Staatsschutz. Wiederherstellung und Neufassung des politischen Strafrechts in der Bundesrepublik Deutschland 1949-1951. Düsseldorf 1989; Ders.: Grundlegung des strafrechtlichen Staatsschutzes in der Bundesrepublik Deutschland 1949-1951. VfZ, H. 38, 1990. S. 589ff.

158 Franz Neumann: Über die Grenzen berechtigten Ungehorsams (1952). In: Ders.: Demokratischer und autoritärer Staat. Beiträge zur Soziologie der Politik. Frankfurt a.M. 1967. S. 118.

Wie schwer es in der frühen Bundesrepublik vor dem Hintergrund der Ost-West-Konfrontation war, etwas »Grundsätzliches zur deutschen Widerstandsbewegung« zu sagen, bemerkte auch der schleswig-holsteinische Ministerpräsident Theodor Steltzer, der Mitglied des Kreisauer Kreises gewesen und deswegen 1945 vom VGH zum Tode verurteilt worden war, in einem Vortrag über den deutschen Widerstand im Januar 1951. Steltzer, der schon dem Prozess gegen Wolfgang Hedler als Nebenkläger beigetreten war, glaubte, dass eine rechtliche Bewertung des Widerstandes in der Bundesrepublik 1951 nicht möglich sei, weil die Beschäftigung mit dem Widerstand vor allem unter den Vorzeichen innenpolitischer Machtkämpfe stehe. Die Gesellschaft habe keinen »gemeinsamen Standort« gefunden, um das Kernproblem von Widerstand, nämlich die Frage der »Haltung des Staates zur Freiheit seiner Bürger« und der Einstellung der Bürger zur Freiheit, als ein grundsätzliches Thema jeder Gesellschaft zu erörtern.[159]

Dennoch beabsichtigte Fritz Bauer mit der Anklage von Otto Ernst Remer die Klärung des von Neumann und Steltzer skizzierten Problems. Während die Rechtsanwälte von Remer die Verteidigung ihres Mandanten und den Nachweis der Unrechtmäßigkeit des Widerstandes im Anschluss an die Negation des Widerstandsrechts durch die westdeutsche Rechtsprechung vorbereiteten, erarbeitete Fritz Bauer eine Prozessstrategie, die an die politisch funktionalisierte Thematisierung des Widerstandes anknüpfte und machte für die Rehabilitierung des 20. Juli fruchtbar machte. Veranlasst durch Remers Rede, die sich auf den 20. Juli 1944 bezogen hatte, machte Bauer den Widerstand der Männer um Stauffenberg zum Hauptgegenstand des Verfahrens, und er begrüßte ausdrücklich, dass die Witwen und Söhne der Widerstandskämpfer, Marion Gräfin York von Wartenburg, Annedore Leber, Uwe Jessen und Alexander von Hase als Nebenkläger Strafanträge stellten. Als auch Anna von Harnack im Dezember 1951 Strafantrag gegen Remer stellte, bat Bauer die Angehörige der ermordeten Mitglieder des Widerstandskreises Rote Kapelle, diesen zurückzuziehen. Bauer teilte Anna von Harnack mit, dass die »Strafsache gegen Remer (...) auf die engsten Widerstandskämpfer vom 20. Juli 1944 beschränkt« sein sollte, und er »nicht zum Nachteil der Strafsache von dieser Linie ab(...)weichen« wollte.[160] Anna von Harnack zog zwei Tage später, nachdem schon das Ermittlungsverfahren gegen den Ankläger ihrer Angehörigen Manfred Roeder eingestellt worden war, ihren Strafantrag gegen Remer zurück. Fritz Bauer betonte im Vorfeld des Prozesses noch mehrfach, dass sich die

159 Theodor Steltzer: Revolutionen als Pflicht und Staatsverbrechen. Grundsätzliches zur Widerstandsbewegung. NZ vom 24.1.1951.

160 Fritz Bauer am 23.1.1952 in einem Brief an Anna von Harnack. NdsStA, 61 Nds. Fb. 1, Nr. 24/1.

»Hauptverhandlung (...) ausschließlich mit dem 20. Juli« beschäftigen sollte. »Alle Versuche, das Thema zu verschieben,« kündigte er an, »werden von mir zurückgewiesen.«[161] Er schlug diese Prozessstrategie aus zweierlei Gründen ein. Der 20. Juli war wenigstens als Symbol des Widerstandes zunächst einmal durch Stellungnahmen politischer Deutungseliten positiv besetzt. Der Widerstand der Mitglieder der Roten Kapelle hingegen war nicht nur durch das Lüneburger Ermittlungsverfahren noch einmal als »Landesverrat« qualifiziert worden. Vor allem als 1951 Fabian von Schlabrendorff in der Neubearbeitung seines Buches *Offiziere gegen Hitler*, das 1946 in erster Auflage erschienen war und von »Neuauflage zu Neuauflage die Dynamik des Kalten Krieges« spiegelt[162], die »Spionagetätigkeit« des Widerstandskreises um den Berliner Ministerialbeamten Arvid Harnack und den Luftwaffenoffizier Harro Schulze-Boysen sowie eine »vollständige Abhängigkeit« der Roten Kapelle »von einer auswärtigen Macht«[163] beschrieb, hatte sich in der Bundesrepublik das Bild von der Roten Kapelle als einem sowjetisch gesteuerten Spionagering durchgesetzt. Demnach galt der »Verrat« kriegswichtiger Nachrichten an die Sowjetunion als Ursache für den Tod vieler deutscher Soldaten.[164] Fritz Bauer wusste zu dieser Zeit schon, dass der dem Remer-Prozess vorsitzende Richter als Soldat in Stalingrad gekämpft hatte.[165] Mit Rücksicht auf das in der westdeutschen Öffentlichkeit und Historiographie wirkungsmächtige Bild von der Roten Kapelle und mit Rücksicht auf die persönliche Vergangenheit des Richters, beschränkte Bauer den Prozess auf die Thematisierung des Widerstandes vom 20. Juli.

Dass die Zuspitzung des Remer-Prozesses auf den Widerstand vom 20. Juli eine strategische Entscheidung war, zeigte sich aber spätestens als Bauer in

---

161 Fritz Bauer am 18.2.1952 in einem Brief an den Gutachter Dr. Hans-Günther Seraphim. NdsStA, 61 Nds. Fb. 1, Nr. 24/2.

162 Vgl. Peter Steinbach: Die Rote Kapelle – 50 Jahre danach. In: Hans Coppi, Jürgen Danyel, Johannes Tuchel (Hg.): Die Rote Kapelle im Widerstand gegen den Nationalsozialismus. Berlin 1994. S. 58.

163 Fabian von Schlabrendorff: Offiziere gegen Hitler. Zürich ^{2}1951 (völlig neue Bearbeitung des 1946 erschienenen Buches). S. 104.

164 Vgl. Johannes Tuchel: Das Ende der Legenden. In: Gerd R. Ueberschär: Der 20. Juli 1944. Köln 1994. S. 277; Peter Steinbach: Die Rote Kapelle – 50 Jahre danach. In: Hans Coppi, Jürgen Danyel, Johannes Tuchel (Hg.): Die Rote Kapelle im Widerstand gegen den Nationalsozialismus. Berlin 1994. S. 54. Vgl. auch den Artikel von Hans Coppi über die »Rote Kapelle« in: Wolfgang Benz, Walter H. Pehle (Hg.): Lexikon des deutschen Widerstandes. Frankfurt a.M. 1994. S. 281ff.

165 Generalstaatsanwalt beim OLG, Fritz Bauer, bittet daneben mit Schreiben vom 18.2.1952 den Oberstaatsanwalt, Informationen über die Schöffen einzuholen, ob sie Parteimitglied der SRP oder einer anderen rechtsradikalen Organisation seien oder ob sie leitendende Positionen in der NSDAP innegehabt hätten. Vgl. NdsStA, 61 Nds. Fb. 1, Nr. 24/2.

seinem Plädoyer den engsten Kreis der Widerstandskämpfer vom 20. Juli thematisch dann doch verließ. Bauer formulierte, es gehe hinsichtlich der Rehabilitierung des Widerstandsrechts um den »Gesamtwiderstand«, und er stellte die Frage, die seines Erachtens zu bejahen war, ob »nicht jeder in Deutschland, der die Ungerechtigkeit des Krieges erkannte, berechtigt (war), Widerstand zu leisten (...)?«[166] Gerhart Mostar fasste in einem Artikel in der *Stuttgarter Zeitung* zusammen, welch »seltsame Episode« sich daraufhin im Braunschweiger Gerichtssaal ereignete. Der vorsitzende Richter, Joachim Heppe, ergriff nach dem Plädoyer des Generalstaatsanwaltes noch einmal das Wort.

»(Bauers) Worte hätten ihn, so erklärte er, tief gerührt, ja in Gewissenskonflikt und Gewissensnot gestürzt. Denn er habe als Offizier in Stalingrad gekämpft und sei dann in russische Gefangenschaft geraten, er habe das Nationalkomitee Freies Deutschland (...) als deutscher Offizier voll und ganz und ehrlich abgelehnt, und er müsse sich nun fragen, ob der Generalstaatsanwalt von ihm als deutschem Richter verlange, dass er auch das Verhalten dieser Offiziere decken müsse.«[167]

Die Schilderung von Mostar zeigt, wie schmal der Grat war, auf dem der Generalstaatsanwalt wanderte. Fritz Bauer schrieb später in einem Brief an Margarethe von Hase, deren Sohn als Nebenkläger am Prozess teilnahm, dass er »bemüht (war), dass Schiff des Prozesses, das vielen Stürmen ausgesetzt war, einigermaßen heil in den Hafen zu bringen«.[168] Nach seinem Plädoyer und der anschließenden Stellungnahme des Richters war einer dieser heiklen Momente des Verfahrens eingetreten. Fritz Bauer setzte auf den Erfolg seiner Prozess-

166 Fritz Bauer, a.a.O. S. 197.

167 Mitschrift von Gerhart Hermann Mostar: »Dann wird die Rebellion zur Pflicht.« Stuttgarter Zeitung vom 12.3.1952. Vgl. auch »Der Richter in Gewissensnot« F.A.Z. vom 12.3.1952, »Zwei politische Prozesse gehen zu Ende« SZ vom 12.3.1952, »Gewissenskonflikte des Vorsitzenden im Remer-Prozess« FR vom 12.3.1952, »Remer zu drei Monaten Gefängnis verurteilt« FR vom 17.3.1952, »Remer nimmt nichts zurück« Die Welt vom 12.3.1952. Joachim Heppe, vorsitzender Richter im Remer-Prozess, 1906 geboren, 1931–1934 Gerichtsassessor, seit November 1934 Amts- und Landrichter im OLGbezirk Hamm, seit 1.1.1937 Oberlandesgerichtsrat beim OLG Braunschweig, seit 1.4.1950 Oberlandesgerichtsrat beim LG Braunschweig, seit 1.9.1950 dort Landgerichtsdirektor. Von Februar bis Mai 1939 leistete Heppe als Gefreiter und von August 1939 bis Kriegsende zunächst als Unteroffizier, seit 1.2.1942 als Leutnant Dienst in der Wehrmacht, im Herbst 1941 erhielt er das Eiserne Kreuz II. Klasse, im Februar 1943 geriet er bei Stalingrad in russische Kriegsgefangenschaft, am 7.1.1950 aus dieser entlassen. Seit Herbst 1937 war er NSDAP-Parteianwärter, seit Mai 1933 war er SA-Rottenführer, Mitglied im NS-Rechtswahrerbund. Am 15.1.1950 durch den zuständigen Entnazifizierungs-Hauptausschuss in die Kategorie V eingestuft. Vgl. NMdJE, Personalakte Joachim Heppe.

168 Fritz Bauer am 21.3.1952 in einem Brief an Margarethe von Hase. NdsStA, 61 Nds. Fb. 1, Nr. 24/4.

strategie und versuchte noch einmal den Prozess auf den 20. Juli zu beschränken. Er entgegnete dem Richter:

»Es hätte mich gefreut, wenn dieser Dialog nach dieser Verhandlung stattgefunden hätte. (...) Da sie jedoch in einer Weise, die mich menschlich tief berührt hat, diese Frage aufgeworfen haben, will ich schon jetzt dazu Stellung nehmen, soweit es überhaupt (...) möglich ist. (...) Herr Direktor Heppe, wir, ihre Kollegen, wissen, dass Sie ein warmes Herz für das Recht haben, für die Kämpfer für Recht und Wahrheit. In diesem Prozess geht es um die Männer des 20. Juli. Die Männer des 20. Juli waren, davon sind wir alle überzeugt, Kämpfer für Freiheit und, wie Stauffenberg sagte, Kämpfer für ein ›heiliges Deutschland‹. Ich bitte Sie, lassen Sie Ihr warmes Herz für die Kämpfer für Freiheit und für Deutschland nicht erkalten durch Ihre furchtbare Erinnerung an die sibirischen Weiten (...).«[169]

In der mündlichen Urteilsbegründung betonte der Richter, wie »bitter und hart« es für ein deutsches Gericht sei, das Unrecht des NS-Staates zu verurteilen und die Rechtsposition des Widerstandes anzuerkennen.[170] Weil die Strafkammer als bewiesen ansah, dass Remer seine Äußerung, die Widerstandskämpfer seien vom Ausland bezahlte Landesverräter gewesen, »ausschließlich auf die Männer vom 20. Juli 1944 bezogen hat«[171], hatte das Gericht aber nur über den Widerstand vom 20. Juli zu urteilen. Die Prozessstrategie von Fritz Bauer hatte Erfolg.

Von einer Anhörung von Walter Huppenkothen und Manfred Roeder sah das Gericht ab. An »eine etwaige rechtliche Würdigung (der ...) Handlung (der Widerstandskämpfer vom 20. Juli) durch die s.Z. erkennenden Gerichte wäre die Strafkammer nicht gebunden«[172], schrieb der Richter in der Urteilsbegründung. Im Unterschied zu der Rechtsposition im Ermittlungsverfahren gegen Roeder und im ersten Urteil gegen Huppenkothen erkannte das Braunschweiger Landgericht die Verurteilungen der Widerstandskämpfer vom Volksgerichtshof nicht als bindendes Recht an. Die Prozesse vor dem Volksgerichtshof hätten »den Charakter nationalsozialistischer Schau- und Propagandaprozesse« gehabt und »rechtsstaatlicher Garantien weitgehend entbehrt(...)«.[173] Das Braunschweiger Landgericht nahm diese Abgrenzung von der Rechtspre-

169 Laut Prozessmitschrift. NdsStA, 61 Nds. Fb. 1, Nr. 24/7. Vgl. auch Gerhart Mostar in der Stuttgarter Zeitung vom 12.3.1952.

170 Vgl. FR vom 17.3.1952.

171 Urteil des Landgerichts Braunschweig vom 15. März 1952 in der Strafsache gegen Generalmajor a.D. Remer wegen übler Nachrede. In: Herbert Kraus (Hg.): Die im Braunschweiger Remerprozeß erstatteten moraltheologischen und historischen Gutachten nebst Urteil. Hamburg 1953. S. 117.

172 Urteil des Landgerichts Braunschweig vom 15. März 1952 in der Strafsache gegen Generalmajor a.D. Remer wegen übler Nachrede, a.a.O. S. 118.

173 Urteil des Landgerichts Braunschweig vom 15. März 1952 in der Strafsache gegen Generalmajor a.D. Remer wegen übler Nachrede, a.a.O. S. 133.

chung, die die nationalsozialistische Auffassung reproduziert hatte, vor, weil ein Wahrheitsbeweis als geführt gilt, wenn der Beleidigte wegen der behaupteten Tatsache rechtskräftig verurteilt worden ist. Fritz Bauer war es damit gelungen, das Verfahren um die Frage nach der Rechtsqualität des Widerstandes wieder aufzunehmen, wie er in seinem Plädoyer sagte, die »unter Missbrauch strafprozessualer Formen vom Volksgerichtshof in Berlin durch Freisler bejaht« worden sei.[174]

3. Die objektive Dimension des Widerstandsrechts – Streitpunkt: Eid

Gegenstand des Gerichtsverfahrens gegen Otto Ernst Remer war also die Frage, ob das Verhalten der neben Stauffenberg am 20. Juli 1944 beteiligten Männer rechtmäßiger Widerstand gegen das NS-Unrechtssystem war. Um die Legitimität des Widerstandes nachzuweisen und die strafrechtliche Sanktionierung der Behauptung, die Widerstandskämpfer hätten Verrat begangen, beantragen zu können, musste die Staatsanwaltschaft nach § 186 StGB zunächst nachweisen, dass die Männer um Stauffenberg mit ihrem Widerstand am 20. Juli 1944 keinen Verrat begangen hatten und Deutschland nicht schaden wollten. Dolf Sternberger hatte schon in seinem Kommentar zum Freispruch von Wolfgang Hedler im Februar 1950 gefordert, ein Gericht müsse, wenn der Tatbestand einer Verleumdung der Widerstandskämpfer zu prüfen war, »furchtlos in die geschichtliche Sachlage eindringen und also auch die Widerstandskämpfer beurteilen«.[175] Damals hatte sich das Landgericht für nicht zuständig erklärt. Zwei Jahre nach dem Hedler-Prozess stellten sich jetzt die Verfahrensparteien und das Braunschweiger Landgericht mit dem Prozess gegen Otto Ernst Remer dieser Aufgabe.

In den Augen der Journalisten und Sonderberichterstatter der Zeitungen, die das Verfahren gegen Remer im März 1952 in Braunschweig verfolgten, war der Prozess deshalb ein »höchst bedeutsames politisches Ereignis«.[176] Mit atmosphärischen Bildern aus dem Gerichtssaal beschrieben sie die zeitgenössische Bedeutung des Verfahrens: »Man versteht sich schlecht«, schrieb der Berichterstatter der *F.A.Z.* und spielte damit nicht nur auf die Akustik im

174 Fritz Bauer: Eine Grenze hat Tyrannenmacht. GuT, H. 7, 1952. S. 194.
184 Dolf Sternberger in der Welt am Sonntag vom 18.2.1950.
176 Die Welt vom 17.3.1952.

Gerichtssaal an.[177] Auch Guido Zöller schilderte in der *Rhein-Neckar-Zeitung* seinen Eindruck von der Bedeutung des Remer-Prozesses für die Zeitgenossen gerade im historischen Kontext des materiellen und normativen Aufbaus der Bundesrepublik:

»Vor dem Oberlandesgericht in der Braunschweiger Münzstraße stand an jedem Verhandlungstag schon eine Stunde vor Saalöffnung eine lange, dicke Menschenschlange. Die Einlasskarten waren begehrt. Der Wiederaufbau des Gebäudes ist noch nicht beendet. Während im breiten, hellen Sitzungssaal die Zeugen und Sachverständigen ihre Aussagen ins Mikrophon machten, dröhnten draußen vor der Tür die Hammerschläge.«[178]

Anfang der fünfziger Jahre kam es darauf an, sich Plätze im Gerichtssaal und Positionen in der jungen Bundesrepublik zu sichern. Diese Brisanz des Verfahrens gegen Remer im politischen Kontext spiegelte sich zunächst in der heftigen Auseinandersetzung, die die Prozessparteien mit Blick auf die Frage austrugen, welche Bedeutung der Soldateneid für die Bewertung des Widerstandes hatte.

Als Fritz Bauer Anfang Oktober 1951 der rechtlichen Einschätzung des Falles Remer durch den Oberstaatsanwalt, dass eine Anklage keinen Erfolg haben werde, entgegentrat und ihm wenig später die Anordnung erteilte, gegen Remer gemäß § 186 StGB wegen »übler Nachrede« Anklage zu erheben, verwies er auf die wenige Tage zuvor vom Bundeskabinett abgegebene Ehrenerklärung für die Widerstandskämpfer vom 20. Juli 1944. Dass die Widerstandskämpfer vom 20. Juli 1944 keine Landesverräter waren und ihr Widerstand gegen das NS-Unrechtsregime berechtigt war, »hat die Bundesregierung durch ihre Anerkennung der Opfer des 20. Juli 1944 (...) festgestellt, und es ist eine notwendige Aufgabe der deutschen Staatsanwälte und Richter, dies durch eine Anklage gegen die Verleumder zu bestätigen«, schrieb Bauer zur Begründung seiner Rechtsposition und der Anklageerhebung.[179] Die Bundesregierung hatte wenige Tage zuvor, am Nachmittag des 2. Oktober 1951, eine Pressekonferenz einberufen und erklärt, dass sie es als ihre Pflicht verstehe, das Andenken an die Widerstandskämpfer vom 20. Juli zu bewahren und sie vor Verleumdungen zu schützen. Die Presse zitierte am nächsten Tag aus dieser Ehrenerklärung für die Widerstandskämpfer:

»Die Bundesregierung halte es ›für eine Ehrenpflicht des deutschen Volkes, für Witwen und Waisen der Männer zu sorgen, die im Kampf um Hitler ihr Leben für Deutschland geopfert haben. (...) Die Männer und Frauen des 20. Juli haben der Welt den Beweis erbracht, dass nicht die Gesamtheit der Deutschen dem Nationalismus verfallen war.‹ Damit sei«,

177 Thilo Bode: Zuviel für die Schultern eines Landgerichts. F.A.Z. vom 15.3.1952.
178 Guido Zöller: Rehabilitierung der Widerstandskämpfer. RNZ vom 14.3.1952.
179 Fritz Bauer am 8.10.1951an den NMdJ. NdsStA, 62 Nds. Fb. 3 Zg 51/1985, Nr. 2/4.

so referierte die *Süddeutsche Zeitung* die Erklärung der Bundesregierung weiter,

»eine entscheidende Grundlage dafür geschaffen, dass Deutschland in Zusammenarbeit mit der freien Welt wieder aufgebaut werden könne. Daher sehe es die Bundesregierung als die Pflicht des deutschen Volkes an, das Andenken derer, die ihr Leben geopfert haben, vor Verunglimpfung zu schützen.«[180]

Die Bundesregierung kündigte außerdem eine finanzielle Unterstützung der Stiftung Hilfswerk 20. Juli 1944 als der Organisation an, die die Überlebenden und Angehörigen der Widerstandskämpfer vertrat.[181]

Die Erklärung des Bundeskabinetts stieß auch in der westdeutschen publizistischen Öffentlichkeit auf große Resonanz. Die Presse begrüßte die Ehrenerklärung der Regierung für die Widerstandskämpfer mehrheitlich, nicht nur, weil es die erste offizielle Stellungnahme der Bundesregierung zum Widerstand war. Vor allem nach den politischen Ereignissen in den zurückliegenden Monaten des Jahres 1951 schien die Erklärung des Kabinetts dringend geboten. Der Verratsvorwurf, den Otto Ernst Remer gegenüber den Widerstandskämpfern erhoben hatte, war schließlich längst kein Einzelfall mehr. Ganz im Gegenteil. Seit dem Sommer 1951 waren die Berichte über die negativen Äußerungen von ehemaligen Soldaten und rechten Politikern über die Widerstandskämpfer nicht mehr abgerissen, und im September hatte sich die politische Situation zugespitzt.

Der kommissarische Vorsitzende des erst wenige Wochen zuvor gegründeten Verbandes deutscher Soldaten (VdS)[182], Generaloberst a.D. Hans Frießner, hatte sich Ende September öffentlich von den Männern des 20. Juli 1944 distanziert.[183] Nur einige Tage später berichteten die Zeitungen von einer Rede

180 SZ vom 3.10.1951.

181 Vgl. FR vom 3.10.1951. Zur Geschichte des Hilfswerks 20. Juli 1944 Christiane Toyka-Seid: Gralshüter, Notgemeinschaft oder gesellschaftliche »Pressure-group«? In: Gerd R. Ueberschär (Hg.): Der 20. Juli 1944. Köln 1994. S. 157ff.

182 Vgl. zur Geschichte des VdS den frühen Überblick von Ernst Riggert: Zur Lage in den deutschen Soldatenbünden. Gewerkschaftliche Monatshefte, H. 1, 1953. S. 39ff. Sowie Krafft Frhr. Schenck zu Schweinsberg: Die Soldatenverbände in der Bundesrepublik. In: Georg Picht (Hg.): Studien zur politischen und gesellschaftlichen Situation der Bundeswehr. Erste Folge. Witten, Berlin 1965. S. 96ff. Vgl. auch Klaus Latzel: Soldatenverbände gegen die Ausstellung »Vernichtungskrieg« – der lange Schatten des letzten Wehrmachtsberichts. In: Michael Th. Greven, Oliver von Wrochem (Hg.): Der Krieg in der Nachkriegszeit. Opladen 2000. S. 325ff, bes. 328ff; Jörg Echternkamp: Mit dem Krieg seinen Frieden schließen – Wehrmacht und Weltkrieg in der Veteranenkultur 1945-1960. In: Thomas Kühne (Hg.): Von der Kriegskultur zur Friedenskultur? Zum Mentalitätswandel in Deutschland seit 1945. Hamburg 2000. S. 78ff und Thomas Kühne: Zwischen Vernichtungskrieg und Freizeitgesellschaft. Die Veteranenkultur der Bundesrepublik (1945-1995). In: Klaus Naumann (Hg.): Nachkrieg in Deutschland. Hamburg 2001. S. 90ff.

183 Vgl. Paul Sethe: Der falsche Weg. F.A.Z. vom 4.10.1951, RNZ vom 22./23.9.1951. Vgl. zur Rolle von Frießner im Nationalsozialismus: Franz-Werner Kersting: Wehrmacht und Schule

des bayerischen Landesverbandsvorsitzenden des VdS, Ludwig Gümbel, und seiner »Fortsetzung der Frießnerschen Entgleisungen«[184]: »Soldatenverband in Bayern will keine Widerstandskämpfer« aufnehmen titelte die *Süddeutsche Zeitung* am 1. Oktober 1951. Gümbel wurde in der Zeitung ausführlich zitiert:

»›Unter der Voraussetzung, dass die fraglichen Kreise (die Widerstandskämpfer vom 20. Juli 1944, C.F.) aufs tiefste an die Notwendigkeit ihres Tuns glaubten, dass sie von der Ansicht überzeugt waren, (...) eine wesentliche Wandlung zum Besseren des Schicksals ihres Volkes herbeizuführen, und dass sie sich mit Leib und Leben für ihre Überzeugung einsetzten, anerkennen und würdigen wir die Schwere ihres aus Idealismus und Patriotismus gebrachten Opfers ihrer Absage an die ewigen Gesetze des Soldatentums. Von ihrem Idealismus glauben wir das gleiche schwere Opfer erwarten zu dürfen, dass sie jeden Versuch, in dieses Soldatentum zurückzukehren und hier Einfluss zu nehmen, unterlassen.‹ Ihre Rückkehr könne zu einer Gefährdung des soldatischen Geistes führen, ohne den ein deutscher Wehrbeitrag undenkbar sei.«[185]

Mehrere Vertreter und Funktionäre des VdS forderten ihren Vorsitzenden und den bayerischen Landesvorsitzenden auf, ihre Ämter niederzulegen.[186] Man habe anlässlich der Gründung des VdS beschlossen, es zukünftig mit der Position zu halten, dass der »Riss, der durch den 20. Juli 1944 in unsere Reihen gebracht ist, überbrückt werden (muss). Der eine von uns ist seinem Eide treu geblieben, der andere hat in weitgehender Kenntnis aller Vorgänge die Treue zu seinem Volk über die Eidespflicht gestellt. Keinem ist aus seiner Einstellung ein Vorwurf zu machen.«[187] Frießner und Gümbel hätten mit ihren Äußerungen gegen den Gründungskonsens des Verbandes verstoßen, dass Mitglieder des VdS in der Öffentlichkeit nicht zum Widerstand vom 20. Juli 1944 Stellung nehmen. Während sich die Kritik an Gümbel und Frießner aus den Reihen des VdS vor allem auf den formalen Verstoß der beiden Funktionäre gegen den Gründungskonsens bezog[188], fielen die Reaktionen von anderer Seite schärfer aus. Vertreter der ehemaligen Widerstandskämpfer empfanden Gümbels Äußerungen als eine »ungeheure Beleidigung«[189], und die Alliierten wiesen auf den politischen Schaden hin, den die ehemaligen Soldaten anrich-

---

im »Dritten Reich«. In: Rolf-Dieter Müller, Hans-Erich Volkmann (Hg.): Die Wehrmacht. München 1999. S. 436 u. 450f.

184 Paul Sethe: Der falsche Weg. F.A.Z. vom 4.10.1951, vgl. auch Münchner Merkur vom 1.10.1951.

185 SZ vom 1.10.1951. Vgl. auch Die Welt vom 5.10.1951

186 F.A.Z. vom 5.10.1951, SZ vom 4.10.1951.

187 F.A.Z. vom 5.10.1951. Vgl. auch: Die Welt vom 5.10.1951.

188 Noch im Oktober 1951 brachten Mitglieder des VdS ihre Zustimmung zur Position von Frießner und Gümbel zum Ausdruck. Vgl. Passauer Neue Presse vom 25.10.1951, Stuttgarter Zeitung vom 13.10.1951.

189 SZ vom 2.10.1951, vgl. auch Münchner Merkur, SZ vom 2.10.1951

teten. »Gümbel gefährdet Deutschlands Ruf«[190], so zitierte die *Frank-furter Rundschau* den amerikanischen Landeskommissar in Bayern, George N. Shuster, der die Haltung des VdS scharf kritisierte und darauf aufmerksam machte, dass die Äußerungen von Frießner und Gümbel im Ausland den Eindruck erwecken würden, man habe in Deutschland »nichts begriffen und nichts gelernt.«[191] Paul Sethe kommentierte in der *F.A.Z.*, dass »auf dem Felde der Außenpolitik (...) Frießner und Gümbel bereits eine Schlacht verloren« hätten und machte auf den politischen Schaden für die Republik aufmerksam: »(L)eider sind wir alle bei den Verlierern. Das alte Misstrauen gegen den deutschen Militarismus (...) ist wieder wach geworden.«[192] Tatsächlich hatten die ehemaligen Soldaten den Bundeskanzler und das Kabinett in eine missliche Lage gebracht.

Konrad Adenauer hatte unmittelbar nach seinem Amtsantritt als Bundeskanzler in der ersten Regierungserklärung im September 1949 erklärt, die Abwehr jeder rechten Propaganda sei eine entscheidende Lehre, die die Bundesregierung aus dem Nationalsozialismus ziehe. Diese normative Abgrenzung der jungen Demokratie von rechter Propaganda war seitdem zu einem Kernstück der Vergangenheitspolitik unter Adenauer geworden.[193] Zugleich aber setzte der Kanzler auf die Integration der ehemaligen Soldaten und Militärs in die Demokratie der Bundesrepublik.[194] Die ehemaligen Angehörigen der Wehrmacht, die in den Augen des Kanzlers als unschuldige Opfer von den wenigen, die »wirklich schuldig« seien, verführt und in das NS-System verstrickt worden waren[195], sollten am Aufbau demokratischer Institutionen in der Bundesrepublik beteiligt werden. Durch Integration sollten sie für die De-

190 FR vom 5.10.1951.

191 Die Welt vom 5.10.1951.

192 Paul Sethe: Der falsche Weg. F.A.Z. vom 4.10.1951.

193 Vgl. die Regierungserklärung von Bundeskanzler Konrad Adenauer am 20. September 1949 in: Stenographische Berichte des Deutschen Bundestages, I. Wahlperiode. Sitzung vom 20. September 1949. S. 27; vgl. auch Norbert Frei: Vergangenheitspolitik. München ²1997.

194 Vgl. Norbert Frei: Vergangenheitspolitik. München ²1997.

195 Stenographische Berichte des Deutschen Bundestages, I. Wahlperiode. Sitzung vom 5. April 1951. S. 4984. Adenauer erklärte in seiner Bundestagsrede: »Die Kriegsverbrecher, diejenigen, die wider die Gesetze der Menschlichkeit oder gegen die Regeln der Kriegführung verstoßen haben, verdienen nicht unser Mitleid und unsere Gnade.« Die Bundesregierung könne »sich natürlich nicht für diejenigen einsetzen, die wirklich schuldig sind. Aber der Prozentsatz derjenigen, die wirklich schuldig sind, ist so außerordentlich gering und so außerordentlich klein, dass (...) damit der Ehre der früheren deutschen Wehrmacht kein Abbruch geschieht.« Die Angehörigen der früheren Wehrmacht hätten »zumeist nur ihre Pflicht erfüllt.« »Niemand darf die Berufssoldaten wegen ihrer früheren Tätigkeit tadeln. (...) Das Kapitel der Kollektivschuld der Militaristen neben den Aktivisten und Nutznießern des nationalsozialistischen Regimes muss ein für allemal beendet sein.«

mokratie und den neuen Staat gewonnen werden.[196] Erst im April 1951 hatte Adenauer vor dem Bundestag eine Ehrenerklärung für die deutschen Soldaten abgegeben.[197] Doch nun, nur wenige Monate später, schienen gerade die ehemaligen Soldaten Adenauers Vergangenheitspolitik zu unterlaufen. Die öffentlichen Auftritte und Äußerungen von Wolfgang Hedler, Otto Ernst Remer und Funktionären der Soldatenverbände hatten die Bundesregierung gezwungen, vor den Augen der Westalliierten Stellung zu beziehen. Die Bundesregierung musste der 1949 angekündigten Abgrenzung vom Nationalsozialismus und Abwehr jeder rechten und neonationalistischen Propaganda öffentlich Geltung verschaffen. In der Kabinettssitzung am 2. Oktober 1951 hatte der Kanzler die Minister über den Stand seiner Verhandlungen mit den Hohen Kommissaren informiert und dem Kabinett erklärt, die Gespräche mit den Alliierten am Tag zuvor seien »sehr unbefriedigend« verlaufen[198], weil just an diesem Tag die Erklärungen des Soldatenbundes zum 20. Juli erneut für Schlagzeilen gesorgt hatten. Der amerikanische Hohe Kommissar John McCloy und sein britischer Amtskollege Sir Ivone Kirkpatrick hatten Kritik an den öffentlichen Auftritten der Soldatenverbände geäußert und dem Kanzler mitgeteilt, dass die Neugründungen der Verbände die Alliierten und die Öffentlichkeit in den alliierten Ländern beunruhige.[199] Es »müsse jetzt eine Erklärung der Bundesregierung erfolgen«, notierte ein Kabinettsmitglied die Reaktion des Kanzlers.[200] Adenauer erklärte gegenüber den Ministern schließlich, er wolle angesichts der politischen Lage zwei Regierungserklärungen abgeben: Eine zur Frage der deutschen Soldatenverbände und eine zweite über die Männer des 20. Juli 1944.[201] Einige Kabinettsmitglieder waren überrascht, denn noch wenige Tage zuvor hatte der Kanzler eine Ehrenerklärung für die Widerstandskämpfer entschieden abgelehnt.[202]

---

196 Vgl. Ulrich Brochhagen: Nach Nürnberg. Berlin 1999. S. 226ff.

197 Vgl. Stenographische Berichte des Deutschen Bundestages, I. Wahlperiode. Sitzung vom 5. April 1951. S. 4984. Vgl. dazu auch Wolfram Wette: Das Bild der Wehrmacht-Elite nach 1945. In: Gerd R. Ueberschär (Hg.): Hitlers militärische Elite. Bd. 2. Vom Kriegsbeginn bis zum Weltkriegsende. Darmstadt 1998. S. 300f.

198 Laut Mitschrift von Lenz in der Kabinettssitzung in: Die Kabinettsprotokolle der Bundesregierung. Bd. 4, 1951. Bearb. v. Ursula Hüllbüsch. Boppard a. Rhein 1988. S. 671.

199 Vgl. Die Kabinettsprotokolle der Bundesregierung, a.a.O. S. 671.

200 Notiz von Lenz während der Kabinettssitzung. Zit.n. Die Kabinettsprotokolle der Bundesregierung. Bd. 4, 1951. Bearb. v. Ursula Hüllbüsch. Boppard a. Rhein 1988. S. 671.

201 Die Entwürfe des Kanzlers für beide Erklärungen, die bei der Kabinettssitzung verlesen wurden, sind nicht mehr zu ermitteln. Für die Abfassung der Erklärungen, die noch am selben Nachmittag auf Pressekonferenzen bekannt gegeben wurden, bildeten sich Redaktionskomitees mit Blücher, Lehr, Kaiser und Lenz.

202 Vgl. eine Notiz von Lenz in: Die Kabinettsprotokolle der Bundesregierung, a.a.O. S. 671.

Unmittelbar im Anschluss an die Sitzung erarbeiteten Angehörige des Kabinetts die Erklärung und noch am selben Nachmittag gab die Regierung die Ehrenerklärung für die Widerstandskämpfer bekannt. Allerdings trat nicht der Kanzler, sondern Jakob Kaiser vor die Presse. Der Bundesminister für gesamtdeutsche Fragen, der selbst im Widerstand tätig war[203], erklärte, dass die Regierung im unmittelbaren Zusammenhang mit der Anerkennung des Widerstandes ihr Bedauern über die jüngsten Äußerungen der Soldatenverbände, vor allem des Verbandes deutscher Soldaten, zum Ausdruck bringe. Jakob Kaiser betonte, dass die Erklärung der Bundesregierung gegen die Tätigkeit der Soldatenverbände im Zusammenhang mit der Ehrenerklärung stand, und der Minister wies auf die notwendige Distanzierung Deutschlands von der rechten Propaganda vor den Augen der Weltöffentlichkeit hin. Die *Süddeutsche Zeitung* zitierte am nächsten Tag die entsprechende Stelle seiner Erklärung:

> »In den letzten Wochen sind von verschiedenen Sprechern des Soldatenverbandes Äußerungen getan worden, durch die der Kampf um das Ansehen des deutschen Volkes in der Welt ernstlich erschwert worden ist.«[204]

In der Presse wurde die Ehrenerklärung der Regierung für die Widerstandskämpfer mit gemischten Gefühlen aufgenommen. Die *Neue Zeitung* lobte zwar die Ehrenerklärung für den Widerstand als »in hohem Maße begrüßenswert«, ihr Kommentator hob jedoch auch hervor, er verspüre »eine gewisse Bitterkeit, dass es erst der Angriffe aus bestimmten Kreisen der ehemaligen Militärs auf die Männer und Frauen der deutschen Widerstandsbewegung bedurft hat, ehe sich das Bonner Kabinett jetzt, nach mehr als zweijähriger Amtstätigkeit, zu diesem Schritt entschlossen hat.«[205] Die Bitterkeit war verständlich. Die Bundesregierung hatte ihre Ehrenerklärung für die Widerstandskämpfer explizit in einen Zusammenhang mit der Kritik an den Stellungnahmen der VdS-Funktionäre gerückt, und schließlich war die Ehrenerklärung für die Widerstandskämpfer in so manchem Presseartikel unter der Überschrift »Kabinett kritisiert Soldatenbund« abgehandelt worden.[206] Der Hinweis der Presse, dass die Anerkennung und Ehrung des Widerstandes durch die Bundesregierung im Zusammenhang mit der vergangenheitspolitisch notwendigen Abwehr der rechten Propaganda stehe, war berechtigt. Die Ehrenerklärung des Bundeskabinetts für die Widerstandskämpfer reagierte im Herbst 1951 auf die Propaganda der SRP, der DP sowie auf Äußerungen von Funktionären der Soldatenverbände, die die Berechtigung des Widerstandes öffentlich immer lauter in

---

203 Vgl. Jakob Kaiser. Gewerkschafter und Patriot. Hg. u. eingel. v. Tilman Mayer. Köln 1988.
204 SZ vom 3.10.1951.
205 NZ vom 4.10.1951.
206 Vgl. Die Welt vom 3.10.1951.

Frage stellten. Im Mittelpunkt der Ehrenerklärung für die Widerstandskämpfer stand im Herbst 1951 nicht eine Auseinandersetzung mit den Handlungsprinzipien des Widerstandes, vielmehr hatten politische Thematisierungsstrategien das Bekenntnis der Regierung zum Widerstand motiviert. Der Kommentator der *Frankfurter Rundschau* machte auf diesen Aspekt aufmerksam: »Die offizielle Erklärung der Bundesregierung vom vergangenen Dienstag, in der sie sich eindeutig zu den Männern des 20. Juli bekennt«, so kommentierte Karl Gerold, kam »spät, sehr spät sogar. Fast könnte man befürchten, dass sie zu spät kam, wenn man die Entwicklung der deutschen Soldaten- oder vielleicht besser gesagt politisierenden Generalsbünde ins Auge fasst.«[207] Und obwohl es nach Gerold für »die politische Gegenwart und hoffentlich auch für die Zukunft wesentlich (ist), dass die Regierung sich von bestimmten Erklärungen distanziert, die in der letzten Zeit von Sprechern des Soldatenverbandes abgegeben wurden«, wies er darauf hin, dass »in der Erklärung des Kabinetts die hauptsächliche Betonung darauf gelegt ist, die Welt habe durch den 20. Juli erfahren, dass nicht das ganze deutsche Volk dem Nationalsozialismus verfallen war.« Gerold stand der Überbetonung der deutschlandpolitischen Funktion des Widerstandes in der Ehrenerklärung kritisch gegenüber und machte auf ein Manko der Regierungserklärung aufmerksam:

> »Eigentlich hätte man erwarten dürfen, dass in der vorliegenden Regierungserklärung besonders auf diesen in der deutschen Geschichte einmaligen Vorgang politischer Entschlusskraft, verbunden mit sittlich-geistigen Erwägungen, hingewiesen worden wäre.«[208]

Die Debatte um die Äußerungen aus den Reihen der Soldatenverbände im Herbst 1951 verfehlte ihre Wirkung auf den Prozess gegen Otto Ernst Remer nicht. Fritz Bauer konnte sich zunächst – im Zusammenhang mit der Beschränkung des Verfahrens auf den Widerstand vom 20. Juli 1944 – auf die Ehrenerklärung der Bundesregierung beziehen, die den Widerstandskämpfern Anerkennung ausgesprochen hatte. Als die Öffentlichkeit im Februar 1952, nur wenige Wochen vor Beginn des Verfahrens gegen Remer, in einem Bericht des Hohen Kommissars John McCloy, der sich auch schon nach dem Freispruch von Wolfgang Hedler besorgt über den Nationalismus geäußert hatte, zur politischen Lage in Westdeutschland noch einmal nachlesen konnte, dass die Alliierten den Neonationalismus und die Arbeit der Soldatenverbände in der Bundesrepublik aufmerksam im Auge behielten[209], war aber ebenso klar: Der Prozess gegen Remer war auch ein Prozess gegen die Politik der SRP und der Soldatenverbände. Die Presse zog längst eine verbindende inhaltliche Linie

207 Karl Gerold: Regierung und Generale. FR vom 4.10.1951.

208 Ebd.

209 SZ vom 28.2.1952, FR vom 28.2.1952.

von Frießner und Gümbel zum Prozess gegen Remer.[210] Und dabei ging es nicht mehr nur um eine Abwehr der rechten Propaganda. Die Auseinandersetzung um die Stellungnahmen der Funktionäre des VdS bildete noch auf einer weiteren Ebene den historischen Kontext für das Verfahren gegen Otto Ernst Remer.

Im April 1945 hatte der Alliierte Kontrollrat in der Direktive für die amerikanische Militärregierung JCS 1067 zur Entwaffnung und Entmilitarisierung Deutschlands als erklärtes Ziel der Siegermächte bekannt gegeben, alle militärischen und quasi-militärischen Organisationen in Deutschland end-gültig aufzulösen und die Wiederbelebung des deutschen Militarismus und Nazismus auf Dauer zu unterbinden. Auf nationaler und internationaler Ebene wurde von einem Ende des deutschen Militärs und der als bedrohlich empfundenen preußisch-deutschen Militärtradition ausgegangen. Unter den sich zuspitzenden Bedingungen der Systemkonfrontation zwischen Ost und West signalisierten alliierte Politiker seit Mitte 1949 aber, dass ein militärischer Beitrag der Bundesrepublik zur Sicherung des Westens gegen den Osten gewollt und geplant werde.[211] Bundeskanzler Konrad Adenauer setzte sich mit Nachdruck für ein machtpolitisches Sicherheitskonzept der Westintegration ein. Er nutzte das politische Klima nach dem Ausbruch des Korea Krieges im Juni 1950, um eine Wiederaufrüstung der Bundesrepublik zu forcieren. Für den Kanzler bedeutete die Wiederbewaffnung eine Möglichkeit, die Gleichberechtigung Westdeutschlands im Rahmen der westeuropäischen Staatengemeinschaft zurück zu gewinnen.[212] Nachdem nach 1945 zunächst die Reputation der deutschen Soldaten vernichtet zu sein schien, sahen ehemalige Soldaten der Wehrmacht Anfang der fünfziger Jahre die Chance gekommen, ihre Position in der westdeutschen Gesellschaft erneut zu festigen und die Ehre des Militärs wiederherstellen zu können. Deshalb gründeten ehemalige Wehrmachtsangehörige 1951 Soldatenverbände, traten, wie Frießner und Gümbel, in der Öffentlichkeit auf und verteidigten den Kampf der Soldaten im Zweiten Weltkrieg.

Im politisch aufgeheizten Klima, im Kontext der von der Regierung angestrebten Remilitarisierung der Bundesrepublik und als rechte Agitatoren wie Otto Ernst Remer sowie Vertreter des Verbandes deutscher Soldaten die Widerstandskämpfer als Verräter beschimpften und öffentlich rechte Positionen vertraten, stand seit Herbst 1951 die Frage zur Diskussion, in welche militärische Tradition die Bundesrepublik sich stellen werde. Die Frage war, »ob die

---

210 Vgl. z.B. SZ vom 2.10.1951.

211 Vgl. Detlef Bald: »Bürger in Uniform«: Tradition und Neuanfang des Militärs in Westdeutschland. In: Axel Schildt, Arnold Sywottek (Hg.): Modernisierung im Wiederaufbau. Bonn 1993. S. 392ff.

212 Vgl. Christoph Kleßmann: Die doppelte Staatsgründung. Bonn 1991. S. 230.

neue Armee ihre Traditionsbildung im Zeichen einer soldatischen Kontinuität von kaiserlich-preußischer Armee, dann der Reichswehr und schließlich der Wehrmacht betreiben würde, oder ob sie vielmehr im Geiste eines demokratisch verpflichteten grundsätzlichen Neuanfangs geschehen«[213] sollte. Die Bewertung des Widerstandes war dabei ein wichtiger Bezugspunkt geworden: Die rechte Propaganda hatte die Auseinandersetzung um den Widerstand zu einer simplifizierenden gemacht und eine Kontroverse um den Widerstand ausgelöst, die »oft plakativ«[214] als eine zwischen Eidbrechern und Eidtreuen geführt wurde. Im Kontext der sich abzeichnenden Wiederbewaffnung waren damit, vor allem seit den Oktobertagen 1951, alle Parteien herausgefordert, zur Eidfrage Stellung zu beziehen und die historischen und zukünftigen Inhalte des Soldateneides zu diskutieren und zu bewerten.

Die *Stuttgarter Zeitung* beschrieb Anfang Oktober 1951 den unmittelbaren Zusammenhang zwischen der strittigen Wiederbewaffnungsfrage, der Ehrenerklärung der Bundesregierung und den »unerhörten Vorfällen«, über die die Zeitung »in den letzten Tagen« berichten musste:

»Führende Mitglieder des Verbandes deutscher Soldaten haben den Widerstand gegen das unmenschliche System als ›eine Absage an die ewigen Gesetze des deutschen Soldatentums‹ bezeichnet. (...) 1945 hätte man es Frießner (dem Vorsitzenden des Verbandes Deutscher Soldaten) und Konsorten allenfalls noch zugute halten können, dass sie noch immer nicht erkannt hatten, dass sie einem Verbrecher die Treue gehalten haben. Heute ist der kriminelle Charakter des Dritten Reiches jedoch auch dem naivsten General sozusagen aktenkundig gemacht worden. Wem die Schändlichkeit ›jenes obersten Kriegsherrn‹ dennoch nicht aufgegangen ist, der disqualifiziert sich für jede öffentliche Betätigung in der demokratischen Bundesrepublik Deutschland. (...) Durch die Verunglimpfung des 20. Juli wollen sie sich reinwaschen, um für eine künftige Verwendung annehmbar zu erscheinen.«[215]

Es müsse heute klar sein, hatte die *F.A.Z.* schon im August 1951 gefordert,

»dass kein Offizier in künftigen deutschen Divisionen einen Platz finden sollte, dessen Haltung zum 20. Juli nicht ganz klar ist. (...) Die Bundesregierung wird mit dieser Haltung freilich Widerspruch in den Kreisen um Remer finden. Sie wird sich daran nicht stören dürfen. Das neue deutsche Offizierkorps wird seinen Gliedern viel Freiheit der individuellen

---

213 Robert Buck: Die Rezeption des 20. Juli 1944 in der Bundeswehr. In: Gerd R. Ueberschär: Der 20. Juli 1944. Köln 1994. S. 215.

214 Ebd.

215 Lex 20. Juli. Stuttgarter Zeitung vom 3.10.1951. Robert Knauß, 1940-1944 Kommandeur der Luftkriegsakademie Berlin-Gatow, arbeitete nach Ende des Krieges als freier Schriftsteller und Publizist, seit 1950 als politischer Kommentator für den Süddeutschen Rundfunk, widersprach Frießner: Die Soldaten und der 20. Juli. Die Zeit am 4.10.1951. Vgl. die biographischen Angaben Robert Knauß in Munzinger-Archiv/Internationales Biographisches Archiv 46/1952 vom 3. November 1952.

Überzeugung lassen; in diesem einen Punkt der Stellung zum 20. Juli darf es kein Schwanken geben.«[216]

Im Kontext der Debatte um die Bedeutung des Widerstandes für eine Neuorganisation des Militärs in der Bundesrepublik hatte auch Berichterstatter und Kommentatoren zum Jahrestag des 20. Juli im Sommer 1951 gefordert, Widerstand müsse als eine Tat »zwischen Eid und Gewissen«[217] diskutiert werden. Zwar warnte Vizekanzler Franz Blücher vor einem »Eidstreit«[218], doch dieser war in der Bundesrepublik längst ausgebrochen. »Ginge es nur nach der Anzahl der gewechselten Worte, so müsste man glauben, das deutsche Volk habe sich am vergangenen Wochenende für nichts anderes interessiert als für die Stellung des Soldaten in der Welt«[219], kommentierte die *Süddeutsche Zeitung* im Oktober 1951. Und im November 1951 titelte nicht nur die *Neue Zeitung*: »Deutschland diskutiert die Eid-Frage«[220]. Werner Runge fragte im *Münchener Merkur*:

»Bevor es überhaupt klar ist, ob einer von uns den Rock des Soldaten von morgen wieder anzieht, rufen die einen, es müsse der Geist des 20. Juli in den neuen deutschen Formationen herrschen. Die anderen behaupten ebenso leidenschaftlich, der 20. Juli sei der Tag des Bruches soldatischer Eidestreue. Überbrücken und Vergessen fordern die dritten (...). Wie kann nun aus solchem Durcheinander (...) überhaupt eine Antwort emporwachsen?«[221]

Bereits vor Eröffnung der Hauptverhandlung gegen Remer hatte Fritz Bauer Pressevertretern gegenüber erklärt, die Anklage gehe davon aus, dass der Eid auf Hitler »unsittlich« gewesen sei, und die Widerstandskämpfer diesen Eid gar nicht brechen konnten. Die Erklärung Bauers trat eine Lawine des Protests los. Die Brisanz der Diskussion um die Stellung der ehemaligen Soldaten und um die Bewertung des Widerstandes trat ihm in den Briefen entgegen, die ihn schon vor Beginn der Verhandlung gegen Remer, in den Tagen und Wochen während des Prozesses und noch lange nach Abschluss der Verhandlung erreichten. Anfang Februar 1952 erhielt Fritz Bauer einen langen, anonymen Brief, dessen Verfasser laut Briefkopf Mitglied des Bundestages war. Beispielhaft für die Argumentation in vielen der an Bauer gerichteten Briefen lag für den Abgeordneten die Lösung des Streits um die Bewertung des Widerstandes

216 Der 20. Juli. F.A.Z. vom 24.8.1951.

217 »Es lebe unser heiliges Deutschland!« Badische Neueste Nachrichten (Karlsruhe) vom 20.7.1951.

218 Schweigemarsch der Heimkehrer. RNZ vom 10.9.1951.

219 SZ vom 2.10.1951.

220 Es geht um den 20. Juli. Die Tat vom 21.11.1951. Vgl. auch: Heinrich Graf von Einsiedel: Der Wille zur Freiheit ist kein Landesverrat. Gedanken über Widerstand und Fahneneid. NZ vom 16.10.1951.

221 Werner Runge: Soldatentreue und Tyrannenmord. Münchener Merkur vom 31.10.1951.

und des Streits zwischen den Eidtreuen und den Soldaten, die mit ihrem Widerstand den Eid gebrochen hatten, auf der Hand:

»Wer einen Eid geschworen hat, darf ihn nicht brechen, sonst ist er ein Meineidiger, ein Verräter und ein Verbrecher am Volke. (...) Wenn ich auf die Staatsverfassung oder auf den obersten Landesherren einen Eid geschworen habe, bei dem ich Gott zum Zeugen anrufe, dann muss ich ihn unter allen Umständen halten, sonst bin ich eidbrüchig, ein Hoch- und ein Landesverräter. (...) Ein Abgeordneter.«[222]

Auch Familienangehörige der ehemaligen Soldaten der Wehrmacht bezogen in der Debatte Position, wie zahlreiche der an die Staatsanwaltschaft adressierten Briefe belegen. Die Anklage habe erklärt, so heißt es etwa in einem Brief, der »E i d auf Hitler sei unsittlich --- gewesen.« Diese Ausführungen müssten

»sehr grosse innere Unruhe ins deutsche Volk tragen. Vor allem würde ein derartigees Stabbrechen aufs allertiefste verletzen d. Gefühle derer, die ahnungslos einfach geglaubt haben, den Eid leisten zu müssen, und derer, die ihn unter absolutem Zwang geleistet haben, wissend, dass sie bei der Weigerung ihre Familie in totales Unglück stürzen würden. Jene Vorstellung muss aufs allertiefste, tief aufwühlend beunruhigen und verletzen die Gefühle derer, deren Söhne vor dem Feind gefallen sind, – so wie im Osten mein ältester Sohn – , dies mit als Folge davon, dass sie Söhne besten, reinsten Gewissens d. Fahneeid geschworen und sich durch ihn erst recht zur Pflichterfüllung bis in den Tod verpflichtet gefühlt haben. (...) Wirklich ist es hier das Schlimmste, dass das Andenken von Gefallenen berührt wird.«[223]

Und ein Geschäftsmann aus Bochum schrieb an Fritz Bauer:

»Mein einziger Sohn ist im Jahr 1941 als Gerichtsreferendar zur Wehrmacht einberufen worden und im Oktober 1944 als Leutnant der Reserve und Kompanieführer in einem Infanterieregiment gefallen. Zweifellos hat auch er den ›Soldateneid auf Hitler‹ ablegen müssen.«

Sollte die Argumentation der Anklage, dass der Eid auf Hitler unsittlich gewesen sei,

»zutreffend wiedergegeben sein, so würde ich mich naturgemäß durch dieselben beschwert fühlen, denn nach meinem laienhaften Ermessen würden sie meinem gefallenen Sohn eine unsittliche Handlung insinuieren (...).«[224]

In einem anderen Brief heißt es:

---

222 Anonymer, maschinenschriftlicher Brief mit dem amtlichen Briefkopf »Bonn, Bundeshaus« vom 6.2.1952 an Fritz Bauer. NdsStA, 62 Nds. Fb. 3 Zg 51/1985, Nr. 2/7. Orthographie und Interpunktion hier und in den folgenden Briefen wie im Original.

223 Brief von Dr. Otto G., März 1952 an Fritz Bauer. NdsStA, 62 Nds. Fb. 3 Zg 51/1985, Nr. 2/9.

224 Brief von Walther V. vom 19.3.1952 an Fritz Bauer. NdsStA, 61 Nds. Fb. 1, Nr. 24/3.

»Herr Generalstaatsanwalt, ich weiss nicht, wie das Urteil gegen Herr Remer ausfallen wird. Ich habe eine Bitte, kein Urteil zu fällen, weil Herr Remer als Soldat am 20. Juli 1944 gegenüber Volk und Führung seine Pflicht getan hatte. Ein solches Urteil wäre für alle ehemaligen Soldaten unverständlich. (...) Einer späteren deutschen Geschichtsschreibung über die wahren Hintergründe vom 20. Juli 1944 soll es überlassen bleiben, ob diese Kreise wirklich im nationalen Sinne gehandelt haben oder nicht. Das deutsche Volk wird schon ein Urteil fällen.«[225]

Für Fritz Bauer war die, wie er notierte, »Sturmflut der Briefe«[226], die in seinem Braunschweiger Büro über ihn hereinbrach, ein Barometer für die Stimmung in Westdeutschland. Dass die Briefe durchaus die Bevölkerungsmeinung spiegelten, bestätigen die Ergebnisse damaliger Meinungsumfragen. Die Haltung der Westdeutschen gegenüber dem Widerstand vom 20. Juli war ambivalent. Im Juni 1951 erinnerten sich einer Umfrage des Allensbacher Instituts für Meinungsforschung zufolge 89 Prozent der Befragten an die Vorgänge am 20. Juli 1944, 30 Prozent lehnten den Widerstand jedoch ab und 16 Prozent hatten sich kein Urteil gebildet.[227] Fritz Bauer wusste wie umstritten die Bewertung des Widerstandes in der bundesrepublikanischen Gesellschaft war. Er las alle Briefe, die ihn erreichten, er unterstrich Wichtiges, und er nahm die persönlichen, oft bösartigen und sein Leben bedrohenden Angriffe zur Kenntnis. Briefe, in denen er um eine Stellungnahme gebeten worden war, beantwortete er, und den Vätern der im Krieg getöteten Soldaten, die seine Position als Entehrung der Soldaten empfanden, schrieb er:

»Um ihnen, der sie ihren Sohn im Krieg verloren haben, zu zeigen, in welche Konflikte Hitler und sein Soldateneid junge Menschen gebracht hat, darf ich vielleicht den Brief eines einfachen Bauers an seine Eltern zitieren (...). Er trägt das Datum vom 3.2.1944 ›Liebe Eltern! Ich muss Euch eine traurige Nachricht mitteilen, dass ich zum Tode verurteilt wurde, ich und Gustav G. Wir haben es nicht unterschrieben zur SS, da haben sie uns zum Tode verurteilt. (...) Wir beide wollen lieber sterben, als unser Gewissen mit so Greueltaten beflecken. Ich weiß, was die SS ausführen muss. Ach liebe Eltern, so schwer es für mich und Euch ist, (...) verzeiht mir und betet für mich. Wenn ich im Krieg fallen würde und hätte ein böses Gewissen, das wäre auch traurig für Euch (...).‹«[228]

Bauer unterzeichnete mit freundlichen Grüßen und fügte dem keine Worte mehr hinzu.

---

225 Brief von Paul A., 15.3.1952. NdsStA, 62 Nds. Fb. 3 Zg 51/1985, Nr. 2/9.

226 Fritz Bauer am 21.3.1952 in einem Brief an Margarethe von Hase. NdsStA, 61 Nds. Fb. 1, Nr. 24/4.

227 Vgl. Elisabeth Noelle, Erich Peter Neumann (Hg.): Jahrbuch der öffentlichen Meinung 1947–1955. Allensbach ^{2}1965. S. 138.

228 Briefe von Fritz Bauer am 19.3.1952 an Walther V. und an Dr. Otto G. NdsStA 61 Nds. Fb. 1, Nr. 24/3 und 62 Nds. Fb. 3 Zg 51/1985, Nr. 2/9.

Da im Gerichtsverfahren gegen Remer zur Klärung der Legitimität von Widerstand nach § 186 StGB nun die Motive und Handlungskontexte der Männer um Stauffenberg geklärt werden mussten, mussten im Kontext der in der Bundesrepublik entbrannten Diskussion über die Bedeutung des Eides für die Bewertung des 20. Juli 1944 auch die Prozessparteien im Gerichtsverfahren gegen Otto Ernst Remer zu der Frage Stellung nehmen, ob der Eid, den die Soldaten auf Hitler geleistet hatten, ihnen Gehorsam abverlangt und Widerstand verboten hatte. Fritz Bauer entwickelte als Vertreter der Anklage in dieser Frage eine gänzlich andere Rechtsposition als die Verteidiger von Otto Ernst Remer.

Die Rechtsanwälte von Remer setzten auf eine Prozessstrategie, die Anschluss an die großzügige Integrationspolitik der Bundesregierung gegenüber den ehemaligen Angehörigen der Wehrmacht suchte. Sie vertrauten auf die Reputation der traditionellen militärischen Elite, um vor Gericht überzeugend darzulegen, dass die Widerstandskämpfer einen legitimen Eid gebrochen und damit Verrat begangen hatten, und am zweiten Prozesstag beantragten die Rechtsanwälte, Generalfeldmarschall a.D. Erich von Manstein und Generalfeldmarschall a.D. Albert Kesselring als Zeugen im Verfahren gegen Remer zu laden. Laut Antrag der Verteidigung sollten beide vom Gericht zur »Bedeutung und Tragweite des Soldateneides als Sachverständige-Zeugen«[229] gehört werden. Kesselring und von Manstein waren zu dieser Zeit im Kriegsverbrechergefängnis in Werl inhaftiert, nachdem sie Verfahren britischer Militärgerichte wegen Kriegsverbrechen verurteilt worden waren.[230] Remers Verteidiger ver-

---

229 RA Wehage am 8.3.1952 in einem Schriftstück an den Oberstaatsanwalt. NdsStA, 62 Nds. Fb. 3 Zg 51/1985, Nr. 2/2.

230 Am 20. November 1941 hatte von Manstein das interne Rundschreiben »Für die Notwendigkeit der harten Sühne am Judentum« unterzeichnet, in dem es heißt: »Das jüdisch-bolschewistische System muss ein für allemal ausgerottet werden. Nie wieder darf es in unseren europäischen Lebensraum eingreifen. Der deutsche Soldat hat daher nicht allein die Aufgabe, die militärischen Machtmittel dieses Systems zu zerschlagen. Er tritt auch als Träger einer völkischen Idee und Rächer für alle Grausamkeiten, die ihm und dem deutschen Volke zugefügt werden, auf.« Das Dokument ist abgedruckt in: Léon Poliakov, Josef Wulf: Das Dritte Reich und seine Diener. Dokumente. Berlin 21956. S. 451. Vgl. dazu auch: Telford Taylor: Die Nürnberger Prozesse. Hintergründe, Analysen und Erkenntnisse aus heutiger Sicht. München 31996. S. 601f. Das britische Militärgericht hatte Manstein am 19. Dezember 1949 verurteilt »den Völkermord mitgetragen zu haben«. Das Militärgericht sah neben anderen Punkten als bewiesen an, dass Manstein für die Deportation von »Zivilisten aus dem Gebiet seines militärischen Befehlsbereiches« verantwortlich war, er wurde zudem verurteilt für die »Misshandlung und Erschießung von sowjetischen Kriegsgefangenen, ihre Übergabe an den SD, ihre gesetzeswidrige Behandlung als Partisanen und die Ermordung der sowjetischen Kommissare (...)« und weil er »die Erschießung von Zivilisten als Vergeltung (...) durch Untergebene – in Befolgung der Befehle des OKH – zugelassen« hatte. Oliver von Wrochem: Die Auseinandersetzung mit Wehrmachtsverbrechen im Prozess gegen den Generalfeldmarschall

trauten auf die Wirksamkeit der öffentlichen Meinung, die beiden ehemaligen Militärs und prominentesten Häftlingen in Werl[231] nach wie vor große Achtung zollte. Schon während des Prozesses gegen Generalfeldmarschall a.D. Erich von Manstein, der 1949 vor einem britischen Militärgericht in Hamburg verhandelt worden war, hatten die Sympathien der west-deutschen Öffentlichkeit dem Angeklagten gehört, und auch nachdem das Gericht von Manstein zu achtzehn Jahren Haft verurteilt hatte, änderte sich diese Stimmung nicht. Bundeskanzler Adenauer hatte sich unmittelbar nach der Verurteilung für eine Reduzierung der Strafe eingesetzt, und während seiner ersten Reise nach England im Dezember 1951 hatte er sich noch einmal für von Manstein und für Kesselring engagiert.[232] Auch der sozialdemokratische Bundestagsabgeordnete Hans Merten bewertete den Prozess gegen von Manstein in einer Sitzung des Bundestags im September 1952 unwidersprochen als Siegerjustiz. Die Alliierten hätten geglaubt, »mit Hilfe der Macht aus Unschuldigen Schuldige machen zu können«[233], konstatierte er und das Sitzungsprotokoll verzeichnet die Zustimmung seiner Parteikollegen. Die verurteilten Kriegsverbrecher galten in der Bundesrepublik als Unschuldige. Schon 1950 hatte auch Paul Sethe im Kontext der offenen Wiederbewaffnungsfrage die Inhaftierung der ehemaligen Militärs kritisiert und in der *F.A.Z.* mit der rhetorischen Frage aufgewartet, was »eine deutsche Kompanie denken (solle), die an den Mauern von Landsberg vorbeimarschiert, wenn solche Männer (wie die ehemaligen Angehörigen der Wehrmacht) dahinter sitzen?«[234] Das Bild der jungen Soldaten, die an den Fenstern der Gefängnisse in Landsberg und Werl vorbeimarschieren, wurde zu einer – auch von Politikern – oft herangezogenen Metapher, die die westdeut-

---

Erich von Manstein 1949. ZfG, H. 4, 1998. S. 351f u. Ders.: Rehabilitation oder Strafverfolgung. Mittelweg 36, Juni/Juli-H., 1997. S. 26ff. Vgl. auch Ute Stiepani: Die Dachauer Prozesse und ihre Bedeutung im Rahmen der alliierten Strafverfolgung von NS-Verbrechen. In: Gerd R. Ueberschär (Hg.): Der Nationalsozialismus vor Gericht. Frankfurt a.M. 1999. S. 228. Vgl. zu Kesselring: Gerhard Schreiber: Deutsche Kriegsverbrechen in Italien. Täter, Opfer, Strafverfolgung. München 1996.

231 Vgl. Ulrich Brochhagen: Nach Nürnberg. Berlin 1999. S. 65.

232 Vgl. Ulrich Brochhagen, a.a.O. S. 78.

233 Stenographische Berichte des Deutschen Bundestages, I. Wahlperiode. Sitzung vom 17. September 1952. S. 10500. Wirksame Grundlage für die Mythisierung von von Manstein und für die Bewertung des Verfahrens als »Siegerjustiz« waren auch die beiden Bücher, die seine Verteidiger Anfang der fünfziger Jahre veröffentlichten und in denen sie das Bild des unpolitischen Soldaten von Manstein entwerfen, der sich ausschließlich dem soldatischen Gehorsam verpflichtet gefühlt habe. Vgl. Paul Leverkuehn: Verteidigung Mansteins. Hamburg 1950 und Reginald T. Paget: Manstein. Seine Feldzüge und sein Prozess. Wiesbaden 1952. Vgl. auch Erich von Manstein in seiner Autobiographie: Verlorene Siege. Bonn 1955. Vgl. dazu Oliver von Wrochem: Die Auseinandersetzung mit Wehrmachtsverbrechen im Prozess gegen den Generalfeldmarschall Erich von Manstein 1949. ZfG, H. 4, 1998. S. 329.

234 Paul Sethe: Und Landsberg? F.A.Z. vom 16.8.1950.

sche Position auf den Punkt brachte: Die ehemaligen Militärs gehörten nicht zu den, um in Adenauers Terminologie zu sprechen, »wirklich Schuldigen«.[235] Ganz im Gegenteil: Die alte militärische Elite schien für den Wiederaufbau einer neuen Armee in der Bundesrepublik unabkömmlich. So war auch Erich von Manstein – in Haft – eine militärische Kult- und Leitfigur geblieben. Militärexperten diskutierten mit dem Häftling vergangene und künftige Aufgaben des Militärs, und der in London erscheinende *Daily Telegraph* veröffentlichte im April 1952 ein Gespräch mit ihm und anderen Insassen der Haftanstalt Werl über die Wiederbewaffnung der Bundesrepublik.[236] Die öffentliche Stimmung schien also für die Strategie der Verteidigung im Remer-Prozess zu sprechen, auf die Überzeugungskraft von von Manstein und Kesselring zu setzen, um das Handeln der »eidtreuen« Soldaten zu rechtfertigen und die Legitimität des Handelns der Widerstandskämpfer zurückzuweisen. Denn immerhin glaubten 1952 auch 65 Prozent der vom Allensbacher Institut für Meinungsforschung befragten Deutschen, dass Kesselring zu Unrecht inhaftiert sei.[237] Die Tatsache, dass von Manstein und Kesselring von den Alliierten verurteilte Kriegsverbrecher waren, hatte ihrem militärischen Ruhm nicht geschadet.[238]

Obwohl der vorsitzende Richter im Remer-Prozess weder Kesselring noch von Manstein als sachverständige Zeugen anhörte[239], hielt die Verteidigung an ihrer Taktik fest. Rechtsanwalt Wehage bezog sich in seinem Plädoyer auf die Position, die Erich von Manstein in seinem Verfahren vor dem britischen Militärgericht zum Eid vertreten hatte, um die These zu belegen, dass der Widerstand den Eid gebrochen und Verrat begangen habe. »Wir deutschen Soldaten«, so referierte der Rechtsanwalt im Braunschweiger Gerichtssaal von Mansteins Argumentation, »hielten dem Kaiser unseren Eid, (...), ich hielt meinen Eid der Weimarer Republik, bis ihre Politiker ihre Armee unter Hitlers

---

235 Vgl. Norbert Frei: Vergangenheitspolitik. München ^{2}1997. S. 198f und Ulrich Brochhagen: Nach Nürnberg. Berlin 1999. S. 93.

236 Vgl. Ulrich Brochhagen, a.a.O. S. 34. Daily Telegraph vom 23.4.1951.

237 Vgl. Elisabeth Noelle, Erich Peter Neumann: Jahrbuch der öffentlichen Meinung 1947-1955. ^{2}1965. S. 202.

238 Vgl. zu Adenauers Politik zur »sogenannten Kriegsverbrecherfrage«: Norbert Frei: Vergangenheitspolitik. München ^{2}1997. S. 163ff; Ulrich Brochhagen: Nach Nürnberg. Berlin 1999. S. 84ff.

239 In der schriftlichen Urteilsbegründung weist das Gericht darauf hin, dass auf die Anhörung von Erich von Manstein und Albert Kesselring verzichtet wurde, weil das Gericht der Einlassung Remers folgte, er erkenne den Hochverrat an, somit Hochverrat nicht mehr Bestandteil des zu erbringenden Wahrheitsbeweises war und die Zeugen zu diesem Gegenstand nicht mehr gehört werden mussten. Vgl. Urteil des Landgerichts Braunschweig vom 15. März 1952 in der Strafsache gegen Generalmajor a.D. Remer wegen übler Nachrede. In: Herbert Kraus (Hg.): Die im Braunschweiger Remerprozeß erstatteten moraltheologischen und historischen Gutachten nebst Urteil. Hamburg 1953. S. 112.

Befehlsgewalt brachte. In gleicher Weise hielt ich meinen Eid, den ich Hitler geschworen hatte.«[240]

Die Verteidiger von Otto Ernst Remer gaben ihre Absicht, Kesselring und von Manstein als Zeugen hören zu lassen, erst bekannt, als das Verfahren gegen ihren Mandanten bereits begonnen hatte. Es war eine späte Reaktion auf die Prozessführung von Fritz Bauer.

Wesentlicher Bestandteil der staatsanwaltschaftlichen Strategie zur Klärung der Frage, wie der Soldateneid im Zusammenhang mit dem Widerstand zu beurteilen war, waren mehrere Gutachten, die Fritz Bauer im Namen der Staatsanwaltschaft in Auftrag gegeben hatte. Am zweiten Prozesstag trug Generalleutnant a.D. Helmut Friebe sein *Gutachten über die Stellung des Offizierskorps zum 20. Juli 1944* vor Gericht vor. Kernstück seiner Ausführungen war jene Passage, in der Friebe über die veränderte Haltung der ehemaligen Offiziere zum Widerstand vom 20. Juli 1944 und zum Fahneneid berichtete. Friebe, ehemaliger kommissarischer Vorsitzender des Verbandes deutscher Soldaten, hatte sich schon im Herbst 1951 deutlich von den Verleumdungen der Widerstandskämpfer durch Hedler, Remer und die Funktionäre seines Verbandes distanziert.[241] Im Remer-Prozess führte er jetzt aus: Die

»große Masse der Frontoffiziere und hauptsächlich der jüngeren Generation (stand) dem Attentat (im Sommer 1944) verständnislos und ablehnend gegenüber. (...) Inzwischen sind sieben Jahre vergangen. (...) Viele Prozesse, Dokumente und Veröffentlichungen öffneten ihm (dem Frontsoldaten) die Augen. (...) Haben nun diese (...) Erkenntnisse (...) die Einstellung des ehemaligen Offizierkorps zum Attentat vom 20. Juli geändert? Ich glaube, diese Frage mit einem klaren ›ja‹ beantworten zu können«.[242]

Ein Prozessbeobachter berichtete, dass das Gutachten des ehemaligen Generalleutnants vor allem »auch auf den Zuhörerbänken, wo die ehemaligen Landser unter der Gefolgschaft des Herrn Remer saßen, (auf) große Aufmerksamkeit« stieß.[243] Zum Abschluss seiner Ausführungen hatte Friebe schließlich noch ein Wort an Remer gerichtet. Die »alten Soldaten«, so versicherte der Generalleutnant a.D., würden nicht über Remers Verhalten am 20. Juli urteilen. Man habe aber von ihm erwartet, dass er im Nachhinein Recht und Un-

240 Plädoyer von RA Wehage. NdsStA, 62 Nds. Fb. 3 Zg 51/1985, Nr. 2/5. Vgl. zur Position, die von Manstein und seine Verteidigung im Prozess gegen ihn hinsichtlich des Eides und der Gehorsamspflicht vertreten haben Reginald T. Paget: Manstein. Wiesbaden 1952. S. 139f.

241 Vgl. Helmut Friebe: Nochmals: Der 20. Juli (Leserbrief). NZ vom 24.10.1951. Vgl. auch Gießener Freie Presse vom 25.10.1951.

242 Helmut Friebe: Gutachten über die Stellung des Offizierkorps zum 20. Juli 1944. In: Herbert Kraus (Hg.): Die im Braunschweiger Remerprozeß erstatteten moraltheologischen und historischen Gutachten nebst Urteil. Hamburg 1953. S. 83ff. Hier S. 84f und S. 90.

243 Gerhard Thimm: Remer selbst ist nicht mehr wichtig. NZ vom 10.3.1952.

recht »erkennen und danach still und in großer Zurückgezogenheit leben würde.« Und Friebe fuhr fort: »Dass Herr Remer diese Selbstbescheidenheit nicht aufbringt, dafür fehlt uns, seinen früheren Kameraden, jedes Verständnis!«[244] Friebes Ausführungen wurden an den folgenden Tagen in den Zeitungen ausführlich zitiert.[245] Mit ihm hatte Fritz Bauer im Namen der anklagenden Staatsanwaltschaft einen Gutachter gewonnen, der als ehemaliger Generalleutnant Angehöriger der Wehrmacht war und als Funktionär des VdS aus den Reihen der ehemaligen Soldaten kam. Sein Auftreten im Prozess und seine gutachterlichen Ausführungen konnten die Argumentation der Verteidigung durchbrechen, die stets im Anschluss an die öffentlich geführte Debatte auf das dichotome Bild von der Mehrheit der Wehrmachts-angehörigen als den Eid-Treuen gegenüber der Minderheit der Widerstandskämpfer als den Eid-Brechern aufbaute.

Die Verteidigung von Remer setzte sich mit dem Gutachten von Friebe nicht argumentativ auseinander. Vielmehr hielt sie bis zum Abschluss des Verfahrens an ihrer eingeschlagenen Strategie fest, die ehemaligen Militärs von Manstein und Kesselring als »sachverständige Zeugen« der Haltung der »Eid-Treuen« zu benennen, und sie deklassierte in ihrem Plädoyer Friebe, der als »unbekannter Generalleutnant hier (im Prozess) serviert« worden sei. »Es wäre besser gewesen«, so konstatierte die Verteidigung, »diese Äußerungen wären hier in diesem Saal nicht gefallen.«[246] Rechtsanwalt Wehage setzte noch einmal auf die Überzeugungskraft seiner Prozessstrategie, die auf die Dominanz der ehemaligen Täterperspektive vertraute, als er Friebe im Anschluss an dessen Gutachten fragte:

> »Wer sind Sie? Ich habe nie etwas von Ihnen gehört. Herr Remer kennt Sie auch nicht. Kennen Sie die Meinung von Manstein über den Soldateneid, von Kesselring, von Guderian? Nein. Dann sind Sie für mich nicht sachverständig.«[247]

Die Strategie der Rechtsanwälte konnte außerhalb des Gerichtssaals beeindrucken. Der Korrespondent der *F.A.Z.* etwa meinte, dass Friebe »die Antwort auf die Frage der Verteidigung, warum er nicht über die Auffassung wirklich repräsentativer Soldaten, wie der Feldmarschälle von Manstein (...) (und) Kesselring (...) referiert habe, schuldig« geblieben sei.[248] Im Gerichtssaal, vor allem auf den Richter, machte die Strategie der Rechtsanwälte keinen Eindruck. Als die Rechtsanwälte neben den verurteilten Generalfeldmarschällen

244 Helmut Friebe, a.a.O. S. 103.
245 Vgl. NZ vom 10.3.1952, FR vom 10.3.1952.
246 RA Wehage in seinem Plädoyer. NdsStA, 62 Nds. Fb. 3 Zg 51/1985, Nr. 2/5.
247 Vgl. die Mitschrift von Josef Schmidt in der SZ vom 11.3.1952.
248 F.A.Z. vom 10.3.1952.

a.D. Kesselring und von Manstein auch den ehemaligen Ankläger des Volksgerichtshofs Oberreichsanwalt Ernst Lautz als Zeugen hören wollten, und darauf hinwiesen, Lautz sei in Nürnberg nicht von einem deutschen, sondern von einem fremden Gericht verurteilt worden, reagierte Alexander von Hase von der Bank der Nebenkläger empört. Lautz sei für die Todessstrafe seines Vaters verantwortlich und »»der übelste Halunke, der jemals auf einem deutschen Richterstuhl gesessen hat««. Alle im Gerichtssaal Anwesenden »erstarrte(n)«, wie der Korrespondent der *F.A.Z.* berichtete.

»(M)an erwartete eine scharfe Rüge für den jungen Studenten (...). Doch der noch recht junge Landesgerichtsdirektor sagte nach einer Pause der Überlegung gelassen: ›Ich glaube, dann kann ich Ihnen nur beipflichten‹. Still war es im Saal, und selbst die Verteidigung schwieg.«[249]

Um die Legitimität des Widerstandes vom 20. Juli 1944 nachzuweisen, hatte Fritz Bauer im Namen der Staatsanwaltschaft neben dem Gutachten von Helmut Friebe zwei moraltheologische Gutachten zur Frage der Gültigkeit und der Grenzen des Soldateneides in Auftrag gegeben. Während Fritz Bauer den Prozess gegen Otto Ernst Remer vorbereitete, war er auf den Theologen Rupert Angermair aufmerksam geworden. Am 12. November 1951 berichteten die Zeitungen von einer »eindrucksvollen Kundgebung«, die am Vortag im Hofbräuhaussaal in München zum Thema »20. Juli 1944 – Helden oder Verräter?« stattgefunden hatte. Neben Alexander Graf Schenk von Stauffenberg, dem Bruder des am 20. Juli 1944 ermordeten Widerstandskämpfers, und Oberst a.D. Wolfgang Müller, war der Theologe Rupert Angermair dort aufgetreten und hatte aus moraltheologischer Sicht erklärt, die Männer vom 20. Juli hätten mit ihrem Widerstand ihren Soldateneid nicht gebrochen, vielmehr habe das NS-Regime das Gemeinwohl gefährdet und Widerstand sei deshalb

249 F.A.Z. vom 11.3.1952. Vgl. auch NZ vom 10.3.1952. Oberreichsanwalt Ernst Lautz war im Dezember 1946 im Nürnberger Juristenprozess zu zehn Jahren Zuchthaus verurteilt worden. Das Gericht sah von der Anhörung von Lautz mit der Begründung ab, es sei an »eine etwaige rechtliche Würdigung (der) Handlung (der Widerstandskämpfer vom 20. Juli) durch die s.Z. erkennenden Gerichte (...) nicht gebunden.« Vgl. Urteil des Landgerichts Braunschweig vom 15. März 1952 in der Strafsache gegen Generalmajor a.D. Remer wegen übler Nachrede. In: Herbert Kraus (Hg.): Die im Braunschweiger Remerprozeß erstatteten moraltheologischen und historischen Gutachten nebst Urteil. Hamburg 1953. S. 117f. Vgl. zur Biographie von Lautz und zu seiner Tätigkeit während des Nationalsozialismus und zum Prozess gegen ihn: Fall 3. Der Juristenprozess. Hg. v. Peter Alfons Steininger u. Kurt Leszczynski. Berlin 1969. S. 243ff; Das Nürnberger Juristen-Urteil von 1947. Hg. v. Peschel-Gutzeit. Baden-Baden 1996; Rudolf Wassermann: Fall 3: Der Nürnberger Juristenprozess. In: Gerd R. Ueberschär (Hg.): Der Nationalsozialismus vor Gericht. Die alliierten Prozesse gegen Kriegsverbrecher und Soldaten 1943-1952. Frankfurt a.M. 1999. S. 99ff und Jörg Friedrich: Die kalte Amnestie. Zürich, München 1994 (erw. und überarb. Neuausgabe). S. 264 u. 395.

kein Verrat, sondern ein Notwehrakt gewesen.[250] Bauer schrieb wenige Tage später an den bayerischen Landesbischof, um die Adresse des Theologen zu erfragen, und tatsächlich gelang es der Staatsanwaltschaft in kürzester Zeit, den Kontakt zu Angermair aufzunehmen. Der Theologe aber lehnte ab, für den Prozess gegen Remer ein moraltheologisches Gutachten über die Inhalte des Eides zu verfassen. Angermair schrieb an Fritz Bauer, er habe wegen anderer Verpflichtungen nicht die notwendige Zeit, für das Verfahren ein Gutachten zu erarbeiten. Erst als Bauer ihm in einem zweiten, eindringlichen Brief schrieb, »dass die grundsätzliche Bedeutung des Verfahrens gegen Remer« seine »Ladung erforderlich macht«[251], sagte Angermair seine Mitarbeit doch noch zu. In dem ersten Brief, den Bauer an den Landesbischof geschrieben hatte, um mit Angermair Kontakt aufzunehmen, fasste er die Rechtsposition zusammen, die er mit Unterstützung von Angermair im Remer-Prozess hinsichtlich der Bedeutung des Eides für den Widerstand vertreten wollte. Fritz Bauer verband den Nachweis der Legitimität des Widerstandes und seine Argumentation, dass der Eid auf Hitler durch widerständiges Verhalten nicht verraten werden konnte, mit einer Kritik am »unbedingten« Eid auf die Person Hitler[252], der »unsittlich« gewesen sei. Angermair sollte im Verfahren aus moraltheologischer Sicht darlegen, dass die Widerstandskämpfer mit ihrem Verhalten den Soldateneid nicht verraten hätten. Er habe bereits in München argumentiert, dass »aus biblischer Sicht das Recht zum Tyrannensturz, notfalls durch Tötung, sobald es sich um einen Akt der sozialen Notwehr handele«, rechtmäßig sei. »Der Soldateneid«, so referierte Bauer die Position des Theologen, habe Widerstand nicht verboten, sondern gerade gefordert, weil der Eid »primär nicht absolut an eine Persönlichkeit (gebunden sein könne), sondern an das Gemeinwohl des Volkes. (...) Die Spitzen des Militärs seien zu einer Verhinderung der Fortsetzung des sinnlosen Krieges berechtigt, ja sogar verpflichtet gewesen, in letzter Runde zur Notwehr zu greifen.«[253] Maßstab für soldatisches Handeln konnte demnach nicht eine Autorität wie Hitler sein, sondern allein das Gemeinwohl des Volkes. Bauer strebte mit dem Gutachten von Angermair – wie sich noch genauer zeigen wird – eine Klärung der Bedeutung des Gewissens als der Instanz an, auf die sich die Widerstandskämpfer

---

250 Vgl. SZ, RNZ, Rheinische Post, Nürnberger Nachrichten vom 12.11.1951.

251 Fritz Bauer am 10.12.1951 in einem Brief an Angermair. NdsStA, 61 Nds. Fb 1, Nr. 24/1.

252 Der Eid lautete: »Ich schwöre bei Gott diesen heiligen Eid, dass ich dem Führer des Deutschen Reiches und Volkes, Adolf Hitler, dem Oberbefehlshaber der Wehrmacht unbedingten Gehorsam leisten und als tapferer Soldat bereit sein will, jederzeit für diesen Eid mein Leben einzusetzen.« Zit.n. Manfred Messerschmidt: Die Wehrmacht im NS-Staat. Hamburg 1969. S. 51.

253 Fritz Bauer am 15.11.1951 in einem Brief an den Landesbischof. NdsStA, 61 Nds. Fb. 1, Nr. 24/1.

in Ablehnung des Eides auf Hitler und in der Rechtfertigung ihres Widerstandes bezogen hatten. In der Auseinandersetzung nach 1945 war der Begriff des Gewissens ein wesentlicher Bezugspunkt für die Legitimierung widerständigen Handelns gewesen, der aber unter den Bedingungen der politischen Funktionalisierung nach 1945 in unspezifischer Reduktion von einem gesellschaftlichen und politischen Bezug gelöst blieb. Fritz Bauer stellte im Remer-Prozess die Frage nach der Bedeutung des Gewissens für die Entscheidung zum Widerstand neu. Paul Sethe schrieb in der *F.A.Z.* über Bauers Strategie:

»(O)b die Urheber der Verschwörung vor ihrem Gewissen zu ihrem Tun berechtigt gewesen wären. Hierum vornehmlich ging der Prozess; hierum ist in den letzten Jahren in der Öffentlichkeit die Diskussion aufgeflackert.«[254]

Schon am ersten Prozesstag hörte das Gericht das *Moraltheologische(...) Gutachten über das Widerstandsrecht nach katholischer Lehre* von Rupert Angermair, das sich mit genau diesem Thema beschäftigte.[255] Als wesentliches Merkmal des weltlichen, bürgerlichen und religiösen Eides beschrieb er die »menschliche(...) Treuebindung«, die »jedem Staat die letzte zusammenhaltende sittliche Kraft«[256] verleihe. Diese Treuebindung realisiere sich im Eid, indem dieser das menschliche Handeln dem Gewissen des Einzelnen verpflichtet und das Handeln des Soldaten »an eine höhere Sittennorm«[257] binde. Diese »höhere Sittennorm« qualifizierte der Theologe als Verpflichtung gegenüber »Gott«, der »Gemeinschaft«, dem »Sittlich-Gute(n)« und dem »allgemeine(n) Wohl«[258]. Den Eid hingegen, den die Soldaten der Wehrmacht auf Hitler geleistet hatten und der sie dazu verpflichtet hatte, das eigene Handeln der absoluten Autorität eines anderen Menschen zu unterstellen, bezeichnete Angermair als »mechanistisch-formalistisch(en)«, der die Soldaten zu »willenlose(n) Maschinen«[259] degradiert habe. Angermair führte aus, dass der Eid auf einen Menschen, der Gehorsam verlangt und jede Anfrage an das Gewissen des Handelnden ausschließt, die menschliche Person missachte, denn »der Soldat (...) wäre in seinem Dienst keine vollwertige menschliche Persönlichkeit mehr.«[260] Im Kontext der Anfang der fünfziger Jahre geführten Debatte über die Bedeutung des Eides, bestanden die Tragweite und die Essenz des moraltheologischen Gut-

254 Paul Sethe: Hochverräter und Landesverräter. F.A.Z. vom 18.3.1952.

255 Rupert Angermair: Moraltheologisches Gutachten über das Widerstandsrecht nach katholischer Lehre. In: Herbert Kraus (Hg.): Die im Braunschweiger Remerprozeß erstatteten moraltheologischen und historischen Gutachten nebst Urteil. Hamburg 1953. S. 29ff.

256 Rupert Angermair, a.a.O. S. 33.

257 Ebd.

258 Ebd.

259 Rupert Angermair, a.a.O. S. 35.

260 Ebd.

achtens von Rupert Angermair in der Begründung der Gültigkeit des Eides in Anknüpfung an die politische Norm des Gemeinwohls.[261]

Am Nachmittag des ersten Verhandlungstages hatte das Gericht schon den evangelischen Dogmatiker Hans-Joachim Iwand und den Kirchenhistoriker Prof. Dr. Ernst Wolf mit ihrem gemeinsamen Gutachten gehört, das sie zurückhaltend als *Entwurf eines Gutachtens zur Frage des Widerstandsrechts nach evangelischer Lehre* überschrieben hatten.[262] Mit Hans-Joachim Iwand hatte Fritz Bauer für den Remer-Prozess einen Theologen gewonnen, der sich seit 1946 mit der politischen Verantwortung der Kirche im NS-System auseinandersetzte.[263] Iwand war maßgeblich an der Formulierung des in Kreisen der Evangelischen Kirche heftig umstrittenen Darmstädter Wortes beteiligt[264], und er war mit seiner Position ein Außenseiter seiner Kirche. Im Darmstädter Wort hatte Iwand das Bekenntnis der evangelischen Kirche mitgetragen, während der NS-Herrschaft das »Recht zur Revolution verneint« zu haben, und seine Position bildete einen Gegenpol zur Rechtfertigung der Haltung der Kirche gegenüber dem Nationalsozialismus, wie sie wirkungsmächtig zum Beispiel von der hannoverschen Landeskirche formuliert wurde. Die Leitung der hannoverschen Landeskirche hatte 1946 eine Denkschrift verfasst, die die NS-Diktatur als Obrigkeit im Sinne von Römer 13 deutete und in der es heißt:

»Wir haben allerdings, und glauben uns darin mit der Heiligen Schrift und der Lehre Martin Luthers in Einklang zu befinden, auch in den Organen des nationalsozialistischen Staates unsere Obrigkeit gesehen und uns demgemäß verhalten. Es ist auch nicht verborgen geblieben, dass diese Obrigkeit sich in zunehmenden Maße als unchristlich, ja als antichristlich enthüllte. Trotzdem haben wir ihr in äußeren Dingen den schuldigen Gehorsam erwiesen.«[265]

In Iwands und Wolfs Gutachten im Remer-Prozess war im Hinblick auf die »bestehende Frage nach der sittlichen Erlaubtheit bzw. Berechtigung von Eid-

---

261 Vgl. Gerhard Ringshausen: Der 20. Juli als Problem des Widerstandes gegen die Obrigkeit. In: Gerd R. Ueberschär: Der 20. Juli 1944. Köln 1994. S. 194.

262 Hans-Joachim Iwand, Ernst Wolf: Entwurf eines Gutachtens zur Frage des Widerstandsrechts nach evangelischer Lehre. In: Herbert Kraus (Hg.): Die im Braunschweiger Remerprozeß erstatteten moraltheologischen und historischen Gutachten nebst Urteil. Hamburg 1953. S. 9ff.

263 Vgl. Jürgen Seim: Hans Joachim Iwand. Eine Biografie. Gütersloh 1999. S. 312f.

264 Kritiker bezeichneten das im Darmstädter Wort formulierte Schuldbekenntnis als »Konjunkturtheologie«, »Sozialistenbeschluss« und »schwere Zumutung«. Vgl. Jürgen Seim, a.a.O. S. 332ff.

265 Zit.n. Eberhard Klügel (Hg.): Die Lutherische Landeskirche Hannovers und ihr Bischof 1933-1945. Berlin 1965. S. 221.

bruch und Tyrannenmord im Rahmen eines Widerstandsrechts«[266] die Beurteilung der politischen Existenz von Christen im Staat zentral, und in dem Gutachten entwickelten beide eine systematische Kritik und Gegenposition zur Haltung der evangelischen Kirche, die die Haltung der Christen gegenüber dem Nationalsozialismus, wie etwa die schon erwähnte Denkschrift der hannoverschen Landeskirche, zu »äußeren Dingen« erklärte. Der zentrale und in der evangelischen Kirche strittige Punkt von Iwands Argumentation bezog sich also auf die Frage der politischen Existenz der Christen nach dem Evangelium.[267]

Das Gutachten von Iwand trat einer Entlegitimierung von Widerstand im Rückgriff auf Römer 13 entgegen. Auch für viele Bundesbürger, die im Winter 1951 und Frühjahr 1952 an Fritz Bauer schrieben und ihm gegenüber die Position der »eidtreuen« Soldaten zu rechtfertigen suchten, war Römer 13 Bezugspunkt für die Legitimierung des geleisteten Eides und die Ablehnung des Widerstandes geworden. »Was ist nun Recht und was ist Unrecht?« lautete etwa eine rhetorische Frage an Bauer, die in dem Brief sogleich beantwortet wurde:

»Der Christ weiß, wo er hier Recht und Auskunft finden kann: In dem Wort Gottes, in der Bibel! (...) Römer 13, Vers 1-5: Jede Seele ordne sich unter darüberstehnde Obrigkeiten, denn es ist keine Obrigkeit denn nicht von Gott. Die bestehenden aber sind von Gott verordnet, so dass wer sich der Obrigkeit widersetzt, Gottes Anordnung widerstanden hat. (...) Diese Zeilen bedürfen keines weiteren Kommentars.«[268]

In einem anderen Brief hieß es ganz ähnlich:

»Es wird einmal ein deutsches Gericht nicht darum herumkommen, dem wirklichen Recht in Deutschland wieder die Ehre zu geben. Und dieses Recht besteht darin, dass alle jene Männer, die einen geleisteten Eid brachen, damit auch das Recht brachen. Selbst die Bibel gibt hierdrüber klar und eindrucksvoll Ausdruck. In Römer 13, 1 (...). In diesen lapidaren Worten ist in keiner Weise eine Einschränkung enthalten, dass einige oder mehrere Menschen sich dieser oder jener Obrigkeit nicht unterstellen brauchen. Es ist auch nichts darüber gesagt, wie die Obrigkeit sein muss, oder wer oder was sie darstellt.«[269]

Zwar heißt es in Römer 13 über »Die Stellung zur staatlichen Gewalt«:

---

266 Hans-Joachim Iwand, Ernst Wolf: Entwurf eines Gutachtens zur Frage des Widerstandsrechts nach evangelischer Lehre. In: Herbert Kraus (Hg.): Die im Braunschweiger Remerprozeß erstatteten moraltheologischen und historischen Gutachten nebst Urteil. Hamburg 1953. S. 9.

267 Vgl. Jürgen Seim: Iwand-Studien. Köln 1999. S. 89.

268 Anonymer Brief, ohne Datum, an Fritz Bauer. NdsStA, 62 Nds. Fb. 3 Zg 51/1985, Nr. 2/7. (Unterstreichung im Orig.)

269 Brief von Hertha H. vom 12.3.1952 an Fritz Bauer. NdsStA, 62 Nds. Fb. 3 Zg 51/1985, Nr. 2/7. (Hervorh. im Orig.)

»Jedermann soll sich denen unterordnen, die die Regierungsgewalt ausüben. Denn es gibt keine staatliche Gewalt, die nicht von Gott kommt; die bestehenden Gewalten sind von Gott eingesetzt. Wer sich also der staatlichen Gewalt widersetzt, der widerstrebt der Anordnung Gottes; (...)«.

Iwands Argumentation richtete sich aber gegen eine Auslegung dieser Bibelstelle im Sinne einer möglichen Rechtfertigung jeder Regierung, eines Rechtsstaates ebenso wie eines Unrechtsstaates. Vielmehr folge gerade das »biblische Recht« zum Widerstand daraus,

»dass der Staat nach Rö. 13 die Aufgabe hat, die Guten zu schützen und die Bösen zu strafen, und dass der Christ im Wissen um Gottes Willen (Rö. 12,1) die Entschlossenheit aufbringen soll, eine Umkehrung dieser Bestimmung durch die Staatsgewalt unter allen Umständen zu verhindern.«[270]

Iwand vertrat die Position, dass eine Anerkennung der Existenzberechtigung staatlicher, also weltlicher Macht, ohne dass diese an den Maßstäben des Evangeliums gemessen werde, eine Fehlentwicklung im Christentum sei, die, Melanchthons Trennung von Gesetz und Evangelium folgend, dem Staat eine autonome Existenz zuerkannte.[271] Mit dem Verweis auf die Position Karl Barths bezog Iwand das christliche Widerstandsrecht auf die historische Situation im Nationalsozialismus:

»Karl Barth hat (...) zu der Forderung eines pflichtgemäßen ›tyrannidem opprimere‹ aufgeführt: ›Es kann uns der Gehorsam – nicht gegen die politische Ordnung, aber gegen die konkreten Vertreter zur Unmöglichkeit werden, wenn wir gleichzeitig den Glauben und die Liebe festhalten wollen. Es könnte sein, dass wir diesen und diesen Machthabern nur noch in Ungehorsam gegen Gott und dann faktisch auch im Ungehorsam gegen die politische Ordnung Gehorsam sein könnten. Es könnte sein«,

so zitierte Iwand Barth in seinem Gutachten weiter,

»›dass wir es mit einer Regierung von Lügnern und Wortbrüchigen, Mördern und Brandstiftern zu tun hätten, mit einer Regierung, die sich selbst an die Stelle Gottes setzen, die die Gewissen binden, die Kirche unterdrücken und sich selber zur Kirche des Antichristen machen wollte. Es könnte dann offenbar sein, dass wir nur noch wählen könnten: entweder im Ungehorsam gegen Gott den Gehorsam gegen diese Regierung oder im Gehorsam gegen Gott den Ungehorsam gegen diese Regierung.‹«[272]

In der später von der Bundeszentrale für Heimatdienst herausgegebenen Broschüre über den Remer-Prozess publizierte Iwand ein Gutachten, vermutlich die Vorstudie für sein gemeinsames Gutachten mit Wolf, in dem er als Vor-

---

270 Hans-Joachim Iwand, Ernst Wolf, a.a.O. S. 16.
271 Vgl. Jürgen Seim: Iwand-Studien. Köln 1999. S. 91.
272 Hans-Joachim Iwand, Ernst Wolf, a.a.O. S. 16f.

aussetzung für den berechtigten aktiven Widerstand von Christen die Gesetzlosigkeit der Obrigkeit benannte, die dann eintritt, wenn »ein Mensch seinen eigenen Willen als das Gesetz aller Dinge ansieht, wo ein Mensch nicht mehr anerkennt, dass zwischen seinem Willen und dem Willen Gottes eine Grenze gesetzt ist«. In Anlehnung an Luther bezeichnete er diesen Fall einer Regierung durch einen »gesetzlosen Menschen« als »Anomia« und als »eigentliche(n) Anti-Christ (...), der den sittlichen Charakter des Rechts innerhalb aller Ordnungen des Glaubens und des bürgerlich staatlichen Lebens (...) zersetzt(...).«[273] Danach liege mit dem »Anomos« der Fall vor, der in der Offenbarung 13 im Bild des

»Tieres aus dem Abgrund« geschildert werde, »das aus dem Chaos aufsteigende Tier, welches an die Stelle des Menschensohnes und seiner Menschenwürde die Bestialität und die falsche Prophetie zum Prinzip macht, dem alles unterworfen wird (...) und ohne dessen Anbetung niemand mehr das Recht zum Leben hat. Auf diese Belua Bestia herauskommend, erklärt Luther nun allerdings: Wenn ein solcher Zustand eintritt, hätte jedermann das Recht (...) zu handeln. So wie die Bauern eines Dorfes, wenn der Wolf einbricht, nicht warten dürfen und erst Rat halten können, sondern jeder zulaufen soll, um das Tier zu erschlagen, weil es schlechthin Unheil anrichtet, so sollen in solchem Falle auch die Staatsbürger handeln.«

Iwand schlussfolgerte:

»Es gibt also auch nach der Lehre des Protestantismus jenen Fall, dass der Staat von Römer 13, der Obrigkeit von Gott her ist, pervertiert wird in das Tier aus dem Abgrund und ein gesetzloser Mensch in seiner eigenen Potenz sich zum Gesetz aller Dinge des Staatslebens emporschwingt. In diesem Falle gilt diesem gegenüber kein Gesetz. (...) (J)etzt haben alle Träger der Gewalt (...) und alle Träger irgendwelcher Autorität die Pflicht von ihrer Gewalt aus das Recht neu zu errichten.«[274]

In ihrem gemeinsamen Gutachten im Remer-Prozess vertraten Iwand und Wolf die Position, schon Luther habe ein Widerstandsrecht, sogar eine Widerstandspflicht formuliert. In Anlehnung an Luthers Ausführungen über das naturrechtliche Notwehrrecht und den von Luther geforderten Widerstand sei gegen die Gesetzlosigkeit des Antichristen Widerstand Pflicht. »Wir kommen in der Auslegung von Luthers Thesen über das politische Widerstandsrecht der Christen gegen den zur Bestie gewordenen Staat zu demselben Ergebnis«, dass nämlich der Christ ein Recht zum Widerstand gegen staatliche Obrigkeit

273 Hans-Joachim Iwand: Gott mehr gehorchen als den Menschen. In: 20. Juli 1944. Geänderte und vervollständigte Bearbeitung der Sonderausgabe der Wochenzeitung Das Parlament: »Die Wahrheit über den 20. Juli 1944«, bearb. v. Hans Royce. Hg. v. der Bundeszentrale für Heimatdienst. Bonn ^{2}1954. S. 140ff, hier S. 142.

274 Ebd.

hat. Iwand und Wolf betonten die Verantwortung der staatlichen Organe und Institutionen:

»In diesem Fall haben nämlich die Träger öffentlicher Gewalten die Pflicht, den Staat in seinem eigentlichen, von Gott gemeinten Sinn zu bewahren und damit das Volk bzw. die durch die Perversion eines solchen Staates gefährdeten Völker.«[275]

Iwand arbeitete die politische Verantwortung des Christen heraus, indem er betonte, »im leidenden Gehorsam gegenüber dem Verfall des rechtlichen Staatsganzen zu verharren, wäre Ungehorsam. Hier haben wir geradezu als Membra, als Glieder dieser bürgerlichen Rechtsgemeinschaft, selbst den Kampf ums recht aufzunehmen«[276]. Seine Argumentation richtete sich gegen die Aufspaltung der christlichen Existenz in eine politische, öffentliche Existenz einerseits und in eine private, dem Evangelium untergeordnete Existenz andererseits. Kontext von Iwands Position und seinem gemeinsam mit Wolf verfassten Gutachten war die seit Ende der vierziger Jahre in der evangelischen Kirche geführte Diskussion um ein Widerstandsrecht und die lutherische Zwei-Reiche-Lehre.[277] Orthodoxe Lutheraner warnten vor der Politisierung der Kirche, und vor allem Walter Künneth verteidigte, mit Vehemenz dann noch einmal nach dem Gutachten von Iwand und Wolf im Remer-Prozess, die Trennung der »Zwei-Reiche«. Dass die Debatte um die Auslegung von Römer 13 und Luthers »Zwei-Reiche-Lehre« nicht eine inner-kirchliche war, sondern für die Gesellschaft in Deutschland Relevanz hatte, belegten nicht zuletzt die Briefe, die Bauer erhalten hatte.

Iwand jedoch knüpft an die Argumentation der Bekennenden Kirche an und stand – wie deutlich wurde – in der Tradition von Karl Barth. Barth hatte schon 1934 an dem unbedingten Eid, den Beamte und Wehrmachtsangehörige auf die Person des Reichskanzlers leisten sollten, Anstoß genommen und auf die Clausula Petri verwiesen. Denn in der Apostelgeschichte 5, 29 heißt es, auch der Christ solle »Gott mehr gehorchen als den Menschen«.[278] Nach Iwand könne man den Männern vom 20. Juli allein den Vorwurf machen, dass sie »zu spät« eingegriffen hätten. Und er kam in dem Gutachten zu dem Schluss:

---

275 Hans-Joachim Iwand, Ernst Wolf:: Entwurf eines Gutachtens zur Frage des Widerstandsrechts nach evangelischer Lehre. In: Herbert Kraus (Hg.): Die im Braunschweiger Remerprozeß erstatteten moraltheologischen und historischen Gutachten nebst Urteil. Hamburg 1953. S. 17.

276 Hans-Joachim Iwand, a.a.O. S. 142f.

277 Vgl. Gerhard Ringshausen: Der 20. Juli als Problem des Widerstandes gegen die Obrigkeit. In: Gerd R. Ueberschär (Hg.): Der 20. Juli 1944. Köln 1944. S. 196.

278 Vgl. zur Position von Barth auch Hildburg Bethke: Der Eid – ein Stück unbewältigte Vergangenheit der Kirche. In: Dies. (Hg.): Eid, Gewissen, Treuepflicht. Frankfurt a.M. 1965. S. 52f.

»Wenn aber schließlich (...) Männer aus dem Kreise der Widerstandsbewegung sich entschlossen, unter dem formellen Bruch eidlicher Verpflichtungen und mit Gewalt den Inhaber der obersten Staatsgewalt zu beseitigen, so haben sie damit ein Zeichen aufgerichtet, für echte, christliche und politische Verantwortung, welches der Ansatz sein könnte zu einer Neubesinnung auf das Recht und die Grenzen der politischen Gewalt.«[279]

Die Verteidigung von Otto Ernst Remer reagierte auf die theologischen Gutachten wieder mit dem Versuch, die Position der Gutachter zu marginalisieren. Die moraltheologischen Gutachten von Iwand, Wolf und Angermair seien irrelevante »Einzelauffassungen«.[280] Schon vor Beginn der Hauptverhandlung wollten die Rechtsanwälte das Auftreten der Theologen in der öffentlichen Verhandlung verhindern, indem sie die Beweiskraft der Gut-achten anzweifelten:

»Noch viel weniger (als ein historisches Gutachten, C.F.) kann die Auffassung von Moraltheologen verbindlich sein gegenüber dem in einem Staat geltenden positiven Recht. Nach diesem positiven Recht bleibt eben Landesverrat Landesverrat, auch wenn ein einzelner Moraltheologe anderer Auffassung sein sollte.«[281]

Die Verteidigung setzte auch angesichts der moraltheologischen Gutachten auf die Überzeugungskraft der Argumentation der ehemaligen NS-Eliten. So konfrontierten die Rechtsanwälte von Otto Ernst Remer die moral-theologischen Gutachten von Iwand, Wolf und Angermair mit der am 21. Juli 1944 abgegebenen Stellungnahme des hannoverschen Landesbischofs August Marahrens zum Widerstand vom 20. Juli. Das Gericht sollte diese zum Gegenstand der öffentlichen Verhandlung machen, denn Marahrens habe, ebenso wie Michael Kardinal von Faulhaber in München, »in eindeutiger Erklärung den 20. Juli verurteilt. (...) Weder die katholische noch die evangelische Kirche sind nach 1945 von diesen früheren Erklärungen abgerückt.«[282] Fritz Bauer jedoch wehrte ab. In der Verhandlung gegen Remer sei der Wahrheitsbeweis zu füh-

---

279 Hans-Joachim Iwand, Ernst Wolf a.a.O. S. 18.

280 RA Wehage in seinem Plädoyer. NdsStA, 62 Nds. Fb. 3 Zg 51/1985, Nr. 2/5.

281 RA Wehage am 4.3.1952 in einem Schriftstück an das LG. NdsStA, 62 Nds. Fb. 3 Zg 51/1985, Nr. 2/1.

282 RA Wehage am 4.2.1952 in einem Schreiben an das LG. NdsStA, 62 Nds. Fb. 3 Zg 51/1985, Nr. 2/1. Marahrens hatte 1939 die fünf Sätze von Kirchenminister Kerrl unterzeichnet, die die »nationalsozialistische Weltanschauung« »als solche auch für den christlichen Deutschen« für »verbindlich« erklärten. Römer 13 war für die evangelische Kirche nach 1945 der legitimatorische Bezugspunkt zur Rechtfertigung der Haltung der Kirchenleitung während des Nationalsozialismus. 1946 hatte Landesbischof Marahrens die Denkschrift mitgetragen, die die NS-Diktatur als Obrigkeit im Sinne von Römer 13 deutet. Zur Analyse der Legitimation der Haltung der Kirchen gegenüber der NS-Diktatur durch die Kirchen nach 1945 vgl. Joachim Perels: Die hannoversche Landeskirche im Nationalsozialismus als Problem der Nachkriegsgeschichte. In: Jörg Calließ (Hg.): » ... dass Schuld auf unserem Wege liegt.« Loccum 1998. S. 32ff.

ren. Der Prozess habe die prinzipielle Beurteilung der Rechtsqualität des Widerstandes zu klären und in diesem Zusammenhang sei die historische Position der Kirchen zum Widerstand im Juli 1944 unerheblich. Fritz Bauer hielt es deshalb auch nicht für notwendig, die Erklärungen von Marahrens und Faulhaber im Verfahren zu verlesen: »Ich vermag allerdings nicht einzusehen«, schrieb er schon vor Prozessbeginn an das Gericht, »dass diesen (...) Erklärungen irgendwelcher Wert beizumessen wäre, da die Kirchen, wie notorisch ist, unter dem schärfsten Druck eines verbrecherischen Systems standen.«[283] Bauers Argumentation konnte überzeugen: Das Gericht hörte in der öffentlichen Verhandlung die moral-theologischen Gutachten, die Erklärungen der Kirchen vom Juli 1944 wurden nicht verlesen.

Nachdem die Verteidigung dann im Remer-Prozess die Theologen gehört hatte, unterzog sie die Gutachter langen Befragungen. Die Rechtsanwälte griffen dabei die Rechtfertigung von Widerstand als Entscheidungsbefugnis des Individuums zur Realisierung eines Gemeinwohls an. Im wesentlichen konfrontierten sie die Theologen immer wieder mit dem Argument, es könne doch nicht sein, dass der einzelne Christ berechtigt sei, politische Entscheidungen zu treffen – zumal gegen die Autorität der Kirchenführung. Mit Blick auf die Ausführungen Angermairs fragte Rechtsanwalt Noack, wie sich ein Widerstand im Namen der Mehrheit von der subjektiven Meinung des Einzelnen unterscheiden lasse. Seine Frage implizierte den Gedanken, das Gewissen des Einzelnen könne jede beliebige Handlung legitimieren. Der Theologe Angermair erklärte noch einmal, dass der Widerstand gegen den Nationalsozialismus keine beliebige Handlung gewesen sei, sondern sich gegen einen Unrechtsstaat gerichtet habe und dass es bei einer Entscheidung zum Widerstand, die dem Gewissen folgt, »auf die subjektive Überzeugung davon (ankäme), dass der bessere Teil des Volkes in seiner Ganzheit, dass die qualitativ bessere Mehrheit des Volkes von der Tatsache einer Tyrannei ehrlich überzeugt ist.«[284] Auch im Anschluss an das Gutachten von Iwand und Wolf versuchte die Verteidigung, die Berechtigung zum Widerstand aufgrund einer individuellen, am Gemeinwohl orientierten Gewissensentscheidung anzuzweifeln. Anknüpfungspunkt für die Kritik der Verteidigung war die Erklärung Iwands, »jeder« entscheide in der evangelischen Kirche »nach seinem Gewissen. Bei uns ist es möglich zu sagen, dass der Papst irrt und der Bischof irrt und dass ein einfacher, schlichter Christenmensch, der nach seinem Gewissen das Rechte tut, für die anderen ein

283 Fritz Bauer am 12.2.1952 an das LG. NdsStA, 62 Nds Fb. 3 Zg 51/1985, Nr. 2/3.

284 Rupert Angermair in der Befragung durch die Verteidiger Dr. Wehage und Dr. Noack. In: Herbert Kraus (Hg.): Die im Braunschweiger Remerprozeß erstatteten moraltheologischen und historischen Gutachten nebst Urteil. Hamburg 1953. S. 41.

guter Lehrer wird.«[285] Wieder beschworen die Rechtsanwälte die vermeintlichen Gefahren der Anerkennung des Widerstandes Einzelner herauf, und sie konfrontierten Iwand mit der Behauptung, dass es »vom Gewissen aus gesehen dem einzelnen unter Umständen als richtig erscheinen (könnte ...), auch ein heute erlassenes Gesetz nicht als verbindlich zu betrachten.«[286] Die Verteidigung rückte noch einmal die Feststellung der Unrechtmäßigkeit des NS-Staates als Voraussetzung für den Widerstand aus dem Blick. Die Beweisführung der Rechtsanwälte zielte zudem darauf, den historisch-politischen Kontext des Kalten Krieges für ihre Argumentation auszunutzen; eine Strategie, die sie schon im Vorfeld des Prozesses verfolgt hatten, als sie an das Landgericht geschrieben und ihre Position klargestellt hatten:

»Würde der Landesverrat für berechtigt erklärt, wäre damit die Grundlage jeden Staatswesens vernichtet, weil dann jeder Staatsbürger das Recht hätte, Landesverrat zu üben, wenn er der Überzeugung ist, dass die Regierung eines Staates mit der von ihr verfolgten Politik dem Gemeinwohl des Volkes zuwiderhandelt und diese in das Verderben stürzt. Wie würde das Gericht urteilen, wenn in einem etwa jetzt ausbrechenden Krieg ein Staatsbürger, der die Verbindung der Bundesrepublik mit den West-Alliierten für verderblich hält und der Überzeugung ist, dass die Rettung des deutschen Volkes nur in einer Verbindung mit dem Osten liegt (...)?«[287]

Im Prozess verwies auch Iwand, wie zuvor schon Angermair, auf den Zusammenhang zwischen dem Widerstandsrecht und der maßgebenden Bedingung:

»(D)er Fall, dass wir berechtigt sind, einen Umsturz des Staates durchzuführen (...) ist dann gegeben, wenn der Staat umschlägt in das Tier aus dem Abgrund, wenn nicht mehr menschliche Ziele und Ideen, sondern bestialische Motive und Kräfte von oben her regieren.«[288]

Iwand machte also deutlich, dass die Legitimität von Widerstand als Gewissensentscheidung an die Inhalte von Regierungspolitik und übergeordnete Werte des Gemeinwohls des Volkes gebunden sei.

Während die Rechtsanwälte in ihren Plädoyers an der Position festhielten, dass jeder Soldat, der einen Eid geschworen hatte, diesen unter keinen Umständen brechen durfte, bewertete Bauer in seinem Plädoyer im Rückgriff auf die Gutachten der Theologen den Eid auf Hitler als »unsittlich«. Er verurteilte den Eid, den Beamte und Soldaten auf Hitler geschworen hatten, in zweifacher Hinsicht: Zum einen sei der Eid, den Beamte und Soldaten auf die Verfassung

---

285 Iwand in der Befragung durch die Verteidiger Dr. Wehage und Dr. Noack. In: Herbert Kraus (Hg.): Die im Braunschweiger Remerprozeß erstatteten moraltheologischen und historischen Gutachten nebst Urteil. Hamburg 1953. S. 21.

286 Ebd.

287 RA Wehage am 4.2.1952 in einem Schreiben an das LG. NdsStA, 61 Nds. Fb. 1, Nr. 24/2.

288 Hans-Joachim Iwand, a.a.O. S. 22.

der Weimarer Republik geschworen haben, nicht aufgehoben worden, zum anderen habe der Eid auf Hitler Beamte und Soldaten zu »unbedingtem Gehorsam nicht gegenüber Gott, Gesetz oder Recht oder Vaterland, sondern gegenüber einem Menschen« verpflichtet.[289] Und Bauer wusste sich im Einklang mit dem in den Jahren 1938 bis 1945 geltenden § 47 Militärstrafgesetzbuch, aus dem er in seinem Plädoyer zitierte, dass eine strafbare Handlung auch dann strafbar bleibe, wenn sie auf Befehl einer Autorität ausgeführt werde.[290] Nach Bauer kann allein ein Treueeid, der sich auf das Recht der Menschlichkeit bezieht, Maßstab jeden Handelns sein. In Übereinstimmung mit Angermair formulierte Bauer die Treue zum Gemeinwohl der Menschen als einzigen legitimen Handlungsmaßstab im Gegensatz zur Treue als einem unbedingten Gehorsam gegenüber einer Autorität. Diese »unbedingte« Gehorsamsverpflichtung des Soldaten gegenüber einer Autorität kritisierte Bauer als »unsittlich«. Der 20. Juli war demgegenüber berechtigt, von einer Handlungsautonomie im Sinne des Gemeinwohls Gebrauch zu machen und gegen den NS-Staat Widerstand zu leisten.

Fritz Bauer wies in seinem Plädoyer ausdrücklich das von der Verteidigung wiederholt vorgetragene Argument zurück, Widerstand als Gewissensentscheidung anzuerkennen bedeute, ein beliebiges Verhalten Einzelner zu rechtfertigen. In das Zentrum der Rechtsauffassung von Bauer rückten seine Ausführungen zur rechtlichen Qualifizierung des NS-Staates als Unrechtsstaat. Den NS-Staat, den der Theologe Hans-Joachim Iwand in seinem moral-theologischen Gutachten als das »Tier aus dem Abgrund« charakterisiert hatte[291], qualifizierte er in seinem Plädoyer als Unrechtsstaat. Seitens der »Staatsanwaltschaft (wird) der Standpunkt vertreten (...), dass das Dritte Reich eine verbrecherische Gewaltherrschaft war. Dieses ist auch der Ausgangspunkt für jede Bejahung des Widerstandsrechts.«[292] Bauer rechtfertigte den Widerstand vom 20. Juli, indem er erklärte, dass der NS-Staat formal ein Unrechtsstaat gewesen sei, weil das Ermächtigungsgesetz als ein verfassungswidriger Akt beurteilt werden müsse.[293] Daneben sei der NS-Staat dem Inhalt nach als ein Unrechtsstaat zu qualifizieren, weil »das Dritte Reich ein Gewalt- und Willkürsystem

289 Fritz Bauer: Eine Grenze hat Tyrannenmacht. GuT, H. 7, 1952, S. 198.

290 Vgl. ebd.

291 Hans-Joachim Iwand, Ernst Wolf: Entwurf eines Gutachtens zur Frage des Widerstandsrechts nach evangelischer Lehre. In: Herbert Kraus (Hg.): Die im Braunschweiger Remerprozeß erstatteten moraltheologischen und historischen Gutachten nebst Urteil. Hamburg 1953. S. 22

292 Fritz Bauer am 6.3.1952 in einem Brief an den Bundestagsabgeordneten Adolf Arndt. NdsStA, 61 Nds. Fb. 1, Nr. 24/3.

293 Fritz Bauer: Eine Grenze hat Tyrannenmacht. GuT, H. 7, 1952. S. 197.

gewesen ist«.[294] »Ich stelle deswegen den Satz auf«, schloss Bauer in seinem Plädoyer in Anlehnung an das Gutachten von Angermair, »ein Unrechtsstaat wie das Dritte Reich ist überhaupt nicht hochverratsfähig.«[295]

Die Verteidigung stellte die Beurteilung des NS-Staates als Unrechtsstaat in Frage. Obwohl es zunächst so aussah, vertraten Remers Rechtsanwälte im Braunschweiger Verfahren gegen Otto Ernst Remer nicht die offizielle Position der SRP, dass im Mai 1945 zwar die Wehrmacht nicht aber die Regierung unter Hitlers Nachfolger Karl Dönitz kapituliert habe, der NS-Staat deshalb weiter legal existiere und Dönitz von den Alliierten an der Ausführung seiner Regierungsgewalt gehindert werde.[296] Zwar hatten die Verteidiger beantragt, Karl Dönitz, der in Nürnberg von den Alliierten wegen Verbrechen gegen den Frieden und Kriegsverbrechen zu zehn Jahren Haft verurteilt worden war und im Spandauer Gefängnis inhaftiert war, als Zeugen zu hören.[297] Gegenstand seiner Vernehmung, die das Gericht nicht zuließ, sollte aber die Gültigkeit des Eides, nicht die Gültigkeit des NS-Staates sein. Mit Blick auf Bauers Argumentation, der NS-Staat sei ein Unrechtsstaat gewesen, plädierte Rechtsanwalt Wehage vielmehr nur: »Ich glaube, dass diese Auffassung juristisch nicht haltbar ist (...). Das Deutsche Reich war schon in seiner Gesamtheit gesehen, auch in seiner Regierungsform eine Angelegenheit, die rechtlich zu beachten ist.« Wehage schien die Argumentation Bauers doch als zu »allgemein«, und er appellierte an den Richter und die Schöffen: »(M)eine Herren, so geht es nicht (...).«[298]

Fritz Bauers Argumentation knüpfte, wie er in seinem Plädoyer ausführte, an die Rechtsprechung des BGH an[299], dennoch war seine Argumentation weitsichtiger: Er leitete aus dem Unrechtscharakter des NS-Staates ein Widerstandsrecht ab und stellte damit einen Zusammenhang zwischen dem Rechtscharakter des Staates und dem Handeln des Individuums her. Im Anschluss an

294 Fritz Bauer, a.a.O. S. 199.

295 Ebd.

296 Vgl. Horst W. Schmollinger: Die Sozialistische Reichspartei. In: Richard Stöss (Hg.): Parteien-Handbuch: die Parteien der Bundesrepublik Deutschland 1945-1980. Bd II. Opladen 1984. S. 2280.

297 Vgl. Antrag von RA Wehage am 4.3.1952 an das LG. NdsStA, 62 Nds. Fb. 3 Zg 51/1985, Nr. 2/1. Zu Karl Dönitz vgl. Herbert Kraus: Großadmiral Karl Dönitz. In: Gerd R. Ueberschär (Hg.): Hitlers militärische Elite. Bd. 2. Vom Kriegsbeginn bis zum Weltkriegsende. Darmstadt 1998. S. 45ff. Wie mit Blick auf die Aussagen von Kesselring und von von Manstein setzte die Verteidigung auch mit der Ladung von Karl Dönitz auf das positive Image, das er in der Öffentlichkeit noch immer hatte. Vgl. dazu auch Norbert Frei: Vergangenheitspolitik. München ²1997. S. 196, 247, 288 und Elisabeth Noelle, Erich Peter Neumann (Hg.): Jahrbuch der öffentlichen Meinung 1947-1955. Allensbach ²1965. S. 135 u. S. 202.

298 Plädoyer von RA Wehage in: NdsStA, 62 Nds. Fb. 3 Zg 51/1985, Nr. 2/5.

299 Fritz Bauer, a.a.O. S. 198.

die Rechtsposition der Alliierten, die in den Nürnberger Prozessen gegen die Angehörigen der Wehrmacht, den »Schicksalskampf« der Wehrmacht und des deutschen Volkes als unrechtmäßigen Angriffskrieg verurteilt hatten[300], konfrontierte Bauer diesen »Schicksalskampf« der Soldaten mit dem legitimen Handeln der Widerstandskämpfer gegen den Unrechtsstaat. Damit hatte Fritz Bauer die objektive Dimension des Widerstandsrechts abgesteckt. Voraussetzung für ein Widerstandsrecht des Bürgers gegenüber einem Staat war dessen Unrechtscharakter. Um der Argumentation der Verteidigung, die den Kalten Krieg und die vermeintlichen Gefahren einer Anerkennung der Legitimität des Widerstandes in der zeitgenössischen politischen Situation heraufbeschworen hatte, die Wirkung zu entziehen, erklärte Bauer zum Abschluss seines Plädoyers:

»Es gibt kein Widerstandsrecht im Rechtsstaat, solange die Menschenrechte gewahrt werden, solange eine Möglichkeit zur Opposition besteht und einem Parlament Gelegenheit zur Gesetzgebung gegeben ist, solange unabhängige Gerichte walten, und die Gewalten geteilt sind. Das Widerstandsrecht erwacht aber wieder zu lebendiger Wirklichkeit, wenn eine dieser Voraussetzungen in Wegfall tritt.«[301]

Die Journalisten, die den Remer-Prozess in Braunschweig verfolgten, sorgten für eine große Publizität von Fritz Bauers Argumentation.

»Dieses Plädoyer gewinnt historische Bedeutung, denn in ihm wurde nicht nur der von der Verteidigung versuchte Wahrheitsbeweis, die Widerstandskämpfer seine Hoch- und Landesverräter, zunichte gemacht, sondern juristisch klar bewiesen, dass der Staat Hitlers nicht ein Rechtsstaat, sondern ein Unrechtsstaat war.«[302]

Fritz Bauer erhielt zahlreiche Briefe, aus denen hervorgeht, welche Bedeutung seine Argumentation für viele Bürger und vor allem für die Angehörigen des Widerstandes besaß. »Endlich«, so schreibt ein Prozessbeobachter, »ist durch ihr Plädoyer im Remerprozess einmal die unrechtmässige Regierung noch besser die Unrechtmäßigkeit der Regierung Hitler festgestellt worden. Ich habe seit Jahren auf diese Feststellung von Seiten der Regierung gewartet, aber leider vergeblich.«[303] In einem anderen Brief heißt es:

---

300 Vgl. dazu Jörg Echternkamp: Wut auf die Wehrmacht? In: Rolf-Dieter Müller, Hans-Erich Volkmann (Hg.): Die Wehrmacht. München 1999. S. 1065.

301 Fritz Bauer: Eine Grenze hat Tyrannenmacht. GuT, H. 7, 1952. S. 200.

302 NZ vom 12.3.1952.

303 Curt P. am 12.3.1952 in einem Brief an Fritz Bauer. NdsStA, 62 Nds. Fb. 3 Zg 51/1985; Nr. 2/8. (Unterstreichung im Orig.)

»In ihren Ausführungen habe ich zum ersten mal gefunden, dass in einem deutschen Gerichtssaal der Hitlerstaat als ein Unrechtsstaat bezeichnet worden ist und dass der Hitler geleistete Eid als ein unsittlicher benannt worden ist.«[304]

Und ein Zahnarzt aus dem Harz schrieb an Bauer:

»Ich hörte gestern am Radio Ihre Worte, die Sie im Remer-Prozess gesprochen haben. Ich beglückwünsche Sie und spreche Ihnen meine Hochachtung und Anerkennung aus. Sie haben mir aus tiefster Seele gesprochen. Ich freue mich darüber, dass sich im Deutschen Volke ein Mann gefunden hat, der den Verbrecher von Braunau erkannt hat und es auch offen ausgesprochen hat. (...) Sie haben dem Ansehen der deutschen Gerichte (...) einen großen Dienst erwiesen.«[305]

4. Die objektive Dimension des Widerstandsrechts – Streitpunkt: Hoch- und Landesverrat

Der von den Prozessparteien im März 1952 im Verfahren gegen Remer ausgetragene Streit um die Bewertung des Eides besaß also Brisanz. Im Kontext der strittigen Wiederbewaffnungsfrage beschäftigte sich das Verfahren mit einem Thema, das auf der tagespolitischen Agenda stand. Der Verratsvorwurf, den Funktionäre von SRP, DP und aus den Reihen der Soldatenverbände den Widerstandskämpfern machten, berührte noch auf einer anderen Ebene das politische Selbstverständnis der jungen Bundesrepublik.

Nach dem Muster der Dolchstoßlegende, die die Rechte in der Weimarer Republik genutzt hatte, um die junge Demokratie der Weimarer Republik zu denunzieren[306], versuchte die SRP seit ihrer Gründung im Herbst 1949 mit dem Verratsvorwurf an den Widerstand die Legitimität der Bundesrepublik in Zweifel zu ziehen. Für Westdeutschland war, wie gezeigt, der 20. Juli zu einem identitätsstiftenden Bezugspunkt geworden: Die politische Deutungselite hatte den Widerstand vom 20. Juli im Kontext des Kalten Krieges zur legitimationsstiftenden Tradition des jungen demokratischen Staates erklärt. Der 20. Juli wurde als nationale Freiheitsbewegung gedeutet, und auf ihn wurde Bezug genommen, um den Anspruch der Bundesrepublik auf Staatssouveränität und Gleichberechtigung im westlichen Staatenbündnis gegenüber den Westalliier-

304 Brief an Fritz Bauer vom 15.3.1952. NdsStA, 62 Nds. Fb. 3 Zg 51/1985, Nr. 2/9.

305 Brief an Fritz Bauer vom 21.3.1952. NdsStA, 62 Nds. Fb. 3 Zg 51/1985, Nr. 2/9.

306 Vgl. Ulrich Heinemann: Die Last der Vergangenheit. Zur politischen Bedeutung der Kriegsschuld- und Dolchstoßdiskussion. In: Karl-Dietrich Bracher u.a. (Hg.): Die Weimarer Republik 1918-1933. Bonn [2]1988. S. 371ff.

ten zu begründen. Der Verratsvorwurf war in diesem Kontext für die Rechte »der zentrale Ansatzpunkt, um die politische Legitimation der Bundesrepublik zu unterminieren«[307], und diente dazu, die Repräsentanten der Demokratie zu diffamieren.[308] Dabei war der »zu einer neuen Dolchstoßlegende stilisierte Verratsvorwurf an die Adresse der Widerstandskämpfer« Anfang der fünfziger Jahre »zur wirkungsvollsten Waffe im Arsenal des Neonazismus geworden«[309], weil die neonationalistischen Parteien an das ambivalente Gefühl der Gesellschaft zum Widerstand appellieren konnten. Immerhin hatte sich 1951 eine Mehrheit der West-deutschen, zu einer Beurteilung des 20. Juli aufgefordert, gegen die Widerstandskämpfer ausgesprochen oder sich gar kein Urteil über den Widerstand gebildet[310], und ein Viertel der Bevölkerung war der Meinung, Deutschland habe den Krieg wegen Sabotage, Verrat und schlechter Führung verloren.[311]

Die westdeutsche Presse und die Angehörigen des Widerstandes nahmen die Politik der SRP als Versuch wahr, diese Stimmung zu nutzen, um mit einer neuen Dolchstoßlegende den politischen Gründungskonsens der Bundesrepublik zu zerstören. Im Spätsommer 1949 titelten die Zeitungen: »Remer will in zwei Jahren die Macht übernehmen«.[312] Und Remer wurde mit den Worten zitiert, Hitler und die Wehrmacht seien im Sommer 1944 »für das deutsche Volk die Garantie ›des Sieges gewesen‹ (...). Erst der Putsch vom 20. Juli habe der ›deutschen Armee den Todesstoß versetzt‹«.[313] Während des Wahlkampfes in Niedersachsen im Frühjahr 1951 spitzte sich das politische Klima dann noch einmal zu.[314]

Achim Oster, Sohn des Widerstandskämpfers Hans Oster, hatte schon am fünften Jahrestag des 20. Juli, im Sommer 1949 einen offenen Brief an Remer geschrieben und dessen politisches Engagement hinterfragt: »Lieber Remer«, schrieb Oster,

»wir sind beide im schicksalhaften Frühjahr 1933 Soldaten geworden (...). Am 20. Juli 1944 standen wir in getrennten Lagern. (...) Uns Überlebenden – Dir wie mir – bleibt nur die

307 Klaus Erich Pollmann: Traditionen des Rechtsradikalismus in Niedersachsen. In: Bernd Weisbrod (Hg.): Rechtsradikalismus in der politischen Kultur der Nachkriegszeit. Hannover 1995. S. 246.

308 Vgl. Klaus Erich Pollmann, a.a.O. S. 252.

309 Klaus Erich Pollmann, a.a.O. S. 246f.

310 Vgl. Elisabeth Noelle, Erich Peter Neumann (Hg.): Jahrbuch der öffentlichen Meinung 1947-1955. Allensbach [2]1965. S. 138.

311 Vgl. Elisabeth Noelle, Erich Peter Neumann (Hg.), a.a.O. S. 137.

312 DNZ vom 13.8.1949,

313 DNZ vom 13.8.1949, vgl. auch Die Welt vom 13.8.1949.

314 Vgl. NZ vom 12.4.1951.

Aufgabe, Wunden zu heilen und aufzubauen: Jeder an seinem Platze! Glaubst Du, dass Dein Platz jetzt ausgerechnet in der Politik ist? Dein Achim Oster.«[315]

Zum Jahrestag des 20. Juli, im Sommer 1950, zeigte sich nun auch die Bundesregierung um den Ruf Deutschlands in der Welt besorgt. Bundesminister Jakob Kaiser brachte in einem Interview mit einer amerikanischen Nachrichtenagentur seine Hoffnung und den Willen der Bundesregierung zum Ausdruck, »weniger von den Gefahren eines Neonazismus und einer neuen Dolchstoßlegende (zu) reden. Vielmehr sollte man entschlossen vorbeugen, und zwar durch Zusammenwirken aller politischen Kräfte, die jeder Diktatur entgegen sind.«[316] Auch Gerhard Ritter schrieb öffentlich »gegen eine neue Dolchstoßlegende«[317] an. Nachdem die Stiftung Hilfswerk 20. Juli 1944 im Februar 1950 in einem Rundbrief festgehalten hatte, dass »die öffentlichen Schmähungen des Andenkens der Opfer des 20. Juli 1944 durch extreme nationalistische Kreise (...) ständig zu(nehmen)« und man dieser Entwicklung entgegentreten wollte, unterstützte das Hilfswerk die historische Forschung über die Opposition gegen Hitler, mit der sie Gerhard Ritter beauftragte.[318] Die Angehörigen der ehemaligen Widerstandskämpfer sahen sich schließlich im Herbst 1951 noch einmal veranlasst, darauf hinzuweisen, dass man in Deutschland »den Anfängen wehren (müsse) und es nicht, wie bereits in Niedersachsen geschehen, zur Entstehung einer neuen Dolchstoßlegende kommen lassen (dürfe).«[319] Zwar hatte die Bundesregierung im November 1951 beim Bundesverfassungsgericht in Karlsruhe das Verbot der SRP beantragt. Als der Remer-Prozess im März 1952 in Braunschweig verhandelt wurde, hatte das Gericht aber noch nicht entschieden[320], und die Wahlergebnisse hatten der Partei erst einmal Erfolge beschert. Die SRP, die sich als »nationale Widerstandsbewegung gegen die politische Ordnung der Bundesrepublik« verstand, konnte ihren politischen Einfluss festigen.[321] Auch mit dem Wahlkampf in Niedersachsen, in dem Otto Ernst Remer im Schützenhaus in Braunschweig aufgetreten war und vor 1000 Zuhörern in seiner Rede den Verratsvorwurf an

315 RNZ vom 20.7.1949.

316 Der Tag (Berlin) vom 20.7.1950.

317 Neue Presse (Frankfurt) vom 20.7.1950.

318 Rundbrief der Stiftung Hilfswerk 20. Juli 1944 vom Februar 1950 im Bestand der Gedenkstätte Deutscher Widerstand (Berlin).

319 SZ vom 12.11.1951.

320 Am 15. Juli 1952 erließ das Bundesverfassungsgericht ein Urteil, mit dem der SRP jede Propaganda und öffentliche Werbung verboten wurde. Das Verbot der SRP durch das Bundesverfassungsgericht erging am 23. Oktober 1952.

321 Horst W. Schmollinger: Die Sozialistische Reichspartei. In: Richard Stöss (Hg.): Parteien-Handbuch: die Parteien der Bundesrepublik Deutschland 1945-1980. Bd II. Opladen 1984. S. 2277.

die Widerstandskämpfer erhoben hatte[322], war die SRP erfolgreich gewesen. Bei der niedersächsischen Landtagswahl am 6. Mai 1951 gewann die Partei 11 Prozent der Stimmen. CDU und DP hatten daraufhin sogar Koalitionsverhandlungen mit der SRP aufgenommen, die zwar gescheitert waren, aber zeigten, dass »antifaschistische Motive im bürgerlichen Spektrum des Parteiensystems« in den frühen fünfziger Jahren durchaus zurückstehen konnten, etwa hinter dem Interesse, die SPD von der Regierung auszuschließen.[323] Auch in den Monaten nach der niedersächsischen Landtagswahl konnte die SRP weitere Wahlerfolge erzielen. Die Erfolge der rechts-extremen Partei wiesen auf ein Wählerpotential in der westdeutschen Gesellschaft hin, das für neofaschistische Ideologie und Programmatik zu gewinnen war und das die anderen Parteien Anfang der fünfziger Jahre noch nicht integrieren und marginalisieren konnten.[324]

Die Berichterstattung zum 6. Jahrestag des 20. Juli im Sommer 1951 hatte auf dieses politische Klima in der Bundesrepublik aufmerksam gemacht. Claus Jacobi schrieb in *Der Zeit*:

»Sieben Jahre ist es jetzt her (...) und die ›Verräter‹ von damals gelten beinahe schon wieder als ›Verräter‹. Vergessen sind die Zeiten, da das Leben und der Tod dieser Männer vereinsamt in der Aktiva-Spalte des Hauptbuches deutscher Geschichte standen, einem unermesslichen Schuldkonto gegenüber. In Deutschland geht es wieder aufwärts. Der Neonazismus marschiert. (...) Wenn diese Entwicklung weitergeht, werden die Überlebenden des 20. Juli spätestens den zehnten Jahrestag ihres Aufstandes gegen die Diktatur als Emigranten im Ausland erleben. (...) Wenn sie (die Neonazis) das Spiel noch einmal gewinnen sollten, wenn sich das deutsche Volk noch einmal unter ihrem Einfluss von jenen Männern (den Widerstandskämpfern) abwenden sollte, (...) dann könnte mancher Deutsche mit Bitterkeit sagen, es lohne sich nicht mehr, in diesem Lande zu leben.«[325]

Für die Staatsanwaltschaft war das Verfahren gegen Otto Ernst Remer so eine »staatspolitisch vordringliche Rechtssache«[326]. Fritz Bauer hatte mit dem Vorwurf, er führe einen politisch motivierten »Schauprozess« gegen Remer, gerechnet. Wie der spätere Braunschweiger OLG-Präsident Rudolf Wassermann in einem Gespräch von Bauer erfuhr, war er sich der mit dem Prozess gegen

322 Vgl. Urteil des Landgerichts Braunschweig vom 15. März 1952. In: Herbert Kraus (Hg.): Die im Braunschweiger Remerprozeß erstatteten moraltheologischen und historischen Gutachten nebst Urteil. Hamburg 1953. S. 106f.

323 Horst W. Schmollinger, a.a.O. S. 2278.

324 Vgl. Horst W. Schmollinger, a.a.O. S. 2313.

325 Claus Jakobi: Vor sieben Jahren. Die Zeit vom 19.7.1951.

326 Fritz Bauer im Dezember 1951 in einem Brief an die Bibliothek. NdsStA, 61 Nds. Fb. 1, Nr. 24/1.

Remer verbundenen Risiken aufgrund des historischen Kontextes bewusst.[327] Deshalb erinnerte Bauer in seinem Plädoyer an den »Fall Ebert«[328], der sich, wie der Remer-Prozess, in einer frühen Phase der Konsolidierung einer Republik ereignet hatte. Reichspräsident Friedrich Ebert hatte 1924 ein Gerichtsverfahren angestoßen, das den ihm gemachten Vorwurf des Landesverrats wegen seiner Rolle im Berliner Munitionsarbeiterstreik zurückweisen sollte. Die rechte Presse hatte Ebert wiederholt zum Vorwurf gemacht, dass er 1918 der Leitung des Munitionsarbeiterstreiks beigetreten war, um, wie Ebert sagte, den Streik schneller beenden zu können. Ebert stellte gegen einen der Initiatoren der in der Presse gegen ihn entfachten Verrats-Kampagne Strafantrag. Das zuständige Magdeburger Gericht verurteilte dann zwar 1924 den Journalisten wegen des Verratsvorwurfs, qualifizierte Eberts Verhalten aber in der Urteilsbegründung als Landesverrat im juristischen Sinne. Trotz weitgehender Distanzierungen der damaligen bürgerlichen Regierung und obwohl sich später herausstellte, dass die Richter mit den Initiatoren der Kampagne sympathisierten und Ebert rehabilitiert wurde, konnten rechte Agitatoren die Verhandlung erst einmal nutzen, um durch ein großes Aufgebot an Zeugen die Regierung zu diffamieren.[329]

Bauer erinnerte in seinem Plädoyer an den »Präzedenzfall« Ebert. Er ersuchte das Gericht, die Bewertung des Widerstandes gegen den Nationalsozialismus in den langfristig wirksamen politischen Kontext einzuordnen[330], um ihn der kurzfristigen, auf politische Propaganda zielenden Agitation der SRP zu entziehen.

Im politischen Kontext der frühen Bundesrepublik besaß der Prozess gegen den SRP Funktionär Otto Ernst Remer also eine große politische Bedeutung. Das Ringen um Plätze im Zuschauerraum hatte schon einige Wochen vor Prozessbeginn begonnen. Die SRP-Fraktion aus dem Nieder-sächsischen Landtag plante vollzählig und zusammen mit dem Landes- und Bundesvorstand der Partei anzureisen und beanspruchte 25 Sitzkarten.[331] Bereits vor Prozessbeginn zeichnete sich ab, dass auch die Presse das Verfahren mit großer Aufmerksamkeit begleiten sollte. Pressevertreter aus dem In- und Ausland

327 Vgl. Rudolf Wassermann: Zur juristischen Bewertung des 20. Juli 1944. RuP, H. 2, 1984. S. 78.

328 Vgl. Fritz Bauer: Eine Grenze hat Tyrannenmacht. GuT, H. 7, 1952. S. 195f.

329 Vgl. Theo Rasehorn: Rechtspolitik und Rechtsprechung. In: Karl-Dietrich Bracher u.a. (Hg.): Die Weimarer Republik 1918-1933. Bonn ²1988. S. 412 und Otto Kirchheimer: Politische Justiz. Neuwied, Berlin 1965. S. 121ff.

330 Fritz Bauer: Eine Grenze hat Tyrannenmacht. GuT, H. 7, 1952. S. 195.

331 Die SRP-Fraktion im Niedersächsischen Landtag bat mit einem Schreiben vom 16.2.1952 das Landgericht um Zuteilung von 25 Platzkarten für Landtagsabgeordnete, Bundes- und Landesvorstand der Partei. Vgl. NdsStA, 62 Nds. Fb. 3 Zg 51/1985, Nr. 2/13.

nahmen mit dem Gericht und der Staatsanwaltschaft Kontakt auf, um sich akkreditieren zu lassen. Das Landgericht entschied deshalb, »bei dem zu erwartenden Andrang der Öffentlichkeit« Platzkarten – von wenigen Ausnahmen abgesehen – erst an den Prozesstagen zu verteilen.[332] Verlauf und Urteil des Prozesses gegen Otto Ernst Remer wurden bundesweit und im Ausland zum Thema; während des Verfahrens musste der Vorsitzende Richter »(g)egenüber den überfüllten Zuschauerbänken des Schwurgerichtssaals (...) immer wieder ernsthaft mahnen, von Beifallsäußerungen abzusehen.«[333] Dies war schwierig, weil Verteidigung und Anklage versuchten, mit Strategie und Rhetorik der eigenen Argumentation zur Durchsetzung zu verhelfen. Michael Freund etwa berichtete über die Auftritte des Angeklagten:

»Otto Ernst Remer auf der Anklagebank zieht seine Stirn in Falten, lächelt, flüstert mit vorgehaltener Hand mit seinen Verteidigern, meldet sich ab und zu mit ausgestrecktem Arm, steckt jedesmal dann, wenn die Verteidiger ihn reden lassen wollen, aufstehend die linke Hand in die Rocktasche und gestikuliert energisch mit der rechten.« [334]

Fritz Bauer wurde von den Journalisten als Gegenspieler von Remer, auch in Gestik und Rhetorik, wahrgenommen. Er galt als »Verhandlungsstratege hohen Grades«[335], über dessen »Leidenschaftlichkeit« die Journalisten immer wieder in ihren Berichten schrieben, von dessen »heißer Hingabe an die Sache, (...) seiner geistigen Tiefe und Leuchtkraft, (...) seiner gehämmerten juristischen Konsequenz« sich die Prozessbeobachter beeindruckt zeigten und dessen Plädoyer, wie die Presse berichtete, »von einem deutschen Ankläger wohl noch kaum gehört wurde (...) und (...) von Freund und Gegner im ganzen Land mit gleicher, gebannter Anteilnahme gehört zu werden verdient wie von Freund und Feind im Saal.«[336] Freund schrieb später in *Der Gegenwart*: »Der Prozess hat (...) nicht die Atmosphäre einer Gerichtsversammlung.« Die Beteiligten hielten »donnernde Reden« und »(m)anchmal glaubt man fast, in einer Volksversammlung zu sein.«[337]

---

332 Lgdir Joachim Heppe teilte RA Wehage am 28.2.1952 schriftlich mit, dass der SRP zunächst nur 5 Karten zugeteilt werden können, er sehe sich »ausserstande, (...) Platzkarten an die verschiedenen am Verfahren interessierten Kreise schon vor dem Verhandlungstage auszugeben.« Vgl. NdsStA, 62 Nds. Fb. 3 Zg 51/1985, Nr. 2/13. Am 11.3.1952 berichtete die Neue Deutsche Wochenschau (Hamburg) über den Remer-Prozess und sendete Bilder vom Gerichtssaal, der »wegen Überfüllung« geschlossen werden musste.

333 Deutsche Zeitung und Wirtschaftszeitung vom 15.3.1952.

334 M.F. (d.i. Michael Freund): Der Angeklagte aus Versehen. Die Gegenwart, H. 6, 1952. S. 168.

335 Thilo Bode: Zuviel für die Schultern eines Landgerichts. F.A.Z. vom 15.3.1952.

336 Gerhart H. Mostar: »Dann wird die Rebellion zur Pflicht.« Stuttgarter Zeitung vom 12.3.1952.

337 M.F. (d.i. Michael Freund): Der Angeklagte aus Versehen. Die Gegenwart, H. 6, 1952. S. 168.

Auch die »Entlarvung neonazistischer Dolchstoßlegenden«[338], die ein Ziel der Staatsanwaltschaft im Verfahren gegen Remer war, lud die Prozessparteien zu hitzigen Debatten ein. Bauer wies zwar gleich zu Beginn seines Plädoyers darauf hin, dass Aufgabe und »Ziel dieses Prozesses« nicht sei, »Zwietracht zu säen, sondern Brücken zu schlagen und zu versöhnen«. Doch machte er gleich zu Anfang seines Plädoyers deutlich: »Was am 20. Juli 1944 vielen noch dunkel vorgekommen sein mag, ist heute durchschaubar, was damals verständlicher Irrtum gewesen sein mag, ist heute unbelehrbarer Trotz, böser Wille und bewusste Sabotage unserer Demokratie.«[339] Eine Versöhnung von Opfern und Tätern, Soldaten und Widerstandskämpfern in der postdiktatorischen Gesellschaft als Basis für ein gemeinsames demokratisches Staatswesen, konnte nach Fritz Bauer nur auf Grundlage einer eindeutigen Positionierung stattfinden. Im Remer-Prozess forderte er deshalb »die Klärung der Frage: ›waren die Männer des 20. Juli Hoch- und Landesverräter?‹«[340] Bauer sprach sich damit gegen einen geschichtspolitisch »faulen Kompromiss«[341] aus, wie ihn die Funktionäre der Soldatenverbände im Herbst 1951 mit der Übereinkunft angeboten hatten, sowohl die Motive der Widerstandskämpfer wie auch die der anderen Soldaten anzuerkennen, weil sie im Bekenntnis zu den Motiven und Idealen aller Soldaten das versöhnende Moment eines postdiktatorischen und demokratischen Grundkonsenses sahen. Uneindeutig waren im Herbst 1951 neben den Hauptprotagonisten der Verratskampagne Frießner und Gümbel auch die Stimmen geblieben, die beiden VdS-Funktionären kritisch gegenüberstanden. So rief zum Beispiel Robert Knauß in einer Stellungnahme zur Politik von Frießner und Gümbel Ende Oktober 1951 in der *Zeit* zur Versöhnung unter den Soldaten auf:

»Wir wollen ihm (Frießner) (...) die gute Absicht unterstellen, dass er mit seiner Erklärung allein die Kluft überbrücken wollte, die noch heute mitten durch unser Volk geht und die Soldaten des Zweiten Weltkrieges trennt: hier Widerstand gegen ein als verbrecherisch erkanntes System – dort blindgläubiger Gehorsam bis zum ›Endsieg‹. Aber indem Frießner den 20. Juli ablehnt, stellt er sich, ob er es will oder nicht, an die Seite jener rechtsradikalen Kreise um Remer, der die Toten des deutschen Widerstandes als Landesverräter beschimpft und zu einer neuen Dolchstoßlegende, einer böseren als nach 1918, Zündstoff gibt. Es sollte heute doch nur eine klare Linie geben. Ziehen wir entschlossen einen Strich unter die Vergangenheit bis 1945!«

Knauß schrieb weiter:

---

338 Gerhard Thimm: Remer selbst ist nicht mehr wichtig. Im Braunschweiger Remer-Prozess geht es um die Entlarvung neonazistischer Dolchstoßlegenden. NZ vom 10.3.1952.

339 Fritz Bauer: Eine Grenze hat Tyrannenmacht. GuT, H. 7, 1952. S. 194.

340 Ebd.

341 Ebd.

»Wir wollen keinem Soldaten vorwerfen, besonders nicht den jungen Jahrgängen und denen, die an der Front kämpften, dass sie hitlergläubig waren bis zum Zusammenbruch. Wir halten es auch für eine unzulässige Verallgemeinerung, ›den‹ Generalen vorzuhalten, sie hätten nicht rechtzeitig das deutsche Volk von Hitler, den Nazis und der Gestapo befreit. Denn so einfach liegen die Dinge nicht.«[342]

Mit der Forderung nach einem eindeutigen Bekenntnis der westdeutschen Gesellschaft zu den Handlungsprinzipien der Widerstandskämpfer wandte Bauer sich zudem gegen die vergangenheitspolitisch uneindeutige Haltung der Bundesregierung. Im Kontext der Integrationspolitik und der strittigen Wiederbewaffnungsfrage blieb die Position der Regierung ambivalent, schließlich hatte Adenauer im Oktober 1951 sowohl eine Ehrenerklärung für die ehemaligen Soldaten der Wehrmacht wie für die Widerstandskämpfer abgegeben.

In der Auseinandersetzung um die Bewertung von Hoch- und Landesverrat knüpfte Bauer an die Strategie an, den Prozess gegen Remer im Anschluss an das politisch positiv besetzte Bild des Widerstandes vom 20. Juli zu führen. In seinem Plädoyer machte er in Übereinstimmung mit der offiziellen staatspolitischen Deutung des 20. Juli auf die Bedeutung des 20. Juli aufmerksam: »Meine Herren Richter, vergessen Sie bei Ihrem Urteil nicht: was die Widerstandskämpfer vollbracht haben, war das einzige Aktivum, das wir ins Feld führen konnten, als die Kollektivschuld uns ins Gesicht geschleudert wurde.«[343] Und im Zusammenhang mit der Abwehr des Vorwurfs, der 20. Juli habe Hochverrat begangen, führte Bauer aus: »Die letzte Schlacht wurde ein Jahr nach dem 20. Juli von der deutschen Demokratie gewonnen und hat damit dem 20. Juli auch ihren staatsrechtlichen Sinn gegeben.«[344] Um den Verratsvorwurf und damit auch die Dolchstoßlegende der neuen Rechten zu entkräften, hatte Fritz Bauer im Namen der Staatsanwaltschaft den Göttinger Historiker Prof. Dr. Percy Schramm als Gutachter geladen. Er vollzog damit einen ähnlichen strategischen Zug wie mit der Ladung von Helmut Friebe. Percy Schramm war seit März 1943 im Führungsstab der Wehrmacht mit der Führung des Wehrmachtstagebuchs beauftragt gewesen. Auch Schramm konnte vor Gericht also die Sicht eines ehemaligen Wehrmachtsangehörigen schildern und das von der Verteidigung heraufbeschworene Bild von den gegensätzlichen Positionen der ehemaligen Soldaten einerseits und den Widerstandskämpfern andererseits durchbrechen.

342 Robert Knauß: Die Soldaten und der 20. Juli. Die Zeit vom 24.10.1951.

343 Fritz Bauer: Eine Grenze hat Tyrannenmacht. GuT, H. 7, 1952. S. 195.

344 Fritz Bauer, a.a.O. S. 197.

Schon am ersten Prozesstag hörte das Braunschweiger Gericht das historische Gutachten von Schramm »über die Kriegslage im Sommer 1944«.[345] Die Frage, wie die militärische Lage am 20. Juli 1944 aussah und ob noch irgendeine Aussicht bestanden habe, dass Deutschland den Krieg noch hätte gewinnen können, beantwortete Schramm ganz eindeutig. Nachdem er die militärische Lage an allen Fronten des Krieges geschildert hatte, zog er den »zwingende(n) Schluss: die militärische Lage war am 20.7. bereits ausweglos.«[346] Im zweiten Teil seines Gutachtens kam er zu dem Ergebnis, dass im Juli 1944 weder ein zusätzliches Aufgebot an Soldaten, noch eine Material- oder Rohstoffreserve die deutsche Niederlage hätten abwenden können. »(D)er Krieg war unweigerlich verloren,« erklärte Schramm, »und zwar schon Mitte 1944«. Und er hob hervor, der »Ausgang des Krieges (könne) weder durch Sabotage noch durch Verrat erklärt werden.«[347] Die Strategie von Bauer zeigte außerhalb des Gerichtssaals sehr schnell einen Erfolg, denn die Tageszeitungen berichteten am folgenden Tag, Schramms Gutachten richte sich gegen die »Thesen« der SRP, »dass Verrat eine große Rolle am Verlust des Krieges gespielt habe«. Der Gutachter habe somit die von der rechtsextremen Partei propagierte Dolchstoßlegende entkräftet.[348]

Die Staatsanwaltschaft hatte mit Unterstützung der moraltheologischen und historischen Gutachten belegt, dass der NS-Staat ein Unrechtsstaat und der Krieg im Juli 1944 verloren war. Um den Wahrheitsbeweis zu erbringen, dass die Widerstandskämpfer keinen Hoch- und Landesverrat begangen hatten, musste im Braunschweiger Prozess zudem die Motivation der Widerstandskämpfer geklärt werden. Denn Verrat beging nach dem 1944 geltenden Strafgesetzbuch nur, wer mit dem Vorsatz handelte, dem Staat einen Schaden oder Nachteil zuzufügen (§ 88 StGB) oder wer mit dem Vorsatz, schwere Nachteile für das Reich herbeizuführen, zu einer ausländischen Regierung Kontakt aufnahm (§ 91 StGB).

Fritz Bauer bot im Namen der Staatsanwaltschaft einen weiteren Gutachter im Verfahren auf. Dr. Hans-Günther Seraphim, Referent für Zeitgeschichte des Instituts für Völkerrecht an der Universität Göttingen, beschäftigte sich in seinem Gutachten mit den Motiven der Widerstandskämpfer vom 20. Juli 1944. Seraphim stellte den ehemaligen Generalstabschef Ludwig Beck als

---

345 Prof. Dr. Schramm: Historisches Gutachten über die Kriegslage im Sommer 1944. In: Herbert Kraus (Hg.): Die im Braunschweiger Remerprozeß erstatteten moraltheologischen und historischen Gutachten nebst Urteil. Hamburg 1953. S. 63ff.

346 Prof. Dr. Schramm, a.a.O. S. 74.

347 Prof. Dr. Schramm, a.a.O. S. 80.

348 F.A.Z. vom 10.3.1952.

»zentrale Figur«[349] der Planung des gewaltvollen Widerstandes gegen Hitler vor und zitierte aus den nachgelassenen Papieren Becks dessen Reflexion über den »Bestand der Nation«, um die Motivation oppositionellen Verhaltens darzulegen. Beck hatte geschrieben:

»»Es ist ein Mangel an Größe und Erkenntnis der Aufgabe, wenn ein Soldat in höchster Stellung in solchen Zeiten seine Pflichten und Aufgaben nur in dem begrenzten Rahmen seiner militärischen Aufgabe sieht, ohne sich der höchsten Verantwortung vor dem gesamten Volk bewusst zu werden.«

»Diese Sätze« über die politische Verantwortung des Soldaten waren für Seraphim, der »Schlüssel zu Becks Verhalten bis hin zum Aufstand des 20. Juli und zeigen die hohe Ethik seines Verantwortungsgefühls, die ihn zum Handeln bestimmt haben.«[350] Einen weiteren Schwerpunkt des Gutachtens bildete Seraphims Analyse des Regierungsprogramms, das der Widerstandskämpfer Ulrich von Hassell nach Beratungen mit Ludwig Beck, Carl Friedrich Goerdeler und Johannes Popitz verfasst hatte und das nach Seraphim zeigt, »welche Motive den Staatsstreich nach Ansicht der Widerstandskämpfer notwendig machten«. Mit Verweis auf die im Regierungsprogramm kritisierten »schwere(n) Verletzungen von Recht und Gesetz«[351] durch den NS-Staat, beschrieb Seraphim im wesentlichen zwei Motive des Widerstandes: Die »Wiederherstellung geordneter Verhältnisse in Deutschland durch Beseitigung des Regimes« und die »Erhaltung des deutschen Volkes und Staates in Freiheit und Unabhängigkeit«.[352] Seraphim betonte zum Schluss, dass auch die Widerstandskämpfer die deutschland-politische Bedeutung ihres Verhaltens bedacht hätten, und er zitierte Henning von Tresckow, der mit Stauffenberg übereingekommen war:

»Das Attentat auf Hitler muss erfolgen, um jeden Preis. Sollte es nicht gelingen, so muss trotzdem der Staatsstreich versucht werden, denn es kommt nicht mehr auf den praktischen Zweck an, sondern darauf, dass die deutsche Widerstandsbewegung vor der Welt und vor der Geschichte unter Einsatz ihres Lebens den entscheidenden Wurf gewagt hat. Alles andere ist daneben gleichgültig.«[353]

Fritz Bauer stützte seine Argumentation auf die Gutachten der beiden Historiker. Er führte in seinem Plädoyer aus, dass im Juli 1944 der Hoch- und Lan-

349 Hans-Günther Seraphim: Entwurf zu einem Gutachten. In: Herbert Kraus (Hg.): Die im Braunschweiger Remerprozeß erstatteten moraltheologischen und historischen Gutachten nebst Urteil. Hamburg 1953. S. 50.

350 Hans-Günther Seraphim, a.a.O. S. 51.

351 Hans-Günther Seraphim, a.a.O. S. 53.

352 Hans-Günther Seraphim, a.a.O. S. 55.

353 Ebd.

desverrat gegenüber einem Unrechtsregime nicht mehr möglich und ein zentrales Motive der Widerstandskämpfer gewesen sei, dem Unrechtscharakter des NS-Staates entgegenzutreten.[354]

Neben den historischen Gutachtern ließ Fritz Bauer im Namen der Staatsanwaltschaft im Verfahren schließlich eine Reihe von prominenten Zeitzeugen auftreten, die über die Motive der Widerstandskämpfer aussagten. Am dritten Prozesstag hörte das Braunschweiger Gericht den Bundesminister für Vertriebene, Hans Lukaschek, als Zeugen. Lukaschek war nach dem 20. Juli 1944 verhaftet und im Konzentrationslager Ravensbrück inhaftiert worden. In seiner Aussage schilderte er zunächst seine Freundschaft zu Peter York von Wartenburg und seine Kontakte zum Kreisauer Kreis. Mit Blick auf die Motive des Widerstandes führte Lukaschek aus, man habe »nach Menschen Umschau gehalten, die bereit waren, sich gegen Hitler für die Rettung Deutschlands einzusetzen (...). Solche Menschen hätten sich im ›Kreisauer Kreis‹ zusammengefunden. Die Absicht des Landesverrates sei bei ihnen von vornherein ausgeschlossen worden.«[355]

Nachdem mit Lukaschek ein Angehöriger der Bundesregierung den Zeugenstand verlassen hatte, hörte das Gericht Karl-Friedrich Bonhoeffer. Mit ihm trat der Bruder des von den Nationalsozialisten hingerichteten evangelischen Theologen Dietrich Bonhoeffer im Braunschweiger Gerichtssaal auf. »Mein Bruder«, so sagte er über die Motive des Widerstandes von Dietrich Bonhoeffer, »sah Hitler als den Antichristen an und hoffte auf das Scheitern aller seiner Pläne. An Deutschland hing er mit allen Fasern seines Herzens.«[356] Die Aussage von Karl-Friedrich Bonhoeffer über die Motive des Widerstandes seines Bruders war für den Verlauf des Prozesses und für den Zeugen selbst von großer Bedeutung. Erst wenige Monate zuvor war das von den Angehörigen der ermordeten Widerstandskämpfer angestrengte Verfahren gegen Manfred Roeder, der auch die Ermittlungen gegen Dietrich Bonhoeffer geleitet hatte, eingestellt worden, Roeders Mitwirkung an der Ermordung der Widerstandskämpfer war als nicht strafbar und der Widerstand des evangelischen Theologen damit als nicht rechtmäßig beurteilt worden.[357] Für Bonhoeffer wurde die Argumentation von Generalstaatsanwalt Fritz Bauer im Remer-Prozess nun zum konstruktiven Bezugspunkt. Nur einen Tag nachdem Bonhoeffer in Braunschweig ausgesagt und das Plädoyer von Bauer gehört hatte, schrieb er an ihn:

354 Vgl. Fritz Bauer: Eine Grenze hat Tyrannenmacht. GuT, H. 7, 1952.
355 NZ vom 11.3.1952.
356 Zit.n. Ebd.
357 Vgl. zum Verfahren gegen Roeder oben S. 57ff.

»Es ist mir ein Bedürfnis, Ihnen zu sagen, wie ausgezeichnet ich Ihr Plädoyer gefunden habe. Noch nie habe ich den Nachweis der Illegalität des Hitlerregimes in so konzentrierter und überzeugender Form auf juristischer Basis führen sehen. Darf ich Sie fragen, ob Ihre Ausführungen irgendwo veröffentlicht werden, oder ob sie in irgendeiner anderen Form erhältlich sind. Ich würde sie gern besitzen, da sie bei gelegentlicher Diskussion doch sehr nützlich sein können.«[358]

Auch für Gerhard Leibholz, dem der Freispruch von Walter Huppenkothen im Februar 1951 »wie ein Hohn« erschienen war[359], bedeutete Fritz Bauers Rechtsauffassung das Ende der Entlegitimierung des Widerstandes. Vor allem der Vorwurf des Verrats betrachtete er als endgültig entkräftet. Ende März 1952 schrieb Leibholz an Fritz Bauer: »Mir scheint es ja überhaupt problematisch«, mit Blick auf die Auseinandersetzung um den Widerstand als Hoch- und Landesverrat im Remer-Prozess,

»ob gegenüber einem Regime wie es das nationalsozialistische war, mit den traditionellen Begriffen von Hoch- und Landesverrat ~~überhaupt~~ operiert werden kann. Mir scheint es adäquater, von Landesverrat dort zu sprechen, wo ein kriminelles Regime Volk und Land verrät und das Volk seinem sicheren Untergang entgegenzuführen bereit ist.«[360]

In einem zweiten Brief schrieb Leibholz einige Wochen später an Bauer:

»Sehr schönen Dank für das eindrucksvolle, ausgezeichnete Plädoyer, das ich – wie Sie sich sicher denken können – nicht nur mit größtem Interesse, sondern auch mit vollster Zustimmung gelesen habe.«[361]

Neben Minister Hans Lukaschek und Karl Friedrich Bonhoeffer sagten auch die im Verfahren zugelassenen Nebenkläger Alexander von Hase, Uwe Jessen und Marion Gräfin Yorck von Wartenburg als Zeugen über die Beweggründe des Widerstandes ihrer Angehörigen aus. Fritz Bauer hatte viel Energie darauf verwandt, auch Eugen Gerstenmaier als Zeugen für das Verfahren zu gewinnen. Gerstenmaier, CDU-Mitglied und Abgeordneter des deutschen Bundestags, war nicht nur unmittelbarer Tatzeuge des Widerstandes vom 20. Juli gewesen. Er war zudem 1947 maßgeblich an der Gründung und seitdem an der Finanzierung der Arbeit des Hilfswerks 20. Juli 1944 beteiligt und Mitglied im Kuratorium der Stiftung. Gerstenmaier schien für Bauer ein idealer Zeuge zu sein, weil sein Engagement für das Hilfswerk, dessen Zweck laut Satzung vor allem »die Unterstützung von Opfern der Widerstandsbewegung gegen das

358 Prof. Dr. K. F. Bonhoeffer (Göttingen) am 11.3.1952 in einem Brief an Fritz Bauer. NdsStA, 61 Nds. Fb. 1, Nr. 24/3.

359 Vgl. dazu oben S. 63.

360 Prof. G. Leibholz am 26.3.1952 in einem Brief an Fritz Bauer. NdsStA, 61 Nds. Fb. 1, Nr. 24/4. (Korrektur so im Orig.)

361 Prof. G. Leibholz am 22.4.1952 in einem Brief an Fritz Bauer. Ebd.

nationalsozialistische Regime und deren Hinterbliebenen, insbesondere von Opfern des 20. Juli 1944« war[362], ganz im Sinne des offiziellen Umgangs mit dem Widerstand war; schließlich hatte die Bundesregierung mit ihrer Ehrenerklärung für den Widerstand ausdrücklich dem Hilfswerk ihre Anerkennung ausgesprochen. Doch Gerstenmaier hielt sich im März 1952 auf einer Auslandsreise auf und konnte im Verfahren nicht auftreten.[363] Fritz Bauer musste auf ihn verzichten. Dennoch: Alle Zeugen, die die Anklage geladen hatte, hatten überzeugend über die Motive der Widerstandskämpfer vom 20. Juli berichtet. In den Zeitungen war von der eindeutigen Motivation des Widerstandes zu lesen. Alle am Widerstand

»Beteiligten seien sich darüber im klaren gewesen, dass nur durch die Beseitigung der NS-Führung der Krieg zunächst beendet und eine restlose Zerstörung Deutschlands hätte vermieden werden können. Diese Erkenntnis sei sowohl aus christlichen wie sozialen und militärischen Erwägungen erwachsen. Alle Beteiligten hätten sich ausschließlich dem deutschen Volk, nicht aber dem Staat verpflichtet gefühlt.«

Die *Neue Zeitung* fasste die Essenz der Zeugenaussagen dann zusammen:

»Alle Personen, die an der Aktion gegen das nationalsozialistische Regime am 20. Juli 1944 beteiligt waren, handelten aus edlen Motiven.«[364]

Die Zeugenaussagen waren also ganz im Sinne von Fritz Bauer und seiner Prozessstrategie verlaufen, mit dem Verfahren gegen Remer nachzuweisen, dass die Motivation des Widerstandes nicht war, Deutschland zu verraten oder zu schaden. Die Strategie der Anklage drohte allerdings auseinander zu brechen, als der Wiesbadener Rechtsanwalt Fabian von Schlabrendorff am zweiten Prozesstag als Zeuge gehört wurde. Mit seiner Aussage steuerte das Verfahren auf einen kritischen Höhepunkt zu. Von Schlabrendorff, ehemals Ordonnanzoffizier beim Chef des Stabes der II. Armee, war im August 1944 als Angehöriger der Opposition verhaftet und in den Konzentrationslagern Flossenbürg und Dachau inhaftiert worden.[365] Fritz Bauer hatte die 1946 erschienene erste Auflage von von Schlabrendorffs Buch *Offiziere gegen Hitler* gelesen und ihn im Namen der Staatsanwaltschaft geladen, im Prozess gegen Remer

362 Vgl. die Rundbriefe der Stiftung Hilfswerk 20. Juli 1944 im Bestand der Gedenkstätte Deutscher Widerstand (Berlin) und Christiane Toyka-Seid: Gralshüter, Notgemeinschaft oder gesellschaftliche »Pressure-group«? In: Gerd R. Ueberschär (Hg.): Der 20. Juli 1944. Köln 1994. S. 159.

363 Vgl. die entsprechende Notiz in: NdsStA, 62 Nds. Fb. 3 Zg 51/1985, Nr. 2/1.

364 NZ vom 8.3.1952.

365 Vgl. Peter Hoffmann: Widerstand-Staatsstreich-Attentat. München 41985. Bes. S. 335ff, 350ff.

als »einer der wenigen Überlebenden des Widerstandskampfes«[366] und als Tatzeuge über die Motive der Widerstandskämpfer vom 20. Juli auszusagen.[367] Im Zeugenstand führte von Schlabrendorff dann, über die Haltung der Widerstandskämpfer befragt, aus:

»Ich bin zutiefst davon überzeugt und durchdrungen, dass keiner der Widerstandskämpfer auch nur im entferntesten daran dachte, eine Handlung zu begehen, die Deutschland hätte schaden können. Im Gegenteil, alles geschah in der Überzeugung, dass das Vaterland gerettet werden müsste.«[368]

Während seiner Aussage nahm von Schlabrendorff dann aber auch zum Widerstand von Hans Oster und zum Widerstand der Roten Kapelle Stellung, letztere hatte er in der ersten und Fritz Bauer bekannten Auflage seines Buches überhaupt nicht erwähnt. Der Zeuge wollte wohl – mittels der Abgrenzung der verschiedenen Widerstandsgruppen voneinander – die ehrenhaften Motive der Widerstandskämpfer vom 20. Juli hervorheben. »›Ich billige auch‹, so führte von Schlabrendorff aus, ›die Tat Osters, als er dem holländischen Militärattaché dreimal den dreimal wechselnden Termin des deutschen Angriffs auf Holland mitgeteilt hat.‹« Osters Widerstand war für von Schlabrendorff Landesverrat aus »lauterer Gesinnung«, und während er diesen, wie er vor Gericht aussagte, noch billigte, war sein Urteil über die Rote Kapelle vernichtend: »Verabscheuungswürdig sei (...) in jedem Fall der Landesverrat aus Gewinnsucht«[369], den die Rote Kapelle begangen habe, urteilte Schlabrendorff im Zeugenstand und so zitierten ihn am nächsten Tag die Zeitungen. Im Verlauf der Verhandlung zeigte sich schnell, dass diese Zeugenaussage Wasser auf die Mühlen der Verteidigung war.

Am ersten Prozesstag hatte sich schnell die Erfolglosigkeit der von der Verteidigung anvisierte Strategie abgezeichnet, jene Aussagen der Tatzeugen zu entkräften, die bestätigten, dass Remer im Braunschweiger Schützenhaus die Widerstandskämpfer vom 20. Juli als Verräter bezeichnet hatte. Die *Neue Zeitung* schilderte die Taktik der Verteidigung:

---

366 So die Begründung der Ladung des Zeugen in einem Schreiben von Fritz Bauer vom 5.2.1952 an das Landgericht. NdsStA, 62 Nds. Fb. 3 Zg 51/1985, Nr. 2/1.

367 Auch Fabian von Schlabrendorff unterstützte als Stifter die Arbeit des Hilfswerk 20. Juli 1944, womit auch sein Engagement für die Erinnerung an den Widerstand ganz im Sinne der öffentlichen Ehrenerklärung der Bundesregierung war. Vgl. zur Tätigkeit von von Schlabrendorff: Rundbrief der Stiftung Hilfswerk 20. Juli 1944 vom Februar 1950 im Bestand der Gedenkstätte Deutscher Widerstand (Berlin).

368 NZ vom 10.3.1952.

369 Vgl. die Berichterstattung über Schlabrendorffs Aussage von Guido Zöller: Rehabilitierung der Widerstandskämpfer. RNZ vom 14.3.1952 und von dem nach Braunschweig entsandten Redaktionsmitglied der F.A.Z. in der F.A.Z. vom 10.3.1952.

»Heute (im Prozess) will er nur ›ganz allgemein‹ gesprochen haben, ja nicht einmal auf die Leute des 20. Juli soll sich seine Äußerung bezogen haben. Doch die Tatzeugen, unter ihnen drei bei der Wahlkampfveranstaltung anwesende Polizisten und der Journalist, der Remers Stellungnahme im Mai 1951 dann auch veröffentlicht hatte, legten vor Gericht übereinstimmend dar, dass Remers Ausführungen sich speziell auf die Widerstandskämpfer vom 20. Juli bezogen hatten«.[370]

Die Verteidigung hielt trotzdem an ihrer Strategie fest: Rechtsanwalt Noack bezweifelte im Plädoyer noch einmal die Beweiskraft der Zeugen[371], und auch Rechtsanwalt Wehage versuchte in seinem Plädoyer noch ein letztes Mal, der Anklage seines Mandanten den Boden zu entziehen, indem er behauptete, Remers Stellungnahme zum 20. Juli sei lediglich eine Frage gewesen, ob nicht »manche Widerstandskämpfer (...) vielleicht Landesverrat begangen« hätten.[372] Indes betrachtete das Gericht als bewiesen, dass sich Otto Ernst Remers Behauptung, die »Verschwörer sind zum Teil in starkem Maße Landesverräter gewesen, die zum Teil vom Ausland bezahlt wurden«, »ausnahmslos auf die Ereignisse des 20. Juli 1944« bezogen hatte.[373]

Nach diesem prozesstaktischen Misserfolg der Verteidigung kam den Rechtsanwälten deshalb die Aussage von Fabian von Schlabrendorff gerade recht. Nachdem nicht mehr zu bezweifeln war, dass Remer behauptet hatte, die Widerstandskämpfer vom 20. Juli seien Hoch- und Landesverräter gewesen, zog die Verteidigung ihr nächstes Register. »Als die Ausflucht misslingt, geht die Verteidigung zum Angriff über«, bemerkte dazu Gerhard Thimm in der *Neuen Zeitung*.[374] Dieser Angriff bestand in dem Versuch der Verteidigung, in Anlehnung an die Argumentation von von Schlabrendorff, zwischen möglicherweise durchaus ehrenhaften Widerstandskämpfern, nämlich den Hochverrätern, und den Landesverrätern zu unterscheiden. »Schon am ersten Tage wird klar,« so kommentierte ein Journalist die Strategie der Verteidigung, »worum es der SRP geht: Man möchte auch am 20. Juli formalrechtlich zwischen Hoch- und Landesverrat scheiden und damit eine Wiederholung jenes verhängnisvollen Magdeburger Urteils vom Jahre 1924 erreichen, in dem Reichspräsident Ebert wegen der Teilnahme an dem Munitionsarbeiterstreik

370 Vgl. NZ vom 8.3.1952.

371 RA Noack in seinem Plädoyer. NdsStA, 62 Nds. Fb. 3 Zg 51/1985, Nr. 2/5.

372 RA Wehage in seinem Plädoyer. Ebd.

373 Urteil des Landgerichts Braunschweig vom 15. März 1952 in der Strafsache gegen Generalmajor a.D. Remer wegen übler Nachrede. In: Herbert Kraus (Hg.): Die im Braunschweiger Remerprozeß erstatteten moraltheologischen und historischen Gutachten nebst Urteil. Hamburg 1953. S. 108.

374 Gerhard Thimm: Doch immer dieselbe Platte. NZ vom 8.3.1952.

im Jahr 1928 ›objektiv‹ (...) des Landesverrats bezichtigt wurde.«[375] Rechtsanwalt Wehage führte vor Gericht aus, die Position Remers sei,

»dass man vor einem Widerstandskämpfer auch im Verhältnis zum 20. Juli eine gewisse Hochachtung haben muss (...), wenn er ausschliesslich aus nationalem Interesse gehandelt hat (und dass) Widerstandskämpfer allgemein, nicht nur vom 20. Juli, die mit dem Feinde in Verbindung gestanden, ihnen Nachrichten übermittelt oder gar Geld angenommen haben, als Landesverräter zu bezeichnen sind (...). Das ist der Ausgangspunkt, von dem aus in den vielen vielen Versammlungen Remer immer wieder zu diesem Problem Stellung genommen hat.«

Um die These vom Landesverrat zu untermauern, wollte Wehage sich »nur ganz nüchtern beschränken auf einige ganz wenige Beispiele, die so überzeugend sind, dass man wirklich nicht anders sagen kann als: hier ist der Tatbestand des Landesverrats erfüllt.« Der Prozess gegen Walter Huppenkothen habe etwa ergeben, dass Landesverrat strafbar gewesen sei.[376] Als ein zweites Beispiel für strafbaren Landesverrat verwies Wehage auf die Mitteilung der Angriffstermine von Oster an das Ausland. Damit hatte die Verteidigung einen taktisch klugen Zug vollzogen, denn Wehage konnte sich auf die Aussage von Schlabrendorffs, dem von der Staatsanwaltschaft geladenen Zeugen, beziehen. Schließlich schlussfolgerte der Rechtsanwalt: »Fest steht also, dass ein Teil der Widerstandskämpfer – ob zum 20. Juli oder nicht zum 20. Juli – objektiv gesehen den Tatbestand des Landesverrats erfüllt haben.« Und der Rechtsanwalt konstatierte:

»(W)o der Feind im Spiele ist, wo Deutschlands Soldaten an der Front stehen, da gibt es so etwas nicht! Ich glaube, das ist eine ganz klare Linie, die schärfer und präziser nie formuliert werden kann.«

In völliger Ignoranz der Gutachten, vor allem des historischen Gutachtens von Percy Schramm, formulierte Wehage noch einmal die Dolchstoßlegende:

»Meine Herren, wir wissen alle, dass, wenn Sand in der Mühle ist, dass es irgendwie nicht richtig geht. Dass bei uns in Deutschland Sand in der Mühle war, hat die Hauptverhandlung hier wohl eindeutig übermittelt.«[377]

»Hochverrat sei eine Art Kavaliersdelikt, ›aber Landesverrat‹, so rutschte es dem Verteidiger Dr. Wehage heraus,« und so zitierte die *Deutsche Zeitung und Wirtschaftszeitung* die Ausführungen des Rechtsanwaltes »›dat jeht nicht!‹«[378] Auch Remers Verteidiger Noack beschäftigte sich im wesentlichen mit der

375 Deutsche Zeitung und Wirtschaftszeitung vom 15.3.1952.

376 Vgl. zum Prozess gegen Walter Huppenkothen oben S. 62ff.

377 RA Wehage in seinem Plädoyer. NdsStA, 62 Nds. Fb. 3 Zg 51/1985, Nr. 2/5.

378 Deutsche Zeitung und Wirtschaftszeitung vom 15.3.1952.

Unterscheidung, die sein Mandant hinsichtlich der Bewertung von Landes- und Hochverrat machte: »Herr Remer behauptet Hochverrat aus Patriotismus als ›eine Kavaliersangelegenheit‹ achten zu können. Und verdächtigt gleichzeitig die Verschworenen des 20. Juli des Landesverrats«[379], referierte die Presse die Position der Verteidigung. Doch nicht nur die Zeugenaussage von Fabian von Schlabrendorff kam der Verteidigung dabei recht. Noch einmal versuchte sie ihre Taktik auszuspielen, als Dr. Otto John, der Präsident des Bundesamtes für Verfassungsschutz, in Braunschweig als Zeuge vernommen wurde. Gerhard Thimm berichtete in der *Neuen Zeitung* über den Zeugenauftritt von John in Braunschweig:

»John hatte für die Widerstandsgruppe Beziehungen zu den Alliierten aufgenommen. Er wollte, wie er bekundet, der Gegenseite Mitteilung machen von der Existenz eines deutschen Widerstandes, um zu hören was vom Gegner zu erwarten sei, falls es gelingen würde, das Naziregime zu beseitigen. Er tat es in der Hoffnung, die entsetzliche Katastrophe, die er kommen sah, zu verhüten oder doch zu mildern. Jetzt muss er es sich gefallen lassen, dass er – unter dem beifälligen Gemurmel der SRP-Gefolgschaft im Zuhörerraum – von der Verteidigung verdächtigt wird, ein Landesverräter zu sein. Denn habe er nicht schon allein durch diese bloße Mitteilung die deutsche Verteidigungskraft geschwächt? Auf einmal also ist nicht mehr ›ganz allgemein‹ von Hoch- und Landesverrat die Rede, sondern es wird der Versuch unternommen, nicht nur ›manche‹ oder doch ›sehr viele‹, sondern alle Männer des 20. Juli durch plumpe Gehirnakrobatik des Landesverrats zu bezichtigen – gemäß der Remerschen Drohung, dass Landesverräter sich eines Tages vor einem deutschen Gericht würden verantworten müssen. Verwirrung der Begriffe – das ist das demagogische Ziel: davon leben in einer demagogischen Zeit solche ›Politiker‹ wie Herr Remer. Die Begriffe zu entwirren und der Demagogie den Nachkriegskonjunkturwind aus den Segeln zu nehmen, ist das Ziel dieses Prozesses.«[380]

In den Augen von Paul Sethe war die Taktik der Verteidigung, sich »vor den Hochverrätern zu verbeugen«, »klug«[381], »schlecht beraten«, sei die Verteidigung allerdings gewesen, »als sie versuchte, einen Vorwurf daraus herzuleiten, dass Deutsche mit dem Auslande verhandelt haben, um die Möglichkeiten eines besseren Friedens zu prüfen.«[382] Robert Lehr hatte die Staatsanwaltschaft schon vor Prozessbeginn auf die mögliche Argumentation der Verteidigung hingewiesen und ihre Grenzen beschrieben:

»Auch mit der von Remer vorgenommenen scheinbaren Einschränkung (Hochverrat sei ein Kavaliersdelikt und könne anerkannt werden, C.F.) wird das Kernproblem des 20.7.1944 berührt. Es steht fest, dass nach Lage der Verhältnisse ein Teil der Widerstandskämpfer des

379 Gerhard Thimm: Doch immer dieselbe Platte. NZ vom 8.3.1952.

380 Ebd.

381 Paul Sethe: Hochverräter und Landesverräter. F.A.Z. vom 18.3.1952.

382 Ebd.

20.7.1944 notwendigerweise mit den Westmächten Verbindung aufnehmen musste, wenn für das weitere Schicksal Deutschlands nach dem gelungenen Attentat Fürsorge geschaffen werden sollte. Hierin lag die tragische Situation jener Widerstandskämpfer. (...) Wenn man, Remer folgend, die Widerstandskämpfer in jene 2 Gruppen aufteilt, die eine verurteilt, die andere noch freispricht, so gibt man im Prinzip schon die moralische Position des Widerstandskampfes überhaupt preis. Würde derartiges geschehen, so würde nicht nur den Männern Unrecht geschehen, die damals für Deutschland ihr Leben einsetzten oder gar verloren haben, es würde das politische Leben neuerdings vergiften und damit womöglich die ideelle Grundlage für eine neuerliche politische Verirrung und Katastrophe des deutschen Volkes gelegt werden.«[383]

Lehr hatte früh die Gefahren der Argumentation der Verteidigung im Kontext einer neuen Dolchstoßlegende erkannt und gemeinsam mit Fritz Bauer eine Gegenposition erarbeitet. Im Prozess entkräftete Bauer schließlich die Argumentation der Verteidigung mit Hinweis auf den auch zur NS-Zeit gültigen § 91 StGB, demzufolge Landesverrat nur begeht, wer »mit dem Vorsatz (handelt), schwere Nachteile für das Reich herbeizuführen«. Demnach ist auch dann die Motivation des Widerstandes entscheidend, wenn Widerstandskämpfer mit dem Ausland Verbindung aufnehmen. Denn, so argumentierte Bauer in seinem Plädoyer, »nicht wer ein Staatsgeheimnis an einen anderen gelangen lässt, ist schon Landesverräter, Landesverräter ist nur, wer mit dem Vorsatz handelt, das Wohl des Reiches zu gefährden.«[384] Die Anklage war auf die Taktik der Verteidigung, zwischen Hoch- und Landesverrat zu unterschieden, gut vorbereitet. Bauer hatte Otto John nicht nur gebeten, im Prozess als Zeuge auszusagen, vielmehr hatte er ihn schon darauf vorbereitet, dass die Verteidigung vor allem seine Auslandsverbindungen zum Thema machen würde. Weil auch für die Bewertung des Widerstandes und dessen Auslandskontakte die Motivation entscheidendes Kriterium sei, so hatte Bauer an John geschrieben, könne die Rechtslage durch seine »Aussage über die Motive und Ziele der Widerstandskämpfer schnell in der überzeugendsten Weise geklärt werden.«[385] Gerade weil Otto John zu jenen im Widerstand gehörte, die Kontakte zum Ausland aufgenommen hatten, lud Bauer ihn als Zeugen. Die Anklage war vorbereitet, die politisch instrumentalisierte Argumentation der Verteidigung zu entlarven. Gerhard Thimm zeigte sich von der politischen Brisanz des Verfahrens beeindruckt:

383 Bundesinnenminister Robert Lehr am 12.10.1951 in einem Schreiben an den Oberstaatsanwalt. NdsStA, 62 Nds. Fb. 3 Zg 51/1985, Nr. 2/4.

384 Fritz Bauer: Eine Grenze hat Tyrannenmacht. GuT, H. 7, 1952. S. 195.

385 Der Generalstaatsanwalt beim OLG, Fritz Bauer, am 7.2.1952 in einem Brief an den Präsidenten des Bundesamtes für Verfassungsschutz, Dr. Otto John. NdsStA, 61 Nds. Fb. 1, Nr. 24/2.

»Die Art und Weise, wie die Verteidigung diesen Kampf vor den Gerichtsschranken führt, um das Ansehen von Männern zu untergraben, die ihr Leben gewagt und hergegeben haben, um in letzter Stunde den Versuch zu machen, Deutschland vor der Katastrophe zu retten, beweist, dass dieser Prozess eine Notwendigkeit war. Denn die Argumente der Verteidigung sind genau die gleichen, die durch die Flüsterpropaganda einer neuen Dolchstoßlegende bewusst im Lande verbreitet werden.«[386]

Die Strategie der Verteidigung, zwischen Hoch- und Landesverrat zu unterschieden, veranlasste Bauer in seinem Plädoyer noch einmal zu betonen, dass im Verfahren gegen Remer nur der Widerstand vom 20. Juli Gegenstand des Wahrheitsbeweises sei. Dennoch: Der Tatsache, dass die Verteidigung am Beispiel des Verhaltens von Hans Oster zwischen Hoch- und Landesverrat zu differenzieren versuchte, war geschuldet, dass Bauer die Fokussierung auf den 20. Juli aufgab und explizit den Widerstand von Oster zum Thema seines Plädoyers machte. Bauer ging ein hohes prozesstaktisches Risiko ein, als er seiner grundlegenden Strategie – der Beschränkung des Verfahrens auf den 20. Juli 1944 – untreu wurde. Er hatte den Widerstand der Roten Kapelle nicht zum Thema gemacht und der Prozess hatte heikle Momente durchschritten als im Braunschweiger Gerichtssaal der Widerstand von Oster und des Nationalkomitees Freies Deutschland Thema war. Mit Verweis auf die Geltung des Briand-Kellogg-Paktes charakterisierte Bauer den geplanten und von Oster »verratenen« deutschen Angriff auf Holland als Bruch des Rechts, als Angriffskrieg und als ein »internationales Verbrechen«.[387] Fritz Bauer führte aus, dass ein ungerechter Angriffskrieg zur Nothilfe berechtige, so wie ein Unrechtsstaat Notwehr erlaube. Die Staatsanwaltschaft strebte ein Grundsatzurteil an. »Ausdrücklich kam der Ankläger (in seinem Plädoyer, C.F.) auch auf den Fall Oster zu sprechen«, bemerkte die *Neue Zeitung*, »obwohl dieser an sich nicht mit dem 20. Juli zusammenhängt (...), aber hier – so meinte er – hätte das braunschweigische Landgericht Gelegenheit, in einer besonders schwierigen völkerrechtlichen Frage eine Entscheidung zu fällen«.[388]

Die Rechtsanwälte von Otto Ernst Remer forderten schließlich in ihren Plädoyers den Freispruch ihres Mandanten. Während Staatsanwalt Herzog sich in seinem Plädoyer darauf konzentrierte, die von der Verteidigung immer wieder angezweifelte Beweiskraft der Zeugenaussagen hinsichtlich der Rede von Otto Ernst Remer in Braunschweig zu bewerten[389], plädierte Bauer für eine Verurteilung Remers gemäß der Anklage und damit für die Anerkennung

386 Gerhard Thimm: Remer selbst ist nicht mehr wichtig. Im Braunschweiger Remer-Prozess geht es um die Entlarvung neonazistischer Dolchstoßlegenden. NZ vom 10.3.1952

387 Fritz Bauer: Eine Grenze hat Tyrannenmacht. GuT, H. 7, 1952. S. 196f.

388 NZ vom 12.3.1952.

389 Vgl. das Plädoyer von Herzog in: NdsStA, 61 Nds. Fb. 1, Nr. 24/7.

des Widerstandsrechts des 20. Juli. Bauer stellte das Strafmaß in das Ermessen des Gerichts.[390] Ihm ging es im Remer-Prozess »entscheidend um die Schuld(frage)«. Es kam, wie er selbst formulierte, »darauf an festzustellen, dass der Vorwurf des Hoch- und Landesverrats historisch, politisch und vor allem rechtlich nicht begründet ist.«[391] Otto Ernst Remer erklärte in seinem Schlusswort, dass er kein einziges Wort von dem zurücknehme, was er im Mai 1951 bei der Wahlkampfveranstaltung der SRP im Schützenhaus in Braunschweig über den Widerstand vom 20. Juli 1944 gesagt habe.[392] Nach vier Verhandlungstagen verlas der Richter dann am Vormittag des 15. März 1952 das Urteil. Der Angeklagte Otto Ernst Remer wurde »wegen übler Nachrede in Tateinheit mit Verunglimpfung des Andenkens Verstorbener zu einer Gefängnisstrafe von 3 Monaten verurteilt.«[393] Mit der Verurteilung Remers erkannte ein westdeutsches Gericht 1952, mehr als sieben Jahre nachdem die Widerstandskämpfer in Berlin hingerichtet worden waren, den Widerstand vom 20. Juli 1944 als rechtmäßigen Widerstand gegen das NS-Unrechtsregime an.

Mit Blick auf die Unterscheidung zwischen Hoch- und Landesverrat besaß das Urteil Brisanz: Das Gericht folgte den Einlassungen des Angeklagten, dass er den Hochverrat anerkennen und den Hochverrätern seine Achtung aussprechen würde. Deshalb hielt es das Braunschweiger Gericht nicht für notwendig, sich im Urteil mit dem Vorwurf des Hochverrats auseinanderzusetzen. Folglich musste sich das Gericht nicht zu den drei moral-theologischen Gutachten und dem Gutachten von Friebe äußern. Die Frage nach der Bedeutung des Eides war nicht mehr Gegenstand des Urteils.

Das Gericht betrachtete aufgrund der Zeugenaussagen als bewiesen, dass Remer gegenüber den Widerstandskämpfern den Vorwurf des Landesverrates erhoben hatte. Er habe, so heißt es im Urteil, bei der Wahlkampfveranstaltung in Braunschweig gesagt: »Diese Männer waren zum Teil in starkem Maße Landesverräter, die vom Ausland bezahlt wurden.« Und Remer hatte diese Behauptung ausschließlich auf die Männer vom 20. Juli bezogen. Im Anschluss an die Zeugenaussage von John kam das Gericht zu dem Ergebnis, dass tat-

---

390 Vgl. auch den Bericht auf der Titelseite der FR: Remers Ankläger stellt Strafantrag ohne Strafmaß. FR vom 11.3.1952.

391 Fritz Bauer am 24.10.1952 in einem Brief an Dr. Marie Munk, Attorney at Law, Cambridge, Mass., U.S.A. Munk arbeitete an einem Aufsatz über den deutschen Widerstand und führte diesbezüglich einen Briefwechsel mit Fritz Bauer. NdsStA, 61 Nds. Fb. 1, Nr. 24/5.

392 Mitschrift im Verhandlungsprotokoll. Vgl. NdsStA, 62 Nds. Fb. 3 Zg 51/1985, Nr. 2/2.

393 Urteil des Landgerichts Braunschweig vom 15. März 1952 in der Strafsache gegen Generalmajor a.D. Remer wegen übler Nachrede. In: Herbert Kraus (Hg.): Die im Braunschweiger Remerprozeß erstatteten moraltheologischen und historischen Gutachten nebst Urteil. Hamburg 1953. S. 105.

sächlich auch einige Männer des 20. Juli Kontakt zum Ausland aufgenommen hatten. Das Urteil hielt aber fest,

»(auf) keinem dieser Männer ruht (...) auch nur der Schatten des Verdachts, jemals für irgendeine mit dem Widerstandskampf in Verbindung stehende Handlung vom Ausland bezahlt worden zu sein.«[394]

Vielmehr folgte das Gericht der Argumentation der Staatsanwaltschaft, die den NS-Staat als Unrechtsstaat qualifiziert hatte, und es schloss sich dem Gutachten von Schramm an, wonach der NS-Staat im Juli 1944 nicht mehr verratsfähig gewesen sei. Zudem folgte das Urteil den Zeugenaussagen über die Motivation des Widerstandes.

Das Gericht kam zu dem Ergebnis, dass die Widerstandskämpfer damit zwar den »objektiven Straftatbestand des Landesverrats erfüllt« hätten, verneinte aber die Voraussetzung der inneren Tatseite.[395] Damit hatte die Anklage den Wahrheitsbeweis erbracht, und das Gericht hatte den Widerstand vom 20. Juli als rechtmäßig anerkannt.

Fritz Bauer zeigte sich »hoch befriedigt« über das Urteil, er war jedoch auch »enttäuscht darüber, dass das Gericht nicht auf die Frage des Hochverrats eingegangen war.«[396] Anhänger der SRP kritisierten das Urteil öffentlich und drohten dem Generalstaatsanwalt, er müsse sich für die Verurteilung »verantworten«. Die *Frankfurter Rundschau* zitierte SRP-Anhänger zudem mit den Worten, bis »die Revision durchkommt, vergeht ein Jahr, und dann sind wir (die SRP) ja dran.«[397] Als Reaktion auf die Verurteilung Remers galten in der Öffentlichkeit auch die in den Tagen nach der Urteilsverkündung in Celle registrierten Beschmierungen von Gehwegen und Straßen mit den Worten die Widerstandskämpfer »sind doch Verräter«, über die die Presse berichtete.[398]

Die SRP nutzte die Passage des Urteils über den von den Widerstandskämpfern um Stauffenberg erfüllten »objektiven Straftatbestand des Landesverrats«, um ihre Verratskampagne fortzusetzen. Unmittelbar im Anschluss an die Verkündung des Urteils beriet der Parteirat der SRP über das weitere Vorgehen. Nur wenige Tage später erklärte der Parteirat, der Remer-Prozess habe »in vollem Umfange die Auffassung der SRP bestätigt, dass während des Krieges von einer Anzahl von Personen, die sich nach 1945 zu den Widerstandskämpfern rechneten, Landesverrat betrieben worden ist. Widerstandskämpfer,

394 Urteil des Landgerichts Braunschweig vom 15. März 1952 in der Strafsache gegen Generalmajor a.D. Remer wegen übler Nachrede, a.a.O. S. 121.

395 Urteil des Landgerichts Braunschweig vom 15. März 1952 in der Strafsache gegen Generalmajor a.D. Remer wegen übler Nachrede, a.a.O. S. 129.

396 Rudolf Wassermann: Zur juristischen Bewertung des 20. Juli 1944. RuP, H. 2, 1984. S. 79.

397 FR vom 18.3.1952.

398 Ebd.

die aus nationalen Motiven lediglich Hochverrat begangen haben, sind und werden von der SRP anerkannt.«[399] Als habe die Partei den Prozess gewonnen, machte Wolf Graf von Westarp, Gründungs-mitglied und Fraktionsvorsitzender der SRP im niedersächsischen Landtag[400], den demokratischen Parteien ein »Waffenstillstandsangebot«: Die deutsche Politik solle sich auf eine moralische Anerkennung des Hochverrats und eine gemeinsame Ächtung des Landesverrats verständigen. Dann werde die SRP den Prozess und das Urteil gegen Remer nicht weiter für politische Propagandazwecke »auswerten«.[401]

Die Rechtsanwälte von Otto Ernst Remer formulierten derweil ihren Revisionsantrag. Im Anschluss an die Feststellung des Braunschweiger Landgerichts, der 20. Juli habe »objektiv« den Tatbestand des Landesverrats erfüllt, wollten sie eine Aufhebung der Verurteilung ihres Mandanten erreichen. Fritz Bauer nahm in seiner Gegenerklärung zur Revisionsbegründung der Verteidigung zu den materiellen Rügen der Verteidigung Stellung. Er trat der Auslegung des Urteils seitens der SRP und der Verteidigung entgegen und kritisierte die Argumentation des Urteils. Die Feststellung des »objektiven« Tatbestands des Landesverrats »ist mit den tatsächlichen und rechtlichen Gesichtspunkten des übrigen Urteils unvereinbar.« Denn, so Bauer,

»die Tatbestände des Landesverrats (sind) aus objektiven und subjektiven Unrechtselementen zusammengesetzt, so liegt beim Fehlen der subjektiven Unrechtselemente nicht der ›objektive Tatbestand‹ oder ›der äußere Tatbestand‹ des Landesverrats vor (...). Es liegt überhaupt kein strafrechtlich relevanter Tatbestand vor. (...) Die Strafkammer hat ausführlich abgelehnt, dass die in Frage stehenden Widerstandskämpfer mit einem Schädigungsvorsatz gehandelt haben.«

Vielmehr habe das Gericht festgestellt, dass das

»für die moralische Weltgeltung Deutschlands, seine innere moralische Revolution, seinen eigenen Selbstrespekt und die Bekämpfung des Vorwurfs der Kollektivschuld wichtigste Ziel (...) voll erreicht worden (ist)«.[402]

Zudem wollte Bauer erneut die Chance nutzen, den Widerstand Osters als rechtmäßigen Widerstand gegen das NS-Unrechtsregime anerkennen zu lassen.

»Der Angeklagte (Remer) hat sich laut Urteil (...) darauf berufen, dass ein Teil der Widerstandskämpfer des 20. Juli 1944 militärische Geheimnisse von höchster Bedeutung verraten

399 FR vom 18.3.1952.

400 Vgl. Horst W. Schmollinger: Die Sozialistische Reichspartei. In: Richard Stöss (Hg.): Parteien-Handbuch: die Parteien der Bundesrepublik Deutschland 1945-1980. Bd II. Opladen 1984. S. 2276.

401 Vgl. FR vom 15.3.1952, Die Zeit vom 20.3.1952.

402 Der Generalstaatsanwalt bei dem OLG, Fritz Bauer, am 8.7.1952 an das LG. NdsStA, 62 Nds. Fb. 3 Zg 51/1985, Nr. 2/3.

haben (...). Das Urteil hat (...) dahingestellt sein lassen, ob dem Kreis der Widerstandskämpfer des 20. Juli 1944 als Ausnahme einzelne Personen, möglicherweise der verstorbene General Oster (...), angehört haben mögen, deren Handlungsweise unter Umständen von dem Angeklagten auch noch aus heutiger Schau (...) mit gewissem Recht als Landesverrat angesehen werden könnte.«

Bauer unterstrich noch einmal, dass Oster einen geplanten, unrechtmäßigen Angriffskrieg mitgeteilt habe und seine Handlung durch die Berechtigung der Nothilfe gemäß § 53 StGB gedeckt sei.[403] In einem Brief an den für die Revision zuständigen Oberstaatsanwalt beim BGH Berlin bat er ausdrücklich um ein Grundsatzurteil:

»Die Richter der hiesigen Strafkammer haben, wie es heißt, den Fall Oster ausgeklammert, um sich im Hinblick auf die umfangreichen Beweisanträge (...) eine weitere Beweisaufnahme zu ersparen. Die im Zusammenhang mit dem Fall Oster stehenden Fragen sind jedoch nach wie vor aktuell.«[404]

Der BGH verwarf am 11. Dezember 1952 die Revision Remers, Bauer war jedoch nicht zufrieden: »Das Urteil des Bundesgerichtshofs in der Strafsache Remer liegt vor«, schrieb er und brachte seine Enttäuschung zum Ausdruck:

»Es ist völlig inhaltslos. Der Bundesgerichtshof hat sich so gut wie ausschließlich mit den prozessualen Rügen der Verteidiger beschäftigt; zu den uns interessierenden Fragen hat der Senat bedauerlicherweise kaum Stellung genommen.«[405]

Das Urteil, das das Braunschweiger Landgericht im März 1952 ausgesprochen hatte, war damit rechtswirksam. Im historischen Kontext war es von großer Bedeutung: Das Gericht hatte den Widerstand vom 20. Juli 1944 als rechtmäßigen Widerstand gegen den NS-Unrechtsstaat anerkannt. Vor allem vor dem Hintergrund einer weitreichenden Entlegitimierung des Widerstandes durch die westdeutsche Rechtsprechung seit 1949 markierte das Urteil im Braunschweiger Remer-Prozess eine historische Zäsur.

Im Februar 1953 beantragten die Rechtsanwälte von Otto Ernst Remer einen Strafaufschub für ihren Mandanten. Fritz Bauer und der Nieder-sächsische Minister der Justiz teilten mit, es bestehe »kein außergewöhnliches Interesse an dem Falle Remer« mehr. Noch im Frühjahr 1953 floh Remer ins Ausland, während Bauer dann in Deutschland doch einen Haftbefehl erließ. Als Remer im Herbst 1954 nach Deutschland zurückkehrte, wurde die Strafe

403 Ebd.

404 Fritz Bauer am 30.8.1952 in einem Brief an Oberstaatsanwalt beim BGH Berlin, Dr. Börker. NdsStA, 61 Nds. Fb. 1, Nr. 24/5.

405 Fritz Bauer am 14.2.1953 in einem Brief an RA Dr. A. Lifschütz, Bremen, der sich mit Bitte um Überlassung verschiedener Schriftstücke aus dem Verfahren gegen Remer mit Bauer in Verbindung gesetzt hatte. NdsStA, 61 Nds. Fb. 1, Nr. 24/5.

mit Reststrafen anderer Urteile gegen Remer zusammengefasst. Die verbleibende Reststrafe von einem Monat wurde zur Bewährung ausgesetzt.[406]

5. Der politische Akteur Fritz Bauer und sein Widerstandsbegriff zwischen Pragmatismus und Prinzip

Nach Abschluss des Gerichtsverfahrens gegen Otto Ernst Remer zog Fritz Bauer also eine ambivalente Bilanz. Er war »hoch befriedigt« und gleichzeitig »enttäuscht«.[407] Zufrieden war Bauer, weil mit dem Urteil im Prozess gegen Otto Ernst Remer im März 1952 die historische Phase einer weitreichenden Entlegitimierung des Widerstandes durch westdeutsche Gerichte beendet war. Seine Enttäuschung resultierte vor allem aus den Einschränkungen des Urteils auf den Widerstand vom 20. Juli und der Ausblendung des Vorwurfs des Hochverrats. Die zwiespältige Bilanz, Enttäuschung und Zufriedenheit über den Ausgang des Verfahrens, spiegelt, dass Bauer als anklagender Staatsanwalt gegen Otto Ernst Remer einen Prozess zwischen Pragmatismus und Prinzip geführt hat, um sein Ziel, die Verurteilung des Angeklagten und die Durchsetzung der Anerkennung der Legitimität des Widerstandes, zu erreichen. Der politische Akteur Fritz Bauer hatte das Verfahren gegen Remer ausgezeichnet vorbereitet, Fallstricke bedacht und seine Handlungsspielräume ausgelotet. Seine pragmatische Prozessstrategie führte zum Erfolg und bewirkte die Rehabilitierung des Widerstandes vom 20. Juli 1944.

Die pragmatische Prozessstrategie von Fritz Bauer zeichnete sich im historischen und juristischen Kontext wesentlich durch folgende Aspekte aus: Bauer hat den Widerstand vom 20. Juli 1944 zum Gegenstand des Verfahrens gemacht. Damit hatte er eine thematische Beschränkung des Prozesses vorgenommen. Erinnert sei hier nur an den Brief, den Bauer an Anna von Harnack geschrieben hatte, und mit dem er sie gebeten hatte ihren Strafantrag gegen Remer zurückzuziehen, weil Bauer den Widerstand der Roten Kapelle aus prozesstaktischen Gründen nicht zum Gegenstand der Verhandlung machen wollte.[408] Fritz Bauer suchte mit der thematischen Beschränkung des Gegenstands der Verhandlung Anschluss an die öffentliche Anerkennung des Widerstandes. Der Widerstand vom 20. Juli galt in der Bundesrepublik als legitima-

406 Vgl. die Aktennotizen des Oberstaatsanwaltes in NdsStA, 62 Nds. Fb. 3 Zg 51/1985, Nr. 2/15.

407 Vgl. oben S. 122.

408 Vgl. oben S. 65f.

tionsstiftender Bezugspunkt für die Westintegration und den Anspruch der jungen Republik auf Staatssouveränität gegenüber dem westlichen Staatenbündnis; nicht zuletzt hatte die Ehrenerklärung der Bundesregierung im Oktober 1951 dem Widerstand vom 20. Juli offiziell Anerkennung ausgesprochen. Umstrittenere Aspekte des Widerstandes blendete Bauer aus – mit der Thematisierung des Widerstandes der Roten Kapelle hätte er das Anfang der fünfziger Jahre wirksame antikommunistische Legitimationsmuster[409] der Bundesrepublik in Frage gestellt. Fritz Bauer hat mit seiner Prozessführung also den Konflikt – die Auseinandersetzung um die juristische Bewertung des Widerstandes – beschränkt, um die Chancen der Durchsetzung seines Ziels – die Anerkennung der Legitimität des Widerstandes – zu erhöhen. Er hat im Gerichtssaal als politischer Akteur agiert, der sich zur Durchsetzung seiner Ziele strategisch und kompromissfähig zeigt.

Rahmenbedingung für sein erfolgreiches strategisches Handeln war, neben der offiziellen geschichtspolitischen Deutung des 20. Juli, die Konstellation der Akteure im Prozess gegen Otto Ernst Remer: Neben Fritz Bauer traten im Verfahren die Nebenkläger, Zeugen und Gutachter, der vorsitzende Richter, der Angeklagte und an seiner Seite die Verteidiger als Akteure auf. Schon im Vorfeld des Prozesses erschien Fritz Bauer die Position des Richters, des ehemaligen Soldaten der Wehrmacht, nicht kalkulierbar. Dass sich der junge Richter im Prozess selbstreflexiv über seine Rolle im Nationalsozialismus und zu seinem Verhältnis zum Widerstand äußern würde, war nicht absehbar. Bauer erwies sich im Verlauf der Verhandlung auch in diesem Punkt als ein pragmatischer Stratege, und er nutzte die Chance, die der Richter mit seiner selbstreflexiven Prozessführung der Anklage eröffnet hatte. Bauer kam dem Richter entgegen und baute ihm eine Brücke, indem er der thematischen Beschränkung des Prozesses immer wieder Geltung verschaffte.

Zudem hatte Fritz Bauer mit der Ladung der Zeugen und Gutachter eine Konstellation im Prozess hergestellt, die an die Vergangenheitspolitik der Bundesregierung anknüpfte. Während die Vergangenheitspolitik von Konrad Adenauer die ehemaligen Funktionseliten, die Anhänger und Mitläufer des NS-Systems in die bundesrepublikanische Demokratie integrieren wollte und darauf setzte, dass die ehemaligen NS-Funktionsträger, Mitläufer und Anhänger öffentlich nicht gegen den Konsens verstießen, auf jede rechte Propaganda zu verzichten, ließ Bauer im Verfahren gegen Remer die Gutachter Helmut Friebe und Percy Schramm als ehemalige NS-Funktionäre auftreten, die eine nach dem Krieg entfaltete kritische Distanz zur Diktatur und die Anerkennung der Demokratie idealtypisch verkörperten. Die Gutachter und die Phalanx der

---

409 Vgl. Christoph Kleßmann: Die doppelte Staatsgründung. Bonn 1991. S. 256.

prominenten Angehörigen des Widerstandes, die die Anklage als Zeugen geladen hatte, vermittelten zudem überzeugend das Bild vom 20. Juli, das Anfang der fünfziger Jahre auch in der offiziellen staatspolitischen Deutung Bezugspunkt war. Als weiterer entscheidender Faktor für den Erfolg der Anklage im Remer-Prozess kann die Konstellation auf der Seite des Angeklagten und der Verteidigung gelten. Mit Otto Ernst Remer stand ein Funktionär der rechtsextremen SRP vor Gericht, und an seiner Seite agierte eine Verteidigung, die mit der Politik ihres Mandanten sympathisierte. Die Zuspitzung der politischen Situation im Herbst 1951 hatte den Angeklagten schon vor Prozessbeginn zum politischen Außenseiter in der Bundesrepublik gemacht, denn die Verleumdungen der Widerstandskämpfer seitens der SRP und aus den Reihen der Organisationen der ehemaligen Wehrmachtssoldaten hatten Auswirkung auf die Verhandlungen der Bundesregierung mit den Alliierten gezeigt. Der Kanzler war gezwungen, dem demokratischen Konsens und seiner Vergangenheitspolitik Geltung zu verschaffen, dass in Deutschland keine neonationalistische Politik geduldet werde. Obwohl Otto Ernst Remer aufgrund der Anlage des Prozesses zu einer »Randfigur« geworden war und für den Verlauf des Verfahrens nicht mehr wichtig zu sein schien, war für den Erfolg des Prozesses ausschlaggebend, dass der Angeklagte wenn auch nur öffentlich und im Gegensatz zu den Stimmungslagen, die die Wahlerfolge der SRP spiegelten, als Außenseiter der Gesellschaft stigmatisiert war. Im historischen Kontext der Bemühungen der Bundesrepublik um ihre Anerkennung als souveräner Staat in einem westlichen Bündnis saß mit Remer die antidemokratische Politik der SRP auf der Anklagebank. Wegen seiner neonationalistischen Politik konnte sich Remer nicht länger auf den Schutz der Integrationspolitik der Bundesregierung verlassen. Für ihn galt der stillschweigende aber wirkungsmächtige gesellschaftliche Konsens nicht mehr, der besagte, dass die Mehrheit der NS-Funktionäre unschuldig gewesen sei und für das Verhalten in der Diktatur nicht zur Verantwortung gezogen wurde. In den Jahren seit 1949 hatte sich gezeigt, dass Ermittlungen gegen die ehemaligen Ankläger der Widerstandskämpfer Roeder und Huppenkothen im vergangenheitspolitischen Klima der Bundesrepublik jener Jahre nicht durchzusetzen waren und nicht zur Rehabilitierung des Widerstandes führten. Huppenkothen und Roeder hatten im Gegensatz zu Remer nicht gegen den aktuellen politischen Konsens verstoßen und konnten sich auf den Schutz der offiziellen Vergangenheitspolitik verlassen. Wie bedeutend es im Frühjahr 1952 für den Verlauf des Verfahrens gegen Otto Ernst Remer und für die Wahrnehmung des Prozesses war, dass mit Remer ein politischer Akteur und Außenseiter vor Gericht stand, war auch für Fritz Bauer offensichtlich. Er hatte zu Beginn seines Plädoyers darauf hingewiesen, dass Remers Verhalten als »Sabotage« an der Demokratie gedeutet werden müsse.[410]

Die Bedeutung dieses historischen Kontextes für den Prozess wurde nach Abschluss des Verfahrens noch einmal sichtbar. Für die Angehörigen des Widerstandes war der Prozess gegen Otto Ernst Remer zum positiven Bezugspunkt geworden. Karl Friedrich Bonhoeffer und Gerhard Leibholz hatten das in ihren Briefen an Fritz Bauer zum Ausdruck gebracht. Hans-Günther Seraphim, Gutachter im Verfahren, und Walter H. Kleffel, ein mit Bauer befreundeter Publizist, verfolgten nun den Gedanken, das Urteil des Braunschweiger Gerichts zum Anlass zu nehmen, um die Rehabilitierung des Widerstandes in der Gesellschaft publik zu machen. Anlass für ihre Überlegungen waren die Erfahrungen, die beide im Zusammenhang mit dem Prozess gemacht hatten. Hans-Günther Seraphim berichtete Bauer noch im März 1952, er habe nach seinem Auftritt als Gutachter im Remer-Prozess »eine ganze Reihe von Briefen erhalten, darunter manche, die eine erschütternde Mentalität gewisser Kreise offenbaren.«[411] Seraphim schlug deshalb vor, »dass man das im Augenblick für diese Frage aufgeschlossene Volk – es ist tatsächlich durch den Prozess wachgerüttelt worden – möglichst schnell durch wirklich authentische in großer Menge verteilter Darstellungen unterrichten sollte, soweit das heute möglich ist.«[412] Fritz Bauer knüpfte Kontakte zum Zeit-Verlag und dem Presse- und Informationsamt der Bundesregierung. Das Bonner Presseamt erklärte sich zwar bereit, eine Publikation herauszugeben[413], Bauer aber befürwortete eine »neutrale Publikation etwa durch den ›Zeit‹-Verlag, den Verlag der Frankfurter Hefte oder ein ähnliches Unternehmen«[414]. Im Zeit-Verlag erschien eine Publikation schließlich realisierbar. Kleffel, der im Verfahren auch als Zeuge ausgesagt hatte und sich wie Seraphim für eine Publikation des Urteils engagierte, teilte Bauer noch im März 1952 mit, er habe mit Ewald Schmidt di Simoni vom Zeit-Verlag über eine Publikation beraten. Schmidt di Simoni und dessen Partner Gerd Bucerius[415] hätten »großes Interesse«[416] bekundet. Kleffel berich-

410 Fritz Bauer: Eine Grenze hat Tyrannenmacht. GuT, H. 7, 1952. S. 194.

411 Dr. Hans-Günther Seraphim am 21.3.1952 in einem Brief an Fritz Bauer. NdsStA, 61 Nds. Fb. 1, Nr. 24/4.

412 Ebd.

413 Laut einer Aktennotiz. Ebd.

414 Fritz Bauer am 18.3.1952 in einem Schreiben an das Presse- und Informationsamt der Bundesregierung, Bonn. NdsStA, 61 Nds. Fb. 1, Nr. 24/3.

415 Dr. Gerd Bucerius seit 1949 MdB CDU, 1947-49 Mitglied des Frankfurter Wirtschaftsrates, seit 1946 Mitherausg. der Hamburger Wochenzeitung Die Zeit. Vgl. auch die Bucerius-Biographie von Ralf Dahrendorf: Liberal und unabhängig. Gerd Bucerius und seine Zeit. München 2000.

tete Bauer weiter von seinem Gespräch mit Schmidt di Simoni und Bucerius, und noch einmal zeigte sich, dass die öffentliche Thematisierung der Rehabilitierung des Widerstandes nur im Kontext der Abwehr des Neonationalismus möglich war: »Allerdings behauptet Schmidt di Simoni, und ich muss ihm dabei Recht geben«, schrieb Kleffel an Bauer,

»dass die Sache wohl nur zu machen wäre, wenn das Bundesinnenministerium dahinter steht und auch das Risiko übernimmt. Das Interesse (des) breiten Publikum(s) ist leider an dem Thema n i c h t sehr gross, zumal Widerstandskämpfer (...) ohnehin nicht mehr gefragt sind. (...) Also eine Broschüre wird nur tragbar sein, wenn sie so abgefass(t) ist, dass sie als Kampfschrift gegen die SRP und Remer gelesen wird, woran ja die Bundesregierung nur Interesse haben kann. Die Ehrenrettung der Widerstandskämpfer muss in dieser Broschüre geschickt, nicht allzu deutlich und deshalb um so wirkungsvoller eingeflochten werden. (...) Das Innenministerium mus(s) an der Sache allein oder zumindest hauptsächlich wegen der Kosten beteiligt werden. Denn das geschäftliche Risiko wird kein Verleger übernehmen. (...) Noch einmal möchte ich betonen, hier besteht grosses Interesse an der Sache. (...) Denn ich finde, man sollte jetzt endlich mal was tun, um das Volk besonders auch über die SRP und ihre Mannen aufzuklären. Und auch den alten Kameraden aus dem Widerstand und der Verfolgung ihr recht zuteil werden zu lassen.«[417]

Zur Veröffentlichung einer gemeinsamen Broschüre über den Remer-Prozess ist es trotz der engagierten Initiative der Hamburger Journalisten nicht gekommen. Die Bundeszentrale für Heimatdienst veröffentlichte aber noch im Sommer 1952 eine Sonderausgabe der Zeitung *Das Parlament* über den Remer-Prozess, die kurze Zeit später unter dem Titel *20. Juli 1944* auch als Broschüre erschien.[418]

Im wesentlichen waren also zwei Faktoren für Bauers Erfolg im Prozess gegen Otto Ernst Remer im März 1952 ausschlaggebend. Bauer knüpfte mit seiner Prozessstrategie pragmatisch an die Vergangenheitspolitik der Bundesregierung unter Kanzler Konrad Adenauer an. Zudem war der seit Herbst 1951 sich zuspitzende und brisante politische Kontext, die notwendig gewordene Abgrenzung der Bundesrepublik von der Politik der SRP, für den Prozess von großer Bedeutung.

Der strategische Pragmatismus, auf den sich der politische Akteur Fritz Bauer eingelassen hatte, verhalf ihm zum Erfolg. Die Verurteilung von Otto Ernst Remer bedeutete eine »Wende in der Bewertung des 20. Juli«[419] – mit

416 Walter H. Kleffel am 16.3.1952 in einem Brief an Fritz Bauer. NdsStA, 61 Nds. Fb. 1, Nr. 24/3.

417 Ebd. (Orthographie so im Orig.)

418 20. Juli 1944. Geänderte und vervollständigte Bearbeitung der Sonderausgabe der Wochenzeitung Das Parlament: »Die Wahrheit über den 20. Juli 1944«, bearb. v. Hans Royce. Hg. v. der Bundeszentrale für Heimatdienst. Bonn ²1954.

419 Rudolf Wassermann: Zur juristischen Bewertung des 20. Juli 1944. RuP, H. 2, 1984. S. 70.

Blick auf die weitreichende Entlegitimierung des Widerstandes durch die westdeutsche Rechtsprechung bis zum März 1952 und mit Blick auf die Meinung einer Mehrheit der Westdeutschen, die Anfang der fünfziger Jahre, jenseits der staatspolitischen Deutung, den Widerstand mehrheitlich als Verrat charakterisierte.

Die Enttäuschung, die Fritz Bauer nach Abschluss des Remer-Prozesses dennoch verspürte, resultierte aus den Zugeständnissen, die er zugunsten seiner pragmatischen Prozessführung mit Blick auf die prinzipielle Dimension seines Widerstandsbegriffs machen musste. Mehrfach war im Prozess gegen Otto Ernst Remer angeklungen, dass die Anklage eigentlich eine Rehabilitierung des »Gesamtwiderstandes« gegen den Nationalsozialismus anstrebte.[420] Grundlegend für die Prozessführung gegen Remer war Fritz Bauers Widerstandsbegriff, der jedem Bürger ein Widerstandsrecht gegen den NS-Unrechtsstaat zuerkannte. Diese Dimension des Widerstandsbegriffs war zwar Ausgangspunkt für die Argumentation im Verfahren gegen Remer und für die Rechtfertigung des Widerstandes vom 20. Juli, die pragmatische Prozessstrategie zwang Bauer aber, die prinzipielle Dimension seines Widerstandsbegriffs zurückzustellen. Die notwendige Ausblendung war Ursache für die Enttäuschung, die Bauer nach dem Remer-Prozess verspürte. Ob die prinzipielle Dimension seines Widerstandsbegriffs, die Bauer in Anlehnung an die moraltheologischen Gutachten als Handlungsverpflichtung jedes Individuums gegenüber dem NS-Unrechtsstaat zur Grundlage der Rehabilitierung des Widerstandes vom 20. Juli gemacht hatte, Anerkennung finden würde, musste sich in der zukünftigen Auseinandersetzung zeigen. Dabei wurde schnell deutlich, dass der Widerstandsbegriff von Fritz Bauer eine historische Konkretion von den Inhalten, Werten und Normen der Demokratie war, die eine Ethik des Pluralismus beinhaltete und einen demokratischen Sozialismus realisierte. Beidem wollte Bauer seit Anfang der fünfziger Jahre, im historischen Kontext der Konsolidierung des demo-kratischen Staates, Geltung verschaffen.

---

420 Fritz Bauer: Eine Grenze hat Tyrannenmacht. GuT, H. 7, 1952. S. 197.

Zweites Kapitel: Das Widerstandsrecht als Paradigma im Prozess der Demokratisierung

Fritz Bauer hatte die Kapitulation des NS-Staates im skandinavischen Exil erlebt. Vier Jahre später, 1949, kehrte er nach Deutschland zurück. Seine dänische Ehefrau und Freunde berichten, dass ihm diese Entscheidung nicht leicht gefallen sei.[1] Als Bauer Mitte der sechziger Jahre von der Gewerkschaftszeitung *Deutsche Post* gebeten wurde, über seine Motive für die Remigration zu berichten, schilderte er als einen Beweggrund für seine Rückkehr, die 1949 mit der Verkündung des Grundgesetzes vollzogene Institutionalisierung der Demokratie in Westdeutschland. Bauer, der in Dänemark keine angemessene berufliche Stellung finden konnte[2], berichtete, dass er mit seiner Arbeit als Jurist bei dem Neuaufbau der Demokratie in Deutschland mitwirken wollte.[3]

Fritz Bauer kehrte nach Deutschland zurück, als der Vorsitzende des Parlamentarischen Rates Konrad Adenauer im Mai 1949 das Grundgesetz für die Bundesrepublik Deutschland verkündete. Im Kontext des sich zu

spitzenden Kalten Krieges hatten sich die drei Westalliierten im Sommer 1948 mit den westlichen Nachbarn Deutschlands, Niederlande, Belgien und Luxemburg, verständigt, einen westdeutschen Teilstaat zu errichten, und die Militärgouverneure hatten die Ministerpräsidenten der Länder beauftragt, eine Verfassunggebende Nationalversammlung einzuberufen. Der Parlamentarische Rat hatte schließlich das Grundgesetz für den westdeutschen Teilstaat erarbeitet. Auf die Institutionalisierung einer vom Volk gewählten Verfassunggebenden Nationalversammlung und auf eine Volksabstimmung über das Grundgesetz wurde verzichtet, um den provisorischen Charakter des Grundgesetzes nicht in Frage zu stellen und die Teilung Deutschlands nicht zu zementieren. In der Erfahrung des Missbrauchs der Weimarer Verfassung und in

---

1 Vgl. Joachim Perels, Irmtrud Wojak: Motive im Denken und Handeln Fritz Bauers. In: Dies. (Hg.): Die Humanität der Rechtsordnung. Frankfurt a.M. 1998. S. 13.

2 Vgl. ebd.

3 Vgl. Fritz Bauer auf die Frage »Warum sind Sie zurückgekehrt?« in: Deutsche Post, H. 24, 1963. S. 658.

Abgrenzung vom Nationalsozialismus hatte der Parlamentarische Rat im Grundgesetz die demokratische Ordnung der Bundesrepublik festgeschrieben. Zudem wurden die Grund- und Menschenrechte verankert, so dass das Grundgesetz der Bundesrepublik im ersten Artikel bestimmt, dass »die Würde des Menschen (...) unantastbar« und es die »Verpflichtung aller staatlichen Gewalt« ist, sie »zu achten und zu schützen«. Weiter heißt es: »Das Deutsche Volk bekennt sich daher zu unverletzlichen und unveräußerlichen Menschenrechten als Grundlage jeder menschlichen Gemeinschaft, des Friedens und der Gerechtigkeit in der Welt.«

Dennoch, die Deutschen, die wie Fritz Bauer in der Emigration im Ausland, im Widerstand oder in der inneren Emigration in Deutschland den Nationalsozialismus überlebt, das Ende der NS-Diktatur und einen demokratischen Neuanfang ersehnt hatten, waren in der postdiktatorischen Gesellschaft eine Minderheit. Für die Mehrheit der Westdeutschen war Demokratie »in den ersten Jahren nach dem verlorenen Krieg (...) ein Modewort, ein Zauberwort, dessen bekräftigende Wiederholung der Schlüssel zu sein schien für das Tor in die neue Gesellschaft.«[4] Die Demokratie der Bundesrepublik Deutschland war nicht von der Bevölkerung erkämpft worden, vielmehr wurde sie nach dem Zusammenbruch zunächst als eine »Demokratie von außen« etabliert.[5] Zeitgenössische Meinungsumfragen vermitteln einen Eindruck davon, wie die Bevölkerung zur Gründung eines parlamentarisch-demokratischen Staates stand. Anfang 1949 nannten 51 Prozent der im Auftrag des Nachrichtenmagazins *Der Spiegel* befragten Deutschen ihre Abneigung gegenüber dem Kommunismus als das entscheidende Motiv an den ersten freien Wahl teilzunehmen, und 45 Prozent der Befragten schien die gerade erst gewonnene Freiheit entbehrlich, wenn nur die ökonomische Absicherung der Lebensverhältnisse gewährleistet sei.[6]

»Die innere Situation des neuen Staates war überaus labil, bestimmt durch Pauperisierung und Entwurzelung (Zustrom von 7,9 Millionen Heimatvertriebenen und 1,5 Millionen Flüchtlingen aus der SBZ/DDR), durch den hohen Zerstörungsgrad der Städte und Verkehrswege sowie katastrophale Wohnungsnot, durch beträchtliche Arbeitslosigkeit (im Februar 1950 ca. 2 Millionen) und den Fortgang der Demontagen, durch soziale Notstände

4 Demokratie von außen. Hg. v. Dieter Rossmeissl. München 1988. S. 7.

5 Ebd.; Wolf-Dieter Narr spricht auch von einer Implantierung der Demokratie in den westdeutschen Besatzungszonen nach 1945 durch die alliierten Siegermächte. Vgl. Wolf-Dieter Narr: Die Einbürgerung der Demokratie. In: Michael Buckmiller, Joachim Perels (Hg.): Opposition als Triebkraft der Demokratie. Hannover 1998. S. 165.

6 Vgl. Ihre Meinung. Der Spiegel vom 5.3.1949. S. 32.

für mehr als 4 Millionen Kriegsopfer, Evakuierte, Spätheimkehrer aus der Kriegsgefangenschaft (...) und 3,4 Millionen Kriegssachgeschädigte.«[7]

Wie gering zu dieser Zeit nicht nur die Identifizierung mit der Demokratie, sondern wie gering auch die Distanzierung von der NS-Diktatur in den ersten Jahren nach deren Zusammenbruch war, geht aus einer Umfrage hervor, in der 57 Prozent der Befragten den Nationalsozialismus noch im Oktober 1948 für eine »gute Idee« hielten, die nur »schlecht ausgeführt« worden sei.[8] Auch in den Gründerjahren der Bundesrepublik blieb das Verhältnis der Bürger zu ihrem jungen demokratischen Staat ambivalent. 1951 sprach sich ein Drittel der befragten Westdeutschen für die Wiederherstellung der Monarchie aus[9], ein Viertel der Befragten wünschte sich ein Einparteiensystem, und auf die Frage, wann »es Deutschland am besten gegangen« sei, antworteten im Oktober 1951 nur 2 Prozent »in der Gegenwart«, 42 Prozent hielten die Zeit von 1933 bis 1939 für die besten Jahre für Deutschland.[10]

---

7 Rudolf Morsey: Die Bundesrepublik Deutschland. München ^{3}1995. S. 24. Vgl. auch Christoph Kleßmann: Die doppelte Staatsgründung. Bonn 1991. S. 44ff.

8 Vgl. Elisabeth Noelle, Erich Peter Neumann (Hg.): Jahrbuch der öffentlichen Meinung 1947-1955. Allensbach ^{2}1965. S. 134. Vgl. zur politischen Einstellung der Bevölkerung Christoph Kleßmann: Die doppelte Staatsgründung. Bonn 1991. S. 37ff u. 53ff; Kleßmann deutet die im Januar 1951 in den Gewerkschaftlichen Monatsheften von Klaus Peter Schulz als »Lebenserscheinung« der Mehrheit der westdeutschen Bevölkerung beschriebene Situation, »(d)as Leben der meisten hat sich seit 1948 nicht etwa individualisiert, sondern eher in einem hausbackenen Sinne privatisiert, es weicht dem objektiv unentrinnbaren gesellschaftlichen Bezug und seiner Verantwortung geflissentlich aus. Wo der einzelne heute für sich und allenfalls für die Seinen eine einigermaßen zulängliche soziale Position zurückerobert hat, gilt für ihn die Problematik der Existenz als gelöst«, als den »soziale(n) Grundstein für die Politik der fünfziger Jahre«. Klaus Peter Schulz: Die Wurzeln des sozialen Defaitismus. Gewerkschaftliche Monatshefte, H. 1, 1951. S. 4; Christoph Kleßmann, a.a.O. S. 58; Schildt hält in seiner Auswertung der zeitgenössischen Meinungsumfragen fest, dass »Uninformiertheit und Desinteresse (...) wohl zu Recht als Eckwerte des bundesdeutschen Meinungsprofils« gelten können. Weiter schreibt er: »Auch die Akzeptanz des demokratischen Staats- und Regierungssystems war noch nicht überall verankert.« Axel Schildt: Gründerjahre. Zur Entwicklung der westdeutschen Gesellschaft in der »Ära Adenauer«. Blätter, H. 1, 1989, S. 22ff, bes. 25f; Gert-Joachim Glaeßner schreibt: »Die Etablierung einer demokratischen politischen Ordnung fand unter dem Patronat der Alliierten statt, die mit ihren weiterbestehenden Vorbehaltsrechten starke Sicherungen gegen einen Rückfall in autoritäre oder gar totalitäre Politik eingebaut hatten. Die Entstehung eines tragfähigen demokratischen Grundkonsenses, ohne den eine Demokratie auf Dauer nicht existieren kann, war in der Nachkriegszeit und den ersten Jahren der Bundesrepublik aber keineswegs gesichert.« Gert-Joachim Glaeßner: Demokratie und Politik in Deutschland. Opladen 1999. S. 20.

9 Vgl. Elisabeth Noelle, Erich Peter Neumann: Jahrbuch der öffentlichen Meinung 1947-1955. Allensbach ^{2}1965. S. 132.

10 Vgl. Elisabeth Noelle, Erich Peter Neumann: Jahrbuch der öffentlichen Meinung 1958-1964. Allensbach 1965. S. 230.

Die kurze Stellungnahme, die Fritz Bauer Mitte der sechziger Jahre für die *Deutsche Post* über die Gründe seiner Remigration verfasste, reflektierte diese politische Situation Ende der vierziger Jahre. Als Demokrat fühlte sich Fritz Bauer verpflichtet nach Deutschland zurückzukehren, nachdem »das Grundgesetz geschaffen wurde, das den Rechtsstaat, die Freiheit und Gleichheit aller Menschen sanktionierte«.[11] »Schon einmal«, so schreibt Bauer, »war die deutsche Demokratie zu Grunde gegangen, weil sie keine Demokraten besaß. Ich wollte einer sein.«[12] In seinen Augen stand Deutschland 1949 vor der Aufgabe, die mit dem Grundgesetz formal institutionalisierte Demokratie als ein Lebensprinzip der Gesellschaft und als Verfassungsrealität zu verankern. Fritz Bauer begriff den Transformationsprozess von der NS-Diktatur zur bundesrepublikanischen Demokratie als einen zunächst formalen Wechsel der Staatsform, der mit der Verkündung des Grundgesetzes 1949 abgeschlossen war, dem aber eine entsprechende Entwicklung der politischen Mentalitäten und Kultur folgen müsse. Bauer unterschied zwischen einer Institutionalisierung der Demokratie als Staatsform und ihrer Materialisierung als Lebensform der Bürger in der Gesellschaft. Fritz Bauer kehrte nach Deutschland zurück, um auf der Basis des Grundgesetzes bei der Gestaltung und Konsolidierung einer für das politische System der Bundesrepublik unverzichtbaren demokratischen politischen Kultur mitzuarbeiten. Denn, so formulierte er, für »den Bestand und die Festigkeit der Demokratie (...) ist (...) die innere demokratische Grundeinstellung jedes Funktionärs« und jedes Bürgers entscheidend[13], und er sah die »Bildung eines demokratischen Charakters« als eine »staatspolitische Aufgabe« an.[14] 1965 schreibt Bauer über die Entwicklung der Demokratie als Lebensform in der Bundesrepublik:

»(W)ir wissen, dass wir reich geworden sind; wir haben eine Demokratie mit parlamentarischer Verantwortung der Regierung geschaffen, wir haben einen Staat, in dem wieder Gerichte ihres Amtes walten können; wir besitzen eine Gewaltenteilung, und unser Grundgesetz hat die Menschenrechte als unveräußerliche und unverletzliche Schranke alles Tuns anerkannt. An institutionellen Sicherungen fehlt es nicht; sie werden von Menschen schnell zu Papier gebracht, sie müssen aber von Menschen mit Leben gefüllt werden.«[15]

---

11 Fritz Bauer auf die Frage »Warum sind Sie zurückgekehrt?« in: Deutsche Post, H. 24, 1963. S. 658.

12 Fritz Bauer ebd.

13 Fritz Bauer: Justiz als Symptom. In: Hans Werner Richter (Hg.): Bestandsaufnahme. München u.a. 1962. S. 230.

14 Fritz Bauer: In unserem Namen. In: Helmut Hammerschmidt (Hg.): Zwanzig Jahre danach. München, Basel, Wien 1965. S. 312.

15 Fritz Bauer, a.a.O. S. 310.

1. Fritz Bauers Begründung einer Ethik des Pluralismus: Vorrang des Subjekts und Identität des Bürgers versus nationale Identität

Im Kontext der Konsolidierung der demokratischen Ordnung als einer Lebensform forderte Bauer die Gesellschaft zur Auseinandersetzung mit der nationalsozialistischen Vergangenheit auf. Ausgangspunkt für diesen als notwendig erachteten Zusammenhang zwischen dem Gelingen des Demokratisierungsprozesses und der Thematisierung der Vergangenheit waren dabei Bauers Reflexionen zur Determination menschlicher Existenz.

»Jeder Mensch«, schreibt er 1957, »erlebt seine große oder kleine Tragödie. Niemand kommt als unbeschriebenes Blatt in eine unbeschriebene Welt. (...) Kein Mensch steht im luftleeren Raum. Jede Tat (und jede Handlung, C.F.) erfordert eine bestimmte Szenerie mit bestimmten auf- und abtretenden Personen. Die Seeräuberei hat aufgehört, weil die Szene gewechselt hat und das Dampfschiff und die moderne Technik die Meere beherrschen. Entscheidend ist immer Zeit und Ort des Auftretens unseres Heldens, das Stichwort, das ihm gegeben wird. (...) Wichtiger aber (noch) als die Stunde und die Situation der Tat ist die Formung der Täters durch Raum und Zeit seit dem Tag der Geburt. Der menschliche Raum, den Familie und Heim darstellen, Liebe oder Hass, die ihm begegnen, die sozialen oder wirtschaftlichen Verhältnisse, die politische Ordnung und die kulturelle Atmosphäre prägen (...) den Menschen.«[16]

Der Mensch ist nach Bauer ein in der Geschichte gewordenes Individuum, jede Handlung ist durch die historische und soziale Position des Individuums determiniert. In der Rezeption von Marx formulierte Bauer, »der Mensch ist nicht ein bloßes Gedankending; jeder ist aus Fleisch und Blut und hat eine individuelle Lebensgeschichte. (...) Es geht nicht, wie schon Karl Marx es formulierte, um die ›Sache der Logik‹, sondern um die ›Logik der Sache‹.«[17] In Anlehnung an Marx beschreibt Bauer den Menschen als sozial und in Anlehnung an Freud als psychologisch programmiert und determiniert.[18] Danach wird das »Bewusstsein der Menschen (...) – marxistisch gesprochen – durch die Produktionsverhältnisse, – in allgemeiner Formulierung – durch das gesellschaftliche Tun der kleinen Welt, in der er lebt und der er sich zurechnet, aber auch durch den Lebensstil (...) der weiteren Umgebung wenn nicht bestimmt,

---

16 Fritz Bauer: Das Verbrechen und die Gesellschaft. München 1957. S. 29f. Vgl. auch ebd. 17ff und S. 30ff.

17 Fritz Bauer: Soziale Hilfe statt Vergeltung. WdA, H. 19, 1959, Sonderseite.

18 Vgl. Fritz Bauer: Vom Rechte, das mit uns geboren ist, von dem ist, leider nie die Frage. Kritische Bemerkungen zur Strafrechtsreform. Hörfunkfeature mit Fritz Bauer, Hessischer Rundfunk, 1966. (Gesendet am 9. 8.1966, Hessischer Rundfunk 1. Programm) (Manuskript) S. 10.

so doch mehr oder minder stark beeinflusst.«[19] Fritz Bauer entwickelte seine Gedanken über die Position des Individuums Mitte der fünfziger Jahre exemplarisch mit Blick auf ihre Bedeutung für die Kriminologie und das Strafrecht, sein historisch-genetischer Blick auf den Menschen war zugleich Bezugsrahmen seiner politischen Reflexion, denn er schreibt, »(a)lles ist von Zeit und Raum abhängig.«[20]

Fritz Bauers politisches Denken über die Gestaltung der Demokratie in der Bundesrepublik ist demnach wesentlich der Überlegung verpflichtet, dass die Konstitutierung einer Gesellschaft nur in der Auseinandersetzung mit ihrer Geschichte verlaufen könne und dass politische Konzeptionen, die die historischen Fundamente gesellschaftlicher Existenz ausblenden, für die Entwicklung einer politischen Ordnung kontraproduktiv seien, sogar zer-störerisch auf die Konstituierung einer demokratischen Gesellschaft wirken. Die Auseinandersetzung mit den historischen Determinanten gesellschaftlicher Entwicklung meint dabei nicht nur die Thematisierung geschichtlicher Dimensionen, sondern auch die Thematisierung der die gesellschaftliche Verfasstheit prägenden sozialen und ökonomischen Faktoren. Gesellschaft und Politik begreift Bauer als nur historisch denkbar, und Politik muss notwendig ihre historische Komponente einbeziehen, denn ohne sie sind weder allgemeine Werte und Normen konkretisierbar, wie die der gesellschaftlichen Ordnung und der Demokratie, noch ist soziales Verhalten in der Gesellschaft erklärbar. Politisches Handeln, das sich seinem Gesamtzusammenhang verweigert, historische Kontinuitäten und Dispositionen sowie Strukturkontexte ausblendet, wird notwendig falsch. Mit dem Postulat, die Gründung der Demokratie nach 1945 historisch zu begreifen, verbindet sich bei Fritz Bauer die Forderung nach einer gesellschaftlichen politischen Konzeption, die ihr Denken auf die Ganzheit der Gesellschaft bezieht. Der Ausgangspunkt des politischen Denkens von Fritz Bauer lässt sich danach als historisch-genetisch und kritisch-dialektisch beschreiben.

Eine Konsolidierung der Demokratie in der Bundesrepublik und eine Verankerung demokratischer Werte und Normen in der westdeutschen Gesellschaft, die »Bildung eines demokratischen Charakters«, erforderte für Bauer deshalb die Thematisierung der nationalsozialistischen Vergangenheit. Über den Zusammenhang von Demokratisierung und Aufarbeitung der nationalsozialistischen Vergangenheit stellte Bauer Mitte der sechziger Jahre fest, »was in Deutschland Bewältigung der Vergangenheit genannt wird, (...) (meint) in

---

19 Vgl. ebd.

20 Fritz Bauer: Das Verbrechen und die Gesellschaft. München 1957. S. 31.

Wirklichkeit Bewältigung der Gegenwart und Zukunft.«[21] Diese Deutung der »Bewältigung der Vergangenheit« als eine »Bewältigung der Gegenwart und Zukunft«, zieht sich als ein gedankliches, manchmal variiertes, Leitmotiv durch zahlreiche seiner Schriften und Reden.

1960 äußerte Fritz Bauer in einem Text in der *Neuen Gesellschaft* seine Begeisterung über einen Vortrag, in dem sich Theodor W. Adorno einige Monate zuvor mit dem Thema *Was bedeutet: Aufarbeitung der Vergangenheit*[22] beschäftigt hatte. Bauer bewertete die Überlegungen, die Adorno in seinem Vortrag entfaltet hatte, als ein »ausgezeichnetes Rezept«[23] für den Umgang mit der NS-Vergangenheit. Adorno, wie Bauer 1949 aus der Emigration nach Deutschland zurückgekehrt, seit 1957 ordentlicher Professor für Soziologie und Philosophie an der Universität in Frankfurt und seit 1958 Direktor des Frankfurter Instituts für Sozialforschung, verstand seine Soziologie und Sozialforschung als »Bestandteil eines gesellschaftlichen ›Frühwarnsystems‹ (...), das einen Rückfall in autoritäre politische Muster verhindern« sollte.[24] In seinem Vortrag, den Adorno im Herbst 1959 vor dem Koordinierungsrat für Christlich-Jüdische Zusammenarbeit hielt und der im Februar 1960 auch im Hessischen Rundfunk gesendet wurde[25], beschäftigte er sich mit der Frage, wie das »politisch-moralische Selbstverständnis der Deutschen nach Auschwitz aussehen sollte, damit sich die Katastrophe nicht wiederhole«[26] und die Demokratisierung der Gesellschaft gelingen könne. Adorno kritisierte die Aufarbeitung der Vergangenheit in der Bundesrepublik als »Zerstörung der Erinnerung«[27], die weder der Aufklärung über das Vergangene diene noch den Bürgern eine Identifikation mit der Demokratie möglich mache. »(D)ass die vielzitierte Aufarbeitung der Vergangenheit«, so sagte er, »bis heute nicht gelang und zu ihrem Zerrbild, dem leeren und kalten Vergessen, ausartete, rührt daher, dass die objektiven gesellschaftlichen Voraussetzungen fortbestehen, die den Faschismus zeitigten.«[28] Adornos Kritik an der versäumten Aufarbeitung des Nationalsozialis-

---

21 Fritz Bauer: Warum Auschwitz-Prozesse? Neutralität. Kritische Schweizer Zeitschrift für Kultur und Politik, H. 6/7, 1965. S. 7.

22 Theodor W. Adorno: Was bedeutet: Aufarbeitung der Vergangenheit. In: Ders.: Eingriffe. Frankfurt a.M. [18]1996. S. 144.

23 Fritz Bauer: Die »Ungesühnte Nazijustiz«. NG, H. 3, 1960. S. 190.

24 Thorsten Bohnacker: Theodor W. Adorno – Die Zukunft des Erinnerns. In: Claudia Fröhlich, Michael Kohlstruck (Hg.): Engagierte Demokraten. Münster 1999. S. 172; Vgl. Rolf Wiggershaus: Theodor W. Adorno. München 1987; Gerd Schweppenhäuser (Hg.): Soziologie im Spätkapitalismus. Darmstadt 1995.

25 Thorsten Bohnacker, a.a.O. S. 180.

26 Ebd.

27 Theodor W. Adorno, a.a.O. S. 128.

28 Theodor W. Adorno, a.a.O. S. 139.

mus bezog sich auf die Enthüllung des Prinzips der »Zerstörung von Erinnerung«[29], die seiner Analyse folgend in der bundesrepublikanischen Gesellschaft mit der »Blockierung einer einfachen, moralisch eingedenkenden Wahrnehmung der Leiden der NS-Opfer« einherging.[30] Vor allem kritisierte Adorno die Restauration kapitalistischer und bürgerlicher Strukturen in der westdeutschen Nachkriegsgesellschaft, die er als ursächlich für den Nationalsozialismus beschrieb.[31] Adorno forderte demgegenüber eine »demokratische Pädagogik«. Die »Aufklärung über das Geschehene (müsse) einem Vergessen entgegenarbeiten, das nur allzu leicht mit der Rechtfertigung des Vergessenen sich zusammenfindet«.[32] Als wirksamen Schutz vor der Wiederholung von Auschwitz forderte er, und hier knüpft Bauer an ihn an, eine Erziehung des Menschen zur »Mündigkeit« und zu »Selbstbewusstsein«, die er als Fähigkeit des Bürgers verstand, sich gesellschaftlicher Mechanismen »bewusst« zu werden und gegen gesellschaftlich Geltendes Einspruch zu erheben.[33] Danach sah Adorno den Sinn einer Aufarbeitung der Vergangenheit in der Befähigung des Individuums zu autonomer Selbstreflexion. Das Individuum müsse die Mechanismen, die den Nationalsozialismus und die Ausgrenzung und Ermordung anderer Menschen ermöglicht hatten, durchschauen, so dass es zukünftig »zur Selbstverständlichkeit« für den Bürger als Mitglied in der Gesellschaft werde, »über sich selbst und die eigene Beziehung zu denen zu reflektieren, gegen die das verstockte Bewusstsein zu wüten pflegt.«[34] Adorno verstand seine Überlegungen als Forderung nach einer »Wendung aufs Subjekt«[35], als Anleitung zu einer Erziehung der Bürger zu Ich-starken, selbstbewussten Menschen, und seine Ausführungen können als Versuch gelten, »die innere Verfasstheit der Subjekte zum Ausgangspunkt von Veränderungsprozessen zu machen.«[36] Dass die Menschen in diesem Sinne Demokratie »als ihre eigene Sache erfahren, sich

29 Theodor W. Adorno, a.a.O. S. 128.

30 Joachim Perels: Die Zerstörung von Erinnerung als Herrschaftstechnik. In: Helmut König, Michael Kohlstruck, Andreas Wöll (Hg.): Vergangenheitsbewältigung am Ende des 20. Jahrhunderts. Leviathan, Sonderheft 18, 1998. S. 59.

31 Vgl. Theodor W. Adorno, a.a.O. S. 139.

32 Theodor W. Adorno, a.a.O. S. 141.

33 Theodor W. Adorno, a.a.O. S. 144. Vgl. Thorsten Bohnacker, a.a.O. S. 180.

34 Theodor W. Adorno, a.a.O. S. 143.

35 Theodor W. Adorno: Was bedeutet: Aufarbeitung der Vergangenheit. In: Ders.: Eingriffe. Frankfurt a.M. [18]1996. S. 144.

36 Joachim Perels: Die Zerstörung von Erinnerung als Herrschaftstechnik. In: Helmut König, Michael Kohlstruck, Andreas Wöll (Hg.): Vergangenheitsbewältigung am Ende des 20. Jahrhunderts. Leviathan, Sonderheft 18, 1998. S. 66.

selbst als Subjekte der politischen Prozesse wissen«[37] war für Adorno wesentlicher Inhalt der »Aufarbeitung der Vergangenheit als Aufklärung«.[38]

Beeindruckt von diesem Konzept und in der Rezeption von Adornos Analyse, formulierte Bauer in seinem wenige Monate später publizierten Text, es gelte, den »Geist« des Nationalsozialismus durch »kritische Selbstbesinnung« zu überwinden.[39] Die Verwirklichung eines demokratischen Ethos setzte nach Bauer eine »geistige Revolution der Deutschen«[40] voraus, und die »Bildung eines demokratischen Charakters« forderte in der historisch-genetischen und kritisch-dialektischen Perspektive eine Analyse des Nationalsozialismus, die den Zusammenhang von Individuum und Gesellschaft thematisiert. Insofern finden sich in der politischen Position, die Bauer entwickelte und die exemplarisch in seiner Forderung der »Bildung eines demokratischen Charakters« Ausdruck fand, Aspekte wieder, die Adorno mit einer kritischen Sozialforschung, vor allem auch in den *Studien zum autoritären Charakter* auf der Basis einer breiten empirischen Forschung entwickelt hatte.[41] Der politischen Position von Bauer liegt wie der kritischen Sozialforschung Adornos die These zugrunde, dass die politische Ideologie des Nationalsozialismus mit einer bestimmten potentiellen Charakterstruktur des Individuums zusammenfällt, und Bauer ging es wie Adorno darum, die individuelle Motivation zu erkennen, die das potentiell in diktatorischen Strukturen lebende Individuum auszeichnet und diese auf den gesellschaftlichen Entstehungszusammenhang zu beziehen. Das Erkenntnisinteresse bezog sich auf die Analyse des zwischen der individuellen Charakterstruktur des Menschen und der objektiven Welt, den gesellschaftlichen Strukturen, bestehenden Zusammenhangs. Die Bewusstwerdung dieses vermittelten Zusammenhangs erschien beiden als Voraussetzung für eine Überwindung der Strukturen, die den Nationalsozialismus möglich gemacht hatten, für das »Leben in der richtigen Welt«, wie Adorno sagte, und für die »Bildung eines demokratischen Charakters«, wie Bauer sagte. Fritz Bauer entwickelte in der Rezeption von Adorno die politische Forderung nach »Selbst-

37 Theodor W. Adorno, a.a.O. S. 130.

38 Theodor W. Adorno, a.a.O. S. 144.

39 Fritz Bauer: Die »Ungesühnte Nazijustiz«. NG, H. 3, 1960. S. 190.

40 Fritz Bauer, a.a.O. S. 189.

41 Theodor W. Adorno: Studien zum autoritären Charakter. Frankfurt a.M. 1973. (Der Band enthält die Beiträge, die Theodor W. Adorno für den Band The Authoritarian Personality als Teil der fünfbändigen Studie Studies in Prejudice geschrieben hat, die 1949 und 1950 in New York erschienen und die empirischen Untersuchungen des emigrierten Instituts für Sozialforschung beinhalten.) Vgl. auch Theodor W. Adorno, Max Horkheimer: Vorurteil und Charakter. FH, H. 4, 1952. S. 284ff und Dies.: Elemente des Antisemitismus. Grenzen der Aufklärung. In: Dies.: Dialektik der Aufklärung. Philosophische Fragmente. Amsterdam 1947. S. 199ff.

aufklärung der Gesellschaft«[42] als dem Weg der Entfaltung eines demokratischen Ethos in der Bundesrepublik.

Die Aufarbeitung der Vergangenheit im Sinne einer »kritische(n) Selbstbesinnung« und »geistige(n) Revolution der Deutschen«, sei, so wertete Bauer 1960, nach dem Zusammenbruch des NS-Staates 1945 »fällig« gewesen, aber »ausgeblieben«[43]. Deshalb schreibt Bauer im Sommer 1960, dass sich »(a)lle Anstrengungen (...) ausschließlich auf die junge Generation richten (sollten), die unbelastet ist.«[44] Ähnlich wie Adorno entwarf Bauer damit eine »Pädagogik«, die wie er selbst sagte »bescheidene Kärrnerarbeit«[45] bedeutete und sich nicht an die Generation der Täter, Gehilfen und Mitläufer des NS-Regimes, sondern an die nachwachsende, junge Generation richtete. Fritz Bauer nutzte deshalb immer wieder die Gelegenheit, mit Schülern und Jugendlichen über die NS-Vergangenheit zu diskutieren. Nachdem in Braunschweig Otto Ernst Remer vor Gericht gestanden und die Diskussion über den Widerstand einen Höhepunkt erreicht hatte, besuchte Bauer Schüler der Oberstufe der Braunschweiger Raabeschule, um mit ihnen über die Legitimität des Widerstandes zu diskutieren.[46] Er vermittelte Kontakte zwischen jungen Menschen, etwa zwischen denen, die den Remer-Prozess zum Anlass genommen hatten, um Bauer über ihre Auseinandersetzung mit der Vergangenheit zu schreiben, und Alexander von Hase, der als Nebenkläger an dem Verfahren teilgenommen hatte und Sohn des ermordeten Widerstandskämpfers war.[47] Regelmäßig nahm Bauer Einladungen von gewerkschaftlichen und christlichen Jugendorganisationen an, auf Tagungen und Veranstaltungen über Nationalsozialismus, Widerstand und die politische Situation der Bundesrepublik zu diskutieren.

1956 hielt er anlässlich des Bundesjugendtreffens des deutschen Gewerkschaftsbundes in Hannover eine Ansprache über die Bedeutung des 20. Juli in der Bundesrepublik, die den Zusammenhang der Reflexion des Widerstandes mit dem von Fritz Bauer formulierten Postulat einer Demokratisierung der

---

42 So der Titel eines Vortrags über Fritz Bauer von Joachim Perels auf der Tagung »NS-Prozesse und politische Kultur in der Bundesrepublik der sechziger Jahre«, veranstaltet vom Bildungswerk der Humanistischen Union NRW, am 25./26. November 2000.

43 Fritz Bauer: Die »Ungesühnte Nazijustiz«. NG, H. 3, 1960. S. 189.

44 Fritz Bauer, a.a.O. S. 190.

45 Fritz Bauer, a.a.O. S. 189.

46 Vgl. die Einladung des Lehrers vom 31.7.1952 und einen Brief von Fritz Bauer an die Schüler vom 19.8.1952 in: NdsStA, 61 Nds. Fb. 1, Nr. 24/5.

47 Vgl. den Brief von Fritz Bauer vom 21.3.1952 an Margarethe Hase, in dem er schrieb: »Wir haben in Braunschweig eine Sturmflut von Briefen zum Remer-Prozess bekommen. (...) Ich wäre Ihrem Herrn Sohn sehr dankbar, wenn er Herrn M. schreiben würde. Ich glaube, dass die jungen Menschen untereinander zu einer Gemeinschaftlichkeit gelangen könnten, die in unserer aller Interesse gelegen ist.« NdsStA, 61 Nds. Fb.1, 24/4.

Gesellschaft als einer »Selbstbesinnung« der Bürger hervortreten ließ. »Worin liegt die jahrhunderteschwere Bedeutung des 20. Juli?«, fragte er in seiner Rede.[48] Seine Antwort verweist auf die im Anschluss an Adorno betonte Relevanz der Bestimmung des Standortes des Subjekts in der Demokratie. Der 20. Juli sei das »Symbol allen Widerstands«[49], und Bauer verortete die politische Bedeutung der Beschäftigung mit dem Widerstand in der Auseinandersetzung mit der Frage, die die Erinnerung an den 20. Juli immer wieder stellt: »Ist der Mensch oder der Staat das höhere Gut?«[50] In der Perspektive von Bauer bedeutete der Widerstand gegen den NS-Staat exemplarisches demokratisches Verhalten und »ein deutliches Zeichen für demokratisches Denken, dem Inhalt und der Form nach«[51]. Widerstand sei »dem Inhalt« nach eine demokratische Handlung, weil widerständiges Verhalten die absoluten Werte des NS-Staates nicht länger anerkannt habe. »(D)er Form nach« sei Widerstand symbolisches demokratisches Verhalten, weil jeder Protest gegen eine Diktatur die Vorstellung spiegele, dass die Staatsgewalt vom Volk ausgehe. »Das ist die inhaltliche Idee unserer Demokratie«[52], schreibt Bauer und markierte so den 20. Juli als Bezugspunkt für die Konstituierung der demokratischen Ordnung der Bundesrepublik, die sich »zum Geist der Menschlichkeit, der Menschenrechte und der Menschenwürde (im) Grundgesetz bekannt hat.«[53] Die Positionierung der bundes-republikanischen Gesellschaft zum 20. Juli spiegelte für Fritz Bauer insofern ihre demokratische Verfasstheit.

Dieses Deutung von Widerstand als einem Paradigma der »Selbstbesinnung« und Bestimmung der Identität des Bürgers konkurrierte mit der geschichtspolitischen Instrumentalisierung des Widerstandes seitens der westdeutschen Politik. In der Bundesrepublik stand der Umgang mit dem Widerstand, wie gezeigt, unter den politischen Vorzeichen des Kalten Krieges und der allmählichen Zementierung der Zweistaatlichkeit Deutschlands. Die Bundesrepublik erinnerte an den 20. Juli als nationale Freiheitsbewegung, die die Westintegration und den politischen Anspruch der Bundesrepublik auf Souveränität begründen half. Fritz Bauer hatte im Remer-Prozess darauf reagiert. Nach dem Remer-Prozess hatte sich die nationalpolitische Inanspruchnahme des Widerstandes noch einmal zugespitzt. Vor allem 1953, neun Jahre nach

48 Fritz Bauer: Widerstand heißt Verantwortlichkeit. In: Deutscher Gewerkschaftsbund (Hg.): Der 20. Juli. Düsseldorf 1956. S. 33.

49 Fritz Bauer, a.a.O. S. 31.

50 Fritz Bauer, a.a.O. S. 33.

51 Fritz Bauer: Die neue Gewalt. München 1964. S. 5.

52 Ebd.

53 Fritz Bauer: Widerstand heißt Verantwortlichkeit. In: Deutscher Gewerkschaftsbund (Hg.): Der 20. Juli. Düsseldorf 1956. S. 34.

dem gescheiterten Attentat von Stauffenberg auf Hitler und ein Jahr nach Abschluss des Remer-Prozesses, hatte die Erinnerung an den 20. Juli einen Höhepunkt erreicht. Der Streik der Arbeiter am 16. Juni in Ost-Berlin und die sich am 17. Juni anschließenden Demonstrationen in vielen Städten der DDR bedeuteten für die Bundesrepublik nicht nur einen »Zugewinn an politisch-ideologischer Legitimation«, weil Adenauer die politischen Ereignisse zu nutzen wusste, um den antikommunistischen Grundkonsens der Bundesrepublik zu festigen und seine Politik der Westbindung auszubauen.[54] Die Ereignisse in der DDR im Juni 1953 zeigten auch Auswirkung auf das Gedenken anlässlich des neunten Jahrestags des 20. Juli wenige Wochen später. Die Erinnerung an den 20. Juli galt in der Bundesrepublik seit 1953 als bleibende Verpflichtung des freien, west-deutschen Volkes, das Erbe des Widerstandes mit Blick auf die Diktatur in der DDR einzulösen. Der 20. Juli 1944 wurde als Vorbild für den nationalen Kampf um Freiheit stilisiert, und unter Berufung auf den 20. Juli wurde der antitotalitäre Konsens der Bundesrepublik festgezurrt. Während westdeutsche Politiker den 20. Juli als Traditionslinie entdeckten und interpretierten, um unter den Vorzeichen des Kalten Krieges und der Teilung Deutschlands die nationale und staatliche Identität zu formulieren, forderte Fritz Bauer eine Auseinandersetzung mit den Handlungsprinzipien des Widerstandes als Exempel für die Identität des Bürgers in der Demokratie. Wenn Bauer schreibt, dass es »keinen Widerstand ohne demokratisches Bewusstsein und keine demokratische Wirklichkeit ohne Bejahung von Recht und Pflicht zum Widerstand«[55] gibt, nahm er den Widerstand gegen den NS-Staat nicht unmittelbar für das nationale Selbstverständnis der Bundesrepublik in Anspruch. Vielmehr forderte er die Auseinandersetzung mit den Handlungsprinzipien des Widerstandes ein. Fritz Bauer konfrontierte die Interpretation und Funktionalisierung des Widerstandes für die nationale Identität der Bundesrepublik mit einer Deutung, die die Auseinandersetzung mit dem Widerstand auf der Ebene einer demokratischen Handlungsfreiheit des Individuums postulierte. Bauer beabsichtigte in der Auseinandersetzung mit dem Widerstandsrecht, das Thema individueller demokratischer Identität zur Diskussion zu stellen, nämlich als gegenwartsbezogene Frage nach dem Verhältnis des Bürgers zum Staat. Mit der Thematisierung des Widerstandsrechts wandte er sich gegen die politisch funktionalisierte Indienstnahme gerade des 20. Juli und des bürgerlichen Widerstandes durch die Bundesrepublik, die vor allem dazu diente, das politische und nationale Legitimationsbedürfnis der westdeutschen

---

54 Edgar Wolfrum: Geschichtspolitik in der Bundesrepublik Deutschland. Darmstadt 1999. S. 70 und S. 70ff.

55 Fritz Bauer: Widerstand gegen die Staatsgewalt. Frankfurt a.M., Hamburg 1956. S. 8.

Nachkriegsgesellschaft während der sich zuspitzenden Ost-West-Konfrontation zu stillen. Bauer ging es nicht um die Begründung und Legitimation der Kontinuität nationaler, westdeutscher Identität, sondern um die Thematisierung der Identität der Bürger, die zu jener Zeit den Transformationsprozess von der Diktatur zur Demokratie zu leisten hatten.

Ausgangspunkt der konstatierten Priorität der Konsolidierung einer demokratischen Identität der Bürger war eine Analyse des NS-Systems, wie Fritz Bauer sie im Oktober 1960 vornahm, als er an einer Arbeitstagung teilnahm, die der Landesjugendring Rheinland-Pfalz als Arbeitsgemeinschaft landesweit aktiver Jugendverbände veranstaltete. Die Tagung beschäftigte sich mit dem Thema Rechtsradikalismus, das seit den Anschlägen auf die Kölner Synagoge Weihnachten 1959 brisant und umstritten war. Fritz Bauer widmete sich in seinem Vortrag den *Wurzeln faschistischen und nationalsozialistischen Handelns*[56], und er legte mit seinem Referat eine komprimierte Analyse des Nationalsozialismus und der »sozialen Ursachen«[57] sowie der »Kausalitäten«[58] und Handlungszusammenhänge vor, die den Nationalsozialismus möglich gemacht hatten. Auch die Frage nach den »Wurzeln« nicht geleisteten Widerstands gegenüber den Verbrechen des Nationalsozialismus stand damit zur Diskussion. Bauer kritisierte in seinem Referat eine Erklärung des Nationalsozialismus, die die Etablierung und Herrschaft des wie er sagte »Nazismus« wesentlich auf die Person Hitlers und dessen politischen Willen zurückführe.[59] »Der Nazismus ist nicht eine Bewegung gewesen, die von Hitler und ein paar Helfershelfern geschaffen wurde und sich mit ihm erschöpfte«[60], erklärte Bauer. Er analysierte den Nationalsozialismus als eine »Bewegung im deutschen Volke«.[61] »Ursache der Verbrechen (...) ist (...) nicht das Abstraktum ›der Nazismus‹, sondern sind die Nazis«, schreibt Bauer später auch an anderer Stelle.[62] Den Erfolg Hitlers und des Nationalsozialismus führte er auf die Bereitschaft der Deutschen zurück, sich an der Etablierung der Diktatur zu beteiligen und sich für den Nationalsozialismus zu begeistern. »Es gibt keinen ›Führer‹, ohne Menschen, die sich

---

56 Vgl. Fritz Bauer: Die Wurzeln faschistischen und nationalsozialistischen Handelns. Frankfurt a.M. 1965.

57 Fritz Bauer: Die »Ungesühnte Nazijustiz«. NG, H. 3, 1960. S. 185.

58 Fritz Bauer: Antinazistische Prozesse und politisches Bewusstsein. In: Hermann Huss, Andreas Schröder (Hg.): Antisemitismus. Frankfurt a.M. 1965. S. 174.

59 Vgl. den Überblick zu dieser Erklärung des Nationalsozialismus Ian Kershaw: Der NS-Staat. Reinbek b. Hamburg 1999. S. 112ff.

60 Fritz Bauer: Die Wurzeln faschistischen und nationalsozialistischen Handelns. Frankfurt a.M. 1965. S. 11

61 Ebd.

62 Fritz Bauer: Antinazistische Prozesse und politisches Bewusstsein. In: Hermann Huss, Andreas Schröder (Hg.): Antisemitismus. Frankfurt a.M. 1965. S. 175.

führen lassen«[63], konstatierte Bauer. »Breite Teile« der deutschen Bevölkerung »glaubten« an Hitler und an den Nationalsozialismus[64] und seien bereit gewesen, »Mitkämpfer« zu sein.[65] In seinem Vortrag entwickelte Bauer sogleich eine Geschichte deutscher Autoritätsgläubigkeit und eines deutschen Untertanengeistes, die er als den »Zug zum Autoritären in der deutschen Geschichte«[66] beschrieb. Danach war es dem System gelungen, durch eine »organisierte Masse (...) das verkommene Selbstbewusstsein«[67] des Einzelnen zu ersetzen. Die Analyse von Fritz Bauer rückte die historische Erfahrung einer Diskreditierung des Individuums und seiner Einbindung in ein Kollektiv in den Mittelpunkt der Betrachtung des NS-Systems, die es dem Einzelnen ermöglicht hatten, den Unrechtsstaat nicht nur zu dulden, sondern Täter zu werden und Menschen zu ermorden.

Im Rahmen der Arbeitstagung des rheinland-pfälzischen Landesjugendrings wollte Fritz Bauer seinen Vortrag als einen Diskussionsbeitrag und als »Analyse« verstanden wissen, die, wie er sagte, »freilich immer nur bruchstückhaft und nur ein tastender Versuch sein kann, das letztlich Unerklärliche zu deuten«, die ihm aber »aus der Notwendigkeit gerechtfertigt« schien, »für die Zukunft eine Lehre zu ziehen.«[68] Der analytisch zugespitzte Blick, den er eingenommen hatte, um die *Wurzeln faschistischen und nationalsozialistischen Handelns* darzustellen und seinem Konzept einer Aufarbeitung der NS-Vergangenheit folgend nicht nur eine »Aufzählung zeithistorischer Fakten«, also »bloßen Wissensstoff« zu liefern, sondern »die Ursache« des Nationalsozialismus zu analysieren[69] und in der Demokratie überwinden zu können, stieß bei den anwesenden Tagungsteilnehmern auf große Resonanz. Der Landesjugendring Rheinland-Pfalz veröffentlichte seinen Vortrag im Anschluss an die Tagung als Broschüre und der Text fand im Umfeld der Organisation schnell Verbreitung. Schließlich trat der Landesjugendring im Januar 1962 mit dem Vorschlag an das rheinland-pfälzische Kultusministerium heran, die Broschüre mit dem von Fritz Bauer ausgearbeiteten Text an Oberstufen der höheren Schulen und Berufsschulen des Landes zu verteilen. Außerhalb des Landesjugendrings pro-

63 Fritz Bauer: Die Wurzeln faschistischen und nationalsozialistischen Handelns. Frankfurt a.M. 1965. S. 11

64 Fritz Bauer, a.a.O. S. 12

65 Ebd.

66 Fritz Bauer, a.a.O. S. 27.

67 Fritz Bauer, a.a.O. S. 34.

68 Fritz Bauer, a.a.O. S. 39.

69 Fritz Bauer: Antinazistische Prozesse und politisches Bewusstsein. In: Hermann Huss, Andreas Schröder (Hg.): Antisemitismus. Frankfurt a.M. 1965. S. 175 und Ders.: In unserem Namen. In: Helmut Hammerschmidt (Hg.): Zwanzig Jahre danach. München, Basel, Wien 1965. S. 301.

vozierte Fritz Bauers Analyse jedoch vehemente Kritik, und der Vorschlag, die Broschüre an den Schulen des Landes zu verteilen, entfachte eine Debatte, die im Frühjahr und Sommer 1962 ihren Höhepunkt erreichte und für mehrere Monate Landesregierung und Öffentlichkeit beschäftigte.

Im April 1962 teilte das Kultusministerium dem Landesjugendring mit, dass es »von einer Verteilung der Schriften absehen« möchte.[70] Das Ministerium stützte seine Entscheidung auf »unabhängige(...) Gutachter(...)«, die erklärt hätten, dass die Schrift von Fritz Bauer »im einzelnen sachlich fragwürdig und von einer einseitigen Betrachtungsweise diktiert sei.«[71] Der Vorgang veranlasste die rheinland-pfälzische SPD schließlich, eine Große Anfrage »betreffend Verhalten des Landesregierung gegenüber dem Landesjugendring Rheinland-Pfalz« zu stellen, und am 10. Juli 1962 war das Referat von Fritz Bauer Gegenstand einer Debatte des rheinland-pfälzischen Landtags.[72]

Wie sehr Bauers Analyse des Nationalsozialismus die Gemüter erhitzt hatte, zeigte die Eingangsbemerkung des sozialdemokratischen Landtagsabgeordneten Jakob »Jockel« Fuchs, der die Große Anfrage seiner Partei begründete und meinte, es werde sich »im Verlaufe dieser Debatte noch zeigen, ob es vorteilhaft ist, ein so heißes Thema an einem so heißen Nach-mittag zu behandeln.«[73] Das Referat von Fritz Bauer war der letzte Tagesordnungspunkt, den der Landtag vor der Sommerpause zu behandeln hatte. Fuchs kam dann aber schnell zum Thema. Er dankte Bauer und zollte ihm »Respekt« für seinen »Versuch (...), unsere Vergangenheit geistig zu bewältigen.«[74] »Die Demokratie (...) braucht geradezu die Freiheit der Diskussion und den kritischen Menschen«[75], konstatierte Fuchs. Die Entscheidung des Kultusministers, den Text nicht an den Oberstufen der rheinland-pfälzischen Schulen zu verteilen, kritisierte der Abgeordnete als geistige Entmündigung der Schüler, »indem wir (...) (ihnen) die Fähigkeit absprechen, sich kraft eigenen Urteilsvermögens mit den brennenden Fragen unserer Geschichte selbst auseinanderzusetzen.«[76] Im

70 Kultusminister Orth las den damaligen Brief an den Landesjugendring in der Landtagsdebatte vor, die sich am 10. Juli 1962 mit dem Referat von Fritz Bauer beschäftigte. Stenographische Berichte des Landtages von Rheinland-Pfalz, IV. Wahlperiode. Sitzung vom 10. Juli 1962. S. 1944. Auszüge der Debatte im Rheinland-Pfälzischen Landtag sind abgedruckt in Fritz Bauer: Die Wurzeln faschistischen und nationalsozialistischen Handelns. Frankfurt a.M. 1965. S. 43ff.

71 Ebd.

72 Stenographische Berichte des Landtages von Rheinland-Pfalz, IV. Wahlperiode. Sitzung vom 10. Juli 1962. S. 1939ff.

73 Stenographische Berichte des Landtages von Rheinland-Pfalz, a.a.O. S. 1939.

74 Stenographische Berichte des Landtages von Rheinland-Pfalz, a.a.O. S. 1940.

75 Stenographische Berichte des Landtages von Rheinland-Pfalz, a.a.O. S. 1941.

76 Ebd.

Verlauf der Landtagsdebatte betonte auch der sozialdemokratische Abgeordnete Otto Schmidt, dass es »sich bei dem Referenten (Fritz Bauer) hier um einen Mann (handelt) – ich möchte das ganz eindeutig ansprechen –, der zu den wenigen deutschen Juristen gehört, die den Mut und auch die Möglichkeit haben, zu Zeitfragen offen Stellung zu nehmen.«[77] Die Entscheidung des Kultusministeriums erwecke den Anschein, dass eine Diskussion um die deutsche Vergangenheit verhindert werden solle. Und wenn, so fuhr der SPD-Politiker fort, der Kultusminister die Schüler der Oberstufen nicht für fähig halte, den Text von Bauer und seine Fragestellung in den historischen Kontext einzuordnen, dann gelte die Große Anfrage der Sozialdemokraten der »innersten Besorgnis (...) um die politische Erziehung unserer Jugend.«[78] Der sozialdemokratische Abgeordnete hielt die Schüler der Oberstufe durchaus für befähigt, über den Nationalsozialismus zu diskutieren. Schmidt bewertete die Sorge des Kultusministers, Schüler der Oberstufe hätten noch »kein Geschichtsbild« und damit nicht die Möglichkeit, die Thesen von Bauer einzuordnen und zu bewerten[79], vielmehr als ein vorgeschobenes Argument, das den wahren Grund für die Entscheidung des Ministers verschleiere. Und der Abgeordnete hielt es für eine »politische Entscheidung des Herrn Kultusministers«[80], den Text von Bauer nicht zu verteilen. Darin stimmte er mit seinem Parteikollegen Fuchs überein, der zur Begründung der Anfrage ausführte, dass

> »wir (...) Respekt haben (müssen) vor den jungen Menschen und damit vor demokratischen Jugendverbänden dieses Landes, die bereit sind, sich Gedanken zu machen über unsere Geschichte, nach den Ursachen der Hitler-Barbarei suchen, um daraus für Gegenwart und Zukunft zu lernen«.[81]

Als Minister für Kultur und Unterricht in der Landesregierung von Rheinland-Pfalz musste Eduard Orth die Große Anfrage beantworten. Orth verteidigte seine Entscheidung, Bauers Text über die *Wurzeln faschistischen und nationalsozialistischen Handelns* nicht an den Oberstufen der rheinland-pfälzischen Schulen zu verteilen. Er stützte sich bei der Beantwortung der Großen Anfrage noch einmal auf die Gutachten, die das Kultusministerium in Auftrag gegeben hatte und die unabhängig voneinander zu dem Ergebnis gekommen seien, dass Bauers Analyse »in einzelnen Punkten der historischen Wahrheit und der politischen Wirklichkeit nicht gerecht werde«.[82] Dass der Kultusminis-

77 Stenographische Berichte des Landtages von Rheinland-Pfalz, a.a.O. S. 1958.
78 Ebd.
79 Stenographische Berichte des Landtages von Rheinland-Pfalz, a.a.O. S. 1949.
80 Stenographische Berichte des Landtages von Rheinland-Pfalz, a.a.O. S. 1958.
81 Stenographische Berichte des Landtages von Rheinland-Pfalz, a.a.O. S. 1940.
82 Stenographische Berichte des Landtages von Rheinland-Pfalz, a.a.O. S. 1943.

ter die Gutachter nicht namentlich benennen wollte, wurde von den Sozialdemokraten in der Landtagsdebatte zwar vehement kritisiert[83], der Minister zeigte sich aber unbeeindruckt. Bauers Text, daran hielt der Minister fest, sei eine »einseitige Betrachtungsweise« des Nationalsozialismus und seine Analyse unterliege einer »gefährlichen Vereinfachung«[84], die »Fehlurteile«[85] über die deutsche Geschichte produziert habe. Sodann schilderte der Minister seine »Bedenken politischer Art«. Er halte »eine derartige Vereinfachung auch in politischer Hinsicht für gefährlich.«[86] Der Minister legte dar, wie eine Analyse des Nationalsozialismus seines Erachtens auszusehen habe:

> »Zu zeigen ist vielmehr, dass es auch in der Geschichte eines Volkes, das so große Leistungen aufweist wie das deutsche, zugleich die ständige Gefährdung der freiheitlichen Lebensordnungen gegeben hat und gibt. Die deutsche Geschichte teilt diese Anfälligkeit, wie die Weltgeschichte lehrt, mit allen Staaten und Völkern dieser Erde (...). Würden wir also die Broschüre an unseren Schulen verteilen, so würden wir schwerlich die Aufgabe lösen, auf die es in der geistigen Auseinandersetzung mit dem Nationalsozialismus im Rahmen der politischen Bildung und Erziehung heute ankommt; nämlich es kommt darauf an, ein politisches Bewusstsein zu begründen, das sich von der falschen Selbstüberschätzung – die bei uns sehr gefährlich ist – der Vergangenheit ebenso fernhält wie aber auch vom Minderwertigkeitsgefühl nationaler Selbstverachtung.«[87]

Mit der Analyse der historischen Relevanz von autoritären Mentalitäten in der deutschen Geschichte hatte Fritz Bauer nach Ansicht des Ministers die bundesrepublikanische Gesellschaft und Nation beschädigt. Der CDU-Abgeordnete Hermann Matthes spann die Gedanken des Kultusministers in der Debatte im rheinland-pfälzischen Landtag weiter. »Das Dritte Reich – das muss von uns bekannt und gesagt werden – ist wie ein dunkler Schatten auf Deutschland gefallen.«[88] Und »wenn es uns um die Bewältigung unserer Vergangenheit ernst ist,« so fuhr der Abgeordnete fort,

> »dürfen wir dem Bösen und Schrecklichen nicht ausweichen und müssen erkennen (...), dass Hitler zwar nicht plötzlich vom Himmel gefallen ist, aber wir sollten uns auch dessen erinnern, dass es neben diesem furchtbaren immer ein anderes, ein besseres Deutschland gegeben hat.«[89]

83 Stenographische Berichte des Landtages von Rheinland-Pfalz, a.a.O. S. 1942.
84 Stenographische Berichte des Landtages von Rheinland-Pfalz, a.a.O. S. 1946.
85 Stenographische Berichte des Landtages von Rheinland-Pfalz, a.a.O. S. 1947.
86 Ebd.
87 Ebd.
88 Stenographische Berichte des Landtages von Rheinland-Pfalz, a.a.O. S. 1951.
89 Stenographische Berichte des Landtages von Rheinland-Pfalz, a.a.O. S. 1951f.

Die politische Bildung und Erziehung der jungen Generation müsse nach den Vorstellungen des CDU-Politikers auf ein nationales Selbstbewusstsein zielen: »Was not tut,« so forderte Matthes,

> »ist ein neues und geläutertes Nationalbewusstsein unter uns zu entwickeln, ein Bewusstsein, das uns alle als einen Teil eines Ganzen begreifen lehrt, wenn überhaupt die hinter uns liegende schwere und schmerzliche Geschichte einen Sinn haben soll. Diese positive Hinwendung zu einer geistigen Erneuerung habe ich in den Ausführungen des Herrn Generalstaatsanwaltes Dr. Bauer leider vermisst.«[90]

Fritz Bauer hatte in seinem Referat über die *Wurzeln faschistischen und nationalsozialistischen Handelns* eine Analyse des Nationalsozialismus geleistet, die nach der Rolle des Individuums fragte, um gemäß seiner Forderung der »Bildung eines demokratischen Charakters« die Mechanismen der Einbindung des Menschen in ein Unrechtssystem erkennen und in der Demokratie über-winden zu können. Sein politisches Denken begriff den Menschen als handelnden Bürger und als politisches Subjekt. Es stand in Konfrontation zu einem politischen Denken, das sich in der Argumentation der Vertreter der rheinland-pfälzischen CDU spiegelte und das die deutsche Gesellschaft zuerst als Kollektiv und Nation dachte.

Der CDU-Abgeordnete Matthes nutzte die Landtagsdebatte, um Fritz Bauer auf subtile Weise zu unterstellen, seine Argumentation fördere in der jungen Generation ein Gefühl der »Vaterlandslosigkeit«. Auch damit nahm Matthes den argumentativen Spielball auf, den der Kultusminister mit seiner Warnung vor nationaler Selbstverachtung vorgelegt hatte. Matthes schloss mit seinem Redebeitrag unmittelbar an die Argumentation des Ministers an, indem er an eine Debatte erinnerte, die zwar schon beinahe zwei Jahre zurücklag, den Zeitgenossen aber noch in Erinnerung war: »Hier muss ich mit Sorge sagen«, so Matthes, »wer so wie Jaspers« argumentiert, »trägt dazu bei, dass die fast krankhafte Vaterlandslosigkeit bei so vielen Deutschen – namentlich auch in der jüngeren Generation – gefördert wird.«[91] Karls Jaspers hatte im Sommer 1960 die Wiedervereinigung der beiden deutschen Teilstaaten als »politisch und philosophisch irreal(es)«[92] Ziel westdeutscher Politik kritisiert. Die Deutschen, so hatte Jaspers argumentiert, müssten für ihre Vergangenheit haften und eine Konsequenz dieser Haftung sei die Einsicht, dass der deutsche Anspruch auf nationale Einheit durch Hitler verwirkt worden sei.[93] Jaspers Äuße-

---

90 Stenographische Berichte des Landtages von Rheinland-Pfalz, a.a.O. S. 1952.

91 Stenographische Berichte des Landtages von Rheinland-Pfalz, a.a.O. S. 1950.

92 Karl Jaspers äußerte sich so in einem Interview, das am 10. August 1960 im Fernsehen ausgestrahlt worden war. Hier zit. n. Edgar Wolfrum: Geschichtspolitik in der Bundesrepublik Deutschland. Darmstadt 1999. S. 226.

93 Vgl. Edgar Wolfrum, a.a.O. S. 226f.

rungen hatten in der Bundesrepublik einen Aufschrei der Empörung provoziert, Presse und Politik hatten seine Position in einstimmiger Kritik abgelehnt[94] und der »Jaspers-Skandal«[95] gipfelte in der Kritik von Rudolf Augstein im *Spiegel*, Jaspers suche den »Sinn der Geschichte« in einer Politik von »Schuld und Sühne«.[96] Der CDU-Abgeordnete Matthes versuchte 1962 an die einhellige Empörung nach Jaspers Stellungnahme zu erinnern, sie zu mobilisieren und Bauer – ähnlich wie Jaspers zwei Jahre zuvor – des nationalen Verrats zu bezichtigen. Nur scheinbar war Matthes vom Gegenstand der Landtagsdebatte abgeschweift, vielmehr appellierte er mit dem Rekurs auf Jaspers an das Anfang der sechziger Jahre virulente Stigma, wonach kritische Intellektuelle mit ihren Stellungnahmen »Vaterlandslosigkeit« provozierten. Indem Matthes zwei Jahre nach dem nationalen Protest gegen Jaspers noch einmal an diesen erinnerte und in der Landtagsdebatte an die SPD adressiert beschwor, »(w)ir haben es auch in diesem Hause nicht nötig, uns gegenseitig zu bescheinigen, was für treue und anständige Demokraten wir sind«[97], versuchte der Abgeordnete eine Front gegen Bauer aufzubauen, die in der Haltung wurzelte, dass die von Bauer geleistete Gesellschaftskritik für die nationale Identität der Bundesrepublik nicht konstruktiv, sondern schädlich wirke. Dass die Analyse der *Wurzeln faschistischen und nationalsozialistischen Handelns* und vor allem Fritz Bauers Reflexion über deren konstitutive Bedeutung für die Strukturen der Gesellschaft der Bundesrepublik den Blick auf moderne Gesellschaften schlechthin – und über den deutschen Fall hinaus – richtete, nahmen seine Kritiker nicht zur Kenntnis.[98]

Fritz Bauer hegte ganz ähnlich wie Theodor W. Adorno die Hoffnung, der westdeutschen Nachkriegsgesellschaft könne ein Neubeginn gelingen, der mit der »Antizipation einer freien, durch autonome Subjekte konstituierten Gesellschaft verbunden« ist[99], und insofern kann Fritz Bauers exemplarisch in Rheinland-Pfalz entfaltete politische Position als Konkretion einer »intellektuelle(n)

94 Vgl. Edgar Wolfrum, a.a.O. S. 227f.

95 Edgar Wolfrum, a.a.O. S. 226.

96 Daniel, Jens (d.i. Rudolf Augstein): Da tritt der Philosoph herein. Der Spiegel vom 17.8.1960. S. 12.

97 Stenographische Berichte des Landtages von Rheinland-Pfalz, a.a.O. S. 1950.

98 Fritz Bauer knüpft beispielsweise an David Riesman: Die einsame Masse. Eine Untersuchung der Wandlungen des amerikanischen Charakters. Reinbek 1962 (amerikanische Originalausgabe 1950) an. Vgl. Fritz Bauer: Die Wurzeln faschistischen und nationalsozialistischen Handelns. Frankfurt a.M. 1965. S. 6.

99 Joachim Perels: Die Zerstörung von Erinnerung als Herrschaftstechnik. In: Helmut König, Michael Kohlstruck, Andreas Wöll (Hg.): Vergangenheitsbewältigung am Ende des 20. Jahrhunderts. Leviathan, Sonderheft 18, 1998. S. 54 .

Oppositionskategorie«[100] zur Restauration eines obrigkeitsstaatlichen Subjektbegriffs gedeutet werden. Diese Oppositionskategorie ist wesentlich dadurch gekennzeichnet, dass sie in der Erfahrung des Nationalsozialismus ein normatives Demokratieverständnis erarbeitet, das auf die Formulierung eines Bürgerethos zielt. Damit bildet sie einen Gegenpol zur Vergangenheitspolitik in der Ära Adenauer, die eine Demokratisierung wesentlich als einen Aufbau demokratischer institutioneller Strukturen gestaltete.[101] Bauers politisches Denken markiert also nicht nur mit seinem dezidiert historisch-genetischen Charakter einen Gegenpol zur staatlichen Vergangenheitspolitik. Vielmehr unterscheidet sich die Thematisierung der Vergangenheit, wie Bauer sie forderte, von der staatlichen Vergangenheitspolitik wesentlich dadurch, dass sie das handelnde Individuum als Mittelpunkt des politischen – demokratischen – Raumes begreift.

Wie schon der Kultusminister hatte auch der Abgeordnete Matthes Bauers Ausführungen über das Verhältnis des Bürgers zu staatlichen Institutionen kritisiert. Insbesondere Bauers Darlegungen über Luthers Stellung zur Obrigkeit hielt der Abgeordnete für unangebracht. Ganz anders als die Sozialdemokraten Fuchs und Schmidt bewertete Matthes Bauers Nachdenken über die Bedeutung der religiösen Erziehung im Zusammenhang mit dem »Zug zum Autoritären« in der deutschen Geschichte als unangemessen. Dennoch setzte er sich nicht argumentativ mit Bauers Ausführungen über die Auswirkung der religiösen Erziehung auf die autoritäre Mentalität auseinander.[102] Vielmehr erklärte der Abgeordnete den Generalstaatsanwalt qua Amt für unzuständig:

»Ich glaube, es ist besser, wenn ein Staatsanwalt sich nicht auch noch in den Streit der Theologen verstrickt über eine so diffizile und theologisch so schwer lösbare Frage.«[103]

Die Auseinandersetzung in Rheinland-Pfalz zeigte zweierlei: Dass der Beamte und Generalstaatsanwalt Fritz Bauer sich selbst als ein mündiger Bürger verstand, der sich in der politischen Auseinandersetzung zu Wort meldete, war für die Christdemokraten Stein des Anstoßes. Die Kritik an Bauer bedeutete beispielhaft eine Negation der politischen Idee des mündigen Bürgers. Zudem zeigte die Argumentation von Orth und Matthes exemplarisch, dass die Betrachtung des Nationalsozialismus und eine Legitimierung des Widerstandsrechts, die 1952 im Prozess gegen Otto Ernst Remer geleistet worden war,

100 Joachim Perels, a.a.O. S. 55.

101 Vgl. zum Vorlauf der Prägung der Bundesrepublik durch Institutionen Rainer M. Lepsius: Die Prägung der politischen Kultur durch institutionelle Ordnungen. In: Ders. (Hg.): Interessen, Ideen und Institutionen. Opladen 1990. S. 63ff.

102 Vgl. Fritz Bauer: Die Wurzeln faschistischen und nationalsozialistischen Handelns. Frankfurt a.M. 1965. S. 20 u. 27.

103 Stenographische Berichte des Landtages von Rheinland-Pfalz, a.a.O. S. 1951.

Anfang der sechziger Jahre nicht zu einem wirksamen Bezugsrahmen geworden war.

Als der CDU-Abgeordnete Matthes seine Schlussbemerkung machte, im Umgang mit der NS-Vergangenheit werde zukünftig vor allem »eine Frage sein, wie wir bei aller Bereitschaft zur Selbstkritik (...) wieder Liebe zur Heimat, zum Vaterland und dem ›wenig geliebten Staat‹ erwecken«, verzeichnet die protokollarische Mitschrift der Landtagsdebatte lebhaften Beifall der Mitglieder der Regierungsparteien.[104]

Im Rückblick fällt auf, dass die tatsächlichen historischen Ungenauigkeiten, die Fritz Bauer im Text unterlaufen waren, in der politischen Debatte nicht zur Sprache kamen. In der Diskussion des Jahres 1962 ging es um ein anderes Thema: Der konservativen politischen Deutungselite in Rheinland-Pfalz kam es darauf an, die Bedeutung der historischen Singularität des Nationalsozialismus als Erklärungsmuster zu stützen und Erklärungsansätze, die den Nationalsozialismus als Bestandteil der deutschen Geschichte – und damit als konstitutives Merkmal der Geschichte der Bundesrepublik – begreifen wollten, zu marginalisieren. Auch die Presseberichte über die Debatte spiegelten die Konfrontation dieser beiden Erklärungsansätze. Während die *Welt am Sonntag* die »schrecklichen Vereinfachungen des Generalstaatsanwaltes« geißelte, Bauers analytischen Versuch, historische Kausalitäten aufzuzeigen, kritisierte und betonte, dass der »Nationalsozialismus (...) etwas völlig Neues in der deutschen Geschichte« gewesen sei und »keine ›geistigen Väter‹ in Deutschland« gehabt habe[105], schrieb Lothar Schwartz in der *Frankfurter Rundschau*,

> »es scheint Missfallen erregt zu haben, dass Dr. Bauer den deutschen Untertanengeist an den Pranger stellt (...). Die Wahrheit kann unbequem, aber nützlich und heilend sein, auch wenn sie respektlos an nationale ›Leitbilder‹ tastet.«[106]

Schwartz äußerte damit einen ähnlichen Verdacht wie die sozialdemokratischen Abgeordneten in der Landtagsdebatte: Zur Diskussion standen Fritz Bauers Ausführungen über das Verhältnis des Bürgers zum Staat und zu den staatlichen Institutionen. Bauers Analyse des Nationalsozialismus und seine Schlussfolgerungen für das politische Ethos in der Bundesrepublik zielten auf einen kritischen und mündigen Bürger, die konservative Deutungselite der CDU hatte aber seit Gründung der Bundesrepublik auf die Konstituierung einer nationalen Identität gesetzt – das war Subtext des Konflikts und Gegenstand der Debatte um den Text von Bauer. Diese Konfliktlinien wurden offensichtlich, als der Kultusminister Bauers Ausführungen zum Thema Er-

---

104 Stenographische Berichte des Landtages von Rheinland-Pfalz, a.a.O. S. 1953.

105 Klaus Hoff: War Martin Luther der erste Nazi? Welt am Sonntag vom 7.8.1966.

106 Lothar Schwartz: Den Fragen der Vergangenheit nicht ausweichen. FR vom 18.6.1962.

ziehung und Autorität kritisierte. Der Skepsis vor Autorität, die Bauer in der Analyse der *Wurzeln faschistischen und national-sozialistischen Handelns* forderte, stellte der Minister die Forderung gegenüber »Erziehung (...) braucht Autorität!«[107]

Fritz Bauer reagierte auf die Diskussion und die Kritik aus dem rheinland-pfälzischen Kultusministerium mit einem Brief an den Landesjugendring, den die *Frankfurter Rundschau* am 14. Juli 1962, einige Tage nach der Landtagsdebatte, druckte.[108] »Das Thema gab keinen Anlass, die Wurzeln des ›anderen Deutschland‹, etwa das Land der Dichter und Denker, darzustellen«, schrieb Bauer in seinem Brief. Und er entwickelte noch einmal seine Gedanken über die Bedeutung der Auseinandersetzung mit der Vergangenheit für den Prozess der Demokratisierung in der Bundesrepublik:

»›Bewältigung unserer Vergangenheit‹ heißt Gerichtstag halten über uns selbst, Gerichtstag über die gefährlichen Faktoren in unserer Geschichte, nicht zuletzt alles, was hier inhuman war, woraus sich zugleich ein Bekenntnis zu wahrhaft menschlichen Werten in Vergangenheit und Gegenwart ergibt (...). Ich sehe darin nicht, wie ein Teil meiner Kritiker zu meinen scheint, eine Beschmutzung des eigenen Nestes; ich möchte annehmen, das Nest werde dadurch gesäubert.«

Auf den Vorwurf, Bauer provoziere die Jugend zu »Vaterlandslosigkeit« und Respektlosigkeit vor den Institutionen der Demokratie, reagierte Bauer mit einer Reflexion über die Konstituierung des Staates und nationaler Identität: »Vaterland ist zunächst nur ein Wort«, entgegnete er und fuhr fort: »entscheidend ist der Inhalt, der mit diesem Worte verbunden wird. Vaterland ist heute nicht Kaiser, nicht König, (...) nicht ›Macht, Größe und Gewalt‹. Vaterland meint heute die Grundwerte unseres Grundgesetzes.«[109] Bauers politische Position kann als ein Aufruf zur Etablierung einer Gesellschaft der Bürger und als politische Konzeptionierung einer Zivilgesellschaft in der Bundesrepublik betrachtet werden, die die Politik in der Demokratie nach 1945 auf die Werte der Verfassung und die politische Idee eines mündigen Bürgers bezieht und jede Legitimation, die sich auf Autorität durch strukturelle und nationale Macht stützt, ablehnt.

Der rheinland-pfälzische Landtag schloss die Debatte über Fritz Bauers Analyse des Nationalsozialismus am späten Nachmittag des 10. Juli 1962 und trat in die Sommerpause ein. Die Presse beschäftigte sich in den nächsten

107 Stenographische Berichte des Landtages von Rheinland-Pfalz, a.a.O. S. 1948.

108 Im Mainzer Kultusministerium gilt ein merkwürdiges Geschichtsbild. Des hessischen Generalstaatsanwalts Fritz Bauer Entgegnung auf Vorwürfe des rheinland-pfälzischen Ministers Orth. FR vom 14.7.1962. Der Brief ist auch abgedruckt in Fritz Bauer: Die Wurzeln faschistischen und nationalsozialistischen Handelns. Frankfurt a.M. 1965. S. 66ff.

109 Fritz Bauer in der FR vom 14.7.1962.

Tagen noch mit Bauers Thesen, und der Journalist Kurt Nelhiebel erinnert sich, dass auch der Landesjugendring »die Sache« noch »nicht auf sich beruhen lassen« wollte.[110] Der Kultusminister war nun aufgefordert, in einem Streitgespräch mit Bauer seine Position zu erläutern. Anfang Oktober 1962 wurde der »hitzige Disput« ausgetragen, zu dem der Landesjugendring nach Bad Kreuznach in einen Saal eines Bootshauses an der alten Nahe-Brücke eingeladen hatte.[111] Der hessische Generalstaatsanwalt Fritz Bauer war gekommen, um sich der Diskussion zu stellen. Aber Kultusminister Eduard Orth blieb der Veranstaltung fern und schickte einen Vertreter. Helmut Kohl, damals Abgeordneter der rheinland-pfälzischen CDU im Landtag, verteidigte gegenüber Fritz Bauer die Haltung der Landesregierung. Kohl rechtfertigte die Entscheidung des Kultusministeriums, die Broschüre nicht an den Schulen zu verteilen, indem er noch einmal das Argument des Ministers aufgriff, die Schüler besäßen keine Voraussetzung, die Ausführungen Bauers in den historischen Gesamtzusammenhang einzuordnen.[112] Zudem sei, so erinnert sich der Journalist Kurt Nelhiebel an die Argumentation Kohls, »der zeitliche Abstand (...) noch viel zu kurz, als dass ein abschließendes Urteil über den Nationalsozialismus gefällt werden könne.«[113] Dass Anfang der sechziger Jahre bereits richtungweisende Forschungsarbeiten über den Nationalsozialismus, wie Eugen Kogons *SS-Staat* und die von Fritz Bauer in seinem Referat erwähnte Dokumentensammlungen *Der Nationalsozialismus* von Walther Hofer sowie Martin Broszats Arbeit über *Weltanschauung, Programm und Wirklichkeit* des Nationalsozialismus erschienen waren[114], nahm Kohl gar nicht zur Kenntnis. Zudem blendete der Vertreter der rheinland-pfälzischen CDU aus, dass der Landesjugendring und auch Bauer das Referat als Diskussionsbeitrag verstanden wissen wollten.[115]

---

110 Kurt Nelhiebel in seinem Radioessay: Einem Nestbeschmutzer zum Gedenken. Über Fritz Bauers Wirken als politischer Mensch. Gesendet von Radio Bremen am 19.12.1993.

111 So Kurt Nelhiebel ebd.

112 Minister Orth meidet Streitgespräch. Die Tat vom 6.10.1962.

113 So referiert der Journalist Kurt Nelhiebel die Position von Helmut Kohl in seinem Radioessay: Einem Nestbeschmutzer zum Gedenken. Über Fritz Bauers Wirken als politischer Mensch. Gesendet von Radio Bremen am 19.12.1993.

114 Eugen Kogon: Der SS-Staat. Das System der deutschen Konzentrationslager. München 101997 (erste Auflage Berlin 1947); Walther Hofer: Der Nationalsozialismus. Dokumente 1933-1945. Frankfurt a.M., Hamburg 1957; Martin Broszat: Der Nationalsozialismus: Weltanschauung, Programm und Wirklichkeit. Stuttgart 1960 (erschien im selben Jahr unter dem Titel »Der Nationalsozialismus: Weltanschauung, Programmatik und Wirklichkeit« auch in der Schriftenreihe der Landeszentrale für Politische Bildung, Zeitgeschichte, Bd. 8, Hannover). Hofer und Broszat werden erwähnt in Fritz Bauer: Die Wurzeln faschistischen und nationalsozialistischen Handelns. Frankfurt a.M. 1965. S. 8f.

115 Kultusminister Orth hatte schon in der Landtagsdebatte die Position vertreten, der Landesjugendring habe »versucht (...) sich auf diese Formulierung«, dass der Text von Bauer ein Dis-

Die Diskussion zwischen Fritz Bauer und dem rheinland-pfälzischen Abgeordneten Helmut Kohl war ein Nachspiel in der politischen Debatte, das noch einmal zeigte, wie unverrückbar sich die Positionen zum Umgang mit dem Nationalsozialismus Anfang der sechziger Jahre gegenüberstanden.

In Reaktion auf die polarisierte Debatte um den Nationalsozialismus initiierte Hermann Glaser, Kulturdezernent der Stadt Nürnberg, 1965 die Nürnberger Gespräche. »Einige Wortführer der Restauration«, schrieb Glaser, »entwickeln (...) eine Diffamierungskampagne, wobei sie implizite ans ›gesunde‹ Nationalgefühl appellieren und den ›Bewältigungsrummel‹ als Selbstzerfleischung charakterisieren.« Die politischen Gespräche, die danach jährlich stattfanden, sollten sich als wissenschaftliche Kongresse mit der »Tradition« deutscher Geschichte beschäftigen, um die »Gegenwart progressiv zu gestalten«. Die Nürnberger Gespräche sollten als »nationale Aufklärung« wirken, und im Vorwort zur Publikation der ersten Gespräche schrieb Glaser: »Eine Nation, die ihre eigenen Fehlhaltungen zu analysieren sucht, um daraus zu ›Haltungen‹ zu gelangen, dient ihrer Ehre«.[116]

Fritz Bauer war eingeladen, an den 1965 initiierten Gesprächen zum Thema »Haltungen und Fehlhaltungen in Deutschland« teilzunehmen. Bei der Podiumsdebatte, die im Rahmen der Tagung die Frage diskutierte, »(w)as (...) Auschwitz mit dem ›Deutschen Menschen‹ zu tun« hat, sagte er: »Ich gehe an Auschwitz heran mit dem heißen Wunsch, daraus zu lernen«.[117] Essentiell für diesen auf die Realisierung der mit dem Grundgesetz institutionalisierten demokratischen Ordnung zielenden Lernprozess war Fritz Bauers empirisch und relativistisch orientierter Blick auf die menschliche Existenz.

»Der wichtigste Weg«, um festzustellen was wahr ist und was nicht, so formulierte Bauer in Anlehnung an David Hume, »ist die Beobachtung der

---

kussionsbeitrag sei, »zurückzuziehen«, als Kritik an dem Text laut geworden ist. Stenographische Berichte des Landtages von Rheinland-Pfalz, IV. Wahlperiode. Sitzung vom 10. Juli 1962. S. 1939ff.

116 Hermann Glaser (Hg.): Das Nürnberger Gespräch 1965. Freiburg 1966. S. 7f. Vgl. zu den Nürnberger Gesprächen Hermann Glaser: Kleine Kulturgeschichte der Bundesrepublik Deutschland 1945-1989. Bonn ^{2}1991. S. 226.

117 Fritz Bauer in: Was hat Auschwitz mit dem ›Deutschen Menschen‹ zu tun? Podiumsdiskussion. In: Hermann Glaser (Hg.): Das Nürnberger Gespräch 1965. Freiburg 1966. S. 116; Fritz Bauer nahm auch in den folgenden Jahren an den Nürnberger Gesprächen teil. Vgl. Hermann Glaser (Hg.): Das Nürnberger Gespräch 1966 – Aufklärung heute – Probleme der deutschen Gesellschaft. Freiburg 1967; Ders. (Hg.): Das Nürnberger Gespräch 1967 – Erkennen und Handeln – Gegenwart und Zukunft der deutschen Gesellschaft. Freiburg 1967 und Ders. (Hg.): Das Nürnberger Gespräch 1968 – Opposition in der Bundesrepublik. Freiburg 1968.

Wirklichkeit.«[118] Damit machte er die »Erfahrung«, sprich die empirisch zu beobachtende gesellschaftliche Wirklichkeit, als die »reale Existenz«[119] des Menschen zum Ausgangspunkt politischen Denkens. Der empirische Mensch wurde zum Bezugspunkt seiner Argumentation, und Bauer distanzierte sich von abstrakten und absoluten Menschen*bildern*, die den Menschen als Gattungswesen begreifen und das menschliche Wollen, Können und Denken nicht in der realen Erscheinungsform, sondern als formale, mögliche Kategorien menschlicher Handlung erfassen und zum Maßstab der Beurteilung menschlichen Handelns erheben.[120] Bauer kritisierte diese Menschenbilder als idealtypische Konstruktionen, die, indem sie ein menschliches Idealbild entwerfen und die menschliche Lebenswirklichkeit unberücksichtigt lassen, die Möglichkeit in sich bergen, nicht dem Ideal entsprechende Menschen auszugrenzen. Bauer charakterisierte abstrakte Menschenbilder als machtfunktionale, die eine Errichtung faschistischer und totalitärer Gesellschaften ermöglichen. »Betrachten wir die Welt als Ganzes, die Welt heute, die Welt, wie sie sich in der Weltgeschichte spiegelt,« formulierte Bauer demgegenüber, »so ergibt sich ein unüberschaubarer Pluralismus der Bilder vom Menschen, von der Erde und ihrem Sinn, ein Pluralismus der Deutungen und der Werte, die gefordert und teilweise auch gelebt worden sind und werden.«[121] Diese Pluralität menschlicher Lebensformen rückte Bauer in das Zentrum des politischen Raums.

Ausgehend von der empirisch zu beobachtenden menschlichen Existenz beschreibt Bauer den Einzelnen und das individuell geprägte Wollen, Fühlen und Denken des Menschen als das typische Wesensmerkmal menschlicher Existenz. Die Einzigartigkeit jedes Menschen, die in der Variationsbreite der gelebten Ethiken und Lebensbilder, Sinnzuschreibungen, Werte und unterschiedlichsten Auffassungen von Moral Ausdruck findet, erfasste er als das Typische der menschlichen Existenz. Und er hielt fest: »Es gibt keine Idealtypen.«[122] Bauers Blick auf den Menschen hat zunächst, die empirische Vielfalt und Pluralität als das typische Mensch-Sein erfassend, deskriptiven Charakter. Ausgehend von der Beschreibung der empirischen Pluralität menschlicher Existenz versteht sich Bauer als Skeptiker gegenüber jeder Totalität und Defi-

---

118 Fritz Bauer: Wertordnung und pluralistische Gesellschaft. In: Leonhard Reinhard (Hg.): Die deutsche Strafrechtsreform. München 1967. S. 26.

119 Fritz Bauer: Vom Rechte, das mit uns geboren ist, von dem ist, leider nie die Frage. Kritische Bemerkungen zur Strafrechtsreform. Hörfunkfeature mit Fritz Bauer, Hessischer Rundfunk, 1966. (Gesendet am 09. 08.1966, Hessischer Rundfunk 1. Programm) (Manuskript) S. 6.

120 Vgl. Fritz Bauer: Gedanken zur Strafrechtsreform. NG, H. 4, 1959. S. 284.

121 Fritz Bauer: Wertordnung und pluralistische Gesellschaft. In: Leonhard Reinhard (Hg.): Die deutsche Strafrechtsreform. München 1967. S. 25.

122 Fritz Bauer: Gedanken zur Strafrechtsreform. NG, H. 4, 1959. S. 283.

nition dessen, was das Mensch-Sein und was Gesellschaft ausmacht. Sein Denken richtet sich in Analogie zum zugrunde liegenden Verständnis menschlicher Existenz gegen Werthierarchien und Ideologien, beinhaltet die Absage an absolute Werte, die exklusive Verbindlichkeit beanspruchen, und kann als Position eines realistischen Existenzbegriffs bezeichnet werden.

Der Blick auf die Pluralität gesellschaftlicher Existenz und seine Skepsis gegenüber der Möglichkeit einer verbindlichen Formulierung dessen, was menschliches Leben in der Gesellschaft ausmacht, mündet jedoch nicht in einem Nihilismus, sondern erkennt den Pluralismus der Lebensformen der Menschen als werthafte Essenz menschlichen Lebens an. Bauers Denken verdichtet sich in einer Ethik des Pluralismus, wenn er schreibt:

»In dieser Wüste von Skepsis gibt es jedoch eine Oase, die nicht nur eine Fata Morgana ist. Der Pluralismus der subjektiven Wertentscheidungen wird selber als Wert empfunden und anerkannt. Dies ist das Bekenntnis und die Erkenntnis unseres Grundgesetzes.«[123]

Pluralismus beinhaltet demnach nicht die Absage an Wertentscheidungen schlechthin, vielmehr wird er zum werthaften und strukturierenden Moment gesellschaftlichen Lebens und hat weder nihilistischen noch neutralistischen Charakter. Pluralismus als Strukturprinzip der Gesellschaft ermöglicht und erfordert Wertentscheidungen und deren argumentative Darlegung im öffentlichen Diskurs und politischen Meinungskampf. Anlässlich des Nürnberger Gesprächs 1965 begründete Bauer die Normativität des Pluralismus in Abgrenzung zum Nationalsozialismus:

»Ich sage, wenn Auschwitz etwas zu tun hat, nicht mit dem deutschen Menschen allein, sondern mit den Menschen überhaupt, dann ist es die Erkenntnis, dass auf Gottes Erdboden verschiedene Rassen, verschiedene Nationen miteinander leben *sollen*, jeder Mensch eine Individualität ist und niemand auf Gottes Erdboden das Recht hat, einen anderen wegen seiner Farbe, seiner Religion, seiner Staatsangehörigkeit zu vernichten.«[124]

Ausgehend von der empirisch zu erfassenden Pluralität menschlicher Existenzformen, stützte sich Bauer auf Max Webers Konzept der Werturteilsfreiheit, um die Normativität des Pluralismus zu begründen.[125] Weber charakterisierte menschliche Entscheidungen als Wertentscheidungen und als politische Handlungen, die nicht wissenschaftlich begründet werden können und schlechthin

123 Fritz Bauer: Wertordnung und pluralistische Gesellschaft. In: Leonhard Reinisch (Hg.): Die deutsche Strafrechtsreform. München 1967. S. 27.

124 Fritz Bauer in: Was hat Auschwitz mit dem ›Deutschen Menschen‹ zu tun? Podiumsdiskussion. In: Hermann Glaser (Hg.): Das Nürnberger Gespräch 1965. Freiburg 1966. S. 117. (Hervorh. durch die Autorin)

125 Vgl. z.B. Fritz Bauer: Wertordnung und pluralistische Gesellschaft. In: Leonhard Reinisch (Hg.): Die deutsche Strafrechtsreform. München 1967. S. 27.

bekennenden Charakter haben.[126] Weber hatte seine Überlegungen in den ersten zwei Jahrzehnten des 20. Jahrhunderts im Kontext des Methodenstreits der Nationalökonomie und der Soziologie sowie in der Auseinandersetzung mit Sigmund Freuds und Carl Gustav Jungs Kritik am positivistischen Menschenbild als methodologisches Konzept entwickelt und das Postulat der Werturteilsfreiheit als wissenschaftliche Methode begründet. Fritz Bauer leitete in der Auseinandersetzung mit Webers Konzept der Werturteilsfreiheit die gleichberechtigte Existenz aller menschlichen Wertentscheidungen her und begründete nach 1945 im Anschluss an Weber eine Ethik des Pluralismus. In Anlehnung an Weber formulierte Bauer, dass keiner Erkenntnismethode ein Vorrecht auf wertende, politische Aussagen zusteht und beschrieb die gleichberechtigte Koexistenz von Wissenschaft, Kunst und Moral sowie die Gleichberechtigung politischer Entscheidungen als wesentliches Merkmal der pluralistischen Gesellschaft, in der es »keine Hierarchie der Werte«[127] mehr geben könne.

Fritz Bauer vertiefte die Begründung der Ethik des Pluralismus nach 1945 in der Auseinandersetzung mit Gustav Radbruch, der nach dem Tod von Max Weber 1920 der führende Vertreter der Philosophie des Relativismus geworden war.[128] Für Bauer war Radbruch schon in den zwanziger Jahren zum Lehrer geworden. Während seiner Studienzeit in Heidelberg hatte er sich mit dessen Rechtsphilosophie beschäftigt. »Mit 18 Jahren kam ich nach Heidelberg, um zu studieren«, berichtete Bauer in einem autobiographischen Rückblick.

> »Ich kaufte mir das Corpus juris und Gustav Radbruchs wunderbare ›Einführung in die Rechtswissenschaft‹. Das Corpus juris war zu dick, um in die Frühjahrslandschaft Heidelbergs mitgenommen zu werden, aber Radbruchs Einführung las ich bewegt, begeistert in den Wäldern rings um das Schloss.«[129]

Neben der *Einführung in die Rechtswissenschaft* wurde für Bauer vor allem Gustav Radbruchs Rechtsphilosophie des Relativismus zum fruchtbaren und erkenntnisleitenden Bezugspunkt im Kontext der Entfaltung demokratischer Ideen nach 1945.

Gustav Radbruch hatte seine *Einführung in die Rechtswissenschaft* 1910 und vier Jahre später seine *Grundzüge der Rechtsphilosophie* vorgelegt. Beide Arbeiten waren in einer intensiven Auseinandersetzung mit dem Denken des südwest-

126 Vgl. Max Weber: Schriften zur Wissenschaftslehre. Herausg. u. eingel. v. M. Sukale. Stuttgart 1991.

127 Vgl. Fritz Bauer: Wertordnung und pluralistische Gesellschaft. In: Leonhard Reinisch (Hg.): Die deutsche Strafrechtsreform. München 1967. S. 28 und 34.

128 Hans-Peter Schneider: Gutav Radbruch. In: Kritische Justiz (Hg.): Streitbare Juristen. Baden-Baden 1988. S. 301.

129 Fritz Bauer: Im Kampf um des Menschen Rechte (zuerst 1955). Vorgänge, H. 6, 1969. S. 207.

deutschen Neukantianismus und Max Weber entstanden. Radbruch entwickelte in seiner Rechtsphilosophie den Gedanken, dass das Recht als eine »Wirklichkeit (...) den Sinn hat«, »der Gerechtigkeit zu dienen«.[130] Damit hatte er eine Definition von Recht vorgelegt, in deren Folge er eine »Theorie der Gerechtigkeit« formulierte.[131] Gustav Radbruch, der als Sozialdemokrat und Jurist seit 1920 als Reichstagsabgeordneter, von Oktober 1921 bis November 1922 und noch einmal im Spätsommer 1923 für einige Monate als Reichsjustizminister und seit 1926 dann Ordinarius an der Heidelberger Universität die Weimarer Republik verteidigt hatte, war schon 1933 seines Amtes enthoben worden und hatte den Nationalsozialismus in der inneren Emigration überlebt.[132] Im September 1945 wurde er wieder in sein Professorenamt eingesetzt und zum Dekan der Heidelberger Juristischen Fakultät ernannt. Unmittelbar nach dem Zusammenbruch des NS-Staates entwickelte Radbruch die »normative Antwort« auf die »schrankenlose Staatsgewalt« des Nationalsozialismus, die vor allem im Nürnberger-Prozess gegen die Hauptkriegsverbrecher und in den zwölf Prozessen, in denen die Amerikaner die Funktionseliten des NS-Staates anklagten, wirksam wurde.[133] Radbruch beschäftigte sich mit den nach dem Ende der Diktatur drängenden Fragen und Rechtsproblemen, mit den Verbrechen gegen die Menschlichkeit, den Denunziationen und NS-Gerichtsurteilen, und er setzte sich mit der Bewertung der Vernichtung »lebensunwerten Lebens« im NS-Staat aus-einander.[134] Zunächst veröffentlichte er im September 1945 in der *Rhein-Neckar-Zeitung* eine *Rechtsphilosophische Besinnung*, in der er die normative Sanktionierung der rechtspositivistischen Argumentation des NS-Staates entwickelte:

»Wenn Gesetze den Willen zur Gerechtigkeit bewusst verleugnen (...), dann fehlt diesen Gesetzen die Geltung, dann schuldet das Volk ihnen keinen Gehorsam, dann müssen die Juristen den Mut finden, ihnen den Rechtscharakter abzusprechen.«[135]

---

130 Gustav Radbruch: Rechtsphilosophie. Hg. v. Erik Wolf und Hans-Peter Schneider. Stuttgart [8]1973. S. 119. (Zuerst 1914 unter dem Titel Grundzüge der Rechtsphilosophie)

131 Arthur Kaufmann: Die Naturrechtsdiskussion in der Rechts- und Staatsphilosophie der Nachkriegszeit. APuZ, B 33, 1991. S. 9.

132 Vgl. Hans-Peter Schneider: Gustav Radbruch. In: Kritische Justiz (Hg.): Streitbare Juristen. Baden-Baden 1988. S. 296ff.

133 Joachim Perels: Der Umgang mit Tätern und Widerstandskämpfern nach 1945. KJ, H. 3, 1997. S. 359.

134 Vgl. Gustav Radbruch: Zur Diskussion über die Verbrechen gegen die Menschlichkeit. SJZ, 1947 (Sonderheft). S. 131ff; vgl. den Kommentar von Radbruch zu einem Urteil des OLG Frankfurt über die Vernichtung »lebensunwerten Lebens«. SJZ, H. 11, 1947. S. 621ff.

135 Gustav Radbruch: Rechtsphilosophische Besinnung. In: Ders.: Der Mensch im Recht. Göttingen [3]1969. S. 106. (Zuerst in RNZ vom 12.9.1945)

Radbruch vertiefte diese Gedanken in seinem Aufsatz über *Gesetzliches Unrecht und übergesetzliches Recht*, den er 1946 in der *Süddeutschen Juristenzeitung* publizierte. Als Kerngedanken formulierte er die »Unerträglichkeitsthese«[136]: Wenn »der Widerspruch des positiven Gesetzes zur Gerechtigkeit ein so unerträgliches Maß erreicht«, dann habe »das Gesetz als ›unrichtiges Recht‹ der Gerechtigkeit zu weichen (...).« Und Radbruch fährt fort:

»(W)o Gerechtigkeit nicht einmal erstrebt wird, wo die Gleichheit, die den Kern der Gerechtigkeit ausmacht, bei der Setzung positiven Rechts bewusst verleugnet wurde, da ist das Gesetz nicht etwa nur ›unrichtiges Recht‹, vielmehr entbehrt es überhaupt der Rechtsnatur.«[137]

Fritz Bauer rezipierte Radbruchs unmittelbar nach dem Zusammenbruch der NS-Diktatur verfasste rechtsphilosophische und rechtspolitische Stellungnahmen und schreibt, dass man also die »Rechtsgrundsätze, die stärker sind als jede gesetzliche Satzung, (...) – wie Radbruch schrieb – ›das Naturrecht‹« nennt. Das Naturrecht, so habe Radbruch 1945 aber auch geschrieben, »besteht trotz manchem Zweifel im Einzelnen aus dem durch ›die Arbeit der Jahrhunderte‹ geschaffenen festen Bestand an Menschen- und Bürger-rechten.«[138] In der Auseinandersetzung mit Gustav Radbruchs Formel vom »gesetzlichen Unrecht und übergesetzlichen Recht« hielt Bauer fest:

»Der Salto vitale von einem Rechtspositivismus in ein ›Naturrecht‹ war ein Produkt des Nazismus, aber keineswegs nur des nazistischen Zusammenbruchs, sondern bereits der nazistischen Machtergreifung.«[139]

Damit lenkte Bauer den Blick auf die Rechtsphilosophie, die Radbruch zur Zeit der Weimarer Republik entwickelt hatte, und er knüpfte dezidiert an die Überlegungen an, die Radbruch 1934 in seinem Aufsatz über den *Relativismus in der Rechtsphilosophie* formuliert hatte. Mit »berechtigtem Stolz« schreibt Bauer, habe Radbruch in diesem Text von dem »Vollzug eines logischen Wunders«[140] gesprochen. Denn »auf den Fußspuren von Max Weber«, so rezipierte Bauer, habe Radbruch 1934 in seinem Aufsatz über den *Relativismus in der Rechtsphiloso-*

136 Vgl. Clea Laage: Die Auseinandersetzung um den Begriff des gesetzlichen Unrechts nach 1945. KJ, H. 4, 1989. S. 410.

137 Gustav Radbruch: Gesetzliches Unrecht und übergesetzliches Recht. In: Ders.: Der Mensch im Recht. Göttingen ³1969. S. 119. (Zuerst in SJZ, H. 5, 1946. S. 105ff)

138 Fritz Bauer: Das »Gesetzliche Unrecht« des Nationalsozialismus und die deutsche Strafrechtspflege. In: Arthur Kaufmann (Hg.): Gedächtnisschrift für Gustav Radbruch. Göttingen 1968. S. 302.

139 Ebd.

140 Fritz Bauer, a.a.O. S. 303; Vgl. Gustav Radbruch: Der Relativismus in der Rechtsphilosophie. In: Ders.: Der Mensch im Recht. Göttingen ³1969. S. 87. (Zuerst in Archives de Philosophie du Droit, H.1/2, 1934)

phie gezeigt, dass sich aus »dem Relativismus der Meinungen (...) die Grundwerte der Freiheit und Gleichheit« ergeben.[141] Radbruch hatte in der Beschäftigung mit dem südwestdeutschen Neukantianismus und in Anknüpfung an Georg Simmel, Heinrich Rickert und Max Weber in den dreißiger Jahren die »Relativität aller Werte«[142] konstatiert, den Relativismus als »Bauglied im Rahmen des Systems der Rechtsphilosophie«[143] beschrieben und in Ableitung davon die demokratischen Grundwerte der Freiheit und Gleichheit, die Menschenrechte und Bürgerrechte begründet. Damit hatte er die Forderungen einer relativen Rechtsphilosophie empirisch entwickelt und selbst die Abgrenzung zu einem metaphysisch hergeleiteten naturrechtlichen Denken hervorgehoben: »Im Gegensatz zum methodischen Prinzip des Naturrechts«, hatte Radbruch 1934 geschrieben, »ist es uns gelungen, die sachlichen Forderungen des Naturrechts zu begründen.«[144] »Erstaunlicherweise ist Radbruch nach 1945 nicht mehr auf diese logische Begründung des Naturrechts, besonders der Grundwerte der Menschen zurückgekehrt«[145], bemerkte Bauer. Während in der Forschung strittig ist, ob Radbruchs rechts-philosophische Arbeiten nach 1945 als eine »späte Hinwendung zum Natur-recht« interpretiert werden können, oder ob sie eher als eine Neuakzentuierung betrachtet werden sollen[146], eröffnet Bauers kritische Anmerkung zu Radbruchs Arbeit der vierziger Jahre, den Blick für die zentralen Aspekte seiner Position. Bauer bezog seine politische Haltung nach 1945 dezidiert auf die rechtsphilosophischen Überle-

141 Fritz Bauer, a.a.O. S. 303.

142 Vgl. Hans-Peter Schneider: Gustav Radbruch. In: Kritische Justiz (Hg.): Streitbare Juristen. Baden-Baden 1988. S. 300.

143 Gustav Radbruch: Der Relativismus in der Rechtsphilosophie. In: Ders.: Der Mensch im Recht. Göttingen [3]1969. S. 81. (Zuerst in Archives de Philosophie du Droit, H.1/2, 1934)

144 Gustav Radbruch, a.a.O. S. 87.

145 Fritz Bauer: Das »Gesetzliche Unrecht« des Nationalsozialismus und die deutsche Strafrechtspflege. In: Arthur Kaufmann (Hg.): Gedächtnisschrift für Gustav Radbruch. Göttingen 1968. S. 303.

146 Hans-Peter Schneider spricht von einer »späten Hinwendung« Gustav Radbruchs zum Naturrecht, er zeigt aber auch, dass schon vor 1933 naturrechtliche Elemente im Denken Radbruchs verankert sind. Hans-Peter Schneider: Gustav Radbruch. In: Kritische Justiz (Hg.): Streitbare Juristen. Baden-Baden 1988. S. 298 u. 303; Clea Laage weist darauf hin, dass »Radbruchs Lehre vom übergesetzlichen Recht kein Plädoyer für eine Naturrechtsrenaissance im demokratischen Rechtsstaat ist.« Clea Laage: Die Auseinandersetzung um den Begriff des gesetzlichen Unrechts nach 1945. KJ, H. 4, 1989. S. 409; Alessandro Baratta geht davon aus, »dass das Verhältnis zwischen dem Relativismus und der Naturrechtslehre Radbruchs nicht einfach ein Verhältnis von Position und überwindender Gegenposition ist, sondern dass der ideologische Kern der letzteren schon in der ersteren enthalten ist.« Alessandro Baratta: Relativismus und Naturrecht im Denken Gustav Radbruchs. Archiv für Rechts- und Sozialphilosophie, H. 4, 1959. S. 505f.; Vgl. auch Arthur Kaufmann: Die Naturrechtsdiskussion in der Rechts- und Staatsphilosophie der Nachkriegszeit. APuZ, B 33, 1991. S. 9.

gungen zum Relativismus der Werte und Meinungen, die Radbruch 1934 erarbeitet hatte, weil sie »in ihrer Entmythologisierung der Grundrechte und dem Verzicht auf ihre gewohnheits-rechtliche Fundierung einzigartig und unwiderlegt« ist.[147] Radbruchs logische Begründung der Normativität des Individuums, die er in den dreißiger Jahren erarbeitet hatte, unterscheidet sich von einer naturrechtlichen Begründung der »Würde des Menschen« nach 1945, die sich metaphysisch von der »Gottesebenbildlichkeit des Menschen« ableitete, indem Radbruch die empirische Beobachtung der menschlichen Existenz zum Bezugspunkt der Gerechtigkeit machte und »den konkreten und vergesellschafteten Menschen«[148] sowie die individuelle Persönlichkeit in das Zentrum der Rechtsphilosophie rückte.[149] Radbruch habe nicht nur, wie Bauer herausarbeitete, in Anlehnung an Max Webers Begriff der Wertfreiheit dargelegt, dass die Wahrheit verschiedener politischer und sozialer Überzeugungen nicht wissenschaftlich erkennbar sei, und dass man deshalb alle Überzeugungen als gleichwertig betrachten müsse. Vielmehr ergebe sich aus der frühen Rechtsphilosophie, dass jeder staatlichen Tätigkeit und Politik ein übergeordnetes Recht zugrunde liegt, das sich, so Bauer in der Rezeption von Radbruch, »durch eine Art Plebiszit des modernen Menschen« legitimiere.[150] Damit habe Radbruch die empirische Begründung der Würde des Menschen formuliert, und Bauer hielt im Anschluss an den frühen Radbruch fest: »Aus der Asche des Relativismus (...) erhebt sich der Phönix der Menschenrechte«.[151]

Die Begründung für die Politikkonzeption, die das Individuum und den Pluralismus zum gültigen Bezugspunkt politischen Handelns erklärte, entwickelte Bauer also in der Tradition von Max Weber, Gustav Radbruch und der von ihnen geleisteten »sachlichen« Begründung des Naturrechts. Fritz Bauer knüpfte an die Überlegung Radbruchs an, die Relativität aller Werte nicht nur als Erkenntnismethode, sondern als werthaftes Prinzip der demokratischen Gesellschaftsordnung anzuerkennen. Er schreibt: »Der Pluralismus der Wert-

---

147 Fritz Bauer: Das »Gesetzliche Unrecht« des Nationalsozialismus und die deutsche Strafrechtspflege. In: Arthur Kaufmann (Hg.): Gedächtnisschrift für Gustav Radbruch. Göttingen 1968. S. 303.

148 Gustav Radbruch: Vom individualistischen zum sozialen Recht. In: Ders.: Der Mensch im Recht. Göttingen [3]1969. S. 37 (Zuerst in Hanseatische Rechts- und Gerichtszeitschrift, September 1930)

149 Vgl. Hans-Peter Schneider: Gustav Radbruch. In: Kritische Justiz (Hg.): Streitbare Juristen. Baden-Baden 1988. S. 302.

150 Fritz Bauer: Im Kampf um des Menschen Rechte (zuerst 1955). Vorgänge, H. 6, 1969. S. 207. Vgl. Gustav Radbruch: Der Relativismus in der Rechtsphilosophie. In: Ders.: Der Mensch im Recht. Göttingen [3]1969. S. 84. (Zuerst in Archives de Philosophie du Droit, H.1/2, 1934)

151 Fritz Bauer: Vom Rechte, das mit uns geboren ist, von dem ist, leider nie die Frage. Kritische Bemerkungen zur Strafrechtsreform. Hörfunkfeature mit Fritz Bauer, Hessischer Rundfunk, 1966. (Gesendet am 9. 8.1966, Hessischer Rundfunk 1. Programm) (Manuskript) S. 22.

entscheidungen wird als Wert empfunden, die Berechtigung der Vielfalt der Meinungen wird anerkannt.«[152] Und er wies zugleich darauf hin, dass das »Bekenntnis zum Menschen als dem obersten Wert (...) identisch (ist) mit der Grundentscheidung unseres Grundgesetzes: ›Die Würde des Menschen ist unantastbar. Sie zu achten und zu schützen ist Verpflichtung aller staatlichen Gewalt‹.«[153] Damit stand Bauer in einer demokratischen Denktradition der Weimarer Republik, an die er erinnerte, als er für die *Deutsche Post* über die Motive seiner Remigration schrieb, er sei nach Deutschland zurückgekehrt, weil er »glaubte, etwas von dem Optimismus und der Gläubigkeit der jungen Demokraten in der Weimarer Republik (...) mitbringen zu können.«[154]

Fritz Bauer erteilte Weltanschauungen und einem Vorrang nationaler Identität eine Absage, indem er nach 1945 in Anlehnung an die Ideen von Weber und Radbruch eine politische und rechtliche Position als Bezugspunkt demokratischer Staatlichkeit entwickelte, die als existentieller Realismus und Relativismus bezeichnet werden kann.

Die 1952 im Braunschweiger Remer-Prozess begründete Legitimität von Widerstand ging auf diese normative Herleitung menschlicher Existenz von Relativismus und Pluralismus zurück. In seinem Plädoyer im Prozess gegen Otto Ernst Remer legitimierte Fritz Bauer den Widerstand gegen den NS-Unrechtsstaat mit Verweis auf das eine, »damals und heute, (...) ewig geltende Recht«.[155] Das »übergesetzliche Recht«[156] findet nach Bauer in den Menschenrechten Ausdruck, die als Verankerung der realistischen und relativistisch hergeleiteten Werte, Individualität und Pluralität, das Wider-standsrecht des einzelnen Bürgers begründen. Bauers Begriff von der existentiellen Situation des Menschen bildet den Ausgangspunkt der Charakterisierung des Widerstandrechts als Menschenrecht. In Anlehnung an Max Weber und in Übereinstimmung mit der Begründung des Relativismus durch Gustav Radbruch aus der Weimarer Zeit, ging Bauer davon aus, dass die menschliche Individualität und Pluralität als das menschliche Wesensmerkmal schlechthin dem Widerstandsrecht als Menschenrecht überpositiven Charakter verleihe. Die Menschenrechte und mit ihnen das Widerstandsrecht sind dem Menschen deshalb angeboren sowie unveräußerlich und unverletzlich, weil sie die empirisch menschliche Individualität und Pluralität als das menschliche Wesensmerkmal garantieren. Mit Peter Steinbach kann deshalb festgehalten werden:

---

152 Fritz Bauer, a.a.O. S. 23.

153 Fritz Bauer: Das Menschenbild im Strafrecht. NG. H. 5, 1956. S. 333.

154 Fritz Bauer: »Warum sind Sie zurückgekehrt?« in: Deutsche Post, H. 24, 1963. S. 658.

155 Fritz Bauer: Eine Grenze hat Tyrannenmacht. GuT, H. 7, 1952. S. 194.

156 Fritz Bauer: Ungehorsam und Widerstand in Geschichte und Gegenwart. Vorgänge, H. 8/9, 1968. S. 286.

»Widerstandsbewegungen sind (...) keine sozialen Bewegungen, sondern stellen sich als Menschenrechtsbewegungen dar, die Friedens- und Zukunftshoffnungen verkörpern. *Widerstand als Menschenrechtsbewegung*: Der hessische Generalstaatsanwalt Fritz Bauer hat uns diese Formulierung überliefert und auf diese Weise Widerstandserfahrungen und Wider-standsverpflichtungen auf den demokratisch-freiheitlichen Gehalt des Widerstandsrechts bezogen (...).«[157]

Im Juni 1963, ein Jahr nach der Debatte in Rheinland-Pfalz, nahm Fritz Bauer die Einladung an, anlässlich der jährlich vom Verband für Freiheit und Menschenwürde, der Union deutscher Widerstandskämpfer- und Verfolgtenverbände in Zusammenarbeit mit der Jüdischen Gemeinde, der Gesellschaft für christlich-jüdische Zusammenarbeit und dem Seminar für Politik der Universität Frankfurt veranstalteten Gedenkfeier zum Geburtstag von Anne Frank eine Ansprache zu halten.[158] Bauer stellte seine wenige Wochen später in den *Vorgängen* publizierte Gedenkrede unter den Titel *Lebendige Vergangenheit*.[159] Gegenstand seiner Rede in Frankfurt war die Bedeutung der Erinnerung an die Opfer nationalsozialistischer Verfolgung in der Bundesrepublik im Kontext der Demokratisierung.

Die Jüdin Anne Frank, 1929 in Frankfurt geboren, war 1933 mit ihrer Familie vor der Verfolgung durch die Nationalsozialisten in die Niederlande geflohen und dort im Juli 1942, als dem Vater die Verhaftung durch die SS und die Deportation in ein Konzentrationslager drohte, mit der Familie untergetaucht. Über zwei Jahre lang hatte die Familie in einem Hinterhaus der Amsterdamer Innenstadt im Versteck gelebt, das im August 1944 von einem Polizeikommando entdeckt und geräumt wurde. Anne Frank starb im März 1945 im Konzentrationslager Bergen-Belsen.

Als Bauer 1963 in Erinnerung an Anne Frank in Frankfurt sprach, war sie längst »zum Synonym für das Verbrechen (geworden), dem sie zum Opfer fiel: die nationalsozialistische Vernichtung der Juden und des Judentums.«[160] Das *Tagebuch der Anne Frank*, das sie in den Jahren 1942 bis 1944 geschrieben und in dem sie über ihr Leben als Jugendliche im Versteck vor nationalsozialistischer Verfolgung berichtet, war 1950 in der deutschen Übersetzung erschienen.[161]

---

157 Peter Steinbach: Widerstand und politische Sensibilität. In: Bernd Hey, Peter Steinbach (Hg.): Zeitgeschichte und Politisches Bewusstsein. Köln 1986. S. 203. (Hervorh. im Original)

158 Vgl. Gedenken an Anne Frank. FR vom 10.6.1963.

159 Fritz Bauer: Lebendige Vergangenheit. Vorgänge, H. 7, 1963. S. 197ff.

160 Hanno Loewy: Das gerettete Kind. In: Stephan Braese u.a. (Hg.): Deutsche Nachkriegsliteratur und der Holocaust. Frankfurt a.M., New York 1998. S. 19.

161 Das Tagebuch der Anne Frank. Heidelberg 1950. Das Tagebuch war zuerst 1947 in niederländisch erschienen, in der Sprache, in der Anne Frank es geschrieben hatte. Erst 1986 erschien in den Niederlanden und 1988 in Deutschland die Übersetzung des vollständigen Taschenbuches, mit den verschiedenen Fassungen, die Anne Frank selbst von einigen Ein-

Es avancierte zum Bestseller, nachdem es 1955 als Taschenbuch erschienen war, im Herbst 1956 als Theaterfassung an sieben westdeutschen Bühnen als »theaterpolitisches Großereignis« aufgeführt und als »Welterfolg« gefeiert, die Geschichte von Anne Frank schließlich verfilmt und 1959 in den westdeutschen Kinos große Erfolge feierte.[162] Fritz Bauer nahm in seiner Ansprache zum Gedenken an den Geburtstag von Anne Frank diese Erfolgsgeschichte ihres Tagebuchs zum Ausgangspunkt, um nach der zeitgenössischen Bedeutung der Erinnerung an die Opfer des Nationalsozialismus zu fragen. In den Mittelpunkt seiner Rede stellte er die Frage, ob Anne Frank »lebt«: »Leben die Bücher? Kommt, wie der Strahl aus dem Gewölke kommt, aus ihren Worten geistig und reif unsere Tat?«[163] Dass das *Tagebuch der Anne Frank* in der Bundesrepublik als Bestseller verkauft wurde, stand demnach nicht schon für eine konstruktive Auseinandersetzung der Gesellschaft mit der Vergangenheit.[164] Vielmehr formulierte Bauer mit der Frage, ob aus Anne Franks »Worten

---

trägen hinterlassen hat. Vgl. zur Geschichte der Publikation und Rezeption des Tagebuchs Hanno Loewy, a.a.O. S. 19ff.

162 Vgl. Hanno Loewy, a.a.O. S. 25, 29 u. 30. Hanno Loewy führt den Erfolg der Theaterfassung des »Tagebuchs der Anne Frank« in der Bundesrepublik darauf zurück, dass »(d)ie Hinweise, die Anne Frank selbst in ihrem Tagebuch auf das gibt, was sie erwartet, ihr Wissen um Gaskammern, Massenmord und Lager, (...) ihre Schuldgefühle gegenüber den Freundinnen, von deren Deportation sie erfährt, all das, was (...) (das) Tagebuch (...) durchaus noch an Schrecken bereithielt« und was auf eine Auseinandersetzung mit den konkreten Taten und der Verantwortung der Deutschen verwiesen hätte, »aus dem Szenario des Stückes fast vollständig verbannt« worden war. »Kanonisch«, so Loewy, wurde »Anne Franks Satz, sie glaube trotz allem an das Gute im Menschen«, der in der Theaterfassung auf den »optimistischen Grundton des Stückes« reduziert wurde, »ein Grundton, der Anne Franks Liebesgeschichte ins Zentrum rückt, ihre zarte Beziehung zu Peter, dem Sohn der zweiten im Hinterhaus versteckten Familie«. Obwohl in der Theaterfassung in einer Rahmenhandlung Annes Vater auftritt und die Geschichte des Tagebuchs erzählt wird, erfährt der Zuschauer nicht, wie es Anne Frank im Konzentrationslager erging. Die Geschichte der Vernichtung der europäischen Juden wird weitgehend ausgeblendet. »Es ist nicht Anne Franks Tod selbst, schon gar nicht die Umstände ihres Verhungerns in Bergen-Belsen, die den ›Erfolg‹ ihres Tagebuches ausmachen. Schon eher ist es der Umstand, dass sie als real Verschwundene, gewaltsam Ausgelöschte ihrer fortwährenden idealisierten Wiederauferstehung nicht im Wege stehen kann.« Hanno Loewy, a.a.O. S. 20, 29 u. 30.

163 Fritz Bauer: Lebendige Vergangenheit. Vorgänge, H. 7, 1963. S. 197.

164 Vgl. ebd.; Die Argumentation, dass der Erfolg des »Tagebuchs der Anne Frank« für eine gelungene Aufarbeitung des Nationalsozialismus stehe, findet sich noch bei Hermann Lübbe, der das »Faktum« konstatiert, »dass mit dem Prozess der Konsolidierung der in Deutschland neu geschaffenen Realitäten die vergangene Realität des Dritten Reiches nicht etwa endgültig in Dunkelzonen des deutschen Selbstbewusstseins abgeschoben wurde, sondern ganz im Gegenteil ständig an dokumentarischer, literarischer und historiographischer Präsenz gewann. (...) (D)as Tagebuch der Anne Frank war eine sehr verbreitete Jugend-Lektüre« und sein Erfolg widerlege die »Verdrängungsthese«. Vgl. Hermann Lübbe: Der Nationalsozialismus im deutschen Nachkriegsbewusstsein. HZ, Bd. 236, 1983. S. 588.

geistig und reif unsere Tat« kommt, das Postulat, dass eine Auseinandersetzung mit der Vergangenheit ein normatives Bekenntnis und eine Handlungsverpflichtung fordert. Im Kontext seines historisch-genetischen Denkens formulierte Bauer damit noch einmal exemplarisch den zentralen Gedanken seiner politischen Position, dass die bundesrepublikanische Gesellschaft in der kritischen Auseinandersetzung mit ihrer nationalsozialistischen Vergangenheit eine normative Handlungsverpflichtung als essentiellem Bestandteil der Konsolidierung demokratischen Lebens in Deutschland entwickeln müsse. Bauer hat das Motiv der »lebendigen Vergangenheit« in einem bilanzierenden Rückblick auf die Auseinandersetzung mit der NS-Vergangenheit in der Bundesrepublik Mitte der sechziger Jahre erneut aufgenommen und erörtert, dass die Vergangenheit »tot« bleibe, solange »sie als bloßer Wissensstoff das Gedächtnis beschwert«.[165] Mit dem Topos von der »lebendigen Vergangenheit« verbindet sich die Forderung nach einer Auseinandersetzung mit dem Nationalsozialismus, die gegenwarts- und zukunftsgestaltende Implikationen vermittelt und, wie Bauer dann Mitte der sechziger Jahre schreibt, » – nach Lessing – ›den Verstand erleuchtet‹«.[166] Schon während des Prozesses gegen Otto Ernst Remer und der Begründung des Widerstandsrechts hatte Bauer dieses gedankliche Motiv formuliert. Er hatte betont, dass er den Prozess gegen Remer,

»nicht nur um des Andenkens der Männer und Frauen willen (geführt hat), die für die Erhaltung der Menschenrechte in den Tod gegangen waren, sondern vor allem, um das Widerstandsrecht, das in der deutschen Rechtslehre und Praxis völlig verkümmert und in das Raritätenkabinett der Rechtsgeschichte verbannt war, erneut zu sanktionieren.«[167]

Im Anschluss an das Urteil des Braunschweiger Landgerichts, das 1952 mit der Verurteilung Remers den Widerstand vom 20. Juli rehabilitiert hatte, führte Bauer aus, dass die vom Braunschweiger Landgericht geleistete »Bejahung (des Widerstandsrechts) (...) ein leeres Lippenbekenntnis (...) (bleibe), wenn nicht in der Resistance aller Zeiten ein die Gegenwart und Zukunft verpflichtendes Erbe gesehen wird.«[168] Die Thematisierung der Vergangenheit zielte demnach auf die politische »Tat«, konkreter auf »ein Ethos, das seit ein paar Jahrtausenden zwar gelehrt, aber um dessentwillen noch nicht gelebt wurde.«[169]

Bereits in einer Rede, die Fritz Bauer im Sommer 1961 gehalten hatte, hatte er den in Frankfurt formulierten Gedanken der normativen Handlungsver-

165 Fritz Bauer: In unserem Namen. In: Helmut Hammerschmidt (Hg.): Zwanzig Jahre danach. München, Basel, Wien 1965. S. 301.

166 Ebd.

167 Fritz Bauer: Im Kampf um des Menschen Rechte (zuerst 1955). Vorgänge, H. 6, 1969. S. 206.

168 Fritz Bauer, a.a.O. S. 207.

169 Fritz Bauer: In unserem Namen. In Helmut Hammerschmidt (Hg.): Zwanzig Jahre danach. München, Basel, Wien 1965. S. 310.

pflichtung formuliert, die sich aus der Erinnerung an die Opfer des Nationalsozialismus herleite. Auf Einladung der Bundesjugend der IG Bergbau anlässlich des Bundesjugendtreffens hatte Fritz Bauer am 1. Juli 1961 in einer Gedenkrede an die Widerstandskämpfer und an die Menschen erinnert, die Ostern 1945 in der Region von Dortmund Opfer der nationalsozialistischen Verfolgung geworden waren. Das südlich von Dortmund in der Bittermark gelegene »Denk- und Mahnmal«[170], vor dem Bauer sprach, war erst 1960 errichtet worden und erinnert an die Mitglieder eines Dortmunder Widerstandskreises, kleinere lokale Widerstandsgruppen sowie an sowjetische Zwangsarbeiter und Kriegsgefangene aus Frankreich, Belgien, den Niederlanden, Polen und dem ehemaligen Jugoslawien.[171] Bauer sprach in seiner Rede von der »Erinnerung« an die Opfer nationalsozialistischer Verfolgung und dem Gedenken an die Widerstandskämpfer »in Dankbarkeit und Treue«.[172] Mit Blick auf das in Form eines überdimensionalen Hochbunkers gestaltete Mahnmal, dessen Wände von vergitterten Fensterhöhlen durchbrochen und an dessen Außenwänden reliefartig in Stein geschlagene Häftlinge und Zwangsarbeiter dargestellt sind, fuhr Bauer fort: »Die Steine reden, sind Bekenntnisse, weil die Werke Ausdruck des Willens der Menschen zum Menschen, zu seinem Recht und zu seiner Würde, Ausdruck des Kampfes gegen alles Unrecht sind«[173], und er deutete das Mahnmal in seiner Rede als »Stück Geschichte in Stein gehauen«[174], das als Materialisierung von Erinnerung und als bekennendes »Werk« der zeitgenössischen, erinnernden Menschen normativ in die Zukunft verweist. Damit griff Bauer in seiner Dortmunder Rede eine von Theodor Heuss formulierte Überlegung auf. 1952 hatte der Bundespräsident in seiner Rede zur Einweihung des Mahnmals für die Opfer des Konzentrationslagers Bergen-Belsen von dem Mahnmal als dem »kalte(n) Stein« gesprochen, mit der Formulierung »Steine können sprechen« auf die dem Mahnmal implizite Funktion verwiesen und seine Rede mit dem Appell beendet, es gelte, »ihre Sprache« zu verstehen.[175] Zudem hatte Heuss 1954 in Erinnerung an die Widerstandskämpfer vom 20. Juli 1944 darauf verwiesen, dass »Sinn« des Ge-

---

170 Fritz Bauer: Wir aber wollen Male richten euch zum Gedächtnis. Dortmund 1961. S. 1.

171 Vgl. Ulrike Puvogel, Martin Stankowski: Gedenkstätten für die Opfer des Nationalsozialismus. Eine Dokumentation. Bd. 1. Bonn ^{2}1995. S. 519f.

172 Fritz Bauer: Wir aber wollen Male richten euch zum Gedächtnis. Dortmund 1961. S. 1.

173 Fritz Bauer, a.a.O. S. 5f.

174 Fritz Bauer, a.a.O. S. 6.

175 Theodor Heuss: Das Mahnmal (1952). In: Theodor Heuss. Politiker und Publizist. Aufsätze und Reden. Ausgew. u. komm. v. Martin Vogt. Tübingen 1984. S. 411.

denkens sei, »bekennen zu dürfen und danken zu können«[176], »dass der Dank« das »Opfer« der Widerstandskämpfer »als ein Geschenk an die deutsche Zukunft würdigt«[177] und »die Verpflichtung noch nicht eingelöst« sei.[178] Auch in der Frankfurter Gedenkrede für Anne Frank nahm Bauer Gedanken auf, die sich an Theodor Heuss anlehnten. So hatte Heuss 1945 in einer Feierstunde der württembergisch-badischen Regierung für die Opfer des Nationalsozialismus gefordert, dass aus dem Wissen um den Widerstand, dem »Haufen von Material«[179] eine handlungsmotivierende Wirkung hervorgehen müsse. An dieses normativ in die Zukunft weisende Moment, das Heuss mit der Forderung des Rückblicks um der »moralischen Volkszukunft willen«[180] anmahnte, knüpfte Bauer 1963 in Frankfurt mit der Forderung nach dem Erinnern als der »moralischen Anstalt (...), die in Gegenwart und Zukunft wirkt«[181] an.

Fritz Bauer schloss zunächst nur implizit mit seiner Position an Bundespräsident Theodor Heuss an, wenn er das Verhältnis von Vergangenheit, Gegenwart und Zukunft einer politischen Gemeinschaft mit Blick auf die Thematisierung des Nationalsozialismus in der Bundesrepublik erörterte, und er bewertete mit Verweis auf Heuss das Gedenken an den Widerstand sowie Gedenktage für die Opfer nationalsozialistischer Verfolgung als sichtbare und zeichenhafte Ausgangspunkte, deren materialisierte normative Botschaften gesellschaftliches Handeln in Gegenwart und Zukunft motivieren müssen. Mitte der sechziger Jahre, nachdem sich die Auseinandersetzung um die Frage, in welcher Weise der Nationalsozialismus Bezugspunkt für politisches Denken in der Bundesrepublik sein sollte, durch die Ereignisse in Rheinland-Pfalz für Bauer erkennbar zugespitzt hatte, knüpfte er dann explizit an Theodor Heuss an:

»Mit dem Wort von der Bewältigung unserer Vergangenheit, das Bundespräsident Heuss seinerzeit geprägt hat, ist gemeint, dass wir aus dem Vergangenen lernen und die Konsequenz für Gegenwart und Zukunft ziehen.«[182]

176 Theodor Heuss: Vom Recht zum Widerstand – Dank und Bekenntnis (1954). In: Theodor Heuss. Politiker und Publizist. Aufsätze und Reden. Ausgew. u. komm. v. Martin Vogt. Tübingen 1984. S. 430.

177 Theodor Heuss, a.a.O. S. 437.

178 Theodor Heuss, a.a.O. S. 439.

179 Theodor Heuss: In Memoriam (1945). In: Theodor Heuss. Politiker und Publizist. Aufsätze und Reden. Ausgew. u. komm. v. Martin Vogt. Tübingen 1984. S. 303. Heuss war seit Sommer 1945 Lizenzträger der Rhein-Neckar-Zeitung und galt der amerikanischen Besatzungsmacht als Kontaktperson bei dem demokratischen Aufbau des Landes.

180 Ebd.

181 Fritz Bauer: Lebendige Vergangenheit. Vorgänge, H. 7, 1963. S. 197.

182 Fritz Bauer: In unserem Namen. In: Helmut Hammerschmidt (Hg.): Zwanzig Jahre danach. München, Basel, Wien 1965. S. 301.

Diese direkte Bezugnahme auf Heuss als einem höchsten Repräsentanten des westdeutschen Staates war – wie sich zeigen wird – Merkmal einer neu akzentuierten Handlungsstrategie von Fritz Bauer.

Denn Fritz Bauer nahm die Reden, die er im Sommer 1961 in Dortmund und 1963 in Frankfurt hielt, zum Anlass, Kritik an der Vergangenheitspolitik der Bundesregierung zu üben, und er konkretisierte mit seiner Kritik die Inhalte der konstatierten normativen Handlungsverpflichtung im Sinne der Ethik des Pluralismus. Am 10. Juni berichtete die *Frankfurter Rundschau* über die Gedenkfeier für Anne Frank:

»Niemand komme an der Entscheidung vorbei, in welcher Weise (...) die Vergangenheit lebendig bleibe, erklärte am Sonntag Generalstaatsanwalt Dr. Fritz Bauer vor den etwa 400 Teilnehmern einer Gedenkfeier für Anne Frank. Es sei die Entscheidung, ob die Vergangenheit als Vermächtnis des im KZ Bergen-Belsen umgekommenen Mädchens aus Frankfurt lebendig bleibe oder etwa im Sinne derer, die das millionenfache schreckliche Unrecht getan haben, vielleicht bis vor kurzem noch in Amt und Würden gewesen sind und behaupten, sie hätten nichts gewusst.«[183]

Die *Frankfurter Rundschau* hatte damit nur vorsichtig angedeutet, dass Fritz Bauer in seiner Rede die Vergangenheitspolitik der Bundes- und Landesregierungen frontal angriff.

Der Generalstaatsanwalt hatte in seiner Rede nämlich die Biographie von Wilhelm Harster skizziert, der als SS-Brigadeführer »für das Schicksal der Juden in Holland mitverantwortlich« gewesen und in einem niederländischen Verfahren als NS-Täter verurteilt worden war.[184] Dennoch hatte Harster in der Bundesrepublik Karriere gemacht, als einer der »qualifiziertesten« Experten für Gemeindefinanzen im höheren Verwaltungsdienst in Bayern, wie ihn das bayerische Innenministerium noch 1963 lobte.[185] Harster konnte diese Laufbahn absolvieren, obwohl »(s)ein Name«, so konstatierte Bauer in seiner Rede, »in den Büchern über die Endlösung der Judenfrage«, wie zum Beispiel in Robert Kempners 1961 veröffentlichtem Buch *Eichmann und Komplizen* zu lesen war.[186] Erst als der Fall Harster Ende April 1963 in der süddeutschen Presse im Zusammenhang mit der Festnahme eines anderen mutmaßlichen NS-Täters

183 Gedenken an Anne Frank. FR vom 10.6.1963.

184 Fritz Bauer: Lebendige Vergangenheit. Vorgänge, H. 7, 1963. S. 197.

185 Vgl. den Bericht über Wilhelm Harster in der SZ vom 20./21.4.1963.

186 Fritz Bauer: Lebendige Vergangenheit. Vorgänge, H. 7, 1963. S. 197. Bauer verweist auf das Buch von Robert W. Kempner: Eichmann und Komplizen. Zürich, Stuttgart, Wien 1961. Kempner schreibt, dass Harster in einem niederländischen Verfahren zu zwölf Jahren Gefängnis verurteilt wurde. Vgl. ebd. S. 359, auch S. 366. In den Niederlanden standen 204 Deutsche wegen NS-Verbrechen vor Gericht. Vgl. Adalbert Rückerl: NS-Verbrechen vor Gericht. Heidelberg 1984. S. 101.

Aufmerksamkeit erregt hatte, schied Harster aus »Gesundheitsgründen« aus seinem Amt aus. Dass er im Zuständigkeitsbereich des Innenministeriums beschäftigt werden konnte, obwohl seine Biographie bekannt war als er 1956 seinen Dienst in der bayerischen Verwaltung antrat, rechtfertigte das Ministerium jetzt mit dem Hinweis, auch »holländische(...) Kreise« hätten erklärt, Harster sei als »Befehlshaber der Sicherheitspolizei in Holland der ›korrekte Vertreter eines unkorrekten Systems‹ gewesen«.[187] Auch Harster selbst sagte, in einem Interview nach seiner Mitverantwortung für die Deportation von 100.000 niederländischen Juden befragt, »Mitverantwortung ist ein relativer Begriff«, er habe sich »weisungsgemäß« verhalten.[188] Fritz Bauer nahm den Fall Wilhelm Harster, der nur wenige Wochen vor seiner Gedenkrede in Frankfurt die Öffentlichkeit beschäftigt hatte[189], zum Anlass, um eine vergangenheitspolitische Forderung zu formulieren:

> »Anne Frank oder Harster, das ist die Frage. Ein Sowohl-Als-auch ist ausgeschlossen, eine geistige und politische Koexistenz ist nicht praktikabel. Wir in der Bundesrepublik müssen wählen, sie oder ihn; beide sind Repräsentanten verschiedener Welten«.[190]

Bauer hatte in seiner Frankfurter Gedenkrede für Anne Frank also nicht nur an Theodor Heuss angeknüpft und eine normative Handlungsverpflichtung gefordert. Er hatte im Juni 1963 seine Rede auch zum Anlass genommen, um kritisch Stellung zu beziehen gegenüber einer Thematisierung der Vergangenheit seitens der Regierung, die Uneindeutigkeiten und eine normative Indifferenz produzierte. Die Regierung unter Kanzler Adenauer hatte einerseits die Abgrenzung zum Nationalsozialismus zum Ausgangspunkt ihrer Politik erklärt, andererseits eine weitreichende Integrationspolitik zugunsten ehemaliger Anhänger, Mitläufer und Täter des NS-Regimes vollzogen.[191] Fritz Bauer hatte

---

187 Innenministerium zum Fall Harster. SZ vom 20./21.4.1963.

188 Die SZ zitierte aus dem von der Presseagentur UPI verbreiteten Interview in dem Bericht: Verfahren gegen Oberregierungsrat. SZ vom 17.4.1963.

189 Die SZ berichtete im April 1963 in mehreren Berichten und Kommentaren über den Fall Wilhelm Harster. Vgl. SZ vom 17., 18., 19. und 20./21.4.1963 sowie den Kommentar von Ernst Müller-Meiningen jr. am 17.4.1963 in der SZ. Kröger weist darauf hin, dass die SZ dann seit dem 17.4. 1963 bis zum 11.3.1967 in insgesamt über 30 Ausgaben über den Fall Harster berichtete. Vgl. Ulrich Kröger: Die Ahndung von NS-Verbrechen vor westdeutschen Gerichten und ihre Rezeption in der deutschen Öffentlichkeit 1958 bis 1965, unter besonderer Berücksichtigung von »Spiegel«, »Stern«, »Zeit«, »SZ«, »FAZ«, »Welt«, »Bild«, »Hamburger Abendblatt«, »NZ« und »Neuem Deutschland«. Hamburg 1973. S. 160.

190 Fritz Bauer: Lebendige Vergangenheit. Vorgänge, H. 7, 1963. S. 1997. Ähnlich auch Fritz Bauer: Widerstand heißt Verantwortlichkeit. In: Deutscher Gewerkschaftsbund (Hg.): Der 20. Juli. Düsseldorf 1956. S. 34.

191 Das 1949 erlassene »Gesetz über die Gewährung von Straffreiheit«, von dem vermutlich Zehntausende nationalsozialistische Täter profitierten, hatte nach Frei den »Einstieg in eine rasch fortschreitende Delegitimierung der Verfolgung von NS-Straftaten« bedeutet. Vgl.

sich schon 1952, im Vorfeld des Prozesses gegen Otto Ernst Remer, gegen jeden geschichtspolitisch »faulen Kompromiss« verwehrt, wie ihn etwa die SRP im Herbst 1951 mit dem Vorschlag angeboten hatte, den Streit um die Bewertung des Widerstandes beizulegen und sowohl die Motive der Widerstandskämpfer wie auch die der anderen Soldaten anzuerkennen und im Bekenntnis zu den Motiven aller Soldaten das versöhnende Moment eines postdiktatorischen und demokratischen Grundkonsenses zu sehen. 1963 formulierte Bauer mit seiner Rede nun öffentlich Kritik an der normativen Indifferenz, die er im Remer-Prozess schon implizit abgewehrt hatte. Während sich seine Kritik Anfang der fünfziger Jahre gegen die SRP und damit gegen einen gesellschaftlichen und politischen Außenseiter gerichtet hatte, zielte sie im Sommer 1963 gegen ehemalige NS-Funktionäre, die mit Hilfe der Vergangenheitspolitik der Regierung in der Mitte der bundesrepublikanischen Gesellschaft ihren Platz gefunden hatten.

Fritz Bauer setzte mit seiner Frankfurter Rede auch einen Gegenakzent zu den jährlichen Gedenkfeiern an Anne Frank, indem er die Erinnerung an die Opfer nationalsozialistischer Verfolgung nicht tagespolitisch funktionalisierte. Gerade im Jahr zuvor, 1962, nach dem Bau der Berliner Mauer, hatte der damalige Redner die Gedenkveranstaltung genutzt, um den westdeutschen antitotalitären Konsens gegenüber der DDR zu bekräftigen.[192] Fritz Bauer entzog in seiner Gedenkrede die Thematisierung der Vergangenheit einer tagespolitischen Funktionalisierung und machte ein Thema zum Gegenstand seiner Rede, das auf strukturelle gesellschaftliche Problemlagen Westdeutschlands verwies. Mit Harster als Gegenfigur zu Anne Frank wählte Bauer als Beispiel für die normative Indifferenz nicht nur einen Fall, der durch die historische Nähe von Anne Frank als Opfer, das eine Zeit lang in den Niederlanden überlebt hatte, und Harster, der als Täter in den Niederlanden an den Verbrechen der Nationalsozialisten beteiligt war, brisant war. Vielmehr problematisierte Bauer mit Harster auch einen im Einzelfall durch dessen Rücktritt einige Wochen zuvor abgeschlossenen Fall. Damit lenkte Bauer den Blick auf die prinzipiellen mit dem historischen Phänomen personeller Kontinuitäten verbundenen normativen Uneindeutigkeiten, die die bundes-republikanische Vergangenheitspolitik produziert hatte.

Norbert Frei: Vergangenheitspolitik. München ²1997. S. 29ff, bes. 53. Vgl. Zur Integrationspolitik auch Joachim Perels: Amnestien für NS-Täter in der Bundesrepublik. KJ, H. 3, 1995. S. 382ff; und exemplarisch Ulrich Herbert: Best. Bonn ³1996.

192 Vgl. Hanno Loewy: Das gerettete Kind. In: Stephan Braese u.a. (Hg.): Deutsche Nachkriegsliteratur und der Holocaust. Frankfurt a.M., New York 1998. S. 33f.

Auch als 1964 der Gesetzgeber in der Bundesrepublik mit der Frage der Verjährung nationalsozialistischer Gewaltverbrechen konfrontiert war,[193] äußerte sich Fritz Bauer, der sich für die Aufhebung der Verjährungsfristen für die mit lebenslanger Freiheitsstrafe sanktionierten NS-Verbrechen ausgesprochen hatte[194], noch einmal über die Funktion der »Bewältigung der Vergangenheit«. Bauer nahm zur Kenntnis, dass sich die Mehrheit der Deutschen in Meinungsumfragen gegen eine Verlängerung der Verjährungsfristen und damit für den Abschluss der juristischen Aufarbeitung der Vergangenheit ausgesprochen hatte. Dennoch appellierte er an die Bundesregierung, wahltaktische Überlegungen im Vorfeld der 1965 anstehenden Bundestagswahl bei der Entscheidung auszuklammern.[195] Für Bauer stand die »Glaubwürdigkeit der deutschen Demokratie und ihres Willens, sich vom Nazismus abzusetzen, (...) auf dem Spiel.«[196] Und wieder machte er auf den konstitutiven Zusammenhang von Vergangenheit, Gegenwart und Zukunft aufmerksam. Die Auseinandersetzung mit der NS-Vergangenheit sei »eine bittere Arznei für das deutsche Volk; es bleibt uns nichts anderes übrig, als den Kelch bis zur Neige zu leeren. Dies ist um unserer Gegenwart und Zukunft willen nötig, für die wir aus dem Vergangenen lernen wollen und müssen.«[197] Noch einmal hatte Fritz Bauer damit versucht, die Thematisierung der Vergangenheit aus der tagespolitischen Funktionalisierung zu lösen.

In der historisch-genetischen Perspektive erklärt Fritz Bauers Begründung, dass die Verankerung der Würde des Menschen im Grundgesetz für ihn eine Motivation gewesen ist, 1949 nach Deutschland zurückzukehren und für die Konsolidierung der Demokratie zu arbeiten, seine Interpretation des Grund-

---

193 Der Gesetzgeber musste sich mehrfach mit der Frage der Verjährung von Verbrechen beschäftigen, die zur Zeit des Nationalsozialismus begangen worden waren. Vgl. Adalbert Rückerl: NS-Verbrechen vor Gericht. Heidelberg ^{2}1984. S. 151ff.

194 Vgl. dazu die Stellungnahme von Fritz Bauer zur Umfrage der Stuttgarter Zeitung »Verjährung – Ja oder Nein«. Stuttgarter Zeitung vom 5.12.1964; Fritz Bauer: Die Verjährung der nazistischen Massenverbrechen. Tribüne, H. 12, 1964. S. 1249ff; Ders.: Die Verjährung nazistischer Mordtaten. Vorgänge, H. 2, 1965. S. 49.

195 Vgl. z.B. Fritz Bauer: Diese Verbrechen einfach vergessen? Holzarbeiter-Zeitung, H. 2, 1965. S. 9; 1963 hatten 54 Prozent und 1965 hatten 52 Prozent der vom Allensbacher Institut für Demoskopie befragten Deutschen der Position zugestimmt, »man sollte einmal aufhören, Menschen für Taten, die sie vor vielen Jahren begangen haben, jetzt vor Gericht zu stellen. Ich meine, es wäre gut, endlich einen Schlussstrich unter die Vergangenheit zu ziehen.« Explizit für eine Verjährung der Verbrechen, die während des Nationalsozialismus begangen worden waren und als Mord qualifiziert wurden, sprachen sich 1965 60 Prozent der Befragten aus. Vgl. Elisabeth Noelle, Erich Peter Neumann: Jahrbuch der öffentlichen Meinung 1965-1967. Allensbach, Bonn 1967. S. 165f.

196 Fritz Bauer: Diese Verbrechen einfach vergessen? Holzarbeiter-Zeitung, H. 2, 1965. S. 9.

197 Fritz Bauer, a.a.O. S. 8.

gesetzes als eine Abgrenzung vom Nationalsozialismus und als politischen, normativen Ausgangspunkt für die Gestaltung der Demokratie. Bauer entfaltete einen Bezugsrahmen für das politische Handeln in der Bundesrepublik, der die Abgrenzung vom Nationalsozialismus als konstruktives Moment heranzieht, das die Auseinandersetzung mit dem Vergangenen fordert und die Institutionalisierung der Demokratie nicht als bloße historische Abgrenzung »ex negativo«[198] begreift. Der Umgang mit der NS-Vergangenheit in Form einer negativen Abgrenzung spiegelte sich exemplarisch in der Regierungserklärung, die Bundeskanzler Konrad Adenauer im September 1949 abgegeben hatte und in der er sich mit Blick auf den Nationalsozialismus »entschlossen« zeigte, »wo es (...) vertretbar erscheint, Vergangenes vergangen sein zu lassen«. »(A)us der Vergangenheit die nötigen Lehren« zu ziehen, bedeutete für den Kanzler, »Lehren gegenüber allen denjenigen zu ziehen, die an der Existenz unseres Staates rütteln, mögen sie nun zum Rechtsradikalismus oder zum Linksradikalismus zu rechnen sein.«[199] Bundeskanzler Adenauer hatte mit der Bekräftigung des antikommunistischen und anti(neo)nationalistischen Legitimationsmusters[200] eine negative Abgrenzung von der NS-Vergangenheit konstruiert, während Bauers Begriff von der »Bewältigung der Vergangenheit« in seiner historisch-genetischen und kritisch-dialektischen Perspektive auf die Gewinnung eines gesellschaftlichen Ethos zielte. Die Ethik des Pluralismus galt es nicht durch Abgrenzung und Negation, sondern in der Auseinandersetzung mit der eigenen Geschichte, einer, wie Bauer sagte, »Selbstbesinnung« zu etablieren, in deren Kontext das Individuum die Handlungskompetenz des mündigen Bürgers entfalten kann.

Obwohl sich damit schon seit 1949 abzeichnete, dass Bauers politische Position in einem wesentlich anderen Verständnis der Demokratie der Bundesrepublik wurzelte als beispielsweise das von Konrad Adenauer, vermied Bauer in den frühen fünfziger Jahren explizite Kritik an den Inhalten und Begründungen der staatlichen Vergangenheitspolitik und der geschichts-politischen Legitimation westdeutscher Staatlichkeit.[201] Vielmehr positionierte er sich in der

198 Peter Reichel: Vergangenheitsbewältigung als Problem unserer politischen Kultur. In: Jürgen Weber, Peter Steinbach (Hg.): Vergangenheitsbewältigung durch Strafverfahren? München 1984. S. 147.

199 Bundeskanzler Konrad Adenauer in seiner Regierungserklärung am 20. September 1949. Stenographische Berichte, I. Wahlperiode. Sitzung vom 20. September 1949. S. 27.

200 Christoph Kleßmann: Die doppelte Staatsgründung. Bonn 1991. S. 256.

201 Vgl. zur staatlichen Vergangenheitspolitik und geschichtspolitischen Legitimation der Bundesrepublik: Norbert Frei: Das Problem der NS-Vergangenheit in der Ära Adenauer. In: Bernd Weisbrod (Hg.): Rechtsradikalismus in der politischen Kultur der Nachkriegszeit. Hannover 1995. S. 19ff; Norbert Frei: Amnestiepolitik der Bonner Anfangsjahre. Universitas. H. 606, 1996. S. 1147ff; Norbert Frei: Vergangenheitspolitik. Die Anfänge der Bundesrepub-

frühen Bundesrepublik, indem er Anschluss an das politische Denken von westdeutschen, antinazistischen Deutungseliten suchte. Die pragmatisch orientierte Prozessstrategie im Verfahren gegen Otto Ernst Remer ist ein Beispiel dafür.

Fritz Bauer gab seine Strategie, mit der eigenen politischen Position an das politische Denken von bundesdeutschen Deutungseliten anzuknüpfen, auch nach dem Prozess gegen Otto Ernst Remer nicht auf.

Obwohl Bauer in Rezeption der Sozialforschung Adornos, mit dem Postulat der Aufhebung der vergangenheitspolitisch produzierten normativen Indifferenz und mit seiner Analyse der gesellschaftlichen Ursachen des Nationalsozialismus weit über die Thematisierung des Nationalsozialismus durch Theodor Heuss hinausgegangen war[202], stellte er immer wieder dezidiert den Bezug zu dessen politischen Gedanken her. Eine Einordnung des politischen Agierens von Bauer in einen lebensgeschichtlichen Kontext und in die historische Situation nach 1945 erklärt sein Handeln. Dass Theodor Heuss die Auseinandersetzung mit dem Nationalsozialismus nach 1945 in seinen Reden als Bundespräsident immer wieder zum Thema machte und damit die Notwendigkeit der Thematisierung der Vergangenheit unterstrich, machte ihn in der zeitgenössischen Situation schon zu einer partiellen Gegenfigur zur Wirksamkeit einer Deutungsmacht, die die Erinnerung und die Thematisierung des Nationalsozialismus ausblendete, wie die Vergangenheitspolitik der Bundesregierung, oder vom handelnden Subjekt abkoppelte, wie die Vertreter des rheinland-pfälzischen Kultusministeriums in der Auseinandersetzung zwischen dem Landesjugendring Rheinland-Pfalz, Fritz Bauer und der rheinland-pfälzischen Regierung. In einer lebensgeschichtlichen Perspektive lässt sich Bauers Agieren damit erklären, dass er als Opfer des Nationalsozialismus und Remigrant auch nach 1945 Repräsentant einer gesellschaftlichen Minderheit war, die

---

lik und die NS-Vergangenheit. München: Beck ²1997; Ulrich Brochhagen: Vergangene Vergangenheitsbewältigung. Mittelweg 36, H. 5, 1992. S. 145ff; Ulrich Brochhagen: Nach Nürnberg. Berlin 1999; Edgar Wolfrum: Geschichtspolitik in der Bundesrepublik Deutschland. Darmstadt 1999.

202 Theodor Heuss war im Umgang mit der NS-Vergangenheit ambivalent geblieben. Er setzte sich 1955 für den wegen Einsatzgruppenverbrechen verurteilten Martin Sandberger ein, der vor Gericht zugegeben hatte 350 Menschen getötet zu haben. Perels schreibt, dass der Fall Sandberger zeigt, »(w)elche Verankerung die Forderung der Begnadigung von NS-Mördern in den Spitzen der jungen Bundesrepublik selbst bei dezidiert antinazistischen Politikern, Kirchenleuten, Professoren, besaß«, die Perels als »unaufgelöste Spannung zwischen einer Wahrnehmung der Terror-Struktur des Regimes und einer fast gleichzeitigen Laxheit im Umgang mit der Rolle bestimmter Täter« beschreibt. Vgl. Joachim Perels: Der Umgang mit Tätern und Widerstandskämpfern nach 1945. KJ, H. 3, 1997. S. 361f. Vgl. zur Thematisierung der NS-Vergangenheit durch Theodor Heuss auch Joachim Perels: Vergessen – Gedenken – Erinnern. FR vom 10.4.1999.

es – wollte sie politischen Einfluss geltend machen – vermeiden musste, die deutsche Gesellschaft in Konfrontation mit dem »anderen Deutschland« zu polarisieren und zu spalten. Deshalb stellte Bauer die gedanklichen Linien zu Theodor Heuss als einem Repräsentanten westdeutscher Staatlichkeit ausdrücklich heraus.

Dennoch zeichnete sich Mitte der fünfziger Jahre, mit dem Wechsel Bauers als Generalstaatsanwalt nach Frankfurt, eine Neuakzentuierung seiner politischen Handlungsstrategie ab: Im Unterschied zu den frühen fünfziger Jahren trat er mehr und mehr in der Öffentlichkeit auf und übte, wie mit seinen Reden in Dortmund im Sommer 1961 und in Frankfurt 1963, explizit Kritik an dem Umgang bundesdeutscher Deutungseliten mit der Vergangenheit. Fritz Bauer suchte seit Ende der fünfziger Jahre regelmäßig die Öffentlichkeit, um die Verfasstheit der Demokratie in der Bundesrepublik und die Realisierung der mit dem Grundgesetz formal institutionalisierten parlamentarischen Demokratie zu problematisieren. Er publizierte eine Vielzahl von Texten, nahm in öffentlichen Reden, als Teilnehmer an Podiumsdiskussionen und als Referent auf Tagungen zur politischen Situation in der Bundesrepublik Stellung, und Fritz Bauer äußerte sich in Interviews zur politischen Verfasstheit Westdeutschlands.

Die öffentlichen Auftritte von Fritz Bauer unterscheiden sich dabei in einem Punkt deutlich von den Gerichtsverfahren, die er konzeptionierte, führte und in denen es auch um die Thematisierung der Vergangenheit ging: Während Fritz Bauer als Generalstaatsanwalt im Gerichtssaal pragmatisch und zielorientiert handelte, entfaltete er in seinen öffentlichen Stellungnahmen und in seinen Texten in der Thematisierung der Vergangenheit eine prinzipielle Dimension demokratietheoretischen Denkens. Fritz Bauer löste durch seine öffentlichen Stellungnahmen seit Mitte der fünfziger Jahre regelmäßig Debatten aus und trug Konflikte aus, die als ein kritischer Dialog zwischen ihm und westdeutschen Deutungseliten interpretiert werden können. Bauer nutzte diese Konflikte, um seine Position zu entwickeln und um die politischen Funktionsträger sowie die westdeutsche Öffentlichkeit mit dieser zu konfrontieren.

Die Neuakzentuierung der politischen Handlungsstrategie von Fritz Bauer war eine Reaktion auf die veränderte politische Situation in der Bundesrepublik in der Zeit der Konsolidierung der Demokratie in der Ära Adenauer. Als er Anfang der fünfziger Jahre in Braunschweig den Prozess gegen Otto Ernst Remer führte und die Frage zur Disposition stand, ob Widerstand gegen den NS-Staat als rechtmäßig qualifiziert wird, stand mit dem Parteimitglied der SRP ein gesellschaftlicher Außenseiter vor Gericht. Fritz Bauers Ziel, mit dem Prozess gegen Remer die Legitimität des Widerstandes nachzuweisen, mündete in eine pragmatische Prozesstaktik, die sich mit dem politischen Interesse der

Bundesrepublik, nämlich der notwendigen Abgrenzung von der neo-nationalistischen Politik der SRP, verbünden konnte. Ganz verschieden motivierte Interessen erzeugten im Frühjahr 1952 ein politisches Klima, das einer Verurteilung von Remer und der rechtlichen Anerkennung des Widerstandes vom 20. Juli zugute kam. Während der Konsolidierung west-deutscher Staatlichkeit in der Ära Adenauer der späteren fünfziger Jahre brach dieses frühe Zusammenspiel politischer Interessen auseinander, die Unterschiede der politischen Denkansätze und politischen Ideen traten deutlich hervor und die politischen Gegenspieler von Fritz Bauer waren nicht länger gesellschaftliche Außenseiter. Vielmehr verortete er sie im Spektrum der herrschenden Deutungselite. Da Bauer ganz ähnlich wie Theodor W. Adorno das Fortleben antidemokratischen Denkens »*in* der Demokratie als potentiell bedrohlicher denn das Nachleben faschistischer Tendenzen *gegen* die Demokratie« betrachtete[203], formulierte er seine Position und Kritik dezidiert öffentlich und nahm den kritischen Dialog auf. Fritz Bauer lebte damit die von ihm eingeforderte Handlungskompetenz des mündigen und selbstbewussten Bürgers selbst tätig vor. Anfang der sechziger Jahre spitzte sich auch die Auseinandersetzung um das Widerstandsrecht zu, die Fritz Bauer nun als öffentlichen Konflikt mit den Deutungseliten austrug.

2. Die subjektive Dimension des Widerstandsrechts: Hermann Weinkauff gegen Fritz Bauer

Mitte der sechziger Jahre veröffentlichte Fritz Bauer in der Rubrik *Existenz* der Zeitschrift *Gemeinschaft und Politik* einen Aufsatz über *Die Widerstandsidee in Vergangenheit und Gegenwart*[204], in dem er auf zwei Jahrzehnte der Beschäftigung mit dem Widerstand in Deutschland zurückblickte. Das Nachdenken über die »Worte und Ideen ›Ungehorsam‹ und ›Widerstand‹ (...) sind nach dem Zusammenbruch des nationalsozialistischen Unrechtsstaats wiederum in das Blickfeld von Recht, Ethik und Politik, auch der Theologie geraten«, bilanzierte er und betrachtete diese »deutsche(...) Debatte« als einen »wichtige(n) Teil unserer

203 Theodor W. Adorno: Was bedeutet: Aufarbeitung der Vergangenheit. In: Ders.: Eingriffe. Frankfurt a.M. [18]1996. S. 126. (Hervorh. im Original) Vgl. z.B. Fritz Bauer: Vom Rechte, das mit uns geboren ist, von dem ist, leider nie die Frage. Kritische Bemerkungen zur Strafrechtsreform. Hörfunkfeature mit Fritz Bauer, Hessischer Rundfunk, 1966. (Gesendet am 9. 8.1966, Hessischer Rundfunk 1. Programm) (Manuskript) S. 9.

204 Fritz Bauer: Die Widerstandsidee in Vergangenheit und Gegenwart. Gemeinschaft und Politik. Zeitschrift für Geopolitik, H. 9/10, 1965. S. 289ff.

Neubesinnung auf die demokratischen Grundwerte«.[205] Die Auseinandersetzung mit dem Widerstand war für Fritz Bauer zum »Kristallisationspunkt gesellschaftlichen Denkens und Handelns«[206], zum Prüfstein demokratischer Existenz, in der Bundesrepublik geworden.

Unmittelbar nach Abschluss des Verfahrens gegen Otto Ernst Remer war das Plädoyer von Fritz Bauer veröffentlicht worden[207], und sowohl die Wochenzeitung *Das Parlament* wie auch die Vierteljahresschrift für Politik und Kultur *Geist und Tat* hatten im Sommer 1952 in Sonderausgaben über den Remer-Prozess berichtet.[208] In den fünfziger Jahren hatte Fritz Bauer die Themen Widerstand und Widerstandsrecht in seinen Schriften dann immer wieder aufgegriffen. Mit der Gedenkrede an die lokalen Widerstandsgruppen in Dortmund[209] begann im Sommer 1961 erneut eine intensive Beschäftigung mit dem Widerstandsrecht und das Jahr 1965 markierte den Höhepunkt einer ganzen Reihe von Texten und Vorträgen, in denen sich Fritz Bauer noch einmal ausführlich mit dem Themenkomplex Widerstand, Eid und Gewissen beschäftigte.[210] Neben dem erwähnten Aufsatz über *Die Widerstandsidee in*

---

205 Fritz Bauer, a.a.o. S. 289. Ähnlich Fritz Bauer in seinem Aufsatz: Widerstand als geschichtlicher Auftrag. Das Widerstandsrecht in unserer Geschichte. FuR, H. 10, 1965. S. 1ff, besonders S. 1.

206 Fritz Bauer: Widerstand als geschichtlicher Auftrag. Das Widerstandsrecht in unserer Geschichte. FuR, H. 10, 1965. S. 1.

207 Fritz Bauer: Eine Grenze hat Tyrannenmacht. GuT, H. 7, 1952. S. 194ff.

208 Vgl. Das Parlament. Sonderausgabe vom 20. Juli 1952 sowie Geist und Tat. Sonderausgabe zum Remer-Prozess. Juni-H., 1952. Die Sonderausgabe der Wochenzeitung Das Parlament machte die Geschichte des 20. Juli zum Thema, veröffentlichte historische Quellen, Ausschnitte aus den im Prozess erstatteten Gutachten und dem Plädoyer von Fritz Bauer sowie eine Zusammenfassung des Urteils. Die Sonderausgabe von Geist und Tat veröffentlichte Beiträge, die Bauer als Vertreter der Staatsanwaltschaft sowie der dem Verfahren vorsitzende Richter und beteiligten Gutachter verfasst hatten. Willi Eichler schrieb über den Sinn demokratischer Freiheit, Fritz Bauer veröffentlichte Ausschnitte seines Plädoyers Eine Grenze hat Tyrannenmacht, Prof. Dr. Percy Schramm verfasste einen Artikel mit dem Titel Die Katastrophe war gewiss, der wie der Text von Prof. Dr. Rupert Angermair Es ist Dir nicht erlaubt und der von Hans-Joachim Iwand/Ernst Wolf: Neubesinnung auf das Recht auf die Gutachten im Verfahren zurückging. Der vorsitzende Richter Joachim Heppe veröffentlichte einen Text mit dem Titel Verständlicher Irrtum – unbelehrbarer Trotz. Die Zeitschrift Geist und Tat gilt als »eine der einflussreichen sozialdemokratischen Zeitschriften der Nachkriegszeit«, Bauer schrieb regelmäßig Beiträge für die monatlich erscheinende Schrift. Vgl. Friedhelm Boll: Jugendbewegung, Widerstand und Exil, Marxismuskritik und Westorientierung. Der Kreis um die Zeitschrift Geist und Tat. In: Das Linke Intellektuellenmilieu in Deutschland, seine Presse und seine Netzwerke. Hg. v. Michel Grunewald in Zusammenarbeit mit Hans Manfred Bock. Bern 2002. S. 595ff. Bes. S. 595 u. 599.

209 Fritz Bauer: Wir aber wollen Male richten euch zum Gedächtnis. Dortmund 1961.

210 Vgl. Fritz Bauer: Das Widerstandsrecht des kleinen Mannes. GuT, H. 1, 1962. S. 78ff; Widerstandsrecht und Widerstandspflicht des Staatsbürgers. In: Martin Niemöller u.a.: Tempelreinigung. Frankfurt a.M. 1962. S. 41ff; Vom Recht auf Widerstand. Das Vermächtnis des 20. Juli an die Justiz. Stuttgarter Zeitung vom 20.7.1962; Lebendige Vergangenheit.

Vergangenheit und Gegenwart, erschienen 1965 die von Fritz Bauer zusammengestellten und kommentierten Dokumente *Widerstand gegen die Staatsgewalt*.[211] Er publizierte einen Aufsatz zum Thema *Widerstand als geschichtlicher Auftrag. Das Widerstandsrecht in unserer Geschichte*[212], in der *Tribüne* erschien ein kurzer Beitrag von ihm über die *Mythologisierung der ›Pflicht‹* und für den von Hildburg Bethke im selben Jahr herausgegebenen Sammelband *Eid, Gewissen, Treuepflicht* verfasste er einen Text über den *Diensteid und (die) Grenzen der Dienstpflicht*.[213]

2.1 »Widerstandsrecht des kleinen Mannes« oder »Widerstandsrecht der Amtsträger«?

Im September 1962 berichtete die *Frankfurter Rundschau*, Fritz Bauer habe auf einer Veranstaltung der SPD in Braunschweig die Rechtsprechung zum Widerstand »scharf« kritisiert.[214] Die kurze Zeitungsmeldung lässt erahnen, warum der ganze Themenkomplex in den frühen sechziger Jahren – zehn Jahre nach Abschluss des Remer-Prozesses – für Fritz Bauer erneut brisant wurde. Bauer habe erklärt,

> »verschiedene Bundesgerichtssenate hätten mit Urteilen über die situationsbedingte Wehrdienstverweigerung und über Entschädigungsansprüche aus der Zeit des Nationalsozialismus das Recht auf passiven Widerstand unangemessen eingeschränkt. An der Berechtigung zu passivem Widerstand gegen Unrecht von staatlicher Seite gibt es heute nach Bauers Ansicht keinen Zweifel mehr. In Deutschland müsse man lernen, nein zu sagen, wenn Verbrechen befohlen würden.«[215]

Die öffentliche Kritik von Fritz Bauer richtete sich gegen ein zivilrechtliches Urteil, das der Bundesgerichtshof im Juli 1961 nach dem Bundesergänzungsgesetz zur Entschädigung für Opfer der national-sozialistischen Verfolgung[216]

Vorgänge, H. 7, 1963. S. 197ff; Oster und das Widerstandsrecht. Eine juristische Betrachtung. Politische Studien, H. 15, 1964. S. 188ff. Vgl. zur Einordnung der beiden Gedenkreden, die Bauer im Sommer 1961 und 1963 hielt oben S. 164ff.

211 Fritz Bauer: Widerstand gegen die Staatsgewalt. Dokumente der Jahrtausende. Frankfurt a.M. 1965.

212 Fritz Bauer: Widerstand als geschichtlicher Auftrag. Das Widerstandsrecht in unserer Geschichte. FuR, H. 10, 1965. S. 1ff.

213 Fritz Bauer: Mythologisierung der »Pflicht«. Tribüne, H. 14, 1965. S. 1493f und Ders.: Diensteid und Grenzen der Dienstpflicht. In: Hildburg Bethke (Hg:): Eid, Gewissen, Treuepflicht. Frankfurt a.M. 1965. S. 122ff.

214 Kritik an der Rechtsprechung über Widerstand gegen Unrecht. FR vom 14.9.1962.

215 Ebd.

216 Vgl. das Bundesergänzungsgesetz zur Entschädigung für Opfer der nationalsozialistischen Verfolgung (BEG) vom 18.9.1953 im Bundesgesetzblatt Nr. 62, 1953, S. 1387ff.

gefällt hatte.[217] Der mit der Rechtsangelegenheit damals befasste Anwalt Heinrich Hannover hat den Fall in seinen *Erinnerungen* rekonstruiert: Der Dreher Georg B. hatte Ende der fünfziger Jahre beim Landesamt für Wiedergutmachung in Bremen seinen Entschädigungsanspruch wegen erlittener Haft- und Strafkompaniezeiten nach seiner Kriegsdienstverweigerung 1939 geltend gemacht.[218] Das Landesamt für Wiedergutmachung hatte die Ansprüche des Antragstellers als unbegründet abgewiesen, weil eine justitielle Verfolgung und Bestrafung von Kriegsdienstverweigerung keine typisch nationalsozialistische Rechtspraxis gewesen sei und in anderen Ländern ganz ähnlich verfahren werde. Das Landgericht Bremen hatte der Entscheidung des Landesamtes beigepflichtet und eine Klage von Georg B. im Januar 1960 abgewiesen. Das in der nächsten Instanz zuständige Oberlandesgericht sprach Georg B. dann aber im November 1960 eine Entschädigung für 67 Monate Freiheitsentzug zu. Das OLG erkannte an, dass Georg B. 1939, nachdem er seiner Einberufung zum Kriegsdienst nicht nachgekommen war, wegen seiner politischen Gegnerschaft zum Nationalsozialismus von dem damals zuständigen Kriegsgericht zu 3½ Jahren Festungshaft verurteilt worden war. Entschädigungsberechtigt sei er, weil dem OLG die Aussage einer Zeugin glaubhaft erschien, derzufolge Georg B. in der Verhandlung vor dem Kriegsgericht »als ›roter Lump‹ bezeichnet worden sei«, dem Kriegsgericht die politische Gegnerschaft des Klägers also bekannt gewesen und er gerade wegen seiner politischen Haltung verurteilt worden sei.[219] Das OLG stellte fest, so Heinrich Hannover, dass Georg B. später »von einem Feldgericht erneut zu einer anderthalbjährigen Freiheitsstrafe verurteilt worden« war. Er hatte seine Beteiligung am Auslegen von Minen in Russland verweigert, »da er an der Aufstellung von Mordwaffen nicht habe mitwirken wollen«. Das OLG sah damit »(a)uch die subjektiven Voraussetzungen eines Entschädigungsanspruches« gegeben, denn »der Kläger habe sich aus Gründen politischer Gegnerschaft zum Nationalsozialismus geweigert, das national-sozialistische Regime durch aktive Teilnahme am Krieg zu unterstützen« und »das seinen Verhältnissen Entsprechende getan, um einem als rechtswidrig anerkannten Herrschaftssystem seine Unterstützung zu verweigern.«[220] Schließlich beschäftigte der Fall den Bundesgerichtshof, der als oberstes Gericht in Zivil- und Strafsachen für eine letztinstanzliche Entscheidung zuständig war und in seinem Urteil vom 14. Juli 1961 der Beurteilung des Falles durch das OLG widersprach. Zwar stellte auch der BGH fest, dass Georg B. 1939 aus »Gründen politischer Gegnerschaft zum Nationalsozialis-

217 Vgl. das Urteil des BGH vom 14.7.1961 in NJW, H. 5, 1962, S. 195ff.

218 Vgl. Heinrich Hannover: Die Republik vor Gericht 1954-1974. Berlin 21998. S. 81ff.

219 Heinrich Hannover, a.a.O. S. 82.

220 Heinrich Hannover, a.a.O. S. 82f.

mus« den Kriegsdienst verweigert habe und deshalb von einem Kriegsgericht verurteilt worden sei.[221] Seinen Entschädigungsanspruch lehnte der Bundesgerichtshof allerdings ab. Die Kriegsdienstverweigerung und die Weigerung des Klägers, sich am Legen von Minen zu beteiligen, erkannten die Richter nicht als rechtmäßigen Widerstand im Sinne des BEG an. Der BGH formulierte in seinem Urteil die Kriterien für eine Anerkennung von Widerstand nach dem Entschädigungsgesetz, und von einem rechtmäßigen Widerstand glaubte der BGH nur dann sprechen zu können, wenn die Widerstandshandlung »auf einer einigermaßen sinnvollen Planung beruhte und (...) geeignet war, der NS-Gewaltherrschaft Abbruch zu tun«.[222] Demgegenüber erschien die Wehrdienstverweigerung des Klägers als eher unbedeutende »Einzelaktion«.[223] Widerstand, so begründete der BGH das Urteil, müsse schon »in bezug auf die Übel der bestehenden Unrechtsherrschaft eine wirkliche Wende zum besseren« herbeiführen.[224] Der BGH schloss sein Urteil im Sommer 1961 mit dem Hinweis: »(v)on dieser (geplanten und Erfolg versprechenden, C.F.) Art war der Widerstand der Männer vom 20. Juli 1944 (...).«[225] Das Bundesergänzungsgesetz zur Entschädigung für Opfer der nationalsozialistischen Verfolgung (BEG), das die Entschädigung von Verfolgten, Widerstandskämpfern und politischen Gegnern des NS-Regimes regelt und im Zuge der Wiedergutmachungsregelungen für die Opfer des Nationalsozialismus 1953 in Kraft getreten war, verpflichtete die Bundesrepublik zunächst einmal Personen, »die aus Überzeugung oder um des Glaubens oder Gewissens willen gegen die nationalsozialistische Gewaltherrschaft« Widerstand geleistet hatten, eine Wiedergutmachung des erlittenen Verfolgungs- und Unterdrückungsunrechts zukommen zu lassen. Der Gesetzgeber erkennt diesen Widerstand in der Präambel des BEG als »Verdienst um das Wohl des Deutschen Volkes und Staates« an.[226] Als anspruchs- und entschädigungsberechtigt gilt nach dem BEG

»wer in der Zeit vom 30. Januar 1933 bis 8. Mai 1945 (...) wegen seiner gegen den Nationalsozialismus gerichteten politischen Überzeugung, aus Gründen der Rasse, des Glaubens oder der Weltanschauung (...) verfolgt worden ist und hierdurch Schaden an Leben, Körper, Gesundheit, Freiheit, Eigentum, Vermögen oder in seinem beruflichen und wirtschaftlichen Fortkommen erlitten hat (...).«

221 Urteil des BGH vom 14.7.1961 in NJW, H. 5, 1962. S. 195.

222 Ebd.

223 Urteil des BGH vom 14.7.1961, a.a.O. S. 196.

224 Ebd.

225 Ebd.

226 Bundesergänzungsgesetz zur Entschädigung für Opfer der nationalsozialistischen Verfolgung (BEG) vom 18.9.1953 im Bundesgesetzblatt Nr. 62, 1953, S. 1388.

Und der »Verfolgung wegen politischer Überzeugung wird« nach dem Gesetz

> »gleichgestellt eine Verfolgung, die darauf beruhte, dass der Verfolgte auf Grund eigener Gewissensentscheidung sich unter Gefährdung seiner Person aktiv gegen die Missachtung der Menschenwürde oder gegen die sittliche, auch durch den Krieg, nicht gerechtfertigte Vernichtung von Menschenleben eingesetzt hat.«[227]

Der Gesetzgeber nahm zwar sogleich eine wesentliche Einschränkung des Kreises der Anspruchsberechtigten vor, indem er in § 1 BEG (4) festlegte, dass »keinen Anspruch auf Entschädigung« hat, wer »einer anderen Gewaltherrschaft Vorschub geleistet hat« und »wer die freiheitlich demokratische Grundordnung bekämpft«.[228] Im historischen Kontext des Kalten Krieges bot das BEG damit beispielsweise die Möglichkeit, den Widerstand von Kommunisten nicht als rechtmäßigen Widerstand im Sinne des BEG zu beurteilen. Insofern wurde das Entschädigungsgesetz ein wichtiges »Medium der Widerstandsdefinition«[229], und die Rechtsprechung in seiner Folge führte zu einer »Einengung der Vorstellungen über den Widerstand im Zusammenhang mit zeitgeschichtlichen Erfahrungen.«[230] Dass der BGH hinsichtlich der Rechtmäßigkeit – wie in seinem Urteil im Juli 1961 – die Frage nach den »Beweggründen, Zielsetzungen und Erfolgsaussichten«[231] von Widerstand stellte, in der Auslegung des BEG die Ausgrenzung von Widerstand einzelner Soldaten gegenüber dem »Gesamtphänomen Widerstand«[232] rechtfertigte und den Widerstand vom 20. Juli in der Interpretation des Gesetzestextes als den »ersichtlich (...) beispielhaften Fall eines rechtmäßigen Widerstandes« bezeichnete[233] kann aber nicht nur als eine »Präzisierung der Widerstands-vorstellung«[234] im zeitgeschichtlichen und politischen Kontext betrachtet werden.

Heinrich Hannover erinnert sich, dass das Urteil des BGH »in der kritischen Öffentlichkeit des In- und Auslandes ein ungeheures Aufsehen erregte (...).«[235] Marion Gräfin Dönhoff schrieb in der Wochenzeitung *Die Zeit*:

---

227 Ebd.

228 Ebd.

229 Peter Steinbach: Widerstandsforschung im politischen Spannungsfeld. APuZ, B 28, 1988. S. 5.

230 Peter Steinbach, a.a.O. S. 6.

231 Urteil des BGH vom 14.7.1961, a.a.O. S. 196.

232 Peter Steinbach, a.a.O. S. 6.

233 Urteil des BGH vom 14.7.1961, a.a.O. S. 196.

234 Vgl. Peter Steinbach, a.a.O. S. 6.

235 Heinrich Hannover: Die Republik vor Gericht. Berlin ^{2}1998. S. 81. Wie Heinrich Hannover berichtet, stellte sich später heraus, dass sein Mandant »über seine Kriegsdienstverweigerung und deren Folgen im Detail Angaben gemacht hatte, die durch neue Aktenfunde widerlegt wurden.« Hannover legte daraufhin sein Mandat nieder. Das Urteil des BGH bleibt als »juristische Stilübung am untauglichen Objekt« in seiner Argumentation aber gültig. Vgl. Heinrich Hannover, a.a.O. S. 84. Ähnlich bemerkte auch Adolf Arndt in seiner Stellungnahme

»Der arme Dreher, hätte er 1939 gewusst, dass man von ihm erwarte, er müsse entweder der NS-Herrschaft Abbruch tun oder aber sein Gewissen zum Schweigen bringen, und hätte er gewusst, dass das ersehnte demokratische ›Vierte Reich‹ seine Opposition gegen Hitlers ›Drittes Reich‹ deshalb für sinnlos hält, weil sie keinen Erfolg hatte, er wäre gewiss nicht nur am *Unrechtsstaat*, sondern auch am *Rechtsstaat* verzweifelt.«[236]

Dönhoff erinnerte in ihrem Artikel an die Kriterien, auf deren Grundlage das Widerstandsrecht gegen den NS-Unrechtsstaat im Prozess gegen Otto Ernst Remer begründet worden war. Auch Fritz Bauer äußerte sich in mehreren Texten kritisch zu dem BGH-Urteil. Mit dem Hinweis auf den Widerstand der militärischen Elite um Stauffenberg und den 20. Juli 1944 hatte das höchste westdeutsche Gericht den Widerstand eines Soldaten als unrechtmäßig qualifiziert. Diese Position stand in krassem Gegensatz zu der Rechtsposition, die Bauer als Vertreter der Anklage im Remer-Prozess entwickelt hatte. In seinem Plädoyer im Braunschweiger Prozess hatte er den Widerstand vom 20. Juli mit dem expliziten Verweis gerechtfertigt, »jedermann« habe das Recht gehabt, gegen das NS-Unrechtsregime Widerstand zu üben.[237] Dass die von Fritz Bauer geleistete strategische Beschränkung des Remer-Prozesses auf den 20. Juli Anfang der sechziger Jahre einen »Trennungsvorgang« zu unterstützten drohte[238], der, wie er schlussfolgerte, bedeutete, dass der Widerstand vom 20. Juli als rechtmäßig und der Widerstand »in allen anderen Fällen des ›lautlosen Aufstandes‹« einzelner Soldaten als nicht rechtmäßig qualifiziert wurde[239], veranlasste ihn, zu dem Urteil des BGH Stellung zu nehmen.

Bauer erkannte in Hermann Weinkauff den »geistige(n) Vater« des Urteils.[240] Auf die Argumentation des von 1950 bis 1960 amtierenden Präsidenten des BGH hatte sich der IV. Senat in der Begründung seines Urteils ausdrücklich bezogen.[241] Weinkauff hatte während seiner zehnjährigen Amtszeit als Präsident des BGH eine Rechtsposition zum Widerstand entwickelt, die er in mehreren Vorträgen und Publikationen dargelegt hatte, und er gehörte einem Arbeitskreis von Theologen, Offizieren, Historikern und Juristen an,

---

zu dem BGH-Urteil, »dass gegen den Kl. jenes Rechtsstreits ein Verfahren wegen Meineids und Betrugs eingeleitet sein soll«, könne keinen Einfluss auf eine Urteilskritik haben, denn »es kommt hier nicht darauf an, ob der Sachverhalt zweifelhaft ist, sondern wozu die rechtlichen Erwägungen des BGH herausfordern.« Adolf Arndt: Agraphoi nomoi. NJW, H. 10, 1962. S. 430.

236 Marion Gräfin Dönhoff: Biedermeier in Karlsruhe. Ein Richterspruch, der nicht klärte, sondern verwirrte. Die Zeit vom 5.1.1962. (Hervorh. im Orig.)

237 Vgl. Fritz Bauer: Eine Grenze hat Tyrannenmacht. GuT, H. 7, 1952. S. 199.

238 Peter Steinbach, a.a.O. S. 5.

239 Fritz Bauer: Das Widerstandsrecht des kleinen Mannes. GuT, H. 1, 1962. S. 79.

240 Fritz Bauer, a.a.O. S. 82.

241 Vgl. BGH Urteil vom 14.7.1961, a.a.O. S. 196.

der 1952 in München auf Anregung des Generalmajors a.D. Hermann von Witzleben gegründet worden war und es sich zur Aufgabe gemacht hatte, die Geschichte des militärischen Widerstandes zu erforschen.[242] 1960 legte die Arbeitsgemeinschaft ihre erste Publikation vor, für die Hermann Weinkauff ein Gutachten über *Die Militäropposition gegen Hitler und das Widerstandsrecht* verfasste.[243] »Zuweilen wird die Rechtsmeinung vertreten«, schrieb Weinkauff in seinem Gutachten,

»gewaltsamer Widerstand gegen das nationalsozialistische Regime könne schon deswegen nicht gegen die Strafbestimmung wider Hoch- und Landesverrat verstoßen haben, (...) weil der nationalsozialistische Staat als ›Unstaat‹ oder als ›Unrechtsstaat‹ überhaupt keinen gültigen Strafrechtsschutz gegen Angriffe auf seinen inneren und äußeren Bestand hätte haben können (...).«[244]

Hermann Weinkauff sprach der von Fritz Bauer im Prozess gegen Otto Ernst Remer entwickelten Rechtsposition ihre Berechtigung ab, weil die Legitimierung von Widerstand unter Bezugnahme auf den Unrechtscharakter des NS-Staates als Rechtfertigungsgrund die »Frage« nach dem Widerstands-recht »rechtlich nicht richtig (...)stellt.«[245] Die seines Erachtens für die rechtliche Beurteilung des Widerstandes relevante »Frage« hatte Weinkauff schon in einem Referat *Über das Widerstandsrecht* entwickelt, das er im Februar 1956 im Rahmen einer Veranstaltung der Juristischen Studiengesellschaft in Karlsruhe vorgetragen hatte. Bei der Beurteilung der Rechtmäßigkeit von Widerstand sei nach dem »Inhalt«, dem »Grunde« und den »Grenzen« des Widerstandsrechts zu fragen.[246] Als entscheidende »Frage« bei der Feststellung, ob Widerstand rechtmäßig sei, formulierte Weinkauff die folgende: Wenn der »(o)berste Träger der Staatsgewalt (...) selbst das Recht grob bricht, wenn er selbst Unrecht tut oder setzt (...) (d)arf oder muss man dem widerstehen? Unter welchen Voraussetzungen und mit welchen Zielen darf man widerstehen? Wer darf widerstehen (...)?«[247] Obwohl Hermann Weinkauff die, wie er selbst sagte, »Weite« und »Verschlungenheit« des ganzen Rechtsproblems vor Augen

---

242 Vgl. Vollmacht des Gewissens. Probleme des militärischen Widerstandes gegen Hitler. Bd. 1. Hg. v. der Europäischen Publikation e.V. Frankfurt a.M., Berlin 1960. S. 9.

243 Die erste Publikation des Arbeitskreises Europäische Publikation e.V. erschien unter dem Titel: Vollmacht des Gewissens. Probleme des militärischen Widerstandes gegen Hitler. Bd. 1. Hg. v. der Europäischen Publikation e.V. Frankfurt a.M., Berlin 1960. Vgl. darin das Gutachten von Hermann Weinkauff: Die Militäropposition gegen Hitler und das Widerstandsrecht. S. 139ff.

244 Hermann Weinkauff, a.a.O. S. 143.

245 Hermann Weinkauff, a.a.O. S. 144.

246 Hermann Weinkauff: Über das Widerstandsrecht. Vortrag gehalten vor der Juristischen Studiengesellschaft in Karlsruhe am 24. Februar 1956. Karlsruhe 1956. S. 3ff, bes. S. 3.

247 Hermann Weinkauff, a.a.O. S. 3f.

stand[248], entwickelte er präzise Kriterien für die Legitimierung eines Widerstandsrechts, die der BGH dann als Grundlage seiner Entscheidung über den Fall Georg B. im Sommer 1961 heranzog.

Weinkauff räumte zwar ein, dass in einem diktatorischen Staat »grundsätzlich alle zum Widerstand berechtigt«[249] seien. »(G)egenüber einem das Recht brechenden obersten Staatsträger« stehe ein Widerstandsrecht zunächst aber einmal den Funktionsträgern und institutionellen Organen des Staates zu, die »unversehrt« geblieben seien und sich dem Recht noch verpflichtet fühlten. Ihnen stehe »in erster Linie« das Recht zu, Widerstand zu leisten, und der »einzelne Staatsbürger dürfte dem nicht vorgreifen«. Auch im »voll ausgebildeten totalitären Staat« gehe nach Weinkauff das Widerstands-recht nur »grundsätzlich auf die Volksgesamtheit, d.h. auf jeden einzelnen Staatsbürger über.«[250] Denn jeder, der das Widerstandsrecht gegenüber dem Staat in Anspruch nimmt, müsse drei »gewisse Voraussetzungen« erfüllen.[251] Weinkauff forderte zuerst, dass der »Grundsatz der Güterabwägung«, also die Wahl angemessener Mittel, auch bezüglich des Widerstandsrechts einzuhalten sei.[252] Eine Rechtsauffassung, die Fritz Bauer durchaus teilte, wenn er schreibt, dass der »Widerstand (...) immer der Rechtsverletzung adäquat sein« müsse.[253] Ferner dürfe nach Weinkauff aber nur Widerstand leisten, wer sich ein »klares und sicheres Urteil« über die Rechtsverletzung oder -brechung des Staates »zutrauen« könne, und schließlich forderte er, dass die »einigermaßen begründete Hoffnung (...), dass der Widerstand Erfolg haben und die Sache zum Besseren wenden werde«, bestehen müsse. Weinkauff betrachtete diese Kriterien als unverzichtbaren Maßstab für ein Widerstandsrecht, weil Widerstand immer ein »Eingriff in den geschichtlichen Ablauf, ein Griff in das Rad der Geschichte« sei.[254] Weinkauff adaptierte damit eine Formulierung von Dietrich Bonhoeffer, entkleidete sie aber ihrem argumentativen Zusammenhang. Im April 1933

248 Hermann Weinkauff, a.a.O. S. 4.

249 Hermann Weinkauff, a.a.O. S. 18.

250 Ebd.

251 Hermann Weinkauff, a.a. O. S. 19. Vgl. zu der folgenden Formulierung der Kriterien für die Beurteilung von Widerstand auch das erwähnte Gutachten von Hermann Weinkauff: Die Militäropposition gegen Hitler und das Widerstandsrecht. In: Vollmacht des Gewissens. Probleme des militärischen Widerstandes gegen Hitler. Bd. 1. Hg. v. der Europäischen Publikation e.V. Frankfurt a.M., Berlin 1960. S. 152ff.

252 Hermann Weinkauff: Über das Widerstandsrecht. Vortrag gehalten vor der Juristischen Studiengesellschaft in Karlsruhe am 24. Februar 1956. Karlsruhe 1956. S. 19.

253 Vgl. Fritz Bauer: Widerstandsrecht und Widerstandspflicht des Staatsbürgers. In: Martin Niemöller u.a.: Tempelreinigung. Frankfurt a.M. 1962. S. 56.

254 Hermann Weinkauff: Die Militäropposition gegen Hitler und das Widerstandsrecht. In: Vollmacht des Gewissens. Probleme des militärischen Widerstandes gegen Hitler. Bd. 1. Hg. v. der Europäischen Publikation e.V. Frankfurt a.M., Berlin 1960. S. 155.

hatte Bonhoeffer in unmittelbarer Reaktion auf den Boykott jüdischer Geschäfte und das Gesetz zur Wiederherstellung des Beamtentums in seinem Vortrag *Die Kirche vor der Judenfrage* die Kirche aufgefordert, sich nicht nur an die Seite der NS-Opfer zu stellen. Vielmehr hatte er die Verpflichtung der christlichen Kirche betont, »dem Rad selbst in die Speichen zu fallen«, »wenn die Kirche den Staat in seiner Recht und Ordnung schaffenden Funktion versagen sieht«[255], womit er »eine gegen die Diktatur gerichtete Formel« prägte[256], die die politische Verantwortung der Christen hervorhob, die theologische Existenz als politische verstand und die Christen in ihrer Gesamtheit zum Widerstand gegen das System aufforderte. Der Präsident des BGH kam indes zu der Schlussfolgerung, dass »(d)iese Forderung (...) naturgemäß den Kreis der wirklich berechtigten Widerstandskämpfer sehr erheblich« einenge.[257] Ausdrücklich bemerkte Weinkauff in dem von ihm 1960 verfassten Gutachten über den militärischen Widerstand, dass demnach »Desertionen oder Gehorsamsverweigerungen einzelner Heeres-angehöriger (...) in der Regel nicht als rechtmäßige Widerstandsakte anerkannt werden« dürfen. Weinkauff betrachtete es als »völlig andere Frage«, wenn ein Soldat »aus Gewissensgründen (...) die Waffen niederlegt«[258], als Widerstandsakt wollte er »Einzeldesertion« aber keinesfalls anerkennen[259], und er fügte hinzu, das sei auch dann der Fall, wenn die Soldaten ihre Desertion damit begründen, dass es »sich um einen ungerechten Krieg« handele.[260]

Fritz Bauer sprach angesichts dieser Position – und ihrer Wirksamkeit im BGH-Urteil von 1961 – von der »Einschränkung« und »Beseitigung« des Widerstandsrechts und setzte der Weinkauffschen Argumentation *Das Widerstandsrecht des kleinen Mannes* entgegen.[261] In seiner Urteilskritik, die wenige Monate nach Verkündung des BGH-Urteils in der Vierteljahresschrift *Geist und Tat*, also in derselben Zeitschrift veröffentlicht wurde, die 1952 sein Plädoyer gegen Remer veröffentlicht hatte, schreibt er:

---

255 Dietrich Bonhoeffer: Die Kirche vor der Judenfrage. In: Dietrich Bonhoeffer. Gesammelte Schriften. Bd. II. Hg. v. Eberhard Bethge. München 1959. S. 44ff. Hier S. 48.

256 Joachim Perels: Theologie des Widerstands: Dietrich Bonhoeffer. Vorgänge, H. 1, 1996. S. 53.

257 Hermann Weinkauff: Über das Widerstandsrecht. Vortrag gehalten vor der Juristischen Studiengesellschaft in Karlsruhe am 24. Februar 1956. Karlsruhe 1956. S. 19.

258 Hermann Weinkauff in Deutsche Gespräche über das Recht zum Widerstand. In: Vollmacht des Gewissens. Probleme des militärischen Widerstandes gegen Hitler. Bd. 1. Hg. v. der Europäischen Publikation e.V. Frankfurt a.M., Berlin 1960. S. 108.

259 Hermann Weinkauff, a.a.O. S. 107.

260 Hermann Weinkauff: Die Militäropposition gegen Hitler und das Widerstandsrecht. In: Vollmacht des Gewissens. Probleme des militärischen Widerstandes gegen Hitler. Bd. 1. Hg. v. der Europäischen Publikation e.V. Frankfurt a.M., Berlin 1960. S. 156.

261 Fritz Bauer: Das Widerstandsrecht des kleinen Mannes. GuT, H. 1, 1962. S. 78ff, bes. S. 81.

»An der Berechtigung passiven Widerstandes, ja an der Verpflichtung zum passiven Widerstand gegenüber staatlichem Unrecht kann überhaupt nicht gezweifelt werden.«[262]

In dem Nachwort, das er 1965 für seine Publikation der Dokumente *Widerstand gegen die Staatsgewalt* verfasste, wies Bauer die Position von Weinkauff noch einmal zurück – allerdings ohne Weinkauff namentlich zu nennen –, wenn er sagt: »Nicht das Widerstands*recht* wirft große Fragen auf, wohl aber die Pflicht zum Widerstand gegen staatliches Unrecht.«[263] Grenzen eines Widerstandsrechts gegen Unrecht bestehen demnach nur mit Blick auf den aktiven Widerstand, zu dem niemand verpflichtet werden könne. Die demokratische Gesellschaft müsse ihre Mitglieder aber geradezu dazu auffordern, passiven Widerstand zu leisten, sich also zu verweigern, wenn Unrecht befohlen wird. Fritz Bauer konstatierte in deutlicher Kritik an der Position des BGH sogar eine Verpflichtung des Menschen, sich unrechtmäßigem Handeln zu verweigern. In einem Text, den er Ende der sechziger Jahre verfasste, arbeitete er die Unterscheidung zwischen der Verpflichtung zum passiven Widerstand und dem Recht auf aktiven Widerstand heraus. Er schreibt:

»Es gibt nur eine Pflicht zum *passiven* Widerstand, nur eine Pflicht, das Böse zu unterlassen, nur eine Pflicht, nicht Komplize des Unrechts zu werden. Ich persönlich glaube nicht, dass man eine *Pflicht* für jedermann statuieren kann, *aktiven* Widerstand zu üben.«[264]

Wie schon im Remer-Prozess verwies Bauer in seiner Kritik am BGH-Urteil von 1961 auf die völkerrechtlichen Verträge, die Deutschland unterzeichnet und mit seinem Krieg gebrochen hatte, und Bauer schlussfolgerte, »(e)s gab und gibt daher wie bei jedem verbrecherischen Gesetz oder Befehl ein Recht zur Verweigerung des Dienstes in einem ›ungerechten Krieg‹.«[265] Jeder Bürger eines Staates ist demnach berechtigt, Widerstand zu leisten, sobald der Staat seine oder anderer Grund- und Menschenrechte verletzt oder vorenthält. Mit dem Hinweis, »(e)benso ist auch die Weigerung eines Soldaten zu werten, an einem Angriffskrieg mitzuwirken«[266], reagierte Fritz Bauer unmittelbar auf die Einlassung Hermann Weinkauffs, dass dem Soldaten auch dann kein Widerstandsrecht zustehe, wenn ihm befohlen wird, an einem »ungerechten Krieg« teilzunehmen. Bauer übte außerdem Kritik an den »Widerstandsprivilegien«[267],

262 Fritz Bauer, a.a.O. S. 79.

263 Fritz Bauer: Widerstand gegen die Staatsgewalt. Frankfurt a.M. 1965. S. 301. (Hervorh. i. Orig.)

264 Fritz Bauer: Ungehorsam und Widerstand in Geschichte und Gegenwart. Vorgänge, H. 8/9, 1968. S. 291. (Hervorh. i. Orig.)

265 Fritz Bauer: Das Widerstandsrecht des kleinen Mannes. GuT, H. 1, 1962. S. 80.

266 Fritz Bauer, a.a.O. S. 79.

267 Fritz Bauer: Widerstand gegen die Staatsgewalt. Frankfurt a.M., Hamburg 1965. S. 252.

die Weinkauff formuliert hatte. Die post-diktatorische Gesellschaft habe mit dem Grundgesetz und ihrer demokratischen Ordnung das Recht des Bürgers zur Partizipation am politischen Entscheidungsprozess anerkannt, und die Rechtsprechung, so argumentierte Bauer, habe das Wesensprinzip der demokratischen Verfassung, »dass das ganze Volk für mündig gehalten wird und zur Mitarbeit aufgerufen ist«[268], zu gewährleisten. Die Debatte um die Rechtsprechung zum Widerstand war für Bauer auch eine Debatte um die Verfassungswirklichkeit und die Geltung von Normen und Werten in der demokratischen Nachkriegsgesellschaft geworden.

Während Marion Gräfin Dönhoff in ihrem Artikel in der *Zeit* von dem »dicke(n) Meltau« sprach, der »über den öffentlichen Angelegenheiten« liege und die vom BGH formulierten Kriterien für ein Widerstandsrecht als dessen Negation beschrieb[269], kritisierte Adolf Arndt, mit dem Bauer sich schon während des Remer-Prozesses ausgetauscht hatte, in einer Stellungnahme zu dem BGH-Urteil vor allem die »hybride Entmündigung des Menschen«. Dass »Verantwortung«, dem BGH zufolge »erst von einem General oder vom Staatssekretär an aufwärts übernommen werden dürfe«, leugne, »dass der Mensch auf Mündigkeit hin angelegt ist« und berühre die »absolute Grenze zwischen freiheitlichem und totalitärem Denken, dass aus der Idee der sittlichen Bestimmung des Menschen der Mensch auf seine Mündigkeit hin ansprechbar ist.«[270]

Um in Abgrenzung zu Hermann Weinkauff die historische Herleitung seines Widerstandsbegriffs zu begründen, zitierte Fritz Bauer aus dem Sachsenspiegel, dem bedeutendsten Rechtsbuch des Mittelalters, in dem es heißt:

»Der Mann muss auch seinem König und Richter, wenn dieser Unrecht tut, widerstehen und helfen, ihm zu wehren in jeder Weise, selbst wenn jener sein Verwandter oder Lehnsherr ist. Und damit verletzt er seine Treuepflicht nicht.«[271]

Die Kodifizierung des Widerstandsrechts Anfang des 13. Jahrhunderts bewertete er als ein »noch in unsere Zukunft weisendes Zeichen demokratischer Mündigkeit« und als einen »historische(n) Markstein« für die deutsche Demo-

---

268 Fritz Bauer: Wertordnung und pluralistische Gesellschaft. In: Leonhard Reinisch (Hg.): Die deutsche Strafrechtsreform. München 1967. S. 39.

269 Marion Gräfin Dönhoff: Biedermeier in Karlsruhe. Ein Richterspruch, der nicht klärte, sondern verwirrte. Die Zeit vom 5.1.1962.

270 Adolf Arndt: Agraphoi nomoi. NJW, H. 10, 1962. S. 432.

271 Fritz Bauer zitiert immer wieder in seinen Texten aus dem Sachsenspiegel. Zum Beispiel in seinem Aufsatz: Widerstand als geschichtlicher Auftrag. FuR, H. 10, 1965. S. 4. Vgl. auch Fritz Bauer: Widerstandsrecht und Widerstandspflicht des Staatsbürgers. In: Martin Niemöller u.a.: Tempelreinigung. Frankfurt a.M. 1962. S. 42 und Fritz Bauer: Die Wurzeln faschistischen und nationalsozialistischen Handelns. Frankfurt a.M. 1965. S. 18f.

kratie[272], weil das germanische Widerstandsrecht des Sachsenspiegels die einem demokratischen Ethos adäquate Verantwortung jedes Bürgers anerkennt und festschreibt.

Auch Hermann Weinkauff beschäftigte sich mit der Geschichte des Widerstandsrecht, und in seinem Vortrag *Über das Widerstandsrecht* zitierte er dieselbe Stelle aus dem mittelalterlichen Rechtsbuch wie Fritz Bauer. Während aber für Bauer »die ganze demokratische Welt (...) stolz auf das Jahr 1215« blickt[273], erschien ihm das »umfassende und dazu völlig formlose Widerstands-recht« und seine »ungemein weite Anerkennung« im Sachsenspiegel als »eigenartig«.[274] Weinkauff begrüßte ausdrücklich die Formalisierung und Legalisierung des germanischen Widerstandsrechts in Deutschland im späteren Mittelalter durch den Anspruch der »Kurfürsten (auf) das Richterrecht über den Unrecht tuenden König« und durch die in England kodifizierte Magna Charta, die vor allem dem »Rat der Baronie das Recht einräumte, den Unrecht tuenden König zu zwingen, zu dem Rechte zurückzukehren, und ihn gegebenenfalls von seinem Amte zu suspendieren.«[275] Auch die Bemühungen der Kirche im Mittelalter, »das höchst formlose germanische Widerstandsrecht an gewisse Voraussetzungen und vor allem an den in einem förmlichen Verfahren ergangenen Spruch weltlicher und geistlicher Instanzen über die Berechtigung des Widerstandes, in letzter Linie an den Spruch des Papstes, zu binden«, verwies nach Weinkauff auf den historisch wesentlichen Grundgedanken des Widerstandsrechts, dass nämlich der »Träger (...) der Staatsgewalt an das Recht« gebunden sei.[276] Für Bauer bedeutete das von den Kirchen institutionalisierte und formalisierte Widerstandsrecht eine »Abweichung von dem germanischen Widerstandsrecht, das demokratisch jedem Freien zustand«[277], und er schrieb, dass »(b)ei der Rezeption des Widerstandsrechts durch die mittelalterliche Kirche (...) die ursprünglich demokratische Institution aristokratisch umgebogen« worden sei.[278] Das in der Magna Charta kodifizierte Widerstandsrecht galt Bauer als »Heimstätte des Widerstandsrechts«[279] und Vorläufer der Demokratie.

---

272 Fritz Bauer: Widerstandsrecht und Widerstandspflicht des Staatsbürgers. In: Martin Niemöller u.a.: Tempelreinigung. Frankfurt a.M. 1962. S. 43.

273 Fritz Bauer, a.a.O. S. 42f.

274 Hermann Weinkauff: Über das Widerstandsrecht. Vortrag gehalten vor der Juristischen Studiengesellschaft in Karlsruhe am 24. Februar 1956. Karlsruhe 1956. S. 5.

275 Hermann Weinkauff, a.a.O. S. 6.

276 Ebd.

277 Fritz Bauer: Widerstandsrecht und Widerstandspflicht des Staatsbürgers. In: Martin Niemöller u.a.: Tempelreinigung. Frankfurt a.M. 1962. S. 45.

278 Fritz Bauer: Das Widerstandsrecht des kleinen Mannes. GuT, H. 1, 1962. S. 80.

279 Frit Bauer: Widerstandsrecht und Widerstandspflicht des Staatsbürgers. In: Martin Niemöller u.a.: Tempelreinigung. Frankfurt a.M. 1962. S. 47.

Hermann Weinkauff begründete seine kritische Einschätzung des Widerstandsrechts, wie es beispielsweise der Sachsenspiegel kodifizierte, mit dem Hinweis, ein derartiges Recht sei ein Einfallstor für »jede(n)«, »auf jede Weise blindlings, ungeordnet, in jeder Form und nach seinem bloßen Belieben« und »gefühlstrunken«[280] Widerstand zu leisten. Damit argumentierte er ähnlich wie die Verteidigung von Otto Ernst Remer im Prozess 1952, als sie das Widerstandsrecht des Einzelnen gegenüber dem Staat in Frage stellte.

Fritz Bauer wies die Argumentation von Hermann Weinkauff, wie schon die der Verteidigung 1952, zurück. Die Position schien ihm nicht tragfähig und auch irrelevant, weil er angesichts der Todesgefahr, mit der Widerstand gegenüber einem Unrechtsstaat immer verbunden ist, ein potentielles Risiko, wonach die Anerkennung des Widerstandsrechts die Sicherheit eines Staates gefährden kann, nicht gegeben sah.

»In Wahrheit«, so entgegnete er, »bedarf es keinerlei besonderer Beschränkungen eines Widerstandsrechts. Widerstand ist zu allen Zeiten und unter allen Himmelsstrichen lebensgefährlich gewesen. Die meisten Widerstandskämpfer haben ihr Vorhaben mit dem Tode bezahlt und haben das Risiko gekannt. Eine Inflation von Widerstandskämpfern ist nicht zu erwarten.«

Und »(i)m Hintergrund« der Weinkauffschen Argumentation vermutete Fritz Bauer »die völlig unbegründete Angst vor Revoluzzertum, Anarchie und ungezügeltem Tyrannenmord.«[281] Zudem sagte Bauer:

»Da wir das Ruhebedürfnis der Besitzenden und Satten und den Herdentrieb, den geheimen und offenen Hang der Menschen zur Ein- und Unterordnung, zur Uniformität und Konformität kennen, brauchen wir nicht zu fürchten, dass diese Aufforderung zur Resistance in Wissenschaft, Politik, Kunst und Gesellschaft zur Anarchie und permanenten Revolution führt.«[282]

Für Bauer ergab sich »die rechtliche Bedeutung der Idee« des Widerstandes als ein vom Individuum ausgetragener »Kampf um die Menschenrechte, um Freiheit und Gleichheit« und als »Auseinandersetzung mit dem Staat (...) gerade aus der Jahrtausende alten Geschichte.«[283] Die Geschichte des Widerstandes war für ihn die Geschichte des »Versuch(s) einer Einflussnahme und Beherrschung des politischen Geschehens durch das Volk und Individuum«, der

280 Hermann Weinkauff: Die Militäropposition gegen Hitler und das Widerstandsrecht. In: Vollmacht des Gewissens. Probleme des militärischen Widerstandes gegen Hitler. Bd. 1. Hg. v. der Europäischen Publikation e.V. Frankfurt a.M., Berlin 1960. S. 154.

281 Fritz Bauer: Das Widerstandsrecht des kleinen Mannes. GuT, H. 1, 1962. S. 81. Vgl. auch Fritz Bauer: Widerstand als geschichtlicher Auftrag. FuR, H. 10, 1965. S. 7f.

282 Fritz Bauer: Im Kampf um des Menschen Rechte (zuerst 1955). Vorgänge, H. 6, 1969. S. 208.

283 Fritz Bauer: Die Widerstandsidee in Vergangenheit und Gegenwart. Gemeinschaft und Politik. Zeitschrift für Geopolitik, H. 9/10, 1965. S. 289.

Widerstand der »Jahrtausende« galt ihm als »Manifestation(...) der Vorstellung und des Willens, dass die Staatsgewalt vom Volke ausgeht und für das Volk regiert wird« und als »Bestätigung der Volkssouveränität«.[284] Bauer arbeitete dabei gerade die historisch belegte Herleitung des Widerstandsrechts aus der politischen Idee der Souveränität des Volkes als »Verantwortung aller Freien für ihre politische Geschichte« und als »Theorie und Praxis der Demokratie« heraus.[285] Hermann Weinkauff schien es hingegen »sinnvoll, sich (...) zu vergegenwärtigen, wie man in der Vergangenheit dieses Widerstands-recht geübt und wie man darüber gedacht hat«, um in der »geschichtliche(n) Betrachtung« die »unverrückbaren objektiven rechtlichen Fragen und Lösungen« zu erkennen.[286] Während Bauer das Widerstandsrecht als historisch angeeignetes Recht des Individuums und des Volkes gegenüber dem Staat begriff, stand im Zentrum des Denkens von Hermann Weinkauff der Staat als die zu erhaltende Ordnung. Das Widerstandsrecht hatte in dieser Perspektive zuerst die Funktion, den Staat an seine Rechtsgebundenheit zu erinnern.

2.2 Konfrontation zweier Denktraditionen und politischer Positionen: Naturrecht versus Pluralismus

Als Frontalangriff auf Fritz Bauers Rechtsposition erschien dann auch, dass Weinkauff in seinem Vortrag *Über das Widerstandsrecht* 1956 die Herleitung eines Widerstandsrechts der Bürger aus der Idee der Volkssouveränität vehement kritisierte. Die politische Idee einer Souveränität des Volkes habe nach Weinkauff in der Geschichte nicht dazu geführt, dass Recht und Demokratie geschützt wurden, sondern sie habe in Anlehnung an den Rousseauschen Begriff der Volkssouveränität »im 20. Jahrhundert folgerichtig den Umschlag in den totalitären Staat erlaubt(...), da das Volk«, wie Weinkauff argumentierte, »wenn es schrankenlos souverän ist, ja auch ein Regime der Unfreiheit und Rechtlosigkeit wählen kann.«[287] Weinkauff blendete damit aus, dass die in der Ethik des Pluralismus begründete Rechtsposition von Fritz Bauer nicht nur den Staat und die Regierung, sondern auch das Volk und seinen Anspruch auf

284 Fritz Bauer: Widerstand gegen die Staatsgewalt. Frankfurt a.M. 1965. S. 8.

285 Fritz Bauer: Widerstandsrecht und Widerstandspflicht des Staatsbürgers. In: Martin Niemöller u.a.: Tempelreinigung. Frankfurt a.M. 1962. S. 44.

286 Hermann Weinkauff: Über das Widerstandsrecht. Vortrag gehalten vor der Juristischen Studiengesellschaft in Karlsruhe am 24. Februar 1956. Karlsruhe 1956. S. 4.

287 Hermann Weinkauff, a.a.O. S. 7. Vgl. zur Rezeption des Rousseauschen Denkmodells von Souveränität, Gemeinwille und Staat Alexander Schwan: Politische Theorien des Rationalismus und der Aufklärung. In: Hans-Joachim Lieber (Hg.): Politische Theorien von der Antike bis zur Gegenwart. Bonn [2]1993. S. 157ff, bes. S. 219ff.

Souveränität auf das Prinzip des Gemeinwohls verpflichtet, folgerichtig das Widerstandsrecht des Einzelnen an den Unrechtscharakter des Staates und das politische Ziel der Wiederherstellung der Menschenrechte bindet und damit politisches Handeln gerade nicht als »schrankenlos« souverän denkt. Weinkauff übersah zudem, dass die Ethik des Pluralismus als Ordnungsprinzip der demokratischen Nachkriegsgesellschaft in der historischen Abgrenzung zum Nationalsozialismus entwickelt worden war, sich als Antwort auf den Unrechtscharakter des NS-Staates verstand und als politische Konzeption der postdiktatorischen Gesellschaft damit gerade auf die Norm des Gemeinwohls verpflichtet war. Hermann Weinkauff verortete in der politischen Position der Ethik des Pluralismus eine Gefahr für das Recht und die Ordnung der Demokratie. Die »sogenannte pluralistische Gesellschaft und der Pluralismus der Wertvorstellungen« waren für ihn »Dinge, bei denen die Sache ebenso bedrohlich wie die Bezeichnung widerwärtig ist«.[288] Ihm schien es »bedrohlich«, wenn Juristen in der Bundesrepublik »wieder von der pluralistischen Gesellschaft und ihren in sich gespaltenen und miteinander unvereinbaren Leitbildern ausgeh(en)«, weil Pluralismus »oft nicht mehr das Gerechte, sondern nur noch die Übermacht oder de(n) Kompromiss der Interessenten zum Zuge« kommen lasse und »Toleranz (...) aus Leere und Schwäche« bedeute.[289] Weinkauff betrachtete den Pluralismus als »nihilistisches Chaos«[290] und als »nihilistische(...) Zersetzung der ethischen Imperative«.[291] »(D)as Gefühl für das Recht stirbt«[292] mit dem Pluralismus, sagte Weinkauff, statt es zu sichern.

Bauer verwies im Gegensatz zu Hermann Weinkauff auf den Zusammenhang von Pluralismus und demokratischer Rechtsordnung. Schon 1952 war dieser Zusammenhang für die Legitimierung von Widerstand wichtig gewesen. Ein kurzer Rückblick: Im Prozess gegen Otto Ernst Remer war es 1952 eine höchst umstrittene Frage gewesen, ob die Widerstandskämpfer vom 20. Juli ihren Soldateneid gebrochen hatten. Als Vertreter der Anklage hatte Fritz Bauer im Verfahren gegen Remer in Übereinstimmung mit den Gutachten der Theologen Rupert Angermair, Hans-Joachim Iwand und Ernst Wolf sowie in Anlehnung an das Gutachten von Generalleutnant a.D. Helmut Friebe die Rechtsposition entwickelt, dass der Eid, den die Soldaten der Wehrmacht auf Hitler geleistet hatten, »unsittlich« gewesen sei und deshalb Widerstand nicht verboten habe. Die »Unsittlichkeit« begründete Bauer mit dem Verweis auf die Unbedingtheit des Eides, den die Soldaten auf die Person Hitler geschworen

288 Hermann Weinkauff: Die deutsche Justiz und der Nationalsozialismus. Stuttgart 1968. S. 180.
289 Ebd.
290 Ebd.
291 Hermann Weinkauff, a.a.O. S. 181.
292 Hermann Weinkauff, a.a.O. S. 180.

hatten und der von ihnen ein Verhalten verlangt hatte, das übergesetzliche Normen wie die Menschenrechte als Handlungsmaßstab ausklammerte und stattdessen das Handeln einzig einer Autorität unterstellte. Fritz Bauer entwickelte in der Kritik an der »Unsittlichkeit« des Soldateneides auf Hitler und im Anschluss an seinen Begriff der Menschenwürde als einzig legitimen Treueid den, der den Menschen zu einem Handeln im Sinne der Menschen-rechte verpflichtet. Als Vertreter der Anklage war er der Argumentation von Angermair gefolgt, der das Widerstandsrecht an die Verpflichtung band, Handeln an »einer höheren Sittennorm«, in christlicher Perspektive »Gott« und in weltlicher Perspektive das »allgemeine Wohl«, zu orientieren. Bauer hatte die Legitimität von Widerstand gegenüber dem NS-Unrechtsregime an die politische Norm der im individuellen menschlichen Gewissen verankerten Orientierung menschlichen Handelns am Gemeinwohl gebunden.

Fritz Bauer entkräftete Anfang der sechziger Jahre die in dem BGH-Urteil wirksam gewordene Position von Weinkauff und den Vorwurf des Nihilismus an die Ethik des Pluralismus, indem er gerade den werthaften Kern der politischen Konzeption des Pluralismus als historische Gegenkonzeption zum Nationalsozialismus herausarbeitete. »Nichts wäre falscher«, betonte er, »als die Annahme, Pluralismus sei Relativismus, Neutralismus, Indifferentismus oder gar Nihilismus.«[293] Während für die Legitimität des Widerstandes der Unrechtscharakter des NS-Staates maßgebend war und das Handeln der Widerstandskämpfer im Nationalsozialismus durch die »übergeordneten Rechte« des Menschen legitimiert war, begriff Bauer das »ethische Minimum«[294] als deren Äquivalent im freiheitlich-demokratischen und pluralistischen Rechtsstaat. Das »ethische Minimum« ist danach der im Grundgesetz der Bundesrepublik positivierte sich »deckende Kernbereich«[295] aller Ethiken und Meinungen, der den für eine demokratische Gesellschaft notwendigen Basiskonsens bildet, der den normativen Kern und Orientierungsmaßstab menschlichen Handelns in der Demokratie ausmacht und gleichzeitig die Grenzen des individuellen Handelns in der Demokratie absteckt. Das »ethische Minimum« sichert die wichtigsten Rechte der pluralistischen Gesellschaft wie das Menschenrecht auf freie Meinungsäußerung und die im Grundgesetz der Bundesrepublik formulierten Grund-rechte.[296] Auf der Grundlage dieses nicht strittigen Wertkonsenses kann sich die gesellschaftliche Pluralität in der demokrati-

293 Fritz Bauer: Widerstandsrecht und Widerstandspflicht des Staatsbürgers. In: Martin Niemöller u.a.: Tempelreinigung. Frankfurt a.M. 1962. S. 60.

294 Fritz Bauer: Wertordnung und pluralistische Gesellschaft. In: Leonhard Reinisch (Hg.): Die deutsche Strafrechtsreform. München 1967. S. 36.

295 Ebd.

296 Vgl. Bauer, a.a.O. S. 33.

schen Gesellschaft entfalten, und gleichzeitig ist sichergestellt, dass die demokratische Gesellschaft die Pluralität als Wert verteidigen und eben nicht in eine totalitäre Gesellschaftsordnung begründen kann. »Jede Meinung wird geduldet«, schrieb Bauer und wies ausdrücklich darauf hin, dass der »Einparteienstaat« sich keinesfalls mit der politischen Idee des Pluralismus begründen lasse, weil »ausgenommen bleibt (...), was mit dem Anspruch auf absolute Wahrheit auftritt und damit den Meinungskampf ausschließen will. Toleranz ja, aber nicht gegenüber Intoleranz.«[297]

Anlässlich seiner Pensionierung im Frühjahr 1960 formulierte Weinkauff in seiner Abschiedsrede einige *Gedanken über die Grundfragen* des Rechts, und er steckte die Eckpunkte der ihn verpflichtenden ideellen Tradition ab: »Unsere Juristengeneration wird später einmal danach beurteilt werden, ob ihr außer einer verdienstvollen Aufräumungsarbeit nach dem Zusammenbruch von 1945« vor allem auch die »Rückbesinnung auf das Naturrecht« gelungen ist.[298] Mit der Kritik am Pluralismus verband Hermann Weinkauff seine Verortung in der Tradition des Naturrechts. Die Zeit nach 1945 betrachtete der aus dem Amt scheidende BGH-Präsident als eine »rechtlich aufgewühlte(...) und weithin steuerlose(...)«[299], und die politische Situation der postdiktatorischen deutschen Gesellschaft war in seinen Augen durch einen »Mangel an gemeinsamen tragenden Ideen und Wertvorstellungen«[300] gekennzeichnet. Dass Hermann Weinkauff die Geltung des Naturrechts als Antwort der Demokratie auf den Nationalsozialismus verstand, hatte er schon in einem seiner ersten Texte betont, den er als Präsident des BGH 1951/1952 geschrieben hatte.[301] Er ging wie Fritz Bauer davon aus, dass der NS-Staat und »die Staatsführung (...) schwerstes Unrecht« begangen hatten.[302] Während Bauer aber die Ethik des Pluralismus als politische Konzeption zur Überwindung der Diktatur in der Demokratie betrachtete, formulierte Hermann Weinkauff seine ganz andere

297 Fritz Bauer: Wertordnung und pluralistische Gesellschaft. In: Leonhard Reinisch (Hg.): Die deutsche Strafrechtsreform. München 1967. S. 28.

298 Das Naturrecht und die Große Justizreform. Gedanken über die Grundfragen der Rechtsprechung. Die Abschiedsrede des Chefpräsidenten beim Bundesgerichtshof, Dr. Hermann Weinkauff. FR vom 6.4.1960.

299 Hermann Weinkauff: Der Naturrechtsgedanke in der Rechtsprechung des Bundesgerichtshofes. In: Werner Maihofer (Hg.): Naturrecht oder Rechtspositivismus? Darmstadt 1962. S. 554. (zuerst 1960)

300 Das Naturrecht und die Große Justizreform. Gedanken über die Grundfragen der Rechtsprechung. Die Abschiedsrede des Chefpräsidenten beim Bundesgerichtshof, Dr. Hermann Weinkauff. FR vom 6.4.1960.

301 Hermann Weinkauff: Das Naturrecht in evangelischer Sicht. In: Werner Maihofer (Hg.): Naturrecht oder Rechtspositivismus? Darmstadt 1962. S. 218. (zuerst 1951/1952)

302 Hermann Weinkauff: Über das Widerstandsrecht. Vortrag gehalten vor der Juristischen Studiengesellschaft in Karlsruhe am 24. Februar 1956. Karlsruhe 1956. S. 13.

Position: »(D)ie Erarbeitung einer naturrechtlichen Grundlage des Rechtes, ist das A und O jeder wirklichen Erneuerung von Recht und Gericht«[303], und er ging davon aus, dass »(n)ur von dieser naturrechtlichen Grundlage her (...) das Recht einer erneuten totalitären Bedrohung Widerstand leisten« könne.[304] Auch mit Blick auf die Legitimation des Widerstandes gegen den NS-Staat erkannte Weinkauff das Naturrecht als einzig gültigen Bezugspunkt an: »Rechtlich begründen (...) lässt sich das (Widerstandsrecht) gegenüber dem pervertierten totalitären Staat, der aus sich selbst heraus, das heißt kraft eigenen positiven Rechts, keinerlei Abhilfe gegen staatliches Unrecht kennt und gewährt« nach Weinkauff »nur, wenn man annimmt, es gäbe eine übergeordnete, überpositive, aus sich selbst heraus geltende Rechtsordnung, also eine Naturrechtsordnung.«[305] Das Naturrecht war für Hermann Weinkauff »eine letzte, objektive, (...) in ihren Umrissen erschaubare, rechtliche Geordnetheit«, der »Bereich objektiven rechtlichen Sollens« und eine »vorgegebene Ordnung der Werte (...), die mit dem Anspruch auf (…) Verbindlichkeit auftritt«[306], also eine »naturrechtliche Urordnung«.[307] Weinkauff ging davon aus, dass das Recht nicht durch »menschliche Willensakte selbstherrlich (autonom) geschaffen werden« könne, sondern »unabhängig vom menschlichen Willen an sich, aus sich selbst heraus« gelte.[308] Schon 1951 verstand er »die innere Verbindlichkeit dieser grundlegenden Rechtssätze« als »Ausdruck eines metaphysischen Sollens«.[309] In seinem Vortrag vor der Juristischen Studiengesellschaft wurde er 1956 noch deutlicher:

> »Wer glaubt, man könne Recht erkennen, Recht setzen und Recht sprechen ohne sogenannte ›metaphysische Annahmen‹ (...), der befindet sich auf dem Holzwege.«[310]

Zwar erwähnte der BGH-Präsident Fritz Bauer nicht namentlich, seine Rechtsposition verstand sich aber als Kritik an dessen Position und der relati-

303 Hermann Weinkauff: Die deutsche Justiz und der Nationalsozialismus. Stuttgart 1968. S. 182.

304 Das Naturrecht und die Große Justizreform. Gedanken über die Grundfragen der Rechtsprechung. Die Abschiedsrede des Chefpräsidenten beim Bundesgerichtshof, Dr. Hermann Weinkauff. FR vom 6.4.1960.

305 Hermann Weinkauff: Über das Widerstandsrecht. Vortrag gehalten vor der Juristischen Studiengesellschaft in Karlsruhe am 24. Februar 1956. Karlsruhe 1956. S. 13.

306 Hermann Weinkauff: Der Naturrechtsgedanke in der Rechtsprechung des Bundesgerichtshofes. In: Werner Maihofer (Hg.): Naturrecht oder Rechtspositivismus? Darmstadt 1962. S. 555. (zuerst 1960)

307 Hermann Weinkauff: Die deutsche Justiz und der Nationalsozialismus. Stuttgart 1968. S. 183.

308 Hermann Weinkauff: Das Naturrecht in evangelischer Sicht. In: Werner Maihofer (Hg.): Naturrecht oder Rechtspositivismus? Darmstadt 1962. S. 211f. (zuerst 1951/1952)

309 Hermann Weinkauff, a.a.O. S. 213.

310 Hermann Weinkauff: Über das Widerstandsrecht. Vortrag gehalten vor der Juristischen Studiengesellschaft in Karlsruhe am 24. Februar 1956. Karlsruhe 1956. S. 15.

vistischen und realistischen Begründung von Recht. Der Legitimierung von Recht und der Geltung eines »übergeordneten Rechts« gegenüber dem NS-Unrechtsstaat, wie sie Gustav Radbruch erarbeitet hatte und die Fritz Bauer zum Bezugspunkt wurde, stand Hermann Weinkauff mehr als skeptisch gegenüber. Die Radbruchsche Formel habe »ihren guten Sinn« nur als »Beweisanzeichen für einen vorliegenden Widerspruch zwischen positivem Recht und Naturrecht«[311], eine Neubegründung des Rechts könne sie nicht leisten, denn sie »vermengt untereinander ganz verschiedene Dinge«.[312] Während Bauer die Geltung des übergesetzlichen Rechts im Anschluss an Radbruch und eine relativistische und realistische Perspektive begründete, bezog Hermann Weinkauff das Naturrecht als überpositives Recht auf ein christliches Menschenbild, das a priori gelte. Denn so wie Weinkauff von der »Vorstellung« ausging, dass »das schlechthin Verbindliche der Ordnung der Werte und des daraus entspringenden naturrechtlichen Sollens (...) auf göttlicher Setzung«[313] beruhe, war in seinen Augen »(z)entral für die Begründung des Widerstandsrechts und für die Grenzen der Staatsgewalt (...) was man die menschliche Personhaftigkeit nennt.«[314] Diese zeichne sich nach Weinkauff dadurch aus, dass der Mensch »als einziges unter allen Geschöpfen mit dem Vermögen geschaffen (sei), sich aus seiner Verantwortung und deswegen notwendig in Freiheit zu dem Gesollten zu entschließen«[315] und das »Ziel des Menschen (...) Gott«[316] bestimme.

Weinkauff leitete nicht nur die Geltung des Rechts aus einer christlichen Metaphysik her, vielmehr wurzelte auch seine – im Widerstandsbegriff sich spiegelnde – hierarchische Vorstellung von den Verantwortlichkeiten im politischen System in seinem christlichen Weltbild. Wie Fritz Bauer ging Weinkauff davon aus, dass »(d)iese letzte rechtliche Ordnung (...) nicht wissenschaftlich zwingend bewiesen werden« könne. Während Bauer im Anschluss an Max Weber und Gustav Radbruch deshalb auf die Bestimmung letzter Sinnaussagen verzichtete, schrieb Weinkauff, dass die naturrechtliche Ordnung des Seins »wohl aber (...) durch die redliche Anspannung der Vernunft und des Gewissens, insbesondere der Vernunft und des Gewissens eines rechtlich gesinnten und erfahrenen Beurteilers, mit verhältnismäßig großer intuitiver Sicherheit

311 Hermann Weinkauff: Der Naturrechtsgedanke in der Rechtsprechung des Bundesgerichtshofes (zuerst 1960). In: Werner Maihofer (Hg.): Naturrecht oder Rechtspositivismus? Darmstadt 1962. S. 560.

312 Ebd.

313 Hermann Weinkauff, a.a.O. S. 561.

314 Hermann Weinkauff: Über das Widerstandsrecht. Vortrag gehalten vor der Juristischen Studiengesellschaft in Karlsruhe am 24. Februar 1956. Karlsruhe 1956. S. 13.

315 Hermann Weinkauff, a.a.O. S. 13f.

316 Hermann Weinkauff: Das Naturrecht in evangelischer Sicht (zuerst 1951/1952). In: Werner Maihofer (Hg.): Naturrecht oder Rechtspositivismus? Darmstadt 1962. S. 213.

ergriffen werden« könne[317], und er ergänzte, sie könne »nur (...) mit Vernunft, Verstand, Gewissen und Gefühl, dann aber mit intuitiver Sicherheit« erfasst werden.[318] Hermann Weinkauff wurde als erster amtierender Präsident des BGH der »vielleicht einflussreichste(...) Vertreter« der Rechtsposition, die das Naturrecht als Legitimitätsgrundlage des Rechts nach 1945 begründete.[319] Seine Position, dass Recht mittels Vernunft erfasst werden könne, begründete nicht nur die von Bauer kritisierte Privilegierung von Amtsträgern und staatlichen Institutionen als politisch verantwortlich Handelnde in der Demokratie, wie Weinkauff sie mit seinen Gedanken über das Widerstandsrecht entfaltet hatte. Vielmehr leitete Weinkauff nach 1945 daraus auch den Anspruch her, die demokratische Rechtsordnung und der Rechtsstaat könne nur durch die Institutionalisierung einer »Richteraristokratie«, einem »wirklich geschlossenen Richterstand«,[320] gesichert werden.

Zwar nahm auch Fritz Bauer die Geltung eines Naturrechts für die Position des Pluralismus in Anspruch, wenn er schreibt, »Widerstand ist ein Natur*recht*, ein *Recht*, das mit uns geboren ist.«[321] Das Naturrecht besteht aber in der Perspektive des Pluralismus in der Anerkennung der den Menschen angeborenen existentiellen Individualität und damit in der Anerkennung der Relativität des »menschenwürdigen Daseins«[322] und gilt als ein Menschenrecht schlechthin. Fritz Bauer bezog die Geltung des Naturrechts, die Geltung »übergeordneter Werte«, in der realistischen und relativistischen Perspektive auf die Anerkennung des »ethischen Minimums«, und seine Position versteht sich wie die von Radbruch als »Gegenspiel zur Doktrin des Naturrechts«.[323] Bauer steht damit in der Tradition eines Naturrechtsbegriffs der Aufklärung, der das Naturrecht als Lebensrecht des Individuums formuliert und eine metaphysische Legitimation als potentiell totalitäre ablehnt, weil ein glaubensdogmatisch gebundenes Naturrecht der Pluralität der menschlichen Existenz

---

317 Hermann Weinkauff: Der Naturrechtsgedanke in der Rechtsprechung des Bundesgerichtshofes (zuerst 1960). In: Werner Maihofer (Hg.): Naturrecht oder Rechtspositivismus? Darmstadt 1962. S. 557.

318 Hermann Weinkauff: Die deutsche Justiz und der Nationalsozialismus. Stuttgart 1968. S. 183.

319 Jörg Requate: Vergangenheitspolitik in der Debatte um eine Reform der Justiz in den sechziger Jahren. In: Norbert Frei, Dirk van Laak, Michael Stolleis (Hg.): Geschichte vor Gericht. München 2000. S. 72.

320 Hermann Weinkauff: Die deutsche Justiz und der Nationalsozialismus. Stuttgart 1968. S. 188.

321 Fritz Bauer: Widerstand gegen die Staatsgewalt. Frankfurt a.M. 1965. S. 300. (Hervorh. im Orig.)

322 Ebd.

323 Gustav Radbruch: Der Relativismus in der Rechtsphilosophie. In: Ders.: Der Mensch im Recht. Göttingen [3]1969. S. 80.

widerspräche.[324] Fritz Bauer verortete sein Denken in der Tradition eines frühneuzeitlichen Naturrechts, das die politische Ordnung aus dem vorgegebenen Zustand der Natur (Fritz Bauer nannte das dann die »reale Existenz«[325]) abzuleiten suchte und dabei den Menschen als maßgebendes Subjekt dachte. Dieses Denken knüpft an Hugo Grotius an, der sich nach Klemens von Klemperer »zu der Behauptung verstieg, dass das Naturrecht auch dann seine Gültigkeit behalten würde, wenn Gott nicht existiert«[326] und das Naturrecht als übernationales Menschenrecht denkt.[327] Fritz Bauers Anknüpfung an die von Radbruch geleistete sachliche Begründung des Naturrechts als »Vollzug eines logischen Wunders«[328] führte in den sechziger Jahren zur Kritik an der Herleitung eines Politik- und Rechtsbegriffs in der Demokratie, der im Rückgriff auf den christlichen Glauben und die Vorstellung eines menschlichen Gewissens als einem christlich sozialisierten begründet wurde.[329]

Das Gewissen des Menschen war für Fritz Bauer ein »sehr relatives Phänomen«.[330] Seinem relativistischen und realistischen Begriff vom Menschen verpflichtet, kritisierte er die in christlicher Tradition und auf der »Grundlage der Idee eines absolut gültigen Naturrechts«[331] stehende »Vorstellung von der Einheitlichkeit des Gewissens der Menschen«.[332] »Die Vorstellung, es gebe einen Kernbereich des Sollens, der überall und zu jeder Zeit gegolten habe,« also die Vorstellung eines a priorischen Gewissens, »ist alt« schrieb Bauer und führte die Idee auf die neutestamentarische Überlieferung von Paulus in den Römerbriefen zurück, derzufolge in aller Menschen »Herz geschrieben ist, was das Gesetz fordert« (Römer 2, 15). Der Vorstellung, dass eine gesellschaftliche

324 Vgl. Fritz Bauer: Widerstandsrecht und Widerstandspflicht des Staatsbürgers. In: Martin Niemöller u.a.: Tempelreinigung. Frankfurt a.M. 1962. S. 59.

325 Fritz Bauer: Vom Rechte, das mit uns geboren ist, von dem ist, leider nie die Frage. Kritische Bemerkungen zur Strafrechtsreform. Hörfunkfeature mit Fritz Bauer, Hessischer Rundfunk, 1966. (Gesendet am 9. 8.1966 im 1. Programm des Hessischen Rundfunk) (Manuskript) S. 6.

326 Klemens von Klemperer: Naturrecht und der deutsche Widerstand gegen den Nationalsozialismus. VfZ, H. 3, 1992. S. 323.

327 Klemens von Klemperer, a.a.O. S. 329.

328 Fritz Bauer: Das »Gesetzliche Unrecht« des Nationalsozialismus und die deutsche Strafrechtspflege. In: Arthur Kaufmann (Hg.): Gedächtnisschrift für Gustav Radbruch. Göttingen 1968. S. 303; Vgl. Gustav Radbruch: Der Relativismus in der Rechtsphilosophie. In: Ders.: Der Mensch im Recht. Göttingen 1957. S. 87. (Zuerst in Archives de Philosophie du Droit, H.1/2, 1934)

329 Etwa bei Hermann Weinkauff: Über das Widerstandsrecht. Vortrag gehalten vor der Juristischen Studiengesellschaft in Karlsruhe am 24. Februar 1956. Karlsruhe 1956. S. 5.

330 Fritz Bauer: Schopenhauer und die Strafrechtsproblematik. In: Arthur Hübscher (Hg.): 49. Schopenhauer-Jahrbuch. Für das Jahr 1968. Frankfurt a.M. 1968. S. 15.

331 Fritz Bauer: Wertordnung und pluralistische Gesellschaft. In: Leonhard Reinisch (Hg.): Die deutsche Strafrechtsreform. München 1967. S. 24.

332 Fritz Bauer, a.a.O. S. 25.

»Wertordnung (...) mit der Menschennatur und der Menschenvernunft ein für alle Mal gegeben« sei[333], hielt Bauer für »unrichtig«.[334] Und eine naturrechtliche Position, die sich auf Römer 2, 14 – 16 stützte, bezeichnete er als »Fiktion«.[335] Der christlichen Überlieferung hielt er entgegen, dass »(d)er eine Gott (...) in den einzelnen Religionen, auch den monotheistischen, in verschiedener Sprache, mit verschiedenem Inhalt« spräche.[336] Fritz Bauer beschrieb damit das Wissen der Menschen über Recht und Unrecht als historisch veränderbar. Es schien ihm daher »richtiger«[337], das Gewissen als subjektives »Wissen« der Menschen »von Recht und Unrecht«[338] und damit als subjektivierte Instanz im Sinne von Sigmund Freuds Über-Ich als »Echo von Zeit und Raum der jeweiligen Gesellschaft und ihrer Subkulturen«[339] zu verstehen. In einem Artikel über Genozide, den Bauer 1965 für das *Handwörterbuch der Kriminologie* verfasste, machte er auf eben diese historische und determinierbare Dimension menschlichen Bewusstseins aufmerksam:

»Das ›Gewissen‹ ist nicht allgemein-menschlich und angeboren, sondern ein Produkt der jeweiligen Umwelt; es variiert mit Zeit und Raum, was die vergleichende Religions-, Moral- und Kulturgeschichte beweist. Auch in jeder Gesellschaft gibt es verschiedene ›Gewissen‹ (...). Die Wertvorstellungen einer Gruppe, z.B. einer Subkultur können herrschend werden, so dass auch Völkermord seinen Gläubigen (...) rechtens erscheint«.[340]

Fritz Bauers Position hatte schon 1952 im Prozess gegen Otto Ernst Remer nicht nur die westdeutsche Öffentlichkeit entzweit. Die moraltheologischen Gutachten stützten Bauers Position, dass menschliches Handeln allein dem Gewissen des Einzelnen verpflichtet sei, und entfachten eine in theologischen und juristischen Kreisen geführte Diskussion um die Bedeutung des Handelns

---

333 Fritz Bauer: Vom Rechte, das mit uns geboren ist, von dem ist, leider nie die Frage. Kritische Bemerkungen zur Strafrechtsreform. Hörfunkfeature mit Fritz Bauer, Hessischer Rundfunk, 1966. (Gesendet am 9.8.1966 im 1. Programm des Hessischen Rundfunk) (Manuskript) S. 21. Vgl. auch Fritz Bauer: Wertordnung und pluralistische Gesellschaft. In: Leonhard Reinisch (Hg.): Die deutsche Strafrechtsreform. München 1967. S. 24.

334 Fritz Bauer Wertordnung und pluralistische Gesellschaft. In: Leonhard Reinisch (Hg.): Die deutsche Strafrechtsreform. München 1967. S. 25.

335 Fritz Bauer: In unserem Namen. In: Helmut Hammerschmidt (Hg.): Zwanzig Jahre danach. München, Basel, Wien 1965. S. 306.

336 Fritz Bauer: Vom Rechte, das mit uns geboren ist, von dem ist, leider nie die Frage. Kritische Bemerkungen zur Strafrechtsreform. Hörfunkfeature mit Fritz Bauer, Hessischer Rundfunk, 1966. (Gesendet am 9. 8.1966 im 1. Programm des Hessischen Rundfunk) (Manuskript) S. 21.

337 Fritz Bauer: Auf der Suche nach dem Recht. Stuttgart 1966. S. 13.

338 Ebd. Vgl. auch Fritz Bauer: Wertordnung und pluralistische Gesellschaft. In: Leonhard Reinisch (Hg.): Die deutsche Strafrechtsreform. München 1967. S. 24.

339 Fritz Bauer: Die Reformbedürftigkeit der Strafrechtsreform. München 1968. S. 11.

340 Fritz Bauer: Genocidium. In: Rudolf Sieverts (Hg.): Handwörterbuch der Kriminologie. Berlin: 1965. S. 274.

des Einzelnen und seiner Gewissensentscheidung, die weit über den verteidigungs- und bündnispolitischen Kontext der Eid-Frage der frühen fünfziger Jahre hinausreichte. Denn die Gegenposition stellte den Pluralismus als Basis der demokratischen Ordnung der westdeutschen Nachkriegsgesellschaft in Frage.

Für Fritz Bauer gewann die Auseinandersetzung mit dem Gewissen als einem historisch veränderbaren, am Gemeinwohl und nicht als an einer Autorität orientiertem und subjektiviertem Handlungsmaßstab im Kontext seines historisch-genetischen Denkens Relevanz. In seiner Abhandlung über die *Die Wurzeln faschistischen und nationalsozialistischen Handelns* schreibt er 1965:

> »Es hat den Werdegang Hitlers und der führenden Nazis erleichtert, dass auch weite Teile des deutschen Volkes an einer seelischen Wunde litten. Sie hatten im nationalen Maßstab das Gefühl zu kurz gekommen zu sein.«[341]

In dieser Perspektive erscheinen die Auswirkungen des verlorenen Ersten Weltkrieges auf die Bewusstseinslage der Bevölkerung als »Trauma«[342] und das Gefühl der Deutschen, »vor der Geschichte versagt zu haben«[343], wirkte als Katalysator für einen allmählich sich entfaltenden Prozess der Entmoralisierung des Gewissens. Die Gesellschaft wollte ihre Handlungsfähigkeit zurückgewinnen, die »geschlagene Nation« war auf der Suche nach einem Weg, nach der empfundenen »Schmach von Versaille« nationale Interessen wieder wirksam vertreten zu können.[344] Die Deutschen, so formulierte Bauer, verlangten nach einer »Bestätigung ihres Selbstwertes«.[345] In diesem Kontext, so lässt sich die historische Betrachtung von Fritz Bauer mit Kittsteiner analysieren, bildete sich in der Gesellschaft der Konsens, zukünftig um »der Selbstbehauptung willen (...) moralische Opfer«[346] zu bringen, der sich in den zwanziger und dreißiger Jahren zur latenten Bereitschaft verfestigte, das an überindividuelle und gesellschaftlichen Normen gebundene moralische Gewissen zugunsten eines transmoralischen Gewissens abzuwerten. Unter Hitler konnte so das deutsche Militär schließlich auf eine »ideologische Moralität«[347] setzen, die es den Soldaten ermöglichte, individuelle Bedenken hinter ihrem Einsatz für den »Schicksalskampf« des deutschen Volkes zurückzustellen und die es Tätern

341 Fritz Bauer: Die Wurzeln faschistischen und nationalsozialistischen Handelns. Frankfurt a.M. 1965. S. 35.

342 Heinz Dieter Kittsteiner: Das deutsche Gewissen im 20. Jahrhundert. In: Richard Faber (Hg.): Politische Religion – religiöse Politik. Würzburg 1997. S. 236.

343 Fritz Bauer, a.a.O. S. 35.

344 Heinz Dieter Kittsteiner, a.a.O. S. 236.

345 Fritz Bauer, a.a.O. S. 36.

346 Heinz Dieter Kittsteiner, a.a.O. S. 236.

347 Manfred Messerschmidt: Die Wehrmacht im NS-Staat. Hamburg 1969. S. 400 und 422.

ermöglichte, die eigene Handlung mit der Begründung zu rechtfertigen, dass die historische Situation und der politische (nationale) Zweck seiner Handlungen die Mittel, die er einsetzte, erforderte und legitimierte.[348] Der unbedingte Eid auf Hitler war wesentlicher Teil des neuen Verfassungsprinzips des Führerstaates und verhalf dem in der Partei etablierten Führer-Gefolgschaftsdenken zur Durchsetzung in der Wehrmacht.[349] Das Gewissen fand, nachdem es die Autorität Hitlers als Maßstab anerkannt und nachdem es das Prinzip, dass der Zweck die Mittel heilige, verinnerlichte hatte, »keine Anwendung auf alles, was zugunsten des Objektes«, also zugunsten der Nation, geschah, wie später Margarete und Alexander Mitscherlich in Anlehnung an die von Sigmund Freud entwickelte Theorie zur Massenpsychologie analysierten.[350] Die Mitscherlichs beschrieben den Prozess der Entmoralisierung des Gewissens, dem die deutsche Bevölkerung in den dreißiger und vierziger Jahren partiell unterlegen war, als Prozess einer »Verschmelzung« des Ichs mit dem Massenführer: Der Führer trat an die Stelle des Ich-Ideals jedes Einzelnen und wurde Teil des Individuums. Er verlangte geradezu, dass das »alte Gewissen der neuen, faszinierenden Aufgabe geopfert« wurde. Und der »psychologische Mechanismus«, der dem Massenführer Hitler und dem NS-Staat zur Durchsetzung verhalf, ist nach Analyse der Mitscherlichs »dadurch gekennzeichnet, dass im Streit zwischen diesem alten Gewissen und dem fetischhaft geschmeichelten Ich-Ideal das (alte, C.F.) Gewissen unterliegt.«[351] Der Massenführer hat die »verführerische Entlastung vom unbequemen Gewissen (...) durch das Glaubensangebot an ihn erreicht.«[352]

Alexander und Margarete Mitscherlich beschrieben 1967 in ihrer Studie über *Die Unfähigkeit zu trauern* als »wichtige Aufgabe« der bundes-republikanischen Gesellschaft, »jene Motive herauszufinden, die zur Zeit Hitlers die Menschen sich ihm so grenzenlos gläubig anvertrauen ließen, was sie dann auch über die Grenzen des Verantwortbaren hinaustrug«.[353] Denn das Ende des Nationalsozialismus und der Tod des Führers hätten die »Verschmelzung« des Gewissens mit dem Willen des Führers beendet und ein »intensives Schamgefühl« ausgelöst.[354] Damit war nach 1945 eine Leerstelle erzeugt, die die Gesellschaft wesentlich durch eine Externalisierung der Schuld zu kompensieren

348 Vgl. Heinz Dieter Kittsteiner, a.a.O. S. 237.

349 Vgl. Manfred Messerschmidt: Die Wehrmacht im NS-Staat. Hamburg 1969. S. 51.

350 Margarete und Alexander Mitscherlich: Die Unfähigkeit zu trauern. München, Zürich 1991. S. 76 (zuerst 1967).

351 Margarete und Alexander Mitscherlich, a.a.O. S. 72.

352 Margarete und Alexander Mitscherlich, a.a.O. S. 73.

353 Margarete und Alexander Mitscherlich, a.a.O. S. 71.

354 Margarete und Alexander Mitscherlich, a.a.O. S. 77.

versucht habe. Ein psychischer Vorgang, der nach 1945 in der Vergangenheitspolitik der Regierung Adenauer und der zeitgenössischen Unterscheidung zwischen den unschuldigen Opfern, die in das NS-System verstrickt, und den Wenigen, die »wirklich schuldig« geworden waren[355], ihre Bestätigung fand.

Während die Mitscherlichs ihre Analyse im Kontext der Bewertung des Umgangs der Deutschen mit der NS-Vergangenheit vorlegten, war die Erkenntnis, dass die Gesellschaft im Transformationsprozess von der Diktatur zur Demokratie dem Verlust des Objekts begegnen und die Inhalte des Gewissens als Maßstab individuellen Handelns neu bestimmen müsse, seit den frühen fünfziger Jahren ein Leitmotiv der politischen Haltung Fritz Bauers. Im Braunschweiger Verfahren gegen Otto Ernst Remer trat Bauer 1952 den Versuch an, dem moralischen Gewissen als Handlungsmaßstab Geltung zu verschaffen. Deshalb leistete die Staatsanwaltschaft eine kritische Analyse des Soldateneides und zeigte, dass die Widerstandskämpfer den Soldateneid nicht gebrochen haben, sondern berechtigt waren, von der Handlungsautonomie im Sinne des moralischen Gewissens, nämlich der Anerkennung des übergeordneten Rechts als Maßstab für ihr Handeln, Gebrauch zu machen. Indem Fritz Bauer in der Auseinandersetzung mit der Position von Hermann Weinkauff die Legitimität des Widerstandes gegen den Unrechtsstaat mit dem Verweis auf das individuelle Gewissen des Menschen als subjektivierte Verankerung übergeordneter Werte begründete, knüpfte er zwar an die Legitimierung des Widerstandes als einem »Aufstand des Gewissens« an, wie er sich exemplarisch mit den beiden von Annedore Leber herausgegebenen Sammelbänden *Das Gewissen steht auf* und *Das Gewissen entscheidet* manifestiert hatte.[356] Dennoch verschob Bauer den Akzent der Argumentation wesentlich. Er griff eine Überbetonung der ethisch-moralischen Motivation von Widerstand und seine Legitimierung als transpolitische Gewissensentscheidung sogar an. Vermittelte die Interpretation von Widerstand als »Aufstand des Gewissens« die Vorstellung von einer »Unbedingtheit des Gewissens«[357], derzufolge das Gewissen als ein a priorisches Faktum der Vernunft gilt, verwies Fritz Bauers Argumentation auf ein in der angelsächsischen Tradition verankertes Verständnis von

355 Stenographische Berichte des Deutschen Bundestages, I. Wahlperiode. Sitzung vom 5. April 1951. S. 4984.

356 Vgl. den Hinweis auf die beiden Sammelbände bei Fritz Bauer: Widerstand als geschichtlicher Auftrag. Das Widerstandsrecht in unserer Geschichte. FuR, H. 10, 1965. S. 6. Annedore Leber: Das Gewissen steht auf: 64 Lebensbilder aus dem deutschen Widerstand 1933-1945. Hg. in Zusammenarbeit mit Willy Brandt und Karl Dietrich Bracher. Berlin u.a. 1954; Dies.: Das Gewissen entscheidet: Bereiche des deutschen Widerstandes 1933-1945. Hg. in Zusammenarbeit mit Willy Brandt und Karl Dietrich Bracher. Berlin u.a. 1957.

357 Heinz Dieter Kittsteiner: Das deutsche Gewissen im 20. Jahrhundert. In: Richard Faber (Hg.): Politische Religion – religiöse Politik. Würzburg 1997. S. 229.

dem menschlichen Gewissen, wonach das Gewissen als ein sozialisierter, verinnerlichter, subjektiver Maßstab des Gemeinwohls gilt.[358]

Die Auseinandersetzung mit der Bedeutung des Gewissens als subjektiver Instanz und für das Individuum gültigem Handlungsmaßstab war in Bauers Perspektive also sowohl von Bedeutung, weil es nach dem Zusammenbruch des NS-Staates und der Aufhebung der »Verschmelzung« des Ichs mit dem Führer in Form des transmoralischen Gewissen darum gehen musste, die politische Handlungsfähigkeit und -kompetenz des Individuums entsprechend der mit dem Grundgesetz institutionalisierten demokratischen und pluralistischen Gesellschaftsordnung neu zu begründen. Sie kann als eine in der historisch konkreten Situation nach 1945 verwurzelte Reflexion über das Verhältnis von Staat und Bürger und als Postulat der Etablierung bürgerlichen Handelns in der Demokratie verstanden werden. Daneben gewinnt sie ihre Relevanz, weil die normative Orientierung menschlichen Handelns in dieser Perspektive gebunden ist an die Sozialisierung des Menschen, weil sie determiniert, aber auch determinierbar erscheint. Deshalb wird auch die Auseinandersetzung mit der Vergangenheit und den gesellschaftlichen Strukturen der Gegenwart, die Auseinandersetzung mit den Werten und Normen, denen sich die Mitglieder einer Gesellschaft verpflichten, für Bauer mit Blick auf die Konsolidierung der Demokratie nach 1949 so wichtig.

Hermann Weinkauffs Überlegungen über die Institutionalisierung hierarchischer Verantwortlichkeiten und die Geltung des Naturrechts in der Demokratie gingen zurück auf seine Betrachtungen des Nationalsozialismus:

> »Wäre das, was an staatlich gesetztem Unrecht damals geschehen ist, wirklich möglich gewesen, (...) wenn der deutsche Richter, statt beamtenmäßig organisiert und zum blinden Gesetzesgehorsam erzogen zu sein, eine selbständige, nur vom Recht her legitimierte Stellung in der Gesellschaft gehabt hätte und eines starken Vertrauens im Volke sicher gewesen wäre?«[359]

Die Juristen standen, so lautete die Antwort von Weinkauff auf seine rhetorische Frage, dem Unrecht des Nationalsozialismus »ratlos und hilflos« gegenüber[360], weil das Rechtssystem sie zu Positivisten und bloßen Technikern der

---

358 Vgl. zur Geschichte des Begriffs vom Gewissen in der angelsächsischen Tradition Heinz Dieter Kittsteiner: Die Entstehung des modernen Gewissens. Frankfurt a.M. 1991. S. 229ff und S. 274ff.

359 Das Naturrecht und die Große Justizreform. Gedanken über die Grundfragen der Rechtsprechung. Die Abschiedsrede des Chefpräsidenten beim Bundesgerichtshof, Dr. Hermann Weinkauff. FR vom 6.4.1960.

360 Hermann Weinkauff: Die Militäropposition gegen Hitler und das Widerstandsrecht. In: Vollmacht des Gewissens. Probleme des militärischen Widerstandes gegen Hitler. Bd. 1. Hg. v. der Europäischen Publikation e.V. Frankfurt a.M., Berlin 1960. S. 147.

Gesetzesanwendung erzogen habe. »Der Nationalsozialismus knüpfte an diese Rechtsprechung in der Weise an«, schrieb Weinkauff, »dass er für die Auslegung allen Gesetzesrechts, nicht nur des neugeschaffenen national-sozialistischen, sondern auch des früheren, die Leitgedanken der sogenannten nationalsozialistischen Weltanschauung, und nur sie, als verbindlich erklärte.«[361] Die Ausführungen über die »Herrschaft des Rechtspositivismus«[362] ergänzte Weinkauff mit seinen »Gedanken über die Stellung des Richters innerhalb der Rechtsordnung, im Volksganzen und im gesellschaftlichen Gefüge« vor 1933, die er als »ziemlich schwach« betrachtete.[363] 1968 entfaltete Weinkauff seine Überlegungen in der Studie *Die deutsche Justiz und der Nationalsozialismus.* Der explizit als Überblickswerk angekündigte Band erschien als erster Teil eines großen Forschungsprojektes, das das Institut für Zeitgeschichte in München in Auftrag gegeben und dessen Gesamtleitung Weinkauff übernommen hatte. Ergebnis sollte eine Gesamtdarstellung über die Justiz und das Dritte Reich werden.[364] Als Weinkauff seine Gedanken über den Positivismus und das Rechtsempfinden der deutschen Gesellschaft in diesem *Überblick* zusammengefasst auf den Punkt brachte, dankte nicht nur Helmut Krausnick als Direktor des Münchner Instituts ihm im Vorwort der Studie.[365] Auch die *Deutsche Richterzeitung* lobte, dass Weinkauff noch nach seiner Pensionierung die

> »Forschungsaufgabe einer Darstellung des Schicksals der deutschen Justiz in der Zeit der nationalsozialistischen Gewaltherrschaft« übernommen hatte und sah »darin ein Zeichen seines unablässigen Bestrebens (...), mit der Erkenntnis der Wahrheit die geistigen Kräfte zur Abwehr des Unrechts zu stärken.«[366]

Weinkauff zeichnete ein Bild von der Justiz, das die Juristen in der »tragischen und bis zum Zerreißen gespannten Lage«[367] des Nationalsozialismus wesentlich als Opfer des Unrechtsregimes vorstellte. Die Juristen seien als Positivisten und Techniker einer Gesetzesanwendung von den Nationalsozialisten als

361 Hermann Weinkauff: Die deutsche Justiz und der Nationalsozialismus. Ein Überblick. Stuttgart 1968. S. 24.

362 Hermann Weinkauff, a.a.O. S. 23.

363 Vgl. dazu Hermann Weinkauff: Die deutsche Justiz und der Nationalsozialismus. Ein Überblick. Stuttgart 1968. S. 23ff, besonders S. 23.

364 Hermann Weinkauff: Die deutsche Justiz und der Nationalsozialismus. Ein Überblick. Stuttgart 1968. Vgl. dazu auch Jörg Requate: Vergangenheitspolitik in der Debatte um eine Reform der Justiz in den sechziger Jahren. In: Norbert Frei, Dirk van Laak, Michael Stolleis (Hg.): Geschichte vor Gericht. München 2000. S. 75.

365 Vgl. das Geleitwort von Helmut Krausnick in: Hermann Weinkauff: Die deutsche Justiz und der Nationalsozialismus. Ein Überblick. Stuttgart 1968.

366 Vgl. Hermann Weinkauff 70 Jahre. DRiZ, H. 4, 1964. S. 107.

367 Hermann Weinkauff: Die deutsche Justiz und der Nationalsozialismus. Ein Überblick. Stuttgart 1968. S. 37.

»Werkzeuge (...) missbraucht« worden.[368] Mit der »These von der Gesetzestreue der deutschen Richterschaft« präsentierte Weinkauff in seiner Studie eine schon damals in der Forschung umstrittene Erklärung für das Verhalten der Juristen im Nationalsozialismus.[369] »(I)m großen und ganzen wird nicht die handelnde, sondern die leidende Justiz dargestellt«, bemerkte Richard Schmid dazu in der *Kritischen Justiz*[370], und er unterzog in seiner Buchbesprechung den Erklärungsansatz von Weinkauff einer Kritik:

»Die positivistische, das heißt gesetzesgehorsame Haltung war im übrigen gar nicht standfest; viele sogenannte ›Verfallserscheinungen‹ sind im Gegenteil darauf zurückzuführen, dass die Richter sich nicht an das Gesetz gehalten, sondern, um sich als gute Nazis zu erweisen, darüber hinausgegangen sind, zum Beispiel das Reichsgericht in Rasseschutzsachen und die innerdeutschen Sondergerichte mit ihren ›Ausmerzungsurteilen‹ (...).«[371]

Bemerkenswert ist zudem, dass Weinkauff in der Studie, die sich wie Helmut Krausnick in dem Geleitwort betonte als »wissenschaftliche Behandlung« des Themas verstand[372], die Arbeiten zur Geschichte der Justiz, die beispielsweise bereits Hubert Schorn und Ilse Staff vorgelegt hatten, gar nicht heranzog. Die Juristin Ilse Staff hatte in ihrer 1964 vorgelegten Dokumentation *Justiz im Dritten Reich* dargelegt, dass es Juristen waren, »die die grundlegenden Verfügungen für die Vergasungen und Deportationen ausarbeiteten« und »den Geschehnissen des nationalsozialistischen Regimes einen Schein von Legalität zu geben versuchten«.[373] Um gerade den »Anteil der deutschen Juristen an der Tyrannei« zu dokumentieren[374], hatte Staff vor allem die Rechtsprechung in der Weimarer Republik untersucht. Ihre konkreten Urteilsanalysen hatten dabei gezeigt, dass es eine verbreitete Auffassung der Juristen der Weimarer Republik war, dass »das einzige Grundrecht (...) das Recht des Staates auf Selbstbehauptung« sei.[375] In einer späteren Auflage ihrer Dokumentation ordnete Staff diese Rechtsauffassung in die Denktradition deutscher Juristen des ausgehenden 19. und frühen 20. Jahrhunderts ein, die sich durch eine »Staatsgläubigkeit« auszeichnete, »der die Rolle eines für die Gestaltung seines Staats-

368 Hermann Weinkauff, a.a.O. S. 23ff, bes. S. 19.

369 Vgl. Jörg Requate: Vergangenheitspolitik in der Debatte um eine Reform des Justiz in den sechziger Jahren. In: Norbert Frei, Dirk van Laak, Michael Stolleis (Hg.): Geschichte vor Gericht. München 2000. S. 72.

370 Die Buchbesprechung von Richard Schmid in KJ, H. 1, 1969. S. 102ff, hier S. 102.

371 Die Buchbesprechung von Richard Schmid, a.a.O. S. 105.

372 Helmut Krausnick in seinem Geleitwort zur Studie von Hermann Weinkauff: Die deutsche Justiz und der Nationalsozialismus. Ein Überblick. Stuttgart 1968.

373 Justiz im Dritten Reich. Eine Dokumentation. Hg. v. Ilse Staff. Frankfurt a.M. 1964. S. 9.

374 Ilse Staff, a.a.O. S. 10.

375 Ilse Staff, a.a.O. S. 13.

wesens mitverantwortlichen Bürgers zutiefst fremd ist.«[376] Eine Haltung, die nach Staff in die Weimarer Republik hinein wirkte und dazu führte, dass »(d)ie juristische Konstruktion einer Staatsperson, die als Herrschaft- und Zwangsgewalt den Individuen gegenübergestellt wurde, (...) die persönliche Verantwortung des Bürgers für staatliches Geschehen verkümmern« ließ. Der »Staat wurde zum Abstraktum, gleichzeitig aber zu einer realen Macht, vom Individuum als vorgegeben anerkannt.«[377] Zudem schilderte Staff bereits in der Originalausgabe ihrer Dokumentation in Anlehnung an die Analyse von Max Hirschberg die Ablehnung der Weimarer Republik als durchaus politische Auffassung der Mehrheit der Juristen vor 1933[378], die demnach nicht einfach als technokratische Anwender von positivem Gesetz agiert hatten. Exemplarisch für die wenigen Richter, die hingegen im NS-Staat Handlungsspielräume gesucht und genutzt hatten, stellte Ilse Staff in ihrem Buch den Fall des Amtsrichters Lothar Kreyssig vor. Der Vormundschaftsrichter aus Brandenburg/Havel hatte im Juli 1940 in einem Schreiben an den Reichsjustizminister seinen Widerspruch gegen die von den Nationalsozialisten eingeleitete »Euthanasie« erhoben:

»Es ist mir kaum zweifelhaft, dass die schubweise aus den Verbringungsorten abtransportierten Kranken in der genannten Anstalt getötet worden sind. (...) (D.)h., dass man gewisse in Anstaltspflege befindliche Geisteskranke ohne Wissen der Angehörigen, der gesetzlichen Vertreter und der Vormundschaftsgerichte, ohne die Gewährung eines geordneten Rechtsganges und ohne gesetzliche Grundlage zu Tode bringt.«[379]

Kreyssig schrieb in seinem – von Staff dokumentierten – Brief, dass er »unzweifelhaft die richterliche Pflicht hat, für das Recht einzutreten«, und er fügte hinzu: »Das will ich tun. (...) (Z)uvor ist es aber meine Pflicht, mir Aufklärung und Rat bei meiner vorgesetzten Dienstbehörde zu holen. Darum bitte ich.«[380] Der Amtsrichter erhielt von der vorgesetzten Dienstbehörde keine Antwort und erstattete daraufhin Anzeige wegen Mordes, die von den zuständigen Stellen nicht verfolgt wurde. »Vor allem aber«, merkte Ilse Staff an, »es erfolgte auch keine Verhaftung Kreyssigs.«[381] Im März 1942 wurde der Richter in den

376 Justiz im Dritten Reich. Eine Dokumentation. Hg. v. Ilse Staff, Frankfurt a.M. 1978. S. 10.

377 Ilse Staff, a.a.O. S. 11.

378 Justiz im Dritten Reich. Eine Dokumentation. Hg. v. Ilse Staff. Frankfurt a.M. 1964. S. 17. In der zweiten Auflage von 1978 zieht Staff zudem die Analyse von Otto Kirchheimer: Politische Justiz. Neuwied, Berlin 1965 heran und spricht von der »Republikfeindlichkeit deutscher Richter« vor dem Jahr 1933. Vgl. Justiz im Dritten Reich. Eine Dokumentation. Hg. v. Ilse Staff. Frankfurt a.M. 1978. S. 13.

379 Justiz im Dritten Reich. Eine Dokumentation. Hg. v. Ilse Staff. Frankfurt a.M. 1964. S. 128.

380 A.a.O. S. 130.

381 Ebd. In der Ausgabe von 1978 spricht Staff von »Freiräume(n)«, die dem Juristen auch im NS-Staat gegeben und »selten oder gar nicht genutzt« worden waren. Vgl. Justiz im Dritten

Ruhestand versetzt. Auch Hubert Schorn dokumentierte in seiner bereits 1959 erschienenen Arbeit *Der Richter im Dritten Reich. Geschichte und Dokumente* den Fall Kreyssig ausführlich.[382] Wie bei Staff erschien auch in seiner Darstellung nicht der Gesetzespositivismus als Ursache für die Bereitschaft der Mehrheit der Juristen im Sinne des Nationalsozialismus zu wirken, vielmehr unterschied Schorn zwischen »hitlerhörige(n) und rechts-brüchige(n)« Juristen und »gewissenhafte(n) und rechtstreue(n) Richter(n)« im NS-Staat.[383]

Widerstand oder oppositionelles Verhalten von Juristen erwähnte Weinkauff in seiner Studie 1968 nur beiläufig mit einem Satz.[384] Mit keinem Wort dokumentierte er in seinem *Überblick* über *Die deutsche Justiz und den Nationalsozialismus* das widerständige Verhalten von Amtsrichter Lothar Kreyssig. Weinkauff rechtfertigte und exkulpierte vielmehr die Juristen, die keinen Widerstand gegen die nationalsozialistische Diktatur leisteten, denn »dazu fehlten ihnen«, so schreibt er, »einfach die rechtlichen Voraussetzungen. Es wäre ungerecht, ja utopisch gedacht, wollte man nun nachträglich fordern, dass sie einen solchen Widerstand hätten leisten müssen.«[385]

Richard Schmid kritisierte in seiner Buchbesprechung vor allem das schwache empirische Fundament von Weinkauffs Erklärungsansatz:

»Was man gerne gehört hätte, wäre ein Urteil über die Justiz selbst, begründet mit Fakten aus dieser Justiz, nämlich mit Entscheidungen, aus denen sich ergibt, inwieweit die Richter dem auf sie ausgeübten Druck gewichen oder ihm standgehalten haben, oder, was auch nicht selten war, sogar beim Reichsgericht, schärfer und grausamer waren als der Druck der Nazigesetze oder der außergesetzliche Druck von ihnen verlangten.«[386]

Auch Fritz Bauer unterzog den Gesetzespositivismus als juristische Methode einer Kritik, deutete ihn aber nicht als Technik, die Generationen von Juristen gelehrt worden war. Vielmehr betrachtete er den Gesetzespositivismus als spezifische Ausprägung einer in der Gesellschaft der Weimarer Republik und in der deutschen Gesellschaft der Zeit 1933 bis 1945 zu beobachtenden Hal-

---

Reich. Eine Dokumentation. Hg. v. Ilse Staff. Frankfurt a.M. 1978. S. 9. Die spätere Forschung hat gezeigt, dass Kreyssig unter Wahrung seiner Gehaltsansprüche pensioniert wurde und danach unbehelligt blieb. Vgl. Lothar Gruchmann: Ein unbequemer Amtsrichter im Dritten Reich. VfZ, H. 3, 1984. S. 463ff. Auch: Ernst Klee: »Euthanasie« im NS-Staat. Frankfurt a.M. 1994. Bes. S. 209ff.

382 Hubert Schorn: Der Richter im Dritten Reich. Frankfurt a.M. 1959. S. 339ff.

383 Hubert Schorn, a.a.O. S. 2. Vgl. zur Kritik an der Darstellung von Schorn Fritz Bauer: Die »Ungesühnte Nazijustiz«. NG, H. 3, 1960. S. 183.

384 Hermann Weinkauff: Die deutsche Justiz und der Nationalsozialismus. Ein Überblick. Stuttgart 1968. S. 91.

385 Hermann Weinkauff, a.a.O. S. 38.

386 Die Buchbesprechung von Richard Schmid in KJ, H. 1, 1969. S. 103.

tung. Demnach waren »Theorie und Praxis des ›Rechtspositivismus‹ (...) Ausdruck einer tiefer liegenden Krankheit.«[387]

Im Kontext der Auseinandersetzung mit der Position von Hermann Weinkauff, seiner Betrachtung des Positivismus und seiner für das politische Denken bedeutsamen Unterscheidung zwischen der politischen Entscheidungsbefugnis des Individuums und der des »Amtsträgers« im Staat, war für Fritz Bauer auch die Auffassung des Theologen und orthodoxen Lutheraners Walter Künneth zur Gegenposition geworden. Künneth gehörte wie Weinkauff dem Arbeitskreis Europäische Publikation e.V. an und hatte für den Band *Vollmacht des Gewissens,* in dem Hermann Weinkauffs Beitrag über *Die Militäropposition gegen Hitler und das Widerstandsrecht* erschienen war, ein Gutachten über *Die evangelisch-lutherische Theologie und das Widerstandsrecht* verfasst.[388] Ausdrücklich gegen die Herleitung eines Widerstandsrechts in Anlehnung an Karl Barth, wie sie für Fritz Bauer und die theologischen Gutachter im Remer-Prozess Bezugspunkt war, stellte Walter Künneth fest, es seien »überall, wo wir eine Perversion finden, immer noch Reste des Ordungswillens Gottes« zu finden. Deshalb könne er die »Begründung des Widerstandsrechts auf Grund der Meinung, eine pervertierte Staatsordnung sei keine Obrigkeit mehr (...) vom evangelischen Standpunkt aus nicht (...) für legitim ansehen.«[389] In einem von dem Arbeitskreis geführten und in seiner ersten Publikation dokumentierten *Deutsche(n) Gespräch(...) über das Recht zum Widerstand*, vertrat Künneth mit Verweis auf Römer 13 die Position, der Staat sei »als Ordnung eine überindividuelle Gegebenheit« und entstehe »nicht aus einer Willenskundgebung des Volkes«.[390] Der Staat sei »nicht eine Funktion der Masse der Bürger, sondern eine primäre, überindividuelle Ordnungsgegebenheit. (...) Die Staatsgewalt kommt, prinzipiell gesprochen, nicht vom Volk. Die Staatsgewalt kommt von Gott. Darum wendet sich hier der biblische Staatsbegriff«, den Künneth vertrat »gegen jede Auffassung der Autonomie des Menschen und des Volkes oder des Staates. (...) Es geht hier darum (...) gleichsam von oben her die Staatsordnung zu denken, nicht von unten her.«[391] Künneth stimmte mit Weinkauff überein, dass Ethik und Recht zuerst die Funktion haben, die Staatsordnung zu erhalten, wenn er davon spricht, der Staat sei »eine Gottesordnung als Er-

387 Fritz Bauer: Die »Ungesühnte Nazijustiz«. NG, H. 3, 1960. S. 186.

388 Walter Künneth: Die evangelisch-lutherische Theologie und das Widerstandsrecht. In: Vollmacht des Gewissens. Probleme des militärischen Widerstandes gegen Hitler. Bd. 1. Hg. v. der Europäischen Publikation e.V. Frankfurt a.M., Berlin 1960. S. 166ff.

389 Walter Künneth, a.a.O. S. 167.

390 Walter Künneth in Deutsche Gespräche über das Recht zum Widerstand. In: Vollmacht des Gewissens. Probleme des militärischen Widerstandes gegen Hitler. Bd. 1. Hg. v. der Europäischen Publikation e.V. Frankfurt a.M., Berlin 1960. S. 97.

391 Walter Künneth, a.a.O. S. 81.

haltungsordnung«[392], und er selbst unterstreicht, dass er »von der Ordnung ungeheuer hoch« denkt.[393] Ausgehend von der Feststellung, das Gewissen sei »keine alleingültige Instanz«, weil es doch auch »irrende Gewissen« geben könne und jeder »Subjektivismus (...) ein Sprungbrett für jede Anarchie darstellen« könne, stellte Künneth – ähnlich wie Weinkauff – fest, dass »(d)em einzelnen Bürger, diesem homo privatus, (...) normalerweise die Einsicht« fehle, um politisch verantwortlich zu handeln.[394] Denn der »homo privatus« könne »in seiner Entscheidung von subjektiven Gefühlen, Stimmungen, Urteilen geleitet werden«, in der »die Gefahr (liegt), dass eine Lawine von Untaten dadurch ausgelöst werden kann, eine Flut von Unrechtshandlungen, die der Betreffende nicht gewollt hat.«[395] Wie Weinkauff hielt Künneth »drei Voraussetzungen« für ein Widerstandsrecht gegenüber dem Staat für »unerlässlich«, und er forderte die Anerkennung einer »(a)bgestufte(n) Verantwortlichkeit«[396], schließlich sei die »Verantwortung« für den Staat »nicht in gleicher Weise bei jedem vorhanden.«[397]

Gleichwohl wurde in dem Gespräch des Arbeitskreises deutlich, dass Künneths Position sich in einem Aspekt deutlich von der des BGH-Präsidenten unterschied. Während Weinkauff einräumte, dass der NS-Staat mit der Ermordung der Juden gegen die »rechtliche Urordnung« verstoßen habe und damit »materiell und objektiv« das Widerstandsrecht gegeben sah[398], fragte Künneth, »(w)ird nicht durch die Zerstörung der Ordnung ein Chaos herbeigeführt?« Und er fügte – in völliger Ausblendung des Unrechtscharaktes des NS-Staates – hinzu: »Wenn ich aber nicht weiß, ob eine bessere Ordnung kommt, würde ich sagen, dass das Bisherige belassen werden muss.«[399] Im Gespräch mit Künneth war es Weinkauff, der betonte, dass die Frage, wer als Subjekt

392 Walter Künneth, a.a.O. S. 82.

393 Walter Künneth, a.a.O. S. 84.

394 Walter Künneth: Die evangelisch-lutherische Theologie und das Widerstandsrecht. In: Vollmacht des Gewissens. Probleme des militärischen Widerstandes gegen Hitler. Bd. 1. Hg. v. der Europäischen Publikation e.V. Frankfurt a.M., Berlin 1960. S. 168. Vgl. auch Walter Künneth: Das Widerstandsrecht als theologisch-ethisches Problem. München 1954. S. 387.

395 Walter Künneth: Die evangelisch-lutherische Theologie und das Widerstandsrecht. In: Vollmacht des Gewissens. Probleme des militärischen Widerstandes gegen Hitler. Bd. 1. Hg. v. der Europäischen Publikation e.V. Frankfurt a.M., Berlin 1960. S. 168.

396 Walter Künneth, a.a.O. S. 169.

397 Walter Künneth, a.a.O. S. 170.

398 Hermann Weinkauff in Deutsche Gespräche über das Recht zum Widerstand. In: Vollmacht des Gewissens. Probleme des militärischen Widerstandes gegen Hitler. Bd. 1. Hg. v. der Europäischen Publikation e.V. Frankfurt a.M., Berlin 1960. S. 90.

399 Walter Künneth in Deutsche Gespräche über das Recht zum Widerstand. In: Vollmacht des Gewissens. Probleme des militärischen Widerstandes gegen Hitler. Bd. 1. Hg. v. der Europäischen Publikation e.V. Frankfurt a.M., Berlin 1960. S. 84f.

zum Widerstand berechtigt sei, nur eine »sekundäre« sei. Und er erklärte – auf den ersten Blick im Widerspruch zu seiner sonst vertretenen Position, dass »jeder Staatsbürger für seinen Staat verantwortlich ist und deswegen auch, wenn der Staat grobes Unrecht begeht, Widerstand leisten nicht nur darf, sondern muss« und »(n)iemand kann die Staatsbürgerschaft davon entbinden«.[400] Dennoch hielt Weinkauff an der Unterscheidung zwischen einer »grundsätzlichen« Frage des Widerstandsrechts und der, »wer alles konkret-praktisch das Widerstandsrecht besitzt«, fest und revidierte damit seine Position keinesfalls.[401] Angesichts der Position von Künneth ging es ihm lediglich um die Erörterung der »grundsätzlichen« Bedeutung des Widerstandsrechts. Denn Weinkauff hatte im Gespräch mit Künneth erkannt, dass die Frage im Raum stand, wie denn von seinem »Standpunkt aus das Widerstands-recht überhaupt begründe(t)« werden solle?[402]

Nach dem Prozess gegen Otto Ernst Remer hatte sich Walter Künneth in zahlreichen Schriften ausführlich zum Widerstandsrecht geäußert und dabei vor allem mit Verweis auf die Zwei-Reiche-Lehre ein Widerstandsrecht für den einzelnen Bürger kritisiert und als Politisierung der Kirche abgelehnt. Die Position, die Fritz Bauer entfaltet hatte, schien in dieser Perspektive als »subjektiver Individualismus«.[403]

Für Adolf Arndt war im Kontext der Auseinandersetzung mit dem BGH-Urteil von 1961 entscheidend, dass die Position des orthodoxen Lutheraners nicht nur die »Entmündigung des Individuums« bedeute, sondern auch »strukturell antidemokratisch« sei.[404] Ähnlich kritisierte Fritz Bauer Künneths Position als elitäre Auffassung von Politik, die den Bürger weiterhin zum Untertanen degradiere.[405] Schon in seinem moraltheologischen Gutachten im Remer-Prozess hatte Hans-Joachim Iwand die Aufspaltung der christlichen Existenz im Anschluss an die Zwei-Reiche-Lehre in eine einerseits politische, öffentliche und andererseits private, dem Evangelium folgende, vehement kritisiert. Nachdem die Position von Künneth und Weinkauff im Sommer 1961 in dem BGH-Urteil wirksam wurde, kritisierte Fritz Bauer sie als Auffas-

400 Hermann Weinkauff in Deutsche Gespräche über das Recht zum Widerstand, a.a.O. S. 95.

401 Hermann Weinkauff in Deutsche Gespräche über das Recht zum Widerstand, a.a.O. S. 98.

402 Hermann Weinkauff in Deutsche Gespräche über das Recht zum Widerstand, a.a.O. S. 97.

403 Walter Künneth: Das Widerstandsrecht als theologisch-ethisches Problem. München 1954. S. 390. Vgl. auch Gerhard Ringshausen: Der 20. Juli als Problem des Widerstandes gegen die Obrigkeit. In: Gerd R. Ueberschär (Hg.): Der 20. Juli 1044. Köln 1994. Bes. S. 199ff. Vgl. auch Helmut Thielicke: Evangelische Ethik. Band II, 2. Tübingen 1958. S. 445ff.

404 Adolf Arndt: Agraphoi nomoi. NJW, H. 10, 1962. S. 432.

405 Fritz Bauer: Justiz als Symptom. In: Hans Werner Richter (Hg.): Bestandsaufnahme. München, Wien, Basel 1962. S. 228f.

sung einer bloß »formalen Pflichtethik«, die dazu führe, dass Pflicht und Funktion zu Gegenbegriffen von Ethik und Moral werden.[406]

Die Haltung einer »Pflichtethik« interpretierte Fritz Bauer dabei als strukturell verwandt mit der des Rechtspositivismus, den er auch als »Gesetzesfetischismus« bezeichnete.[407] Fand der Positivismus nach Bauer einen typischen Ausdruck in der Formel *Es lebe das Gesetz, mag auch die Welt untergehen!*[408], spiegelten die als Landserparole bekannt gewordene Lebensweisheit *Gesetz ist Gesetz, Befehl ist Befehl*[409] und das noch treffender die Trennung von privatem Leben und dienstlicher Funktion legitimierende Sprichwort *Dienst ist Dienst, und Schnaps ist Schnaps* ganz ähnliche und vergleichbare Lebenshaltungen.[410] Fritz Bauer erkannte in diesen Handlungsmaximen eine »Trennung von Amt und Mensch«[411], und er kritisierte sie als eine »Doppelmoral«[412]: Der Mensch orientiert als privater und als öffentlich-funktionaler sein Handeln nach verschiedenen ethischen und moralischen Bezugssystemen. Mit dem Begriff der »Doppelmoral« machte Bauer zunächst auf die Differenz aufmerksam, die zwischen dem Handeln des Menschen in der Privatsphäre und seinem Handeln in einer amtlichen oder dienstlichen Funktion bestehe. Indem Bauer die Begriffe »Amt« und »Mensch« und nicht etwa »Amt« und »Privatsphäre« als Gegenbegriffe formulierte, bewertete er zugleich das Handeln als einerseits menschliches und als andererseits unmenschliches.

Auch in seinem 1966 vorgelegten Buch *Auf der Suche nach dem Recht* beschäftigte sich Bauer mit dem Thema. Um zu verdeutlichen, was in seinen Augen die Aufspaltung des Subjekts in ein öffentlich-funktionales und privates und die Entmenschlichung des Individuums ausmacht, zitierte er folgende längere Passage aus Leo N. Tolstojs Roman *Auferstehung* aus dem Jahr 1898:

»›Man hat einen Menschen‹ heißt es im Roman, ›ermordet (...). Und was das Schrecklichste ist, man hat ihn gemordet und niemand weiß, wer ihn gemordet hat. Er wurde einfach ermordet. (...) Niemand ist schuld - und doch wurde ein Mensch getötet, und zwar von denselben, an seinem Tode unschuldigen Leuten (...) All das ist dadurch geschehen, weil alle jene Leute – Gouverneure, Gefängnisdirektoren – glauben, dass es im Leben Umstände

---

406 Fritz Bauer: Widerstand als geschichtlicher Auftrag. FuR, H. 10, 1965, S. 9. Und Fritz Bauer: Antinazistische Prozesse und politisches Bewusstsein. In: Hermann Huss, Andreas Schröder (Hg.): Antisemitismus. Frankfurt a. M. 1965. S. 179f.

407 Fritz Bauer: Im Kampf um des Menschen Recht. Vorgänge, H. 6, 1969. S. 206. (zuerst 1955)

408 Ebd.

409 Fritz Bauer: In unserem Namen. In: Helmut Hammerschmidt (Hg.): Zwanzig Jahre danach. München, Basel, Wien 1965. S. 313.

410 Fritz Bauer: Antinazistische Prozesse und politisches Bewusstsein. In: Hermann Huss, Andreas Schröder (Hg.): Antisemitismus. Frankfurt a. M. 1965. S. 179.

411 Ebd. (Hervorh. i. Orig.)

412 Fritz Bauer: Mythologisierung der »Pflicht«. Tribüne, H. 14, 1965. S. 1493.

gäbe, unter denen ein *menschliches* Verhalten gegenüber dem Mitmenschen nicht obligatorisch sei. Alle diese Leute (...) würden, wenn sie nicht Gouverneure usw. wären, es sich zwanzigmal überlegt haben, ob man Menschen bei solcher Hitze und in solchen Haufen transportieren könne. Und wenn sie bemerkt hätten, dass einer von diesen Menschen schwach geworden ist und zu ersticken drohte, so hätten sie ihn aus dem Haufen gezogen, ihn in den Schatten gebracht, ihm zu trinken gegeben. Dieses taten sie nicht, nur weil sie den Dienst und dessen Forderungen sahen, die sie höher stellten als die rein menschlichen Beziehungen.«[413]

Dem Zitat fügte Bauer die Bemerkung hinzu: »Wir erinnern uns dessen, was in unserer Zeit an Unrecht geschah.«[414] Die Relevanz der kritischen Analyse einer ethischen Spaltung des Menschen ergab sich demnach zuerst in der konkreten historischen Perspektive, mit der Fritz Bauer als Überlebender der Verfolgung durch die Nationalsozialisten und als Generalstaatsanwalt konfrontiert war. Denn nicht zuletzt rechtfertigten sich die in den Prozessen wegen nationalsozialistischer Gewaltverbrechen Angeklagten immer wieder mit dem Argument, man habe nur gegebene Befehle ausgeführt. Der 1961 in Israel geführte Prozess gegen Adolf Eichmann war in dieser Hinsicht für Fritz Bauer exemplarisch geworden. Hannah Arendt, die als Prozessbeobachterin das Verfahren gegen Eichmann in Israel verfolgt hatte, schrieb in ihrem Bericht über die Mentalität des Angeklagten:

»Was er getan hatte, hatte er seinem eigenen Bewusstsein nach als gesetzestreuer Bürger getan. Er habe seine *Pflicht* getan, wie er (...) vor Gericht unermüdlich versicherte, er habe nicht nur *Befehlen* gehorcht, er habe auch das *Gesetz* befolgt.«[415]

In den Vernehmungen durch die Polizei hatte Eichmann zudem »mit großem Nachdruck beteuert, sein Leben lang den Moralvorstellungen Kants gefolgt zu sein, und vor allem im Sinne des kantischen Pflichtbegriffs gehandelt zu haben.« Hannah Arendt machte darauf aufmerksam, dass von dem bei Kant formulierten ethischen »kategorischen Imperativ« als »Prinzip des Handelns«, das an die »praktische Vernunft« gebunden sei, hier »nur noch die moralische Forderung übrig (geblieben war), nicht nur dem Buchstaben des Gesetzes zu

413 Fritz Bauer: Auf der Suche nach dem Recht. Stuttgart 1966. S. 64.

414 Ebd.

415 Hannah Arendt: Eichmann in Jerusalem. Ein Bericht über die Banalität des Bösen. München [9]1995. S. 173. (zuerst 1964) (Hervorh. Im. Orig.) Fritz Bauer rezipiert die Arbeit über den Prozess gegen Adolf Eichmann, die Hannah Arendt vorgelegt hatte, zum Beispiel in seinem Text Antinazistische Prozesse und politisches Bewusstsein. In: Hermann Huss, Andreas Schröder (Hg.): Antisemitismus. Frankfurt a. M. 1965. S. 174, wenn er von der Banalität des Bösen spricht.

gehorchen (...), sondern den eigenen Willen mit dem Geist des Gesetzes zu identifizieren.«[416]

Im Rahmen der juristischen Auseinandersetzung mit den NS-Gewaltverbrechen vor westdeutschen Gerichten entwickelte Fritz Bauer eine Typologie von NS-Tätern, zu denen er die Gruppe der »Blindgehorsamen«[417] als eben jene zählte, die wie die KZ-Wachmannschaften vor Gericht in der Haltung *Gesetz ist Gesetz und Befehl ist Befehl* einen Rechtfertigungsgrund ihres Verhaltens sahen.[418] Ähnlich wie Hannah Arendt bezog Bauer seine Kritik an einer Ethik, die »Pflichterfüllung ohne Rücksicht auf Inhalt und Zweck« bedeute, auf die Rezeption der Pflichtethik von Kant, und für ihn war es »beschämend(...), dass ein Adolf Eichmann sich in Jerusalem zu seiner Verteidigung auf die Pflichtethik eines deutschen Idealismus berief und nicht ganz ohne Grund berufen konnte.«[419] Die Bedeutung einer kritischen Analyse der »Pflichtethik« ergab sich für Fritz Bauer in den sechziger Jahren auch mit Blick auf die Strukturen der bundesrepublikanischen Gesellschaft, wenn er sagte: »Manche – Vorgesetzte und Befehlsempfänger – halten den blinden Gehorsam vielleicht heute noch für eine deutsche Tugend.«[420] In seinem 1965 publizierten Text über den *Diensteid und (die) Grenzen der Dienstpflicht*, nahm Fritz Bauer seine in der historischen Perspektive entwickelte Kritik auf und unterzog die Situation der Bundesrepublik einer analytischen Betrachtung. Bauer bezeichnete den Diensteid, den Berufssoldaten nach § 9 des Soldatengesetzes, Richter nach § 38 des Deutschen Richtergesetzes und Beamte nach dem Beamtengesetz in den diversen Regelungen der Länder-verfassungen abzulegen haben, als »eine Ruine, ein historisches Relikt«.[421] Er verwies darauf, dass eine strafrechtliche Sanktionierung von Eidbruch 1953 abgeschafft worden sei. Dass die Bundesrepublik dennoch am Diensteid für Beamte, Richter und Berufssoldaten festhielt, kritisierte er. Statt die autonome Handlungskompetenz und gemeinwohlorientierte Handlungsverpflichtung des Bürgers – auch des Berufssoldaten, Richters und

---

416 Hannah Arendt, a.a.O. S. 174f.

417 Fritz Bauer: Antinazistische Prozesse und politisches Bewusstsein. In: Hermann Huss, Andreas Schröder (Hg.): Antisemitismus. Frankfurt a. M. 1965. S. 179.

418 Vgl. dazu: Herbert Jäger: Verbrechen unter totalitärer Herrschaft. Frankfurt a.M. 1982. S. 64ff. (zuerst 1967) Jäger beschreibt ähnlich wie Bauer in einer »Typologie der Beteiligung« einen »Gehorsamstyp« des »automatischen Gehorsams«, dessen Verhalten durch die »Eliminierung des eigenen Urteils« und fehlende »Konfliktsmöglichkeiten« gekennzeichnet ist. Jäger, a.a.O. S. 65.

419 Fritz Bauer: Widerstandsrecht und Widerstandspflicht des Staatsbürgers. In: Martin Niemöller u.a.: Tempelreinigung. Frankfurt a.M. 1962. S. 49.

420 Fritz Bauer: Antinazistische Prozesse und politisches Bewusstsein. In: Hermann Huss, Andreas Schröder (Hg.): Antisemitismus. Frankfurt a. M. 1965. S. 179.

421 Fritz Bauer: Diensteid und Grenzen der Dienstpflicht. In: Hildburg Bethke (Hg.): Eid, Gewissen, Treuepflicht. Frankfurt a.M. 1965. S. 123.

Beamten – zu stärken, betrachtete Bauer den Diensteid als ein Instrument, das vom Staat funktionalisiert werde und zur impliziten Verschleierung der Handlungs-kompetenz des einzelnen Bürgers diene.

»Auf den Diensteid in welcher Gestalt auch immer kann von Staats und Rechts wegen (...) verzichtet werden, da er in Wahrheit nur noch Zierat, Rankenwerk, Arabeske ist. Er erfüllt keinerlei rechtliche Funktionen. Für die Rechtswirksamkeit der Begründung des Beamten- und Berufssoldatenverhältnisses ist es ohne Bedeutung, ob der Beamte die Pflicht zur Eidesleistung erfüllt hat oder nicht. (...) Rechtlich unterscheidet sich heute die beschworene Dienstpflicht des Beamten und Berufssoldaten von nichts von der unbeschworenen. Durch den Schwur wird rechtlich nichts hinzugefügt. Der Staat stellt allein einen psychologischen Zwang, der metajuristische Wurzeln hat, etwa eine Angst vor der Hölle, in seinen Dienst oder versucht, dies zu tun.«[422]

Mit seiner kritischen Erörterung kam Fritz Bauer der Aufgabe nach, die er sich 1962 in einer Diskussion selbst gestellt hatte, nämlich einmal der bedenkenswerten Frage nachzugehen, »ob der Eid mit der Gewissensfreiheit vereinbar ist.«[423]

Mitte der sechziger Jahre legte Fritz Bauer mehrere Texte vor, in denen er sich mit dem Thema demokratische Wertordnung und pluralistische Gesellschaft beschäftigt. In diesen Texten konkretisierte er mit den Schlüsselbegriffen »Selbstbewusstsein«, »Selbstverantwortung« und »Selbstverwirklichung« eine politische Gegenkonzeption zur heteronomen Funktionalisierung des Subjekts im Nationalsozialismus als einem Untertanen und der latenten Kontinuität dieses Subjektbegriffs in der Bundesrepublik.

Fritz Bauer schrieb zu dem Urteil des BGH von 1961, dass es »verantwortungsvolle(...) Staatsbürger(...), von denen die Staatsgewalt ausgeht, wieder zu Untertanen mit beschränktem Untertanenverstand degradiert«.[424] Er entfaltete eine politische Position, die wesentlich die Stärkung der autonomen Handlungsorientierung und der Handlungskompetenz des Bürgers beinhaltete. Diese Position war eine Kritik an der Rechtsposition des BGH und der von Weinkauff zum Widerstand, die er in das »Kielwasser autoritär-elitärer Auffassungen« geraten sah[425] und eine Fortführung der historischen Kritik des Soldateneides, die Bauer zuerst 1952 im Strafverfahren gegen Otto Ernst Remer formuliert und die er in der Auseinandersetzung mit der Funktionalisierung des Diensteides weiter entwickelt hatte. Ausgehend von seinem realisti-

422 Fritz Bauer, a.a.O. S. 127f.

423 Fritz Bauer: Widerstandsrecht und Widerstandspflicht des Staatsbürgers. In: Martin Niemöller u.a.: Tempelreinigung. Frankfurt a.M. 1962. S. 65.

424 Fritz Bauer: Justiz als Symptom. In: Hans Werner Richter (Hg.): Bestandsaufnahme. München, Wien, Basel 1962. S. 229.

425 Ebd.

schen und relativistischen Verständnis von der Existenz des Individuums rückte Bauer das »Selbst« des Bürgers als normatives Leitmotiv ins Zentrum. »Selbstbewusstsein« und »Selbstverantwortung« bedeuteten danach »demokratische(...) Mündigkeit«[426] und »Eigenverantwortung« freier und selbstsicherer Menschen[427], und es ging ihm um die Etablierung der »Autonomie des Gewissens, das sich heteronomer Satzung verschließt« sowie um die menschliche »Selbstverwirklichung im Kampf gegen jede Form der Selbstentfremdung.«[428] Die Stärkung von »Selbstbewusstsein«, »Selbstverantwortung« und »Selbstverwirklichung« setzte die Sozialisierung des Individualgewissens und die Aufhebung der Spaltung des Menschen voraus. Bauer verlangte, dass das menschliche Handeln auf einer Ethik basieren müsse, in deren Zentrum der Mensch als ganzheitlicher steht. Demnach darf sich menschliches Handeln nicht an verschiedenen ethisch-moralischen Bezugssystemen orientieren, sondern muss in einer individuellen Selbstständigkeit wurzeln.[429] »Selbstbewusstsein« meint also eine auf das Ich bezogene personale Identität des Individuums und stellt insofern das normative Postulat Bauers gegenüber der Spaltung des Individuums dar.[430] Die von Fritz Bauer formulierte Ethik eines subjektivierten, am Gemeinwohl orientierten Gewissens als Realisierung des »Selbst« kann als Aufruf zur Gewinnung einer entscheidungsfähigen und -pflichtigen Existenzform des Subjekts in der Demokratie betrachtet werden. Neben das von Bauer formulierte Postulat einer Aufarbeitung der NS-Vergangenheit als »Selbstbesinnung« trat mit den Begriffen »Selbstbewusstsein«, »Selbstverantwortung« und »Selbstverwirklichung« eine politische Position, die der heteronomen Gehorsamspflicht, wie sie sich exemplarisch und historisch im Soldateneid auf Hitler materialisiert hatte, entgegensteht und die autonome Handlungsverpflichtung als Prinzip demokratischer Gesellschaft einforderte. Während Bauer die Position von Hermann Weinkauff und Walter Künneth als »Vergötzung (...) des Staates (kritisierte), der noch immer einen fast mythischen Charakter zu tragen scheint,«[431] dachte er die demokratische Gesellschaft, ihre Konstitution und den Erhalt der demokratischen Ordnung vom einzelnen Individuum und Bürger her. Bauer betonte: »Widerstand meint Kampf gegen staatliches

426 Fritz Bauer: Widerstandsrecht und Widerstandspflicht des Staatsbürgers. In: Martin Niemöller u.a.: Tempelreinigung. Frankfurt a.M. 1962. S. 43.

427 Fritz Bauer: Die Wurzeln faschistischen und nationalsozialistischen Handelns. Frankfurt a.M. 1965. S. 29.

428 Fritz Bauer: Widerstandsrecht und Widerstandspflicht des Staatsbürgers. In: Martin Niemöller u.a.: Tempelreinigung. Frankfurt a.M. 1962. S. 63.

429 Vgl. Fritz Bauer: Wir aber wollen Male richten euch zum Gedächtnis. Dortmund 1961. S. 9.

430 Ebd.

431 Fritz Bauer: In unserem Namen. In: Helmut Hammerschmidt (Hg.): Zwanzig Jahre danach. München, Basel, Wien 1965. S. 311.

Unrecht«, und »Voraussetzung dafür ist, dass der Staat nicht höchster Wert ist«, sondern »der Mensch«.[432] Und noch einmal formulierte Bauer seinen Begriff von Ethik gegen einen staatszentrierten Ordnungsbegriff, wenn er schreibt: »Eine Ethik darf nicht formal auf der Pflicht beruhen, sie muss die Freiheit der Verantwortung in den Vordergrund stellen«[433], Ethik »meint (demnach) vor allem nicht Dienst am Staat, sondern am Menschen.«[434] Auch Adolf Arndt erkannte in der Argumentation von Weinkauff und als »Wurzel« des BGH-Urteils von 1961 »das Wahnbild eines Staates, der jenseits von gut und böse immer noch seine ›Raison‹ hat.« Dass »dem *BGH* das Wort vom ›nationalsozialistischen Staat‹ (entschlüpft); wenn auch seiner Ideologie nach der absoluten Ungerechtigkeit, der totalen Leugnung des Rechts verschworen, so doch noch Staat«, kritisierte Arndt als eine vom BGH implizierte Gleichsetzung des Staates und damit des ganzen Volkes mit der Unrechtsherrschaft:

»Um Gottes willen, nein und dreimal nein, es gab als fürchterliche Tatsache eine nationalsozialistische Gewaltherrschaft in unserem Staat, niemals aber einen ›nationalsozialistischen Staat‹. (...) Es ist verfehlt, einen Staat, dem Regelfall entsprechend, immer und ausnahmslos mit dem ihn beherrschenden und missbrauchenden Regime zu identifizieren (...).«[435]

Die von Arndt herausgearbeitete Unterscheidung zwischen der Unrechtsherrschaft und dem Staat als Verkörperung des Willens des Volkes war auch für Bauer wesentlich, der seine Auffassung deshalb als »Appell nicht an das Gewissen der ›Nation‹, sondern des einzelnen« betrachtete.[436] Die Position von Fritz Bauer ist eine Gegenkonzeption zu einem Denken, das die Nation und den Staat als Zweck von Politik nach 1945 in den Mittelpunkt rückt. Dabei zielten die politischen Überlegungen, die sich mit der Konzeption des »Selbst« verbinden, auf die Etablierung einer personalen Identität der Bürger in der Demokratie und können als Forderung verstanden werden, den Verlust des politischen Subjekts in der Diktatur zu überwinden – sie kann also als politische Konzeption und in der historisch konkreten Perspektive als Antwort auf den Nationalsozialismus verstanden werden. Das Denken von Fritz Bauer ist einem Identitätsbegriff verpflichtet, der den Nationalsozialismus als Krisenerfahrung für das politische Subjekt wahrnimmt und an die Autonomie, Einheit und Kohärenz des Individuums appelliert. Damit steht Fritz Bauer als politisch

432 Fritz Bauer: Widerstand gegen die Staatsgewalt. Frankfurt a.M. 1965. S. 8.

433 Fritz Bauer: Warum Auschwitz-Prozesse? Neutralität. Kritische Schweizer Zeitschrift für Kultur und Politik, H. 6/7, 1965. S. 9.

434 Fritz Bauer: Antinazistische Prozesse und politisches Bewusstsein. In: Hermann Huss, Andreas Schröder (Hg.): Antisemitismus. Frankfurt a. M. 1965. S. 182.

435 Adolf Arndt: Agraphoi nomoi. NJW, H. 10, 1962. S. 432.

436 Fritz Bauer: In unserem Namen. In: Helmut Hammerschmidt (Hg.): Zwanzig Jahre danach. München, Basel, Wien 1965. S. 311.

denkender Jurist in der Nähe der Identitäts-Theoretiker, die nach 1945 mit dem Begriff der Identität vor allem auch das Postulat einer normativen Integration der demokratischen Gesellschaft entwickelt haben.[437] Diese Position sah Bauer in den Diskussionen über Widerstand, Eid und Gewissen zur Disposition gestellt, die sich nicht zuletzt an den Positionen der Anklage und Gutachter im Remer-Prozess entzündeten, – deswegen schaltete er sich in den sechziger Jahren mit seinen Texten noch einmal im Sinne des kritischen Dialogs ein.

Ausgehend von der Kritik an der Position von Hermann Weinkauff, die exemplarisch für ein sich in der Bundesrepublik manifestierendes autoritär-elitäres Demokratieverständnis stand, richtete sich Fritz Bauers Blick auf die Strukturen und die Verfasstheit der Gesellschaft in den sechziger Jahren. Eindrücke und Beobachtungen – die auf den ersten Blick episodisch anmuten – werden dabei zum Ausgangspunkt seiner Reflexion.

Das Hamburger Magazin *Der Spiegel* druckte im Juni 1964 den Bericht eines ausländischen Journalisten, der anlässlich einer Reise durch Deutschland auch Fritz Bauer getroffen hatte und nun von seinen Eindrücken und einem Gespräch mit dem hessischen Generalstaatsanwalt erzählte:

»Von nichts spricht der Westdeutsche lieber, als von seinem Auto. An ihm misst er den technischen und sozialen Fortschritt. Die gesellschaftliche Stellung eines Menschen wird danach taxiert, ob er ein Auto hat oder nicht (...).«[438]

Der Journalist zitierte Bauer, der im Gespräch die von den Deutschen betriebene »Vergötzung« des Autos verurteilt und die Position vertreten habe, dass »›(d)er Volkswagen (...) den Menschen ihre politische Meinung‹« nähme[439] Auch wenn der Blick des sowjetischen Journalisten auf Deutschland möglicherweise voreingenommen war, lenkt sein Bericht gleichwohl die Aufmerksamkeit auf eine Dimension des Denkens von Fritz Bauer, die Mitte der sechziger Jahre von Bedeutung war.

Nicht nur in der Funktionalisierung des Diensteides erkannte Fritz Bauer eine gesellschaftliche Realität, die der Entwicklung des Individuums als einem Bürger mit »Selbstbewusstsein«, personaler Identität und seiner entscheidungsfähigen Existenz widersprächen. Punktuell formulierte Bauer Kritik an der Wirtschaftswunder-Gesellschaft der fünfziger und sechziger Jahre, die zwar

437 Vgl. dazu den Aufsatz von Jürgen Straub: Personale und kollektive Identität. Zur Analyse eines theoretischen Begriffs, sowie den Text von Peter Wagner: Fest-Stellungen. Beobachtungen zur sozialwissenschaftlichen Diskussion über Identität in: Aleida Assmann, Heidrun Fiese (Hg.): Identitäten. Frankfurt a.M. 21999. S. 44ff und 73ff.

438 »Auch Pontius Pilatus war ein Jurist«. Der Spiegel vom 3.6.1964. S. 47.

439 Ebd.

stabilisierende Funktion habe, aber Strukturen reproduziere, die in seinen Augen mit denen vergleichbar waren, die den Verlust des politischen Subjekts und damit die Unrechtsherrschaft während des Nationalsozialismus möglich gemacht hatten. So hatte Bauer schon in seiner Ansprache anlässlich des Bundestreffens der Gewerkschaftsjugend im Juli 1956 in Hannover gesagt:

»Es ist zwar richtig, dass Deutschland noch einmal davongekommen ist. Aber davongekommen —? Selbst ein Wirtschaftswunder ist vor der Geschichte nicht genug! Entscheidend ist der Geist einer Zeit, der sich nicht in Kraftwagen und Kühlschränken spiegelt, sondern im Gewissen eines Volkes!«[440]

Ging Fritz Bauer ähnlich wie Hannah Arendt mit ihrem Erklärungsansatz des Totalitarismus davon aus, dass der Nationalsozialismus mit der Auflösung der Klassengesellschaft und der Etablierung der Massengesellschaft einhergegangen sei, in deren Kontext sich die völlige Zerstörung von politischen Interessen, Räumen und Strukturen ereignet habe[441], und forderte er, dass die Demokratie das politische Subjekt erst zurückerobern müsse, wurde für ihn mit Blick auf die Situation der Gesellschaft in der Bundesrepublik die von dem amerikanischen Soziologen David Riesman 1958 in deutscher Übersetzung erschienene Untersuchung über *Die einsame Masse* zum Bezugspunkt. Der Soziologe Helmut Schelsky lobte in seiner Einführung, die er für die deutsche Ausgabe der Studie von Riesman verfasst hatte, dessen »aufschlussreiche sozialwissenschaftliche Deutung unserer modernen industrialisierten Welt«[442], und den Versuch des Soziologen, das »Bild des geistigen und sozialen Strukturzusammenhangs seiner Zeit (...) zu entwerfen«[443], die von Industrialisierung, Wohlstandswachstum und Konsumerhöhung sowie Vergroßstädterung geprägt sei. Nach Schelsky beschreibt Riesman die soziale Bedingtheit von Verhalten, nämlich die »soziale Verhaltensdetermination«[444], und die »wichtigste Aussage über den Zeitgenossen« war Schelsky zufolge, »dass dieser ein außengeleiteter Mensch sei«[445] und dass »in einer außengeleiteten Gesellschaft (...) die Anerkennung der ›anderen‹, das Sich-Richten nach der öffentlichen Meinung

440 Fritz Bauer: Widerstand heißt Verantwortlichkeit. In: Deutscher Gewerkschaftsbund (Hg.): Der 20. Juli. Düsseldorf 1956. S. 31.

441 Vgl. zur Relevanz von »strukturzerstörenden Eigenschaften« des Nationalsozialismus, die Hannah Arendt in ihrer Studie über Die Elemente und Ursprünge totaler Herrschaft herausgearbeitet hat, Ian Kershaw: Der NS-Staat. Reinbek bei Hamburg 1994. S. 45. Fritz Bauer bezieht sich auf den Ansatz von Hannah Arendt in seinem Text: Die Wurzeln faschistischen und nationalsozialistischen Handelns. Frankfurt a.M. 1965. S. 8.

442 Helmut Schelsky: Einführung. In: David Riesman: Die einsame Masse. Reinbek b. Hamburg 1958. S. 7.

443 Helmut Schelsky, a.a.O. S. 8.

444 Helmut Schelsky, a.a.O. S. 9.

445 Helmut Schelsky, a.a.O. S. 11.

und ihren ›Signalen‹, d.h. der Information der Massenpublizistik, nach Kollegen, Arbeits- und Standesgenossen usw. zum entscheidenden Maßstab«[446] und der »Normierungsdruck«[447] enorm hoch werde. Obgleich sich die Studie des amerikanischen Soziologen wie es im Untertitel hieß auf die *Untersuchung der Wandlungen des amerikanischen Charakters* bezog, lag für Schelsky die Aussagekraft für die deutsche Situation auf der Hand, denn

»schüttelt man dieses Kaleidoskop der Eigenschaften des amerikanischen Zeitgenossen auch nur ein wenig, so erhält man sehr bald Gestaltkonfigurationen, die uns selbst gleichen.«[448]

Schelsky verortete den Erkenntnisgewinn der Studie für die deutsche Situation im »Kern des Vergleichs«, der darin bestehe

»die ›Außen-Lenkung‹ des modernen Menschen als die Konstituierung und ständige Regelung seiner moralischen Normen durch die Meinung seiner Umwelt oder der Öffentlichkeit (zu) begreifen und (...) eine Abwendung des neuen Typs von einer älteren Moralität (zu) sehen, die darin bestand, dass der einzelne die moralische Verantwortung für seine Handlungen nur in den ein Leben lang festgehaltenen prinzipiellen Grundsätzen seines eigenen Inneren und Gewissens fand«.

Weiter sah Schelsky den Erklärungsgewinn in der Analyse der »›Außen-Lenkung‹ als eine(r) neue Form des Gewissens!«[449] Die Studie von Riesman erklärte demnach »weshalb auch ein radikaler politischer Systemwechsel nur die jeweiligen Richtungspunkte und materiellen Gehalte, nicht aber die Reaktionsform selbst dieses ›Gewissens von außen‹ zu verändern vermag.« Die Frage, die sich Schelsky stellte, ob nämlich »wir Deutschen heute weniger ›außengeleitet‹ in unserem Verhalten als etwa unter dem Nationalsozialismus« seien, war für ihn die entscheidende, die sich aus der Analyse des »›außengeleiteten Verhaltens‹ (...) für unsere Selbsterkenntnis« stellte.[450]

Hier ergab sich auch der Anknüpfungspunkt, der Riesmans Studie für Fritz Bauer interessant machte. Bauer hatte schon Mitte der fünfziger Jahre die deutsche Gesellschaft als Massengesellschaft wahrgenommen.[451] Nach Lektüre der Studie von Riesman beschrieb er die moderne Gesellschaft als eine, die den Einzelnen in seiner Individualität nicht wahrnimmt und die Menschen zu heimatlosen und einsamen Individuen macht, deren wirtschaftliche Bedürfnisse wie nie zuvor befriedigt werden können, deren biographischen Substrate aber zu Hüllen verkommen. Großstädte und Massenkommunikation sowie die

446 Helmut Schelsky, a.a.O. S. 9.
447 Helmut Schelsky, a.a.O. S. 11.
448 Ebd.
449 Helmut Schelsky, a.a.O. S. 12.
450 Helmut Schelsky, a.a.O. S. 13.
451 Fritz Bauer: Im Kampf um des Menschen Rechte. Vorgänge, H. 6, 1969. S. 207. (zuerst 1955)

zunehmende Reglementierung der Masse durch äußere Ordnungen, die das Individuum auf ein standardisiertes und funktionierendes reduzieren, sah Bauer im Kontrast zu der empirischen Pluralität der Menschen. »Die Menschen sind isoliert und begreifen sich nicht«[452], schrieb Fritz Bauer, und er beklagte das Fehlen wirklich menschlicher Kontakte in modernen Gesellschaften. Bauer charakterisierte die ökonomische Konstitution der Gesellschaft als technisierte und mechanisierte.[453] Die vor allem durch arbeitsteilige Prozesse geprägte Wirtschaftsordnung verlange Menschen, die sich durch Anpassung an und Einordnung in bestehende Produktionsprozesse auszeichnen. Der Mensch werde auf eine Leistungsfähigkeit reduziert, zu einem austauschbaren »Funktionär« degradiert und in einem ihm übergeordneten Prozess entmündigt. Die gesellschaftlichen und ökonomischen Lebensbedingungen verhindern demnach nicht nur eine Transparenz der wirtschaftlichen und sozialen Prozesse, entscheidend sei, dass der Mensch der eigenen Fähigkeit Verantwortung zu übernehmen und Entscheidungen zu treffen, entwöhnt werde.[454] Bauer beschrieb das Individuum als entmündigtes[455], dessen Persönlichkeit einem Prozess der »Verdinglichung« unterliege[456], der mit der wachsenden »Atomisierung und Automatisierung«[457] der gesellschaftlichen Strukturen der Gesellschaft einhergehe. Die Entmündigung, die Bestimmung des Individuums zur Unmündigkeit wie es bei Adorno heißt, beschreibt also den Verlust der Einheit des Individuums und dessen Spaltung. Von hier aus schließt sich auch der Kreis der Argumentation von Fritz Bauer, die Kritik an der Funktionalisierung des Individuums übte und die Aufhebung seiner Spaltung und seine personale Identität mit dem Begriff des »Selbst« forderte. In einem Vortrag, den er auf der Jahrestagung der Kirchlichen Bruderschaft in Hessen und Nassau Anfang November 1961 in Frankfurt hielt, betonte Bauer den Zusammenhang zwischen der in Anlehnung an Riesman diagnostizierten »Außenlenkung des menschlichen Verhaltens« durch die Strukturen der Massengesellschaft und dem politisch verantwortlichen Handeln der Menschen, und er schrieb, dass »(d)as öffentliche Klima (...) jedem Widerstand abhold« sei.[458]

---

452 Fritz Bauer: Die Wurzeln faschistischen und nationalsozialistischen Handelns. Frankfurt a.M. 1965. S. 6.

453 Fritz Bauer: Der junge Mensch, das Recht und die Publizistik. NB, H. 4, 1959. S. 51.

454 Fritz Bauer: Mythologisierung der »Pflicht«. Tribüne, H. 14, 1965. S. 1494.

455 Fritz Bauer: Antinazistische Prozesse und politisches Bewusstsein. In: Hermann Huss, Andreas Schröder (Hg.): Antisemitismus. Frankfurt a. M. 1965. S. 183.

456 Fritz Bauer, a.a. O. S. 182.

457 Fritz Bauer: In unserem Namen. In: Helmut Hammerschmidt (Hg.): Zwanzig Jahre danach. München, Basel, Wien 1965. S. 310.

458 Fritz Bauer: Widerstandsrecht und Widerstandspflicht des Staatsbürgers. In: Martin Niemöller u.a.: Tempelreinigung. Frankfurt a.M. 1962. S. 52.

Historische Kritik und Diagnose bedeuteten für Fritz Bauer – gemäß seinem Verständnis von der »Bewältigung der Vergangenheit« – immer auch die Suche »nach fortschrittlichen Wegen, die Menschen durch bessere soziale, politische und individuelle Bedingungen zu heilen.«[459] Hatte Bauer mit Blick auf die Aufarbeitung der NS-Vergangenheit Theodor W. Adornos Pädagogik rezipiert, mit der Ethik des Pluralismus und mit dem Begriff des »Selbst« die verantwortungspflichtige Existenz des Individuums in der Demokratie eingefordert, knüpfte er an Überlegungen des frühen Karl Marx an[460], um die Vorrangstellung des ganzheitlichen Subjekts im pluralistischen Staat zu begründen. Danach musste die Gesellschaft der Bundesrepublik als post-diktatorische zunächst ein Bewusstsein erarbeiten, das die Diskrepanz zwischen der mit dem Grundgesetz gegebenen Idee pluralistischer Existenz und der gesellschaftlichen Lebenswirklichkeit wahrnimmt. Grundlegend erschien Bauer dabei in Anlehnung an Marx, dass die Benennung der Differenz zwischen der Idee des Menschen und der gesellschaftlichen Realität[461] als Voraussetzung für deren Überwindung und Voraussetzung für ein Leben als bürgerliches Individuum gilt. Ausgehend von der Gesellschaftsanalyse, die sich gegen eine »vorzeitige Versöhnung von Idee und Wirklichkeit«[462] richtet, forderte Bauer mit Marx die Aufhebung der Entfremdung und die Verwirklichung der menschlichen Individualität und Identität.

Vermenschlichung und Identität setzen dabei also zunächst das Bewusstsein der Diskrepanz und das Bewusstsein voraus, dass der Mensch Bestandteil der Verhältnisse ist und diese aus eigener Kraft aufheben kann. Bauer ging von der Marxschen Position aus, dass das menschliche Sein das Bewusstsein bestimme[463], und er knüpfte an den Humanismus Marx' an, dass allein der Mensch bestimmend sei für den Menschen[464] und forderte, dass der Mensch nicht länger Produkt gesellschaftlicher Verhältnisse sein dürfe und seine Befreiung aus der Entfremdung und Entmündigung erkämpfen müsse. Bauer rezipierte im Rahmen seiner Gesellschaftsanalyse die Begriffe »Selbstentfrem-

---

459 Fritz Bauer: Die Wurzeln faschistischen und nationalsozialistischen Handelns. Frankfurt a.M. 1965. S. 7.

460 Fritz Bauer: Das Menschenbild im Strafrecht. NG, H. 5, 1956. S. 333f.

461 Fritz Bauer, a.a.O. S. 334.

462 Ebd.

463 Fritz Bauer: Auf der Suche nach dem Recht. Stuttgart 1966. S. 169.

464 Vgl. Karl Marx: Zur Kritik der Hegel'schen Rechts-Philosophie. Einleitung. In: Karl Marx Friedrich Engels Gesamtausgabe (MEGA), Erste Abteilung, Werke, Artikel, Entwürfe. Bd 2. Hg. v. Institut für Marxismus-Leninismus beim Zentralkomitee der Kommunistischen Partei der Sowjetunion und vom Institut für Marxismus-Leninismus beim Zentralkomitee der Sozialistischen Einheitspartei Deutschlands. Berlin 1982. S. 170ff, bes. S. 170. Vgl. dazu auch Alexander Schwan, Gesine Schwan: Sozialdemokratie und Marxismus. Hamburg 1974. S. 56.

dung« und »Entfremdung«, um die Ursachen des Verlusts der personalen Identität zu erfassen. Beide Seinszustände verstand er dabei wie Marx als Verzicht des Menschen auf sich selbst und als Reduktion des Individuums auf seine Funktion innerhalb des Arbeitsprozesses.[465] Wie Marx beschrieb Bauer die Entfremdung, die durch ökonomische und gesellschaftliche Strukturen bedingt sei, als Entfremdung des Individuums vom eigenen Menschsein.[466]

Die »Vermenschlichung der Menschen in der Gesellschaft«[467], die Bauer forderte und die grundlegend für seinen Demokratie- und Widerstandsbegriff ist, scheint wesentlich geprägt durch den frühen Aufsatz von Marx *Zur Judenfrage* aus dem Jahr 1843. Marx stellte hier der »politischen Emanzipation« die »menschliche Emanzipation« gegenüber. Die politische Emanzipation bestätigt, indem sie die bürgerliche Gesellschaft und den Staat gedanklich trennt, die Spaltung des Menschen in den Bürger, in den gesellschaftlichen einerseits und den egoistischen Privatmensch andererseits. Marx fordert die Überwindung der partiellen Emanzipation durch die ganzheitliche menschliche Emanzipation. Allein die menschliche Emanzipation ermögliche, dass die formale Demokratie zu einer Demokratie als Lebensweise werde.[468] Marx' radikaldemokratisches Gesellschaftsverständnis, das Postulat der menschlichen Emanzipation im Sinne der Aufhebung der Kluft zwischen der individuellen Existenz und dem Mensch als Gattungswesen[469] versteht die Demokratie als eine dem empirischen Menschen entsprechende Ordnung, die den Staat von jedem Schein eines autonomen Wertes entkleidet. Dieses radikal-demokratische Gesellschaftsverständnis findet sich in dem Anspruch von Fritz Bauer wieder, einen »reale(n) Humanismus« zu vertreten[470] und spiegelt sich in der Ethik des »Selbst« sowie in seinen Gedanken zur personalen Identität als Voraussetzung für politisch verantwortungsvolles Handeln in der Demokratie. Die Anlehnung an Marx bedeutete eine Betonung der normativen Priorität des Menschen als dem handelnden Subjekt der demokratischen Ordnung und der Ethik des Pluralismus, die sich wie der Sozialismus und wie Bauer schrieb, »was gerade dem jungen *Karl Marx* vor Augen stand, (als) eine Bewegung von

465 Vgl. Erich Fromm: Das Menschenbild bei Marx. Frankfurt a.M., Berlin 1988. S. 51.

466 Vgl. ebd. S. 56.

467 Fritz Bauer: Im Kampf um des Menschen Rechte. Vorgänge, H. 6, 1969, S. 209. (zuerst 1955)

468 Vgl. Karl Marx: Zur Judenfrage. In: Siegfried Landshut (Hg.): Karl Marx. Die Frühschriften. Stuttgart 1953. S. 171ff., bes. S. 199. Vgl. dazu auch Leszek Kolakowski: Die Hauptströmungen des Marxismus. Erster Band. München, Zürich 1977. S. 144ff.

469 Vgl. Gerhard Göhler, Ansgar Klein: Politische Theorien des 19. Jahrhunderts. In: Hans-Joachim Lieber: Politische Theorien von der Antike bis zur Gegenwart. Bonn 21993. S. 515.

470 Vgl. das Vorwort der Herausgeber Fritz Bauer, Willi Eichler, Erich Potthoff und Otto Stammer in NG, H. 1, 1954.

Menschen (verstand), denen es um den Menschen geht, um die Vermenschlichung der Menschen in der Gesellschaft«.[471]

2.3 Zur Einordnung der Konfrontation: »Freiheitssinn« gegen »Ordnungssinn«

Zentraler Bezugspunkt für das Denken von Fritz Bauer war – wie dargelegt – die Arbeit von Gustav Radbruch, dessen *Einführung in die Rechtswissenschaft* er zu Beginn seines Studiums der Rechtswissenschaft in Heidelberg rezipiert hatte. Die Ethik des Pluralismus als Ethik der normativen Priorität des Subjekts in der Demokratie, die sich exemplarisch im Widerstandsbegriff von Bauer und als Gegenkonzept zur historischen Erfahrung der Diktatur entfaltete, geht zurück auf eine Denktradition, die Radbruch im Schlusskapitel der *Einführung* als die der Juristen mit »Freiheitssinn« beschreibt.[472] Die »Juristen aus Freiheitssinn«, so zitierte Fritz Bauer seinen Lehrer Gustav Radbruch »»sind Vorposten des Rechtsstaats (...). Rechtsstaat (...) bedeutet die Wahrung der Freiheit gegen die Ordnung, des Lebens gegen den Verstand, des Zufalls gegen die Regel, der Fülle gegen das Schema.«« Und Fritz Bauer bemerkte zu seiner Lektüre, diese »Worte sind von mir dick unterstrichen worden; ich habe gewusst, wohin ich gehören möchte.«[473]

Hermann Weinkauffs Position ist hingegen einem Rechtsbegriff verpflichtet, der nach Radbruch den Juristen mit »Ordnungssinn« kennzeichnet.[474] Im Zentrum von Weinkauffs Rechtsposition steht der Staat als eine Ordnung, die es zu erhalten und die es gegenüber dem Unrecht zu sichern gilt. Weinkauff vertraute dabei – ganz anders als Fritz Bauer – nicht auf die Demokratie und die Stärkung der Volkssouveränität, vielmehr postulierte er die hierarchische Strukturierung von Verantwortlichkeiten im Staat, der als Bindeglied, Handlungsrahmen und Zweck von Politik erscheint. In Bezug auf das Widerstandsrecht spiegelt sich Weinkauffs Vertrauen in hierarchische Strukturen und sein Misstrauen gegenüber der politischen Verantwortlichkeit der Bürger exemplarisch in seiner Wortwahl, wenn er zwar die Männer vom 20. Juli 1944 als »Wi-

471 Fritz Bauer: Im Kampf um des Menschen Rechte. Vorgänge, H. 6, 1969, S. 209. (Hervorh i. Orig.) (zuerst 1955)

472 Gustav Radbruch: Einführung in die Rechtswissenschaft. Leipzig $^{5/6}$1925. S. 207.

473 Fritz Bauer: Im Kampf um des Menschen Rechte. Vorgänge, H. 6, 1969, S. 207. (zuerst 1955)

474 Gustav Radbruch, a.a.O. S. 207.

derstandskämpfer« anerkennt[475], in seinen Überlegungen zum Widerstandsrecht aber stets von »Urteilenden«[476] und von »Tätern« spricht.[477]

Wurde für Bauer die von Sophokles geschaffene Figur der Antigone zum »typischen«[478] oder »fast archetypischen Ausdruck«[479] von widerständigem Verhalten und beschrieb er sie als »die seit Jahrtausenden gültige literarische Repräsentantin des Widerstandsrechts«[480], erinnert Hermann Weinkauffs Widerstandsbegriff, seine Angst vor einer Zerstörung der staatlichen Ordnung, an die Haltung, die Sophokles in der Tragödie der Gegenfigur zur Antigone, Kreon, zugeschrieben hat. Denn auch für Kreon hat die Bewahrung der staatlichen Ordnung Priorität. Wenn Weinkauff zur Begründung seines Widerstandsbegriffs darauf hinweist, dass der NS-Staat durchaus noch »Staatscharakter« besessen habe[481], erinnert seine Argumentation an die Worte, die Sophokles Kreon in der Antigone sagen lässt:

»Zuchtlosigkeit, das ist das Allerschlimmste! Sie stürzt die Staaten (...). Sie reißt die Speergenossen auseinander zu feiger Flucht. Die aber standhaft sind, was sie zumeist erhält, das ist die Zucht. Drum gilt's, das Ordnung-Schaffende zu schützen (...).«

Die Konfrontation zwischen Hermann Weinkauff und Fritz Bauer war nicht nur die politisch konträrer Konzepte, sondern kann als ein Schlüsselkonflikt von in der Bundesrepublik wirksamen Denktraditionen betrachtet werden.

In der Rede, die Weinkauff 1960 anlässlich seiner Pensionierung hielt, blickte er »auf die eigene berufliche Laufbahn« zurück, die dem ersten Präsidenten des BGH »mehr oder minder typisch für die Juristen (s)einer Generation« erschien.[482] Hermann Weinkauff dachte an sein Studium in München, das er »in Ermangelung eines Besseren« 1912 aufgenommen hatte, er erwähnte den Ersten Weltkrieg und den Abschluss seines Studiums nach Kriegsende. Schließlich sprach er über seine Tätigkeiten im Bayerischen Justizministerium und bei der Staatsanwaltschaft München, seine anschließende Arbeit bei der

475 Hermann Weinkauff: Über das Widerstandsrecht. Karlsruhe 1956. S. 20.

476 Ebd.

477 Hermann Weinkauff: Die Militäropposition gegen Hitler und das Widerstandsrecht. In: Europäische Publikation e.V. (Hg.): Vollmacht des Gewissens. Frankfurt a.M., Berlin 1960. S. 160.

478 Fritz Bauer: Die Widerstandsidee in Vergangenheit und Gegenwart. Gemeinschaft und Politik. Zeitschrift für Geopolitik, H. 9/10, 1965. S. 294.

479 Fritz Bauer: Widerstandsrecht und Widerstandspflicht des Staatsbürgers. In: Martin Niemöller u.a.: Tempelreinigung. Frankfurt a.M. 1962. S. 63.

480 Fritz Bauer: Ungehorsam und Widerstand in Geschichte und Gegenwart. Vorgänge, H. 8/9, 1968. S. 289.

481 Fritz Bauer: Die Widerstandsidee in Vergangenheit und Gegenwart. Gemeinschaft und Politik. Zeitschrift für Geopolitik, H. 9/10, 1965. S. 294.

482 Ebd.

Reichsanwaltschaft in Leipzig, und er erinnerte sich, dass er »bayerischer Praxis entsprechend, knapp drei Jahre lang Vorstand des kleinen Amtsgerichtes Berchtesgaden« war. Weinkauff erwähnte dann zwar den »Einbruch des Nationalsozialismus«, die Schilderung seiner Autobiographie riss aber hier ab und nahm erst wieder den »Aufbau aus dem Nichts« nach dem Zusammenbruch 1945, den Beginn seiner Tätigkeit als Landgerichtspräsident und seine Arbeit als Oberlandesgerichtspräsident in den Blick. Ein »mehrmonatiger Besuch in den Vereinigten Staaten« habe ihm damals »in sehr eindrucksvoller Weise die Augen darüber (geöffnet), dass ein Recht auch anders als durch ausschließlichen Gesetzesbefehl und durch theoretisch-schulmäßige Verarbeitung des Rechtsstoffes aufgebaut werden kann.«[483] Seine Ernennung zum ersten Präsidenten des neu gegründeten BGH im Oktober 1950 empfand er schließlich als »Krönung eines richterlichen Lebenswerkes«.[484]

Unerwähnt und aus dem autobiographischen Rückblick ausgeklammert blieb, dass Weinkauff 1937 ein Richteramt am dritten Strafsenat unter Reichsgerichtspräsident Erwin Bumke übernommen hatte, seine Beförderung zum Reichsgerichtsrat gefolgt war und er bis 1945 dem höchsten Gericht der nationalsozialistischen Diktatur angehört hatte. Auch dass Weinkauff 1933 in die NSDAP eingetreten war und 1938 mit dem Silbernen Treuedienst-Ehrenzeichen ausgezeichnet worden war, blendete er aus.[485]

Nicht nur in seinem Rückblick, schon als Hermann Weinkauff im Oktober 1950 von Bundespräsident Theodor Heuss in sein Amt als BGH-Präsident eingeführt und der BGH feierlich eröffnet worden war, wurden die Kontinuitätslinien der deutschen Rechtsgeschichte benannt, die als Bezugspunkte für die Formulierung des Rechtsverständnisses in der jungen Demokratie eine besondere Rolle spielen sollten. In der *Frankfurter Rundschau*, die über die Feierlichkeiten zur Eröffnung des BGH berichtete, war zu lesen, der Bundespräsident habe in seiner Ansprache betont, »durch die Gründung des Bundesgerichtshofes werde ein Stück der deutschen Rechtskontinuität wieder geheilt«, und Bundesjustizminister Thomas Dehler habe erklärt, »das neue Gericht werde im Bewusstsein des Volkes stets das oberste deutsche Gericht sein. Es solle das Volk aus einer Rechtsnot zur Rechtseinheit, der Grundlage jeden Staates, führen.« »Abschließend«, so berichtete die *Frankfurter Rundschau*, »betonte Dr. Dehler, dass er keine ›loyalen Richter‹, sondern dem Unrecht gegen-

---

483 Das Naturrecht und die Große Justizreform. Gedanken über die Grundfragen der Rechtsprechung. Die Abschiedsrede des Chefpräsidenten beim Bundesgerichtshof, Dr. Hermann Weinkauff. FR vom 6.4.1960.

484 Ebd.

485 Vgl. Bernt Engelmann: Dr. Hermann Weinkauff. In: Ders.: Die unsichtbare Tradition. Bd. 2. Köln 1989. S. 259ff.

über ›unloyale Richter‹ wolle und bezeichnete das neue Gericht als einen Ort des Rechtes und der Gerechtigkeit.«[486] Weinkauff selbst hatte einige Jahre später die Tradition des BGH, der als oberste Instanz in Zivil- und Strafsachen auch zuständiges Gericht für Hoch-, Landes- und Friedensverrat war, abgesteckt, als er Anfang Oktober 1954 in einer Feierstunde zum 75-jährigen Jubiläum des Reichsgerichts den BGH als dessen »Nachfolgegericht« bezeichnete.[487] Das Reichsgericht habe »entscheidend dazu beigetragen (...), allmählich ein gemeinsames deutsches Rechtsbewusstsein zu entwickeln« und sei »so etwas wie ein Symbol« dafür geworden, dass »das Recht in Deutschland herrsche und dass man es bekommen könne, und wenn man bis zum Reichsgericht gehen müsse«.[488] Weinkauff sprach von dem »Prestige« und der »hohen Leistung des Reichsgerichts« und »dass man ihm bis zum Nationalsozialismus auch die Aufgabe übertragen hatte, die schweren politischen Straftaten« abzuurteilen, »ehrt« in seinen Augen »ein Gericht«.[489]

Auch diesmal vermied er es konkret zu werden und etwa über die Verurteilung von Carl von Ossietzky im November 1931 wegen Landesverrats durch das Reichsgericht zu sprechen[490] oder die »illiberale (...) Einstellung von Richtern und Ermittlungsbehörden« und den Versuch des Gerichts, in einer steigenden Anzahl von Landes- und Hochverratssachen »nationale Autorität und staatliche Unantastbarkeit« durchzusetzen[491], zum Thema seines Vortrags zu machen. Historisch kritische Betrachtungen der Rechtsprechung des Reichsgerichts hinsichtlich der »schweren politischen Strafsachen« erschienen ihm als bloße »Ressentiments«.[492] So beschwören nach Meinung des BGH-Präsidenten »Richtersprüche, die in starkem Maße den rein politischen Raum berühren (...) immer die Gefahr einer Vertrauenskrise für das Gericht« herauf, und Weinkauff unterschied nicht nur Politik und Recht, sondern fügte noch hinzu, »mögen sie (die Urteile) nun gut oder schlecht, richtig oder anfechtbar sein«[493], als sei der Inhalt einer Rechtspraxis für eine Beurteilung nahezu

486 Vgl. den Bericht zur Eröffnung des BGH und zur Ernennung von Hermann Weinkauff in der FR vom 9.10.1950.

487 Hermann Weinkauff: 75 Jahre Reichsgericht. Rede am 2. Oktober 1954. DRiZ, H. 12, 1954. S. 251ff.

488 Hermann Weinkauff, a.a.O. S. 251.

489 Hermann Weinkauff, a.a.O. S. 252.

490 Vgl. zum Fall Ossietzky vor dem Reichsgericht Heinrich Hannover, Elisabeth Hannover-Drück: Politische Justiz 1918-1933. Frankfurt a.M. 1966. S. 186ff.

491 Theo Rasehorn: Rechtspolitik und Rechtsprechung. In: Karl Dietrich Bracher, Manfred Funke, Hans-Adolf Jacobsen (Hg.): Die Weimarer Republik 1918-1933. Bonn ^{2}1988. Bes. S. 414.

492 Weinkauff, a.a.O. S. 252.

493 Ebd.

gleichgültig. Schon Demokraten der Weimarer Republik hatten aber mit Blick auf die Rechtspraxis des Reichsgerichts in politischen Verfahren von der »Vertrauenskrise in die Justiz« gesprochen und ihre Kritik auf eine partei-politische Gesetzesanwendung bezogen, die sich als eine »gegen links und die lässige Verfolgung und milde Beurteilung der Taten von rechts« abzeichnete und die parteipolitische Unabhängigkeit und Verfassungstreue der Juristen nicht gewährleistete.[494] Weinkauffs Position entpuppt sich als die, die Ilse Staff in ihrer Dokumentation *Justiz im Dritten Reich* als mehrheitlich vertretene Staatstheorie in der Weimarer Republik analysiert hatte.[495] Seine Argumentation erinnert an die Haltung der Mehrheit der monarchischen Juristen, die sich »angewöhnt (hatten), zwischen dem Wesen des Staates an sich, dem ihre ganze Treue galt, und der ›zufällig‹ auswechselbar konkreten Staatsform zu unterscheiden. Konservative vaterländische Gesinnung war da wichtiger als Verfassungstreue.«[496] Der Blick von Hermann Weinkauff auf seinen Lebenslauf legt nicht nur nahe, dass der Jurist nach 1945 auch »(d)er Richter als Historiker in eigener Sache« wurde[497], damit zu dem übergroßen Teil der Juristen in der Bundesrepublik gehörte, die schon zur juristischen Funktionselite im Dritten Reich zählten und eine personelle Kontinuität von der Diktatur zur Demokratie begründeten.[498] Vielmehr verweisen sein auto-biographischer Rückblick und die von ihm nach 1945 entfaltete Rechtsposition auf die in der Bundesrepublik wirksamen gedanklichen Bezüge, die in der schon zur Zeit der Weimarer Republik vertretenen Staatstheorie und in einem obrigkeitsstaatli-

---

494 Heinrich Hannover, Elisabeth Hannover-Drück: Politische Justiz 1918-1933. Frankfurt a.M. 1966. S. 26f.

495 Vgl. Justiz im Dritten Reich. Eine Dokumentation. Hg. v. Ilse Staff. Frankfurt a.M. 1964. S. 9ff.

496 Theo Rasehorn: Rechtspolitik und Rechtsprechung. In: Karl-Dietrich Bracher u.a. (Hg.): Die Weimarer Republik. Bonn [2]1988. S. 417.

497 Jörg Requate: Vergangenheitspolitik in der Debatte um eine Reform der Justiz in den sechziger Jahren. In: Norbert Frei, Dirk van Laak, Michael Stolleis (Hg.): Geschichte vor Gericht. München 2000. S. 74.

498 Im Verwaltungsbereich des Bayerischen Justizministeriums waren bereits 1948 ca. 60 Prozent der beschäftigten Richter und 76 Prozent der Staatsanwälte ehemalige NSDAP-Mitglieder, in Schleswig-Holstein waren 1951 alle früheren Mitarbeiter des Sondergerichts Kiel wieder im Justizdienst tätig. Vgl. dazu Klaus-Detlev Godau-Schüttke: Ich habe nur dem Recht gedient. Die »Renazifizierung« der Schleswig-Holsteinischen Justiz nach 1945. Baden-Baden 1993. Siehe auch den Überblick über die Rekonstruktion des Justiz-Apparates und das Problem der personellen Kontinuitäten bei Bernhard Diestelkamp, Susanne Jung: Die Justiz in den Westzonen und der frühen Bundesrepublik. APuZ, B 13/14, 1989. S. 19ff und Ulrich Herbert: Rückkehr in die Bürgerlichkeit? NS-Eliten in der Bundesrepublik. In: Bernd Weisbrod (Hg.): Rechtsradikalismus in der politischen Kultur der Nachkriegszeit. Hannover 1995. S. 57ff. Zu den Problemen der Entnazifizierung vgl. Cornelia Rauh-Kühne: Die Entnazifizierung und die deutsche Gesellschaft. Archiv für Sozialgeschichte, Bd. 35, 1995. S. 35ff.

chen und konservativen Denken Weimarer Prägung wurzeln.[499] Diese Rechtsposition entfaltete ihre Wirkung letztendlich auch 1961 im BGH-Urteil zur Beschränkung des Widerstandsrechts. Die Widerstandsbegriffe von Fritz Bauer und Hermann Weinkauff spiegeln so zwei ganz unterschiedliche Denktraditionen, die in den fünfziger und sechziger Jahren in der Bundesrepublik um Deutungsmacht rangen, und Hermann Weinkauff war zu einer restaurativen Gegenfigur von Fritz Bauer geworden.[500]

Schon nachdem der Berliner Student Reinhard Strecker 1959 mit einer Ausstellung über die »Ungesühnte Nazijustiz« die personellen Kontinuitäten in der westdeutschen Justiz und den in der Bundesrepublik versäumten personellen Neuanfang in der Justiz zum Thema öffentlicher Diskussion gemacht hatte[501], hatte Bauer den Begriff der »Ungesühnten Nazi-Justiz« aufgegriffen und auf die Bedeutung der personellen Kontinuitäten für die politische Kultur im Sinne einer verpassten Selbstbesinnung der Gesellschaft aufmerksam gemacht. Anfang 1960 beschrieb Bauer in einem Aufsatz in der von ihm mit herausgegebenen *Neuen Gesellschaft* den »Geist, aus dem der (NS-)Unrechtsstaat« hervorgegangen war auch als jenen aus dem »seine ›ungesühnte Nazijustiz‹ erwuchs.«[502] Der Verzicht auf die Beschäftigung mit den personellen Kontinuitäten bedeutete demnach eine Kontinuität politischen Denkens, die Bauer als eine »chronische Disposition« erschien, die nicht nur für eine »unbewältigte Vergangenheit« stand, sondern für eine »unbewältigte Gegenwart und Zukunft«.[503]

Während Weinkauff der Rechtsauffassung in der Tradition des Reichsgerichts nahe stand und damit eine Traditionslinie zu den Juristen herstellte, die mehrheitlich die Weimarer Republik abgelehnt hatten, hatte Fritz Bauer schon als junger Jurist in der Weimarer Republik und als Mitbegründer des Republikanischen Richterbundes eine der Weimarer Verfassung und demokratischen Republik treue Juristenschaft gefordert.[504]

---

499 Vgl. dazu Bernhard Diestelkamp, Susanne Jung: Die Justiz in den Westzonen und der frühen Bundesrepublik. APuZ, B 13/14, 1989. S. 23.

500 Der Begriff der Restauration bezieht sich auf die Kontinuität von Denktraditionen, die sich trotz und im Rahmen der nach 1945 institutionalisierten Demokratie etabliert haben und schließt an Joachim Perels an: Die Restauration der Rechtslehre nach 1945. In: Redaktion Kritische Justiz (Hg.): Die juristische Aufarbeitung des Unrechts-Staats. Baden-Baden 1998. S. 237ff (zuerst in KJ, H. 4, 1984. S. 359ff)

501 Über die Ausstellung »Ungesühnte Nazijustiz«, die der Berliner Student Reinhard Strecker 1959 konzeptionierte und organisierte, schreibt Michael Kohlstruck: Reinhard Strecker – »Darf man seinen Kindern wieder ein Leben in Deutschland zumuten?« In: Claudia Fröhlich, Michael Kohlstruck: Engagierte Demokraten. Münster 1999. S. 185ff.

502 Fritz Bauer: Die »Ungesühnte Nazijustiz«. NG, H. 3, 1960. S. 190.

503 Ebd.

504 Vgl. Birger Schulz: Der Republikanische Richterbund (1921-1933). Frankfurt a.M. 1982.

Er entwickelte nach 1945 die Rechtsauffassung von Gustav Radbruch weiter, nach der »die Rechtsidee (die Gerechtigkeit) letztlich identisch ist mit der Personalität des Menschen in ihren drei Ausformungen: der Mensch als autonomes Wesen, der Mensch als Zweck dieser Welt und also auch des Rechts sowie der Mensch als heteronomes Wesen.«[505] In diesem Sinne waren für Bauer im Anschluss an Radbruch Politik und Rechtsprechung »schöpferische Entscheidungen«, die »notwendigerweise« motiviert werden von dem »Bild vom Staat und Einzelnen, von Freiheit und Gleichheit, Krieg und Frieden«. »Der Jurist«, schrieb er und man kann hinzufügen der Politiker,

> »der dies leugnen wollte, etwa sich einbildete, seine Urteile seien frei von diesen Erdenresten unvermeidlicher Subjektivität, betrügt sich selbst und andere. Es fehlt ihm schon jene Selbstkritik, welche die notwendige Grundlage jeden Willens zur Objektivität ist. Hier wie überall tut Offenheit und Aufrichtigkeit not, alles andere ist Nebelbildung.«[506]

Insofern kann die Position von Fritz Bauer als Fortentwicklung der Radbruchschen Position als einer »jenseits von Naturrecht und Rechtspositivismus« verstanden werden[507], die Recht nicht als ordnende Institution begreift, sondern seinen relationalen und prozessualen Charakter anerkennt. Seine Position entfaltet den Rechtsgedanken so, wie er nach Adolf Arndt in einer sozialistischen Tradition verankert ist, nämlich als »gemeinschaftsbildend für jedermann offen und darum verbindlich«.[508] Ausgehend von dieser Rechtsposition lässt sich auch verstehen, warum Fritz Bauer mit seiner Berufsbezeichnung als Staatsanwalt unglücklich war und schrieb:

> »(W)enn ich heute in der Lage wäre, die juristischen Berufsbezeichnungen selbstherrlich zu ändern, würde ich bestimmt die Staatsanwälte Rechtsanwälte nennen. Die aus autoritären Zeiten stammende Bezeichnung Staatsanwalt passt nicht; der Staatsanwalt vertritt nicht den Staat, er ist nicht der Anwalt irgendwelcher Staatsräson oder irgendwelcher Staatsinteressen, sondern des Rechts der Menschen und ihrer sozialen Existenz gegen private und staatliche Willkür.«[509]

In der politischen Wirklichkeit der Bundesrepublik stand Bauer in Opposition zu einer Rechtsposition, die auf einem religiösen Naturrechtsverständnis basierte und eine »institutionelle Rechtsauffassung« von Familie, Staat, Kirche

---

505 Arthur Kaufmann: Die Naturrechtsdiskussion in der Rechts- und Staatsphilosophie der Nachkriegszeit. APuZ, B 33, 1991, S. 9.

506 Fritz Bauer: Im Kampf um des Menschen Recht (zuerst 1955). Vorgänge, H. 6, 1969. S. 206.

507 Arthur Kaufmann, a.a.O. S. 9.

508 Adolf Arndt: Rechtsdenken in unserer Zeit. Positivismus und Naturrecht. Ein Vortrag. Recht und Staat in Geschichte und Gegenwart. H. 180, 1955.

509 Fritz Bauer, a.a.O. S. 205.

entwickelte.[510] Im Jahr seiner Pensionierung zeichnete die Bundesrepublik Hermann Weinkauff mit dem Großen Bundesverdienstkreuz mit Stern und Schulterband aus. Zu Weinkauffs 70. Geburtstag im Jahr 1964 gratulierte die *Deutsche Richterzeitung* und lobte seinen »bedeutenden Einfluss auf die Rechtsprechung«.[511] In zwei Studien zum Begriff des Widerstandsrechts, die Mitte der sechziger Jahre erschienen, wird die Position des ehemaligen BGH-Präsidenten ausführlich rezipiert, die Rechtsposition von Fritz Bauer bleibt hingegen in beiden Untersuchungen unerwähnt.[512] In der Arbeit von Alexander Arnot *Widerstandsrecht. Bemerkungen zu den gegenwärtigen Auffassungen in der Bundesrepublik Deutschland* aus dem Jahr 1966 erfährt der Leser sogar, dass »(a)bgesehen von Weinkauff (...) juristische Autoren das Widerstandsrecht vollkommen« übergehen.[513] Schon nach dem Remer-Prozess war Anfang der fünfziger Jahre an das Bundespräsidialamt die Anregung herangetragen worden, Fritz Bauer »wegen seiner Verdienste um die Stärkung des demokratischen Gedankens auf rechtsstaatlicher Basis mit dem Verdienstorden der Bundesrepublik Deutschland auszuzeichnen«. In der Staatskanzlei des niedersächsischen Ministerpräsidenten wie auch im dortigen Justizministerium vertrat man allerdings die Auffassung, dass »i(m) vorliegendem Falle (...) die Verleihungsbeschränkungen für Beamte Platz greifen.«[514] Posthum, so berichtete die *F.A.Z.* im Sommer 1968, zeichnete der Münchner Oberbürgermeister am 10. Juli 1968 Fritz Bauer mit der nach dem bayerischen Volksdichter benannten Ludwig-Thoma-Medaille aus.[515]

Dennoch stand Fritz Bauer mit der Kritik an der Deutungsherrschaft, die den im Grundgesetz festgeschriebenen Pluralismus aufweichte, Anfang der sechziger Jahre nicht allein. Er gehörte an der Seite von Alexander Mitscherlich, René König, Walter Fabian und anderen zu den Gründungsmitgliedern der Humanistischen Union (HU)[516], und im November 1961 unterschrieb der

---

510 Zur Durchsetzung eines »christlich-abendländischen Weltbildes« in der Rechtsprechung des BGH vgl. Arthur Kaufmann, a.a.O. S. 5.

511 Hermann Weinkauff 70 Jahre. DRiZ, H. 4, 1964. S. 107.

512 Vgl. René Schneider: Das Widerstandsrecht in Staatsrecht und Staatstheorie der Gegenwart. Zürich 1964. Schneider widmet Hermann Weinkauff ein ganzes Kapitel seines Buches, während Fritz Bauer nicht einmal im Literaturverzeichnis Erwähnung findet.

513 Vgl. Alexander Arnot: Widerstandsrecht. Bemerkungen zu den gegenwärtigen Auffassungen in der Bundesrepublik Deutschland. Hamburg 1966. S. 131.

514 HMJE, Personalakte Fritz Bauer.

515 Vgl. Posthume Ehrung. F.A.Z. vom 11.7.1968.

516 Bauer gilt im Zusammenhang mit der Gründung der Humanistischen Union vor allem als »großer Anreger, (der) seine Impulse (...) überwiegend in persönlichen Gesprächen gegeben hat«, wie Helmut Kramer in einem Brief vom 18.7.1995 an die Verf. schreibt. Zur Geschichte der Humanistischen Union vgl. Till Müller-Heidelberg: Von der antiklerikalen Intervention zur Bürgerrechtsbewegung: Die Humanistische Union. In: Michael Buckmiller, Joachim

hessische Generalstaatsanwalt seine Beitrittserklärung zu der von ihm mit gegründeten ersten Bürgerrechtsorganisation in der Bundesrepublik.[517]

Aus dem Gründungsaufruf, den Gerhard Szczesny, damals als Abteilungsleiter beim Bayerischen Rundfunk in München tätig und dann erster Vorsitzender der Humanistischen Union, im Sommer 1961 vorgelegt und als offenen Brief an »200 Persönlichkeiten des politischen und kulturellen Lebens« geschickt hatte, gehen die wesentlichen Kritikpunkte hervor, wenn er den »immer unverhüllter und anmaßender zu Tage tretenden Versuch« beschreibt,

»eine Gesellschaft, die nur zu einem Teil aus gläubigen Christen besteht, dem totalen Machtanspruch einer christlichen Sprach-, Denk- und Verhaltensregelung zu unterwerfen. Die im Grundgesetz der deutschen Bundesrepublik verankerten Rechte der freien Persönlichkeitsentfaltung, der Glaubens-, Gewissens- und Bekenntnisfreiheit (...) sind längst durch eine christlich-konfessionalistische Regierungspraxis ausgehöhlt, wenn nicht außer Kraft gesetzt.«[518]

In seinem Vorschlag eine »Humanistische Union« zu gründen schrieb er:

»Sechzehn Jahre nach dem Ende der nazistischen (...) Gewaltherrschaft müssen wir die Erfahrung machen, dass auch ein Staat, in dem die Spielregeln der Demokratie Gültigkeit haben, die Vielgestaltigkeit der Einheitlichkeit, die Toleranz der Parteilichkeit und die Wahrhaftigkeit der Bequemlichkeit opfern kann. Wir sind zu Mitläufern einer Verschwörung geworden, die unsere Entmündigung und Gleichschaltung diesmal im Namen der christlichen Heilslehre verlangt. (...) Befreiung des Menschen aus den Fesseln obrigkeits-staatlicher (...) Bindungen, die Verkündung der Menschenrechte (...), die Entfaltung einer freien Wissenschaft, Presse, Literatur und Kunst – dies alles sind nicht Entartungen, sondern Grundbedingungen des Lebens in einer zivilisierten Gesellschaft.«

Die Humanistische Union vertrete die »Überzeugung, dass nur die Freiheit, zwischen sehr verschiedenen Weltdeutungen und Existenzweisen wählen zu können, ein menschenwürdiges Dasein möglich macht.« Szczesny schloss mit dem

»Vorschlag, eine ›Humanistische Union‹ zu gründen. Diese ›Humanistische Union‹ sollte eine Vereinigung sein, die die Solidarität unseres menschlich-bürgerlichen Lebens ebenso ent-

---

Perels (Hg.): Opposition als Triebkraft der Demokratie. Hannover 1998. S. 140ff, besonders S. 140. Vgl. auch Till Müller-Heidelberg: Die Humanistische Union als älteste deutsche Bürgerrechtsorganisation. Geschichte und Perspektiven, sowie Christian Szczesny: Mein Großvater Gerhard Szczesny und die Humanistische Union. Vorgänge, H. 3, 2001. S. 13ff u. 25ff.

517 Humanistische Union, Bestand: Beitrittserklärungen.

518 Gerhard Szczesny: Vorschlag, eine »Humanistische Union« zu gründen (München, 6. Juni 1961). Humanistische Union, Bestand: Mitgliederversammlungen. Der Gründungsaufruf wurde auch publiziert in Martin Walser (Hg.): Die Alternative oder Brauchen wir eine neue Regierung? Reinbek 1961. S. 36ff.

schieden pflegt und fördert wie die Pluralität unseres individuellen Daseins und Glaubens.«[519]

Als die Humanistische Union im November 1963 auf eine zweijährige Arbeit zurück blickte, versicherte sich die Bürgerrechtsbewegung noch einmal ihrer Aufgabe, »die Diskussion bestimmter Strukturprobleme unseres gesellschaftlichen Lebens in Gang zu bringen und die Position derer, die die Bundesrepublik nicht für einen christlichen Obrigkeitsstaat, sondern für eine säkularisierte Demokratie halten, zu stärken.«[520] Die Humanistische Union verstand sich als eine »Vereinigung von Individualisten«, nicht als ein »atheistischer Kampfbund«, und nie habe der Verein nach Szczesny ein »antichristlicher, also gegen den christlichen Glauben gerichteter, Kampfbund« werden sollen. Eine Mitgliederbefragung ergab, dass der HU im Frühjahr 1963 Menschen vieler verschiedener Glaubens- und Weltanschauungsrichtungen angehörten, die sich zudem sämtlichen demokratischen Parteien zugehörig fühlten.[521] Fritz Bauer stellte aber in einem seiner ersten Beiträge für die Verbandszeitung der Humanistischen Union, *Vorgänge*, fest, dass »(n)ach dem Grundgesetz (...) keine Weltanschauung ein Monopol« habe.[522]

Der kritische Dialog, den Fritz Bauer mit Deutungseliten in der Bundesrepublik aufgenommen hatte, und in dessen Kontext er in den sechziger Jahren als politische Gegenposition zu einem autoritär-elitären und obrigkeitsstaatlichen Politikverständnis das Postulat des »Selbst« als Etablierung des verantwortungs- und entscheidungsbewussten Bürgers formuliert hatte, bedeutete auch politisches Engagement. Seit 1964 gehörte Fritz Bauer dem Vorstand der Humanistischen Union an.

---

519 Gerhard Szczesny: Vorschlag, eine »Humanistische Union« zu gründen (München, 6. Juni 1961). Humanistische Union, Bestand: Mitgliederversammlungen.

520 Gerhard Szczesny: Die bisherige Entwicklung und die zukünftigen Aufgaben der »Humanistischen Union«. Wortlaut des vom Vorsitzenden der »Humanistischen Union« am 16. November 1963 in München anlässlich der ersten Bundes-Mitgliederversammlung gehaltenen Referats. Humanistische Union, Bestand: Mitgliederversammlungen. Die Humanistische Union hatte, wie aus den Unterlagen hervorgeht, 1963 1.800 Mitglieder.

521 Till Müller-Heidelberg, a.a.O. S. 141. Auch Jürgen Seifert betrachtet in seinem Artikel zum 25-jährigen Bestehen der Humanistischen Union im Oktober 1986 gerade die »politische Spannweite« der Mitglieder als »das Besondere« dieser Bürgerrechtsorganisation: »Gegenüber der Restauration der Adenauer-Ära war das politische Spektrum sehr weit, das sich in der HU damals zusammenfand.« Jürgen Seifert: Als Bürgerrechtler gegen einen Cäsar im neuen Gewande. FR vom 30.10.1986. S. 11.

522 Fritz Bauer: Was ist »unzüchtig«? Vorgänge, H. 4/5, 1962. S. 10.

3. Die subjektive Dimension des Widerstandsrechts: Fritz Bauer verteidigt Hans Oster

3.1 Widerstand im Kontakt mit dem Ausland – Nothilfe und Anerkennung des Mitbürgers oder Landesverrat?

Einige Monate nach Abschluss des Verfahrens gegen Otto Ernst Remer traf im August 1952 im Büro von Generalstaatsanwalt Fritz Bauer ein Brief ein, der sofort sein Interesse weckte: »Im Rahmen der gegenwartskundlichen pädagogischen Aufgabe der Schule halten wir eine Beschäftigung mit allen Widerstandsbewegungen und den 20. Juli 1944 betreffenden Problemen für wünschenswert«, schrieb ein Lehrer aus Braunschweig an Bauer und bat ihn um einen Besuch:

»Nachdem ich (...) von Ihrer Aufgeschlossenheit für politisch-historische Erziehungsarbeiten gehört habe, möchte ich an Sie (...) die Bitte richten, auch einmal mit den Schülern der Oberstufe der Raabeschule (...) über die grundsätzlichen den 20. Juli betreffenden Fragen zu diskutieren. Dank Ihrer Sachkenntnis und Ihres langen persönlichen inneren und äußeren Ringens um diese Fragen werden Sie in der Lage sein, den jungen Menschen Probleme und Tatsachen ins Bewusstsein zu rufen, die der Pädagoge nicht bringen kann, im Rahmen unserer Bildungsaufgabe unbedingt aber in die geistige Auseinandersetzung der jungen Menschen hineingehören.«[523]

Fritz Bauer nutzte diese Einladung, mit jungen Menschen über die NS-Vergangenheit zu sprechen und teilte dem Lehrer mit, dass er »(s)elbstverständlich (...) jederzeit gern zur Verfügung« stehe.[524] Nur wenige Tage später besuchte der Generalstaatsanwalt die Schulklasse, und Mitte September 1952 schrieb er noch einen Brief an die Schüler. Über das »lebendige Interesse an den Fragen unserer Zeit« habe er sich gefreut, mit »einem inneren Seufzer«, so bedauerte Fritz Bauer, »habe ich jedoch feststellen müssen, dass es mir nicht völlig gelungen ist, meine Widersacher (...) zu überzeugen.«[525] Er schilderte den Schülern deshalb einen – wie er schrieb – »Fall zum Nachdenken«: Die Sowjetunion plane einen Atombombenangriff auf Westdeutschland, der auch Braunschweig, die Heimatstadt der Schüler, nicht unverschont lasse.

»(E)rschüttert von dem bevorstehenden Unrecht und dem furchtbaren Unglück, das der Welt, einschließlich der Sowjetunion, in Folge eines neuen Krieges droht«, habe sich nun ein

523 Brief vom 31.7.1952 von Dr. E.-A. Roloff an Fritz Bauer. NdsStA, 61 Nds. Fb. 1, Nr. 24/5. Auch ein Lehrer aus Bad Gandersheim bat Fritz Bauer im Zusammenhang mit dem Braunschweiger Remer-Prozess um Materialien für seinen Unterricht. Vgl. den Brief des Lehrers in NdsStA, 61 Nds. Fb. 1, Nr. 24/4.

524 Brief vom 19.8.1952 von Fritz Bauer an Dr. E.-A. Roloff. NdsStA, 61 Nds. Fb. 1, Nr. 24/5.

525 Brief vom 11.9.1952 von Fritz Bauer an die Schüler. Ebd.

russischer Offizier drei Tage vor dem geplanten Angriff entschlossen, der deutschen Regierung die sowjetischen Pläne mitzuteilen. Schließlich stellte Fritz Bauer den Schülern die Frage, ob der russische Offizier mit seinem Verhalten Unrecht begeht? Und er beendete seinen Brief mit einer weiteren Frage: »Wenn nicht, warum soll dann Oster, der vor dem Angriff auf Dänemark, Norwegen und Holland genau dasselbe tat, Unrecht begangen haben?«[526]

Die Schüler der Braunschweiger Raabeschule hatten mit Bauer also über das Widerstandsrecht von Hans Oster diskutiert. Schon im Gerichtsverfahren gegen Otto Ernst Remer war der Widerstand von Oster ein äußerst umstrittener Gegenstand der Auseinandersetzungen gewesen. Die Verteidigung von Remer hatte sich während der Verhandlung bereit erklärt, zwar den Widerstand vom 20. Juli als legalen anzuerkennen, disqualifizierte aber das Verhalten von Oster, seine Mitteilungen von Angriffsterminen an das westliche Ausland, als Landesverrat und im Unterschied zum Hochverrat als nicht rechtmäßigen Widerstand. Das Braunschweiger Gericht hatte schließlich in seinem Urteil auf eine Entscheidung über das Widerstandsrecht von Oster verzichtet, da der Richter keinen Zusammenhang mit dem Gegenstand des Verfahrens, dem Widerstand vom 20. Juli 1944, erkannt hatte. Während Fritz Bauer im Sommer 1952 bemüht war, im Zuge des Revisionsverfahrens bei dem zuständigen Senat des BGH ein Grundsatzurteil zu erreichen, das auch das Verhalten von Oster als rechtmäßigen Widerstand anerkannte, kündigte die SRP an, den von dem Gericht als objektiven Landesverrat bezeichneten Widerstand weiterhin auf die tagespolitische Agenda zu setzen.[527] Der »Fall Oster«[528] blieb in den fünfziger und sechziger Jahren ein konfliktreiches Thema der Diskussion um das Widerstandsrecht. Neben der »Frage«, ob Widerstand nur einer Elite zusteht, war das zweite »besondere« Problem in der Diskussion, ob »Widerstand in der Form des ›Landesverrats‹ rechtens« ist.[529] Obwohl Hans Oster seit Oktober 1933 zunächst als Zivilbeschäftigter, später als Offizier in der Abteilung Abwehr im Reichswehrministerium angestellt war und seit 1938 zu den »entschiedenen Verfechter(n) eines Staatsstreiches gegen Hitler« gehörte[530],

526 Ebd.

527 Vgl. oben S. 122f.

528 So eine Formulierung von Hermann Graml: Der Fall Oster. VfZ, H. 1, 1966. S. 26ff.

529 Fritz Bauer: Widerstand gegen die Staatsgewalt. Frankfurt a.M. 1965. S. 252.

530 Romedio Graf von Thun-Hohenstein: Widerstand und Landesverrat am Beispiel des Generalmajors Hans Oster. In: Jürgen Schmädeke, Peter Steinbach (Hg.): Der Widerstand gegen den Nationalsozialismus. München, Zürich 1985. S. 751ff, bes. S. 756. Vgl. zur Arbeit der Oppositionsgruppe um Hans Oster und Hans von Dohnanyi im Amt Ausland/Abwehr im Oberkommando der Wehrmacht die entsprechenden Stellen in: Winfried Meyer: Unternehmen Sieben. Eine Rettungsaktion für vom Holocaust Bedrohte aus dem Amt Ausland/Abwehr im Oberkommando der Wehrmacht. Frankfurt a.M. 1993. Auch Peter Hoff-

stand stets die »Tat« im Mittelpunkt der Diskussion, »mit der er sich aus dem Rahmen der Widerstandsbewegung heraussprengte«[531]: Im Oktober 1939 hatte Oster dem befreundeten holländischen Militärattaché Gijsbertus Jacobus Sas bestätigt, dass Deutschland eine Militäroffensive gegen Frankreich durch die Niederlande und Belgien plante, im November hatte er dann erstmals die geplanten deutschen Angriffe auf Frankreich und die Beneluxländer mitgeteilt und bis zum 10. Mai 1940 immer wieder die von Hitler verschobenen Angriffstermine übermittelt.[532]

Fast die gesamte westdeutsche Gesellschaft beurteilte auch rückblickend das Verhalten von Oster nicht als Widerstand gegen einen unrechtmäßigen Angriffskrieg, sondern als Verrat. In einem Brief, der Fritz Bauer während des Remer-Verfahrens im Frühjahr 1952 erreichte, wurde Oster als »ehrlos(...)« bezeichnet, er sei »zum Feinde übergelaufen« und habe ein »abscheuliche(s) Spiel (...) getrieben.«[533] Auch die zeitgenössischen Meinungsumfragen spiegelten die verbreitete Stigmatisierung der Widerstandskämpfer als »Landesverräter«.[534] Fritz Bauer kommentierte das zwiespältige Verhältnis vieler Westdeutscher zum Widerstand mit der Bemerkung, die Haltung sei »erstaunlich, da gemeinhin – und nicht nur in Erinnerung an die Tage der Entnazifizierung – erklärt zu werden pflegt, ›man‹ sei gegen Hitler gewesen und habe sich nur unter dem Druck eines totalitären Staates zu einer Mitwirkung oder Duldung bereit gefunden.«[535] Eine besondere Brisanz gewann die Debatte um das Widerstandsrecht von Hans Oster als 1962 eine erneut entfachte Verratskampagne hohe Wellen schlug. Nachdem die SRP durch Urteil des Bundesverfassungsgerichts im Herbst 1952 verboten worden und als parteipolitischer Ak-

---

mann: Widerstand-Staatsstreich-Attentat. München [4]1985. In den fünfziger Jahren hatte bereits Gerhard Ritter den Widerstand von Hans Oster in seiner Breite und im Kontext dargestellt. Vgl. Gerhard Ritter: Carl Goerdeler und die deutsche Widerstandsbewegung. München 1964. Ritters Arbeit war zuerst 1954 bei der Stuttgarter Deutschen Verlags-Anstalt und im Juli 1964 als dtv-Taschenbuch erschienen.

531 Romedio Graf von Thun-Hohenstein, a.a.O. S. 760.

532 Vgl. Romedio Graf von Thun-Hohenstein, a.a.O. S. 769. Vgl. auch Peter Hoffmann, a.a.O. S. 214ff.

533 Maschinenschriftlicher Brief, unterzeichnet mit »Deutsche Soldaten und Offiziere aus Berlin West und Ost«, vom 11.3.1952 an Fritz Bauer. NdsStA, 62 Nds. Fb. 3 Zg 51/1985, Nr. 2/7.

534 Vgl. dazu Jürgen Weber (Hg.): Die Bundesrepublik wird souverän. München [2]1992. S. 338ff.

535 Fritz Bauer: Oster und das Widerstandsrecht. Eine juristische Betrachtung. Politische Studien, H. 15, 1964. S. 188. Dass Fritz Bauer die Meinungsumfragen zu zeitgenössischen Themen und politischen Problemen aufmerksam verfolgte, zeigen seine die Stimmung der Westdeutschen kommentierenden Bemerkungen in verschiedenen Texten. Vgl. zum Beispiel seine Überlegungen zur Wahrnehmung des Auschwitz-Prozesses in seinem Text: In unserem Namen. Justiz und Strafvollzug. In: Helmut Hammerschmidt (Hg.): Zwanzig Jahre danach. Eine deutsche Bilanz 1945-1965. München, Basel, Wien 1965. S. 301f.

teur ausgeschaltet war, erhob jetzt die von Gerhard Frey herausgegebene *Deutsche Soldaten-Zeitung und National-Zeitung* den Verratsvorwurf.[536]

Auslöser der Kampagne war ein Interview, das die in München erscheinende Zeitung mit Hans Bernd Gisevius als einem Zeugen des Widerstandes gegen den Nationalsozialismus[537] über den »Landesverrat im Zweiten Weltkrieg« geführt hatte und das in der Augabe vom 30. März 1962 gedruckt worden war. Auf die Frage, ob er einen »Fall von deutscher Seite im 2. Weltkrieg begangenem Landesverrat nennen« könnte, hatte Gisevius geantwortet, dass »(f)ormaljuristisch (...) der Fall Oster feststehen« dürfte. Auf die Nachfrage, ob er »Oster von der deutschen Abwehr« meine, unterschied Gisevius – wie auch schon die Verteidigung von Remer im Prozess 1952 – zwischen der Legitimität des Widerstandes als Hochverrat einerseits und dem Landesverrat andererseits:

> »Ich war ja mit Oster freundschaftlich verbunden und hänge sehr an ihm und halte sehr viel von ihm. Aber um Gottes Willen, man soll nicht, das was wir getrieben haben, also den Hochverrat, irgendwie mit der Sache des Oster in Verbindung bringen, denn wir haben die Grenze geradezu unerhört scharf gezogen.«

Gisevius betonte, dass er mit der »holländischen Geschichte (...) (n)icht im geringsten« etwas zu tun hatte.[538] Vierzehn Tage später nutzte die *Deutsche Soldaten-Zeitung und National-Zeitung* diese Passage als Einstieg in eine im April und Mai 1962 über sieben Wochen geführte Kampagne gegen Hans Oster. Unter der Schlagzeile »Der General, der die Armee verriet. DSZNZ-Dokumentation entlarvt einen der größten Landesverräter der deutschen Geschichte«[539] beschrieb die Zeitung Oster als »notorischen Landesverräter«[540], dessen »verräterische Handlungsweise (...) vielen deutschen Soldaten Leben und Gesundheit« gekostet habe.[541] Die Zeitung inszenierte eine »Verhandlung« gegen Oster[542], indem sie seine »Anklage« wegen »fortgesetzten schweren Landesverrats«[543] mit einer Aussage von Sas aus dem Jahr 1948 montierte und

536 Nach Astrid Lange kann die DSZNZ als auflagenstärkstes Blatt der Rechtsextremen gelten, das sich über Jahrzehnte mit dem Thema Landesverrat beschäftigt. Vgl. Astrid Lange: Was die Rechten lesen. München 1993. S. 73f. Vgl. auch Peter Dudek, Hans Gerd Jaschke: Die Deutsche National-Zeitung. München 1981.

537 Vgl. zur Rolle von Hans Bernd Gisevius im Widerstand Peter Hoffmann: Widerstand-Staatsstreich-Attentat. München 41985. Besonders S. 112ff u. S. 176ff.

538 Der Landesverrat im Zweiten Weltkrieg. DSZNZ-Gespräch mit Ministerialrat Dr. Hans-Bernd Gisevius. DSZNZ vom 30.3.1962. S. 3.

539 Vgl. DSZNZ vom 13.4.1962, 20.4.1962, 27.4.1962, 4.5.1962, 11.5.1962, 18.5.1962, 25.5.1962 immer S. 4.

540 DSZNZ vom 4.5.1962. S. 4. Auch DSZNZ vom 18.5.1962. S. 4.

541 DSZNZ vom 18.5.1962. S. 4.

542 DSZNZ vom 4.5.1962. S. 4.

543 DSZNZ vom 13.4.1962. S. 4.

als deren Ergebnis sie schließlich die Hinrichtung Osters im April 1945 in Flossenbürg darstellte.[544]

Wieder war es ein Angehöriger des Widerstandes, der gegen die Verleumdungen einschritt: Achim Oster, Sohn von Hans Oster und Anfang der sechziger Jahre als Militärattaché bei der Deutschen Botschaft in Madrid tätig, erstattete Strafanzeige gegen die Zeitung. In dem Verfahren gegen die *Deutsche Soldaten-Zeitung und National-Zeitung,* das 1964 mit einem Vergleich endete, wurde er von Rechtsanwalt Fabian von Schlabrendorff vertreten, der als einer der wenigen Überlebenden des Widerstandes schon im Prozess gegen Remer über die Motive des Widerstandes ausgesagt und dabei das Verhalten von Oster ausdrücklich gebilligt hatte.[545]

Als ein Journalist Fritz Bauer auf die Kampagne der *DSZNZ* ansprach, betrachtete er den »Fall Oster« als den »neuralgische(n) Punkt des ganzen Widerstandsproblem(s)«. Bauer nutzte das Interview, um öffentlich bekannt zu machen, dass nach der juristischen Rehabilitierung des Widerstandes vom 20. Juli mit dem Urteil im Remer-Prozess 1952 jetzt auch das Widerstandsrecht von Oster anerkannt sei: »Vor einigen Tagen«, so berichtete er in dem Interview im Dezember 1964, »hat mir Schlabrendorff erzählt, dass der Prozess verglichen worden ist. Die ›Soldaten- und Nationalzeitung‹ hat den Vorwurf mit Bedauern zurückgenommen und die gesamten Prozesskosten übernommen.«[546]

Fritz Bauer reagierte auf die Verratskampagne zudem mit einer in den *Politischen Studien* veröffentlichten »juristischen Betrachtung« über das Widerstandsrecht von Hans Oster.[547] In seinem Text *Oster und das Widerstands-recht* wies er auf die Grundlagen des Widerstandsrechts hin, dass sich nämlich die Rechtmäßigkeit des Widerstandes aus dem Unrechtscharakter des NS-Staates sowie der Tatsache ergebe, dass es sich bei dem von den Deutschen geführten Krieg gemäß dem 1939 geltenden Völkerrecht um einen rechts-widrigen Angriffskrieg handelte.[548] Zudem – und auch dieser Aspekt war schon im Remer-Prozess ein entscheidendes Argument für die Legitimierung des Widerstandes vom 20. Juli 1944 – begehe nach dem auch während des Nationalsozialismus geltenden Strafgesetzbuch Verrat nur, wer mit dem Vorsatz Widerstand leistet, dem Staat einen Schaden oder Nachteil zuzufügen (§ 88 StGB), oder wer mit

544 Vgl. DSZNZ vom 25.5.1962. S. 4.

545 Vgl. zur Zeugenaussage von Fabian von Schlabrendorff oben S. 114f.

546 Fritz Bauer im Frankenpost-Interview. Das Lehrstück von Kain und Abel. Frankenpost (Hof) vom 24.12.1964.

547 Fritz Bauer: Oster und das Widerstandsrecht. Eine juristische Betrachtung. Politische Studien, H. 15, 1964. S. 188ff.

548 Fritz Bauer, a.a.O. S. 191f.

dem Vorsatz, schwere Nachteile für das Reich herbeizuführen, zu einer ausländischen Regierung Kontakt aufnimmt (§ 91 StGB). Bereits im Remer-Prozess hatte sich Fritz Bauer auf Zeugenaussagen und auf die historische Forschung gestützt, um die Motive und damit den Widerstand vom 20. Juli als legalen zu qualifizieren. Um die »Tat-Motive« von Oster gemäß §§ 88 und 91 StGB darzulegen, stützte er seine Argumentation auf die Forschung von Gerhard Ritter. Der Historiker hatte in seiner Arbeit über *Carl Goerdeler und die deutsche Widerstandsbewegung* nicht nur die »Staatsstreichbemühungen« ausführlich beschrieben, an deren Planung Oster beteiligt gewesen ist.[549] Ritter beschäftigte sich eingehend mit den Motiven

»für jenen Schritt Osters, der wie keine andere Tat der deutschen Widerstandsbewegung alle Schranken patriotischen Herkommens durchbrach, ihr nachträglich, als er der Öffentlichkeit bekannt wurde, unendlich viel empörte Kritik zugezogen hat und der bis heute die Erinnerung an ihren sittlichen Heroismus zu trüben droht – auch bei sonst wohlmeinenden Betrachtern.«[550]

Osters Widerstand führte er auf die »echte(...) sittliche(...) Empörung (...) einer sehr schlichten und ritterlichen Soldatennatur über das offenkundige Verbrechen des Überfalls auf friedliche Nachbarvölker« zurück:

»Den unschuldig bedrohten, den ungerecht Überfallenen soweit wie möglich zu Hilfe zu kommen, sich selbst und seine Freunde weit abzusetzen von dem ›Blutsäufer‹ und ›Tyrannen‹ – das war ganz einfach der moralisch-politische Antrieb, der ihn alle Schranken formaler Gesetzlichkeit überspringen und in den Augen des offiziellen Deutschlands zum todeswürdigen Verbrecher werden ließ.«[551]

Mit explizitem Verweis auf die im Remer-Prozess formulierten strafrechtlichen Kriterien für einen Landesverrat hielt Ritter fest, »(d)ass Oster seinem Deutschland nicht schaden, sondern nützen wollte.«[552] Um die Verratskampagne abzuwehren, wies Fritz Bauer schließlich noch darauf hin, dass auch der ehemalige BGH-Präsident Hermann Weinkauff Osters Verhalten als rechtmäßigen Widerstand betrachtete. Der Arbeitskreis Europäische Publikation hatte in seinen Gesprächen über »(d)as Problem Oster« diskutiert[553], und Weinkauff hatte die Position vertreten, dass Oster ein Recht hatte Widerstand zu leisten,

549 Vgl. Gerhard Ritter: Carl Goerdeler und die deutsche Widerstandsbewegung. München 1964. S. 256ff. (zuerst 1954)

550 Gerhard Ritter, a.a.O. S. 279.

551 Gerhard Ritter, a.a.O. S. 280.

552 Ebd.

553 Das Problem Oster. Deutsche Gespräche über das Recht zum Widerstand. In: Vollmacht des Gewissens. Probleme des militärischen Widerstandes gegen Hitler. Bd. 1. Hg. v. der Europäischen Publikation e.V. Frankfurt a.M., Berlin 1960. S. 46ff.

wenn »bejaht werden kann«, dass er »an sein Recht glauben« durfte.[554] Obwohl Fritz Bauer die von Weinkauff entwickelte Rechtsauffassung in anderen Punkten vehement kritisierte und obwohl der BGH-Präsident wieder relativ unkonkret argumentiert hatte, zitierte Bauer dessen Position, dass »(k)ein Mensch (...) bestreiten (kann), dass hier ein ungemeiner Einsatz der Person geleistet wurde und dass die Motive in jeder Beziehung ehrenwert und ehrenhaft waren.«[555] Die Teilnehmer der Arbeitskreis-Gespräche hatten allerdings auch erörtert, warum die Beurteilung des Widerstandsrechts von Oster keineswegs unumstritten war. Kurt Sendtner, ehemaliger Berufsoffizier und damaliger stellvertretender Chefredakteur des *Bayerischen Staatsanzeigers*, bemerkte in seinem Redebeitrag ausdrücklich, er hätte »persönlich es nicht fertig gebracht (...), so zu handeln«. Nach einer Erklärung suchend fuhr er fort, dass er allerdings »weit davon entfernt« sei, sich »das als eine Tugend anzurechnen.«[556] In seinem ebenfalls in der ersten Publikation des Arbeitskreises 1960 veröffentlichten Aufsatz über *Die deutsche Militäropposition im ersten Kriegsjahr* beschrieb Sendtner die ambivalente Haltung gerade der ehemaligen Soldaten der Wehrmacht gegenüber Oster und kam zu der Einschätzung, dass

> »es weiterhin selbst unter denen, die unbeirrte Gegner des nationalsozialistischen Regimes waren (...), viele geben (wird), die das Verhalten von Oster sehr entschieden verurteilen. Das gilt insbesondere für Soldaten, für alte Berufssoldaten, die ein Leben lang ihrem soldatischen Ideal gedient haben, wie für einfache Landser. Für sie alle stellt das Verhalten Osters einen flagranten Landesverrat dar. Selbst wer nach allen Schilderungen über den Charakter Osters und über seine geradezu triebhafte Vaterlandsliebe überzeugt ist, dass höchstens von einem objektiven, aber nicht von einem subjektiven Landesverrat die Rede sein kann (weil Oster ›die Absicht, dem Wohl des Reiches zu schaden‹, gefehlt hat), der wird zumeist auf das

554 Hermann Weinkauff in Deutsche Gespräche über das Recht zum Widerstand. In: Vollmacht des Gewissens. Probleme des militärischen Widerstandes gegen Hitler. Bd. 1. Hg. v. der Europäischen Publikation e.V. Frankfurt a.M., Berlin 1960. S. 113.

555 Fritz Bauer zitiert Weinkauff in: Oster und das Widerstandsrecht. Eine juristische Betrachtung. Politische Studien, H. 15, 1964. S. 194. Vgl. die Stellungnahme von Hermann Weinkauff über Oster in: Deutsche Gespräche über das Recht zum Widerstand, a.a.O. S. 113. Ähnlich äußerte sich Hermann Weinkauff auch in seinem Gutachten: Die Militäropposition gegen Hitler und das Widerstandsrecht. In: Vollmacht des Gewissens. Probleme des militärischen Widerstandes gegen Hitler. Bd. 1. Hg. v. der Europäischen Publikation e.V. Frankfurt a.M., Berlin 1960. S. 159.

556 Kurt Sendtner in: Deutsche Gespräche über das Recht zum Widerstand. In: Vollmacht des Gewissens. Probleme des militärischen Widerstandes gegen Hitler. Bd. 1. Hg. v. der Europäischen Publikation e.V. Frankfurt a.M., Berlin 1960. S. 48.

bestimmteste erklären, dass er für seine Person selbst im größten Hass gegen Hitler einen solchen Schritt nicht hätte tun, nicht hätte mit seinem Gewissen vereinbaren können.«[557]

Dass in der öffentlichen Meinung der Westdeutschen noch Anfang der sechziger Jahre, also mehr als 15 Jahre nach dem Ende des Nationalsozialismus, das Verhalten von Oster als Landesverrat stigmatisiert wurde und dass sich der »Fall Oster« so leicht politisch instrumentalisieren ließ, hatte – auch in den Augen von Fritz Bauer – mit dem umstrittenen Kernproblem des Widerstandsrechts zu tun, das er im letzten Abschnitt seines Textes über *Oster und das Widerstandsrecht* skizzierte:

»Widerstand ist zu allen Zeiten und unter allen Himmelsrichtungen populär, wenn er sich gegen den äußeren Feind richtet. Wir wissen das von allen Résistance-Bewegungen. Umstritten ist der Widerstand gegen den eigenen Staat, der Unrecht tut, zumal wenn er sich, wie bei Oster, gegen die Außenpolitik wendet. Unrecht bleibt aber Unrecht, ob es den Mitbürger oder den Fremden trifft. (...) Was er tat, war rechtlich in Ordnung.«[558]

Bereits in seinem Brief an die Schüler der Braunschweiger Raabeschule hatte Fritz Bauer nicht nur den »Fall zum Nachdenken« geschildert. Er hatte daneben begründet, warum das Verhalten des von ihm erfundenen russischen Offiziers, und damit in Analogie das von Oster, als rechtmäßiger Widerstand zu bewerten sei: »Wollte man hier einen Unterschied machen«, erläuterte Bauer die Rechtsposition des Widerstandes,

»würde das bedeuten, Recht ist, was mir oder meiner Nation nützt, Unrecht ist, was mir oder meiner Nation schadet. In allen großen Fragen des Lebens gibt es aber kein deutsches, kein amerikanisches und kein russisches Recht, sondern nur <u>ein</u> Recht, genau so wie es keine deutsche, amerikanische oder russische Mathematik, sondern nur <u>eine</u> Mathematik, nur <u>eine</u> Wahrheit gibt.«[559]

Fritz Bauer fasste in diesem Satz den Kerngedanken seiner Rechtsposition zusammen: Das Widerstandsrecht berechtige jeden Bürger zum Widerstand gegen Unrecht, wenn der Staat seine Menschenrechte verletzt. Jeder Bürger sei aber auch berechtigt, Widerstand zu leisten, wenn die Menschenrechte anderer Bürger missachtet oder eingeschränkt werden. War das Widerstandsrecht als Verteidigungsrecht der eigenen Menschenrechte durch das Notwehrrecht gesichert, legitimiert das Recht zur Nothilfe den Widerstand zugunsten Dritter.

557 Kurt Sendtner: Die deutsche Militäropposition im ersten Kriegsjahr. In: Vollmacht des Gewissens. Probleme des militärischen Widerstandes gegen Hitler. Bd. 1. Hg. v. der Europäischen Publikation e.V. Frankfurt a.M., Berlin 1960. S. 511.

558 Fritz Bauer: Oster und das Widerstandsrecht. Eine juristische Betrachtung. Politische Studien, H. 15, 1964. S. 194.

559 Brief vom 11.9.1952 von Fritz Bauer an die Schüler. NdsStA, 61 Nds. Fb. 1, Nr. 24/5. (Hervorh. im Orig.)

»Widerstand meint Verwirklichung eigener oder fremder Menschenrechte«, schreibt Fritz Bauer später in seinem Text über *Widerstandsrecht und Widerstandspflicht des Staatsbürgers*.[560] Das Widerstandsrecht als Verteidigungs-recht der Menschenrechte verankert dabei den Widerstand als Recht des Subjekts gegenüber dem Staat. Dieser Widerstandsbegriff beinhaltet sowohl das Postulat der Verantwortung des Einzelnen im Staat wie auch das Recht des Einzelnen gegenüber dem Staat. Die von Fritz Bauer mit Blick auf den »Fall Oster« entwickelte Rechtsauffassung weist exemplarisch auf eine zweite Ebene seines Widerstandsbegriffs hin: Wie dargelegt leitete Bauer das Widerstands- als Verteidigungsrecht von einem relativistischen und realistischen Personbegriff her, und er bündelte seine Position im politischen Konzept des »Selbst«. Mit dem Nothilferecht, das das Recht des Subjekts zum Widerstand beinhaltet, wenn die Menschenrechte anderer Subjekte eingeschränkt oder missachtet werden, rückt neben das politische Konzept des »Selbst« das des »Mitbürgers« als ein weiterer zentraler Schlüsselbegriff, der im Denken von Fritz Bauer das normative Äquivalent einer demokratisch verfassten Gesellschaft zur Rechtsposition des Widerstandes bezeichnete.

Die Ethik des Pluralismus als Kern des demokratischen Rechtsstaats beinhaltet demnach nicht nur die Normativität der Individualität und Pluralität als Begründung subjektiver Rechte. Pluralismus als gesellschaftliches Strukturprinzip beschreibt und anerkennt nicht allein die Existenz der Interessen und Werte in ihrer Vielfalt, sondern ist zugleich ein normatives Postulat, das auf eine intersubjektive Dimension verweist: Pluralismus verlangt eine horizontale, das heißt eine gleichwertige Zuordnung der Individuen in der Gesellschaft. Diese horizontale Ordnung, die als demokratische Norm einer zu erhaltenden horizontalen Pluralität bezeichnet werden kann, kann nach Bauer allein durch ein das gesellschaftliche – zwischenmenschliche – Leben bestimmende »Klima der Toleranz und Anerkennung«[561] verwirklicht werden. Bauer forderte, dass Menschen einander nicht nur duldend tolerieren, sondern dass aus der Toleranz, einem Wahrnehmen, Erkennen und einer Akzeptanz des Mitbürgers, dessen Anerkennung erwächst. Anerkennung des anderen meint dabei die Achtung des Mitbürgers als ein die gesellschaftliche Ordnung und den politischen Gestaltungsprozess gleichberechtigt bestimmendes Subjekt.

Im Kontext seiner Reflexion über die Normativität von Horizontalität als einem gesellschaftlichen Strukturprinzip gewinnt auch der Begriff der Freiheit

560 Fritz Bauer: Widerstandsrecht und Widerstandspflicht des Staatsbürgers. In: Martin Niemöller u.a.: Tempelreinigung. Frankfurt a.M. 1962. S. 51.

561 Fritz Bauer: Antinazistische Prozesse und politisches Bewusstsein. Dienen NS-Prozesse der politischen Aufklärung? In: Hermann Huss, Andreas Schröder (Hg.): Antisemitismus. Zur Pathologie der bürgerlichen Gesellschaft. Frankfurt a. M. 1965. S. 187.

im Denken von Fritz Bauer seine spezifische Bedeutung. Bauer bezeichnete Freiheit als Basis der politischen Gemeinschaft und als Klima, in dem sich Widerstand entfalten kann.[562]

»Freiheit, die Fülle der Meinungen, eine mutige Opposition und Kritik, bedeuten nicht, wie man uns oft weismachen wollte und immer wieder gerne weismachen will, Zwietracht, die schädlich wäre. Sie ist in Wahrheit die Lebensgrundlage eines selbstbewussten Volkes. Ohne sie gibt es keine Toleranz, die das A und O aller Kulturen und Zivilisation und einer demokratischen und sozialen Politik ist und sein muss.«[563]

Das normative Konzept des Pluralismus fordert die Anerkennung des Anderen als für den politischen Diskurs gleichwertig bestimmenden. Freiheit meint in dieser Perspektive die Möglichkeit des Ausdrucks der pluralen Meinungen und wird in der Auseinandersetzung um Positionen verwirklicht. Freiheit als Lebensprinzip einer demokratischen und pluralistischen Gesellschaft ist demnach nicht individualistisch, sondern dialektisch bestimmt: Die Freiheit des Individuums realisiert sich in der Demokratie nur durch die Etablierung der Freiheit des anderen Subjekts. Eine demokratische Ethik des Pluralismus, deren Wesenskern die Normativität von Individualität ist, schließt die Anerkennung des anderen Subjekts ein. Verwirklichte Freiheit bedeutet nicht nur die eigene Individualität leben zu können, sondern ist immer auch auf die Individualität des anderen Menschen bezogen, und sie wird in einer demokratischen Gesellschaft erst dann verwirklicht, wenn Bürger dem anderen Menschen, dem Mitbürger, die Möglichkeit einräumen, seine Individualität und demokratischen Rechte zu leben.

Fritz Bauer hat sich selbst in Anlehnung an die Kategorien Gustav Radbruchs als einen »Jurist(en) mit Freiheitssinn« verstanden, und er hat gegenüber einer autoritären und einer stark hierarchischen Staatsauffassung einen Subjektbegriff entfaltet, der die Eigenverantwortung des Bürgers im Staat unterstreicht. Der spezifische Kern dieses »Freiheitssinn(s)« ist aber erst in seinem Widerstandsbegriff zu entdecken, der sowohl als Notwehrrecht das Recht des Subjekts gegenüber dem Staat wie auch als Nothilferecht das Recht des Subjekts zugunsten des Mitmenschen Widerstand zu leisten sanktioniert. Dieser Freiheitsbegriff denkt die Handlungsverpflichtung und -verantwortung des Subjekts und Bürgers in der Demokratie über das Selbst hinaus und bezieht beide demokratischen Prinzipien gleichermaßen auf das andere Subjekt, den Mitbürger. »Die Freiheit, die wir meinen und die unser Herz erfüllt, darf

562 Vgl. Fritz Bauer: Wertordnung und pluralistische Gesellschaft. In: Leonhard Reinisch (Hg.): Die deutsche Strafrechtsreform. München 1967. S. 29f.

563 Fritz Bauer: Wir aber wollen Male richten euch zum Gedächtnis. Dortmund 1961. S. 9.

nicht nur Wort sein, sondern muss zur Tat werden«[564], schreibt Fritz Bauer. Das widerständige Verhalten Osters war in diesem Sinn eine Verwirklichung der dialektisch verstandenen Freiheit und realisierte ein Strukturprinzip demokratischer Gesellschaft. Oster verteidigte die Freiheit anderer Menschen, indem er den Angriff und die Verletzung fremder Menschenrechte nicht duldete. Die Zusammenschau der subjektiven und intersubjektiven Dimension dieses Freiheitsbegriffs macht den Kern von Fritz Bauers politischem Denken aus.

Bereits in seiner Dortmunder Rede *Wir aber wollen Male richten euch zum Gedächtnis* hatte Fritz Bauer im Sommer 1961 über die Ordnungs- und Lebensprinzipien einer freiheitlichen und demokratischen Gesellschaft nachgedacht. Die Anerkennung von Widerstand als einem Nothilferecht gegenüber dem Unrechtsstaat verpflichtet demnach die demokratische Gesellschaft auf Strukturprinzipien, die Fritz Bauer in seiner Ansprache als die in die Zukunft weisende normative Aussage des Mahnmals beschrieb:

»Das Mahnmal zeigt die Widerstandskämpfer in ihrer Solidarität ohne Rücksicht auf Religion und Nationalität, Name und Geschlecht. (...) Menschen sind's aus Fleisch und Blut, sie schreiten Hand in Hand (...).«[565]

Jene Menschen, die Widerstand leisten und gegen Unrecht aufbegehren, praktizieren demnach zwischenmenschliche Solidarität. Neben die auf das Individuum bezogene politisch-normative Forderung, das »Selbst« als eine verantwortungsbewusste und -pflichtige Existenzform in der demokratischen Gesellschaft zu etablieren, trat damit die Aufforderung an die Gesellschaft, eine intersubjektive Struktur und ein Beziehungsgeflecht zu entwickeln: Der Mitbürger soll Solidarität üben. Der Begriff der Solidarität konkretisiert das politische Konzept des Mitbürgers. Wenn Bauer so auch von »mitbürgerlicher und mitmenschlicher Verbundenheit, (als) einem Band der Solidarität«[566] und von »menschliche(r) Solidarität mit aller Kreatur«[567] sprach, die eine demokratische Gesellschaft zu verwirklichen habe, wird die Stoßrichtung seiner politischen Position klar: Solidarität erscheint als normatives Strukturprinzip demokratischer Ordnung, das sich auf die Gestaltung der mikropolitischen Strukturen der Gesellschaft bezieht. Solidarität schließt als Lebensprinzip und als gesellschaftliches Strukturprinzip alle Menschen ein und ist auf die Menschlichkeit schlechthin bezogen, Solidarität meint – als politisches Konzept, das Fritz

564 Fritz Bauer: Wertordnung und pluralistische Gesellschaft. In: Leonhard Reinisch (Hg.): Die deutsche Strafrechtsreform. München 1967. S. 30.

565 Fritz Bauer: Wir aber wollen Male richten euch zum Gedächtnis. Dortmund 1961. S. 6.

566 Fritz Bauer: Auf der Suche nach dem Recht. Stuttgart 1966. S. 252.

567 Fritz Bauer: Vom Rechte, das mit uns geboren ist, von dem ist leider nie die Frage. Hörfunkfeature mit Fritz Bauer. Hessischer Rundfunk 1966. (Manuskript S. 7)

Bauer in der Erfahrung des Nationalsozialismus formuliert hat – keine exklusive, die sich auf eine politische Gruppe oder ein Interesse bezieht. Dass diese Herleitung von Solidarität als Prinzip demokratischer Gesellschaft auf der Ebene mikropolitischer Strukturen angesiedelt ist und über nationale politische Interessen hinaus verweist, erschließt sich exemplarisch aus einem zentralen Satz, den Fritz Bauer in seiner Dortmunder Rede formulierte: »Widerstand ist (...) Notwehr und Nothilfe zugunsten *aller* rechtswidrig angegriffenen Menschen ohne Rücksicht auf ihre Nationalität.«[568] Gerade der »Fall Oster« war in dieser Hinsicht exemplarisch. Schon Gerhard Ritter schrieb in der von Bauer rezipierten Studie, dass Oster mit seinem widerständigen Verhalten gezeigt habe, dass »(d)ie nationale Gemeinschaft (...) nicht der höchste Wert schlechthin« ist und es »zur Pflicht werden (kann) sie zu durchbrechen.«[569] Oster überschritt mit seinem Widerstand die Begrenzung politischen Handelns durch machtstrategische Interessen der nationalen Gemeinschaft. Er verwirklichte eine politische Gemeinschaft menschlicher Solidarität, wie Bauer sie als demokratische dachte, und Osters Verhalten war, um noch einmal Ritter zu zitieren, das eines »Staats- und Weltbürger(s)«.[570] Für Fritz Bauer hatte Oster, der »das Recht des Fremden dem Recht des Landsmannes gleich(setzte) (...) aus dem Wort der europäischen Völkerfamilie und des Abendlandes Wahrheit und Wirklichkeit (gemacht). Hier wurde wahrhaft Europa geboren.« Er hob den europäischen Gedanken in seinem Aufsatz *Widerstand als geschichtlicher Auftrag* in dicken Lettern hervor.[571] Wenn Bauer die demokratische Gesellschaft in unmittelbarem Zusammenhang mit dem normativen Postulat der Solidarität aufforderte ein »selbstbewusste(s) Volk« zu sein[572], zeichnete sich auch keineswegs eine nationalpolitische Wende in seinem Denken ab. Der Appell an das Selbstbewusstsein des Volkes ruft vielmehr die Gesellschaft zur Bildung einer politischen Gemeinschaft auf, die sich aus selbstbewussten politischen Subjekten zusammenfindet und durch Bildung zwischenmenschlicher Strukturen den Zusammenhalt als Volk etabliert.

Mit dem Begriff der Solidarität richtet sich Fritz Bauers Widerstandsbegriff noch einmal gegen eine nationalpolitische Rezeption und Deutung des Widerstandes, vor allem wenn er von der Solidarität als dem Motiv von widerständi-

568 Fritz Bauer: Widerstand gegen die Staatsgewalt. Frankfurt a.M. 1965. S. 252. (Hervorh. i. Orig.)

569 Gerhard Ritter: Carl Goerdeler und die deutsche Widerstandsbewegung. München 1964. S. 281. (zuerst 1954)

570 Gerhard Ritter, a.a.O. S. 282.

571 Fritz Bauer: Widerstand als geschichtlicher Auftrag. FuR, H. 10, 1965. S. 8. Die Zeile »Hier wurde wahrhaft Europa geboren« ist im Originaltext durch Fettdruck hervorgehoben.

572 Fritz Bauer, a.a.O. S. 9.

gem Verhalten spricht, das sich von einem Denken in national-staatlichen Grenzen befreit. Der Widerstandsbegriff von Fritz Bauer nimmt den Gedanken der Universalität der Menschenrechte auf, wie er am 10. Dezember 1948 mit der Allgemeinen Erklärung der Menschenrechte durch die Vereinten Nationen festgeschrieben wurde[573] und der im politischen Bewusstsein der postdiktatorischen Gesellschaft noch nach Anerkennung verlangte. Auch Peter Hoffmann kam so noch in seiner zuerst 1969 veröffentlichten großen Studie über den *Kampf der Opposition gegen Hitler* zu der Einschätzung, dass »(d)ie Beurteilung Osters (...) weiterhin zwischen Verdammung und Anerkennung schwanken« werde, weil sie »eine Frage des Denkens in größeren als formaljuristischen und nationalstaatlichen Kategorien« verlangte[574]

Die menschliche Solidarität zwischen dem Bürger und dem Mitbürger bezeichnete Fritz Bauer als Haltung einer »Brüderlichkeit«, die eine dem Pluralismus verpflichtete Gesellschaft, die Demokratie praktiziert und die in Grenzsituationen Menschenrechte verteidigen kann, zu verwirklichen habe: »Widerstand kommt von der leidenden Kreatur. Es ist das Nein zum bösen Gesetz und Befehl aus dem Munde des leidenden oder mitleidenden Bruders. Nicht ohne Grund wurde die Losung von der Freiheit und Gleichheit aller Menschen mit dem Gebot der Brüderlichkeit gekoppelt.«[575] Auch in dem *Politischen Gespräch*, das der Norddeutsche Rundfunk im Sommer 1963 mit Fritz Bauer aufzeichnete, sprach er über die Bedeutung von Brüderlichkeit als einer Norm für die westdeutsche Gesellschaft. Er betonte dabei insbesondere die historische Erfahrung des Nationalsozialismus als dem Gegenpol zu den demokratischen Strukturen der westdeutschen Gesellschaft:

> »Hab Achtung vor Deinem Mitmenschen, solche Dinge dürfen nicht mehr geschehen, das darfst Du nicht mitmachen! Die europäische Menschheit – um es einmal etwas dramatisch zu sagen – kämpft seit den Tagen der französischen Revolution um Freiheit, um Gleichheit und Brüderlichkeit. Freiheit – da reden wir davon. Wir reden von Gleichheit. Vielleicht reden wir weniger von Brüderlichkeit. Diese Worte sollen aber nicht nur auf dem Papier stehen.«

Vielmehr, so hob Bauer in dem Interview hervor, müsse die Auseinandersetzung mit dem Nationalsozialismus zu der Überzeugung führen, »dass Hass

573 Vgl. zur historischen Bedeutung des Aspekts der Universalität der Menschenrechte Norberto Bobbio: Das Zeitalter der Menschenrechte. Ist Toleranz durchsetzbar? Berlin 1999.

574 Peter Hoffmann, a.a.O. S. 218.

575 Fritz Bauer: Ungehorsam und Widerstand in Geschichte und Gegenwart. Vorgänge, H. 8/9, 1968. S. 292.

– in welcher Form auch immer – zu solchen Dingen wie Auschwitz führt, und eigentlich nur überwunden werden kann durch die Brüderlichkeit (...).«[576]

3.2 Zur Einordnung einer Denktradition: Antirationalismus und die »Gegenwart des Absurden« im Denken von Fritz Bauer

Dass Fritz Bauer die politische Idee der Brüderlichkeit als Inbegriff von Widerstand gegen die Verletzung von Menschenrechten und als Strukturprinzip der Demokratie aus dem historischen Bedeutungszusammenhang der Französischen Revolution herleitete, spiegelt nicht nur eine Nähe seines politischen Denkens zu den Prinzipien der Aufklärung, insofern sie an die Stelle des Passivbürgers und Untertans den Aktivbürger und citoyen treten lassen. Die Bedeutung des »Gebot(s) der Brüderlichkeit« erschließt sich vor allem im Kontext seiner Rezeption von Albert Camus' Werk und Denken. »Was ich selber meine«, schreibt Fritz Bauer mit Blick auf seine Forderung Solidarität und Brüderlichkeit als Strukturprinzip der westdeutschen demokratischen Gesellschaft zu verstehen, »hat Camus in der *Pest* ausgesprochen.«[577] Fritz Bauer war ein aufmerksamer Beobachter der politischen Situation in Frankreich. Beinahe nur beiläufig erwähnte er in seinem Text über *Oster und das Widerstandsrecht* die Anerkennung, die – im Unterschied zur Stimmung in Deutschland – die französische Gesellschaft im Nachkriegsfrankreich der Résistance zollte.[578] Mit besonderem Interesse verfolgte er die Diskussionen der französischen Intellektuellen über das Widerstandsrecht. Dass Jean-Paul Sartre, Simone de Beauvoir und andere im Zusammenhang mit dem Algerienkrieg das Recht der Gehorsamsverweigerung der französischen Soldaten einforderten, war für ihn Anlass, in einem Artikel in der Frankfurter Studentenzeitung *Diskus* auf die Relevanz der zeitgenössischen Diskussion über das Widerstandsrecht aufmerksam zu machen.[579] Zudem verfolgte Bauer die juristischen Auseinandersetzun-

576 Generalstaatsanwalt Dr. Fritz Bauer zu den Naziverbrecher-Prozessen. SdG, H. 18, 1963. S. 574. (Abdruck eines Interviews, das Manfred Jenke und Walter Menningen mit Fritz Bauer führten und das der NDR im Rahmen der Sendung »Das politische Gespräch« am 25. und 28.8.1963 sendete.)

577 Fritz Bauer: Antinazistische Prozesse und politisches Bewusstsein. Dienen NS-Prozesse der politischen Aufklärung? In: Hermann Huss, Andreas Schröder (Hg.): Antisemitismus. Zur Pathologie der bürgerlichen Gesellschaft. Frankfurt a. M. 1965. S. 187.

578 Fritz Bauer: Oster und das Widerstandsrecht. Eine juristische Betrachtung. Politische Studien, H. 15, 1964. S. 194.

579 Fritz Bauer: Im Gleichschritt marsch? Diskus, H. 10, 1961. S. 1. Sartre gehörte im Sommer 1960 u.a. neben Simone de Beauvoir, Marguerite Duras, Simone Signoret, Pierre Boulez, André Masson, Claude Lanzmann und Claude Roy zu den Unterzeichnern des »Manifests der

gen um das Recht zum Widerstand, die in Frankreich im Kontext des Algerienkrieges entbrannt und Gegenstand verschiedener Gerichtsverfahren waren.[580]

Während die Auseinandersetzungen in Deutschland – nicht zuletzt um das Widerstandsrecht von Hans Oster – und in Frankreich – anlässlich des Algerienkriegs – die Aktualität und politische Bedeutung der Thematisierung des Widerstandes unterstrich, fand Fritz Bauer in dem algerienfranzösischen Schriftsteller Albert Camus einen verbündeten zeitgenössischen Denker. Für seinen Widerstandsbegriff und seine damit verbundene Reflexion der aus der Erfahrung des Nationalsozialismus resultierenden politischen Verpflichtungen für die demokratische Nachkriegsgesellschaft, wurde das Denken von Albert Camus vor allem mit Blick auf die praktische Gestaltung der Intersubjektivität zu einem konstruktiven und prägenden Bezugspunkt.

Unter der Überschrift *Der Weg heißt Mitgefühl* zitierte Fritz Bauer in der von ihm herausgegebenen Sammlung der Dokumente *Widerstand gegen die Staatsgewalt* einen Auszug aus Camus' Roman *Die Pest*.[581] Brigitte Sändig schreibt in ihrer Camus-Biographie, Camus sei mit der *Pest* als »literarischer Chronist der Résistance in die Literaturgeschichte eingegangen«.[582] Schon Mitte der sechziger Jahre begründete Fritz Bauer die Relevanz des Romans mit dessen Bedeutung für seinen Widerstandsbegriff. »Camus zeigt« in seinen Augen »den Weg zum wirklichen passiven und aktiven Widerstand«, und Bauer fährt fort: »(I)n

121«, mit dem die Dissidenten im Zusammenhang mit dem Algerienkrieg zum zivilen Ungehorsam aufriefen. Vgl. Ronald Hayman: Jean-Paul Sartre. Leben und Werk. München 1988. S. 541f. Einige der 121 Unterzeichner des Manifests wurden inhaftiert, Sartre und de Beauvoir galten in Frankreich als »Staatsfeinde« und beide hofften offiziell vor Gericht gestellt zu werden, um das Thema zum Gegenstand einer noch breiteren öffentlichen Diskussion zu machen. Vgl. Ronald Hayman, a.a.O. S. 546ff.

580 Verschiedene Verfahren erwähnt Fritz Bauer in: Widerstand gegen die Staatsgewalt. Dokumente der Jahrtausende. Frankfurt a.M. 1965. S. 274 und in: Im Gleichschritt marsch? Diskus, H. 10, 1961. S. 1. Vgl. zu den Verfahren in Frankreich, deren Gegenstand der Widerstand gegen den Algerienkrieg war Jean-Luc Einaudi: Pour l'exemple: L'affaire Fernand Iveton. Paris 1986. Bes. S. 51ff und S. 237ff. Sowie Arlette Heymann: Les libertés publiques et la guerre d'Algérie. Paris 1972.

581 Albert Camus: Die Pest. Hamburg 1995. (frz. Fassung zuerst 1947, dt. zuerst 1950) Vgl. die von Bauer zitierte Passage aus Albert Camus' Roman Die Pest in Fritz Bauer: Widerstand gegen die Staatsgewalt. Dokumente der Jahrtausende. Frankfurt a.M. 1965. S. 236.

582 Brigitte Sändig: Albert Camus. Eine Einführung in Leben und Werk. Leipzig 31992. S. 139. Camus hatte sich im Dezember 1941 entschlossen, in der Résistance gegen die deutsche Besatzung zu kämpfen. Seine Entscheidung stand in unmittelbarem Zusammenhang mit der Hinrichtung des französischen Widerstandskämpfers Gabriel Péri durch die Deutschen. Vgl. auch Horst Wernicke: Albert Camus. Aufklärer-Skeptiker-Sozialist. Essay über einen Entwurf vom brüderlichen Menschen. Hildesheim, Zürich, New York 1984. S. 24

seiner ›Pest‹ spricht er, wie uns schon die Antigone lehrte, von dem Mitgefühl, das nottut.«[583]

Fritz Bauer hat das auch in der Literaturwissenschaft als Schlüsselstelle des Romans rezipierte Gespräch zwischen zwei der Hauptfiguren als Dokument des Widerstandes in seine Sammlung aufgenommen, in dem Jean Tarrou mit seinem Freund, dem Arzt Bernard Rieux, über den Umgang mit der Pest spricht, die in dem Roman als Metapher für Unglück und Unterdrückung, Mord und Krieg sowie die Nazi-Tyrannei steht.[584] *Die Pest* wurde für Fritz Bauer zum Bezugspunkt, weil Camus mit diesem Roman, wie es Otto Friedrich Bollnow 1948 in einer Rezension formulierte, eine »Untersuchung (vorgelegt hat), wie sich Menschen in einer derart gefährlichen Lage verhalten«, und die »an einem zugespitzten Beispiel vor(...)führt, was Jaspers als das Stehen in einer Grenzsituation bezeichnet«.[585] Der Roman setzt sich mit den ganz verschiedenen Reaktionen der Menschen auf Unrecht und unmenschliche Existenzbedingungen auseinander. Während manche ins Vergnügen oder den Aberglauben fliehen und andere die Situation als ein göttliches Zeichen deuten, erreicht die Betrachtung menschlichen Verhaltens mit dem Gespräch zwischen den Freunden Tarrou und Rieux, das Fritz Bauer auch in anderes Texten zitierte[586], seinen Höhepunkt. Mit dem Begriff des »Mitgefühls« rezipierte Bauer als beispielhaft für den Widerstandsgedanken das nach Albert Camus allein angemessene Lebensprinzip und den allein angemessenen Umgang mit Unrecht und Unmenschlichkeit.

Tarrou erzählt Rieux an diesem späten Abend, an dem sich die beiden auf eine Dachterrasse zurückgezogen haben und der zur »Stunde der Freundschaft« wird[587], seine »Lebens- und Erkenntnisgeschichte«.[588] Es ist eine Geschichte, die durch das konkrete Erleben der Pest, des Unrechts und der Unterdrückung, geprägt ist. Camus bündelt in dieser Szene »(a)lle großen Themen (...) und Schlüsselwörter« des Romans[589], und jenseits der individuellen Ge-

583 Fritz Bauer: Widerstand gegen die Staatsgewalt. Dokumente der Jahrtausende. Frankfurt a.M. 1965. S. 230.

584 Vgl. Horst Wernicke, a.a.O. S. 46.

585 Otto Friedrich Bollnow: Albert Camus, Die Pest. In: Wege der deutschen Camus-Rezeption. Hg. v. Heinz Robert Schlette. Darmstadt 1975. S. 228. (zuerst 1948)

586 Dieselbe Stelle zitierte Bauer etwa in den folgenden Texten: Antinazistische Prozesse und politisches Bewusstsein. Dienen NS-Prozesse der politischen Aufklärung? In: Hermann Huss, Andreas Schröder (Hg.): Antisemitismus. Zur Pathologie der bürgerlichen Gesellschaft. Frankfurt a. M. 1965. S. 188 und in: Kriminologie des Völkermords. In: Peter Schneider, Hermann J. Meyer (Hg.): Rechtliche und politische Aspekte der NS-Verbrecherprozesse. Studium Generale der Johannes Gutenberg-Universität, WS 1966/67. Mainz 1968. S. 24.

587 Albert Camus: Die Pest. Hamburg 1995. S. 199.

588 Horst Wernicke, a.a.O. S. 112.

589 Ebd.

schichte Tarrous erzählt er von einem dreistufigen Weg, den der Mensch gehen muss, um aus einem Leben herauszufinden, das Unterdrückung und Unrecht produziert, und in einer menschlicheren Existenz anzukommen. Tarrou berichtet seinem Freund, dass er »wie alle Leute« in der Pest lebte, »lange bevor ich diese Stadt und diese Epidemie kennenlernte.«[590] Camus lässt Tarrou diesen auf die alltägliche, institutionalisierte Unmenschlichkeit in Gesellschaften verweisenden Zustand als ein »nicht wissen« und als eine unaufgeklärte Form des Lebens beschreiben.[591] Ausschlaggebend für Tarrous »Entschluss«[592], nicht länger ein »Pestkranker« zu sein[593], war das konkrete Erleben dieser Unmenschlichkeit. Deshalb hat er entschieden, gegen das Unrecht zu kämpfen:

»Ich weiß nur, dass man alles Nötige machen muss, um nicht mehr an der Pest zu kranken, und dass nur darin eine Hoffnung auf Frieden liegt (...). Das ist es, was die Menschen erleichtern kann und ihnen, wenn es sie auch nicht rettet, doch möglichst wenig Böses zufügt und manchmal sogar ein bisschen wohl tut.«[594]

Ein menschlicheres Leben zu führen bedeutet demnach die tägliche Auflehnung gegen die Pest, fordert den täglichen Kampf gegen das Unrecht. Camus beschreibt diese »praktische Konsequenz«[595] als eine Entscheidung für ein bewusstes Leben und als »Folge des Verstehens und der Einsicht«.[596] Nachdem Tarrou seine Geschichte erzählt hat und »(n)ach einem Augenblick des Schweigens« fragte Rieux seinen Freund, ob er »eine Vorstellung von dem Weg habe, den man einschlagen müsse, um zum Frieden zu kommen«? Auf die damit aufgeworfene Frage nach der Gestaltung und der Praxis des Kampfes gegen Unrecht und Unmenschlichkeit lässt Camus Tarrou antworten: »Ja. Das Mitgefühl.«[597] Horst Wernicke interpretiert die Antwort Tarrous, ähnlich wie Fritz Bauer, für den der Verweis auf das »Mitgefühl« zum Schlüsselbegriff des Romans wurde, als Camus' politische Haltung und als seinen Appell, dass nur eine zwischenmenschliche Beziehung ein angemessenes Lebensprinzip einer aufgeklärten menschlicheren Gesellschaft sein kann:

»In-der-Pest-Sein, die ›solitude‹ und alles menschliche Unglück, das daraus entsteht, kann durch Verstehen (...) durch die moralische Haltung der ›honnêteté‹ (›Redlichkeit‹, ›Anständig-

590 Albert Camus, a.a.O. S. 199.

591 Ebd.

592 Albert Camus, a.a.O. S. 200.

593 Albert Camus, a.a.O. S. 203.

594 Albert Camus, a.a.O. S. 205.

595 Horst Wernicke, a.a.O. S. 112.

596 Horst Wernicke: Albert Camus. Aufklärer – Skeptiker – Sozialist. Essay über einen Entwurf vom brüderlichen Menschen. Hildesheim, Zürich, New York 1984. S. 112.

597 Albert Camus, a.a.O. S. 207.

keit‹) und durch die ›lucidité‹ bekämpft werden und führt zur ›Revolte‹, die ein brüderliches Leben der Menschen in der Welt ermöglicht.«[598]

Verwirklichung von Menschlichkeit in der Gesellschaft bedeutet – in den Augen von Bauer und Camus – praktische Hilfe des einen Bürgers für den anderen und Arbeit des Einzelnen gegen das tägliche Unrecht.

Fritz Bauer begegnete bei Albert Camus dabei zunächst einem Skeptizismus, der sich gegen jede Totalität, absolute Wahrheit und jeden Dogmatismus richtete und in historischer Perspektive ein »grundsätzliches Misstrauen in die Fähigkeit des menschlichen Erkennens, zur Wahrheit und zur Gewissheit zu gelangen« bedeutete.[599] Ausgehend von diesem Skeptizismus, über den Fritz Bauer auch schreibt, dass das »absolut Gute, Wahre und Schöne (...) uns jetzt und immerdar verschlossen« sei[600], begab sich Bauer mit Camus auf die »Suche« nach den Möglichkeiten der Verwirklichung des menschlicheren Lebens in der Welt. Wenn Bauer zudem auf die von Camus entworfene Metapher des seinen Felsstein wälzenden Menschen rekurrierte und schreibt, »(w)ie Sisyphus sucht Generation für Generation, Volk für Volk den Stein nach oben zu wälzen; oft rollt er wieder den Abhang hinab«[601], und er damit die permanente und vergebliche Anstrengung des Menschen beschrieb, sich die Welt sinnhaft gefügig zu machen[602], wird als Prämisse von Bauers Denken deutlich, dass eine letztgültige und wahre Beantwortung der Sinnfrage des Menschen nicht möglich sei. Diese »Faktizität«[603] menschlicher Existenz, die Camus als Erfahrung des »Absurden« benennt, markiert allerdings weder bei ihm noch bei Bauer einen nihilistischen Schlusspunkt, sondern den »Ausgangspunkt« politischen Denkens.[604] So wie im Roman Die Pest von einem Weg in den praktischen und konkreten Kampf gegen Unrecht erzählt wird, als einem Kampf, der darin besteht, das Leben für den Mitmenschen erträglicher zu machen, verlangt nach Camus das Leben und die politische Gemeinschaft von jedem Menschen eine diesseits bezogene Reaktion auf das Unrecht. Das beschriebene existentielle Erleben des »Absurden«, als eine Erfahrung von Sinnlosigkeit, reflektiert, wie

598 Horst Wernicke, a.a.O. S. 112f.

599 Horst Wernicke, a.a.O. S. 150.

600 Fritz Bauer: Auf der Suche nach dem Recht. Stuttgart 1966. S. 14.

601 Siehe das Nachwort von Fritz Bauer in: Hermann Schreiber: Die zehn Gebote – Der Mensch und sein Recht. Berlin, Darmstadt 1962. S. 383.

602 Über die Bedeutung des Bildes von Sisyphos bei Albert Camus schreibt zum Beispiel Annemarie Pieper: Camus' Verständnis des Absurden in Der Mythos von Sisyphos. In: Annemarie Pieper (Hg.): Die Gegenwart des Absurden: Studien zu Albert Camus. Tübingen, Basel 1994. S. 2.

603 Ebd.

604 Horst Wernicke: »Die größere Hoffnung«. Camus und Kafka. In: Annemarie Pieper (Hg.): Die Gegenwart des Absurden: Studien zu Albert Camus. Tübingen, Basel 1994. S. 61.

Bauers politisches Denken, die konkrete Erfahrung menschlicher Existenz und wird zum Motiv, die Sinnfrage des menschlichen Lebens neu zu stellen. Und »(d)ie einzige Konsequenz (...) ist weder Jenseitshoffnung, noch Verzweiflung und irdische Flucht, sondern tätige Hilfe als Kampf und Auflehnung gegen das Unheil: tun, was zu tun ist.« [605] Camus' Antwort »auf den Nihilismus und auf die totalitäre Staatenwelt«[606] ist die unmittelbare Auflehnung des Menschen gegen Unmenschlichkeit. Die Ablehnung der »Erwartung einer futurischen Totalbeseitigung des Elends« und die Ablehnung jeder abstrakten Utopie verbinden Bauer und Camus.[607]

Es ist das Bewusstsein von der Relativität des Denkens, das nach Bauer und Camus eine demokratische und menschlichere Gesellschaft auszeichnet, und das Bauer meint, wenn er feststellt, dass es »traurig, aber wahr (ist), dass unsere Suche nicht bloß nach der Sittlichkeit, sondern auch nach Gerechtigkeit und Recht oft einem Irren durch ein Labyrinth gleicht und gleichen wird.«[608] Als exemplarisch und programmatisch ist in diesem Sinne auch der Titel der von Bauer 1966 publizierten Arbeit *Auf der Suche nach dem Recht* zu lesen, der auf die Prozesshaftigkeit des Denkens verweist, das sich selbst als niemals endgültig versteht. Kritisierte Bauer den potentiell faschistischen und totalitären Charakter von abstrakten Utopien, die »mit Vorliebe die zukünftige Welt geschildert« haben[609] und entdeckte er in Camus einen Verbündeten, dessen Blick sich wie sein eigener nicht auf das »Land Utopia«[610] richtete, sondern auf die Gegenwart, und menschliches Engagement und politisch verantwortungsvolles Handeln forderte, so argumentierte er auch ganz im Sinne Camus', wenn er in seinem Text *Im Kampf um des Menschen Rechte* betont: »Wir können aus der Erde keinen Himmel machen, aber jeder von uns kann etwas dafür tun, dass sie nicht zur Hölle wird.«[611]

Bauer und Camus verbindet die Verpflichtung ihres Denkens auf die Normativität der empirischen Existenz des Menschen, und beide entwickeln die Vorstellung von der Existenz politischer Gemeinschaften ausgehend von ihrem Realismus und Relativismus. Dieses Plädoyer für das gegenwärtige Sein, das keinem jenseitigen Leben und keiner jenseitigen Hoffnung untergeordnet wird, spiegelt dabei keine Verliebtheit in den Augenblick, sondern wurzelt in

605 Horst Wernicke: Albert Camus. Aufklärer – Skeptiker – Sozialist. Essay über einen Entwurf vom brüderlichen Menschen. Hildesheim, Zürich, New York 1984. S. 111.

606 Horst Wernicke, a.a.O. S. 118.

607 Heinz Robert Schlette: Albert Camus heute. (zuerst 1970) In: Wege der deutschen Camus-Rezeption. Hg. v. Heinz Robert Schlette, Darmstadt 1975. S. 190.

608 Fritz Bauer: Auf der Suche nach dem Recht. Stuttgart 1966. S. 14.

609 Fritz Bauer, a.a.O. S. 70.

610 Fritz Bauer, a.a.O. S. 71.

611 Fritz Bauer: Im Kampf um des Menschen Rechte. Vorgänge, H. 6, 1969. S. 210. (zuerst 1955)

einer tiefen Treue zu allem menschlichen Leben. Bauer und Camus fordern in der Erfahrung des Nationalsozialismus eine politische Haltung, die auf den Wert der menschlichen Individualität in der Gegenwart Bezug nimmt und versucht, diesem gerecht zu werden. Beide beschreiben ausgehend von der menschlichen Individualität als das sinnstiftende menschliche Leben das, in dem sich der Mensch als »sein eigenes Ziel« und als »sein einziges Ziel« versteht.[612] Und beiden Skeptikern ist die Grundhaltung der »Verantwortung« zu eigen, denn der »Skeptiker, der sich ja von vornherein für die Gestaltung des Daseins entschieden hat, ist für sich und vor sich selbst verantwortlich (also nicht etwa vor ›Gott‹), und er ist damit immer auch verantwortlich für die anderen Menschen und in der Gesellschaft.«[613] Am Beispiel der praktischen Arbeit des Arztes Bernhard Rieux zeigt Camus, dass es »eine zweifelhafte und unmenschliche ›Pädagogik‹ (ist), einen leidenden Menschen auf einen göttlichen Heilsplan zu verweisen, nach dem nur alles, was geschieht in dieser Welt, gut und in Ordnung ist (...).«[614]

Das von Camus formulierte Sinnangebot besteht »(i)n der Erfahrung der Solidarität und Brüderlichkeit der Menschen im gemeinsamen Kampf gegen Unheil und Tod« durch die »ein endliches und begrenztes Sinn- und Einheitserlebnis des Menschen in seiner Welt möglich« wird.[615] Während Bauer bei Camus seine skeptische und realistische Haltung, die ihn nie zu einem Nihilisten werden ließ, wieder fand, war es die von Camus formulierte und konkretisierte Haltung der Brüderlichkeit, die den spezifischen Kern seiner Camus-Rezeption ausmacht.

Camus – und hier entdeckte Bauer den verwandten Denker – sprach von der Brüderlichkeit als Appell nicht zuerst an makropolitische Strukturen, sondern als einem moralischen Imperativ, der den einzelnen Bürger aufforderte, seinen Mitmenschen zu helfen, ein menschlicheres Leben führen zu können. Camus' Revolte- und Fritz Bauers Widerstandsbegriff verpflichten den Menschen als politisches Wesen auf die politische Gemeinschaft der Gegenwart und sie verpflichten ihn als ein verantwortungsvolles Subjekt zur Tat. Insofern verstand Fritz Bauer auch den politisch konzeptionellen Gedanken der Brüderlichkeit als einen »soziale(n) Gedanke(n)«[616], den er selbst »in der Tradition

612 Albert Camus: Der Mythos von Sisyphos. Ein Versuch über das Absurde. Hamburg 1992. S. 75. (Die Originalausgabe erschien 1942 unter dem Titel »Le Mythe de Sisyphe« bei Librairie Gallimard, Paris; die deutsche Erstausgabe erschien 1956)

613 Horst Wernicke: Albert Camus. Aufklärer – Skeptiker – Sozialist. Essay über einen Entwurf vom brüderlichen Menschen. Hildesheim, Zürich, New York 1984. S. 152.

614 Horst Wernicke, a.a. O. S. 111.

615 Horst Wernicke: »Die größere Hoffnung«. Camus und Kafka. In: Annemarie Pieper (Hg.): Die Gegenwart des Absurden: Studien zu Albert Camus. Tübingen, Basel 1994. S. 61.

616 Fritz Bauer: Auf der Suche nach dem Recht. Stuttgart 1966. S. 88.

der europäischen Aufklärung und der Trikolore der Französischen Revolution«[617] verortete, die der »paradiesischen Welt die großartigste Formulierung lieh«.[618] Insofern bestimmt Fritz Bauers Verweis auf den Zusammenhang des »Gebot(s) der Brüderlichkeit« mit den Werten Freiheit und Gleichheit eine aufklärerische Dimension seines politischen Denkens. Mit dem Begriff der Brüderlichkeit rezipierte Bauer Ansätze der europäischen Aufklärung, die den Gedanken der sozialen Gleichheit der Menschen in den Mittelpunkt rücken und den Begriff einer möglichen unpolitischen Reduktion – etwa in einer christlichen Terminologie – entziehen.[619]

Von hier aus wird noch einmal sichtbar, wie sehr Fritz Bauer im Denken von Albert Camus seine politische Position wieder fand, denn so wie sich bei Camus »(d)ie Forderung der skeptischen Ethik nach dem Wagnis des eigenen Einsatzes, nach tätigem Mitleid, das daran mitwirkt, das Leiden in der Welt zu mindern«[620] spiegelt, findet sich die Handlungsverpflichtung des Subjekts gegenüber sich selbst und gegenüber dem anderen im Widerstandsbegriff von Fritz Bauer wieder. Albert Camus, so schreibt Horst Wernicke, habe gewusst, dass

> »Brüderlichkeit (...) fast immer im Aufruhr und in der Résistance (...) (entsteht). Und es war ihm immer bewusst, dass seine Versuche, konkrete und gelebte Brüderlichkeit zu veranschaulichen und zu gestalten, nicht bestehen können ohne eine Veränderung und Umformung der Strukturen, die es so sehr erschweren, Brüderlichkeit in die Praxis umzusetzen. Er wusste: Brüderlichkeit ist wie die ›Aufklärung‹ ein ständiger, mühsamer Prozess des Werdens und eine Anstrengung.«[621]

Der Brüderlichkeit konnte demnach allein durch ihrer Verwirklichung als ein Lebensprinzip Geltung verschafft werden. So sah sich auch Generalstaatsanwalt Fritz Bauer einer Praxis der Brüderlichkeit verpflichtet, die allerdings im politischen Alltag in Westdeutschland regelmäßig für erregte Diskussionen sorgte.

Als Fritz Bauer anlässlich einer Konzertveranstaltung in der Strafanstalt im hessischen Butzbach die anwesenden Inhaftierten als »Meine Kameraden« ansprach, sah sich der Landtagsabgeordnete der CDU Wilhelm Fay veranlasst, im Rahmen einer Kleinen Anfrage bei der Hessischen Landesregierung nachzufragen,

---

617 Fritz Bauer, a.a.O. S. 188f.

618 Fritz Bauer, a.a.O. S. 71f.

619 Vgl. zum Begriff der Brüderlichkeit Horst Wernicke, a.a.O. S. 7f.

620 Horst Wernicke, a.a.O. S. 153.

621 Horst Wernicke: Albert Camus. Aufklärer – Skeptiker – Sozialist. Essay über einen Entwurf vom brüderlichen Menschen. Hildesheim, Zürich, New York 1984. S. 119.

»ob es richtig ist, dass Herr Generalstaatsanwalt Dr. Bauer (...) die Zuchthäusler mit einer Anrede bedacht habe, die üblicherweise als Ausdruck militärischer oder sportlicher Verbundenheit angewandt wird (...)?«[622]

Bereits in seinem Text *Im Kampf um des Menschen Rechte* hatte Bauer im Gefängnis Inhaftierte als seine »Kameraden« bezeichnet[623], und Staatssekretär Erich Rosenthal-Pelldram, der in Vertretung des Ministers der Justiz die Anfrage beantwortete, stellte zunächst klar, dass es überhaupt keinen Anlass gebe, die gewählte Formulierung »zu missbilligen.« Bauer habe im September 1956 die Einladung zu einem Sonntagskonzert des Orchesters und des Chors der Gefangenen der Strafanstalt Butzbach angenommen, in seiner das Konzert »abschließenden Ansprache« den zentralen Gedanken des in Hessen prakti-zierten Resozialisierungsstrafvollzugs angesprochen und »im Zusammenhang mit der Darlegung einer mitbürgerlichen und mitmenschlichen Solidarität aller die Anwesenden als ›Kameraden‹ bezeichnet.« Zudem habe Bauer aus der im Konzert vorgetragenen Arie des Sarastros aus Wolfgang Amadeus Mozarts Oper *Die Zauberflöte* eine Passage zitiert, die diesen Kontext seiner Ansprache deutlich gemacht habe. Staatssekretär Rosenthal-Pelldram wiederholte zur Konkretion:

»In diesen heil'gen Hallen kennt man die Rache nicht, und ist ein Mensch gefallen, führt Liebe ihn zur Pflicht. Dann wandelt er an Freundes Hand vergnügt und froh ins bessre Land. Wen solche Lehren nicht erfreuen, verdienet nicht ein Mensch zu sein.«

Der Staatssekretär verwies in seiner Stellungnahme außerdem auf die Erklärung des Generalstaatsanwaltes »zur Motivation seiner Wortwahl«, wonach »weltliche Sonntagsreden«, also das theoretische Bekenntnis zur Resozialisierung als Ziel des Strafvollzugs, überhaupt nur »Sinn und Zweck haben«, wenn sie »die Menschen innerlich und äußerlich ›ansprechen‹. Dergleichen kann von bloß konventionellen Ausführungen nicht erwartet werden.« Bauer begründete seine Wortwahl damit, dass er gerade den Inhaftierten mit der Anrede »eine Brücke zu Gemeinschaft« bauen wollte.[624] Dieses auf den ersten Blick unbedeutend erscheinende Ereignis zeigt, Fritz Bauer rezipierte Albert Camus' Denken und Praxis der Brüderlichkeit in der Erfahrung des Nationalsozialismus, mit Camus ging er aber den Weg in die tätige Gegenwart, »von der Er-

622 Kleine Anfrage des Abg. Dr. Fay (CDU) an die hessische Landesregierung betreffend Anredeform (vom 23. Februar 1957). Hessischer Landtag III. Wahlperiode. Drucksachen Abteilung I. Nr. 706. S. 1907. Vgl. auch die Meldung in: Der Spiegel vom 20.3.1957. S. 64.

623 Fritz Bauer: Im Kampf um des Menschen Rechte (zuerst 1955). Vorgänge, H. 6, 1969. S. 208.

624 Der Staatssekretär zitiert die Erklärung des Generalstaatsanwaltes in der Antwort des Ministers der Justiz vom 15. Mai 1957. Hessischer Landtag III. Wahlperiode. Drucksachen Abteilung IV. Nr. 150. S. 217f.

fahrung der Absurdität zur Anerkennung von Werten«, den »Weg von der Sinnlosigkeit zum Humanismus des Maßes«.[625]

Fritz Bauer war wie Albert Camus Skeptiker. In einem Interview sagte Camus 1945:

»Ich bin kein Philosoph. Ich glaube nicht genug an die Vernunft, um an ein System zu glauben. Was mich interessiert, ist, zu wissen, wie man leben soll (comme il faut se conduire).«[626]

Der Einfluss Voltaires auf das Werk und skeptische Denken von Camus, könnte auch die Eckpunkte des Denkens von Bauer abstecken:

»Eines menschlichen Maßes und menschlicher Grenzen sind sich beide (also Voltaire und Camus, C.F.) betont bewusst. Man muss nicht ›im Drüben fischen‹, das menschliche Glück, die menschliche Aufgabe sind im solidarischen Handeln auf der Erde zu finden: das ist die Grundüberzeugung beider.«[627]

Doch der Realismus und Antirationalismus von Fritz Bauer wurzelte wie dargelegt in seiner Beschäftigung mit dem Relativismus Max Webers und vor allem Gustav Radbruchs. Dieser Antirationalismus war zugleich der Ausgangspunkt von Bauers Schopenhauer-Rezeption. Und im Anschluss an Arthur Schopenhauer konkretisierte Bauer das in Anlehnung an Camus formulierte normative Postulat der Etablierung von mitbürgerlicher Intersubjektivität. Denn Schopenhauer habe sich, so bemerkte er, »nachdrücklich« dagegen gewandt, »das, was vor ihren (vor der Menschen, C.F.) Füßen liege, in den Wolken zu suchen«, und es war »(d)ieser Standpunkt«, der Bauer in den sechziger Jahren des 20. Jahrhunderts »nicht minder aktuell als zu Schopenhauers Zeiten« schien.[628]

---

625 Heinz Robert Schlette: Albert Camus heute. (zuerst 1970) In: Wege der deutschen Camus-Rezeption. Hg. v. Heinz Robert Schlette, Darmstadt 1975. S. 181. Schlette betont in seinem Aufsatz, dass sich Camus Philosophie des Absurden schon in seinem von der Rezeption vernachlässigtem Frühwerk findet und keineswegs das alleinige Resultat des Krieges ist.

626 Camus in einem Interview am 20.12.1945 in »Servir«, abgedruckt in: Essais. Hg.v. Roger Quilliot, Louis Faucon. Paris 1965. Hier zit.n. Heinz Robert Schlette: Albert Camus: Welt und Revolte. Freiburg, München 1980. S. 15.

627 Horst Wernicke, a.a.O. S. 113f.

628 Fritz Bauer: Auf der Suche nach dem Recht. Stuttgart 1966. S. 44. Die Philosophie Schopenhauers war auch für Fritz Bauers kriminalpolitisches Denken Bezugspunkt. Bauers Position für ein Maßnahmenrecht und gegen die Vergeltungsfunktion der Strafe knüpfte auch an Schopenhauers Überlegungen über die Grenzen menschlicher Willensfreiheit und Verantwortlichkeit an. Vgl. Fritz Bauer: Schopenhauer und die Strafrechtsproblematik. In: 49. Schopenhauer-Jahrbuch für das Jahr 1968. Hg. v. Arthur Hübscher. Frankfurt a.M. 1968. S. 13ff. Über die Bedeutung Schopenhauers für das Rechtsdenken und moderne Straftheorien schreibt auch: Rudolf Wassermann: Was kann Schopenhauer dem Rechtsdenken in der Ge-

Der Antirationalismus, die skeptisch-aufklärerische Haltung und sein Realismus verpflichteten Fritz Bauer immer wieder auf die Reflexion der gelebten gesellschaftlichen Wirklichkeit. Bauer leitete aus dieser Position ein Erkenntnisprinzip her, das er als den »alte(n) Weg des Harun al Raschid« beschrieb, »der seine Kalifenwürde zu Hause ließ und anonym auf den Märkten und in den Kneipen Bagdads nach der Wahrheit forschte.«[629] Nachdrücklich forderte er die Herleitung gesellschaftlicher Werte und Normen auf Grundlage einer Beobachtung und Empirie der gesellschaftlichen Lebenswirklichkeit und schreibt, dass »(d)er Weg des Kalifen (...) auch heute möglich« ist.[630] Diesem Erkenntnisweg verpflichtet sind oft episodenhaft erzählte Geschichten und Erlebnisse in seinen Texten zu finden, die Erfahrung und Beobachtung als Bezugspunkt von Erkenntnis bündeln und den Zugang zu seinem Denken eröffnen. So ist es eine Reiseerinnerung, die die – weit über die Haltung des Realismus und den Antirationalismus hinausreichende – Bedeutung der Philosophie Arthur Schopenhauers im Denken von Fritz Bauer entschlüsseln hilft.

In seinem autobiographischen Text *Im Kampf um des Menschen Rechte* erzählt Fritz Bauer von einer Italienreise. Er berichtet von einer Dampferfahrt, die er auf dem Canale Grande in Venedig unternommen hat und bei der er mitreisende Studenten beobachtete, die – während Bauer selbst die italienische Architektur studierte – Erlebnisse und Urlaubsgeschichten austauschten. »Sie unterhalten sich und sind glücklich, sich getroffen zu haben«, erinnerte sich Fritz Bauer an dic Stimmung und an seine Empörung: »Venedig imponiert ihnen nicht, sie ignorieren es.« Als er später einem anderen Studenten von seinem »schockierenden venezianischen Erlebnis« berichtete, entgegnete ihm dieser jedoch, »(e)ntscheidend sei nicht die Ca'd'Oro, sondern das Menschliche. Eine gute Reisebekanntschaft sei auch ihm wichtiger als Architektur.« Fritz Bauer zeigte sich einsichtig: »Er sagte noch viel, aber dies war das wichtigste. Hiernach hatte ich meinen Vier von Venedig verziehen.«[631]

Die erzählte Urlaubserinnerung reflektiert anschaulich und exemplarisch noch einmal die Nähe von Fritz Bauers Denkens zu dem von Theodor W. Adorno und zu dem von Hannah Arendt. Er ging nicht nur wie Adorno davon aus, dass die menschliche Fähigkeit »konkrete Erfahrungen« zu machen als bewusstes Erleben und Erfahren der Umwelt, eine essentielle Prämisse einer

genwart bedeuten? In: Volker Spierling (Hg.): Schopenhauer im Denken der Gegenwart. 23 Beiträge zu seiner Aktualität. München, Zürich 1987. S. 301ff.

629 Fritz Bauer: Im Kampf um des Menschen Rechte (zuerst 1955). Vorgänge, H. 6, 1969. S. 208.

630 Ebd.

631 Fritz Bauer, a.a.O. S. 209.

demokratischen und vorurteilsfreien Existenz ist.[632] Vielmehr ging er auch in verblüffender Nähe zu der von Hannah Arendt in ihrer Arbeit über *Elemente und Ursprünge totaler Herrschaft* behaupteten Kongruenz von »menschliche(r) Erfahrung« und »menschlichen Miteinanderlebens« davon aus, dass die in einer Gesellschaft verwirklichte Ordnung mit der Erfahrung der Menschen übereinstimmt.[633] »Menschliches Tun und Lassen ist bestimmt durch das Erbe und ein Ensemble gesellschaftlicher Beziehungen und Erfahrungen« schreibt Bauer.[634] Dass »entscheidende Anstöße«[635] für das Verhalten des Individuums von dessen »Umwelt«, dem »prä- und postnatale(n) Geschehen, das vom Individuum erfahren, rezipiert und internalisiert wird«[636], ausgehen, bedeutet aber nicht nur Determination des menschlichen Verhaltens im Freudschen Sinne. Vielmehr erblickte Fritz Bauer hier Spielräume für eine demokratische Sozialisation. Die Reflexion der Grundlagen einer demokratischen Erziehung entfaltete er wie gezeigt hinsichtlich der Konstituierung des Subjekts in Anlehnung an Adorno und Arendt. Seine Überlegungen hinsichtlich der konkreten Gestaltung zwischenmenschlicher Erfahrungen, die die Grundlage einer demokratischen Ordnung und Gemeinschaft bilden, knüpften an die Philosophie Arthur Schopenhauers an.

Fritz Bauer konstatierte: »Widerstand kommt nicht aus der reinen Vernunft mitklügelnden Denkens, sondern aus dem reinen Herzen mitfühlender Menschen.«[637] Er distanzierte sich damit von einer Position, die den Menschen als reines Vernunftwesen begreift und verpflichtete sich einem an der theoreti-

---

632 Theodor W. Adorno formulierte in der auch von Fritz Bauer 1959 im Zusammenhang mit seinen Überlegungen zur Bildung eines »demokratischen Charakters« mit Begeisterung und Zustimmung rezipierten Rede »Was bedeutet: Aufarbeitung der Vergangenheit«, dass der »genuine Antisemit (...) überhaupt keine Erfahrung machen kann, dass er sich nicht ansprechen lässt.« »Ich glaube auch nicht«, sagte Adorno, »dass durch Gemeinschaftstreffen, Begegnungen zwischen jungen Deutschen und jungen Israelis und andere Freundschaftsveranstaltungen allzuviel geschafft wird, so wünschbar solcher Kontakt auch bleibt. Man geht dabei allzusehr von der Voraussetzung aus, der Antisemitismus habe etwas Wesentliches mit den Juden zu tun und könne durch konkrete Erfahrungen mit Juden bekämpft werden (...).« Theodor W. Adorno: Was bedeutet: Aufarbeitung der Vergangenheit. In: Ders.: Eingriffe. Frankfurt a.M. [18]1996. S. 144. Vgl. zur Rezeption bei Bauer auch oben S. 137ff.

633 Vgl. Hannah Arendt: Elemente und Ursprünge totaler Herrschaft. München [3]1993. S. 703. (Die Originalausgabe erschien 1951 unter dem Titel »The Origins of Totalitarianism« in New York, die deutsche Erstausgabe erschien 1955 bei der Europäischen Verlagsanstalt in Frankfurt a.M.)

634 Fritz Bauer: Schopenhauer und die Strafrechtsproblematik. In: 49. Schopenhauer-Jahrbuch für das Jahr 1968. Hg. v. Arthur Hübscher. Frankfurt a.M. 1968. S. 29.

635 Fritz Bauer, a.a.O. S. 25.

636 Fritz Bauer, a.a.O. S. 26.

637 Fritz Bauer: Widerstandspflicht und Widerstandsrecht des Staatsbürgers. In: Martin Niemöller u.a.: Tempelreinigung. Frankfurt a.M. 1962. S. 62.

schen Kultur der Aufklärung zweifelnden Begriff der Vernunft, der menschliches Erleben und Erfahren nicht als Gegensatz, sondern als ein Essential aufgeklärter Existenz versteht. Diese Position knüpft an Schopenhauer an, der, wie Fritz Bauer schreibt, »bewusst von der ›gesunden Vernunft‹ Gebrauch gemacht«[638] und vor allem mit Blick auf Kant eine Philosophie kritisiert habe, die nach der Moral menschlichen Handelns im Zusammenhang mit dessen Intellekt Ausschau hielt.[639] Das Erfahren und Erleben menschlicher Beziehungen wird demnach als ein konstituierendes Moment menschlichen Handelns und als Bedingung der Verwirklichung von Gemeinschaft betrachtet. Hinsichtlich der Realisierung der Norm des Pluralismus und der inter-subjektiven, solidarischen und brüderlichen Beziehungen verlangte diese Position nach einer Verankerung – wie Fritz Bauer sagte – in einem »Urgrund des Fühlens«.[640] »(E)s gibt Grenzen, die jeder sieht, jeder fühlen muss«, sagt Bauer[641] und geht davon aus, dass der Mensch wesentlich zwei Prinzipien als Handlungsmotivation verinnerlichen müsse: So wie das Individuum die Spaltung des eigenen Ichs überwinden und das »Selbst« entwickeln müsse, um eine entscheidungsfähige Existenz leben zu können, müsse es die Differenz aufheben, die zwischen der Person und den Mitmenschen besteht, um in Anerkennung der Pluralität ein verantwortungsvolles und entscheidungsfähiges Leben realisieren zu können. Die Aufhebung der Differenz zwischen dem eigenen Ich und dem fremden Subjekt wird Wesensmerkmal einer zwischenmenschlichen Solidarität und somit Voraussetzung für demokratisches Bewusstsein sowie Bedingung für die Verteidigung von Pluralismus und Demokratie. Während Bauers Appell an das Selbstbewusstsein des Subjekts wie dargelegt als Forderung nach personaler Identität verstanden werden kann, kann sein Plädoyer für die Aufhebung der Differenz zwischen den Menschen als Postulat sozialer Identität begriffen werden.

Bauer beschrieb das Lebensprinzip einer Aufhebung der Differenz und Realisierung sozialer Identität als Entfaltung von »Mitleid«[642] und sprach von

---

638 Fritz Bauer: Auf der Suche nach dem Recht. Stuttgart 1966. S. 45.

639 Vgl. dazu auch Rüdiger Safranski: Schopenhauer und Die wilden Jahre der Philosophie. Eine Biographie. Frankfurt a.M. 2001. S. 473.

640 Fritz Bauer: Antinazistische Prozesse und politisches Bewusstsein. Dienen NS-Prozesse der politischen Aufklärung? In: Hermann Huss, Andreas Schröder (Hg.): Antisemitismus. Zur Pathologie der bürgerlichen Gesellschaft. Frankfurt a. M. 1965. S. 187.

641 Generalstaatsanwalt Dr. Fritz Bauer zu den Naziverbrecher-Prozessen. SdG, H. 18, 1963. S. 574. (Abdruck eines Interviews, das Manfred Jenke und Walter Menningen mit Fritz Bauer führten und das der NDR im Rahmen der Sendung »Das politische Gespräch« am 25. und 28.8.1963 sendete.)

642 Vgl. Fritz Bauer: Widerstand als geschichtlicher Auftrag. FuR, H. 10, 1965, S. 9.

dem »leidenden oder mitleidenden Bruder(...)«[643], der demokratische Werte verteidigen und in Grenzsituationen Widerstand leisten könne. Damit griff er einen Schlüsselbegriff der Ethik Schopenhauers auf. Bauer schreibt: »Mitleid, so meinte Schopenhauer, sei die Quelle aller Gerechtigkeit und Menschenliebe.«[644] Er hatte damit – wenn auch frei – die Passage zitiert, mit der Schopenhauer in seiner Ethik vom »eigennützigen« Handeln der Menschen die Handlungen mit »eigentliche(m) moralischen Werth (sic)« unterschied, die sich dadurch auszeichnen, dass der Mensch mit ihnen die Triebkräfte des Egoismus überwindet und mitmenschlich handelt.[645]

Schopenhauer hatte die von Bauer rezipierte Ethik des Mitleids im Vierten Buch seines 1819 veröffentlichten Hauptwerks *Die Welt als Wille und Vorstellung* entfaltet, deren Kerngedanken er in den Preisschriften *Über die Freiheit des menschlichen Willens* und *Über das Fundament der Moral* wieder aufgenommen und vertieft hatte.[646] Hier löste sich Schopenhauer nicht nur von der Tradition, Philosophie als Vernunftphilosophie zu verstehen und ging davon aus, dass das menschliche »Handeln nicht in Theorie auflösbar ist«.[647] Vielmehr legte er dar, dass die ausschlaggebenden Handlungsmotivationen im Bereich der menschlichen Intuition zu verorten seien.[648] Schopenhauer beschäftigte vor allem die Frage, die sich die Philosophie seit der Entdeckung des Egoismus als Motivation des Handelns stellte, wie Gesellschaft funktionieren kann und tugendhaftes Handeln, Menschlichkeit und Gerechtigkeit möglich sind. In der

643 Fritz Bauer: Ungehorsam und Widerstand in Geschichte und Gegenwart. Vorgänge, H. 8/9, 1968, S. 292.

644 Vgl. Fritz Bauer: Widerstand als geschichtlicher Auftrag. FuR, H. 10, 1965, S. 9. Bauer zitierte folgende Stelle aus Arthur Schopenhauer: Preisschrift über das Fundament der Moral. Mit einer Einleitung, Bibliographie und Registern hg. v. Hans Ebeling. Hamburg 1979. S. 106: »Mitleid ganz allein ist die wirkliche Basis aller freien Gerechtigkeit und aller ächten (sic) Menschenliebe.«

645 Arthur Schopenhauer: Preisschrift über das Fundament der Moral. Mit einer Einleitung, Bibliographie und Registern hg. v. Hans Ebeling. Hamburg 1979. S. 101.

646 Arthur Schopenhauer: Preisschrift über die Freiheit des menschlichen Willens. Mit einer Einleitung, Bibliographie und Registern hg. v. Hans Ebeling. Hamburg 1978. Und: Arthur Schopenhauer: Preisschrift über das Fundament der Moral. Mit einer Einleitung, Bibliographie und Registern hg. v. Hans Ebeling. Hamburg 1979. Beide Preisschriften stellte Schopenhauer unter den Übertitel »Die beiden Grundprobleme der Ethik«. Die »Preisschrift über die Freiheit des menschlichen Willens« wurde von der Königlich Norwegischen Sozietät der Wissenschaften zu Drontheim im Januar 1839 gekrönt; allerdings wurde – und darauf wie Schopenhauer auch hin – die zweite »Preisschrift über das Fundament der Moral«, die er bei der Königlich Dänischen Sozietät der Wissenschaften zu Kopenhagen 1840 eingereicht hatte, nicht gekrönt.

647 Werner Brede: Schopenhauer, Arthur. In: Metzler-Philosophen-Lexikon. Hg. v. Bernd Lutz. Stuttgart 1989. S. 714.

648 Vgl. ebd.

Ethik legte er dar, dass das uneigennützige Handeln allein möglich ist, wenn »das eine Individuum im anderen unmittelbar sich selbst, sein eigenes wahres Wesen wiedererkenne.«[649] Und er beschrieb eben diese Beziehung zwischen den Menschen als »Phänomen des Mitleids«.[650] Mitleid ist demnach eine Fähigkeit des Menschen, die eigenen und egoistischen Lebensinteressen zurückzustellen und wie Rüdiger Safranski interpretiert, »in bestimmten Augenblicken die Intensität eigenleiblicher Willenserfahrung über die eigene Körpergrenze auszudehnen.«[651] Schopenhauer beschrieb einen dreistufigen »Vorgang«[652]: Das Ich identifiziert sich mit dem anderen Subjekt und es erwächst eine Teilnahme am Leid (Mit-leid) und Unrecht des anderen. Entscheidend ist die sich daraus schließlich entwickelnde Handlung, nämlich die Verhinderung oder Aufhebung des Leidens des anderen Subjekts.[653]

Die Identifikation mit dem anderen ist nach Schopenhauer die unabdingbare Voraussetzung für das Mitleiden.[654] Sie hebt »im Bewusstsein der Identität alles Lebenden«[655] den Unterschied zwischen dem »Ich« und dem »Nicht-Ich«[656] auf, und das Ich wird den vielen anderen gleichgesetzt. Die Aufhebung der Differenz, die Identifikation ist gelungen, wenn der andere Mensch der »letzte Zweck meines Willens wird, ganz so wie sonst ich selbst es bin: also dadurch, dass ich ganz unmittelbar sein Wohl will und sein Wehe nicht will«.[657] Die Differenz zwischen dem Ich und dem fremden Subjekt wird allerdings nur insofern aufgehoben, als das Leid und Unrecht noch als das des anderen erkannt wird.[658] Der Mensch leidet nicht an Stelle des anderen. Das Leid des anderen wird vielmehr als Motivation des eigenen Erlebens und Handelns erfahren. Der handlungsmotivierende Charakter ist nach Schopenhauer das entscheidende Merkmal des Phänomens des Mitleidens, und menschliches Handeln als Folge des Mitleids rückt in den Mittelpunkt. Das Mitleid kann dabei als Quelle einer menschlichen Handlung »negativ« wirken[659], indem es den Mensch von einer Handlung abhält. Das Mitleid wirkt egoistischen, nur auf das eigene Subjekt bezogenen Motiven entgegen und bewahrt das Ich

649 Arthur Schopenhauer: Preisschrift über das Fundament der Moral. Mit einer Einleitung, Bibliographie und Registern hg. v. Hans Ebeling. Hamburg 1979. S. 168f.

650 Arthur Schopenhauer, a.a. O. S. 106.

651 Rüdiger Safranski, a.a.O. S. 349.

652 Arthur Schopenhauer, a.a.O. S. 106.

653 Ebd.

654 Vgl. Arthur Schopenhauer, a.a.O. S. 164.

655 Werner Brede, a.a.O. S. 714.

656 Arthur Schopenhauer, a.a.O. S. 164.

657 Arthur Schopenhauer, a.a.O. S. 105.

658 Vgl. Arthur Schopenhauer, a.a.O. S. 109.

659 Arthur Schopenhauer, a.a.O. S. 111.

davor, dem anderen Leid oder Unrecht zuzufügen. Diese Handlung, die Schopenhauer als ein »Nichtverletzen« des fremden Subjekts beschrieb[660], findet sich bei Fritz Bauer im Begriff des »passiven Widerstandes« wieder.[661] Mitleid kann nach Schopenhauer aber auch Quelle »thätiger Hülfe (sic)« sein und »positiv« wirken.[662] Die aus dem Mitleid resultierende aktive Handlung, das Helfen, spiegelt sich in Bauers Ausführungen zum aktiven Widerstand gegen Unrecht. Soweit rezipierte Bauer die Ethik Schopenhauers und beschrieb Mitleid als Ursprung für Toleranz, Anerkennung und Mitbürgerlichkeit, als konstituierendes Element des demokratischen Ethos und von Widerstand.[663]

Schopenhauer hat seine Ethik des Mitleids in einem historischen Kontext entfaltet, der eine Reflexion der Position des Subjekts in der Gesellschaft herausforderte. Er hat seine Ethik mit »wache(m) Blick auf das (...) zeitgenössische soziale Elend«[664] und im Wissen entwickelt, dass seit der Französischen Revolution »Versuche, nicht nur das menschliche Zusammenleben, sondern den Menschen selbst zu verbessern, wiederkehrende Konjunktur« hatten.[665] In diesem Kontext ist das »Grundphänomen des Mitleids, das es philosophisch so wesenhaft macht, (...) eben das Aushängen der Egoität durch Identifikation mit dem Anderen«.[666] Wie Schopenhauer, der als Denker und Philosoph auf den Verlust des Interpretationsmonopols der Kirchen im 19. Jahrhundert und die mit der Französischen Revolution gestellte Frage nach der Legitimation und Funktionsweise gesellschaftlicher Strukturen und Herrschaftsverhältnisse sowie der Rolle des Individuums reagierte[667], war auch Fritz Bauers Denken eine Reaktion auf eine Krise des Subjekts und des Individuums. Seine Rezeption der Schopenhauerschen Ethik des Mitleids als eine Philosophie der intersubjektiven Beziehungen unterstreicht, wie sehr Fritz Bauer nach der Erfahrung und in der Erklärung des Nationalsozialismus als eine Zerstörung zwischenmenschlicher Beziehungen auf der Suche nach konstruktiven Anknüp-

660 Arthur Schopenhauer, a.a. O. S. 110.

661 Vgl. zum Beispiel Generalstaatsanwalt Dr. Fritz Bauer zu den Naziverbrecher-Prozessen. SdG, H. 18, 1963. S. 571. (Abdruck eines Interviews, das Manfred Jenke und Walter Menningen mit Fritz Bauer führten und das der NDR im Rahmen der Sendung »Das politische Gespräch« am 25. und 28.8.1963 sendete.)

662 Arthur Schopenhauer, a.a.O. S. 110.

663 Vgl. Fritz Bauer: Widerstand als geschichtlicher Auftrag. FuR, H. 10, 1965, S. 9.

664 Rüdiger Safranski, a.a.O. S. 476.

665 Rüdiger Safranski, a.a.O. S. 346.

666 Walter Schulz: Metaphysik und Negativität. Die Sonderstellung Schopenhauers in der Philosophie. In: Schopenhauer im Denken der Gegenwart. Hg. v. Volker Spierling. München, Zürich 1987. S. 21.

667 Vgl. zum historischen Kontext der Philosophie Schopenhauers Reinhard Kühnl: Die großen Fragen der Epoche und die Antwort Schopenhauers. In: Schopenhauer im Denken der Gegenwart. Hg. v. Volker Spierling. München, Zürich 1987. S. 197ff.

fungspunkten für die Reetablierung menschlicher Beziehungen war. An Schopenhauer, neben Friedrich Nietzsche der »populärste deutsche Philosoph des 19. Jahrhunderts«[668], konnte Fritz Bauer anschließen, weil seine Philosophie – durchaus im Zusammenspiel mit der »Gegenwart des Absurden« und den Prinzipien der Solidarität und Brüderlichkeit – die Gestaltung intersubjektiver Beziehungen in der demokratischen Gesellschaft konkretisieren half. Während die »Gegenwart des Absurden« und das politisch konzeptionelle Denken, das sich hinter der geforderten Lebenshaltung der Solidarität und Brüderlichkeit verbarg, eher handlungsorientierten Charakter besaß, ergänzte die ethische Forderung des Mitleids diesen intersubjektiven und unverzichtbaren Aspekt von Gemeinschaftsbildung dadurch, dass sie, ohne auf eine Handlungsorientierung gänzlich zu verzichten, die Handlungsmotivation betrachtete und wesentlich praxisorientiert war.

Wie sehr das Denken von Bauer dabei das von Camus und Schopenhauer verzahnte, wenn nicht gar miteinander verschmolz, geht aus einer Passage seines 1968 publizierten Textes über Schopenhauer hervor. Zunächst erinnert diese an seine Camus-Rezeption, wenn er schreibt:

»Unmenschlichkeit (kann) nicht durch Unmenschlichkeit, sondern – wenn überhaupt – nur durch Menschlichkeit geheilt werden (...), soziale Gleichgültigkeit (kann) nicht durch ein *Laissez faire*, sondern durch menschliches Engagement beantwortet werden.«

Schließlich konkretisiert Bauer in der Rezeption von Schopenhauer die dem skeptisch-aufklärerischen Denken verpflichtete Basis demokratischer Tat, indem er diesmal wörtlich zitierend fortfährt, dass Schopenhauer den

»Antrieb im Mitleid gesehen (hat). ›Dieses Mitleid ganz allein ist die wirkliche Basis aller freien Gerechtigkeit und aller echten Menschenliebe‹, heißt es bei ihm an einer signifikanten Stelle seiner ›Grundlage der Moral‹.«[669]

Vor allem war es in diesem Kontext die antireduktionistische Dimension der Schopenhauerschen Philosophie, die Fritz Bauer angesprochen hat und die seinen Begriff von Solidarität dominiert. Denn Schopenhauers Ethik des Mitleids betrachtet »nicht die sinn- und ordnungsetzenden Gemeinschaftsbildungen (...), sie spricht den einzelnen an, den nicht in Gruppen, Verbänden und Gemeinschaften von verschiedener Verbindlichkeit und Wirkungsmacht eingefangenen einzelnen«.[670] Dennoch sagte Schopenhauer in seiner Ethik auch,

668 So die Einordnung von Werner Brede: Schopenhauer, Arthur. In: Metzler-Philosophen-Lexikon. Hg. v. Bernd Lutz. Stuttgart 1989. S. 711.

669 Fritz Bauer: Schopenhauer und die Strafrechtsproblematik. In: 49. Schopenhauer-Jahrbuch für das Jahr 1968. Hg. v. Arthur Hübscher. Frankfurt a.M. 1968. S. 28.

670 Arthur Hübscher: Denker gegen den Strom. Bonn 1973. S. 204. Der Anti-Reduktionismus der Schopenhauerschen Philosophie war immer wieder für politische Denker Bezugspunkt und

dass Mitleid als Grundlage moralischen Handelns nicht gelehrt werden könne. Der Mensch spürt demnach die Verbundenheit mit dem anderen Menschen oder er spürt sie eben nicht.[671] Fritz Bauer allerdings teilte diese Spielart von Schopenhauers Pessimismus nicht. Obwohl er eingestand, dass es »möglich« sei, »dass die Mitleidlosen in ihrer Mitleidlosigkeit bestärkt und die Guten irre werden«, stimmte ihn – und hier ist Bauer wieder dem Denken von Albert Camus verbunden – gerade die »Erfahrung des Mitleids, menschlicher Humanität und Solidarität« optimistisch. Bauer wollte es deshalb wie »(d)er praktisch tätige Mensch (...) mit dem Prinzip Hoffnung (halten), mag er auch selbstkritisch sich mitunter des Gefühls nicht erwehren können, es könnte eine Lebenslüge sein.«[672] Im Kontext des historisch-genetischen Denkens betrachtete Fritz Bauer gerade die Auseinandersetzung mit der Geschichte als den demokratischen und intersubjektiven Charakter bildend.

Fritz Bauer rezipierte die Philosophie Schopenhauers und dessen philosophische Begründung der individuellen »anthropologische(n)-psychologische(n)«[673] Existenz als wegweisenden Bezugspunkt für die Etablierung einer demokratischen Gesellschaftsordnung. Schopenhauer wurde für ihn zum Anknüpfungspunkt, weil das Denken beider im Kontext einer Krise des Subjekts um das Grundthema menschlicher Subjektivität und Handlung kreiste; auf dieser Ebene traf der nach dem »Zivilisationsbruch«[674] politisch denkende Jurist den Philosophen des 19. Jahrhunderts.

Dennoch formulierte Fritz Bauer eine kritische Distanz zur Philosophie Schopenhauers. Und diese Kritik verweist auf den Rezeptionskontext und das Interesse, mit dem Bauer die Ethik des Philosophen las. In einem für das *Schopenhauer-Jahrbuch für das Jahr 1968* verfassten Text distanzierte er sich von Schopenhauer, insofern dessen Philosophie den »Weg« beschritt, der »von der Realität in die Transzendenz« führte.[675] Schopenhauer hatte das »Bedürfniss einer metaphysischen«[676] Erklärung verspürt, um die menschliche Mitleids- und Identifikationsfähigkeit zu begründen. Die Vielfalt und die Vielheit der

---

verlieh Schopenhauer – auch im 20. Jahrhundert – Aktualität. Vgl. dazu Karl Pisa: Schopenhauers Ethik. Ein Beitrag zur Bewältigung der Gegenwart. In: Schopenhauer. Hg. v. Jörg Salaquarda. Darmstadt 1985. S. 284ff.

671 Vgl. Rüdiger Safranski, a.a.O. S. 475.

672 Fritz Bauer: Schopenhauer und die Strafrechtsproblematik. In: 49. Schopenhauer-Jahrbuch für das Jahr 1968. Hg. v. Arthur Hübscher. Frankfurt a.M. 1968. S. 29.

673 Werner Brede: Schopenhauer, Arthur. In: Metzler-Philosophen-Lexikon. Hg. v. Bernd Lutz. Stuttgart 1989. S. 713.

674 Dan Diner (Hg.): Zivilisationsbruch. Denken nach Auschwitz. Frankfurt a.M. 1988.

675 Fritz Bauer: Schopenhauer und die Strafrechtsproblematik. In: 49. Schopenhauer-Jahrbuch für das Jahr 1968. Hg. v. Arthur Hübscher. Frankfurt a.M. 1968. S. 19.

676 Arthur Schopenhauer, a.a.O. S. 160.

Individualitäten deutete er als eine »bloße Erscheinung der Dinge«[677], und er verwies auf einen metaphysischen, nicht erfahrbaren Raum, in dem sich das »wahrhaft seiende Wesen«[678] des Menschen manifestiere. Die Einmaligkeit und Einzigartigkeit der persönlichen Individualität wird demnach als eine vordergründige und scheinbare vorgestellt, während das Eigentliche des menschlichen Wesens sich im außerweltlichen Raum findet. Aus dem metaphysischen Raum gehen die individuellen Erscheinungen, ermöglicht durch das principium individuationis Raum und Zeit, hervor, und Schopenhauer schlussfolgerte, »die metaphysische Basis der Ethik (...) bestände darin, dass das eine Individuum im anderen unmittelbar sich selbst, sein eigenes wahres Wesen wiedererkenne.«[679] Schopenhauer fand in der metaphysischen Erklärung des Phänomens des Mitleids eine »letzte theoretische Befriedigung«, indem er »(d)en festen Boden der Erfahrung« verließ, wie er im Schlusskapitel seiner *Preisschrift über das Fundament der Moral* schreibt.[680]

Fritz Bauer lehnte hingegen jede metaphysische Erklärung als Flucht aus der Realität sowie als Negation des ihn verpflichtenden Realismus und Relativismus ab. Vor dem Hintergrund der Annahme, dass von jeder metaphysischen Legitimation menschlicher Existenz eine totalitäre Gefahr ausgehe, begründete er seine Schopenhauer-Kritik mit dem Hinweis, dass menschliches Verhalten und menschliche Verantwortlichkeit »eine transzendente, metaphysische Fundierung nicht benötigen, sie auch nicht besitzen«.[681]

Bleibt nun aber zu fragen, in welchem Verhältnis Kritik metaphysischer Annahmen, Religionskritik und Religiosität bei Bauer stehen. Denn gerade die Begründung der Legalität des für die Verwirklichung von Intersubjektivität beispielhaften Widerstandes von Hans Oster hatte er auf die Argumentation gestützt, dass alle Menschen durch ein metaphysisches Prinzip verbunden seien. In seiner Betrachtung über *Oster und das Widerstandsrecht* schreibt Bauer:

»Die Menschen glauben an *einen* Gott, was auch die Gleichberechtigung der Religionen, Völker, Staaten und Menschen fordert, die alle ausnahmslos seine ›Gedanken‹ sind. Oster ist einer der ersten gewesen, der uns beim Wort genommen hat.«[682]

Zudem sagte Bauer in einem Interview, das Weihnachten 1964 in der in Hof erscheinenden *Frankenpost* gedruckt wurde, er sei »bibelfest«[683], und tatsächlich

677 Ebd.

678 Arthur Schopenhauer, a.a.O. S. 166.

679 Arthur Schopenhauer, a.a.O. S. 168f.

680 Arthur Schopenhauer, a.a.O. S. 163.

681 Ebd.

682 Fritz Bauer: Oster und das Widerstandsrecht. Eine juristische Betrachtung. Politische Studien, H. 15, 1964. S. 194.

stellte er das in vielen seiner Texte auch unter Beweis. In der Einleitung seiner Dokumenten-Sammlung *Widerstand gegen die Staatsgewalt* nimmt er Bezug auf ein Wort aus dem Epheserbrief des Paulus[684], er bezeichnete die Menschenrechte als säkulare Formulierung der Zehn Gebote des Christentums[685] und setzte den Begriff der Solidarität mit dem christlichen Postulat der Bergpredigt gleich. Bauer bezeichnete daneben den zentralen Satz aus der Verteidigungsrede des Sokrates, »Dem Gott werde ich mehr gehorchen als euch«, als »Kernwort *allen* aktiven und passiven Widerstandes«,[686] und er nannte die Clausula Petri der Apostelgeschichte, »Man muss Gott mehr gehorchen als den Menschen« (Apg 5, 29), den »kategorische(n) Imperativ«[687] der dialektischen Freiheit jeder demokratischen Gesellschaft. Es sind schließlich zwei der christlichen Terminologie angelehnte Formulierungen von Fritz Bauer, deren Auslegung hilft, die Bedeutung von christlicher Religiosität und Kritik an metaphysischen Erklärungen zu entschlüsseln, die sich auf den ersten Blick scheinbar unversöhnlich und fast widersprüchlich in seinem Denken gegenüberstehen. In dem Text *Im Kampf um des Menschen Rechte* bezeichnet Bauer die von ihm kritisierte Pflichtethik Kants als »erbarmungslose(s) Pathos«.[688] In seiner christlichen Bedeutung gelesen zeigt sich, dass das von Bauer implizit mit seiner Kritik geforderte Erbarmen als Kategorie menschlichen Handelns ein Äquivalent seines Begriffs von Solidarität, Brüderlichkeit, Mitleid und dem Postulat tätiger Hilfe ist.

Denn der Begriff Erbarmen bezeichnet in der Bibel die Erfahrung, die der Mensch mit Gott als dem liebevoll Sorgenden (vgl. exemplarisch Jes 49, 10) und den Leben- und Heilschenkenden (Sach 1, 12) macht. Gott erbarmt sich den Menschen, stellt sich helfend über ihn und wird demnach als der handelnde Gott vorgestellt. Der sich erbarmende Gott ist wesentlich der tätig Helfende. Und wo die Bibel von den Menschen Erbarmen verlangt, stellt sich der Helfende über den, der Hilfe empfängt, und der Starke schenkt dem Schwachen sein Erbarmen (vgl. exemplarisch Ps 103, 13). Als Voraussetzung für das Erbarmen eines Menschen gegenüber einem anderen beschreibt die Bibel die Liebe der Menschen zueinander. Dieses Prinzip der Liebe betont in der biblischen Bedeutung die Gleichstellung der Menschen, und Erbarmen

683 Fritz Bauer im Frankenpost-Interview. Das Lehrstück von Kain und Abel. Frankenpost (Hof) vom 24.12.1964.

684 Vgl. Fritz Bauer: Widerstand gegen die Staatsgewalt. Dokumente der Jahrtausende. Frankfurt a.M. 1965. S. 11.

685 Vgl. Fritz Bauer: Zu den Naziverbrecher-Prozessen. SdG, H.18, 1963. S. 573.

686 Fritz Bauer: Ungehorsam und Widerstand in Geschichte und Gegenwart. Vorgänge, H. 8/9, 1968. S. 287. (Hervorh. im Orig.)

687 Fritz Bauer: Die Wurzeln faschistischen und nationalsozialistischen Handelns. Frankfurt a.M. 1965. S. 39.

688 Fritz Bauer: Im Kampf um des Menschen Rechte. Vorgänge, H. 6, 1969. S. 206.

drückt die Innigkeit dieser zwischenmenschlichen Liebe aus. Indem die Liebe als Voraussetzung einer erbarmungsvollen Tat verstanden wird, meint das Postulat des Erbarmens die zwischenmenschliche Beziehung als horizontale (Vgl. Joh 13, 35; 2. Petr 1, 7; Hebr 13, 1). Die erbarmungsvolle Tat setzt voraus, dass sich die Menschen als gleichwertige Individuen begreifen. Die hierarchische Ordnung, die in einer erbarmungsvollen Tat sichtbar wird, in dem sich nämlich ein Mensch helfend, schützend oder stärkend über einen anderen stellt, ist keine wertende hierarchische, sondern eine, die die Gleichwertigkeit der Menschen anerkennt. Der Begriff des Erbarmens kennzeichnet mit dem zwischenmenschlichen Prinzip der Liebe ein Lebens-prinzip, das mit den Begriffen Solidarität und Brüderlichkeit im Zentrum von Bauers Demokratie- und Widerstandsbegriff steht. Bauer schreibt, dass die »Liebe (...) nicht außerhalb des Staats (steht). Nicht an seinem Rande. Sie ist letztlich seine Mitte.«[689] Ausgehend von der Position des Pluralismus forderte Bauer Erbarmen, und das Prinzip der Toleranz und Anerkennung, die sich im Erbarmen manifestieren, erfährt nach Bauer im Ethos der Nächstenliebe eine qualitative Steigerung:

»Freilich, so lesen wir schon in Goethes ›Maximen und Reflexionen‹, ›Toleranz sollte eigentlich nur eine vorübergehende Gesinnung sein; sie muss zur Anerkennung führen. Dulden heißt beleidigen‹. Anerkennung wächst aus Nächstenliebe.«[690]

Analog zu dem Begriff des Erbarmens bezeichnet die Nächstenliebe eine intersubjektive Struktur, indem sie nämlich die Liebe zwischen Gleichgestellten beschreibt. Und insofern rückt auch das Prinzip der Nächstenliebe, verstanden als Liebe des Menschen zum anderen, zum Mitmenschen, bei Bauer in das Zentrum. Indem Bauer die Nächstenliebe als das ursprüngliche Motiv von Toleranz und Anerkennung beschreibt, betont er noch einmal wesentlich die Gleichheit der Individuen. Die Nächstenliebe als Liebe der Menschen zueinander kann er somit auch als das ursprüngliche Motiv von Widerstand fassen:

»›Du sollst Deinen Nächsten lieben wie Dich selbst‹. In der deutschen Diskussion über das Widerstandsrecht ist auch mit vollem Recht der Satz formuliert worden: ›Widerstand ist geboten, wenn etwas verlangt wird, was gegen die Nächstenliebe verstößt.‹«[691]

Wenn Bauer zudem die personale Würde des Menschen beschreibt, indem er über den Widerstand sagt,

»(w)ie verschieden die Menschen auch immer gedacht haben, die den Genickschüssen der Gestapo erlagen, woher sie auch immer gekommen waren, und wohin auch immer sie ziehen

689 Fritz Bauer: Auf der Suche nach dem Recht. Stuttgart 1966. S. 15.
690 Vgl. Fritz Bauer: Widerstand als geschichtlicher Auftrag. FuR, H. 10, 1965. S. 9.
691 Ebd.

wollten, gemeinsam war ihnen der Wunsch nach Frieden und gemeinsam die Sehnsucht nach Zusammenwirken aller, die Menschenantlitz tragen«[692],

leitet er von der Individualität und Pluralität, von der personalen Würde des Menschen die verpflichtende Zuordnung der Menschen, das Prinzip der Nächstenliebe ab. Damit lehnte er den einem christlichen Menschenbild eigenen Aspekt der Gottesebenbildlichkeit als wertkonstituierend ab. Bauer benannte zwar Gott als Begründung für die Gleichheit der Menschen und davon ausgehend als Motiv für das Prinzip der Nächstenliebe, er löste sich aber von einer christlichen Haltung, die den Mensch als Gottesgeschöpf in den Blick nimmt. Bauer führte die personale Würde des Individuums auf sein »Menschenantlitz« zurück, nicht auf die Gottesebenbildlichkeit. Wenn Bauer die Existenz eines Gottes auch nicht leugnete, löste er sich von jeder in die Metaphysik verweisende Legitimation des Menschen. Bauer erkannte Gott allein als Schöpfer der pluralen Welt an, wenn er schreibt:

»Die Menschen glauben an *einen* Gott, was auch die Gleichberechtigung der Religionen, Völker, Staaten und Menschen fordert, die alle ausnahmslos seine ›Gedanken‹ sind.«[693]

Hier kann die Brücke zu Albert Camus wieder geschlagen werden. Denn auch Camus erkannte Gott als Schöpfer des Absurden an. Ein Blick auf die Bibelstelle, die Fritz Bauer seiner Dokumenten-Sammlung *Widerstand gegen die Staatsgewalt* voranstellte, zeigt dann auch, dass es die den Prinzipien Erbarmen und Nächstenliebe eigene handlungsleitende und auf die Diesseitigkeit weisende Dimension war, die Fritz Bauer rezipierte. Denn aus dem Epheserbrief zitierte er:

»Wir haben nicht mit Fleisch und Blut zu kämpfen, sondern mit Fürsten und Gewaltigen, nämlich mit den Herren der Welt (...) Um deswillen ergreifet den Harnisch Gottes, auf das ihr an dem bösen Tage Widerstand tun und (...) das Feld behalten möget. So stehet nun, umgürtet an euren Lenden mit Wahrheit und angezogen mit dem Panzer der Gerechtigkeit.«[694]

In dem Vortrag *Ungehorsam und Widerstand in Geschichte und Gegenwart*, den Fritz Bauer anlässlich einer Vortragsreihe der Humanistischen Union im Juni 1968 in der Münchener Universität hielt, zitierte und charakterisierte er diese Stelle aus der Bibel als »eines der berühmten Worte, die die Geschichte des Widerstandsgedankens begleitet haben.«[695]

---

692 Fritz Bauer: Wir aber wollen Male richten euch zum Gedächtnis. Dortmund 1961. S. 7.

693 Fritz Bauer: Oster und das Widerstandsrecht. Politische Studien, H. 15, 1964, S. 194. (Hervorh. i. Orig.)

694 Fritz Bauer zitiert hier Eph 6, 12-14. Vgl. Fritz Bauer: Widerstand gegen die Staatsgewalt. Dokumente der Jahrtausende. Frankfurt a.M. 1965. S. 11.

695 Fritz Bauer: Ungehorsam in Geschichte und Gegenwart. Vorgänge, H. 8/9, 1968. S. 286.

Für Bauer konnte Religiosität nicht Legitimation bedeuten, sondern er forderte die Anerkennung des Menschen als Mensch in der Pluralität und leitet daraus eine Haltung her, die auf die innerweltliche Realisierung christlicher Gebote zielt. Bauer mahnte an, über »der Metaphysik darf das Ethos, über dem Glauben darf die Liebe nicht vergessen werden«.[696] Bauers Kritik an jedem Sprung in die Transzendenz richtet sich gegen eine religiös begründete Passivität und heilsindividualistische Einengung von Religion. Für Bauer zählt nicht die Religion, sondern der Mensch, womit er der Argumentation des radikalen Humanismus in Anlehnung an den frühen Marx treu geblieben ist. Bauer verpflichtet seine Haltung auf die gegenwartskonstitutive, gesellschaftspolitische und konstruktive Relevanz religiöser Gebote. Sein Gottes- und Religionsbegriff richtet sich auf die Stärkung der horizontalen, zwischenmenschlichen Strukturen der Gesellschaft und bleibt dem autobiographisch erinnerten Gottesbegriff seiner Kindheit verhaftet. Gerhard Zwerenz erinnert sich an ein Gespräch mit Fritz Bauer und zitierte dessen Gedanken über den Religionsbegriff aus seinen Notizen:

»Moral? Lebensweisheiten? Ich hatte Glück mit meiner Mutter; sie war klug. Als Fünfjähriger fragte ich sie: ›Was ist Gott?‹ Sie antwortete: ›Das kann ich Dir nicht sagen. Aber ich weiß einen Satz, der Dir vielleicht hilft: Was Du nicht willst, das man Dir tu, das füg auch keinem andern zu.‹«[697]

Ausgehend von diesem für eine demokratische Gesellschaft konstruktiv wirkenden Religionsverständnis erschließt sich auch, warum Bauer am Judentum nicht die Metaphysik, sondern die Moraltheologie sowie die Entwicklung des Judentums von den »Propheten über Marx zum DGB« interessierte, wie er es in einem privaten Brief ausdrückte.[698]

Fritz Bauers Haltung leugnete nicht, dass es metaphysische und in die Transzendenz verweisende Erklärungen der menschlichen Existenz geben »kann«.[699] Die Formulierung lässt aber noch einmal den Skeptizismus und Relativismus Bauers spüren und zeigt, dass sein Denken in einem Agnostizismus wurzelt, der in Einklang mit der Haltung des Pluralismus, metaphysische Legitimationen problematisiert. Im Unterschied zu Schopenhauer und in Abwehr idealistischer Menschenbilder ging er davon aus, dass metaphysische

696 Fritz Bauer: Lebendige Vergangenheit. Vorgänge, H. 7, 1963. S. 199.

697 Vgl. Gerhard Zwerenz: Gespräche mit Fritz Bauer. Streit, Zeit, Schrift, H. 6, 1968. S. 89.

698 Auszüge aus einem privaten Briefwechsel wurden nach Fritz Bauers Tod veröffentlicht: Fritz Bauer ist tot. Gewerkschaftliche Monatshefte, H. 8, 1968, S. 490ff. Das Zitat ist einem Brief entnommen, den er im September 1963 geschrieben hat. Vgl. a.a.O. S. 492.

699 Bauer sagte mit Blick auf den Satz ›Was Du nicht willst, dass man Dir tu, das füg auch keinem andern zu‹: »Dieser Satz kann als kategorischer Imperativ dienen.« Fritz Bauer: Die Wurzeln faschistischen und nationalsozialistischen Handelns. Frankfurt a.M. 1965. S. 39.

Erklärungen die tatsächlichen und empirischen menschlichen Möglichkeiten und die konkrete Position des Individuums verschleiern und nicht auf das Individuum bezogen argumentieren, sondern den Mensch heteronomen Werten unterordnen. Während Schopenhauer die Normativität der menschlichen Existenz letztendlich metaphysisch begründet, erhebt Bauer die empirische Vielfalt der Individualitäten, die Ethik des Pluralismus, zur Norm einer demokratischen Gesellschaft, die auch die Identifikation des Menschen mit dem anderen Ich und die – personale und soziale – Identität der Menschen begründet und postuliert.

Entscheidend aber ist, und das verbindet Bauer mit Schopenhauer mehr, als dass dessen Sprung in die Transzendenz beide trennt, dass Schopenhauer in seiner Ethik einen antirationalen Handlungsbegriff entwickelt hat, indem er über das Mitleid als Handlungsmotivation nachdenkt. Bauer rezipierte diese Kategorien der Mitleidsethik und beschrieb in Anlehnung an diese Mitleid als zentrales Motivationsmoment für eine demokratische Haltung, für die Verteidigung von Menschenrechten und damit für Widerstand.

4. Der demokratische Sozialist Fritz Bauer: Pluralismus, Humanismus, Diesseitigkeit statt Dogmatismus und Metaphysik

Mit dem Braunschweiger Remer-Prozess war es Fritz Bauer im Frühjahr 1952 gelungen, die weitreichende Entlegitimierung des Widerstandes zu durchbrechen. Das Urteil und die Rehabilitierung des Widerstandes vom 20. Juli 1944 bedeuteten nicht nur für die Angehörigen des Widerstandes eine historische Zäsur. Die breite öffentliche Rezeption des Prozesses ging einher mit der Anerkennung des Widerstandes vom 20. Juli in Gedenkveranstaltungen und politischen Stellungnahmen.

Nachdem mit dem Braunschweiger Urteil die objektive Dimension des Widerstandsrechts abgesteckt war, verschob sich die Diskussion um das Widerstandsrecht in Westdeutschland: Im Mittelpunkt der Auseinandersetzung stand in den späten fünfziger und in den sechziger Jahren die Frage nach dem Subjekt des Widerstandes. Die Frage lautet nun nicht mehr, ob Widerstand gegen den NS-Unrechtsstaat rechtmäßig war, vielmehr wurde jetzt diskutiert, wer berechtigt war, gegen den Unrechtsstaat Widerstand zu leisten. Zudem wurde die Frage der Rechtmäßigkeit von Widerstand mit der nach dem Interesse von Widerstand verbunden.

Die rekonstruierte Auseinandersetzung Fritz Bauers mit der Position von BGH-Präsident Hermann Weinkauff und die um das Widerstandsrecht von Hans Oster stehen exemplarisch für die Diskussion über die Rolle des Subjekts im Widerstand. Dabei zeigen beide Konfliktthemen, dass die Frage nach dem Akteur von Widerstand auch ein Deutungskampf um den Subjektbegriff in der Demokratie war. Mit der Thematisierung des Widerstandes stand eine zentrale Dimension der politischen Kultur der jungen und sich gerade formierenden Demokratie zur Diskussion. Die Rekonstruktion der Beantwortung der Frage nach dem Subjekt im Widerstand eröffnet somit auch einen Blick auf die Konfliktlinien und -positionen der Auseinandersetzung über die Bedeutung und Rolle des Individuums in der Demokratie.

Fritz Bauer ging es in dieser Auseinandersetzung um die Abwehr eines autoritär-elitären Subjektbegriffs, den er als einer demokratisch verfassten Gesellschaft inadäquaten betrachtete. In der Kritik von Hermann Weinkauffs Widerstandsbegriff und in der Beschäftigung mit dem Widerstandsrecht von Hans Oster erarbeitete Fritz Bauer eine politische Position, die die Vorrangstellung des Subjekts in der Demokratie empirisch und normativ begründete und über die Struktur einer demokratisch verfassten Gesellschaft reflektierte.

Der Pluralismus-Begriff von Fritz Bauer bildet die Basis seiner Haltung und kann als ein Schlüsselbegriff seines politischen Denkens gelten. In seiner Frontstellung, die in den späten fünfziger und in den sechziger Jahren die gegen einen autoritär-elitären Begriff und wesentlich auf die historische Erfahrung des Nationalsozialismus bezogen war, erinnert er an die zeitgleich von Ernst Fraenkel entfaltete Theorie des Neopluralismus.

Ende der zwanziger Jahre und in seinem Aufsatz *Um die Verfassung* von 1932 hatte Fraenkel wesentliche Grundlagen seines Pluralismus-Konzepts entwickelt.[700] Begegnete dieses im historischen Kontext wesentlich der »Aushöhlung« der Weimarer Reichsverfassung[701], verdichtete Fraenkel in der Erfahrung der NS-Diktatur und nach seiner Rückkehr aus dem amerikanischen Exil nach Deutschland im Jahr 1951 dieses Konzept zu einem neopluralistischen.[702]

700 Ernst Fraenkel: Um die Verfassung. In: Franz Nuscheler, Winfried Steffani (Hg.): Pluralismus. Konzeptionen und Kontroversen. München 21973. S. 147ff. Vgl. Gerhard Göhler: Vom Sozialismus zum Pluralismus. Politiktheorie und Emigrationserfahrung bei Ernst Fraenkel. PVS, H. 1, 1986. S. 6ff. Dazu auch Benno Fischer: Von der Staatslehre zur Pluralismustheorie. In: Politische Theorie des Demokratischen Sozialismus. Hg. v. Karl Theodor Schuon. Marburg 1986. S. 86ff, bes. S. 97ff.

701 Hans Kremendahl: Pluralismustheorie in Deutschland. Leverkusen 1977. S. 187.

702 Vgl. Winfried Steffani: Pluralismus – Neopluralismus. Konzeptionen, Positionen und Kritik. In: Heinrich Oberreuter (Hg.): Pluralismus. Grundlegung und Diskussion. München 1979. S. 44f u. S. 49f. Hubertus Buchstein macht darauf aufmerksam, dass Fraenkel den Begriff Neopluralismus selbst zwar erst 1964 benutzte, dass aber die wesentlichen Elemente seiner

Die Nähe und auch die Distanz des Denkens des politischen Juristen Fritz Bauer zu dem des Wissenschaftlers Ernst Fraenkel[703] aufzuzeigen, bedeutet vor allem eine Positionierung von Bauers Denken in der Bundesrepublik der fünfziger und sechziger Jahre, das als Gegenentwurf zum Nationalsozialismus ein spezifisch sozialistisches ist und sich durch die Verbindung von Empirik und Normativität auszeichnet. Es sind vor allem drei Aspekte, die in diesem Kontext von Bedeutung sind: Fraenkels Neopluralismus-Theorie richtet sich wie Bauers Pluralismusbegriff gegen einen individualistisch konstruiertes Laissez-faire sowie gegen einen kollektivistisch motivierten Pluralismus. Das Individuum und Subjekt des Neopluralismus wird als gemeinschaftsbezogenes Individuum beschrieben, seine personale, individuelle Würde als Einzelperson wird aber in den Mittelpunkt der Argumentation gerückt.[704] Zum Kern der Pluralismustheorie Fraenkels gehört seine Feststellung, dass »eine stabile Demokratie Konflikt und Konsens voraussetzt« und dass es auf die »Kombination beider Komponenten« entscheidend ankommt.[705] Fraenkel hat mit den beiden Begriffen »kontroverser Sektor« und »nicht kontroverser Sektor« das Verhältnis und die Zuordnung von Konflikt und Konsens in der Demokratie beschrieben.[706] Als Basis einer demokratisch verfassten Gesellschaft fordert die Neopluralismus-Theorie demnach die Anerkennung eines »nicht kontroversen Sektors« im Sinne einer Konsensbasis, die vor allem auch die Grund- und Menschenrechte als Normen anerkennt. In seinem Text über *Strukturde-*

Theorie bereits in seinen in den fünfziger Jahren verfassten Schriften enthalten sind. Vgl. Hubertus Buchstein: Ernst Fraenkel als Klassiker? Leviathan, H. 4, 1998. S. 458. Vgl. die erste Verwendung des Begriffs Neo-Pluralismus bei Ernst Fraenkel: Der Pluralismus als Strukturelement der freiheitlich-rechtsstaatlichen Demokratie. Festvortrag anlässlich des 45. Deutschen Juristentages in Karlsruhe vom 22. September 1964. In: Ernst Fraenkel: Deutschland und die westlichen Demokratien. Hg. v. Alexander v. Brünneck. Frankfurt a.M. 1990. S. 323.

703 Ernst Fraenkel hatte 1951 zunächst nur eine Gastprofessur an der Deutschen Hochschule für Politik, dem späteren Otto-Suhr-Institut der FU Berlin, angenommen, er blieb jedoch und lehrte bis zu seiner Emeritierung 1967 in Berlin. Auch danach lebte Fraenkel in Berlin. Ganz anders als Fritz Bauer, der 1949 bewusst entschieden hatte, nach Deutschland zurückzukehren, der als Jurist beim Aufbau der Demokratie mitwirken wollte und sich der politischen Gemeinschaft der Deutschen verbunden fühlte, wollte Fraenkel ursprünglich nicht nach Deutschland zurückkehren. Er gab dem Drängen seines Freundes Otto Suhr nach als er die Gastprofessur in Berlin übernahm, behielt aber die amerikanische Staatsbürgerschaft und präsentierte sich als »Amerikaner in Berlin«. Vgl. dazu Hubertus Buchstein, a.a.O. S. 461f.

704 Vgl. Winfried Steffani, a.a.O. S. 46.

705 Manfred G. Schmidt: Demokratietheorien. Opladen 32000. S. 235.

706 Vgl. zum Beispiel Ernst Fraenkel: Demokratie und öffentliche Meinung. Vortrag auf Einladung der Katholischen Akademie in Bayern vom 18.5.1963. In: Ernst Fraenkel: Deutschland und die westlichen Demokratien. Hg. v. Alexander v. Brünneck. Frankfurt a.M. 1990. S. 232ff, bes. S. 246ff.

fekte der Demokratie und deren Überwindung zeigte Fraenkel die Elemente eines »generell als gültig akzeptierte(n) Wertkodex« und damit die »Minimalanforderungen einer funktionierenden autonom-pluralistisch-sozial-rechtsstaatlichen Ordnung« auf: Neben der »Anerkennung der Volkssouveränität als Legitimitätsgrundlage der bestehenden Verfassungsordnung« nannte er »das Prinzip der Mehrheitsentscheidung«, »die Respektierung des Prinzips der Gleichheit«, »die Geltung der traditionellen fundamentalen Freiheitsrechte«, »die unverbrüchliche Anwendung der Prinzipien der Gesetzmäßigkeit der Verwaltung und Unparteilichkeit der Justiz« sowie »die Handhabung der Gebote der Fairness bei der Anwendung der Spielregel, die den Prozess der politischen Willensbildung zu regeln bestimmt sind.«[707] Gerade die Souveränität des Volkes, die Prinzipien der Freiheit und Gleichheit betrachtete auch Fritz Bauer als grundlegende Norm demokratischer Ordnung und der Begriff vom »ethischen Minimum« kann als Äquivalent zu Fraenkels Begriff des »nicht kontroversen Sektors« gelten. Während Bauers Begriffe »Opposition« und »Kritik« bezeichnen, was in der Theorie des Neopluralismus als »kontroverser Sektor« gilt. Wie die Theorie des Neopluralismus ging auch Fritz Bauer davon aus, dass die Anerkennung der Konsensbasis nicht nur Voraussetzung für jede politische Auseinandersetzung und die Verwirklichung von Pluralität in der demokratischen Gesellschaft ist. Überdies galt dem Neopluralist wie Bauer die Qualität der Verankerung des Minimalkonsens als Gradmesser und Garantie für die Stabilität der Demokratie. Je anerkannter und etablierter die im Konsens formulierten Regeln sind, um so intensiver und stabiler kann die Gesellschaft um die pluralen politischen Positionen streiten und Konflikte austragen.

Für die von Bauer formulierte Ethik des Pluralismus ist dann auch kennzeichnend, was Steffani mit Blick auf den von Fraenkel entwickelten Neopluralismus formuliert, dass nämlich

> »(d)er Neopluralismus weder eine Harmonielehre noch eine Heilslehre zur garantierten Verwirklichung sozialer Gleichheit und Gerechtigkeit (ist), vielmehr eher eine Legitimationslehre von Opposition, Konkurrenz, offener Konfliktregelung, Partizipation, Kontrolle sowie der Regierung durch Alternativen.«[708]

Der »nicht kontroverse Sektor« galt Fraenkel und das »ethische Minimum« galt Bauer dabei als Gegenpol zur Gefahr der Anarchie, die Pluralismuskritiker wie Hermann Weinkauff heraufbeschworen. Und wie Fritz Bauer galt in der Theo-

707 Ernst Fraenkel: Strukturdefekte der Demokratie. In: Ernst Fraenkel, Kurt Sontheimer: Zur Theorie der pluralistischen Demokratie. Bonn 1964. (Schriften der Bundeszentrale für politische Bildung) S. 4.

708 Winfried Steffani: Pluralismus – Neopluralismus. Konzeptionen, Positionen und Kritik. In: Heinrich Oberreuter (Hg.): Pluralismus. Grundlegung und Diskussion. München 1979. S. 50.

rie des Neopluralismus der »kontroverse Sektor« als Schutzschild der Demokratie gegenüber jeder Form der Despotie und Diktatur.[709] Jean Jacques Rousseau, auf dessen Demokratie- und Souveränitätsbegriff Pluralismus-Kritiker wie Weinkauff ihre Argumentation stützten, betrachtete Ernst Fraenkel als »Apostel des Anti-Pluralismus«.[710] Daneben ist es die von Fraenkel entfaltete a-posteriori-Gemeinwohl-Definition, die unterstreicht, dass eine demokratische Gesellschaft die Bestimmung von dem Gemeinwohl als werthafte Entscheidung versteht. Politik ist somit Ergebnis einer gesellschaftlichen Diskussion und eines ausgetragenen Konflikts und wird a-posteriori formuliert und nicht a-priori durch eine politische Konzeption mit dogmatischem Anspruch bestimmt.[711] Es ist die auch von Bauer normativ begründete a-posteriori-Gemeinwohl-Definition, die die Wendung des Neopluralismus gegen jede Form autoritärer und diktatorischer Herrschaft unterstreicht.

Die Politiktheorie Fraenkels kann als »normativ fundierte kategoriale Aufarbeitung« der gänzlich verschiedenen »politischen Ordnungsformen« Diktatur und Demokratie verstanden werden.[712] Pluralismus als Gegenentwurf zum Nationalsozialismus meint bei Fraenkel wie bei Bauer die Anerkennung der Normativität von Konflikt und Konsens. Allein in einer Akzentuierung unterscheiden sich die Pluralismusbegriffe beider, und diese Differenz verweist auf die Spezifik der politischen Haltung Bauers. Obwohl auch Fritz Bauer ausgehend vom Pluralismusbegriff die Beschränkung der reglementierenden Aufgabe und Funktion des Staates und der Rechtsprechung reflektierte[713], ist sein politisches Denken wesentlich gesellschafts- und subjektzentriert. Seine politische Position, die als Postulat personaler und sozialer Identität vorgestellt wurde, rückt das Individuum als handelndes Subjekt in den Mittelpunkt der Reflexion und denkt wesentlich über die Gesellschaftsordnung und die der Norm des Pluralismus adäquaten Strukturen der politischen Gemeinschaft nach. Seine Anlehnung an den frühen Marx bedeutet in diesem Kontext eine Betonung der normativen Priorität des Menschen als dem handelnden Subjekt der Ethik des Pluralismus, der in zeitgenössischen Pluralismustheorien oft

---

709 Karl Theodor Schuon: Partizipative Pluralismustheorie. In: Politische Theorie des Demokratischen Sozialismus. Hg. v. Karl Theodor Schuon. Marburg 1986. S. 107.

710 Ernst Fraenkel: Der Pluralismus als Strukturelement der freiheitlich-rechtsstaatlichen Demokratie. Festvortrag anlässlich des 45. Deutschen Juristentages in Karlsruhe vom 22. September 1964. In: Ernst Fraenkel: Deutschland und die westlichen Demokratien. Hg. v. Alexander v. Brünneck. Frankfurt a.M. 1990. S. 307.

711 Vgl. Karl Theodor Schuon, a.a.O. S. 110f. Vgl. Ernst Fraenkel, a.a.O. S. 300.

712 Gerhard Göhler: Vom Sozialismus zum Pluralismus. Politiktheorie und Emigrationserfahrung bei Ernst Fraenkel. PVS, H. 1, 1986. S. 15.

713 Vgl. Fritz Bauer: Wertordnung und pluralistische Gesellschaft. In: Leonhard Reinisch (Hg.): Die deutsche Strafrechtsreform. München 1967. S. 37ff.

zuwenig Aufmerksamkeit gewidmet wurde.[714] Damit setzt Bauer einen Akzent, der an Pluralismustheorien angloamerikanischer Prägung erinnert und sich von Fraenkels Theorie insofern unterscheidet, als dessen Neopluralismustheorie dazu neigt, »in der Analyse den Kollektivakteuren (...) mehr Gewicht als dem einzelnen Bürger zu geben«.[715] Der Pluralismusbegriff Bauers richtet den Blick nicht auf den gesellschaftlichen status quo, sondern ist als ein Postulat, nämlich als permanente Herausforderung und Aufforderung an den einzelnen Bürger zur Partizipation an der Demokratie zu verstehen. Es geht darum, der mit dem Bonner Grundgesetz formal geschaffenen Demokratie »die Demokraten zu liefern«[716], und Bauers Konzept betont mit Blick auf den Bürger in der Demokratie den Aspekt der subjektiven Rechte und Verantwortung in der demokratischen Gesellschaft.

Dennoch ist Bauers Denken – und das positioniert ihn in der frühen Bundesrepublik – in Übereinstimmung mit der Neopluralismustheorie Fraenkelscher Prägung empirisches und normatives Postulat. Sein Pluralismusbegriff versteht sich wie die Theorie von Fraenkel als analytisches Instrument zur Beschreibung und Kritik des politischen Systems, der Verfassungsnorm und -wirklichkeit. Entscheidend dabei ist, dass Fraenkel und Bauer Pluralismus als werthafte Legitimation der demokratischen Gesellschaftsordnung verstehen.

Fritz Bauers politisches Denken lässt sich ausgehend von seinem Pluralismusbegriff als eine kritische Theorie der Demokratie verstehen, die sich schließlich – im Unterschied zu dem Denken von Fraenkel – zu einer Haltung des demokratischen Sozialismus verdichtet.

Das Zentrum dieser politischen Haltung bildet der Pluralismusbegriff, der die empirische und normative Basis und Begründung von Gesellschaft bildet und als das bedeutendste politiktheoretische Konzeptionsmoment des demokratischen Sozialismus verstanden werden kann.[717] Der politisch denkende Jurist Fritz Bauer entwickelte dabei keine zusammenhängende Demokratietheorie. Seine Texte sind in ihrer Mehrzahl unmittelbare Reaktionen und Stellungnahmen in der politischen Auseinandersetzung und haben einen hohen situativen Charakter. Mit seinen Publikationen hat Fritz Bauer keinen konsistenten Textkorpus vorgelegt. Der politische Jurist entwickelte vielmehr eine Haltung, die der einer kritischen Demokratietheorie und dem demokratischen Sozialismus nahe ist und die er selbst – explizit im Zusammenhang mit seinem

714 Vgl. Manfred G. Schmidt: Demokratietheorien. Opladen 32000. S. 236.

715 Manfred G. Schmidt, a.a.O. S. 235. Vgl. auch ebd. S. 229ff.

716 Fritz Bauer: Widerstandsrecht und Widerstandspflicht des Staatsbürgers. In: Martin Niemöller u.a.: Tempelreinigung. Frankfurt a.M. 1962. S. 58.

717 Vgl. Karl Theodor Schuon: Pluralismus. In: Thomas Meyer u.a. (Hg.): Lexikon des Sozialismus. Köln 1986. S. 482.

Pluralismusbegriff – als Ethik bezeichnet hat. Die Deutung von Bauers Position als Ethik verweist auf den politischen Gehalt der Position und ihre spezifische Ausrichtung, denn für sie kann gelten, was Oskar Negt mit Georg Lukács über die Ethik eines kritischen Demokratiebegriffs formuliert hat: »Ethisch kann sich keiner der Verantwortung mit der Begründung entziehen, dass er nur ein einzelner sei, von dem das Schicksal der Welt nicht abhinge. Dies kann man nicht nur objektiv niemals mit Sicherheit wissen, weil es immer möglich ist, dass es gerade vom einzelnen abhängt, sondern ein derartiges Denken wird auch durch das innerste Wesen der Ethik, durch Gewissen und Verantwortungsbewusstsein, unmöglich gemacht.«[718] Mit Blick auf die Verbindung von politischem Denken und praktischem Vollzug als einem Wesensmerkmal der politischen Haltung von Fritz Bauer kann diese als eine Ethik beschrieben werden. Oskar Negt charakterisiert die Verknüpfung von politischem Denken und politischer Praxis als spezifisches Merkmal eines sozialistischen Politikverständnisses, wenn er schreibt:

»Was die bürgerliche Gesellschaft säuberlich scheidet und was Max Weber mit dem Dualismus von Gesinnungs- und Verantwortungsethik auf den Begriff gebracht hat, ist im sozialistischen Bewusstsein untrennbar miteinander verknüpft.«

Und in diesem Sinne geht es auch Fritz Bauer um eine »politische Moral des Handelns«, in der »Identität der Gesinnung und Verantwortung für die Folgen des Handelns zwei Seiten ein und derselben Medaille« sind.[719] Fritz Bauers Haltung spiegelt ein sozialistisches Demokratieverständnis, insofern es an einer »praktischen Herstellung einer alternativen Lebenssituation«[720] interessiert ist und einen neuen Gesellschaftsentwurf erarbeiten will. Dass dieses Konzept einer demokratischen Gesellschaftsordnung sozialistischen Charakter hat, ergibt sich also zuerst durch die Verbindung zwischen politischem Denken und politischer Praxis, über die Fritz Bauer schreibt, dass eben

»nicht gesagt sein (soll), dass ein Händedruck genügt. So billig kommen wir nicht davon. Auch ein Händedruck kann die Wirklichkeit nicht überspringen; es müssen auch die realen Lebensmöglichkeiten verbessert werden. Das gerade ist die Wirksamkeit des Marxschen Ethos und der sozialistischen Bewegung, das bleibende Bedeutende an ihnen, dass ihr Humanismus nicht nur eine große und schöne Geste im Allgemeinen und Privaten war und ist, sondern dass es ihnen immer zugleich um die wirtschaftliche und gesellschaftliche Ordnung

718 Oskar Negt: Vorrede. In: Ders.: Keine Demokratie ohne Sozialismus. Über den Zusammenhang von Politik, Geschichte und Moral. Frankfurt a.M. 1976. S. 11.

719 Ebd.

720 Oskar Negt, a.a.O. S. 10.

geht (...). Humanismus ohne Wirtschafts-, Sozial- und Erziehungspolitik ist bloße Don-Quichotterie.«[721]

Neben der Begründung der Normativität des Subjekts war gerade die Reflexion des Zusammenhangs von politischem Denken und politischer Praxis ein entscheidender Aspekt der Marx-Rezeption von Fritz Bauer. Bauer hat als Jurist einen Politikbegriff zum Ausgangspunkt der Begründung von Recht erhoben, der für die Anerkennung des demokratischen Prinzips des Vorrangs des Subjekts in der Rechtsprechung steht. Damit hat er nicht nur in Frontstellung zu einem positivistischen Verständnis einen normativen Rechtsbegriff entwickelt, sondern die Rechtsprechung nach 1945 auf die Prinzipien des Grundgesetzes verpflichtet.

Bauer forderte aufgrund der Inkongruenz von Individualität und empirischer Existenz im Westdeutschland der fünfziger und sechziger Jahre, dass der Mensch lernen müsse in dieser technisierten, mechanisierten Welt noch Subjekt zu sein. Dass er sich im Unterschied zu den im Exil geführten Diskussionen über die Bedeutung der Veränderung der kapitalistischen Wirtschaftsordnung zugunsten einer sozialistischen[722] nach 1949 mehr auf den Zusammenhang von demokratischer Ordnung, Recht und Subjekt konzentrierte, erklärt sich dabei mit der Rolle, die Fritz Bauer mit dem Amt des Generalstaatsan-

721 Fritz Bauer: Im Kampf um des Menschen Rechte (zuerst 1955). Vorgänge, H. 6, 1969. S. 209.

722 Bauer arbeitete, während er im skandinavischen Exil lebte, regelmäßig im Wirtschaftsausschuss der Internationalen Gruppe demokratischer Sozialisten mit, die sich um den Leiter der Auslandsvertretung der deutschen Gewerkschaften Fritz Tarnow in Kopenhagen gruppiert hatte. Die Gruppe diskutierte Programme für den Neuaufbau der Gewerkschaften und Pläne für die Gestaltung der Wirtschaftspolitik für die Zeit nach Hitler. Vgl. Klaus Misgeld: Die »Internationale Gruppe demokratischer Sozialisten« in Stockholm 1942-1945. Zur sozialistischen Friedensdiskussion während des Zweiten Weltkrieges. Uppsala 1967. Besonders S. 80ff u. 105. Vgl. auch Fritz Bauer: Ein kommunistisches Manifest von heute. Sozialistische Tribüne, H. 3, 1945. S. 9ff. Hier reflektiert Bauer »Gründe (...) für das Ende des Kapitalismus«. Auf der ersten Landeskonferenz der deutschen Sozialdemokraten in Schweden am 2./3.12.1944 in Stockholm, bei der Fritz Bauer als einer von 21 Delegierten Stockholm vertrat und auf der er in die Landesleitung der SoPaDe gewählt wurde, wurde eine Entschließung angenommen, mit der sich die Landesleitung zur Notwendigkeit bekannte, dass es »das Ziel des künftigen politischen Kampfes der Arbeiterklasse sein (müsse), die kapitalistische Gesellschaftsordnung in sozialistische Gemeinwirtschaft auf demokratischer Grundlage umzuwandeln (...)«. Vgl. dazu: Helmut Müssener: Exil in Schweden. Politische und kulturelle Emigration nach 1933. München 1974. S. 148 u. 150. Vgl. auch: Steffen Steffensen: Fritz Bauer (1903-1968). Jurist und Volkswirt. In: Exil in Dänemark. Deutschsprachige Wissenschaftler, Künstler und Schriftsteller im dänischen Exil nach 1933. Hg. von Willy Dänhardt und Birgit S. Nielsen. Heide 1993. S. 171ff, bes. S. 172f. Vgl. zur Situation der Flüchtlinge im Exil vor allem den Aufsatz von Hans Uwe Petersen: Dänemark und die antinazistischen Flüchtlinge 1940/41. In: Ders. (Hg.): Hitlerflüchtlinge im Norden. Asyl und politisches Exil 1933-1945. Kiel 1991. S. 55ff.

waltes übernommen hatte. Zudem darf die historische Situation des geteilten Deutschland als Handlungskontext für sein politisches Denken und die Praxis seiner politischen Haltung nicht unterschätzt werden oder aus dem Blick geraten.

In dem 1984 publizierten Buch *Unvergessene Jahre* zitieren Ruth und Max Seydewitz, die in der DDR lebten und Fritz Bauer im Exil kennen gelernt hatten[723], aus einem Brief, den er im April 1963 an Max Seydewitz geschrieben hatte und der eine persönliche Einschätzung seiner Situation vermittelt. Der hessische Generalstaatsanwalt nutzte einen Aufenthalt im Ausland, um die politische Lage zu beschreiben:

»Ich danke herzlich für Deine und Ruths Einladung (...). Es ist eine der paradoxesten Tatsachen unserer Zeit, dass ich in den letzten zehn Jahren weite Teile der Welt gesehen und dabei auch vieles gelernt habe, dass ich aber – abgesehen von einem kurzen Besuch Ostberlins – von der DDR schlechterdings nichts weiß. Du darfst nicht glauben, dass ich dies leichtnehmen würde. Ein Besuch Dresdens (...) wäre aber wenig vernünftig, ich bekäme die größten Schwierigkeiten, und niemandem wäre damit gedient. Ähnliches gilt für Eure Bücher, die ihr mir als Geschenk schicken wollt. Vor Jahren war dies und jenes noch möglich, heute müsste wohl auch ich – trotz meiner Stellung – Gründe für ihren Empfang ins Feld führen, wozu ich weder Zeit noch Lust habe (...).«[724]

Der Hinweis auf Kontakte von westdeutschen politischen Mandats- und Amtsträgern zur DDR, dem anderen deutschen Staat, konnte in Westdeutschland in der politischen Auseinandersetzung gezielt als Argument eingesetzt werden, das die Wirkungsmöglichkeit einer politischen Haltung erheblich einschränkte, wenn nicht gar gänzlich zerstörte.[725] Während die Zwei-staatlichkeit Deutschlands den impliziten und weiteren Handlungsrahmen der politischen Haltung und Argumentation absteckt, ist es die Erfahrung mit der politischen Position der Sozialdemokratie und der Arbeiterbewegung, die Fritz Bauer in der Weimarer Republik machte, die er im Exil konkret erlebte und die seine politische Position konstruktiv und kontinuierlich prägte. Denn gerade die schwedische sozialdemokratische Arbeiterpartei ist dem demokratischen Sozialismus verbunden und innerhalb der schwedischen Arbeiterbewegung

723 Max Seydewitz gehörte der linkssozialdemokratischen SAP an. Vgl. dazu Einhart Lorenz: Mehr als Willy Brandt. Die Sozialistische Arbeiterpartei Deutschlands (SAP) im skandinavischen Exil. Frankfurt a. M. u.a. 1997. S. 106 u. 108.

724 Vgl. den von Fritz Bauer im April 1963 in Italien geschriebenen Brief in: Ruth Seydewitz, Max Seydewitz: Unvergessene Jahre. Begegnungen. Berlin 1984. S. 93.

725 Vgl. Axel Schildt: Vor der Revolte: Die sechziger Jahre. ApuZ, B 22-23, 2001. S. 7ff, bes. S. 12. Nach Schildt herrschte eine »Atmosphäre, in der alle Organisationsversuche links von der SPD unter dem Generalverdacht einer Steuerung durch die SED standen« und »selbst die wenigen marxistischen ›Traditionalisten‹ in kleinen linkssozialistischen Gruppierungen« achteten demnach »auf strikte Abgrenzung.«

wurden Ziele und Inhalte sozialistischer Politik diskutiert.[726] In seinem in der *Sozialistischen Tribüne* publizierten offenen Brief aus Dänemark zeigte Fritz Bauer im September 1945 diesen Diskussionszusammenhang auf. Er kam zu der Einschätzung, dass in Dänemark zwar die »breiten Massen (...) unreflektiert deutschlandfeindlich« seien, aber »in der Arbeiterbewegung und nicht zuletzt gerade in den Kreisen der Freiheitsbewegung Interesse an einem neuen Deutschland auf demokratischer und sozialistischer Grundlage« zu finden gewesen sei.[727]

In diesem diskursiven Kontext hatten Fritz Bauer und Willy Brandt als Initiatoren der *Sozialistischen Tribüne* die Zeitung in den anderthalb Jahren ihres Erscheinens zum zentralen Organ der deutschsprachigen Exilpresse in Schweden gemacht.[728] Bauer selbst hatte bis zu seiner Rückkehr nach Dänemark die Funktion des Chefredakteurs bekleidet, und er publizierte regelmäßig in der in Stockholm erscheinenden Zeitung der Landesleitung der SPD, die für die Emigranten eine Möglichkeit bot »nicht mehr passive Objekte, sondern verantwortliche Gestalter unseres Schicksals« zu sein, und denen es – wie es Ignazio Silone im ersten Heft im Januar 1945 beschrieb – »kurzum (...) darum geht, Geschichte zu machen und sie nicht nur zu erleiden«.[729] Die *Sozialistische Tribüne* verstand sich als »sozialistisches Blatt« und hatte sich dem Weg eines »kämpfenden Sozialismus« verpflichtet.[730]

Bereits in seinem 1945 im Exil verfassten und in der *Tribüne* publizierten Text hatte Fritz Bauer auch über den »Glaube an den deutschen ›Herrenmenschen‹« geschrieben, der »auffallend tief« im Bewusstsein der Deutschen verankert sei.[731] Damit hatte er eine Erklärung des Nationalsozialismus formuliert, die er 1960 in seinem umstrittenen und vielfach kritisierten Referat über die *Wurzeln faschistischen und nationalsozialistischen Handelns* explizit aufgriff.[732] Wenn er zudem Mitte der fünfziger Jahre schreibt, dass

726 Vgl. Creating Social Democracy. A Century of the Social Democratic Labor Party in Sweden. Ed. by Klaus Misgeld, Karl Molin, Klas Åmark. Pennsylvania 1992.

727 Fritz Bauer: Brief aus Dänemark. Sozialistische Tribüne, H. 8-9, 1945. S. 23ff. (Hervorh. i. Orig.)

728 Vgl. Helmut Müssener: Exil in Schweden. Politische und kulturelle Emigration nach 1933. München 1974. S. 158. Im April 1945 erschien die Sozialistische Tribüne in einer Auflage von 1000 Exemplaren, allerdings sank die Auflage in den folgenden Monaten rapide.

729 Ignazio Silone: Unser Weg: die Wahrheit. Sozialistische Tribüne, H. 1, 1945. S. 1.

730 Ignazio Silone, a.a.O. S. 2.

731 Fritz Bauer: Brief aus Dänemark. Sozialistische Tribüne, H. 8-9, 1945. S. 25.

732 Vgl. Fritz Bauer: Die Wurzeln faschistischen und nationalsozialistischen Handelns. Frankfurt a.M. 1965. Den Vortrag hatte Fritz Bauer im Herbst 1960 anlässlich einer Arbeitstagung des Landesjugendrings Rheinland-Pfalz gehalten. Vgl. dazu oben S. 143ff.

»Sozialismus (...) nicht nur eine wirtschaftliche und politische Bewegung (ist), sondern, was gerade dem jungen Karl Marx vor Augen stand, eine Bewegung von Menschen, denen es um den Menschen geht, um die Vermenschlichung der Menschen in der Gesellschaft«[733]

und er diese Haltung als den Kern einer sozialistischen Position charakterisierte, wird die Kontinuität seiner politischen Position deutlich, die das Individuum in das Zentrum politischen Denkens rückt. Auch von hier aus lässt sich Fritz Bauers Denken als Position eines demokratischen Sozialismus erfassen.

Wie Fritz Bauers Demokratie- und Widerstandsbegriffs sieht sich der demokratische Sozialismus einem Denken verpflichtet, das den Einzelnen in seiner empirischen Individualität als normativen Bezugspunkt anerkennt, von einer realen Gesellschaftsanalyse ausgeht und eine maximale freie Entwicklung des Einzelnen postuliert. Insofern ist auch der von Fritz Bauer formulierte »Freiheitssinn« der eines demokratischen Sozialismus. Dieser Freiheitsbegriff zeichnet sich durch die Begrenzung der Freiheit in aufklärerisch-skeptischer Tradition aus, bestimmt sie nach Rosa Luxemburg immer als die »Freiheit der Andersdenkenden«[734] und begreift damit die Entfaltungs- und Entwicklungsmöglichkeit des Individuums gemäß menschlicher Solidarität und Gerechtigkeit als Kern von politischer Ordnung. Der von Fritz Bauer formulierte Freiheitsbegriff stimmt mit dem »kategorische(n) Imperativ jeder sozialistischen Demokratie«[735] überein, der als ein demokratischer und sozialistischer die Verwirklichung von Freiheit als Aufgabe der Demokraten postuliert.

Das Individuum wird im demokratischen Sozialismus wie von Bauer als handelndes Subjekt vorgestellt, als mündiger Bürger mit »Realitätssinn« und »Konfliktfähigkeit, Zivilcourage, Solidaritätsvermögen«.[736] Dieses »Identitätskonzept«, das auch Bauers politisches Denken reflektiert, versteht der demokratische Sozialismus nicht als politische Idee mit idealtypischem Charakter, sondern als ein »Spiegel- und Gegenbild zur bestehenden Gesellschaft«[737], das die demokratische Gemeinschaft auf eine gegenwartsgerichtete und realbezogene Politik verpflichtet.

Fritz Bauer entwickelte damit eine moderne demokratietheoretische Position, die, um mit Michael Th. Greven zu sprechen, dadurch gekennzeichnet ist,

---

733 Fritz Bauer: Im Kampf um des Menschen Rechte (zuerst 1955). Vorgänge, H. 6, 1969. S. 209.

734 Vgl. Rosa Luxemburg: Zur russischen Revolution. In: Dies.: Gesammelte Werke, Bd. 4, August 1914 bis Januar 1919. Hg. v. Institut für Marxismus-Leninismus beim ZK der SED. Berlin 1974. S. 359.

735 Oskar Negt: Keine Demokratie ohne Sozialismus, kein Sozialismus ohne Demokratie. In: Ders.: Keine Demokratie ohne Sozialismus. Über den Zusammenhang von Politik, Geschichte und Moral. Frankfurt a.M. 1976. S. 479.

736 Karl Theodor Schuon: Anthropologie. In: Politische Theorie des Demokratischen Sozialismus. Hg. v. Karl Theodor Schuon. Marburg 1986. S. 52.

737 Ebd.

dass die »Individuen (...) ihre fundamentalen Rechte (haben), bevor überhaupt die politische Gemeinschaft gestiftet wird – und es ist eher die Frage, wieviele sie davon abgeben müssen, damit das Zusammenleben gelingen kann.«[738] Die konzeptionellen Überlegungen zu Gesellschaft und Staat werden im politischen Denken von Bauer zu »Interpretationsideen, mit deren Hilfe sich die Bürger und Bürgerinnen ihr Zusammenleben deuten, Interpretationen und Ideen, über die sie in ihrem politischen Willensbildungsprozess verfügen können – und nicht umgekehrt diese über ihn.«[739] Über die Aufgabe in der Demokratie schreibt Bauer:

»Demokratie lädt zum permanenten Widerstand ein! Demokratie ist die ständige Aufforderung zur kämpfenden Auseinandersetzung der in ihrem Schoße vereinten Gegensätze! Im Kreuzfeuer von Opposition und Kritik erhält sie sich gesund. Nur wer den Kampf als Lebensstil anerkennt, ist auch tolerant.«[740]

Die Grundanliegen des demokratischen Sozialismus spiegeln sich auch in Bauers Demokratiebegriff, der die demokratische Ordnung als permanent sich entwickelnde und ständig im Prozess seiende, sich vollziehende konstitutionelle Ordnung begreift. Bauer geht in Übereinstimmung mit dem demokratischen Sozialismus davon aus, dass eine sozialistische Gesellschaft bürgerliche Freiheitsrechte und die freiheitliche Grundordnung der parlamentarischen Demokratie nur durch den und im Kampf demokratischer Meinungs- und Mehrheitsbildung verwirklichen kann. Der demokratische Sozialismus versteht sich wie das Denken und die politische Praxis von Fritz Bauer als politische Alternative, die in den Prozess politischer Auseinandersetzungen eingebunden ist und sich bewähren muss. Sie ist auf der Suche und formuliert keine stringente, geschlossene oder gar monistische Theorie zur gesellschaftlichen Veränderung, sondern ist als ein Konzept auf Widerruf zu verstehen, das nach einer demokratischen Legitimierung verlangt.[741] Dass Fritz Bauer Marx' Gesellschaftskritik verbunden war und er an den frühen Marx anknüpfte, bedeutete dabei, dass er als demokratischer Sozialist nie dogmatischer Marxist sein konnte. Die Offenheit der politischen Haltung und der Antidogmatismus sind Kennzeichen einer kritischen Theorie der Demokratie[742] wie des

738 Michael Th. Greven: Output-Legitimation. In: Michael Buckmiller, Joachim Perels (Hg.): Opposition als Triebkraft der Demokratie. Hannover 1998. S. 479.

739 Michael Th. Greven, a.a.O. S. 480.

740 Fritz Bauer: Widerstand heißt Verantwortlichkeit. In: Deutscher Gewerkschaftsbund (Hg.): Der 20. Juli. Düsseldorf 1956. S. 37.

741 Vgl. Carl Böhret, Werner Jann, Eva Kronenwett, a.a.O. S. 355.

742 Michael Greven hat es als Charakteristikum einer kritischen Politiktheorie der Demokratie beschrieben, dass sie keine zusammenhängende und geschlossene Theorie formuliert. Vgl. Michael Greven: Die fehlende Demokratietheorie der Kritischen Theorie. In: Wolfgang

demokratischen Sozialismus, der keine ideal vorgestellte sozialistische Lebenswelt antizipieren will und jedes verabsolutierende Denken wie jeden Dogmatismus ablehnt und sich zu dem Prinzip bekennt, dass es keine wahre sozialistische Theorie geben kann. Der demokratische Sozialismus ist wie das politische Denken von Fritz Bauer einem Antidogmatismus verpflichtet und versteht sich als historisch, da Demokratie und Kritik sich immer als Reaktion auf die gesellschaftlichen Verhältnisse und die gesellschaftliche Wirklichkeit beziehen.

Fritz Bauer entfaltet mit seinem Widerstandsbegriffs ein Demokratieverständnis, das einen »inhaltlich-revolutionären« Charakter hat – um noch einmal mit Oskar Negt über die Kennzeichen eines sozialistischen Demokratiebegriffes zu sprechen. Dieser Charakter manifestiert sich zum einen in der Forderung nach dem »Abbau der Herrschaft von Menschen über Menschen und die allseitige Entfaltung ihrer Fähigkeiten, aus den Verdrängungen und Verkehrungen einer erstarrten und staatlich sanktionierten Legitimation zu lösen«.[743] Zudem entwickelt Bauer seinen demokratischen Politikbegriff in einer spezifischen gesellschaftlichen und historischen Bedingtheit[744], nämlich in der Erfahrung der Diktatur des Nationalsozialismus. Dieser sozialistische Demokratiebegriff versteht sich wesentlich als ein Gegenentwurf zur konkret erlebten Einschränkung der Rechte des Subjekts in der Diktatur.

Neben dem Pluralismus, der im Zentrum des demokratischen Sozialismus steht, verbindet Fritz Bauers politische Haltung mit dem demokratischen Sozialismus die Anknüpfung an einen christlich geprägten Humanismus, dessen Bewusstsein von der Einzigartigkeit und der unverlierbaren Würde des Menschen zur Anerkennung seiner Personalität führt. Es ist ein Humanismus, dem ein skeptischer Vernunftbegriff zugrunde liegt und der sich noch einmal im Anschluss an Karl Marx als ein »realer Humanismus« versteht.[745] Die Herausgeber der seit 1954 erscheinenden Zeitschrift *Die Neue Gesellschaft*, neben Fritz Bauer, Willi Eichler, Erich Potthoff und Otto Stammer, haben diese politische Haltung durchaus als linke Position verstanden, denn sie »steht links, da, wo das Herz schlägt«.[746]

Der Humanismus eines demokratischen Sozialismus, der sich in Bauers Demokratie- und Widerstandsbegriff spiegelt, ist »der schwere Versuch der

---

Merkel, Andreas Busch (Hg.): Demokratie in Ost und West. Für Klaus von Beyme. Frankfurt a. M. 1999. S. 73ff.

743 Oskar Negt: Keine Demokratie ohne Sozialismus, kein Sozialismus ohne Demokratie. In: Ders.: Keine Demokratie ohne Sozialismus. Über den Zusammenhang von Politik, Geschichte und Moral. Frankfurt a.M. 1976. S. 461f.

744 Vgl. Oskar Negt, a.a.O. S. 462.

745 Vorwort der Herausgeber Fritz Bauer, Willi Eichler, Erich Potthoff und Otto Stammer im ersten Heft der Neue(n) Gesellschaft, das im Sommer 1954 erschien.

746 Ebd.

Vereinigung von Vernunft und lebendigem Herzschlag, Vereinigung von Freiheit und Gleichheit«[747] und bedeutet das arbeitende Streben nach einem menschenwürdigen Leben, das den Spannungszustand der Idee von Menschlichkeit und der gesellschaftlichen Realität aushält, indem der Mensch versucht, dialektische Freiheit und tätige Nächstenliebe zu leben.

Gerade auch im Begriffspaar Solidarität und Brüderlichkeit, das für Bauers politische Haltung zentrale Bedeutung hat, spiegelt sich noch einmal die Nähe seiner Position zu der des demokratischen Sozialismus. Ausgehend vom Pluralismus bestimmt der demokratische Sozialismus Solidarität als sozial-ethisches Prinzip, das die gesellschaftliche Verbindung der Menschen in einem »brüderlichen Miteinander ordnen will«.[748] Solidarität erscheint im demokratischen Sozialismus als ein von der Individualität ausgehendes Konstruktionsmoment einer demokratischen, sozialistischen Gesellschaft. Die Grundwerte der Solidarität und Brüderlichkeit haben eine lange Tradition in der Arbeiterbewegung und sie kennzeichnen den sozialistischen Charakter von Fritz Bauers Demokratiebegriff, insofern

> »Brüderlichkeit (...) ein radikaleres Prinzip gesellschaftlicher Neuordnung (ist) als das marxistische oder jedes andere primär organisationspolitische, weil es sowohl ein strukturelles wie zugleich ein ethisches und emotionales Prinzip zum Aufbau einer menschenwürdigen, einer wahrhaft sozialistischen Gesellschaft ist.«[749]

Es ist danach gerade die »revolutionäre Umgestaltung menschlichen Handelns (...) (v)om Herrenmenschen zum brüderlichen Menschen« sowie die »ethisch-personale Seite des Umgestaltungsprozesses«, die das Prinzip der Brüderlichkeit einfordert.

> »Gelingt es nicht, mit gesellschaftlichen Strukturen zugleich die Gefühls-, Denk und Handlungsweisen der Menschen vom eingeengten Ich zum brüderlichen Wir hin umzuformen, so bleiben (...) alle sozialistischen Organisationskonzepte leere Hülsen, in denen sich neue Klassen- und Herrschaftsverhältnisse stabilisieren (...). Das Prinzip der Brüderlichkeit verlangt statt dessen von jedem einzelnen, der den Anspruch erhebt, links zu stehen und progressiv zu sein, ebenso nüchtern wie herausfordernd die Leistung, in seinem höchstpersönlichen Verhalten hier und heute mit genau den Grundsätzen klassenloser, solidarischer

747 Fritz Bauer: Ungehorsam und Widerstand in Geschichte und Gegenwart. Vorgänge, H. 8/9, 1968. S. 292.

748 Autorenteam der Hochschulinitiative Demokratischer Sozialismus (HDS): Zur Einführung in die Theorie des Demokratischen Sozialismus. Frankfurt a.M., Köln 1977. S. 24.

749 Fritz Vilmar: Das Prinzip Brüderlichkeit. Mehr Radikalität als im Marxismus. In: Hans Jürgen Schultz (Hg.): Brüderlichkeit. Die vergessene Parole. Stuttgart 1977. S. 171ff, hier S. 176. (Hervorh. im Orig.)

Menschlichkeit zu beginnen, die er von den Menschen in einer wahrhaft sozialistischen Gesellschaft erwartet.«[750]

Erneut sei auf die Nähe des Denkens von Fritz Bauer zu dem von Albert Camus hingewiesen. Mit der Anknüpfung an die normativen Konzepte Solidarität und Brüderlichkeit gehörte Bauer zu den wenigen in Deutschland, die Albert Camus nicht nur als Existenzphilosophen und Literaten, sondern als politischen Denker rezipierten. Denn Camus stand in der Tradition

»parteiunabhängiger linker Intellektueller der Resistance und Nachkriegskultur in Frankreich (...), wie sie seit der Aufklärung und 1789 sich gebildet hat und eine lange unabgeschlossene und ständig noch wirksame Tradition eines ›Sozialismus‹ darstellt, eines ganz spezifischen französisch-aufklärerischen Republikaner-Sozialismus, der sehr variantenreich und oft schillernd-unbestimmt ist, der aber immer – und für Camus trifft das in ganz besonderem Maße zu – mit unbestechlich zu Ende gedachten Idealen der Brüderlichkeit und eines egalitären Humanismus eng verbunden ist.«[751]

Diesen Weg eines Sozialismus dachte Fritz Bauer mit, und er versuchte ihn, wie in Butzbach und einer Praxis der politischen Haltung verpflichtet, selbst zu gehen. Für Fritz Bauer galt, was Oskar Negt über die Schwierigkeiten von Sozialisten geschrieben hat, nach 1949 eine politische Identität auszubilden, zumal sie

»immer wieder mit zwei Tatbeständen der westdeutschen Nachkriegsgesellschaft konfrontiert waren: erstens der permanenten Restauration mit ihrem zur materiellen Gewalt gewordenen Antikommunismus und den Gewaltpotentialen, die sich im Alltag ausbreiten, in den Betonwüsten der Städte, in den Gefängnissen und Irrenanstalten, (...), in der fortschreitenden Kriminalisierung abweichenden Verhaltens; zweitens der Zerstörung der revolutionären Arbeiterbewegung durch den Faschismus (...).«[752]

Die politische Orientierung von Fritz Bauer wurzelte demgegenüber in der Position der Demokraten der Weimarer Republik, insbesondere der politischen Haltung seines Lehrers Gustav Radbruch. Radbruch hatte 1922 ausdrücklich aufbauend auf die auch von Bauer rezipierte Position des Relativismus seine *Kulturlehre des Sozialismus* veröffentlicht, in der er über den Sozialismus als »eine neue Geistesverfassung«, über den »sozialistischen Menschen« und die »Gemeinschaft« nachdachte.[753] Fritz Bauer rezipierte mit seiner politi-

750 Fritz Vilmar, a.a.O. S. 177ff.

751 Horst Wernicke: Albert Camus. Aufklärer – Skeptiker – Sozialist. Essay über einen Entwurf vom brüderlichen Menschen. Hildesheim, Zürich, New York 1984. S. 180.

752 Oskar Negt: Keine Demokratie ohne Sozialismus. Über den Zusammenhang von Politik, Geschichte und Moral. Frankfurt a.M. 1976. S. 13.

753 Gustav Radbruch: Kulturlehre des Sozialismus. Ideologische Betrachtungen. Stuttgart, Berlin 1922. S. 5. Radbruch weist auf S. 72 seiner Kulturlehre darauf hin, dass er seine »Einführung

schen Haltung die zentralen Gedanken und die sozialistische Haltung, die Radbruch in der *Kulturlehre* entfaltet hatte.[754] Radbruch positionierte die sozialistische Auffassung wie Bauer später auch im »individualistische(n) Zeitalter (...) des Kapitalismus« gegen die Etablierung der Massengesellschaft[755] und sein Denken richtete sich, ebenfalls wie das von Bauer später, an die »Jungsozialisten«[756], denen allein er die Kraft und Entschlossenheit zur Veränderung politischer Ordnung zutraute. »Ziel« dieser Veränderung war die Etablierung einer sozialistischen Gemeinschaft, die an die Überlegungen erinnert, die Fritz Bauer später mit Blick auf die Strukturprinzipien der demokratischen Gesellschaft anstellte. Radbruch schrieb, dass »(e)rst in der transpersonalen Gemeinschaft«, in der der Mensch sich »entschließt, sich im Rahmen einer umfassenden Gemeinschaft einem begrenzten Werke selbstvergessen hinzugeben« und die »die ganze Vielfalt persönlicher Fähigkeiten« weckt und nutzt, »die Persönlichkeit in der ganzen Fülle ihrer Eigenart in sich« aufgenommen werde.[757] Dabei bezeichnete schon Radbruch »Kameradschaft« und »Gemeinsinn« als »Grundgedanken sozialistischer Sittlichkeit.« Er schrieb: »Die Gemeinschaft fordert im Verhältnis ihrer Glieder zueinander: Kameradschaft; im Verhältnis jedes ihrer Glieder zur Gemeinschaft selbst: Gemeinsinn.« Und Kameradschaft beschrieb er als »ein persönliches Verbundensein« das »auf einem gemeinsamen überpersönlichen Interesse beruht.«[758] Radbruch sprach zudem von der »Brüderlichkeit«, dem »Gedanken der Gleichheit alles dessen, was Menschenantlitz trägt« und der »christlichen Liebe«, die der »sozialistischen Kameradschaft (...) zur Seite« trete und »ihrem Wesen nach ›Nächstenliebe‹« sei, als Elemente einer »Verwandtschaft« zwischen Sozialismus und Christentum.[759] Ausdrücklich bekannte er sich zu einer »diesseitsfrohen Religiosität« [760] und bezeichnete die »Bejahung des Lebens« als Religion.[761] Während er wie Bauer später auch Gott und Jenseits nicht als Religion, sondern »Theologie, und oft nicht einmal gute«, kritisierte.[762] In der Kontinuität

in die Rechtswissenschaft« und die »Grundzüge der Rechtsphilosophie« als Vorarbeiten versteht.

754 Gustav Radbruchs Überlegungen zur Bedeutung von Gesellschaft aus der »Kulturlehre des Sozialismus« rezipierte Fritz Bauer zum Beispiel in seinem Text: Der Zweck im Strafrecht. In: Fritz Bauer: Vom kommenden Strafrecht. Karlsruhe 1969. S. 36.

755 Gustav Radbruch: Kulturlehre des Sozialismus. Ideologische Betrachtungen. Stuttgart, Berlin 1922. S. 26f.

756 Gustav Radbruch, a.a. O. S. 6.

757 Gustav Radbruch, a.a. O. S. 20ff.

758 Gustav Radbruch, a.a. O. S. S. 22f.

759 Gustav Radbruch, a.a. O. S. 36f.

760 Gustav Radbruch, a.a. O. S. 55.

761 Gustav Radbruch, a.a. O. S. 42.

762 Gustav Radbruch, a.a. O. S. 44.

dieser Position stehen die Diskussionen der Sozialisten im Exil und die Arbeit von Fritz Bauer in der Internationalen Gruppe der Demokratischen Sozialisten, die an die oppositionelle und sozialistische Haltung während der Weimarer Republik anknüpften. Prägend für die politische Haltung von Fritz Bauer war zudem die Freundschaft, die ihn seit der Weimarer Republik mit Kurt Schumacher verbunden hat und von der Bauer berichtete, dass beide »Freunde fürs ganze Leben«[763] waren. Bauer bewunderte nicht nur Schumachers »Nervenstärke, Mut und Durchhaltekraft«[764] als beide im Konzentrationslager am Heuberg bei Ulm inhaftiert waren. Er hat berichtet, dass er bereits als »junger Assessor und Richter« Ende der zwanziger und Anfang der dreißiger Jahre, »viel mit ihm zusammen« war. Fritz Bauer und Kurt Schumacher verband das Selbstverständnis als Republikaner, beide waren Verteidiger der Demokratie in der Weimarer Republik. Der SPD-Landtagsabgeordnete Schumacher galt seit 1928 in Stuttgart, der Heimatstadt von Fritz Bauer, als zentrale Figur der sozial-demokratischen Partei in Württemberg, und Bauer selbst trat 1920 in die SPD ein.[765] An der Seite von Schumacher[766] verteidigte er im Reichsbanner Schwarz-Rot-Gold, dem Kampfverbund, der als »nationalrepublikanische Bewegung« an die demokratisch-freiheitlichen politischen Vorstellungen von 1848 anknüpfte[767], seit 1930 als Vorsitzender der Ortsgruppe Stuttgart und als Mitglied des Gauvorstandes die demokratische Ordnung der Weimarer Republik.

Die so schon in den zwanziger und dreißiger Jahren realisierte Haltung eines demokratischen Sozialismus, die praktische Arbeit, Empirie und Normativität zusammen denkt, praktizierte Bauer in der Bundesrepublik etwa als Mit-

763 Fritz Bauer im Frankenpost-Interview. Das Lehrstück von Kain und Abel. Frankenpost (Hof) vom 24.12.1964.

764 Ebd. Bauer berichtete: »Ich erinnere mich noch, wie er (Schumacher) 1933, als er von der spalierbildenden Wachmannschaft des Lagers mit Brennesseln blutig geschlagen war und der Lagerleiter höhnisch die Frage an ihn richtete: ›Warum, Schumacher, sind Sie hier?‹, ohne Zögern antwortete: ›Weil ich zur besiegten Partei gehöre.‹« Bauer fuhr fort: »Ich, der kleinmütig die Stunde der Freiheit ersehnte, habe ihn dann gefragt, wie lange dies alles wohl daure. Ohne mit der Wimper zu zucken, meinte er: ›Ich bleibe hier 10 bis 12 Jahre, dann ist der Spuk vorbei.‹« Fritz Bauer: Im Kampf um des Menschen Rechte (zuerst 1955). Vorgänge, H. 6, 1969. S. 206. Kurt Schumacher wurde im Juli 1933 verhaftet und musste mehr als zehn Jahre in Gefängnissen und Lagern verbringen. Das Kriegsende 1945 erlebte er in Hannover.

765 Vgl. Matthias Meusch: Von der Diktatur zur Demokratie. Wiesbaden 2001. S. 9. Danach gab Fritz Bauer selbst als Eintrittsdatum in die SPD das Jahr 1922 an.

766 Über Kurt Schumachers politische Position in den Jahren nach 1928 schreibt Peter Merseburger: Der schwierige Deutsche. Kurt Schumacher. Eine Biographie. Stuttgart [2]1995. S. 102ff.

767 Vgl. zu den politischen Zielen des Reichsbanners Schwarz-Rot-Gold Karl Rohe: Das Reichsbanner Schwarz-Rot-Gold. Ein Beitrag zur Geschichte und Struktur der politischen Kampfverbände zur Zeit der Weimarer Republik. Düsseldorf 1966. Hier bes. S. 228f.

glied der Humanistischen Union, und schließlich steht sein Engagement als treibende Kraft bei der Gründung der *Kritischen Justiz*, die in ihrem ersten Heft 1968 nur noch einen Nachruf auf ihn drucken konnte, dafür noch einmal exemplarisch. So heißt es in der von Hans G. Joachim, dem damaligen Präsidenten des Landesarbeitsgerichts in Frankfurt am Main, dem Referendar Jan Gehlsen und Fritz Bauer getragenen Einladung zur Gründungsversammlung der »den herrschenden juristischen Betrieb kritisch durchleuchtenden«[768] Zeitschrift, »Zweck der Versammlung ist es, einen interessierten und zur Tat bereiten Kreis zu bilden, der die Herausgabe der Zeitschrift (...) tragen soll.«[769]

768 Rainer Erd: Zur Gründungsgeschichte der KJ. Dokumentation »30 Jahre Kritische Justiz«. www.KJ-online.de (Stand vom 10.1.2003)

769 Einladung zur Gründungsversammlung zit.n. Rainer Erd, a.a.O.

Drittes Kapitel: Fritz Bauers Widerstandsbegriff zwischen »totalem« und »partiellem« Recht: NS-Prozesse gegen Juristen und Ärzte als Täter und Gehilfen der »Euthanasie« in Frankfurt a.M.

1. Zum Zusammenhang von NS-Prozessen und Widerstandsbegriff im Denken von Fritz Bauer

Am 12. Januar 1960 übernahm Fritz Bauer als hessischer Generalstaatsanwalt nach § 9 Strafprozessordnung das Ermittlungsverfahren gegen Werner Heyde. Heyde, der seit Ende 1948 unter dem falschen Namen Fritz Sawade in Schleswig-Holstein gelebt hatte[1], hatte sich am 12. November 1959 dem Oberstaatsanwalt beim Landgericht Frankfurt am Main gestellt, nachdem die Aufdeckung seiner wahren Identität nicht mehr zu verhindern gewesen war. In dem Ende Januar 1960 vom Landgericht Frankfurt am Main ausgestellten Haftbefehl heißt es:

»Der Beschuldigte war seit Mitte 1940 Leiter der ›Reichsarbeitsgemeinschaft Heil- und Pflegeanstalten‹. Er hat nach seinen eigenen Angaben von 1939 bis zum Sommer 1941 an der Tötung von ungefähr 70.000 Geisteskranken im Rahmen der sogenannten ›Euthanasie-Aktion‹ maßgeblich organisatorisch mitgewirkt und war bei dieser Aktion teilweise als ärztlicher Obergutachter tätig. Die Tötung der Geisteskranken wurde in der Weise durchgeführt, dass die nach vorheriger Begutachtung zur Tötung bestimmten Personen unter einem Vorwande aus den Heil- und Pflegeanstalten in Durchgangsanstalten und von dort nach kurzer Zeit in die Euthanasieanstalten verlegt wurden. Dort wurden alsdann die Tötungen durchgeführt.«[2]

---

1 Vgl. Klaus-Detlev Godau-Schüttke: Die Heyde/Sawade-Affäre. Wie Juristen und Mediziner den NS-Euthanasieprofessor Heyde nach 1945 deckten und straflos blieben. Baden-Baden 1998. S. 61ff und Ernst Klee: Was sie taten – Was sie wurden. Ärzte, Juristen und andere Beteiligte am Kranken- oder Judenmord. Frankfurt a.M. 1992. S. 19ff.

2 Beschluss des LG Frankfurt a.M. vom 29.1.1960. HStA, Abt. 631a, Nr. 114. o.S.

Im Mai 1962 legte die Generalstaatsanwaltschaft Frankfurt am Main die mehr als 800 Druckseiten dicke Anklageschrift vor, die Werner Heyde wegen Mittäterschaft zum Mord im Rahmen der »Euthanasie« anklagte.[3]

Seit Sommer 1959 ermittelten Frankfurter Staatsanwälte unter der Leitung ihres Generalstaatsanwaltes bereits gegen Tatbeteiligte am Massen- und Völkermord im Konzentrationslager Auschwitz. Auf der Grundlage der erarbeiteten Anklageschrift gegen das auf den verschiedensten Ebenen an NS-Verbrechen beteiligte Personal des Konzentrationslagers wurde schließlich von Dezember 1963 bis August 1965 der Frankfurter Auschwitz-Prozess geführt.[4] Das von den Staatsanwälten täglich zu bewältigende Arbeitspensum war bereits außerordentlich groß, als Fritz Bauer die Ermittlungsarbeit auf die Verbrechen ausweitete, die im Namen der nationalsozialistischen »Euthanasie« begangen worden waren. Gegenstand der Ermittlungen war die Ermordung von psychisch Kranken und behinderten Menschen, mit deren Planung der Leiter der Kanzlei des Führers, Philipp Bouhler, nach mündlichem Auftrag von Hitler im Sommer 1939 begonnen hatte. Die Mordaktion, die in Anlehnung an den Sitz der zentralen Verwaltung der »Euthanasie« in einer »arisierten« Villa in der Tiergartenstraße 4 in Berlin unter der Tarnbezeichnung »Aktion T 4« geführt wurde, hatte im Juli 1940 – mit 5356 Opfern allein in diesem Monat – ihren vorläufigen Höhepunkt erreicht.[5] Die auffällige Häufung von

3 Anklageschrift der Generalstaatsanwaltschaft vom 22.5.1962. HStA, Abt. 361a, Nr. 79ff.

4 Vgl. zum Auschwitz-Prozess etwa: Auschwitz-Prozess 4 Ks 2/63 Frankfurt am Main. Hg. v. Irmtrud Wojak i.A. des Fritz Bauer Instituts. Köln 2004; Fritz Bauer Institut (Hg.): Auschwitz: Geschichte, Rezeption und Wirkung. (Jahrbuch 1996 zur Geschichte und Wirkung des Holocaust) Frankfurt a.M., New York 1996; Irmtrud Wojak: Herrschaft der Sachverständigen? Zum ersten Frankfurter Auschwitz-Prozess. KJ, H. 4, 1999. S. 605ff; Werner Renz: Der erste Frankfurter Auschwitz-Prozess. Völkermord als Strafsache. 1999 Zeitschrift für Sozialgeschichte des 20. und 21. Jahrhunderts, H. 2, 2000. S. 11ff; Fritz Bauer Institut (Hg.): »Gerichtstag halten über uns selbst...« Geschichte und Wirkung des ersten Frankfurter Auschwitz-Prozesses. Hg. im Auftrag des Fritz Bauer Instituts von Irmtrud Wojak. (Jahrbuch 2001 zur Geschichte und Wirkung des Holocaust) Frankfurt a.M., New York 2001.

5 Vgl. zur Geschichte der »Euthanasie« Ernst Klee: »Euthanasie« im NS-Staat. Die »Vernichtung lebensunwerten Lebens«. Frankfurt a.M. 1994, Ernst Klee: Was sie taten – Was sie wurden. Ärzte, Juristen und andere Beteiligte am Kranken- oder Judenmord. Frankfurt a.M. 1992, Klaus-Detlev Godau-Schüttke: Die Heyde/Sawade-Affäre. Wie Juristen und Mediziner den NS-Euthanasieprofessor Heyde nach 1945 deckten und straflos blieben. Baden-Baden 1998. S. 16ff. Siehe auch die frühe Dokumentation der »Euthanasie«: Alexander Mitscherlich, Fred Mielke: Das Diktat der Menschenverachtung. Heidelberg 1947. In den sechziger Jahren erschienen u.a. Alexander Mitscherlich, Fred Mielke: Medizin ohne Menschlichkeit. Dokumente des Nürnberger Ärzteprozesses. Frankfurt a.M. 1960, Bert Honolka: Die Kreuzelschreiber – Ärzte ohne Gewissen, Euthanasie im Dritten Reich. Hamburg 1961 und Gerhard Schmidt: Selektion in der Heilanstalt 1939-1945. Frankfurt a.M. 1983 (zuerst 1965). Nach Schmuhl sind durch die »Euthanasie« insgesamt 125.000 Menschen

Todesfällen hatte zur Folge, dass einzelne Juristen, Vormundschafts- und Nachlassrichter, Pfarrer, Anstaltsärzte und -direktoren bei den zuständigen Ämtern um Erklärung baten und es zu Rückfragen, Einwänden und auch zu Widerstand gegen die Mordaktionen kam.[6] Nachdem die Leitung der »Aktion T 4« zunächst um Geheimhaltung des »Euthanasie«-Programms bemüht war, schien es mehr und mehr erforderlich, die betroffenen Behörden, darunter in erster Linie die Justizbehörden, in die staatlich gelenkte Aktion einzuweihen. Eine »Zusammenführung von gültigem Gesetz und Unrecht, gewissermaßen (...) eine ›Verrechtlichung des Unrechts‹«[7] schien notwendig, denn das »Euthanasie«-Programm erfüllte den Tatbestand des Mordes oder wenigstens des Totschlags, und die Justiz war damit nach Rechtslage im NS-Staat verpflichtet, gegen die am Anstaltsmord beteiligten Personen zu ermitteln. Am 23. und 24. April 1941 hatte das Reichsjustizministerium die Spitzen des Justizapparates deshalb nach Berlin eingeladen, und Staatssekretär Prof. Dr. Franz Schlegelberger, der nach dem Tod von Reichsjustizminister Franz Gürtner die kommissarische Leitung des Justizministeriums übernommen hatte[8], informierte die mehr als hundert geladenen Konferenzteilnehmer – unter ihnen alle vierunddreißig Oberlandesgerichtspräsidenten, vierunddreißig Generalstaatsanwälte, beziehungsweise ihre jeweiligen Vertreter, der Präsident des Reichsgerichts Dr. Dr. h.c. Erwin Bumke, der Präsident des Reichsgerichtshofs Dr. Otto Thierack und zahlreiche Beamte des Reichsjustizministeriums – über das eingeleitete »Euthanasie«-Programm. Zunächst hörten die Anwesenden »Vorträge über eine für die Justiz besonders wichtige Frage«, und Schlegelberger sprach über das Problem der Vernichtung »lebens-unwerten Lebens«. SS-Oberführer und Oberdienstleiter des für die »Euthanasie« zuständigen Hauptamtes II in der Kanzlei des Führers Viktor Brack[9] und Prof. Dr. Werner

ermordet wurde, darunter 5.000 behinderte Kinder, 100.000 Bewohner von Heil- und Pflegeanstalten und 20.000 Anstaltsinsassen in den besetzten Gebieten Polens und der Sowjetunion. Vgl. Hans-Walter Schmuhl: Rassenhygiene, Nationalsozialismus, Euthanasie: Von der Verhütung zur Vernichtung »lebensunwerten Lebens« 1880-1945. Göttingen 1987. S. 363ff. Vgl. dazu auch: Klaus-Detlev Godau-Schüttke, a.a.O. S. 57f.

6 Vgl. Ernst Klee: »Euthanasie« im NS-Staat. Frankfurt a.M. 1994. S. 206ff.

7 Helmut Kramer: »Gerichtstag halten über uns selbst«. Das Verfahren Fritz Bauers zur Beteiligung der Justiz am Anstaltsmord. In: Hanno Loewy, Bettina Winter (Hg.): NS-»Euthanasie« vor Gericht. Frankfurt a.M., New York 1996. S. 83.

8 Franz Schlegelberger wurde von dem amerikanischen Militärgerichtshof in Nürnberg im Dezember 1947 zu lebenslanger Haft verurteilt. Er wurde schuldig gesprochen, das Rechtssystem zur Durchsetzung verbrecherischer Ziele genutzt zu haben. Vgl. Rudolf Wassermann: Fall 3: Der Nürnberger Juristenprozess. In: Gerd R. Ueberschär (Hg.): Der Nationalsozialismus vor Gericht. Frankfurt a.M. 1999. S. 99ff.

9 Viktor Brack musste sich im Rahmen des Nürnberger Ärzteprozesses vor dem amerikanischen Militärgerichtshof in Nürnberg verantworten und am 19./20. August 1947 zum

Heyde informierten danach über das Tötungsprogramm, seine Organisation und die vorgesehenen Maßnahmen zur Tarnung der Ermordungen. Schlegelberger legte den anwesenden Juristen schließlich einen Erlass Hitlers für die Maßnahmen vor. Die auf den Beginn des Krieges am 1. September 1939 rückdatierte Erklärung Hitlers wurde als Kopie und formloses, auf einem privaten Briefbogen verfasstes Ermächtigungsschreiben[10] zur Einsicht herumgereicht und sollte letzte mögliche Bedenken der Konferenzteilnehmer gegenüber der Mordaktion ausräumen. Schlegelberger hatte die Zusammenkunft der repräsentativen Spitzen der NS-Justiz zudem genutzt, um die Juristen anzuweisen, entgegen dem Legalitätsprinzip nach § 152 StPO Strafanzeigen wegen der Anstaltstötungen nicht zu bearbeiten und damit jede Störung des Ablaufs der »Aktion T 4« zu verhindern.[11]

Im Anschluss an Ernst Fraenkels Analyse des nationalsozialistischen Herrschaftssystems kann die Berliner Konferenz als ein Versuch betrachtet werden, auf der Grundlage des Führererlasses die außernormative »Euthanasie«-Aktion legitimatorisch abzusichern und die Maßnahmen, die im Rahmen der »Euthanasie« ergriffen wurden, in das technisch-juristische Ordnungsgefüge des NS-Staates einzubinden.[12]

Schon in den ersten Prozessen nach 1945, in denen sich Ärzte und Pflegepersonal wegen ihrer Beteiligung an der »Euthanasie« vor Gericht verantworten mussten, rechtfertigten die Angeklagten ihre Tätigkeit regelmäßig mit Verweis auf die Konferenz in Berlin. Ihre Verteidigung baute auf die Feststellung auf, jene Konferenz und das mehrheitliche Schweigen der Juristen habe ursprüngliche Bedenken gegen das »Euthanasie«-Programm ausgeräumt.[13] Ob-

---

Tode verurteilt worden. Vgl. Wolfgang U. Eckart: Fall 1: Der Nürnberger Ärzteprozess. In: Gerd R. Ueberschär (Hg.): Der Nationalsozialismus vor Gericht. Frankfurt a.M. 1999. S. 73ff.

10 Die von Hitler unterzeichnete Erklärung vom 1. September 1939 bestand aus einem Satz: »Reichsleiter Bouhler und Dr. med. Brandt sind unter Verantwortung beauftragt, die Befugnisse namentlich zu bestimmender Ärzte so zu erweitern, dass nach menschlichem Ermessen unheilbar Kranke bei kritischster Beurteilung ihres Krankheitszustandes der Gnadentod gewährt werden kann.« Zit.n. Klaus-Detlev Godau-Schüttke: Die Heyde/Sawade-Affäre. Wie Juristen und Mediziner den NS-Euthanasieprofessor Heyde nach 1945 deckten und straflos blieben. Baden-Baden 1998. S. 35.

11 Vgl. Wolfgang U. Eckart, a.a. O. S. 84ff. Zur Geschichte der Berliner Konferenz siehe auch Lothar Gruchmann: Euthanasie und Justiz im Dritten Reich. VfZ, H. 3, 1972. S. 235ff, bes. 271ff.

12 Vgl. Susanne Benzler, Joachim Perels: Justiz und Staatsverbrechen. Über den juristischen Umgang mit der NS-»Euthanasie«. In: Hanno Loewy, Bettina Winter (Hg.): NS-»Euthanasie« vor Gericht. Frankfurt a.M., New York 1996. S. 19f.

13 Vgl. Helmut Kramer, a.a.O. S. 87. Dazu auch Susanne Benzler: Justiz und Anstaltsmord nach 1945. In: Redaktion Kritische Justiz (Hg.): Die juristische Aufarbeitung des Unrechts-Staats. Baden-Baden 1998. S. 388. Ein Bericht über die Tagung erschien am 2.5.1941 in der Deutschen Justiz. Darin wurden zwar Schlegelberger, Brack und Heyde als Redner genannt,

wohl also bald nach dem Zusammenbruch des NS-Herrschaftssystems deutlich wurde, dass nicht nur unmittelbar tatbeteiligte Ärzte und das Pflegepersonal für die Realisierung der NS-»Euthanasie« verantwortlich waren, sondern auch der Justizapparat in die außernormativen und maßnahmen-staatlichen Mordaktionen eingebunden war, prüfte die westdeutsche Justiz die strafrechtliche Verantwortung der Teilnehmer der Konferenz nicht.

Die von der Frankfurter Staatsanwaltschaft im Sommer 1959 eingeleiteten Ermittlungen markierten hier eine Zäsur: Nach Fritz Bauer bestand die Funktion der Tagung in Berlin in der »Scheinlegalisierung« der NS-»Euthanasie«.[14] Während das Ermittlungsverfahren gegen Heyde zu dem seit längerer Zeit von der Frankfurter Staatsanwaltschaft eingeleiteten Komplex von Strafprozessen gegen jene Ärzte gehörte, die unter Verdacht standen, unmittelbar vor Ort an der »Euthanasie-Aktion T 4« beteiligt gewesen zu sein, leiteten die Staatsanwälte auf Veranlassung des Generalstaatsanwalts Ermittlungen gegen die noch lebenden Juristen ein, die an der Konferenz in Berlin teilgenommen und die »Euthanasie«-Aktion juristisch gedeckt hatten. Im Mai 1960 übernahm Fritz Bauer gemäß § 145 GVG das Ermittlungsverfahren gegen zunächst 29 beschuldigte Juristen wegen Beihilfe zum Mord. Eine Zuständigkeit der Frankfurter Staatsanwaltschaft war allerdings nur vermittelt zu begründen, denn Tötungsanstalten, die nach dem Prinzip des Tatortes (§ 7 StPO) eine Zuständigkeit bestimmen können, lagen nicht nur in Hessen, und die Konferenz, die ebenfalls eine staatsanwaltschaftliche Zuständigkeit nach § 7 StPO hätte begründen können, hatte in Berlin stattgefunden. Auch nach dem Prinzip der Wohnsitzzuständigkeit (§ 8 StPO) hätte viel eher die Staatsanwaltschaft in Flensburg die Federführung für das Verfahren übernehmen müssen, wo Schlegelberger, der ehemalige Staatssekretär und geschäftsführende Leiter des Justizministeriums, jetzt seinen Wohnsitz hatte. Am 2. Mai 1960 erwirkte Fritz Bauer in einem Gespräch mit Generalbundesanwalt Max Güde und dem Generalstaatsanwalt von Schleswig-Holstein dennoch die Zuständigkeit seiner Staatsanwaltschaft für das Verfahren, indem Frankfurt laut einer Vereinbarung zunächst nur für die Unterbrechung der Verjährung zuständig sein und über die Durchführung des Verfahrens später erneut entschieden werden sollte.[15]

---

jedoch blieben die Themen ihrer Vorträge unerwähnt. Vgl. Tagung der Oberlandesgerichtspräsidenten und Generalstaatsanwälte. DJ, 2.5.1941. S. 533f.

14 Fritz Bauer in einem Schreiben vom 3.5.1960 an das Amtsgericht Frankfurt a.M., mit dem er eine Liste der Personen vorlegte, gegen die ein Ermittlungsverfahren eingeleitet werden sollte. HStA, Abt. 631a, Nr. 1734. Bl. 3ff.

15 Vgl. dazu den Schriftverkehr und die Aktennotizen in HStA, Abt. 631a, Nr. 1734. Der schleswig-holsteinische Generalstaatsanwalt hatte zuvor bereits erklärt, sich nicht zuständig zu fühlen, da die strafrechtliche Verantwortung von Schlegelberger bereits Gegenstand der Nürnberger Juristenprozesse gewesen und er damit gemäß dem zwischen der Bundesrepublik

Damit hatte Fritz Bauer in letzter Minute erreicht, dass Ermittlungen – und wie *Der Spiegel* später schrieb, »(d)as wohl spektakulärste Verfahren der deutschen Justiz-Geschichte«[16] – gegen die höchsten Repräsentanten der Justiz im Nationalsozialismus und Teilnehmer der Konferenz überhaupt möglich blieben, denn die Verjährungsfrist für NS-Verbrechen, die als Beihilfe zum Totschlag bewertet wurden, lief wenige Tage später, am 8. Mai 1960, ab.

Im August 1960 übernahm die Staatsanwaltschaft schließlich noch das bisher bei dem Oberstaatsanwalt beim Landgericht Tübingen anhängige Verfahren[17] gegen den Beschuldigten Bohne und verband es »wegen des Tatzusammenhangs«[18] mit dem Fall Heyde. Als Leiter der Büroabteilung hatte der Jurist Dr. Gerhard Bohne zu den führenden Funktionären des Hauptamtes II der Kanzlei des Führers gehört. Im Rahmen der »Aktion T 4« war er von Beginn des Krieges bis August 1941 für die Form der Erfassung der Opfer bis zur Beurkundung ihres Todes verantwortlich gewesen. Bohne hatte der »Euthanasie« ihre juristisch-formale Organisationsstruktur gegeben, indem er u.a. den Gesellschaftsvertrag für die für den Transport der Opfer zuständige Scheinfirma »Gemeinnützige Krankentransport-GmbH« angefertigt, die Eintragung in das Handelsregister veranlasst, die Anerkennung ihrer »Gemeinnützigkeit« zwecks Befreiung von der Steuerpflicht erreicht und das System der

---

und den Alliierten geschlossenen sog. Überleitungsvertrag einer erneuten Verfolgung durch ein westdeutsches Gericht entzogen sei. Der zwischen der Bundesrepublik, den USA, Großbritannien und Frankreich geschlossene »Vertrag zur Regelung aus Krieg und Besatzung entstandener Fragen« (Überleitungsvertrag) war am 5. Mai 1955 in Kraft getreten. Westdeutsche Gerichte konnten demnach ihre Gerichtsbarkeit ausüben, »es sei denn, dass die Untersuchung wegen der angeblichen Straftat von den Strafverfolgungsbehörden der betreffenden Macht oder Mächte endgültig abgeschlossen war«. Vgl. Adalbert Rückerl: NS-Verbrechen vor Gericht. Versuch einer Vergangenheitsbewältigung. Heidelberg 21984. S. 138f. Zur Strategie von Fritz Bauer, das Verfahren gegen die beschuldigten Juristen anzustoßen, schließlich bei dem Generalbundesanwalt die Bestimmung der Staatsanwaltschaft Stuttgart als zuständige Ermittlungsbehörde zu beantragen und im Juni 1963 das Verfahren dann nach Frankfurt a.M zu übernehmen, siehe die ausführliche und detailreiche Darstellung von Helmut Kramer, a.a.O. S. 88ff.

16 Bumke schwieg. Der Spiegel vom 13.12.1961. S. 38f, bes. 39.

17 Schreiben der Staatsanwaltschaft Tübingen mit der Bitte das Verfahren nach Frankfurt a.M. zu übernehmen vom 21.7.1960. HStA, Abt. 631a, Nr. 11. Bl. 2282. Der Düsseldorfer Rechtsanwalt Dr. Gerhard Bohne war am 10. September 1959 in seiner Wohnung festgenommen worden. Vgl. Ernst Klee: Was sie taten - Was sie wurden. Ärzte, Juristen und andere Beteiligte am Kranken- oder Judenmord. Frankfurt a.M. 1992. S. 29.

18 Von StA Wentzke unterzeichnetes Schreiben des Generalstaatsanwaltes an das Amtsgericht Frankfurt a.M. vom 24.8.1960. HStA, Abt. 631a, Nr. 118. Bl. 1216ff.

Sonderstandesämter in den einzelnen Ermordungsstätten eingerichtet hatte, die die falschen Beurkundungen der Todesfälle vornahmen.[19]

Mit den Ermittlungen gegen Bohne nahm die Staatsanwaltschaft einen klassischen Schreibtischtäter und die administrative Ebene der »Euthanasie« im NS-Unrechtsregime in den Blick. Der »Tatbeitrag des Beschuldigten Dr. Bohne dürfte nicht anders als derjenige des Beschuldigten Dr. Heyde zu beurteilen sein«[20], schrieb die Staatsanwaltschaft am 24. August 1960 in ihrem Antrag an das Amtsgericht Frankfurt, den Haftbefehl gegen Bohne wegen Mittäterschaft zum Mord auszustellen.

Die Ermittlungsarbeit und die von der Frankfurter Staatsanwaltschaft initiierten NS-Prozesse brachten Fritz Bauer als hessischem Generalstaatsanwalt den Ruf ein, »ein gnadenloser Strafverfolger (zu sein), der nicht Ruhe geben konnte, bis er die im bürgerlichen Alltag untergetauchten KZ-Schergen von Auschwitz vors Gericht gebracht hatte.«[21] Einer breiten Öffentlichkeit galt Bauer deshalb als »Nestbeschmutzer«[22], und in einem am 2. Juli 1968 in der *Frankfurter Rundschau* publizierten Nachruf auf ihn heißt es, »die ewig Gestrigen haben ihn nicht geliebt, ihnen ging sein Blick zu sehr in die Zukunft und zu sehr in die Vergangenheit.«[23] Mitarbeiter von Bauer berichteten später, dass der Generalstaatsanwalt, der die Tatbeteiligung der auf allen Ebenen Verantwortlichen im NS-Unrechtssystem aufklären wollte, beinahe täglich in der Behörde und in seiner Frankfurter Wohnung Anrufe und Briefe erhielt, die ihn bedrohten. Fritz Bauer selbst war sich seiner Rolle als Außenseiter in der bundesrepublikanischen Gesellschaft der fünfziger und sechziger Jahre durchaus bewusst. In einem Gespräch mit dem späteren OLG-Präsidenten Rudolf Wassermann sagte Fritz Bauer einmal, in der Justiz lebe er »wie im Exil.«[24] Auch in zeitgenössischen Interviews wurde der hessische Generalstaatsanwalt immer wieder auf die Ermittlungsarbeit, ihre Motive sowie die Rechtsgrundlagen der in Frankfurt initiierten NS-Prozesse angesprochen.[25]

---

19 Vgl. Ernst Klee: Was sie taten – Was sie wurden. Ärzte, Juristen und andere Beteiligte am Kranken- oder Judenmord. Frankfurt a.M. 1992. S. 30.

20 Schreiben der StaA an das Amtsgericht Frankfurt a.M. am 24.8.1960. HStA, Abt. 631a, Nr. 118. Bl. 1218ff.

21 Rudolf Wassermann: Fritz Bauer. In: Peter Glotz, Wolfgang R. Langenbucher (Hg.): Vorbilder für Deutsche. Korrektur einer Heldengalerie. München, Zürich 1974. S. 296. Im Zusammenhang mit den Ermittlungen gegen Bohne und Heyde leitete Fritz Bauer zahlreiche weitere Ermittlungen gegen die Funktionäre der »Euthanasie« ein. Eine Übersicht über die Verfahren und weiterführende Literatur findet sich bei Helmut Kramer, a.a.O. S. 118ff.

22 Rudolf Wassermann, a.a.O. S. 296.

23 FR vom 2.7.1968.

24 Vgl. Rudolf Wassermann, a.a.O. S. 296.

25 Vgl. zum Beispiel das Frankenpost-Interview mit Fritz Bauer. Das Lehrstück von Kain und Abel. Frankenpost (Hof) vom 24.12.1964.

Die Ermittlungen der Frankfurter Staatsanwaltschaft gegen Bohne wegen seiner Beteiligung an der Organisation der »Euthanasie«, die Unterbrechung der Verjährung durch Einleitung von Ermittlungen gegen die Juristen, die beschuldigt wurden die »Euthanasie«-Maßnahmen gedeckt zu haben sowie die Ermittlungen gegen den Arzt Werner Heyde lassen zunächst die Intention von Fritz Bauer erkennen, den gesamten Komplex der »Euthanasie«-Verbrechen als eine Mordaktion und als ein administratives Verbrechen in den Blick der strafrechtlichen Aufarbeitung der NS-Vergangenheit zu nehmen. Die strafrechtliche Auseinandersetzung mit der nationalsozialistischen »Euthanasie« bot Bauer die Möglichkeit, diese Konzeption zur Aufklärung der NS-Verbrechen zu realisieren. Denn während die Frankfurter Staatsanwaltschaft mit den laufenden Ermittlungen und dem späteren Prozess gegen das Personal des Konzentrationslagers Auschwitz vor allem die strafrechtliche Verantwortung der im Rahmen des komplexen Lagersystems unmittelbar vor Ort Beteiligten in den Blick nahm, konnten Ermittlungen gegen die ranghöheren Tatbeteiligten, die Beamten im Reichssicherheitshauptamt (RSHA) in Berlin als Organisatoren und Planer des nationalsozialistischen Massenmordes, nicht aufgenommen werden. Für diesen gesamten Komplex war die Staatsanwaltschaft in Berlin zuständig, die allerdings 1967 eingestehen musste, Ermittlungen gegen die für den NS-Massenmord zuständigen Spitzen des Verwaltungsapparates im RSHA zunächst nicht aufgenommen und erst 1963 ein Verfahren gegen Angehörige des Amtes eingeleitet zu haben.[26]

Wie begründete Fritz Bauer die Notwendigkeit der strafrechtlichen Aufarbeitung der Rolle nicht nur der an NS-Verbrechen unmittelbar beteiligten Täter, wie dem Personal in den Konzentrationslagern und den an den Mordaktionen der »Euthanasie« beteiligten Ärzten, sondern auch der Organisatoren des Massenmordes und der Spitzen der NS-Justiz? Inwiefern lässt sich ein Zusammenhang mit dem Widerstandsbegriff von Fritz Bauer als dem zentralen Begriff seiner Rechtsauffassung erkennen? Und wer waren die »ewig Gestrigen«, denen Bauer »zu sehr in die Zukunft und zu sehr in die Vergangenheit« blickte?

Die von Fritz Bauer auf der Grundlage eines demokratischen, pluralistischen und relativistischen Demokratieverständnisses formulierte Rechtsposition des Widerstandes zielte auf die Anerkennung des Rechts des Bürgers zur aktiven Verteidigung der Menschenrechte und die Etablierung einer Verpflichtung zur passiven Verweigerung seiner Beteiligung an Verbrechen. Nach Feststellung eines prinzipiellen Widerstandsrechts gegen das NS-Unrechts-

26 Vgl. Adalbert Rückerl: NS-Verbrechen vor Gericht. Versuch einer Vergangenheitsbewältigung. Heidelberg 1984. S. 137f.

regime Anfang der fünfziger Jahre durch das Urteil im Braunschweiger Verfahren gegen Otto Ernst Remer stand die Frage nach der subjektiven Berechtigung zum Widerstand im Mittelpunkt der in den späten fünfziger und frühen sechziger Jahren geführten Auseinandersetzungen um das Widerstands-recht. Damit war – wie dargelegt – die Frage nach dem Subjekt der demokratischen Ordnung Gegenstand der Diskussion geworden.

Mit Verweis auf die politische Verantwortung und den Vorrang der Handlungskompetenz der gesellschaftlichen Elite als der primären Entscheidungsträger der Gesellschaft wurde dabei das Widerstandsrecht einzelner Bürger weitgehend eingeschränkt. Fritz Bauer hatte diese Rechtsposition mit einer exemplarischen Kritik der Rechtsauffassung von Hermann Weinkauff, ihres vielleicht prominentesten Repräsentanten, und einer kritischen Einordnung des auf seinen Widerstandsbegriff Bezug nehmenden BGH-Urteils vom 14. Juli 1961 als eine Verfestigung eines autoritären Politikverständnisses in der Demokratie kenntlich gemacht. Mit der Formel vom »Widerstandsrecht des kleinen Mannes« rückte er die Handlungskompetenz des Bürgers als Norm der demokratischen Ordnung ins Blickfeld.[27] Gleichwohl blendete Fritz Bauer die Thematisierung der Rolle von gesellschaftlichen Eliten im Staat nicht aus. Im Gegenteil: Auf den notwendigen Zusammenhang einer Aufarbeitung der Verantwortung der gesellschaftlichen Eliten, einer juristischen Aufklärung ihrer Beteiligung als Täter und Gehilfen des NS-Regimes in Strafprozessen sowie der Anerkennung der Rechtsposition des Widerstandes hat er immer wieder aufmerksam gemacht. In einem 1965 publizierten Aufsatz zum Thema *Widerstand als geschichtlicher Auftrag* lenkte er den Blick auf das von Israel im Mai 1960 eingeleitete und 1961 geführte Strafverfahren gegen den ehemaligen Leiter des »Judenreferats« im RSHA, SS-Obersturmbannführer Adolf Eichmann[28], und er schreibt über die westdeutschen NS-Prozesse gegen die ehemaligen Funktionseliten im NS-Staat:

»Wenn mit dem Eichmann-Prozess in Jerusalem und den anderen antinazistischen Prozessen in Deutschland eine Epoche ein- für allemal abgeschlossen sein soll, muss das Widerstandsethos – Widerstandsrecht und Widerstandspflicht – aus ihnen deutlich werden.«[29]

In einem im selben Jahr veröffentlichten Text schreibt Bauer über die Funktion der Prozesse: »Wenn die Prozesse einen Sinn haben, so ist es die unum-

27 Vgl. dazu oben S. 185ff.

28 Vgl. zum Verfahren Hannah Arendt: Eichmann in Jerusalem. Mit einem Essay von Hans Mommsen. München, Zürich 1995 (dt. Erstausgabe München 1964).

29 Fritz Bauer: Widerstand als geschichtlicher Auftrag. Das Widerstandsrecht in unserer Geschichte. FuR, H. 10, 1965. S. 8.

gängliche Erkenntnis, dass Anpassung an einen Unrechtsstaat Unrecht ist«[30], und in einem Vortrag, den er Anfang 1964 an der Universität Frankfurt hielt und den ca. 800 Studierende hörten, sprach er von der Überwindung der »Tabuisierung des Ungehorsams«[31] als der funktionalen Substanz der NS-Prozesse. Die Verfahren sollten demnach einen Beitrag zur Etablierung des Widerstandsethos leisten und »der Konfirmierung der materialen Werte (dienen), vor allem der Toleranz, die Völkermord ausschließen (...).« Bauer verstand die Verfahren als »Maßnahme« und »einen Teil der gegenüber der Gesamtgesellschaft notwendigen Sozialpädagogik«.[32] In diesem Zusammenhang bezeichnete er die Verfahren auch als »historischen, rechtlichen und moralischen Unterricht«.[33]

Zur Entfaltung der Rechtsposition des Widerstandes bildete die strafrechtliche Aufarbeitung des nationalsozialistischen Unrechtsregimes und die Wahrnehmung der das System stabilisierenden Funktionen der traditionellen gesellschaftlichen Elite, wie beispielsweise die der Ärzte, Organisatoren und Juristen als der nationalsozialistischen Funktionselite, ein unverzichtbares Gegenstück.

Als im Herbst 1958 anlässlich der Einrichtung der Zentralen Stelle der Landesjustizverwaltungen zur Aufklärung nationalsozialistischer Verbrechen in Ludwigsburg in der westdeutschen Öffentlichkeit und in Justizkreisen über die Bedeutung von NS-Prozessen debattiert wurde[34], bezog Fritz Bauer Stellung,

---

30 Fritz Bauer: Antinazistische Prozesse und politisches Bewusstsein. Dienen NS-Prozesse der politischen Aufklärung? In: Hermann Huss, Andreas Schröder (Hg.): Antisemitismus. Zur Pathologie der bürgerlichen Gesellschaft. Frankfurt a. M. 1965. S. 183.

31 Der Sinn der KZ-Prozesse. Die Tat vom 15.2.1964.

32 Fritz Bauer: Genocidium. In: Rudolf Sieverts (Hg.): Handwörterbuch der Kriminologie. Berlin 1965. S. 274.

33 Fritz Bauer: In unserem Namen. Justiz und Strafvollzug. In: Helmut Hammerschmidt (Hg.): Zwanzig Jahre danach. Eine deutsche Bilanz 1945-1965. Achtunddreißig Beiträge deutscher Wissenschaftler, Schriftsteller und Publizisten. München, Basel, Wien 1965. S. 302.

34 Vgl. zur Geschichte und Arbeit der »Zentralen Stelle der Landesjustizverwaltungen zur Aufklärung nationalsozialistischer Verbrechen« in Ludwigsburg: Rüdiger Fleiter: Die Ludwigsburger Zentrale Stelle und ihr politisches und gesellschaftliches Umfeld. GWU, H. 1, 2002. S. 32ff; Gerhard Pauli: Die Zentrale Stelle der Landesjustizverwaltungen zur Verfolgung nationalsozialistischer Gewaltverbrechen in Ludwigsburg – Entstehung und frühe Praxis. In: Die Zentralstellen zur Verfolgung nationalsozialistischer Gewaltverbrechen – Versuch einer Bilanz. Hg. vom Justizministerium des Landes NRW. (Juristische Zeitgeschichte NRW, Bd. 9) 2001. S. 45ff; Michael Greve: Der justitielle und rechtspolitische Umgang mit den NS-Gewaltverbrechen in den sechziger Jahren. Frankfurt a.M. 2001. S. 43ff; Helmut Kramer: Barbara Just-Dahlmann – »Ludwigsburg öffnete uns schockartig die Augen, Ohren und Herzen«. In: Claudia Fröhlich, Michael Kohlstruck (Hg.): Engagierte Demokraten. Vergangenheitspolitik in kritischer Absicht. Münster 1999. S. 201ff; Eberhard Rondholz: Die Ludwigsburger Zentrale Stelle zur Aufklärung nationalsozialistischer Verbrechen. In: Redaktion Kritische Justiz (Hg.): Die juristische Aufarbeitung des Unrechts-Staats. Baden-Baden 1998. S. 669ff; Alfred Streim: Der Umgang mit der Vergangenheit am Beispiel der

indem er den Beitrag der Strafprozesse zur Aufarbeitung der NS-Vergangenheit folgendermaßen beschrieb:

»Nachdem 15 bis 20 Jahre seit den entsetzlichen Geschehnissen verflossen sind, sind einer umfassenden strafrechtlichen Bereinigung Grenzen gesetzt, nicht aber einer Feststellung und möglichst allseitigen Erkenntnis der Wahrheit. (...) Schon sie könnte die heimische Flut bequemen Vergessens eindämmen, zu einer Klärung dessen führen, was rechtlich gut und böse war, und – frei von jeder Splitterrichterei – die vergangene und zukünftige Verantwortung a l l e r Bürger für das politische und menschliche Geschehen in ihrem Staat ins öffentliche Bewusstsein rücken.«[35]

Das politische, der demokratischen Ordnung Geltung verschaffende Moment der juristischen Verfahren bestand demnach – parallel zum Widerstandsbegriff von Fritz Bauer – in der angestrebten Klärung des Verhältnisses von Individuum und Staat. In diesem Sinne ist es auch zu verstehen, wenn Bauer mit Blick auf die Funktion von NS-Prozessen Hans Bernd Gisevius rezipierte und im Anschluss an ihn von einem »Gerichtstag« sprach, den die Gesellschaft über sich »selbst« zu halten habe.[36] Gisevius hatte in seinem *Versuch einer Deutung* über *Adolf Hitler* explizit auf die strukturelle Bedingtheit der Person Hitlers und seine Verankerung in der Gesellschaft hingewiesen und den Anteil der Gesellschaft bei der Realisierung nationalsozialistischer Politik thematisiert:

»Man wird der historischen Erscheinung Adolf Hitler nicht gerecht, solange man ihn als Einzelwesen schildert. (...) Besonders wir Deutschen müssen uns klarmachen, dass dieser Mann allein niemals er selber ist. Wir haben das Phänomen Hitler nicht nur ertragen – wir haben es mit gestaltet.«[37]

Die Studie analysierte Hitler als »Menschen unserer Zeitgeschichte«[38], um »nicht mehr fassungslos ein Fatum anzustarren«, sondern Handlungsfähigkeit zurückzuerobern, die Gisevius als zu gewinnende »Freiheit« verstand.[39] Gise-

Zentralen Stelle der Landesjustizverwaltungen zur Aufklärung von NS-Verbrechen in Ludwigsburg. In: Formen des Widerstandes im Südwesten 1933-1945. Hg. v. Landeszentrale für politische Bildung Baden-Württemberg u. Haus der Geschichte Baden-Württemberg. Ulm 1994. S. 320ff; Willi Dreßen: Die Zentrale Stelle der Landesjustizverwaltungen zur Aufklärung von NS-Verbrechen in Ludwigsburg. DH, H. 6, 1990. S. 85ff; Adalbert Rückerl: Vergangenheitsbewältigung mit Mitteln der Justiz. APuZ, B 43/82, 1982. S. 11ff; Ders.: Die Zentrale Stelle der Landesjustizverwaltungen zur Aufklärung von NS-Verbrechen. In: Justiz und Nationalsozialismus (Bd. 2). Die Bundesrepublik Deutschland und die NS-Verbrechen. Bad Boll 1981. S. 35ff.

35 Fritz Bauer: Mörder unter uns. SdG, H. 22, 1958. S. 791 u. S. 792. (Hervorh. durch Sperrdruck im Orig.)

36 Fritz Bauer, a.a.O. S. 175.

37 Hans Bernd Gisevius: Adolf Hitler. Versuch einer Deutung. München 1963. S. 7.

38 Ebd.

39 Hans Bernd Gisevius, a.a.O. S. 7f.

vius hatte gesellschaftliche Handlungsfähigkeit nicht nur in Übereinstimmung mit dem Denken von Fritz Bauer an die Aufarbeitung historischer Strukturen gebunden. Vor allem war er einer auf die Person Hitler reduzierten Erklärung des NS-Systems entgegengetreten und hatte eine gesellschaftliche und vom Individuum zu leistende Selbstreflexion als Voraussetzung für die Etablierung einer an der Menschenwürde orientierten demokratischen Ordnung eingefordert.

Der Anspruch, das Verhältnis von Staat und Individuum in der Demokratie auch mittels einer Aufarbeitung der Rolle der Funktionseliten im NS-System zu bestimmen, stand dabei keineswegs im Widerspruch zu dem in der Erfahrung des NS-Systems und in der Erfahrung der Diskreditierung des politischen Handelns des Einzelnen in der Bundesrepublik entwickelten Postulat von Bauer, die Handlungskompetenz des »kleinen Mannes« in den Mittelpunkt des politischen Raumes der demokratischen Ordnung zu rücken. Vielmehr bildete die Wahrnehmung der Rolle der Eliten im NS-System im Kontext der von ihm angestrebten Neubestimmung der Identität des Bürgers in der Demokratie einen ergänzenden – normativen – Baustein. Bauer wies auf die real existierende Deutungsherrschaft gesellschaftlicher und institutioneller Eliten sowohl in ihrer historischen Dimension wie in ihrer Bedeutung für die demokratische Ordnung hin, wenn er davon ausging, dass für »den Bestand und die Festigkeit der Demokratie (...) die innere demokratische Grundeinstellung jedes Funktionärs entscheidend« sei[40] und schreibt:

»Sicher waren die Juristen im nazistischen Unrechtsstaat nicht besser und nicht schlechter als ihre Zeitgenossen Gevatter Schneider und Handschuhmacher. Es macht aber einen Unterschied, ob jemand Hochfrequenztechniker, Tiefbauingenieur, Dentist ist oder ob er sich dem Recht und dem Rechten verschrieben hat oder doch verschrieben haben sollte (...).«[41]

Damit deckt sich Bauers Position partiell mit der von Hermann Weinkauff, insofern dessen Rechtsauffassung auf die spezifische Handlungsverantwortung von Eliten hingewiesen hat. Allerdings – und hierin besteht der wesentliche Unterschied beider Rechtspositionen – leugnet das Konzept von Fritz Bauer deshalb nicht die Handlungskompetenz der nicht institutionalisierten Staatsbürger.

---

40 Fritz Bauer: Justiz als Symptom. In: Hans Werner Richter (Hg.): Bestandsaufnahme. Eine deutsche Bilanz 1962. Sechsunddreißig Beiträge deutscher Wissenschaftler, Schriftsteller und Publizisten. München, Wien, Basel 1962. S. 224. Fritz Bauer zitierte hier eine von Nemitz formulierte »Grundregel« einer demokratischen Ordnung. Vgl. Kurt Nemitz: Das Regime der Mitläufer. Soziologische Notizen zur Renazifizierung. NG, H. 3, 1955. S. 39ff, bes. 41.

41 Fritz Bauer: Die »Ungesühnte Nazijustiz«. NG, H. 3, 1960. S. 182.

Grundlage und Prämisse der NS-Verfahren war eine von Bauer konstatierte normative Funktion von Strafprozessen in einem gesamt-gesellschaftlichen Kontext. Fritz Bauer hatte bereits in der noch in der Emigration verfassten Monographie *Die Kriegsverbrecher vor Gericht* die general- und spezial-präventive Funktion von NS-Prozessen reflektiert. »Wie jeder Strafprozess, so haben auch sie vorallererst die Aufgabe, das geltende Recht klarzulegen und zu bekräftigen.«[42] Demnach können

»(d)ie Prozesse gegen die Kriegsverbrecher (...) Wegweiser sein und Brücken schlagen über die vom National-Sozialismus unerhört verbreiterte Kluft. Sie können und müssen dem deutschen Volk die Augen öffnen für das, was geschehen ist und ihm einprägen wie man sich zu benehmen hat.«[43]

Weiter schreibt Bauer 1945:

»(D)ie Strafe ist ein Mittel, die Rechtsauffassung des Volkes zu klären und zu vertiefen. Sie soll in Form des Strafgesetzes, des Strafprozesses mit den damit zusammenhängenden Folgen wie öffentliche Verhandlung, Referate in der Presse usw. und dem Vollzug der Strafe auf die allgemeine Vorstellungswelt einwirken. Der einzelne Verbrecher spielt dabei nur die Rolle eines Mittels zum Zweck.«[44]

Die dem Angeklagten mit Blick auf die gesamtgesellschaftliche Funktion und keinesfalls realiter zugewiesene Rolle im Verfahren, als ein gesellschaftlicher »Stellvertreter«[45], wie Bauer später auch schreibt, die Auseinandersetzung mit der NS-Vergangenheit anzustoßen und seine Auffassung von der sozial-pädagogischen Funktion der NS-Verfahren, die er auch als einen »exemplarische(n) Teil der seit 1945 viel erörterten ›re-education‹«[46] betrachtete, war in höchstem Maße umstritten. Die Funktion der Exemplarität von juristischen Verfahren und die von Fritz Bauer hervorgehobene Bedeutung von Strafverfahren für die Realisierung und Geltung der demokratischen Rechtsordnung, warf die Frage nach der Zielsetzung von Strafverfahren auf, deren Aufgabe es war, die strafrechtliche Schuld eines Individuums zu klären, das sich mit einer einzelnen Tat außerhalb der von der Gesellschaft anerkannten Normen bewegte und eben nicht als Teil des Kollektivs handelte. Die normative und auf die Grundlagen der gesellschaftlichen Verfasstheit zielende Funktionalität der NS-Prozesse, die im von Bauer konstatierten Zusammenhang von *Anti-nazistische(n) Prozesse(n)*

42 Fritz Bauer: Die Kriegsverbrecher vor Gericht. Zürich 1945. S. 210.

43 Fritz Bauer, a.a.O. S. 211.

44 Fritz Bauer, a.a.O. S. 205.

45 Fritz Bauer: Antinazistische Prozesse und politisches Bewusstsein. Dienen NS-Prozesse der politischen Aufklärung? In: Hermann Huss, Andreas Schröder (Hg.): Antisemitismus. Zur Pathologie der bürgerlichen Gesellschaft. Frankfurt a. M. 1965. S. 176.

46 Ebd.

und politische(m) Bewusstsein bestand, wie er einmal in einer Aufsatzüberschrift formulierte[47], sorgte für Diskussionen hinsichtlich der Angemessenheit und Möglichkeit des Strafrechts, die Rolle von Eliten im Rahmen des Massenmordes aufzuklären, der mit Zustimmung des Staates und nicht gegen ihn stattgefunden hatte. Bauers Auffassung stand in dieser Debatte einer Position gegenüber, die öffentlichkeitswirksam der damalige Direktor des Psychologischen Instituts an der Universität Hamburg, Peter R. Hofstätter, vertrat und dem eine rechtliche Bewertung des NS-Unrechtssystems »ange-sichts von Ereignissen weltgeschichtlicher Dimension (...) seltsam inadäquat« erschien.[48]

In dem erwähnten Text *Antinazistische Prozesse und politisches Bewusstsein. Dienen NS-Prozesse der politischen Aufklärung?* von 1965 erinnerte Fritz Bauer deshalb daran, dass in Westdeutschland Gerichtsverfahren gemäß der Legali-tätsmaxime (§ 152 StPO) geführt werden, wonach bei hinreichendem Verdacht auf das Vorliegen einer Straftat die zuständige Staatsanwaltschaft verpflichtet ist, Ermittlungen aufzunehmen. Bereits der Verweis auf das Legalitätsprinzip hebelte jede Kritik an NS-Prozessen aus. Obwohl Fritz Bauer auf die Bedeutung des Legalitätsprinzips für die staatsanwaltschaftlichen Ermittlungen im Rahmen der NS-Verbrechen ausdrücklich hinwies, problematisierte er zugleich das westdeutsche Strafrecht, das dem Legalitätsprinzip verpflichtet zwar eine quasi automatisch stattfindende »kybernetische Datenverarbeitung« leiste, aber kein eindeutiges Bekenntnis zur normativen Funktion der Prozesse voraussetze, die eine »Aufforderung zu menschlichem und sozialem Neubeginn« beinhalten würde. Die Vorteile einer der Opportunitätsmaxime folgenden Rechtsprechung erkannte Fritz Bauer darin, dass diese im Vorfeld der Prozessführung »einen politischen, sozialen oder menschlichen Willensentschluss erforder(t)«. Als hessischer Generalstaatsanwalt forderte Fritz Bauer damit angesichts der historischen Erfahrung der nationalsozialistischen Unrechtsherrschaft zu einer Diskussion der Funktion von Strafprozessen auf. Er selbst unterstrich dabei, dass sich diese Überlegungen im Rahmen des westdeutschen und für die Frankfurter Staatsanwaltschaft geltenden Rechtssystems bewegten, wenn er betonte, dass

»jeder Strafprozess (auch in Westdeutschland) ein Index dessen (ist), was nach Gesetz und Rechtsprechung rechtens ist, und damit zugleich eine Gebrauchsanweisung für Juristen und Laien, was in Zukunft getan werden darf und was nicht, was zu tun und zu lassen von Rechts wegen geboten ist. Im Bereich unbewältigter Fragen, wozu auch die rechtlichen Probleme der nazistischen Gewalttaten gehören, ist das schon eine recht nützliche Sache, die Mühen und manchen Aufwand lohnt. Die Klärung wirkt in die Zukunft. Die Staatsanwalt-

47 So ebd.

48 Peter Hofstätter: Bewältigte Vergangenheit? Die Zeit vom 14.6.1963.

schaft war sich auch von Anfang an dieses Sinns der Prozesse bewusst, der von der Vergangenheit über die Gegenwart hinausweist.«

Bauer verortete sein kriminalpolitisches Denken als Zusammenführung einer in der demokratischen Ordnung und Verfassung verankerten politischen Haltung mit dem Recht, wenn er schreibt:

»Dergleichen mag strafrechtlich und strafprozessual ein Nebenprodukt sein; es ist geschichtlich und politisch, auch rechtsgeschichtlich und rechtspolitisch von größerem Gewicht als der Versuch eines vergeltenden Ausgleichs des überdimensionalen Bösen der nazistischen Taten durch die Verhängung einer befristeten oder unbefristeten Strafe.«[49]

Die Basis der von Fritz Bauer entwickelten Rechtsposition bildete mit dem in einer historisch-genetischen Perspektive verankerten Konzept von der »Bewältigung der Vergangenheit« als einer »Bewältigung der Gegenwart und Zukunft«[50] eine politische Haltung, die wie dargelegt im Sinne Adornos eine »Wendung aufs Subjekt« für die Etablierung einer demokratischen Ordnung für unverzichtbar hielt. Die Debatte, die Bauer mit seinem im Herbst 1960 in Rheinland-Pfalz gehaltenen Vortrag über die *Wurzeln faschistischen und nationalsozialistischen Handelns* angestoßen hatte, hatte beispielhaft gezeigt, wie fest verankert Anfang der sechziger Jahre ein Geschichtsbild vom NS-System als der Herrschaft einer kleinen Führungsriege um Hitler war.[51] Bauer machte demgegenüber auf die das System stabilisierende Funktion des Verhaltens der einzelnen Mitglieder der Gesellschaft aufmerksam, weil, wie er sagte, »Ursache der Verbrechen (...) nicht das Abstraktum ›der Nazismus‹ (gewesen ist), sondern (...) die Nazis (waren), zu denen die Angeklagten gewiss gehörten.«[52] Dass er den Menschen als verantwortungsvolles Subjekt in den Mittelpunkt des Strafprozesses und der juristischen Aufarbeitung der NS-Verbrechen rückte, entsprach einer historischen Analyse des NS-Systems sowie einer politischen Haltung, die die Normativität des Subjekts in das Zentrum des politischen Raumes rückte.

Fritz Bauers Konzeption der NS-Prozesse knüpfte damit an die Grund-lagen des von den Alliierten unmittelbar nach dem Ende des NS-Regimes durchgeführten Nürnberger Prozesses gegen die Hauptkriegsverbrecher und die von den amerikanischen Gerichten geführten zwölf Nachfolgeprozesse an,

---

49 Fritz Bauer, a.a.O. S. 169 u. S. 170.

50 Fritz Bauer: Warum Auschwitz-Prozesse? Neutralität. Kritische Schweizer Zeitschrift für Kultur und Politik, H. 6/7, 1965. S. 7.

51 Vgl. zu dem Referat von Fritz Bauer »Wurzeln faschistischen und nationalsozialistischen Handelns« und zu der dadurch ausgelösten Diskussion oben S. 143ff.

52 Fritz Bauer: Antinazistische Prozesse und politisches Bewusstsein. In: Hermann Huss, Andreas Schröder (Hg.): Antisemitismus. Frankfurt a.M. 1965. S. 175.

die das NS-System als einen Handlungszusammenhang zwischen politischer Führung, der sie stützenden funktionellen Eliten und der Gesellschaft wahrgenommen hatten. Nachdem im Prozess gegen die Hauptkriegsverbrecher die strafrechtliche Verantwortung der politischen Spitze des NS-Herrschaftsapparates geklärt worden war, zielten die Nürnberger Nachfolgeprozesse auf eine Aufarbeitung der Rolle der Angehörigen von Justiz, Industrie und Wirtschaft im NS-System und strebten die Klärung der strafrechtlichen Verantwortung von Ärzten und Wehrmachtsangehörigen, von Diplomaten und Beamten als Entscheidungsträger im NS-Staat an.[53] Das im August 1945 von den Signatarmächten unterzeichnete Statut für den Internationalen Gerichtshof in Nürnberg spiegelte dabei explizit das Interesse der Alliierten, das Verantwortungsprinzip des Einzelnen für die Verbrechen zu formulieren.[54] Während in der Rechtswissenschaft, Politik und Öffentlichkeit die alliierten Prozesse als »Siegerjustiz« galten und eine Rezeption ihrer ideellen und rechtlichen Grundlagen in Westdeutschland weitgehend ausgeblieben war[55], stellten der Nürnberger Prozess gegen die Hauptkriegsverbrecher und die von den amerikanischen Gerichten geführten Nachfolgeprozesse für Bauer vor allem wegen der verhandelten und zur Aufhellung der Funktionsmechanismen der NS-Herrschaft »exemplarisch konzipierte(n) Tatbestandskomplexe« eine »beachtliche Anregung(...)« dar.[56] Mit den Ende der fünfziger Jahre eingeleiteten Ermittlungen

53 Vgl. dazu Joachim Perels: Verpasste Chancen. Zur Bedeutung der Nürnberger Nachfolgeprozesse vor dem Hintergrund der ungenügenden Strafverfolgung von NS-Tätern in der BRD. In: Die frühen Nachkriegsprozesse. Hg. v. KZ-Gedenkstätte Neuengamme. Bremen 1997. S. 30ff, bes. S. 30.

54 Vgl. besonders Absatz II. Art. 6ff des Statuts. Das »Statut für den Internationalen Militärgerichtshof« ist z.B. abgedruckt in: Telford Taylor: Die Nürnberger Prozesse. Hintergründe, Analysen und Erkenntnisse aus heutiger Sicht. München 31996. S. 754ff. Vgl. auch: Die Rechtsprechung der Nürnberger Militärtribunale. Sammlung der Rechtsthesen der Urteile und gesonderten Urteilsbegründungen der dreizehn Nürnberger Prozesse. Hg. v. Institut für Völkerrecht an der Universität Göttingen, bearb. v. Kurt Heinze u. Karl Schilling. Bonn 1952. Bes. 57ff; Norman Paech: Das Versprechen von Nürnberg: Zur Aktualität der Prozesse nach fünfzig Jahren. In: Die frühen Nachkriegsprozesse. Hg. v. KZ-Gedenkstätte Neuengamme. Bremen 1997. S. 12ff, bes. S. 21 und Peter Steinbach: Der Nürnberger Prozess gegen die Hauptkriegsverbrecher. In: Gerd R. Ueberschär (Hg.): Der Nationalsozialismus vor Gericht. Frankfurt a.M. 1999. S. 35.

55 Vgl. dazu Klaus Bästlein: Der Nürnberger Juristenprozess und seine Rezeption in Deutschland. In: Lore Maria Peschel-Gutzeit (Hg.): Das Nürnberger Juristen-Urteil von 1947. Historische Zusammenhänge und aktuelle Bezüge. Baden-Baden 1996. S. 9ff, bes. 23ff, 27ff u. S. 34. Siehe auch Peter Steinbach: Nationalsozialistische Gewaltverbrechen. Die Diskussion in der deutschen Öffentlichkeit nach 1945. Berlin 1981.

56 Fritz Bauer: In unserem Namen. Justiz und Strafvollzug. In: Helmut Hammerschmidt (Hg.): Zwanzig Jahre danach. Eine deutsche Bilanz 1945 - 1965. Achtunddreissig Beiträge deutscher Wissenschaftler, Schriftsteller und Publizisten. München, Basel, Wien 1965. S. 302.

gegen Heyde, Bohne sowie die noch lebenden und über die »Euthanasie« informierten Juristen als verantwortlich Beteiligte an der Planung, Administration und Durchführung der »Euthanasie«-Mordaktion knüpfte Bauer an die Grundlagen dieser strafrechtlichen Konzeption an.

Während allerdings in der deutschen Öffentlichkeit der von den Alliierten 1945/1946 geführte Nürnberger Prozess gegen die Hauptkriegsverbrecher, in dem neben anderen Hermann Göring, Außenminister Joachim von Ribbentrop, der Chef des Oberkommandos der Wehrmacht, Wilhelm Keitel, der frühere Innenminister Wilhelm Frick und der ehemalige Stellvertreter Hitlers, Rudolf Heß, angeklagt worden waren, noch als gerechte Aburteilung der verantwortlichen Repräsentanten des NS-Staates gegolten hatte, hatte sich die Stimmung merklich verändert, als die Alliierten die Eliten der Gesellschaft vor Gericht stellten. Dem »unangenehmen Teil des alliierten Angebots«, einer »schonungslosen Aufklärung« des NS-Systems sowie der Aufarbeitung der Rolle der Gesellschaft im NS-Unrechtsstaat, eingeschlossen ihrer Funktionseliten, hatte sich die Gesellschaft verweigert.[57] Eine Mehrheit der Bevölkerung »leugnete (...) jede Mitverantwortung für die Taten des NS-Regimes« und gab »der NS-Führung die Schuld am Holocaust, an den Kriegsverbrechen und an der deutschen Katastrophe.«[58]

Fritz Bauer bemerkte in den sechziger Jahren, die Nürnberger Prozesse seien »ziemlich echolos« verhallt und ihr Aufklärungspotential kaum genutzt oder wirksam geworden.[59] Dass eine Rechtsauffassung, die das Individuum als Subjekt von Recht begriff, auch mehr als ein Jahrzehnt später weder in der westdeutschen Öffentlichkeit noch in der Justiz etabliert war, zeigte schließlich auch die Kritik an Fritz Bauers Konzeption der NS-Prozesse, die zur Aufklärung der Rolle der Eliten im NS-System beitragen sollten, indem sie die schon gegen die Nürnberger Verfahren vorgetragenen Einwände und die unmittelbar nach dem Zusammenbruch des NS-Systems entwickelte Schuldabwehr und -projektion wiederholte. Vergleichbar mit der Abwehr der Nürnberger Verfahren richtete sich die Kritik in erster Linie gegen die angestrebte strafrechtliche Aufklärung der Verantwortung der Funktionseliten im Nationalsozialismus,

57 Anneke de Rudder: »Warum das ganze Theater?« Der Nürnberger-Prozess in den Augen der Zeitgenossen. In: Jahrbuch für Antisemitismusforschung. Bd. 6. Hg. v. Wolfgang Benz. Frankfurt a.M. u.a. 1997. S. 237.

58 Werner Bergmann: Die Reaktion auf den Holocaust in Westdeutschland von 1945 bis 1989. GWU, H. 6, 1992. S. 328. Zur Abwehr und Kritik der Nürnberger Verfahren vgl. auch Norman Paech: Das Versprechen von Nürnberg: Zur Aktualität der Prozesse nach fünfzig Jahren. In: Die frühen Nachkriegsprozesse. Hg. v. KZ-Gedenkstätte Neuengamme. Bremen 1997. S. 12ff.

59 Fritz Bauer, a.a.O. S. 302.

die das einzelne Individuum als Subjekt von Recht begriff. Damit stand – wie sich zeigen sollte – auch das Widerstandsrecht erneut zur Diskussion.

Der konservative Publizist Winfried Martini etwa erkannte in Fritz Bauer die »Personifikation« und den »prominentesten Vertreter« einer Rechtsauffassung, die »typisch« sei, für die »intellektuelle Verwirrung, die das ganze Problem der NS-Prozesse umgibt.«[60] Zwar räumte Martini ein, dass Bauer die Prozesse gegen NS-Täter nach dem Legalitätsprinzip und damit in Übereinstimmung mit dem westdeutschen Rechtssystem führte. Doch sei ein Engagement zu erkennen, das »weit« über »seine Pflichten als Generalstaatsanwalt« hinausgehe. Bauer habe sich »in Reden und Schriften mit ihrer Strafverfolgung (...) leidenschaftlich identifiziert«[61], vor allem aber – und damit kam Martini nach diesen eher subtilen und unkonkreten Beurteilungen auf den Kern seiner Kritik an der Konzeption der NS-Prozesse zu sprechen – lasse die Rechtsauffassung des hessischen Generalstaatsanwaltes einen »merkwürdige(n) Widerspruch« erkennen.[62] Die Verfolgung der NS-Täter sei nicht mit dem von Bauer sonst mit Leidenschaft und Vehemenz verfochtenen kriminalpolitischen Ziel der Resozialisierung von Straftätern zu vereinbaren. Tatsächlich galt Bauer als *der* Verfechter einer Kriminalpolitik, die die Resozialisierung des Täters, seine Wiedereingliederung in die Gesellschaft und nicht eine bloße Vergeltung einer begangenen Tat, als zentrale Aufgabe einer Strafpraxis anstrebte. Martini entdeckte hier den »Widerspruch« und damit die Unglaubwürdigkeit der Verfolgung von NS-Tätern, die »keinen Sinn (hat) unter dem Gesichtspunkt der Resozialisierung. Denn die NS-Täter sind ja längst resozialisiert, und zwar automatisch durch den Zusammenbruch des Dritten Reiches.«[63] Kritiker der von Fritz Bauer eingeforderten strafrechtlichen Aufarbeitung von NS-Verbrechen vertraten die Auffassung, dass eine Strafverfolgung von NS-Tätern die politische Gemeinschaft der Bundesrepublik erneut zerstöre und die in den fünfziger Jahren geleistete Integration der ehemaligen Täter, Mittäter und Gehilfen des Nationalsozialismus in die demokratische Ordnung zunichte mache.[64]

Fritz Bauer konnte auf die von Winfried Martini geübte Kritik an seiner Rechtsauffassung nicht mehr unmittelbar reagieren, da sie erst 1969, also nach

60 Winfried Martini: Die NS-Prozesse im ost-westlichen Spannungsfeld. Pfaffenhofen 1969. S. 5.

61 Winfried Martini a.a.O. S. 5.

62 Winfried Martini a.a.O. S. 4.

63 Ebd.

64 Diese Auffassung vertrat beispielsweise auch Werner Best als Rechtsberater der FDP im Sommer 1952 in einer Denkschrift, die in Regierungskreisen für ein Ende der NS-Prozesse werben sollte. Vgl. Ulrich Herbert: Best. Biographische Studien über Radikalismus, Weltanschauung und Vernunft 1903-1989. Bonn [3]1996. S. 458.

seinem Tod, publiziert wurde. In vielen der von ihm verfassten Texten hatte er sich aber bereits mit den von Martini erhobenen Einwänden auseinandergesetzt und in zahlreichen Vorträgen und Interviews hatte er die Konzeption der NS-Prozesse erläutert, denn seit Bauer das Amt des hessischen Generalstaatsanwaltes angetreten hatte, war immer wieder ähnliche und nur in Nuancen verschiedene Kritik gegenüber seiner Rechtsauffassung laut geworden.

Der Grundgedanke, dass die strafrechtliche Aufarbeitung der Verantwortung und Schuld der Funktionseliten im NS-Staat unverzichtbar sei, gewann dabei zunächst seine Bedeutung im Kontext der von Bauer seit Ende der fünfziger Jahre wiederholt öffentlich vorgetragenen Kritik an einer stillschweigenden Inkorporation der ehemaligen nationalsozialistischen Funktionseliten in die demokratische Ordnung, wie sie seit 1949 Kernstück der Vergangenheitspolitik der Bundesregierung war und die in einer Position wie der von Martini als konstruktive und gelungene Politik im Sinne einer Demokratisierung der Gesellschaft bewertet wurde. War Fritz Bauer seit 1951/1952, als er sich während der Vorbereitungen und im Verlauf des Verfahrens gegen Otto Ernst Remer hinsichtlich der Entlegitimierung des Widerstandes ganz konkret mit der Bedeutung personeller Kontinuitäten auseinandersetzen musste, mit der Dominanz der ehemaligen Träger des NS-Systems in der Bundesrepublik konfrontiert[65], kann auch der Fall Heyde als eine exemplarische Konkretion der von ihm kritisierten vergangenheits-politischen Konstellationen in der Bundesrepublik der fünfziger Jahre betrachtet werden.

Werner Heyde, 1902 in Forst in der Lausitz geboren, hatte 1932 in Würzburg eine Privatdozentur für Psychiatrie und Neurologie übernommen. Seit 1. Mai 1933 war er Mitglied der NSDAP und vier Jahre später wurde ihm die Position des Kreisamtsleiters des Rassenpolitischen Amtes in Würzburg übertragen. Heyde wurde am 1. Juni 1936 in die SS aufgenommen und mit erbbiologischen Untersuchungen in Konzentrationslagern und der Erstellung von Gutachten für die Geheime Staatspolizei beauftragt. Die Karriere von Heyde verlief auch in den folgenden Jahren reibungslos: Im Sommer 1938 wurde er Führer im Stabe SS-Hauptamt und die Fakultät der Universität förderte seine außerplanmäßige Ernennung zum Professor und schließlich zum ordentlichen Professor im Dezember 1939. Seit Sommer 1939 war Heyde außerdem mit der Planung des Massenmordes im Rahmen der »Euthanasie« beschäftigt. Er war bis Dezember 1941 als Leiter der Medizinischen Abteilung tätig und hatte seit Mai 1940 die Gesamtleitung der Tarnorganisationen inne, leitete also neben der Medizinischen Abteilung die Abteilungen II (Büroabteilung) und III (Wirt-

65 Vgl. dazu 1. Kapitel 1.1.3.1.

schaftsabteilung) der »Aktion T 4«.[66] Nachdem diese seit März 1941 unter der Tarnbezeichnung »Geheime Reichssache 14f13« auf die Häftlinge von Konzentrationslagern ausgedehnt worden war, bereiste Heyde seit Frühjahr 1941 verschiedene Konzentrationslager[67] und war mit der organisatorischen Leitung der Ermordung der »arbeitsunfähigen« Häftlinge beauftragt.[68] Ungeklärt bleibt, warum Heyde im Dezember 1941 die Leitung der »Euthanasie« niederlegte und sich wieder seiner Professur in Würzburg widmete.[69] Im April 1944 jedenfalls wurde er noch zum SS-Obersturmbannführer und ein Jahr später, im April 1945, zum SS-Standartenführer befördert. Das Ende des Krieges erlebte er als Chef eines Lazaretts der Waffen-SS in Dänemark, wo er im Mai 1945 verhaftet und interniert wurde. Im Februar 1947 lieferten die Amerikaner Heyde an die deutsche Justiz aus, und er wurde in Frankfurt in Untersuchungshaft genommen. Nachdem Heyde auf Antrag der Verteidigung im Nürnberger Ärzteprozess ausgesagt hatte, gelang ihm am 25. Juli 1947 die Flucht. In Würzburg sprang er von dem Lastwagen, der ihn nach Frankfurt zurückbringen sollte. Werner Heyde lebte fortan unter dem Pseudonym Dr. med. Fritz Sawade in Schleswig-Holstein.

Klaus-Detlev Godau-Schüttke hat in einer materialreichen Studie das Leben von Heyde/Sawade in den fünfziger Jahren in Schleswig-Holstein rekonstruiert und den politischen und justitiellen Umgang mit dem Fall Heyde nach dessen Enttarnung aufgearbeitet.[70] Obwohl Heyde wegen Mordes gesucht wurde, konnte sich der ehemalige »Euthanasie«-Arzt in kurzer Zeit eine Existenz als ärztlicher Gutachter aufbauen. Heyde/Sawade war als neuro-logischer Gutachter u.a. beim Oberversicherungsamt und der Landesversicherungsanstalt in Flensburg sowie der dortigen Staatsanwaltschaft beschäftigt. Er arbeitete für das Landesentschädigungsamt in Kiel, als Gutachter für verschiedene Gerichte, Versorgungsämter und Genossenschaften. Die nach der Enttarnung von Heyde/Sawade im Jahr 1959 auf Initiative der SPD im Schleswig-Holsteinischen Landtag eingeleitete Untersuchung durch zwei Parlamentarische Ausschüsse ergab außerdem, dass die tatsächliche Identität von Sawade oder seine falsche Namensführung vor der »offiziellen« Enttarnung im November 1959

---

66 Vgl. Klaus-Detlev Godau-Schüttke: Die Heyde/Sawade-Affäre. Wie Juristen und Mediziner den NS-Euthanasieprofessor Heyde nach 1945 deckten und straflos blieben. Baden-Baden 1998. S. 36f.

67 Vgl. Ernst Klee: »Euthanasie« im NS-Staat. Die »Vernichtung lebensunwerten Lebens«. Frankfurt a.M. 1994. S. 345.

68 Klaus-Detlev Godau-Schüttke, a.a.O. S. 55.

69 Klaus-Detlev Godau-Schüttke, a.a.O. S. 58f.

70 Klaus-Detlev Godau-Schüttke, a.a.O.

einer ganzen Reihe von Medizinern und Juristen bekannt war.[71] Die staatsanwaltschaftlichen Er-mittlungsverfahren gegen die Personen, die ihn gedeckt hatten, wurden in den meisten Fällen eingestellt. Nur drei von ihnen wurden wegen einer Beistandsleistung nach § 257 StGB oder Begünstigung im Amt § 346 StGB angeklagt. Doch im Juni 1961 lehnte die zuständige Strafkammer beim LG Kiel die Eröffnung der Hauptverhandlung gegen den Leiter der Gesundheitsabteilung im schleswig-holsteinischen Innenministerium wegen Begünstigung ab. Auch der verantwortliche Leitende Regierungsdirektor wurde im Mai 1968 von der Anklage der Begünstigung im Amt durch dieselbe Strafkammer freigesprochen.[72]

Blieb der Präsident des Landessozialgerichts, Dr. Ernst-Siegfried Buresch, der 1954 einen Brief von dem früheren Ordinarius für Psychiatrie in Kiel, Prof. Dr. Hans-Gerhard Creutzfeldt, erhielt, der ihn auf die tatsächliche Identität von Sawade hinwies. Buresch hatte die Informationen über Heyde/ Sawade nicht an die Staatsanwaltschaft weitergeleitet, sondern Creutzfeldt weitere Schritte überlassen. Im November 1959 gab Buresch die gegen ihn erhobenen Vorwürfe im Rahmen einer dienstlichen Vernehmung im Justizministerium zu. Er rechtfertigte sein Handeln damit, dass er die Bedeutung des Falles nicht erkannt habe. Obwohl seine Einlassung nicht überzeugen konnte – Buresch hatte zuvor berichtet, dass Sawade in dem Gespräch seine Tätigkeit als »Irrentöter« zugegeben hatte – lehnte die zuständige Strafkammer am Landgericht Flensburg die Eröffnung einer Hauptverhandlung ab. Für den Präsidenten des Landessozialgerichts habe »keine Rechtspflicht bestanden, der Strafverfolgungsbehörde von dem Schreiben des Prof. Creutzfeldt Kenntnis zu geben.«[73] Der I. Strafsenat des schleswig-holsteinischen Oberlandesgerichts beschloss hingegen im Dezember 1960 die Eröffnung der Hauptverhandlung vor dem LG Kiel, und im Januar 1961 beantragte die schleswig-holsteinische Generalstaatsanwaltschaft bei der zuständigen Strafkammer des Landgerichts schließlich Terminbestimmung für die Hauptverhandlung.[74] Entgegen der Rechtsauffassung, die zuvor das OLG vertreten hatte[75] und die Grundlage der Konzeption der Ermittlungsarbeit der hessischen Staatsanwaltschaft gegen Heyde war, dass nämlich die Vortat von Heyde i.S.d. § 257 StGB zu prüfen sei,

71 Klaus-Detlev Godau-Schüttke: Die Heyde/Sawade-Affaire: Juristen und Mediziner in Schleswig-Holstein decken den NS-Euthanasiearzt Prof. Dr. Werner Heyde und bleiben straflos. In: Helge Grabitz, Klaus Bästlein, Johannes Tuchel (Hg.): Die Normalität des Verbrechens. Bilanz und Perspektiven der Forschung zu den nationalsozialistischen Gewaltverbrechen. Berlin 1994. S. 460.

72 Vgl. Klaus-Detlev Godau-Schüttke, a.a.O. S. 460f.

73 Klaus-Detlev Godau-Schüttke, a.a.O. S. 463.

74 Vgl. Klaus-Detlev Godau-Schüttke, a.a.O. S. 465.

75 Vgl. Klaus-Detlev Godau-Schüttke, a.a.O. S. 464.

regte die Staatsanwaltschaft allerdings an, mit der Durchführung der Hauptverhandlung zu warten, bis die Ergebnisse der Voruntersuchung in dem in Frankfurt anstehenden Strafverfahren gegen Heyde vorliegen würden. Damit war die zuständige Strafkammer einverstanden: Am 1. Februar 1961 teilte der Vorsitzende der Strafkammer mit, dass die Hauptverhandlung gegen Buresch erst nach Abschluss der Voruntersuchung gegen Heyde in Frankfurt durchgeführt werde.[76] Die schleswig-holsteinische Justiz setzte damit nicht nur eine Verurteilung von Buresch aufs Spiel. Vielmehr hatten, im Gegensatz zu der unter Fritz Bauer ermittelnden Staatsanwaltschaft in Frankfurt, die an der Aufklärung der »Euthanasie« als einer Mordaktion im Kontext des nationalsozialistischen Unrechtssystems arbeitete, weder die in Schleswig-Holstein zuständige Staatsanwaltschaft noch das Gericht Interesse an »umfangreiche(n) eigene(n) Forschungen über die NS-›Euthanasie‹ und damit über die Verbrechen von Heyde/Sawade«.[77]

Buresch, der zunächst unter vollen Bezügen vom Dienst enthoben worden war, wurde im Mai 1961 in den Ruhestand versetzt. Noch bevor in Frankfurt eine letzte Entscheidung in der Strafsache Heyde fiel, wurde im August 1963 das Verfahren gegen ihn aufgrund eines vorliegenden Attestes, das eine lebensgefährliche Erkrankung bescheinigte, zunächst vorläufig und im November 1967 von der zuständigen Strafkammer des LG Kiel wegen dauernder Verhandlungsunfähigkeit von Buresch endgültig eingestellt.[78]

Während der justitielle Umgang mit dem Fall Heyde/Sawade die Zurückhaltung der Justiz im Umgang mit NS-Verbrechen demonstrierte, spiegelten auch die Aussagen derer, die in Schleswig-Holstein mit Heyde/Sawade zusammen gearbeitet und seine wahre Identität gekannt hatten, die von Bauer kritisierte normative Indifferenz im Umgang mit der nationalsozialistischen Vergangenheit.

Im Rahmen der Untersuchung in Schleswig-Holstein sagte der Medizinaldirektor der Landesversicherungsanstalt in Flensburg, Dr. Hartwig Delfs, vor dem Ausschuss des Landtages aus,

»dass Heyde im Herbst 1952 zu ihm gekommen sei, um sich ihm gegenüber (...) zu offenbaren. Bei dieser Gelegenheit habe er etwa erklärt: ›Ich bin nicht der einfache Nervenarzt, für den ich mich hier ausgebe, ich bin der ehemalige Ordinarius für Neurologie und Psychiatrie und Direktor der Universitätsnervenklinik in Würzburg. Ich bin 1945 von den Amerikanern im Rahmen des Euthanasieprogramms festgesetzt und bei einer Überführungsfahrt zu einer Zeugenvernehmung ausgerissen. Ich sage Ihnen das, damit sie es nicht von anderer Seite hören.‹ Als Delfs dann Heyde daraufhin gefragt habe, wer diese Tatsache außerdem noch

76 Vgl. ebd.

77 Klaus-Detlev Godau-Schüttke, a.a.O. S. 465.

78 Vgl. Klaus-Detlev Godau-Schüttke, a.a.O. S. 466 u. 468.

wisse, habe Heyde erklärt, das wüssten noch eine ganze Reihe anderer Herren, insbesondere auch der Landesversicherungsanstalt, des Oberversicherungs-amtes, des Versorgungsamtes und der Staatsanwaltschaft. Dr. Hartwig Delfs hat diese Kenntnis nicht weitergegeben, da es ihm als Vertrauensbruch erschienen wäre (...). Es wäre nach seiner Auffassung eine ›glatte Denunziation‹ gewesen.«[79]

Auch die Schilderungen von Buresch sind hinsichtlich des »gesellschafts-politischen Schutzschild(es)«[80], das Heyde in den fünfziger Jahren vor einer strafrechtlichen Verfolgung bewahrte, aufschlussreich. In einer Sitzung des vom Landtag beauftragten Untersuchungsausschusses gab Buresch im April 1961 zu Protokoll:

»Im selben Jahr, in dem der Creutzfeldt-Brief kam – 1954 – (ist) doch der Professor Catel von der Landesregierung (...) angestellt worden – trotz genauer Kenntnis, dass er an der Euthanasie beteiligt gewesen war. Ich sage Ihnen das nur deswegen, um zu zeigen, dass die allgemeine Stimmung – auch im Landtag – eine andere war, als sie heute ist.«[81]

Prof. Dr. Werner Catel war als Obergutachter und im Rahmen der Planung an der »Kinder-Euthanasie« beteiligt.[82]

Die Vergangenheitspolitik der Bundesregierung, die unter Bundeskanzler Konrad Adenauer nicht nur auf einen »Verzicht auf Ausgrenzung«[83] der ehemaligen NS-Funktionseliten, sondern vielmehr auf ihre nahezu bruchlose Integration in das neue Gesellschaftssystem gesetzt hatte[84], die Kontinuität der

---

79 Vgl. den Auszug aus dem Bericht des Untersuchungsausschusses des Schleswig-Holsteinischen Landtages in der Angelegenheit Prof. Heyde/Dr. Sawade bei Ernst Klee: Was sie taten – Was sie wurden. Ärzte, Juristen und andere Beteiligte am Kranken- oder Judenmord. Frankfurt a.M. 1992. S. 22.

80 Vgl. Klaus-Detlev Godau-Schüttke: Die Heyde/Sawade-Affäre. Wie Juristen und Mediziner den NS-Euthanasieprofessor Heyde nach 1945 deckten und straflos blieben. Baden-Baden 1998. S. 90. Godau-Schüttke greift eine Formulierung von Horst-Eberhard Richter auf, der in einer 1996 gehaltenen Rede auf dem Kongress »Medizin und Gewissen – 50 Jahre nach dem Nürnberger Ärzteprozess« sagte: »Man mag diesen Mann (Heyde) als extremen Sonderfall ansehen. Das war er aber nicht mehr, als sich um ihn in den Nachkriegsjahren ein bemerkenswerter Schutzwall von kollegialer Solidarität bildete. (...) Das Gewissen (der Mitwisser) schlug für den Kollegen, weil er ein Kollege war. Aber was da schlug, war eben (...) ein enteignetes Gewissen, das den Kollegen höher stellte als den Anstifter zu zigtausend Morden (...).« Vgl. Horst-Eberhard Richter: Der ureigene Platz des Arztes ist stets an der Seite der Hilfsbedürftigen. FR vom 18.10.1996.

81 Zit.n. Ernst Klee: Was sie taten – Was sie wurden. Ärzte, Juristen und andere Beteiligte am Kranken- oder Judenmord. Frankfurt a.M. 1992. S. 25.

82 Vgl. Ernst Klee, a.a.O. S. 139ff.

83 Joachim Perels: Die Nachwirkung der NS-Diktatur im demokratischen Rechtsstaat. In. Ders.: Das juristische Erbe des »Dritten Reiches«. Beschädigungen der demokratischen Rechtsordnung. Frankfurt a.M., New York 1999. S. 15.

84 Vgl. zur Integrationspolitik der Bundesregierung Norbert Frei: Vergangenheitspolitik. Die Anfänge der Bundesrepublik und die NS-Vergangenheit. München: Beck ^{2}1997.

Funktionseliten und ihre Inkorporation in die demokratische Ordnung der Bundesrepublik, waren der historische Kontext für den Fall Heyde/Sawade und erschienen in der Perspektive von Martini als weitgehend unproblematisch und sogar politisch wünschenswert.[85] Bauer formulierte demgegenüber nicht nur – wie gezeigt – in Kritik an der normativen Indifferenz dieser Politik eine frühe Gegenposition zu der seit Beginn der fünfziger Jahre und bis heute in Politik und Forschung weitverbreiteten Auffassung von einer gelungenen staatlichen Integrationspolitik gegenüber den ehemaligen Trägern des NS-Systems. Vielmehr begründete er in der konkreten Erfahrung dieser gesellschaftspolitischen Situation die Notwendigkeit der Aufklärung der Verantwortung der Träger des NS-Systems; denn in seiner Perspektive ergab sich der ambivalente Befund, dass zur Abwehr des Widerstandsrechts des einzelnen Bürgers auf die Handlungsautorität der gesellschaftlichen Funktionseliten hingewiesen wurde, während gleichzeitig ihre Rolle im NS-Staat weitgehend ausgeblendet blieb.

Der Position von Winfried Martini war Fritz Bauer dabei schon entsprechend der Übereinstimmung der Konzeption der Prozesse mit der historischen Analyse des NS-Staates als einem Handlungszusammenhang von politischer Führung und Gesellschaft in seinem Mitte der sechziger Jahre publizierten Text *Antinazistische Prozesse und politisches Bewusstsein. Dienen NS-Prozesse der politischen Aufklärung?* entgegengetreten, wonach sich »(h)inter der Auffassung, die nationalsozialistischen Angeklagten bedürften keiner ›sozialisierenden‹ Behandlung, (...) die beliebte Illusion (verbirgt), der Nazismus sei mit Hitler und seiner nächsten Umgebung identisch«.[86] Und über die Bedeutung einer Resozialisierung von NS-Tätern im Kontext einer angestrebten Veränderung

85 Vgl. die Analyse der positiven Rezeption der von der Bundesregierung verfolgten Integrationspolitik von Joachim Perels: Die Nachwirkung der NS-Diktatur im demokratischen Rechtsstaat. In. Ders.: Das juristische Erbe des »Dritten Reiches«. Beschädigungen der demokratischen Rechtsordnung. Frankfurt a.M., New York 1999. S. 12ff; Ulrich Herbert: Rückkehr in die Bürgerlichkeit? NS-Eliten in der Bundesrepublik. In: Bernd Weisbrod (Hg.): Rechtsradikalismus in der politischen Kultur der Nachkriegszeit. Die verzögerte Normalisierung in Niedersachsen. Hannover 1995. S. 157ff und Helmut Kramer: Entstehung, Funktion und Folgen des nationalsozialistischen Rechtssystems. Ein Literaturbericht. KJ, H. 2, 1987. S. 218ff, bes. S. 235ff u. 241ff. Von der positiven Rezeption der Integrationspolitik sind neben anderen vor allem auszunehmen die erwähnte Studie von Norbert Frei: Vergangenheitspolitik. Die Anfänge der Bundesrepublik und die NS-Vergangenheit. München: Beck ^{2}1997 sowie Ulrich Herbert: Best. Biographische Studien über Radikalismus, Weltanschauung und Vernunft 1903 - 1989. Bonn ^{3}1996.

86 Fritz Bauer: Antinazistische Prozesse und politisches Bewusstsein. Dienen NS-Prozesse der politischen Aufklärung? In: Hermann Huss, Andreas Schröder (Hg.): Antisemitismus. Zur Pathologie der bürgerlichen Gesellschaft. Frankfurt a. M. 1965. S. 175.

von gesellschaftlichen Strukturen in der west-deutschen Gesellschaft schreibt er im selben Text:

»Eine solche ›Resozialisierung‹ würde, wie mir dünkt, jedenfalls auf seiten der Angeklagten die Erkenntnis und das Anerkenntnis des Unrechtsstaates, ihre Ablehnung, positiv ausgedrückt, eine Bejahung der Grundwerte unserer Demokratie und der Unverletzlichkeit der Menschenrechte fordern.«[87]

Diese von Fritz Bauer formulierte Entgegnung auf die Kritik, die einen Bruch in seiner Rechtsauffassung entdeckt zu haben glaubte, tritt allerdings ähnlich wie sein Verweis auf das Legalitätsprinzip hinter der von ihm erarbeiteten Konzeption der Strafprozesse als einer »Suche nach dem Recht« in der historischen Erfahrung des NS-Unrechtssystems zurück. Neben der konkreten Anklage der NS-Täter hatte gemäß dieser Konzeption die exemplarische Bedeutung der Ermittlungen und Anklagen der traditionellen Eliten wegen NS-Verbrechen und das den Prozessen zugrunde liegende Konzept der »Wendung aufs Subjekt« Priorität, das die Mitglieder der Gesellschaft auch anlässlich der Prozesse zu einer Selbstreflexion aufforderte.

Während Bauer von Winfried Martini und anderen Kritikern der NS-Verfahren eine Zerstörung der in den fünfziger Jahren neu formierten und integrierten westdeutschen Gesellschaft vorgeworfen wurde, basierte gerade die von ihm entwickelte Gegenposition zur vergangenheitspolitischen Integrationspolitik und seine Konzeption der strafrechtlichen Aufarbeitung der Vergangenheit – und das blendete die zeitgenössische Kritik aus – , auf einer wesentlich anderen politischen Idee von der Gesellschaft. Schon in seiner frühen Studie *Die Kriegsverbrecher vor Gericht* schreibt Bauer mit Blick auf die strafrechtliche Aufarbeitung des nationalsozialistischen Unrechts:

»(E)s geht um das Verbrechen als solches und die Aufrechterhaltung der Normen, die die Gemeinschaft zum Schutz ihrer Existenz und Entwicklung aufgestellt hat. Die Wirklichkeit dieser Norm, das geltende Recht, muss unterstrichen werden.«[88]

Die Funktion einer juristischen Aufarbeitung der NS-Vergangenheit zielte im Anschluss an den von Bauer rezipierten sozialistischen Gemeinschaftsbegriff von Radbruch[89] auf die Veränderung von gesellschaftlichen Strukturprinzipien und die Formierung einer »transpersonalen Gemeinschaft« als dem Ordnungsprinzip der demokratischen Gesellschaft.[90]

---

87 Fritz Bauer, a.a.O. S. 173.

88 Fritz Bauer: Die Kriegsverbrecher vor Gericht. Zürich 1945. S. 205.

89 Vgl. oben S. 285.

90 Gustav Radbruch: Kulturlehre des Sozialismus. Stuttgart, Berlin 1922. S. 20ff.

In der integrierten bundesrepublikanischen Gesellschaft, die hinsichtlich der Beteiligung der bürgerlichen Elite an der Stabilisierung des NS-Unrechtsregimes und seiner diktatorischen Struktur mehrheitlich und weitgehend geschwiegen hatte, vermochte Fritz Bauer eine Neuordnung der politischen Gemeinschaft in diesem Sinne nicht zu erkennen. Die in dieser Perspektive notwendige – und in den fünfziger Jahren vermiedene – Auseinandersetzung mit dem zentralen Problem der Verantwortung des Individuums in Staat und Gesellschaft war Motiv und Gegenstand der juristischen Aufarbeitung des NS-Unrechtsregimes, die Fritz Bauer seit 1956 als hessischer Generalstaatsanwalt initiierte. Die von der Frankfurter Staatsanwaltschaft im Rahmen des Ermittlungsverfahrens gegen Heyde erarbeitete Rechtsauffassung spiegelt dabei beispielhaft die Konzeption der NS-Verfahren als eine historische Entgegnung auf die vergangenheitspolitische Situation der fünfziger Jahre. Unter der Leitung von Bauer entwickelte die Frankfurter Staatsanwaltschaft – im Rahmen der westdeutschen Strafprozessordnung und auf der »Suche nach dem Recht« – ein spezifisches Instrumentarium, um dem historischen Gegenstand der NS-Verbrechen und der normativen Idee der Verfahren gerecht zu werden.

2. Die Verantwortung von NS-Funktionseliten – Streitpunkt: subjektive Verantwortung der Beschuldigten

Werner Heyde hatte sich am 12. November 1959 »vormittags in Begleitung des Rechtsanwaltes Schindler freiwillig bei der Staatsanwaltschaft Frankfurt/Main gestellt«[91] und in einer Stellungnahme erklärt, er habe sich »selbst moralisch nichts vorzuwerfen und glaube auch, einer juristischen Behandlung der (...) erhobenen Beschuldigungen zuversichtlich entgegensehen zu können.«[92] Weil Heyde mit einem in Würzburg ausgestellten Haftbefehl gesucht wurde, wurde er in das dortige Landgerichtsgefängnis gebracht.[93] Allerdings signalisierte Würzburg kein Interesse, die Ermittlungen zu übernehmen. Auch die Staatsanwaltschaft in Flensburg, deren Zuständigkeit sich durch Heydes Wohnsitz ergeben hätte, lehnte eine Übernahme des Verfahrens ab.[94] Schließlich legte Würzburg dem BGH die Akten vor und bat um eine Entscheidung. Nachdem

91 Notiz der Kriminalpolizei Würzburg vom 12.11.1959 in HStA, Abt. 631a, Nr. 63.

92 Aufzeichnung der Stellungnahme von Heyde vom 12.11.1959 in: HStA, Abt. 631a, Nr. 85. Bl. 538f.

93 HStA, Abt. 631a, Nr. 63.

94 Vgl. das Schreiben des zuständigen Oberstaatsanwalts aus Flensburg an den Oberstaatsanwalt beim LG Würzburg vom 3.12.1959. HStA, Abt. 631a, Nr. 3. Bl. 600ff.

Generalbundesanwalt Max Güde Rücksprache mit Fritz Bauer gehalten hatte, schickte er das Material zu dessen Händen nach Frankfurt[95], und im Januar 1960 übernahm Bauer neben dem Ermittlungsverfahren gegen Werner Heyde nach § 9 StPO auch die »Amtsverrichtung« nach § 145 GVG persönlich.[96] Allerdings sah er davon ab, die Übernahme der Voruntersuchung nach § 9 StPO bei dem LG Frankfurt am Main zu beantragen, »um einen aus der Selbstgestellung des Angeschuldigten Dr. Heyde möglicherweise folgenden Zuständigkeitsstreit zu vermeiden.« Die Voruntersuchung führte demnach das Landgericht Limburg/Lahn, in dessen Zuständigkeitsbereich auch die Tötungsanstalt Hadamar als ein Tatort lag.[97]

Bereits am 5. Januar 1960, eine Woche vor der Übernahme des Ermittlungsverfahrens, hatte Fritz Bauer Beschwerde wegen der Begründung des im Fall Heyde ausgestellten Haftbefehls eingelegt. In seinem Schriftsatz führte er aus, dass »die in dem Haftbefehl vertretene rechtliche Beurteilung (...) den schweren Unrechtsgehalt der Straftaten des von dem Beschuldigten verwirklichten Sachverhalts in einer Weise verkannt (hat), dass der Haftbefehl so nicht hingenommen werden kann.«[98] Die Beschwerde von Fritz Bauer richtete sich gegen den Haftbefehl vom 28. Dezember 1959, den das Amtsgericht Frankfurt a.M. wegen des Verdachts der Beihilfe zum Totschlag gegen Heyde ausgestellt hatte.[99] Im Unterschied zum Amtsgericht qualifizierte Bauer die Tat Heydes im Rahmen der »Euthanasie«-Morde als Mittäterschaft.

Der Frankfurter Rechtsanwalt Rudolf Schindler hatte als Verteidiger von Heyde seine Rechtsposition gegenüber dem Landgericht Würzburg schon im Dezember 1959 dargelegt. Die seinem Mandanten zur Last gelegten Taten seien nicht als Mord, sondern »allenfalls« als Beihilfe und »allenfalls (...) (als) Totschlag« zu betrachten. Insofern sei sein Mandant geständig. Die Argumentation der Verteidigung strebte damit eine schnelle Aussetzung der Strafverfolgung von Heyde an, denn der Rechtsanwalt führte in seinem Schriftsatz weiter aus, dass demnach die »dem Beschuldigten zur Last gelegte strafbare Handlung (...) bereits verjährt« sei, da die letzte zur Last gelegte Tat in die Monate Juni/Juli 1941 fiele und damit die Verjährung mit Ablauf des Jahres

95 Vgl. das Schreiben des zuständigen Oberstaatsanwaltes bei dem LG Würzburg vom 25. 11.1959 an den Oberstaatsanwalt bei dem LG Flensburg. HStA, Abt. 631a, Nr. 3. Bl. 599f. und Blatt 599ff.

96 Fritz Bauer in einer Mitteilung vom 12.1.1960 an das Amtsgericht Frankfurt a.M. HStA, Abt. 631a, Nr. 114. Bl. 60.

97 Fritz Bauer in einem Bericht an den HMdJ am 2.2.1961. HStA, Abt. 631a, Nr. 107.

98 Beschwerde gegen den Haftbefehl gegen Heyde von Fritz Bauer am 5.1.1960 an das Amtsgericht in Frankfurt a.M. HStA, Abt. 631a, Nr. 3. Bl. 629ff.

99 Vgl. den vom Amtsgericht Frankfurt a.M. ausgestellten Haftbefehl gegen Heyde. HStA, Abt. 631a, Nr 114. Bl. 7.

1951 »möglicherweise mit Ablauf des Jahres 1956« begonnen habe. Den Haftbefehl vom 17. Januar 1953 durch das Amtsgericht Würzburg betrachtete der Rechtsanwalt als unbedeutsam, da das Gericht »nicht zuständig« gewesen und die Verjährungsfrist somit nicht unterbrochen worden sei.[100] Die Auffassung der Verteidigung konnte allerdings nicht überzeugen.

Nachdem Fritz Bauer seine Beschwerde gegen den Haftbefehl am 27. Januar wiederholte[101], folgte das Landgericht zwei Tage später seiner Rechtsauffassung und erließ Haftbefehl gegen Heyde wegen des Verdachts der Mittäterschaft. Das Landgericht folgte der Argumentation der Staatsanwaltschaft und betrachtete die »Tötung der Geisteskranken« nicht als Totschlag, sondern als Mord. Die Einlassung der Verteidigung, dass sich ihr Mandant lediglich einer Beihilfe schuldig gemacht habe, wies das Gericht zurück: »Der Tatbeitrag des Beschuldigten kann (...) auch nicht als Beihilfehandlung zur Tötung durch andere gewertet werden.« Eine anzunehmende Mittäterschaft Heydes begründete das Landgericht mit Verweis auf die »Willensrichtung« des Beschuldigten, die seinen »Tatbeitrag nicht als blosse Förderung fremden Tuns, sondern als einen Teil der Tätigkeit aller erscheinen lässt (...).« Ferner wies das Gericht auf die leitende Position von Heyde im Rahmen der nationalsozialistischen »Euthanasie« hin:

> »Der Beschuldigte, der maßgeblich an der Organisation der Massentötungen mitgewirkt hat und von seinem wissenschaftlichen Standpunkte aus die Tötung für richtig und erforderlich hielt, wollte durch seinen Tatbeitrag nicht lediglich fremde Handlungen fördern, sondern seinen Teil zur Tötung der Geisteskranken mit eigenem Täterwillen beisteuern.«[102]

Heyde blieb wegen des Verdachts der Täterschaft und nicht wegen bloßer Beihilfe zum Mord in Haft. Die Staatsanwaltschaft zeigte sich im Mai 1960 optimistisch, das Verfahren gegen ihn rasch und effektiv durchführen zu können. Mit der Eröffnung des Prozesses und einer Anklage rechneten die Staatsanwälte noch im selben Jahr.[103] Nur einige Wochen später stand allerdings fest, dass der Prozessbeginn sich verzögern sollte. Der zuständige Staatsanwalt notierte im Juli 1960, die Ermittlungen seien »noch in vollem Gange«.[104] Auch im August 1960 war ein Abschluss der Ermittlungen nicht absehbar[105], die Untersuchungsakten umfassten bereits 9 Bände Akten und 11 Leitz-Ordner.

100 RA Rudolf Schindler am 14.12.1959 an das Amtsgericht Würzburg. HStA, Abt. 631a, Nr. 4. Bl. 663ff.

101 Generalstaatsanwalt Fritz Bauer am 27.1.1960 an das LG Frankfurt a.M. HStA, Abt. 631a, Nr. 3. Bl. 641.

102 Beschluss des LG Frankfurt a.M. vom 29.1.1960. HStA, Abt. 631a, Nr. 114. o. Bl.

103 Vgl. Schreiben der StaA vom 31.5.1960. HStA, Abt. 631a, Nr. 116. Bl. 789ff.

104 Vgl. Schreiben von StA Zinnall im Juli 1960. HStA, Abt. 631a, Nr. 117. Bl. 949.

105 So eine Notiz der StA vom 18.8.1960. HStA, Abt. 631a, Nr. 118. Bl. 1188.

Erschwerend kam hinzu, dass der Beschuldigte Heyde nach wie vor keine Bereitschaft zeigte auszusagen.[106] Bereits Anfang des Jahres hatte er der Generalstaatsanwaltschaft mitgeteilt, dass er bis zur Hauptverhandlung keine Angaben zum Gegenstand des Verfahrens machen werde.[107] Allein über seinen Werdegang nach 1945 berichtete Heyde Anfang März 1960 und im Herbst 1961 bei Vernehmungen ausführlich, und seine Aussage wurde auf mehr als 200 Seiten protokolliert.[108]

Die Staatsanwaltschaft arbeitete inzwischen intensiv an der Anklage und der Formulierung ihrer Rechtsposition. Während bereits die ersten Schriftsätze in der Haftsache Heyde gezeigt hatten, dass eine zentrale Rechtsfrage im vorliegenden Fall war, ob die Beteiligung des Arztes an der »Euthanasie«, wie die Verteidigung meinte, als Beihilfe zum Totschlag oder entsprechend der Rechtsauffassung der Staatsanwaltschaft als Mittäterschaft zum Massenmord zu beurteilen war, zeigte indes auch der Fall Bohne, dass die Abgrenzung von Täterschaft und Beihilfe in den Mittelpunkt des Verfahrens rückte.

Nachdem im August 1960 das Verfahren gegen Bohne mit den Ermittlungen gegen Heyde verbunden worden war, hatte die Staatsanwaltschaft wie im Fall Heyde Haftbefehl gegen Bohne wegen Mittäterschaft zum Massenmord beantragt.[109]

In dem Haftbefehl vom 12. September 1960 führte das Amtsgericht schließlich aus, Bohne sei »im Jahre 1939 und später aus Überzeugung ein Anhänger der Auffassung (gewesen), nach welcher unheilbar Geisteskranke den ›Gnadentod‹ erhalten sollten.« Daneben stellte das Gericht fest, dass »der Beschuldigte auch Vorschläge (gemacht habe), wie die wirkliche Todesursache der Geisteskranken vor der Öffentlichkeit verschleiert werden konnte« und dass er »am Aufbau der Organisation für die Durchführung der Euthanasie« teilgenommen hatte. Die Tat des Beschuldigten subsumierte das Gericht allerdings nicht unter den Tatbestand der Täterschaft, vielmehr qualifizierte der Richter die Tat Bohnes gemäß § 212 Abs. II, 74, 79 StGB als eine »wissentlich(e) Hilfe«.[110]

In einem am gleichen Tag vorgelegten Beschluss begründete das Amtsgericht Frankfurt am Main die Ablehnung des Antrags der Staatsanwaltschaft, Bohne wegen Mittäterschaft zum Mord zu inhaftieren. Der Beschuldigte habe

106 Laut Notiz der STA vom 18.8.1960. HStA, Abt. 631a, Nr. 118. Bl. 1181.

107 Vgl. die Mitteilung Heydes an die GstaA vom 13.2.1960. HStA, Abt. 631a, Nr. 85. Bl. 1008.

108 Vgl. HStA, Abt. 631a, Nr. 86.

109 Vgl. das Schreiben der GStaA an das Amtsgericht Frankfurt a.M. vom 24.8.1960. HStA, Abt. 631a, Nr. 118. Bl. 1219.

110 Haftbefehl gegen Gerhard Bohne ausgestellt vom Amtsgericht Frankfurt a.M. vom 12.9.1960. HStA, Abt. 631a, Nr. 118. Bl. 1393f.

»bei der Tötung von Geisteskranken in der Form mitgewirkt, dass er gelegentlich bei der Verpflichtung des für die Tötungsanstalten bestimmten Personals mit tätig wurde (und) den büromässigen Geschäftsgang leitete (...).« Obwohl der Beschluss im weiteren zu dem Ergebnis kommt, dass »(d)em Beschuldigten (...) der Ablauf der Aktion, – die Erfassung der unheilbar und kontaktlosen Geisteskranken bis zu ihrer Tötung – bekannt« war, sah das Amtsgericht hierin keinen ausreichenden Grund, den Haftbefehl gegen Bohne wegen Mittäterschaft auszustellen. Das Gericht merkte an, »(e)s ist hier nicht zu entscheiden, wie für die Täter (Hitler, Brack etc.) die Tat sich darstellt.«[111] Das für den Fall Bohne zuständige Amtsgericht Frankfurt am Main betrachtete demnach den Tatbeitrag von Bohne, seine leitende und organisatorische Tätigkeit im Rahmen der NS-»Euthanasie«, als Beihilfe zum Massenmord, während das für den Beschuldigten Heyde zuständige Amtsgericht dessen Tatbeitrag als Mittäterschaft qualifizierte.

Die Brisanz und die Gründe für die gegensätzliche Bewertung der Taten der Beschuldigten durch die zuständigen Gerichte, Rechtsanwälte und die Staatsanwaltschaft werden im juristischen und historischen Kontext der weitreichenden Exkulpation von Angeklagten im Zusammenhang mit der so genannten Gehilfenjudikatur deutlich, die im Sommer 1958 einen Höhepunkt erreichte. Vor diesem Hintergrund plante die Frankfurter Staatsanwaltschaft das Verfahren gegen Heyde als einen »Grundlagenprozess für Rechtsfragen hinsichtlich der Euthanasie«.[112]

Im Sommer 1958, ein Jahr bevor Bohne festgenommen werden konnte, Heyde sich in Frankfurt gestellt hatte und beide Fälle eine Diskussion der Rechtsfrage auslösten, ob ihre Tatbeiträge im Rahmen der national-sozialistischen »Euthanasie« als Beihilfe oder Täterschaft zu bewerten waren, hatte der in Ulm geführte »Einsatzgruppen-Prozess« hinsichtlich der Frage von Täter- und Gehilfenschaft im NS-Unrechtssystem wegweisenden Einfluss auf die Rechtsprechung erlangt. Von April bis August 1958 mussten sich vor dem Ulmer Landgericht zehn Angeklagte verantworten, weil sie 1941 in Litauen als Angehörige eines Einsatzkommandos an der Ermordung von jeweils mehreren hundert bis mehreren tausend Juden und Kommunisten beteiligt waren. Das

111 Beschluss des Amtsgerichts Frankfurt a.M. vom 12.9.1960. HStA, Abt. 631a, Nr. 118. Bl. 1395ff.

112 Die Absicht der Staatsanwaltschaft das Verfahren gegen Heyde als einen »Grundlagenprozess« zu führen äußerte einer der zuständigen Staatsanwälte gegenüber Rechtsanwalt Hans J. Poppe, der mit dem Verfahren gegen Kurt Borm beschäftigt war. HStA, Abt. 631a, Nr. 88. Bl. 162. Vgl. zu dem Verfahren gegen Borm Helmut Kramer: »Gerichtstag halten über uns selbst«. Das Verfahren Fritz Bauers zur Beteiligung der Justiz am Anstaltsmord. In: Hanno Loewy, Bettina Winter (Hg.): NS-»Euthanasie« vor Gericht. Frankfurt a.M., New York 1996. S. 119.

Ulmer Gericht verurteilte schließlich den ehemaligen Polizeidirektor von Memel, Bernhard Fischer-Schweder, sowie die neun Mitangeklagten wegen »gemeinschaftlicher Beihilfe zum gemeinschaftlichen Mord« zu Freiheitsstrafen zwischen drei und 15 Jahren.[113] Weil in Ulm – wie auch von Bauer mit dem geplanten Verfahren gegen Heyde/Sawade u.a. intendiert und entgegen der sonst üblichen Praxis westdeutscher Gerichte[114] – gegen eine ganze Gruppe von Tatbeteiligten verhandelt und nicht nur ein Einzeltäter angeklagt worden war, wurde in diesem Verfahren die Brisanz der Frage, wer als Täter und wer als bloßer Gehilfe der nationalsozialistischen Vernichtungspolitik zu qualifizieren war, noch einmal deutlich.[115] Obwohl das Gericht feststellte, dass der Hauptangeklagte, der ehemalige SS-Sturmbannführer Bernhard Fischer-Schweder, als Leiter der Staatspolizeidienststelle in Tilsit im Sommer 1941 freiwillig, mit erheblicher eigener Initiative und maßgeblichem Anteil an der Durchführung von Exekutionen an den Verbrechen einer Einsatzgruppe beteiligt gewesen war[116], beurteilte das Schwurgericht auch seine Tatbeteiligung lediglich als Beihilfe zum Mord. Die Richter argumentierten, als Täter seien allein Hitler, Himmler, Heydrich und deren engste Umgebung zu betrachten. Sie seien als Taturheber anzusehen, denn von ihnen allein sei die Initiative zur Ermordung der Juden und Kommunisten ausgegangen.[117] Alle Tatbeteiligten, die die Befehle der Haupttäter ausgeführt hatten, seien demgegenüber als Gehilfen zu qualifizieren. Im Urteil heißt es:

»Bei dem Angekl(agten) Fischer-Schweder (...) liegt die Annahme für eine Mittäterschaft sehr nahe. Dafür spricht vor allem, dass er sich als alter Kämpfer und Träger des goldenen Parteiabzeichens sowie als SA- und später als SS-Oberführer wohl als Prototyp dessen gefühlt hat, was der Nationalsozialismus immer als Ideal gepredigt hat. Deshalb liegt auch der Verdacht

113 Vgl. KZ-Verbrechen vor deutschen Gerichten. Bd. II. Einsatzkommando Tilsit. Der Prozess zu Ulm. Hg. v. H.G. van Dam u. Ralph Giordano. Frankfurt a.M. 1966.

114 Bettina Nehmer und Stefan Wittke haben mit ihren Analysen von NS-Prozessen gegen ehemalige Angehörige von Einsatzgruppen und Verbrechen in Konzentrationslagern gezeigt, dass in den fünfziger Jahren meistens einzelne Angeklagte vor Gericht standen, die überwiegend als Gehilfen eingestuft wurden. Vgl. Bettina Nehmer: Die Täter als Gehilfen? Zur Ahndung von Einsatzgruppenverbrechen. In: Redaktion Kritische Justiz (Hg.): Die juristische Aufarbeitung des Unrechts-Staats. Baden-Baden 1998. S. 635ff und Stefan Wittke: Teilexkulpation von KZ-Tätern? In: Redaktion Kritische Justiz (Hg.): Die juristische Aufarbeitung des Unrechts-Staats. Baden-Baden 1998. S. 547ff, bes. S. 574.

115 Vgl. Michael Greve: Der justitielle und rechtspolitische Umgang mit den NS-Gewalt-verbrechen in den sechziger Jahren. Frankfurt a.M. 2001. S. 153. Eine vorläufige Bilanz der Abgrenzung von Täterschaft und Beihilfe in NS-Prozessen bietet jetzt die Studie von Kerstin Freudiger: Die juristische Aufarbeitung von NS-Verbrechen. Tübingen 2002.

116 Vgl. KZ-Verbrechen vor deutschen Gerichten. Bd. II. Einsatzkommando Tilsit. Der Prozess zu Ulm. Hg. v. H.G. van Dam u. Ralph Giordano. Frankfurt a.M. 1966. S. 454 u. S. 461.

117 Vgl. KZ-Verbrechen vor deutschen Gerichten, a.a.O. S. 53.

nahe, dass er die innere Einstellung zu diesen Geschehnissen in sich getragen hat, dass nämlich die Macht des Nationalsozialismus mit allen Mitteln erhalten und gesichert werden müsse (...). Wenn das Schwurgericht trotzdem Bedenken für eine Feststellung der Mittäterschaft gehabt hat, so ist dies vor allem darauf zurückzuführen, dass er nach Ansicht des Schwurgerichts trotz dieses äußeren ungünstigen Erscheinungsbildes eben doch nicht der Prototyp des nationalsozialistischen Eiferers gewesen ist. Er ist vielmehr als ein Mensch zu kennzeichnen, der sich bei seinem impulsiven Wesen und bei seinem angeborenen Geltungsbedürfnis auf Grund seiner hohen SA-Stellung zur Einschaltung und zur Hilfeleistung berufen gefühlt hat, der aber von sich aus nie zu diesen Taten geschritten wäre (...).«[118]

Die Grundlage für das Urteil im Ulmer Einsatzgruppen-Prozess bildete die subjektive Teilnahmetheorie, derzufolge das Gericht als Abgrenzungskriterium einer Beihilfe von einer Täterschaft allein die innere Einstellung der Angeklagten gelten ließ. Während die Staatsanwaltschaft mit Blick auf die Hauptangeklagten, neben dem früheren Polizeidirektor in Memel, Fischer-Schweder, auch für den früheren Chef der Staatspolizei in Tilsit und den früheren SD-Abschnittsleiter, eine Verurteilung wegen Mittäterschaft gefordert hatte, hatten einige der Angeklagten, unter ihnen der ehemalige Chef des SD von Tilsit, in ihren Schlussworten zwar eine »moralische Schuld« bekannt, sich aber ausdrücklich als »Werkzeuge Hitlers und Himmlers« von der eigenen Verantwortung und strafrechtlichen Schuld freigesprochen, weil sie sich Befehlen nicht hätten entziehen können.[119] Die später auch im geplanten Verfahren gegen Heyde/Sawade u.a. zu beantwortende Frage, welche Verantwortung dem Individuum im Rahmen eines staatlich gelenkten Massenmordes zukommt, war damit von den Prozessparteien höchst unterschiedlich beantwortet worden. Anlässlich der Verurteilung aller ehemaligen Mitglieder der Einsatzgruppe als Gehilfen setzte sich aber in der zeitgenössischen Berichterstattung das Bild vom »Haupttäter« Hitler endgültig durch. Der Kommentator der *Zeit* nutzte das Urteil beispielsweise, um noch einmal die Gesellschaft im Nationalsozialismus zu exkulpieren, indem er darauf hinwies, dass es in dem Ulmer Verfahren um Verbrechen ging, »von denen wir – die meisten von uns – spät, zu spät erfuhren.«[120] Nachdem in den fünfziger Jahren westdeutsche Gerichte überhaupt nur zwei Prozesse gegen insgesamt drei Angehörige von Einsatzgruppen geführt hatten[121] und obwohl der in Ulm geführte Prozess die westdeutsche Gesellschaft mit der Tatsache konfrontierte, dass Funktionäre zentraler gesellschaftlicher Institutionen wie der Polizei maßgeblich in den Vernichtungsappa-

118 Vgl. KZ-Verbrechen vor deutschen Gerichten, a.a.O. S. 461f.

119 Vgl. zum Beispiel F.A.Z. vom 19.8.1958.

120 Die Zeit vom 7.11.1958.

121 Vgl. Bettina Nehmer, a.a.O. S. 641.

rat eingebunden waren[122], reflektierte die Öffentlichkeit kaum die Beteiligung und Rolle der gesellschaftlichen Eliten im Unrechtssystem. Vielmehr ebnete gerade auch die Berichterstattung im Sommer 1958 der bundesrepublikanischen Gesellschaft wieder einen Weg, sowohl die Gehilfen wie auch die NS-Täter als Außenseiter der Gesellschaft im Nationalsozialismus und nicht als ihre Repräsentanten wahrzunehmen.

Die Antwort, die der Korrespondent der Zeitung *Die Welt* auf die Frage fand, ob »das Recht in diesem umfangreichen deutschen Strafprozess der Nachkriegszeit gesiegt« habe, ist hinsichtlich des Geschichtsbildes, das sich in den fünfziger Jahren im Zusammenhang mit den NS-Verfahren etabliert hatte, aufschlussreich. Demnach bedeutete das Ulmer Urteil »immerhin die eindeutige Verdammung der Beihilfe zum staatlich gelenkten, von Hitler befohlenen Massenmord« und »die Staatsanwaltschaft hat ihr Hauptziel – einen generellen Schuldspruch – erreicht.« Die objektive Verurteilung des NS-Unrechts wurde dabei von der Bewertung der subjektiven Tatbeteiligung der Mitglieder der Gesellschaft abgetrennt. Die Verantwortung des Einzelnen wurde mit Hilfe eines Kunstgriffes gegenüber der Verantwortung der Staatsführung relativiert: »Bei den Strafen für die früheren Mitglieder des Einsatzkommandos war die moralische Mitschuld, die Kollektivscham, des ganzen deutschen Volkes berücksichtigt, das aus Feigheit und Geistesträgheit den Anfängen der Verfolgung nicht entgegengetreten war«. Um die Relativierung der Verantwortung des Einzelnen nachdrücklich zu rechtfertigen, wies der Journalist noch darauf hin, dass kein anderer als der erste Bundespräsident, Theodor Heuss, den Begriff der Kollektivscham geprägt habe.[123] Tatsächlich hatte der vorsitzende Richter in seiner mündlichen Urteilsbegründung die politische Verantwortung des gesamten deutschen Volkes als Strafmilderungsgrund angesprochen. Die Bedeutung der Kollektivscham der Bevölkerung hatte er in seiner Urteilsbegründung allerdings noch in einem anderen Zusammenhang thematisiert, auf den der Korrespondent der *F.A.Z.* aufmerksam machte:

»Nur wer seine Taten zu vertuschen suche, werde angeprangert«, so referierte die *F.A.Z.* die Urteilsbegründung, »nicht aber der, der seine Schuld bekenne und bereit zur Sühne sei. Vor allem die Jugend Deutschlands müsse wissen und erkennen, was in der Vergangenheit geschehen sei und welche Konsequenzen für die Zukunft daraus zu ziehen seien. Dass das

122 Im Urteil wies das Gericht ausdrücklich darauf hin, dass Fischer-Schweder als Polizeidirektor von Memel Leiter der örtlichen Polizeiverwaltung und ein »politischer Beamter« gewesen ist. Vgl. KZ-Verbrechen vor deutschen Gerichten, a.a.O. S. 84.

123 Carl Steinhausen: Zehn Angeklagte senkten ihre Köpfe. Hat im Ulmer Gerichtssaal das Recht gesiegt? – Die Lehre des Einsatzkommando-Prozesses. Die Welt vom 1.9.1958. Vgl. zu der Bestimmung des Begriffs die Rede »Mut zur Liebe« des Bundespräsidenten von 1949 in: Theodor Heuss. Die großen Reden. Der Staatsmann. Tübingen 1965. S. 99ff.

deutsche Volk eine moralische Verantwortung trage, die nach einem Wort des Bundespräsidenten Heuss am besten mit ›Kollektivscham‹ zu bezeichnen sei, solle nicht verkannt werden.«[124]

Der Richter hatte mit dem Begriff der Kollektivscham die Verpflichtung der Gesellschaft zur Auseinandersetzung mit der Vergangenheit eingefordert. Eine politische Forderung, die die öffentliche Berichterstattung allerdings mehrheitlich ausblendete.

Zielte die von Fritz Bauer entwickelte Konzeption der strafrechtlichen Aufklärung der NS-Verbrechen auf die Wahrnehmung der das NS-System tragenden Funktion der Mehrheit der gesellschaftlichen Elite, zeichneten die Artikel und Kommentare, die im Sommer 1958 über die Eröffnung der Verhandlung und die Verurteilung von Bernhard Fischer-Schweder u.a. berichteten, das in den fünfziger Jahren fest verankerte Bild von den NS-Tätern nach, die vor allem als Exzess- und Einzeltäter stigmatisiert wurden. Große Aufmerksamkeit schenkten die Berichterstatter der »Ungeheuerlichkeit« und dem Ausmaß der den Angeklagten zur Last gelegten Taten. Eine Mehrzahl der Berichte wies in der Schlagzeile oder im Untertitel darauf hin, dass die Anklage auf »fünftausendfachen Mord« lautete.[125] Die Berichterstatter schilderten die Grausamkeit und Brutalität, mit denen die Angehörigen des Einsatzkommandos nach dem Einmarsch der deutschen Wehrmacht im litauischen Grenzstreifen Menschen verfolgt und ermordet hatten. »Die Opfer mussten ihr eigenes Grab ausheben« titelte beispielsweise die *Süddeutsche Zeitung* am 2. Mai 1958[126], und noch eine Woche später war der Berichterstatter sichtlich beeindruckt, vielleicht auch schockiert, von dem, was vor Gericht zur Sprache kam. Er schilderte, wie »die Opfer selbst ihr Grab schaufeln mussten« und dass sie »wie Vieh (...) getrieben« wurden.[127] Schließlich beschrieb der Journalist das Verhalten des »Angeklagten Nummer eins, Bernhard Fischer-Schweder«, der »grimassenschneidend und lächelnd in den Zuschauerraum winkend, auf der Anklagebank« saß und der »arroganteste unter den ehemaligen Gestapo- und SD-Führern« sei. Frühere »Untergebene«, so erfuhr der Leser, »bezeichneten den bulligen ehemaligen Polizeichef (...) schlicht als Säufer«, und der Journalist merkte an, dass es »Protokolle (gibt), aus denen hervorgeht, dass die Henker während der Hinrichtungen sehr häufig zur Schnapsflasche griffen.«[128] Die Schlagzeile »Nach den Genickschüssen tranken sie Schnaps« überschrieb den Bericht aus

124 Der größte deutsche Prozess nach dem Kriege. Eine bemerkenswerte Urteilsbegründung in Ulm. Die »Wurzeln des Geschehens im Materialismus«. F.A.Z. vom 1.9.1958.

125 Vgl. zum Beispiel SZ vom 29.4.1958, Die Welt vom 29.4.1958.

126 SZ vom 2.5.1958.

127 SZ vom 9.5.1958.

128 Ebd.

dem Gerichtssaal, ohne dass im Sommer 1958 die Frage thematisiert wurde, welche Funktion der Alkoholkonsum der Angehörigen der Einsatzkommandos gehabt haben könnte. In der Berichterstattung verfestigte sich eine Wahrnehmung des Nationalsozialismus, der nicht als arbeitsteiliges Unrechtssystem, sondern, wie Jörg Friedrich schreibt, »als Gruselkabinett« dargestellt wurde.[129]

Während im Ulmer Gerichtssaal das Verfahren gegen Bernhard Fischer-Schweder u.a. eröffnet wurde, reproduzierte die Berichterstattung das in den fünfziger Jahren in der öffentlichen Thematisierung des Nationalsozialismus feststehende Bild von der Realität und Geschichte des NS-Unrechts als grausame Tat einzelner Exzesstäter sowie von Hitler als dem »Haupttäter«. Dass der Nationalsozialismus die Geschichte der Mehrheit der Gesellschaft war und dass das NS-System allein durch die Beteiligung der Gesellschaft funktionieren konnte, blieb weitgehend ausgeblendet.[130]

Mit der Verurteilung der im Einsatzgruppen-Prozess Angeklagten als Gehilfen fand das Ulmer Gericht die entsprechende entlastende strafrechtliche Qualifizierung der Taten. Der Prozess markierte einen vorläufigen Höhepunkt der seit den fünfziger Jahren allmählich etablierten Gehilfenjudikatur, und bei

---

129 Jörg Friedrich: Die kalte Amnestie. NS-Täter in der Bundesrepublik. München, Zürich 1994 (erw. u. überarb. Neuausgabe). S. 129. Martin Walser problematisierte noch Mitte der sechziger Jahre, anlässlich der Berichterstattung über den Frankfurter Auschwitz-Prozess, die auf Brutalitäten konzentrierten Zeitungsschlagzeilen. In seinem 1965 im »Kursbuch« publizierten Essay »Unser Auschwitz« kritisierte er Schlagzeilen wie »Frauen lebend ins Feuer getrieben«, »In Auschwitz floss der Alkohol« und »Der Gnadenschuss in der Frühstückspause«, da sie Distanz schaffen, keine Betroffenheit auslösen und keinen strukturanalytischen Blick auf das Lagersystem und den Nationalsozialismus ermöglichen. Walser schreibt: »Mit diesen Geschehnissen, das wissen wir gewiss, mit diesen Scheusslichkeiten haben wir nichts zu tun. Diese Gemeinheiten sind nicht teilbar. In diesem Prozess ist nicht von uns die Rede.« Und Walser stellte fest: »Mit solchen Wörtern halten wir uns Auschwitz vom Leib.« Martin Walser: Unser Auschwitz. Kursbuch, H. 1, 1965. S. 190. Vgl. die Analyse der von Martin Walser geprägten Begrifflichkeiten, seiner Argumentation und seiner politischen Haltung: Stephan Braese: »In einer deutschen Angelegenheit« – Der Frankfurter Auschwitz-Prozess in der westdeutschen Nachkriegsliteratur. In: Fritz Bauer Institut (Hg.): »Gerichtstag halten über uns selbst...« Geschichte und Wirkung des ersten Frankfurter Auschwitz-Prozesses. Frankfurt a.M., New York 2001. S. 217ff, bes. 219ff.

130 Die im Sommer 1958 von Ernst Müller-Meiningen in der SZ publizierten Berichte und Kommentare, die einen kritischen Umgang mit der Vergangenheit einforderten, dazu aufriefen, den Nationalsozialismus als Teil der Geschichte der deutschen Gesellschaft zu begreifen und zudem die Gründung einer zentralen Ermittlungsstelle für NS-Verbrechen forderten, stellen eine vereinzelte Position in der damaligen Berichterstattung dar. Vgl. dazu Claudia Fröhlich: Die Gründung der »Zentralen Stelle« in Ludwigsburg – Alibi oder Beginn einer systematischen justitiellen Aufarbeitung der NS-Vergangenheit? In: Gerhard Pauli, Thomas Vormbaum (Hg.): Justiz und Nationalsozialismus – Kontinuität und Diskontinuität. Berlin 2003. S. 199ff.

der von westdeutschen Gerichten durchgesetzten »Überdehnung der Rechtsfigur Beihilfe«[131] kam ihm schließlich eine »Leitbildfunktion« zu.[132]

Während in den fünfziger Jahren die Abgrenzung zwischen Täterschaft und Beihilfe gerade in der BGH-Rechtsprechung nicht einheitlich beantwortet wurde und der BGH im Anschluss an die Auffassung des Reichsgerichts eher dazu tendierte objektive Kriterien heranzuziehen, um die Frage von Täterschaft und Beihilfe zu klären, ließ im Unterschied dazu die Rechtsprechung der Schwurgerichte seit den frühen fünfziger Jahre erkennen, dass bei der Abgrenzung zwischen Täterschaft und Beihilfe die innere Einstellung des Angeklagten als Kriterium für die strafrechtliche Beurteilung von Tatbeteiligung im Nationalsozialismus in den Mittelpunkt rückte.[133] Zahlreiche Schwurgerichte beriefen sich dabei auf ein BGH-Urteil aus dem Jahr 1956[134], das sie dahingehend interpretierten, dass ein Angeklagter, der eigenhändig getötet hat, als Gehilfe verurteilt werden kann, wenn ein Vorgesetzter einen Untergebenen als Werkzeug benutzt, um den Mord ausführen zu lassen.[135] Dass der BGH diesen Fall als eine Ausnahme betrachtet hatte, blieb unberücksichtigt. Zwar prüften Schwurgerichte auch in der Folgezeit objektive Abgrenzungskriterien, betrachteten sie für eine Begründung von Täterschaft aber in den meisten Fällen als unerheblich. Die Angeklagten wurden als Gehilfen beurteilt, weil nach Ansicht der Gerichte nicht Judenhass oder andere niedere Beweggründe als Motiv ihrer Taten anzusehen seien, sie vielmehr auf Befehl von Vorgesetzten gehandelt hätten.[136] Bereits seit 1953 hatten die Schwurgerichte dabei allmäh-

---

131 Stefan Wittke kommt in seiner Untersuchung von Verurteilungen wegen KZ-Verbrechen zu diesem Ergebnis. Seine Analyse von 66 Urteilen westdeutscher Gerichte wegen Verbrechen in Konzentrationslagern zeigt, dass die Gerichte »wesentlich mehr KZ-Verbrecher, nämlich fast doppelt so viele, lediglich als Mordgehilfen angesehen haben, als dass Verurteilungen wegen Mordes vorgekommen sind«. Bei Verurteilungen wegen Verbrechen in den großen Vernichtungslagern liegt nach Wittke das Verhältnis Täterschaft/Beihilfe sogar bei 1:3. Vgl. Stefan Wittke: Teilexkulpation von KZ-Tätern? In: Redaktion Kritische Justiz (Hg.): Die juristische Aufarbeitung des Unrechts-Staats. Baden-Baden 1998. Bes. S. 549.

132 Michael Greve: Der justitielle und rechtspolitische Umgang mit den NS-Gewaltverbrechen in den sechziger Jahren. Frankfurt a.M. 2001. S. 153. Nach dem Ulmer Urteil setzte sich nach Greve die Gehilfenrechtsprechung in NS-Prozessen weitgehend durch. Vgl. Michael Greve, a.a.O. S. 156.

133 Vgl. Michael Greve, a.a.O. S. 145f.

134 BGH 5 StR 529/55 vom 10.1.1956 in: Entscheidungen des Bundesgerichtshofes in Strafsachen. Bd. 7/8. Berlin, Köln 1955/1956. S. 393ff. Der BGH verurteilte einen Arbeiter als Täter, der, nach maßgeblicher Anstiftung durch Frau G., deren Ehemann ermordet hatte, und begründete das Urteil mit dem Hinweis, dass »(w)er mit eigener Hand einen Menschen tötet, (...) grundsätzlich auch dann Täter (ist), wenn er es unter dem Einfluss und in Gegenwart eines anderen nur in dessen Interesse tut«.

135 Vgl. Michael Greve, a.a.O. S. 147.

136 Vgl. Michael Greve, a.a.O. S. 148f.

lich die Konstruktion der »Haupttäter« zur Grundlage der Rechtsprechung gemacht, die auch die Verteidigung von Heyde und das Amtsgericht im Fall Bohne heranzog und die dann in den NS-Prozessen der sechziger Jahre eine zentrale Rolle zur Abgrenzung von Täterschaft und Beihilfe spielen sollte. Während Hitler und an seiner Seite einige wenige führende Personen als Taturheber betrachtet wurden, wurden die Angeklagten in den meisten Fällen als »kleine Rädchen« charakterisiert und die »Einordnung der Angeklagten in eine lange Befehlskette (...) (diente) der Relativierung ihrer strafrechtlichen Schuld«.[137]

Das in der westdeutschen Rechtsprechung dabei geprägte Bild vom NS-Staat stand in deutlichem Kontrast zu einer historischen Analyse des Systems, wie sie etwa von Raul Hilberg, Franz Neumann[138] und auch von Fritz Bauer geleistet worden war. Diese begriff das NS-System als einen arbeitsteiligen Handlungszusammenhang von politischer Führung und den in den unterschiedlichsten Positionen verantwortungsvoll beteiligten Mitgliedern der Gesellschaft. Die Interpretation der westdeutschen Gerichte hingegen betrachtete den NS-Staat wesentlich als ein System, das von einer kleinen verbrecherischen Elite um Hitler, Himmler und Heydrich beherrscht wurde, die »die Massen (...) als willenlose und fremdgesteuerte Statisten« zu Taten bewegt hatte, die jene nicht wollten und die sie in einem »ihnen fremden System« begangen hatten.[139]

Auch in den wegen der »Euthanasie« geführten Verfahren war unmittelbar nach dem Zusammenbruch des NS-Staates noch umstritten, nach welchen Kriterien die Abgrenzung von Täterschaft und Beihilfe erfolgen sollte. Die Angeklagten, die sich in dieser ersten Phase in den »Euthanasie«-Verfahren verantworten mussten, wurden mehrheitlich nach der eingeschränkten subjek-

---

137 Michael Greve, a.a.O. S. 152.

138 Raul Hilberg: The Destruction of the European Jews. Chicago 1961. Die deutsche Ausgabe erschien erst Anfang der achtziger Jahre unter dem Titel: Die Vernichtung der europäischen Juden. Die Gesamtgeschichte des Holocaust. Berlin 1982; Franz Neumann: Behemoth. Struktur und Praxis des Nationalsozialismus 1933-1944. Frankfurt 1993. Während die amerikanische Originalausgabe 1942 und in erweiterter Fassung 1944 unter dem Titel »Behemoth« erschien, wurde Neumanns Studie in Deutschland kaum rezipiert. Die deutsche Erstausgabe erschien erst 1977 in der Europäischen Verlagsanstalt.

139 Bettina Nehmer: Die Täter als Gehilfen? Zur Ahndung von Einsatzgruppenverbrechen. In: Redaktion Kritische Justiz (Hg.): Die juristische Aufarbeitung des Unrechts-Staats. Baden-Baden 1998. S. 667. Nehmer kommt in einer Analyse der Urteile westdeutscher Gerichte wegen Verbrechen von Angehörigen der Einsatzgruppen in den Jahren 1950 bis 1983 zu dem Ergebnis, dass die Angeklagten in mehr als 90 Prozent der Fälle wegen Beihilfe verurteilt wurden und das Strafmaß bei mehr als 70 Prozent dieser Verurteilungen trotz regelmäßig festgestellter erheblicher Eigeninitiative der Angeklagten sehr milde ausfiel und weniger als fünf Jahre betrug. Vgl. Bettina Nehmer, a.a.O. S. 635ff, bes. S. 645 und 647.

tiven Theorie als Täter verurteilt.[140] Seit den späten vierziger Jahren folgten westdeutsche Gerichte dann aber auch in den Prozessen wegen der »Euthanasie« im NS-Unrechtsstaat mehrheitlich der subjektiven Teilnahmetheorie. Neben Hitler erkannten sie nur den Chef der Kanzlei des Führers und Beauftragten für die »Euthanasie«, Philipp Bouhler, Hitlers Begleitarzt und zweiten Beauftragten für die »Euthanasie«, Karl Brandt, sowie Viktor Brack als Haupttäter an. Die wegen der »Euthanasie« angeklagten Ärzte und Pfleger wurden in den meisten von den Gerichten verhandelten Fällen als Gehilfen verurteilt.[141]

Als Fritz Bauer im Januar 1960 Beschwerde gegen den wegen Beihilfe zur »Euthanasie« ausgestellten Haftbefehl gegen Heyde erhob, widersprach er nicht nur der Rechtsauffassung des zuständigen Gerichts im konkreten Fall Heyde. Bauer begriff den Fall Heyde als einen Präzedenzfall. Auf der Grundlage der historischen Analyse des NS-Systems als einem zwischen politischer Führung und Gesellschaft bestehenden Handlungs- und Funktionszusammenhang strebte er eine Neubewertung der Qualifizierung der Taten aller im Zusammenhang mit der nationalsozialistischen »Euthanasie« Verantwortlichen an. In seiner Beschwerde gegen den Haftbefehl wies er ausdrücklich darauf hin, dass »(d)ie rechtliche Beurteilung, wie sie das Amtsgericht vorgenommen hat, (...) eine wirksame Ahndung gerade der nazistischen Massenverbrechen in Frage stellen« könnte.[142] Fritz Bauer schloss nicht aus, dass seine Beschwerde angesichts ihrer prinzipiellen Bedeutung bekannt werden und die Presse über die Vorgänge berichten könnte, zumal er wusste, dass seine Beschwerde, die allein die Begründung der Haft von Heyde kritisierte, formal betrachtet auf eher schwachem Fundament stand.[143] Er informierte deshalb den Hessischen Minister der Justiz über die Sachlage.[144]

Als Heydes Rechtsanwalt dessen Tatbeitrag im Rahmen der NS-»Euthanasie« als Beihilfe qualifizierte, konnte er also an eine gerade durch den Prozess in Ulm noch einmal in ihrer Geltung bestätigte und etablierte Rechtsauffassung hinsichtlich der Abgrenzung von Täterschaft und Beihilfe auf der Ebene der Schwurgerichte anknüpfen.

---

140 Vgl. Susanne Benzler: Justiz und Anstaltsmord nach 1945. In: Redaktion Kritische Justiz (Hg.): Die juristische Aufarbeitung des Unrechts-Staats. Baden-Baden 1998. S. 392f.

141 Vgl. Susanne Benzler, a.a.O. S. 394 u. 407. Vgl. auch Kerstin Freudiger: Die juristische Aufarbeitung von NS-Verbrechen. Tübingen 2002. S. 230ff.

142 Beschwerde gegen den Haftbefehl von Fritz Bauer am 5.1.1960 an das Amtsgericht in Frankfurt. HStA, Abt. 631a, Nr. 3. Bl. 629ff.

143 So Bauer in einer Aktennotiz vom 7.1.1960. HStA, Abt. 631a, Nr. 107. Bl. 3.

144 Vgl. das Schreiben von Fritz Bauer vom 7.1.1960 an den HMdJ. HStA, Abt. 631a, Nr. 107. Bl. 2ff. Bauer informierte den HMdJ im weiteren Verlauf der Ermittlungen regelmäßig über den Stand der Dinge.

Um ihre Rechtsposition zu untermauern, machte die Verteidigung von Heyde zudem Rechtfertigungs- und Schuldausschließungsgründe für die dem Beschuldigten vorgeworfenen Taten geltend. Im November 1959 wandte sich Heydes Rechtsanwalt Rudolf Schindler an die Presse und erklärte, Heyde habe »bei der Anfertigung von Gutachten über Geisteskranke, die später getötet wurden, das ›Bewusstsein der Rechtswidrigkeit‹ gefehlt«.[145] Gegenüber dem zuständigen Gericht vertrat der Frankfurter Rechtsanwalt die Position, dass im vorliegenden Fall das »Bewusstsein der Rechtswidrigkeit verneint und damit eine Bestrafungsmöglichkeit ausgeschlossen werden« müsse.[146] Der Arzt und Lehrstuhlinhaber Werner Heyde sei sich, so lautete das von der Verteidigung vorgebrachte Argument, nicht bewusst gewesen, dass seine Beteiligung an der Ermordung von mehreren 10.000 geistig und körperlich behinderten Menschen unrechtmäßig gewesen sei, und er sei deshalb als nicht schuldig zu betrachten.

Als in der ersten Phase der »Euthanasie«-Verfahren, 1946-1947/48, die Abgrenzungskriterien für Täterschaft und Beihilfe noch strittig waren, hatten die Gerichte sämtliche Rechtfertigungs- und Schuldausschließungsgründe zurückgewiesen. Die Angeklagten konnten sich nicht darauf berufen, auf Befehl gehandelt zu haben, und die Gerichte erkannten nicht als Recht-fertigungs- und Schuldausschließungsgrund an, dass ihnen Straffreiheit zugesichert worden war. Den Angeklagten, die sich darauf beriefen kein Bewusstsein von der Rechtswidrigkeit gehabt zu haben, hielten die Gerichte formelle oder materielle Argumente entgegen: Entweder konnte ihnen während des Verfahrens ein Unrechtsbewusstsein nachgewiesen werden oder ihre Rechtsblindheit wurde, angesichts des tatsächlichen Charakters der »Euthanasie« als Mordaktion, für rechtlich unbeachtlich erklärt.[147] Die Tötung von Menschen im Rahmen der »Euthanasie« wurde als ein so schweres Verbrechen angesehen, dass eine angegebene Rechtsblindheit des Angeklagten für nicht beachtlich erklärt wurde. Die Argumentation der Gerichte änderte sich nach 1947/1948 wesentlich: Die Gerichte gestanden den Angeklagten jetzt eine ganze Reihe von Gründen für ihren Rechtsirrtum zu, und im Unterschied zur ersten Phase wurden in den meisten Fällen Rechtfertigungs- oder Schuldausschließungsgründe anerkannt. Vor allem bei Pflegern und Schwestern, also abhängigem Personal, wurde zugunsten der Angeklagten das Argument entwickelt, sie seien als Nicht-Akademiker zu ungebildet und aufgrund ihrer dienstlichen Stellung zu autoritätsgläubig und hätten deshalb Anordnungen der Vorgesetzten blind

145 Berliner Morgenpost vom 24.11.1959.

146 RA Schindler am 14.12.1959 an das Amtsgericht Würzburg. HStA, Abt. 631a, Nr. 4. Bl. 663ff.

147 Susanne Benzler: Justiz und Anstaltsmord nach 1945. In: Redaktion Kritische Justiz (Hg.): Die juristische Aufarbeitung des Unrechts-Staats. Baden-Baden 1998. S. 387ff.

vertraut. Dieses blinde Vertrauen wurde ihnen nicht vorgeworfen, sondern als Rechtfertigungs- und Schuldausschließungsgrund zugelassen.[148]

Diese in den fünfziger Jahren in den »Euthanasie«-Verfahren wirksame Argumentation hatte wesentlich der in Göttingen tätige Strafrechtler Prof. Dr. Hans Welzel formuliert. Er gehörte zu den einflussreichsten Vertretern der frühen Strafrechtslehre der Bundesrepublik[149] und kann als ein konzeptioneller Vordenker der Rechtsprechung in den »Euthanasie«-Verfahren der zweiten Phase gelten. Angesichts der außergewöhnlichen »Lebensverhältnisse« im NS-Staat schien es Welzel vollkommen richtig, die Tatbeiträge von Ärzten, Anstaltsleitern und Pflegepersonal im Rahmen der »Euthanasie« als Beihilfe zu einem »Tötungsdelikt« und die »›Staatsführung‹, also Hitler als Befehlsgeber« als Täter zu qualifizieren.[150] Welzel hatte eine Irrtumslehre entwickelt, derzufolge nicht nur Schwestern und Pfleger, sondern auch am Anstaltsmord beteiligte Ärzte auf Grundlage eines unvermeidbaren Verbotsirrtums als schuldlos betrachtet und exkulpiert werden konnten.

Um den Verbotsirrtum und die Verneinung der strafrechtlichen Schuld von Heyde zu begründen, nahm seine Verteidigung ausdrücklich auf die von Welzel dargelegte Position Bezug.[151] Die Verteidigung von Heyde stützte sich auf einen 1949 in der *Monatsschrift für Deutsches Recht* veröffentlichten Text, in dem Welzel dezidiert die frühe Rechtsprechung zur »Euthanasie« kritisierte, die keinerlei Rechtsirrtümer seitens der Angeklagten anerkannt hatte. Zwar betrachtete Welzel den anlässlich der Berliner Konferenz vorgelegten Erlass Hitlers zur »Euthanasie« auch ohne Hinzuziehung des Naturrechts als »rechtsungültig und rechtswidrig« und damit die »Euthanasie« objektiv als unrechtmäßig.[152] Anders hingegen sei nach Welzel die Beteiligung der Angeklagten zu betrachten, denn »(j)etzt, wo es darum geht, ob die Angekl(agten) subjektiv an die Rechtmäßigkeit des Befehls glauben konnten, tauchen die bisher beiseitegelassenen ›naturrechtlichen‹ Grundfragen auf.«[153] Welzel bezeichnete in der ebenfalls 1949 publizierten Schrift *Vom irrenden Gewissen* die von Gustav Radbruch entwickelte Formel vom »gesetzlichen Unrecht« als »nur die eine Hälfte

148 Vgl. Susanne Benzler, a.a.O. S. 402f u. S. 405.

149 Vgl. Joachim Perels: Die Restauration der Rechtslehre nach 1945. In: Redaktion Kritische Justiz (Hg.): Die juristische Aufarbeitung des Unrechts-Staats. Baden-Baden 1998. S. 258. (zuerst in KJ, H. 4, 1984. S. 359ff.)

150 Hans Welzel: Anmerkung zum Urteil des OGH, Strafsenat, StS 19/49 vom 5.3.1949. MDR, H. 6, 1949. S. 373.

151 Vgl. das Schreiben von RA Rudolf Schindler vom 14.12.1959 an das Amtsgericht Würzburg. HStA, Abt. 631a, Nr. 4. Bl. 663ff.

152 Hans Welzel: Anmerkung zum Urteil des OGH, Strafsenat, StS 19/49 vom 5.3.1949. MDR, H. 6, 1949. S. 375.

153 Ebd.

des überpositiven Rechtsproblems«, und er meinte, die »noch schwierigere Hälfte betrifft die Frage, wieweit dem Täter das gesetzliche Unrecht als solches erkennbar war.«[154] Damit negierte Welzel einen Zusammenhang von objektivem Unrecht und subjektiver Verpflichtung zum Ungehorsam oder Widerstand. In Abgrenzung zur frühen Rechtsprechung in den »Euthanasie«-Verfahren argumentierte Welzel, auf Grundlage des Naturrechts könne nur den »höchsten, rein formalen prima principia (...) (wie etwa: Das Gute ist zu tun, das Böse ist zu meiden) Evidenz zugesprochen« werden, nicht aber »den aus ihnen abgeleiteten conclusiones«. Zu diesen Ableitungen zählte er die »Euthanasie«, die schließlich in der spät-scholastischen Moraltheologie des 16. Jahrhunderts als Sterbehilfe einen »unüberwindbaren, schuldlosen Verbotsirrtum anerkannt« habe. Welzel stellte das in der ersten Phase der »Euthanasie«-Verfahren anerkannte Rechtsgut des Lebens als naturrechtlich nicht evident dar, indem er schlussfolgerte, »(i)n der Frage der Zulässigkeit oder Unzulässigkeit der Vernichtung lebensunwerten Lebens kann von einer solchen naturrechtlichen Evidenz keine Rede sein.«[155] Damit schob er die historische Realität der »Euthanasie« im national-sozialistischen Unrechtsstaat aus dem Blick, erklärte sie – im Unterschied zur zuvor bestimmten objektiven Rechtswidrigkeit und unter Ausblendung der Tatsache, dass die »Euthanasie« im NS-Staat eine staatlich gelenkte und geplante Mordaktion gewesen ist, die anders als eine Sterbehilfe das Subjekt in keiner Weise anerkannte – zu einer »Frage«. Zudem ließ sich mit Welzel das Leben der ermordeten Menschen als ein tatsächlich »lebensunwertes« betrachten und die »Euthanasie« im Nationalsozialismus zur Sterbehilfe umdeuten. Schließlich merkte Welzel an, dass es »diktatorisch« sei, den Angeklagten den »guten Glauben und das reine Wollen abzusprechen.« Insofern sei den Angeklagten »die Möglichkeit eines schuldlosen Verbotsirrtums keineswegs« abzusprechen, da sie »der Überzeugung waren und sein konnten, dass die Maßnahmen, an denen sie mitwirken sollten, sich im Rahmen der seit mehreren Jahrzehnten diskutierten Bestrebungen (gemeint sind die Diskussionen zur Sterbehilfe, C.F.) bewegten.«[156]

Anlässlich eines Ende November 1961 anstehenden Haftprüfungstermins rechtfertigte Rechtsanwalt Schindler den unvermeidbaren Rechtsirrtum seines Mandanten in unmittelbarem Anschluss an die Rechtsauffassung von Welzel. Die Verteidigung wies darauf hin, dass »der Beschuldigte von der Rechtmäßigkeit des Erlasses Hitlers vom 1.9.1939 überzeugt war.« Der auch von Welzel konstatierten notwendigen Differenzierung zwischen objektiver Rechtswid-

154 Hans Welzel: Vom irrenden Gewissen. Tübingen 1949. S. 5.

155 Hans Welzel: Anmerkung zum Urteil des OGH, Strafsenat, StS 19/49 vom 5.3.1949. MDR, H. 6, 1949. S. 376.

156 Ebd.

rigkeit des Erlasses und einem subjektiv möglichen Irrtum über die Rechtsverbindlichkeit folgend, müsse das Bewusstsein des Angeschuldigten im historischen Kontext bewertet werden und die rechtliche Betrachtung seiner Tat müsse »auf die Tatzeit abgestellt werden«. Schindler verwies auf eine zwischenzeitlich vorliegende Zeugenaussage von Schlegelberger, der seinerseits bekundet hätte, »dass er als amtierender Justizminister in Gegenwart des Beschuldigten sämtlichen Generalstaatsanwälten und Oberlandesgerichtspräsidenten seine Auffassung über die Gesetzlichkeit des Erlasses vom 1.9.1939 kundgetan hat.«[157] Indem die Verteidigung auf die autoritative Verantwortung des ehemaligen Justizministers hinwies, schloss sie an die im Rahmen der Gehilfenjudikatur wirksam gewordene Konstruktion von verantwortlichen »Haupttätern« und einer im NS-Staat maßgebenden Befehlsstruktur an. Die Rolle Heydes bei der damit angesprochenen Berliner Konferenz wurde vollends ausgeblendet, obwohl die Tagung bereits im Nürnberger Ärzteprozess vor dem amerikanischen Militärgericht rekonstruiert worden war und seitdem bekannt war, dass Heyde in Berlin einen Vortrag gehalten hatte, der aus medizinischer Sicht die »Euthanasie« rechtfertigen und letzte Bedenken der anwesenden Juristen ausräumen sollte, dass er die Anwesenden damals über den Kreis der Betroffenen informiert, die Begutachtungsverfahren erläutert und die den Angehörigen der Opfer mitgeteilten fingierten Todesursachen sowie das Geheimhaltungsprinzip der »Aktion T 4« begründet hatte.[158] Die Verteidigung machte nicht die Rolle Heydes zur Grundlage einer strafrechtlichen Bewertung seines Tatbeitrags, vielmehr verwies sein Rechtsanwalt auf die Befehlsstrukturen im NS-Staat, wonach es »undenkbar (sei), dass bei dieser Sachlage der Beschuldigte der Auffassung gewesen sein könnte, dass der Erlass (...) nicht Gesetz war.«[159] Die Verteidigung von Heyde exkulpierte die Tatbeteiligung gesellschaftlicher Eliten und rückte im Anschluss an Welzel objektive Kriterien für die Beurteilung des Tatbeitrags der Angeklagten im Rahmen der »Euthanasie« im NS-Unrechtsstaat vollkommen aus dem Blick. Daneben wurde Widerstand gegen das Mordprogramm nicht als zulässige

157 RA Rudolf Schindler am 16.11.1961 an das LG Limburg/Lahn. HStA, Abt. 631a, Nr. 27. Bl. 5120.

158 Der Vortrag von Werner Heyde im Rahmen der Berliner Tagung war bereits Gegenstand des Nürnberger Ärzteprozesses und kann damit als der Verteidigung von Heyde bekannt voraus gesetzt werden. Vgl. die eidesstattliche Erklärung von Hugo Suchomel, ehemaliger Mitarbeiter im Reichsjustizministerium und Tagungsteilnehmer, vom 21.2.1947 (Doc. No. 2253) in: Der Nürnberger Ärzteprozess 1946/1947. Wortprotokolle, Anklage- und Verteidigungsmaterial, Quellen zum Umfeld. Mikrofiche-Ausgabe. Hg. v. Klaus Dörner, bearb. v. Karsten Linne. München 1999. Fiche 151. S. 02623ff.

159 RA Rudolf Schindler am 16.11.1961 an das LG Limburg/Lahn. HStA, Abt. 631a, Nr. 27. Bl. 5120.

Handlungsalternative anerkannt. Schon Welzel hatte 1949 argumentiert, dass jene, die eine Beteiligung an der »Euthanasie« verweigert hätten, zwar »juristisch ohne Schuld und Fehle« seien. Es stelle sich aber die Frage, ob ihr »Handeln menschlich und sittlich höher« stehe, da ein widerständiges Verhalten wie das der »Anstaltsleiter (...), deren Anstalten dann (...) von SS- und anderen Ärztekommissionen völlig entleert worden sind« schließlich »schwerste Folgen«[160], nämlich die Ermordung aller Anstaltsinsassen, nach sich gezogen habe. Damit erschien das an der »Euthanasie« maßgeblich beteiligte Personal als Retter von Menschenleben, während widerständiges Handeln ins Unrecht gesetzt wurde.

Im Fall Bohne war die Rechtsauffassung, die wie die Verteidigung von Heyde die »Euthanasie« auf der subjektiven Ebene der Tatbeteiligten nicht als Mord betrachtete und exkulpierte, inzwischen bereits wirksam geworden. Das Amtsgericht Frankfurt am Main, das die Tatbeteiligung von Bohne anders als die von Heyde als Beihilfe betrachtete, hatte zur Begründung seiner Rechtsauffassung ausdrücklich auf die Bedeutung des historischen Kontextes verwiesen. Wie Welzel, ohne allerdings seine Auffassung explizit zu rezipieren, ordnete das Gericht das Rechtsgut des Lebens dem einer formal angenommenen Befehlsstruktur unter. Die Qualifizierung der Tatbeteiligung von Bohne als Mittäterschaft wies das Amtsgericht dabei zunächst mit dem Argument zurück, die Beweggründe der Tat seien nicht – wie für eine Täterschaft notwendig – als »niedrig« zu qualifizieren. Um das Tatmotiv von Bohne zu erfassen, reproduzierte das Gericht die nationalsozialistische Ideologie und ordnete im Unterschied zur frühen Rechtsprechung in »Euthanasie«-Verfahren das Rechtsgut des Lebens dem politischen Interesse der Gesellschaft unter:

> »Selbst wenn die Auffassung der Staatsanwaltschaft richtig wäre, dass das Schaffen von Platz für verwundete dt. Soldaten der Beweggrund für das Handeln des Beschuldigten gewesen ist, so ist dieser Beweggrund nicht als ›niedrig‹ zu bezeichnen. Niedrig ist ein Beweggrund, der nach allgemein sittlicher Wertung auf tiefster Stufe steht und durch hemmungslose triebhafte Eigensucht bestimmt ist.«

Um auf der Ebene des handelnden Subjekts einen Rechtsirrtum begründen zu können, nahm das Gericht dabei nicht nur eine historische Kontextualisierung vor, die nach dem Muster der Gehilfenjudikatur die Verantwortung des Einzelnen minimierte und auf das Bild von der nationalsozialistischen Führung als den Haupttätern zurückgriff. Vielmehr noch bewertete es die Ordnungsfunktion des Staates im Unterschied zum Rechtsgut des Lebens als höherrangig:

160 Hans Welzel: Anmerkung zum Urteil des OGH, Strafsenat, StS 19/49 vom 5.3.1949. MDR, H. 6, 1949. S. 374.

»Das Gericht hat keine Bedenken, die Euthanasie heute als einen niedrigen Beweggrund zu bezeichnen. Die sittliche Wertung der Überzeugung und des Handelns des Beschuldigten ist jedoch nicht nach dem Heute, sondern unter Berücksichtigung der soziologischen, weltanschaulichen und politischen Verhältnisse in der Zeit vor 1945 zu treffen. Bei aller Anerkennung des Individuums und seiner Verantwortlichkeit ist bei der Beurteilung einer Tat dem Umstand Rechnung zu tragen, dass das Individuum in einer Gemeinschaft lebt, dass es sich grundsätzlich in diese Gemeinschaft einzufügen hat (...). Für die sich aus einem solchen Denken und Handeln ergebenden Rechtsfolgen ist grundsätzlich die Staatsführung verantwortlich. Eine Verantwortlichkeit des Individuums tritt demgegenüber entscheidend zurück. (...) Es besteht heute kein Zweifel darüber, dass der NS-Staat verbrecherisch war. Der Beschuldigte ist jedoch nach seiner Schuld zu beurteilen. (...) Der Beschuldigte beging seine Tat zu einer Zeit, als das gesamte deutsche Volk irregeführt war.«[161]

Gegen die Rechtsauffassung des Gerichts im Fall Bohne legte die Staatsanwaltschaft Beschwerde ein und beantragte die Abänderung des Haftbefehls. Den Ausgangspunkt der Argumentation der Staatsanwaltschaft bildete die Realität der »Euthanasie« im NS-Staat, wonach es sich bei der »Tötung von Geisteskranken während der NS-Zeit« nicht um eine »›Euthanasierung‹ sogenannter leerer Menschenhülsen«, sondern um »die Massentötung von Geisteskranken aus überwiegend materiellen und wirtschaftlichen Beweggründen« handelte und die »Bezeichnung dieser Tötung als ›Gewährung des Gnadentodes‹ (...) lediglich der Tarnung« diente. Anders als das Gericht betrachtete die Staatsanwaltschaft gerade die materiellen Beweggründe, die der »Euthanasie« zugrunde lagen, als niedrig und qualifizierte deshalb die Tat als Mord.

Seit den frühen »Euthanasie«-Verfahren war die Rechtswidrigkeit der »Euthanasie-Aktion« eindeutig festgestellt worden und seit 1945 war die Rechtswidrigkeit des Hitler-Erlasses in der Rechtsprechung zum Paradigma geworden.[162] Der auf der Konferenz in Berlin den damals anwesenden hochrangigen Juristen vorgelegte Erlass vom 1.9.1939 wurde sowohl aus formellen wie aus materiellen, inhaltlichen und naturrechtlichen Gründen als rechtsungültig betrachtet.[163] Die Staatsanwaltschaft schloss an diese herrschende Rechtsprechung an und wies die Argumentation des Frankfurter Amtsgerichts als Reproduktion der nationalsozialistischen Position zurück:

»Die Auffassung des angefochtenen Beschlusses, der Gesetzgeber habe den Beweggrund ›niedrig‹ nicht in dem Sinne verstanden wissen wollen, dass ›das Wollen und Handeln des

161 Beschluss des Amtsgerichts Frankfurt a.M. vom 12.9.1960. HStA, Abt. 631a, Nr. 118. Bl. 1395ff. (Hervorh. im Orig.)

162 Vgl. Susanne Benzler: Justiz und Anstaltsmord nach 1945. In: Redaktion Kritische Justiz (Hg.): Die juristische Aufarbeitung des Unrechts-Staats. Baden-Baden 1998. S. 387.

163 Vgl. dazu Susanne Benzler, a.a.O. S. 385f.

NS-Regimes unter diesen Begriff fallen sollte, (...) dürfte zu der herrschenden Rechtslehre und Rechtsprechung in klarem Widerspruch stehen.«[164]

Bereits im Zusammenhang mit der dann erfolgreichen Beschwerde der Staatsanwaltschaft gegen den zunächst auch im Fall Heyde wegen Beihilfe ausgestellten Haftbefehl war Fritz Bauer der Rechtsauffassung entgegengetreten, dass die »Euthanasie« nicht als Mord, sondern als Totschlag zu bewerten sei. Er rückte in Übereinstimmung mit der frühen Rechtsprechung in den »Euthanasie«-Verfahren und im Unterschied zur Rechtsauffassung von Welzel das Rechtsgut des Lebens in den Mittelpunkt der Argumentation. In der Beschwerde zum Haftbefehl gegen Heyde hatte Bauer auf den tatsächlichen Charakter der »Euthanasie« verwiesen, wonach

»nämlich auf der Hand (liegt), dass die unter der maßgeblichen Beteiligung des Beschuldigten erfolgten Tötungen, die, wie der Beschuldigte selbst angibt (...) rund 70.000 Geisteskranke betroffen habe, ›heimtückisch‹ vorgenommen worden sind. Ganz bewusst ist nämlich die Arg- und Wehrlosigkeit der den Heil- und Pflegeanstalten anvertrauten Opfer ausgenutzt worden. (...) Demnach sollte es keinem Zweifel unterliegen, dass sich die im Rahmen des ›Euthanasieprogramms‹ vorgenommenen Tötungen als Morde darstellen.«[165] Die Staatsanwaltschaft ging im Anschluss an die Rechtsprechung davon aus, dass »die zur Erörterung stehenden Massentötungen trotz des geheimen auf den 1.9.1939 rückdatierten Hitler-Schreibens vom Oktober 1939 nach § 211 alter und neuer Fassung Morde waren« und dass dahingehend »in der deutschen höchstrichterlichen Rechtsprechung (...) eine völlige Einheitlichkeit (besteht), so dass es keiner Ausführungen zur objektiven Tatseite mehr bedarf.«[166]

Die Staatsanwaltschaft wandte sich zudem gegen den von der Verteidigung angenommenen Verbotsirrtum der Beschuldigten. Um die Tatbeteiligung der Angeklagten als Mittäterschaft zum Mord qualifizieren zu können, entfaltete sie in der Anklageschrift eine Rechtsauffassung zur Unrechtmäßigkeit der »Euthanasie«, die explizit nicht nur den von Hitler unterzeichneten Erlass und den staatlich angeordneten Massenmord als objektiv rechtswidrig betrachtete. Vielmehr hob die Staatsanwaltschaft hervor, dass das Handeln der Angeschuldigten »weder durch ein Gesetz noch eine gesetzesgleiche Anordnung noch aus den Normen des sonstigen gesetzten und ungesetzten Rechts erlaubt« war.[167] Entgegen der Rechtsauffassung der Verteidigung des Beschuldigten Heyde und entgegen der Rechtsauffassung des Amtsgerichts im Fall Bohne, die deren Tatbeiträge mit Verweis auf den im NS-Staat existierenden Befehlsrahmen exkulpierten, der dem Rechtsgut des menschlichen Lebens

164 StaA an das Amtsgericht Frankfurt a.M. am 20.9.1960. HStA, Abt. 631a, Nr. 118. Bl. 1429ff.

165 Beschwerde gegen den Haftbefehl gegen Heyde von Fritz Bauer am 5.1.1960 an das Amtsgericht Frankfurt a.M. HStA, Abt. 631a, Nr. 3. Bl. 629ff.

166 Sta Zinnall am 28.11.1961 an das LG Limburg/Lahn. HStA, Abt. 631a, Nr. 27. Bl. 5181ff.

167 Anklageschrift der GStA vom 22.5.1962. S. 798. HStA, Abt. 361a, Nr. 79ff.

übergeordnet wurde, ging die Staatsanwaltschaft in der Anklageschrift davon aus, dass

> »sich für sämtliche Angeschuldigte (...) eine Unterordnungspflicht allein aus ihrer freiwilligen Mitarbeit und dem Gesichtspunkt der Partei-Disziplin ergeben (hat), die ihnen nicht die Möglichkeit einer Rechtfertigung ihres Handelns aus dem zur Erörterung stehenden Gesichtspunkt eröffnet. Nur dann, wenn eine verbindliche hoheitliche Anordnung vorgelegen hätte und die Gehorsamspflicht von einem höheren Rang gewesen wäre als die Pflicht, die Begehung einer Straftat zu unterlassen, könnte ihre Einlassung (hinsichtlich des Verbotsirrtums, C.F.) beachtlich sein.«[168]

Diese Rechtsposition entwickelte die Staatsanwaltschaft in Rezeption der von Günter Stratenwerth 1958 vorgelegten Studie *Zur strafrechtlichen Wertung hoheitlich gebotenen Handelns*. Stratenwerth hatte in seiner Untersuchung dargelegt, dass hinsichtlich der Tatbeteiligung der Beschuldigten die »Möglichkeit einer *Rechtfertigung* (...) nur in Betracht (kommt), wenn die hoheitliche Anordnung verbindlich« sei.[169] Demgegenüber seien aber in jedem Fall Anordnungen unverbindlich, die »die Gerechtigkeit nicht einmal anstreben, den Gedanken der Gleichheit bewusst verleugnen und (...) Rechtsüberzeugungen, die sich auf den Wert und die Würde der menschlichen Persönlichkeit beziehen, deutlich missachten«. Stratenwerth hatte vor allem dargelegt, dass nicht nur Anordnungen die Rechtsgültigkeit abgesprochen werden könne, sondern auch »ein ihnen entsprechendes Verhalten« auf der Ebene der tatbeteiligten Subjekte »Unrecht« bleibe.[170]

»Selbst wenn man unterstellen würde«, der Hitler-Erlass sei »eine ›hoheitliche‹ Anordnung gewesen, so hätte sie das Handeln der Angeschuldigten nur dann rechtfertigen können, wenn sie rechtsverbindlich gewesen wäre.« Die Anklage schlussfolgerte, dass der Erlass aber das Tötungsverbot des § 211 StGB verletzte und »demnach nicht nur keine Gehorsamspflicht, sondern im Gegenteil sogar eine Pflicht zur Unterlassung der angeordneten Straftat begründen könne.«[171] Die Staatsanwaltschaft konstatierte also im Anschluss an Stratenwerth und in Übereinstimmung mit dem Widerstandsbegriffs von Bauer eine Verpflichtung zum passiven Widerstand gegen das NS-Unrecht, indem sie das menschliche Leben als Rechtsgut in den Mittelpunkt rückte. Diese Position stand nicht nur der Argumentation der Verteidigung im Fall Heyde entgegen, sondern bildete auch eine Gegenposition zu der mehrheitlich in den Urteilen westdeutscher Gerichte vertretenen Rechtsauffassung, die

168 Anklageschrift, a.a.O. S. 801. (Hervorh. durch Unterstreichung im Orig.)

169 Günter Stratenwerth: Verantwortung und Gehorsam. Zur strafrechtlichen Wertung hoheitlich gebotenen Handelns. Tübingen 1958. S. 181. (Kursive Hervorh. im Orig.)

170 Ebd.

171 Anklageschrift, a.a.O. S. 802.

einen Rechtsirrtum als Schuldausschließungsgrund anerkannte und – wie Welzel – ein Unterlassen oder die Verweigerung der Angeklagten von den »Euthanasie«-Aktionen als rechtmäßige Alternative gar nicht mehr in den Blick nahm.[172] Während in den fünfziger Jahren westdeutsche Gerichte zwar durchaus, anders als die Rechtsanwälte von Heyde und das Amtsgericht im Fall Bohne, die objektive Rechtswidrigkeit der »Euthanasie« als Mord anerkannten, diese Rechtswidrigkeit aber auf der subjektiven Ebene zunichte gemacht hatten[173], bezogen Fritz Bauer und die Frankfurter Staatsanwälte gerade die Rechtswidrigkeit der »Euthanasie« auch auf die Ebene des tatbeteiligten Subjekts.

Die Frankfurter Staatsanwaltschaft vertrat eine Rechtsposition, die entsprechend der historischen Analyse des NS-Unrechtssystems, die Beteiligung des Individuums als einem verantwortlichen Subjekt in den Blick rückte. Zudem wird deutlich, dass diese Rechtsauffassung das Komplementär zu dem von Fritz Bauer entwickelten Widerstandsrecht bildete. Denn die Anklage rezipierte ausdrücklich die von Stratenwerth dargelegte Rechtsauffassung, wonach die Nichtigkeit eines gegebenen Befehls widerständiges Verhalten des Individuums verlangt und Ungehorsam gegenüber einem unrechtmäßigen Befehl die ordnungstiftende Funktion eines Staatswesens nicht angreift.[174] Stratenwerth hatte in seiner Studie von 1958 zur Gehorsamspflicht bei Dienstverhältnissen ausgeführt, dass sich die »Ablehnung einer unbedingten, von der inhaltlichen Rechtmäßigkeit des Befehls ganz unabhängigen Gehorsamspflicht (...) zwingend aus der Tatsache (ergibt), dass der Untergebene nicht aufhört, ein verantwortliches Wesen zu sein.« Die »Gegenargumente«, die befürchten, diese Auffassung werde das den Staat ordnende System diskreditieren, wies Stratenwerth mit dem Hinweis zurück, dass »(d)iese Bedenken (...) gegenstandslos (sind), wenn man (...) nur solchen Anordnungen die Verbindlichkeit versagt, die unter keinen (...) Umständen rechtmäßig sein können.«[175]

Im Gegensatz zu der Position von Hans Welzel hielt Stratenwerth fest, dass jeder Mensch »(b)ei den auf die Begehung einer Straftat gerichteten (...) *Dienstbefehlen* (...) danach die Pflicht (hat), die Straftat (bzw. das Verbrechen oder Vergehen) zu unterlassen«, und er räumte dieser Pflicht zur Verweigerung

---

172 Vgl. Susanne Benzler: Justiz und Anstaltsmord nach 1945. In: Redaktion Kritische Justiz (Hg.): Die juristische Aufarbeitung des Unrechts-Staats. Baden-Baden 1998. S. 399.

173 Vgl. Susanne Benzler, a.a.O. S. 406.

174 Anklageschrift, a.a.O. S. 802.

175 Günther Stratenwerth, a.a.O. S. 152. Die Anklage weist auf S. 802 auf diese Ausführungen Stratenwerths hin.

des Befehls »den Vorrang vor der Gehorsamspflicht« ein.[176] Mit Blick auf die »Euthanasie« im NS-Unrechtsstaat argumentierte Stratenwerth, dass deshalb auch ein Verbotsirrtum die Schuld der Beschuldigten nicht ausschließen könne.

Die Staatsanwaltschaft kam in der Anklageschrift in Übereinstimmung mit Stratenwerth zu dem Ergebnis, dass sich »(d)er Unrechtsgehalt dieser Massentötung (...) jedem anständig und gerecht denkenden Menschen in einem solchen Masse auf(drängt), dass für ein Verbotsirrtum (...) hier kein Raum bleiben konnte.«[177] Bereits in seiner schriftlichen Beschwerde zum Haftbefehl gegen Heyde hatte Fritz Bauer zu den Rechtfertigungs-, Schuldausschließungs- oder Strafausschließungsgründen seitens des Beschuldigten Heyde Stellung genommen und im Anschluss an die Rechtsprechung in den »Euthanasie«-Verfahren der ersten Phase auf das Leben als Rechtsgut sowie die Irrelevanz eines diesbezüglichen Rechtsirrtums verwiesen. Wenn sich der Beschuldigte Heyde demnach »über die Unrechtmäßigkeit der Vernichtung geirrt haben sollte, so wäre das nicht zu entschuldigen.«[178] Die Staatsanwaltschaft folgte Stratenwerth auch darin, dass

»(s)elbst wenn er (der Beschuldigte, C.F.) davon ausgegangen ist, dass das Hitler-Schreiben vom 1.9.1939 gesetzesgleiche Bedeutung gehabt habe, so ist (...) sein Irrtum unbeachtlich, da er erkennbar auf einer Einstellung des Angeschuldigten beruht, die mit der gesunden Auffassung von Recht und Unrecht nicht vereinbar ist. (...) Der Angeschuldigte hätte auch als juristischer Laie die Nichtigkeit dieser Anordnung Hitlers sogar dann erkennen können und müssen, wenn der Wortlaut des Geheimbefehls Gegenstand eines formal und ordnungsgemäss verkündeten Gesetzes gewesen wäre (...) wegen ihres offensichtlichen und eindeutigen Widerspruches zu dem den Kulturstaaten eigenen, jedem Einsichtigen geläufigen rechtsstaatlichen Grundsatz, dass keine Staatsführung der Welt die Vernichtung von Menschenleben (...) für rechtens erklären kann.«[179]

Die Einlassung der Verteidigung, der Beschuldigte Heyde habe in der historischen Situation kein Unrechtsbewusstsein gehabt und aufgrund der Befehlsstrukturen auch nicht haben können, entkräftete die Staatsanwaltschaft mit einem weiteren Argument. Sie wies auf die tatsächliche Rolle der Beschuldigten hin und sprach damit, noch einmal in Übereinstimmung mit Stratenwerth, zunächst die besondere Funktion von Akademikern an, die in der Lage gewe-

176 Günther Stratenwerth, a.a.O. S. 169. Vgl. zur Kritik der Position von Welzel Günther Stratenwerth, a.a.O. S. 171.

177 Anklageschrift, a.a.O. S. 804.

178 Beschwerde gegen Haftbefehl von Fritz Bauer am 5.1.1960 an das Amtsgericht Frankfurt a.M. HStA, Abt. 631a, Nr. 3. Bl. 629ff.

179 Sta am 28.11.1961 zur Begründung der Haftfortdauer bei Heyde an das LG Limburg/Lahn. HStA, Abt. 631a, Nr. 27. Bl. 5181.

sen seien, die historische Situation »kritisch zu beurteilen«.[180] Die Staatsanwaltschaft argumentierte: »Er gehörte zu dem Personenkreis, dem die wahre Zielsetzung der vom Nationalsozialismus propagierten ›Ausschaltung‹ unheilbare Kranker nicht verborgen geblieben ist«. Damit thematisierte die Anklage die Rolle von Funktionseliten im Staat:

»Da der Angeschuldigte nicht nur an den vorbereitenden Besprechungen der Tötungsaktionen teilgenommen hat, sondern auch an dem späteren Aufbau der Tötungsorganisation und der Durchführung der Massentötungen (...) maßgeblich beteiligt war, kannte er alle Tatsachen dieser Maßnahmen, die den objektiven Tatbestand des Mordes erfüllen.«[181]

Fritz Bauer verwies darauf, dass Heyde sich »an der in Rede stehenden Massenvernichtung freiwillig beteiligt« hat[182] und machte schon in seiner Beschwerdeschrift gegen den Haftbefehl gegen Heyde auf »(d)ie führende Stellung, die der Beschuldigte bei der verbrecherischen Aktion eingenommen hat«, aufmerksam. Diese deute darauf hin, »dass der Beschuldigte die Tötung zu seiner eigenen Sache gemacht hat« und schließe »die Annahmen schlechterdings aus, dass er den (...) Täterwillen nicht gehabt haben könnte.«[183] Für die Einordnung der Tatbeteiligung von Heyde als Mittäterschaft zum Mord, sei zudem »(e)rforderlich, aber auch ausreichend (nach § 47 StGB) (...), dass jeder Mittäter durch seinen Tatbeitrag den Anteil der übrigen Beteiligten an der Tat ergänzt und als Mittäter des gemeinsamen Tatwillens erscheint.«[184]

Die Anklage kam demgemäß zu folgendem Ergebnis:

»Die Angeschuldigten haben im gemeinsamen Zusammenwirken (...) jeder zu seinem Teil an den Verbrechen des Massenmordes im Rahmen der sogenannten ›Aktion T4‹ teilgenommen. (...) Der daraus auch ersichtliche massgebliche Einfluss, den die Angeschuldigten mit ihren Tatbeiträgen auf den jeweiligen Geschehensablauf genommen haben, ergibt, dass sie mit Täterwillen handelten und (...) Mittäter und nicht Gehilfen waren. (...) Im übrigen setzt die Mittäterschaft lediglich ein zur Verwirklichung des Tatbestandes beitragendes Handeln voraus. Es genügt dabei nach dem allgemein anerkannten ›Grundsatz der Arbeitsteilung‹ (...) wenn der Mittäter seine persönliche Tätigkeit auf Vorbereitungs- oder Unterstützungshandlungen beschränkt. (...) Selbst wenn in allen für den Tatablauf wesentlichen Fragen die letzte Entscheidung bei Bouhler, Dr. Brandt oder Brack gelegen haben sollte, würde dies die Tatherrschaft und die massgebliche Einflussnahme der Angeschuldigten auf den Geschehensablauf nicht ausschliessen können, da diese Entscheidungen die Tätigkeit der Angeschuldigten zur Voraussetzung hatten und dem Einfluss der Angeschuldigten unterlagen.

---

180 Anklageschrift, a.a.O. S. 802.

181 Sta am 28.11.1961 zur Begründung der Haftfortdauer bei Heyde an das LG Limburg/Lahn. HStA, Abt. 631a, Nr. 27. Bl. 5181.

182 Beschwerde von Fritz Bauer gegen Haftbefehl gegen Heyde vom 5.1.1960 an das Amtsgericht Frankfurt a. M. HStA, Abt. 631a, Nr. 3. Bl. 629ff.

183 Ebd.

184 Ebd.

Die Angeschuldigten gehörten dem Täterkreis an, der als Urheber der sogenannten ›Aktion T4‹ anzusehen ist.«[185]

Für die Qualifizierung der Tat von Heyde war nach der Rechtsauffassung der Staatsanwaltschaft die Betrachtung des Tatbeitrags und das feststellbare Handeln des Angeklagten relevant. Die Staatsanwaltschaft entwickelte damit in einem weiteren Punkt eine Gegenposition zur Rechtsprechung westdeutscher Gerichte, wie sie sich in Verfahren wegen der nationalsozialistischen »Euthanasie« seit 1948/1949 wesentlich durchgesetzt hatte und die die Tatbeiträge der Angeklagten nach der extrem subjektiven Theorie einordnete, also nach der subjektiven Willensrichtung des Angeklagten fragte. Fritz Bauer und die Frankfurter Staatsanwaltschaft legten in der Anklageschrift objektiv feststellbare Kriterien wie etwa die Freiwilligkeit der Tatbeteiligung und die Position der Beschuldigten im NS-System zu Grunde. Hatten westdeutsche Gerichte in den fünfziger Jahren zur Abgrenzung von Täterschaft und Beihilfe in den NS-Prozesse zunehmend außerstrafrechtliche Kriterien herangezogen und ihre Rechtsauffassung extrem offenen und kaum objektivierbaren Kriterien wie etwa die Willensrichtung des Angeklagten zugänglich gemacht, stützte Fritz Bauer die Beurteilung der Beschuldigten auf objektivierbare Kriterien. In der Anklageschrift wird dementsprechend die reale Tatnähe der Angeklagten, ihre Position im Rahmen der Organisation der »Euthanasie« zum Maßstab für die Bewertung der Tatbeiträge.

Die Position von Hans Welzel und die Rezeption seiner Rechtsauffassung in der Rechtsprechung westdeutscher Gerichte in den »Euthanasie«-Verfahren bedeutete erneut eine Konfrontation Fritz Bauers mit dem strukturellen Problem der personellen Kontinuitäten im Kontext der Konsolidierung der demokratischen Ordnung. Welzel hatte seine Rechtsauffassung und den begrifflichen Rahmen seines Rechtsdenkens nicht nur parallel zur Durchsetzung der NS-Diktatur entwickelt.[186] Im Zentrum seines Denkens stand wie gezeigt auch nach 1945 eine weitreichende Ausblendung eines Rechtsgüterschutzes und objektiver Tatbestandsmerkmale. Welzel plädierte dafür, die »Aktwerte rechtlicher Gesinnung« zum maßgebenden Bezugspunkt für die Beurteilung der Strafbarkeit eines Verhaltens zu machen. 1944 hatte er diese »Aktwerte« kon-

185 Anklageschrift, a.a.O. S. 793ff.

186 Vgl. Joachim Perels: Die Restauration der Rechtslehre nach 1945. In: Redaktion Kritische Justiz (Hg.): Die juristische Aufarbeitung des Unrechts-Staats. Baden-Baden 1998. S. 258. (zuerst in KJ, H. 4, 1984. S. 359ff.) Dazu auch Monika Frommel: Welzels finale Handlungslehre. Eine konservative Antwort auf das nationalsozialistische Willensstrafrecht – oder die Legende von der »Überwindung des Wertneutralismus« im Strafrecht. In: Udo Reifner, Bernd Rüdeger Sonnen (Hg.): Strafjustiz und Polizei im Dritten Reich. Frankfurt a.M., New York 1984. S. 86ff.

kretisiert, und er bezeichnete in seinem Aufsatz *Über den substantiellen Begriff des Strafgesetzes* »die Treue gegenüber Volk, Reich, Führung« und den »Gehorsam gegenüber der Staatsgewalt« als materialen Inhalt von Recht.[187] Dieser Rechtsbegriff, dem es »auf die Erhaltung der beständigen rechtstreuen Gesinnung« ankommt und der die »beständige rechtstreue Gesinnung der Bürger (...), also die Treue gegenüber dem Staat« dem »Schutz der konkret-einzelnen Rechtsgüter« überordnet[188], und der damit ein formales und hierarchisches Ordnungsgefüge als Wesen von Recht begreift, verweist nach Perels »auf eine autoritäre, grundrechtsfeindliche Struktur der öffentlichen Gewalt«.[189]

Mit der Rechtsauffassung der Verteidigung von Heyde und des Amts-gerichts im Fall Bohne, die wesentlich an Hans Welzel anschloss, war Fritz Bauer noch einmal ganz konkret eine »imperative Rechtsauffassung« entgegengetreten, die nicht eine Rechtsverletzung als wesentlichen Maßstab für die juristische Beurteilung einer Tat heranzog oder die Verletzung eines bestimmten Rechtsgutes – etwa der Menschenrechte – betrachtete, sondern die Basis des Rechts in Befehlen, Geboten und Verboten sah. Diese Rechtsauffassung, die im Anschluss an Welzel in den »Euthanasie«-Verfahren wirksam wurde, exkulpierte das Individuum und legitimierte ein autoritäres Bewusstsein.[190] Sie stand in unauflösbarem Kontrast zu dem politischen Denken, das die Basis von Fritz Bauers Rechtsauffassung bildete.

Die Passage, die im Beschluss des Amtsgerichts Frankfurt am Main zur Qualifizierung von Bohnes Tat als Beihilfe, im Sinne von Welzel den Ordnungscharakter des Staates in das Zentrum der Argumentation rückte und demgegenüber das Rechtsgut des Lebens unberücksichtigt ließ, hatten die Frankfurter Staatsanwälte durch Anstreichung kritisch markiert: »Dass von einem Staat sich gegebene Strafgesetz dient nicht nur dem Schutz des Einzelnen, sondern in erster Linie dem vom Staat gewollten Rechtsfrieden. Der Beschuldigte hat diesen vom NS-Staat gewollten Rechtsfrieden nicht gestört.«[191] Damit hatte das Gericht eine den Staat hypostasierende Argumentation zur Grundlage ihrer Beschlussfindung gemacht.

Das strukturelle Problem, mit dem Fritz Bauer im Rahmen der Ermittlungen gegen Heyde und Bohne konfrontiert war, bestand – in Parallelität zur

---

187 Hans Welzel: Über den substantiellen Begriff des Strafgesetzes. In: Probleme der Strafrechtserneuerung. Festschrift für E. Kohlrausch. Berlin 1944. S. 109.

188 Hans Welzel: Das Gesinnungsmoment im Recht. In: Festschrift für Julius von Gierke. Berlin 1950. S. 297.

189 Joachim Perels, a.a.O. S. 259.

190 Vgl. Susanne Benzler: Justiz und Anstaltsmord nach 1945. In: Redaktion Kritische Justiz (Hg.): Die juristische Aufarbeitung des Unrechts-Staats. Baden-Baden 1998. S. 410f.

191 Beschluss des Amtsgerichts Frankfurt a.M. vom 12.9.1960. HStA, Abt. 631a, Nr. 118. Bl. 1395ff.

Bedeutung der Auseinandersetzung mit der Rechtsposition von Hermann Weinkauff und der Diskussion um die subjektive Berechtigung zum Widerstand – in der Restauration autoritärer Strukturen und Mentalitäten in der Demokratie. Es wurde bereits gezeigt, dass Fritz Bauer ähnlich wie Theodor W. Adorno diese Hypothek und weniger eine unmittelbare Wirksamkeit nationalsozialistischer Ideologie als das eigentliche Gefährdungs-potential der westdeutschen Demokratie betrachtete. Deshalb lenkte Bauer den Blick auf die dem Verhalten der Eliten im NS-System zugrunde liegenden Strukturen, die nicht aufgearbeitet worden waren und durch eine weitreichend und stillschweigend vollzogene Inkorporation ehemaliger Träger des NS-Systems in die demokratische Ordnung fortbestanden und erneut Geltung erlangten.

Die Kritik an der Integration der ehemaligen nationalsozialistischen Funktionseliten bezog sich auf eine Kontinuität autoritärer Mentalitäten, deren Bestandteil eine Überhöhung des Staatsapparates und ein Zurückdrängen der Normen der demokratischen Rechtsordnung war. Fritz Bauer wies zur Konkretisierung seiner Auffassung auf die Anfang der sechziger Jahre publizierten Studien hin, die formal-demokratische und autoritäre Mentalitäten als empirisches Strukturproblem der westdeutschen Gesellschaft erkannten. Er rezipierte hier beispielsweise die von Jürgen Habermas, Ludwig von Friede-burg, Christoph Oehler und Friedrich Weltz 1961 veröffentlichte Studie *Student und Politik*, die, wie Bauer sagte, zu dem »etwas betrüblichen Resultat« gelangt war[192], dass unter Studierenden, also unter zukünftigen Akademikern, 39 Prozent »formale Demokraten« und 22 Prozent »Autoritäre« auszumachen waren.[193] Bezeichnend für die größte Gruppe der befragten Frankfurter StudentInnen war demnach eine bloß formale »Einstellung« zur Demokratie, die dadurch gekennzeichnet ist, dass die politische Ordnung nicht »aus einem Prinzip heraus, sondern vielmehr nur deswegen bejah(t) (wird), weil sich unter ihr leben lässt«, und dass sich hinter einer »demokratische(n) Fassade« obrigkeitsstaatli-

192 Fritz Bauer: Justiz als Symptom. In: Hans Werner Richter (Hg.): Bestandsaufnahme. Eine deutsche Bilanz 1962. Sechsunddreißig Beiträge deutscher Wissenschaftler, Schriftsteller und Publizisten. München, Wien, Basel 1962. S. 225.

193 Jürgen Habermas, Ludwig von Friedeburg, Christoph Oehler und Friedrich Weltz unterscheiden in ihrer 1961 vorgelegten Studie Student und Politik, die auf einer im Sommersemester 1957 auf der Grundlage von an einem »Leitfaden« orientierten »freien Interviews« durchgeführten Befragung von 171 Studierenden der Universität Frankfurt/Main basiert, zwischen vier »Typen politischer Tendenz«. Demnach können 30 Prozent der Befragten als »genuine Demokraten«, 39 Prozent als »formale Demokraten«, 22 Prozent als »Autoritäre« und 9 Prozent als »Indifferente« charakterisiert werden. Vgl. Jürgen Habermas, Ludwig von Friedeburg, Christoph Oehler, Friedrich Weltz: Student und Politik. Eine soziologische Untersuchung zum politischen Bewusstsein Frankfurter Studenten. Neuwied 1961. S. 133.

che Ideen von »Herrschaft« manifestieren.[194] »(M)an ignoriert«, so resümierten die Autoren der Studie, »den Widerspruch zwischen formaler, gesetzlich verbürgter Gleichheit und faktischer Ungleichheit in der Verteilung der Chancen politischer Mitbestimmung.«[195] Der Typ des Autoritären wünscht sich demgegenüber sogar ausdrücklich und »durchweg«, so das Ergebnis der Studie, eine »gesellschaftliche Elite«, und viele »Autoritäre« müssen als »Befürworter einer Art obrigkeitlicher Autorität« charakterisiert werden[196], wonach eine »Rückkehr zu Elitevorstellungen« immerhin »denkbar« erscheint.[197]

Die Kritik an einer hier festzustellenden nur formalen Verankerung der demokratischen Ordnung bei potentiellen Angehörigen einer zukünftigen Funktionselite knüpfte an die Kritik an, die Bauer exemplarisch bereits hinsichtlich der Funktion des Eides in der Bundesrepublik und in historischer Perspektive hinsichtlich der Aufspaltung der Bezugssysteme menschlichen Handelns nach ethischen Motiven einerseits und einem wertungebundenen Pflichtbegriff andererseits – er sprach diesbezüglich vom Recht als einem »wertentleerten Formalismus«[198] – formuliert hatte[199] und nahm einen mangelnden Verfassungspatriotismus und eine fehlende Verortung der Funktionseliten in der demokratischen Ordnung in den Blick. Fritz Bauer zitierte eine von Kurt Nemitz – in dessen *Soziologischen Notizen zur Renazifizierung* – geprägte Formulierung, um den Zusammenhang zwischen den empirisch festzustellenden elitären Mentalitäten und der Vergangenheitspolitik der Bundesregierung aufzuzeigen, indem er die der Integrationspolitik zugrunde liegende Annahme, »dass die Technokraten der Diktatur auch gute Technokraten der Demokratie seien«, als einen »gefährlichen Irrtum« kritisierte.[200] Nemitz hatte mit dieser Kritik auf die politischen Folgen der Integrationspolitik für die demokratische Ordnung der Bundesrepublik hingewiesen, indem er in seinem 1955 in der von Bauer mit herausgegebenen *Neuen Gesellschaft* publizierten Text eine »formalistische Betrachtung der Demokratie« als Basis dieser Politik beschrieb[201] und den Begriff »Renazifizierung« als »Umschreibung eines politi-

---

194 Jürgen Habermas u.a., a.a.O. S. 136f.

195 Jürgen Habermas u.a., a.a.O. S. 132.

196 Jürgen Habermas u.a., a.a.O. S. 140.

197 Jürgen Habermas u.a., a.a.O. S. 132.

198 Fritz Bauer: Diensteid und Grenzen der Dienstpflicht. In: Hildburg Bethke (Hg.): Eid, Gewissen, Treuepflicht. Frankfurt a.M. 1965. S. 126.

199 Vgl. Fritz Bauer, a.a.O. S. 122ff, bes. S. 126. Vgl. auch oben S. 211ff.

200 Fritz Bauer: Justiz als Symptom. In: Hans Werner Richter (Hg.): Bestandsaufnahme. Eine deutsche Bilanz 1962. Sechsunddreißig Beiträge deutscher Wissenschaftler, Schriftsteller und Publizisten. München, Wien, Basel 1962. S. 224.

201 Kurt Nemitz: Das Regime der Mitläufer. Soziologische Notizen zur Renazifizierung. NG, H. 3, 1955. S. 41.

schen und soziologischen Umschichtungsprozesses« einführte, »der sich im Laufe der Eingliederung der Funktionäre und Träger des nationalsozialistischen Systems in das öffentliche Leben der Bundesrepublik« vollzog.[202]

Bauer betrachtete »(d)ie rechtliche Beurteilung der NS-Verbrechen« noch 1967 als ein »Stiefkind der Rechtslehre«.[203] Während er und die zuständigen Frankfurter Staatsanwälte eine juristische Neubewertung der NS-Verbrechen und ein Ende der kontinuierlichen Exkulpation der Mehrheit der tatbeteiligten Angeklagten als Gehilfen mit dem Verfahren gegen Heyde/Sawade und Bohne intendierten, brach Anfang der sechziger Jahre in der Strafrechtswissenschaft die Debatte über die Abgrenzung von Täterschaft und Beihilfe erst ganz allmählich auf. Seit dem Sommer 1960 bemühte sich die Juristin Barbara Just-Dahlmann, Öffentlichkeit und Justiz »aufzurütteln«[204], indem sie in mehr als 70 Vorträgen eine öffentliche Justiz- und Urteilskritik vortrug. Die Jugendstaatsanwältin Just-Dahlmann, die im Frühjahr 1960 zur Zentralen Stelle nach Ludwigsburg abgeordnet worden und dort durch die Übersetzung zahlreicher Zeugenaussagen und Dokumente mit der Geschichte des Nationalsozialismus und seiner Vernichtungspolitik konfrontiert worden war, wollte vor allem die auch von Fritz Bauer kritisierte eklatante Diskrepanz in das Bewusstsein der westdeutschen Juristen heben, die zwischen der weitreichenden Beurteilung der NS-Verbrechen als bloße Beihilfe durch westdeutsche Gerichte und der Realität des NS-Unrechtsstaates bestand.[205]

In den sechziger Jahren legten daneben u.a. der Tübinger Strafrechtswissenschaftler Jürgen Baumann, der an der Universität Gießen und später in Frankfurt am Main lehrende Rechtswissenschaftler Herbert Jäger und Claus Roxin aus Göttingen empirisch unterfütterte Studien zur Kritik an der west-

202 Kurt Nemitz, a.a.O. S. 39f.

203 Fritz Bauer: Ideal- oder Realkonkurrenz bei nationalsozialistischen Verbrechen. JZ, H. 20, 1967. S. 626. Konrad Redeker sprach in einem 1964 in der NJW publizierten Text davon, die Diskussion über die rechtliche Bewertung der NS-Verbrechen sei einzelnen Juristen vorbehalten. Konrad Redeker: Bewältigung der Vergangenheit als Aufgabe der Justiz. NJW, H. 24, 1964. S. 1097ff.

204 Barbara Just-Dahlmann; Helmut Just: Die Gehilfen. NS-Verbrechen und die Justiz nach 1945. Frankfurt a.M. 1988. S. 39.

205 Vgl. dazu die Vorträge von Barbara Just-Dahlmann am 29.11.1961 in Loccum und am 23.2.1963 in Korntal. In: Barbara Just-Dahlmann, Helmut Just, a.a.O. S. 40ff u. 46ff, bes. S. 64. Vgl. auch Helmut Kramer: Barbara Just-Dahlmann – »Ludwigsburg öffnete uns schockartig die Augen, Ohren und Herzen«. In: Claudia Fröhlich, Michael Kohlstruck (Hg.): Engagierte Demokraten. Vergangenheitspolitik in kritischer Absicht. Münster 1999. S. 201ff und Michael Greve: Der justitielle und rechtspolitische Umgang mit den NS-Gewaltverbrechen in den sechziger Jahren. Frankfurt a.M. 2001. S. 178ff.

deutsche Rechtsprechung und zur Beurteilung nationalsozialistischer Verbrechen vor.[206]

Ein Anlass für die mehr als 15 Jahre nach dem Ende des NS-Staates erst aufbrechende Debatte war das schon erwähnte 1961 in Jerusalem geführte Strafverfahren gegen Adolf Eichmann. Der Fall Eichmann löste in der westdeutschen Öffentlichkeit eine Diskussion über die Funktion und den Charakter eines Schreibtischtäters im NS-System aus[207], die einen »besonders geeignete(n) Einstieg« in die Thematisierung der »rechtliche(n) Erfassung dieser Massenverbrechen« sowie die »Fülle von Schwierigkeiten« zu ermöglichen schien, mit denen die Strafrechtswissenschaft angesichts des »bürokratisch organisierte(n), staatlich anbefohlene(n) Mord(es)« konfrontiert war.[208] Im Kontext der strafrechtswissenschaftlichen Debatte der sechziger Jahre betrachtete Fritz Bauer vor allem die von Baumann und Jäger vorgelegten Arbeiten als »verdienstvoll«.[209]

Jäger entwickelte in den sechziger Jahren eine Position, die Bauer insofern stützte, als sie die von Winfried Martini erhobene Kritik an einer strafrechtlichen Aufarbeitung von NS-Verbrechen zurückwies. In der 1967 vorgelegten Studie *Verbrechen unter totalitärer Herrschaft. Studien zur nationalsozialistischen Gewaltkriminologie* kritisierte Jäger ein in der strafrechtlichen und kriminologischen Wissenschaft zu erkennendes »Vakuum« hinsichtlich der »verbrecherische(n) Folgen« des NS-Systems.[210] Er hielt in seiner den westdeutschen Umgang mit den NS-Verbrechen bilanzierenden Bestandsaufnahme fest, dass »(a)uch für das öffentliche Bewusstsein (...) die neuartige Form der totalitären Kriminalität in gewissem Sinne nicht existent« ist. Demnach galten in der öffentlichen

206 Vgl. Jürgen Baumann: Die Tatherrschaft in der Rechtsprechung des BGH. NJW, H. 9, 1962. S. 374ff; Ders.: Schuld und Verantwortung. Ein Beitrag zur juristischen Würdigung des Falls Eichmann. Freiburger Rundbrief, H. 53/56, 1962. S. 29ff; Ders.: Beihilfe bei eigenhändiger voller Tatbestandserfüllung. NJW, H. 13, 1963. S. 561ff; Ders.: Die Psychologie des bürokratisch organisierten Mordes. FH, H. 3, 1966. S. 199ff; Claus Roxin: Straftaten im Rahmen organisatorischer Machtapparate. GA, H. 7, 1963. S. 193ff, Ders.: Täterschaft und Tatherrschaft. Hamburg 1963, Herbert Jäger: Betrachtungen zum Eichmann-Prozess. MschrKrim, H. 3/4, 1962. S. 73ff; Ders.: Verbrechen unter totalitärer Herrschaft. Studien zur nationalsozialistischen Gewaltkriminalität. Olten, Freiburg i.Br. 1967.

207 Vgl. Peter Krause: Der Eichmann-Prozess in der deutschen Presse. Frankfurt a.M., New York 2002; Jürgen Wilke u.a.: Holocaust und NS-Prozesse. Die Presseberichterstattung in Israel und Deutschland zwischen Aneignung und Abwehr. Köln, Weimar, Wien 1995.

208 Jürgen Baumann: Die Psychologie des bürokratisch organisierten Mordes. FH, H. 3, 1966. S. 199.

209 Fritz Bauer: Ideal- oder Realkonkurrenz bei nationalsozialistischen Verbrechen. JZ, H. 20, 1967. S. 626.

210 Herbert Jäger: Verbrechen unter totalitärer Herrschaft. Studien zur nationalsozialistischen Gewaltkriminalität. Olten, Freiburg i.Br. 1967. S. 12.

Wahrnehmung Tatbestände, die über den Einzelmord als Verbrechen hinausreichen, »als ›Geschichte‹, ›Politik‹, ›Krieg‹, jedenfalls aber als etwas, das mit anderen Maßstäben gemessen werden muss.«[211] Die parallel zu verzeichnende Tendenz der westdeutschen Rechtsprechung zur »Dämonisierung des Täters« analysierte er dabei als eine »völlige (...) Depersonalisation, die den Funktionär zum unselbständigen und gleichsam antriebslos agierenden Partikel einer ferngesteuerten Terrormaschine« macht.[212] Auch Bauer sprach angesichts der Annahme von Gehilfenschaft selbst bei hohen Funktionären des NS-Systems von der Realisierung der

»nachträgliche(n) Wunschvorstellung, im totalitären Staat der Nazizeit habe es nur wenige Verantwortliche gegeben, es seien nur Hitler und ein paar seiner Allernächsten gewesen, während alle übrigen lediglich vergewaltigte, terrorisierte Mitläufer oder depersonalisierte und dehumanisierte Existenzen waren, die veranlasst wurden, Dinge zu tun, die ihnen völlig wesensfremd gewesen sind.«[213]

Nach der kritischen Bilanzierung der westdeutschen Rechtsprechung in den NS-Verfahren lenkte Jäger den Blick auf den konstruktiven Beitrag, den das Strafrecht zur Aufarbeitung des NS-Systems gerade dadurch leisten könne, dass das Gerichtsverfahren eine Begrenzung der Perspektive auf das Subjekt vornimmt. Die NS-Verfahren könnten demnach – und wie von Fritz Bauer mit dem geplanten Heyde/Sawade-Prozess intendiert – das Zusammenwirken von individuellen Tatbeiträgen und kollektivem Gesamtgeschehen als Spezifik des NS-Unrechtssystems reflektieren.[214] Erst in dieser Perspektive des Strafverfahrens eröffne sich der Blick für die Beteiligung der Mitglieder der Gesellschaft, und der Strafprozess zeige, dass die nationalsozialistische Gewaltkriminalität weder ein »transpersonales« Geschehen[215] noch das »Werk autonomer gesellschaftlicher Mächte«[216] gewesen sei. Jäger rückte damit wie Bauer die »Situation des Einzeltäters unter totalitärer Herrschaft«[217] und die »personale Dimension dieses Kollektivunrechts« in den Blick[218], wonach der »Erkenntniswert« der NS-Verfahren darin besteht, »dass sie Geschichte individualisieren, d.h. jenen Punkt markieren (kann), in dem sich die Weltgeschichte mit einer

211 Ebd.

212 Herbert Jäger, a.a.O. S. 13.

213 Fritz Bauer: In unserem Namen. Justiz und Strafvollzug. In: Helmut Hammerschmidt (Hg.): Zwanzig Jahre danach. Eine deutsche Bilanz 1945-1965. Achtunddreißig Beiträge deutscher Wissenschaftler, Schriftsteller und Publizisten. München, Basel, Wien 1965. S. 307

214 Herbert Jäger, a.a.O. S. 13f.

215 Herbert Jäger, a.a.O. S. 14.

216 Herbert Jäger: Betrachtungen zum Eichmann-Prozess. MschrKrim, H. 3/4, 1962. S. 78.

217 Herbert Jäger: Verbrechen unter totalitärer Herrschaft. Studien zur nationalsozialistischen Gewaltkriminalität. Olten, Freiburg i.Br. 1967. S. 11.

218 Herbert Jäger: Strafrecht und nationalsozialistische Gewaltverbrechen. KJ, H. 2, 1968. S. 145

persönlichen Lebensgeschichte trifft und historische und individuelle Kausalität, Zeitgeschichte und Kriminologie, zu einer Einheit verschmelzen.«[219] In Übereinstimmung mit dem Rechtsbegriff von Bauer, der auf die Rückgewinnung verantwortlicher Handlungsorientierungen für das Subjekt in der Demokratie zielte, betrachtete Jäger die Etablierung eines »Rechtsbewusstseins (...), das auch und vor allem auf konforme, im Einklang mit der Staatsführung und dem Kollektiv begangene Gewaltverbrechen reagiert«, als »vordringlichste Aufgabe des heutigen Strafrechts«.[220]

Jägers Studie kann als Kritik an der Rechtsauffassung gelesen werden, auf die die Verteidigung von Heyde und Bohne Bezug nahm und die davon ausging, dass der Tatbeitrag des Einzelnen im Verhältnis zum NS-System zu vernachlässigen und widerständiges Verhalten angesichts des NS-Unrechts gar unmöglich gewesen sei. Er arbeitete heraus, dass sobald die »Einzelheiten« der Funktionsweise des NS-Systems betrachtet werden, »Handlungen ans Licht (treten), an deren Kausalität für das Vernichtungsgeschehen kein begründeter Zweifel mehr möglich ist.« Für die Analyse des NS-Systems als einem Handlungszusammenhang bedeutete diese strafrechtliche Perspektive keine Exkulpation des Subjekts, sondern eine Wahrnehmung des einzelnen Tatbeitrags in seiner kausalen Bedeutung:

> »Man sieht auch, dass das ›Rädchen im Getriebe‹, von dem oft ganz unkritisch gesprochen wird, (...) zu leicht vergessen (lässt), dass die Maschinerie nicht hätte funktionieren können, wenn sie nicht von Menschen in Betrieb gehalten (worden) wäre«.[221]

Damit war das NS-System als eine »Vernichtungsapparatur« gekennzeichnet, an der »viele Beteiligte« mitgewirkt hatten.[222] Die von Jäger entwickelte Rechtsposition beinhaltete eine Gegenposition zu der Tendenz der west-deutschen Urteilspraxis, mit Verweis auf das NS-System als einem quasi automatischen Geschehen die Beteiligung des Einzelnen als bedeutungslos zu exkulpieren. Die in diesem Kontext von Jäger mit Blick auf das als einen Handlungszusammenhang analysierte NS-System verwendete Formulierung von einer »arbeitsteiligen Täterschaft«[223] rezipierte einen Gegenbegriff zur exkulpierenden Betrachtung der in NS-Prozessen Angeklagten als machtlose »kleine Rädchen«, den Fritz Bauer in seinem 1967 vorgelegten Text über die *Ideal- oder Realkon-*

219 Ebd.

220 Herbert Jäger, a.a.O. S. 149 u. S. 155.

221 Herbert Jäger: Betrachtungen zum Eichmann-Prozess. MschrKrim, H. 3/4, 1962. S. 78.

222 Herbert Jäger, a.a.O. S. 79.

223 Herbert Jäger: Arbeitsteilige Täterschaft. Kriminologische Perspektiven auf den Holocaust. In: Hanno Loewy (Hg.): Holocaust: Die Grenzen des Verstehens. Eine Debatte über die Besetzung der Geschichte. Reinbek b. Hamburg 1992. S. 160ff.

kurrenz bei nationalsozialistischen Verbrechen? geprägt hat[224] und der bereits Grundlage der Rechtsauffassung der Frankfurter Staatsanwaltschaft in NS-Verfahren – wie im geplanten Heyde-Verfahren – war.

Obwohl die Staatsanwaltschaft in der im Mai 1962 vorgelegten Anklageschrift gegen Heyde u.a. das »Massentöten« im Rahmen der »Euthanasie« als »sich in völliger Gleichförmigkeit vollziehende(s)« Geschehen beschrieb, das »einer Maschine gleich ablief«[225], zog sie daraus gerade nicht den Schluss, die Verantwortung des handelnden Subjekts zu negieren. Im Gegenteil: Zunächst stellte die Staatsanwaltschaft fest, dass zwar im Anschluss an die Rechtsprechung des BGH der »Begriff des ›Massenverbrechens‹ keine allgemeine Erweiterung im Bereich der deutschen Strafgesetze dulde«, dennoch ging sie davon aus, dass mit Blick auf die nationalsozialistische »Euthanasie« die »Berechtigung« des Begriffs »nicht in Frage gestellt« werden könne.[226] Damit hatte die Anklage die Basis für die rechtlich adäquate Wahrnehmung des NS-Unrechts als einen kollektiven Handlungszusammenhang zwischen politischer Führung, funktionellen Eliten und Gesellschaft formuliert. Nach Fritz Bauer muss das nationalsozialistische Herrschaftssystem als ein Zusammenwirken »arbeitsteilig durchgeführte(r) Aktionen« betrachtet werden, wonach »(d)ie Gesamtkomplexe (...) in Pyramidenform vorgestellt werden (können). An der Spitze stand Hitler (...). Sogenannte Schreibtischtäter gab es in allen Bereichen der bürokratischen Pyramide.«[227]

In der Anklageschrift gegen Heyde griff die Staatsanwaltschaft auf den Begriff des »natürlichen Ganzen« zurück, um diesen historischen Sachverhalt, der die NS-Verbrechen von dem einzelnen Mord unterscheidet, juristisch zu erfassen. Für die rechtliche Beurteilung der Massentötung ist demnach

> »maßgeblich, dass die Tötung von einer Willensbetätigung H i t l e r s ausgelöst und getragen wurde, ihre technische Durchführung praktisch (aber) nur mit Hilfe einer großen Organisation möglich war und einen längeren Zeitraum in Anspruch nehmen musste. Dieses dem damaligen ›Führerprinzip‹ entsprechende (...) planmässige Massentöten kann deshalb nur als ein natürliches Ganzes angesehen werden. Dem steht nicht entgegen, dass sich die

224 Fritz Bauer: Ideal- oder Realkonkurrenz bei nationalsozialistischen Verbrechen. JZ, H. 20, 1967. S. 625. Vgl. auch Fritz Bauer: Kriminologie des Völkermords. In: Peter Schneider, Hermann J. Meyer (Hg.): Rechtliche und politische Aspekte der NS-Verbrecherprozesse. Studium Generale der Johannes Gutenberg-Universität, WS 1966/67. Mainz 1968. S. 23.

225 Anklageschrift der GStA vom 22.5.1962. S. 793. HStA, Abt. 361a, Nr. 79ff.

226 Anklageschrift, a.a.O. S. 792.

227 Fritz Bauer: Ideal- oder Realkonkurrenz bei nationalsozialistischen Verbrechen. JZ, H. 20, 1967. S. 625.

dem ›Führerwillen‹ folgenden Einzelhandlungen der ausführenden Personen über Jahre erstreckten, da sie (...) entscheidend von dem Willen des ›Führers‹ abhängig blieben«.[228]

Die Qualifizierung des NS-Unrechtssystems als Tatzusammenhang und die Charakterisierung der einzelnen NS-Verfahren, die sich dann mit »Ausschnitte(n) aus einem jeweils umfassenderen Geschehen« beschäftigen, war für Fritz Bauer von Bedeutung, um das historische Verbrechen einer angemessenen strafrechtlichen Bewertung zu unterziehen. Waren die NS-Verfahren »ohne in diesen (...) Gesamtzusammenhang eingeordnet zu werden, nicht verständlich« und können sie »ohne diese Einordnung rechtlich nicht erschöpfend und zutreffend gewürdigt werden«[229], so richtete sich Bauers Konzeption der Verfahren gegen ein quasi unhistorisches Recht, wenn er schreibt:

»Die Gerichte machten den Versuch, das totale Geschehen, z.B. den Massenmord an Millionen in den Vernichtungslagern, in Episoden aufzulösen, etwa in die Ermordung von A durch X, von B durch Y oder von C durch Z. (...) Dergleichen vergewaltigt aber das Geschehen, das nicht eine Summe von Einzelereignissen war.«[230]

Eine von dem NS-Systemzusammenhang abgetrennte Aburteilung von NS-Verbrechen stand nach Bauer der exemplarischen Aufarbeitung und Aufklärung der Verantwortung des Individuums in einem Unrechtssystem entgegen. Eine »Atomisierung und Parzellierung der furchtbaren Dinge« in NS-Verfahren hatte demnach einen entpolitisierenden und antiaufklärerischen Impetus, indem das Geschehen »privatisier(t) und damit (...) entschärf(t)« wurde.[231]

In der Rezeption von Raul Hilbergs 1961 publizierten Studie *The Destruction of the European Jews* und der von Hilberg dargelegten Analyse der Gesellschaft im Nationalsozialismus, entwickelte Fritz Bauer einen ausdifferenzierten Täter-Begriff, der gerade die verschiedensten Motive und Funktionen der Beteiligung des Individuums im NS-System reflektierte. Demnach »aktualisierte« das nationalsozialistische Unrechtssystem eine »potentielle Kriminalität eines Menschen« und brachte verschiedene »Tätertypen«, wie etwa den »Kreis der ›Gläubigen‹«, die »Formalisten«, »Nutznießer« oder »Mitläufer und Zuschauer« hervor.[232] Im Zentrum dieses Täterbegriffs steht die Wahrnehmung des Indivi-

228 Anklageschrift, a.a.O. S. 792f. (Hervorh. im Orig.)

229 Fritz Bauer, a.a.O. S. 625.

230 Fritz Bauer: In unserem Namen. Justiz und Strafvollzug. In: Helmut Hammerschmidt (Hg.): Zwanzig Jahre danach. Eine deutsche Bilanz 1945 - 1965. Achtunddreißig Beiträge deutscher Wissenschaftler, Schriftsteller und Publizisten. München, Basel, Wien 1965. S. 307.

231 Fritz Bauer, a.a.O. S. 308.

232 Fritz Bauer: Genocidium. In: Rudolf Sieverts (Hg.): Handwörterbuch der Kriminologie. Berlin 1965. S. 272f. Die Studie von Raul Hilberg: The Destruction of the European Jews. Chicago 1961 erschien erst 1982 in der deutschen Übersetzung (Die Vernichtung der europäischen Juden. Die Gesamtgeschichte des Holocaust. Berlin 1982) und wurde in Deutschland zuvor

duums als dem Täter, dessen Beteiligung sich nicht auf eine einzelne Motivation oder das NS-System als eine historische Ausnahmesituation reduzieren lässt, sondern auf die Struktur von Kriminalität und Unrecht im NS-Staat verweist. Deutlich wird, dass Fritz Bauer damit noch einmal implizit auf die potentiell existierende Gefährdung der politischen Ordnung nach 1945 hinwies und den Exkulpationsmechanismus westdeutscher Gerichte zurückwies, wonach Täter, Gehilfen und Mitläufer des nationalsozialistischen Unrechtssystems keinerlei Gefährdung für die demokratische Ordnung darstellten, da ihre Taten an die historische Situation des Nationalsozialismus gekoppelt gewesen seien.

Als im August 1965 das Frankfurter Landgericht mit dem in der Öffentlichkeit viel beachteten Urteil im Auschwitz-Prozess eine Verantwortung des Individuums und eine zumindest passive Verpflichtung negierte, sich staatlich verordnetem Unrecht zu entziehen, machte Fritz Bauer seine Gegenposition noch einmal deutlich. Das Gericht verurteilte zwar sechs Angeklagte als Mörder, sprach jedoch elf Männer lediglich der Beihilfe zum Mord schuldig.[233] Vor allem die Verurteilung des ehemaligen Adjutanten des Lagerkommandanten und ranghöchsten Angeklagten im Verfahren, Robert Mulka, wegen Beihilfe zum Mord zu 14 Jahren Freiheitsstrafe ist hinsichtlich ihrer Begründung und der Reproduktion der im Zusammenhang mit der Gehilfenjudikatur wirksamen Argumentationsmuster bemerkenswert. Um die Taten des Angeklagten Mulka rechtlich einzuordnen, griff das Frankfurter Gericht in seiner Urteilsbegründung auf das bekannte Bild vom NS-System als der »Vernichtungsmaschinerie« und von dem Angeklagten als dem »Rad« zurück. Allerdings wertete das Gericht die Funktion des einzelnen »Rads« in der »Maschine«, also die Tatbeteiligung des Angeklagten, insofern als bedeutungslos für das System, als es davon ausging, dass »das Schicksal der deportierten Menschen bereits (...) besiegelt« war, »wenn die RSHA-Transporte in Auschwitz ankamen« und dass die »Abwicklung der RSHA-Transporte in Auschwitz (...) fast zwangsläufig ab(lief).«[234] Das Gericht stellte in der Urteilsbegründung zwar fest, dass es schwierig sei, die damalige innere Einstellung und Willensrichtung des Ange-

auch kaum rezipiert. Vgl. auch Fritz Bauer: Kriminologie des Völkermords. In: Peter Schneider, Hermann J. Meyer (Hg.): Rechtliche und politische Aspekte der NS-Verbrecherprozesse. Studium Generale der Johannes Gutenberg-Universität, WS 1966/67. Mainz 1968. S. 22f.

233 Vgl. Urteil des LG Frankfurt a.M. 19./20.8.1965. In: Justiz und NS-Verbrechen. Sammlung deutscher Strafurteile wegen nationalsozialistischer Tötungsverbrechen 1945-1966. Bd. XXI. Hg. v. Christiaan F. Rüter. Amsterdam 1979. S. 381ff. Vgl. die Analyse des Urteils bei Kerstin Freudiger: Die juristische Aufarbeitung von NS-Verbrechen. Tübingen 2002. S. 42ff u. 157ff.

234 Urteil des LG Frankfurt a.M. 19./20.8.1965, a.a.O. S. 448.

klagten zu rekonstruieren[235], stützte sich aber dennoch auf die subjektive Teilnahmetheorie und betrachtete Mulka als »mitwirkenden Befehlsempfänger«, der kaum Handlungsspielraum hatte und keine Tatherrschaft besessen habe. Das Gericht setzte eine Schuldminimierung durch Entpersonalisierung durch, das NS-System wurde beinahe entsubjektiviert und der festgestellte objektive Unrechtsgehalt des Systems erschien als schuldhafte Restkategorie.

Obwohl im Prozess nachgewiesen werden konnte, dass Mulka die Tötung eines Häftlings aus eigenem Tatantrieb und mit eigenem Ermessen befohlen hatte, erkannte das Gericht hinsichtlich der Massentötung im Konzentrationslager Auschwitz bei dem Angeklagten keinen Täterwillen. Die Motive für die angeordnete Tötung des Häftlings hätten nicht mit den Beweggründen der NS-Führung für die Massentötung der Juden übereingestimmt.[236] Auch die im Urteil festgestellte Absicht des Angeklagten, durch die angeordnete Tötung des Häftlings und durch seine Mitwirkung bei den im Konzentrationslager vorgenommenen »Selektionen« an der Rampe, die »reibungslose Durchführung der Vernichtungsaktion sicherzustellen«, noch seinen freiwilligen Eintritt in die Waffen-SS im Jahr 1941, also zu einem Zeitpunkt als bereits bekannt war, dass Konzentrationslager unter dem Befehl der SS eingerichtet worden waren, wertete das Gericht als Indiz für eine Täterschaft.[237] Mulkas Beteiligung an den Massentötungen sei eher auf eine »Befehlsergebenheit und falsch verstandene(...) ›Pflichtauffassung‹« und »das in der SS herrschende Prinzip des blinden Gehorsams« zurückzuführen.[238] Die bei dem Angeklagten angenommene formale Pflichtauffassung wirkte entlastend und bei der Strafzumessung machte das Gericht geltend, dass »(d)ie Verkettung unglücklicher Umstände (...) dazu beigetragen (hat), dass er in den Vernichtungsapparat eingespannt wurde.«[239]

Die Einordnung der Tatbeteiligung des ehemaligen Adjutanten Robert Mulka durch das Frankfurter Landgericht begünstigte die gesellschaftliche Schuldprojektion auf einen kleinen Führungskreis um Hitler[240] und stand der von Fritz Bauer dargelegten Rechtsauffassung entgegen. Bereits 1963 hatte Fritz Bauer den freiwilligen Eintritt der wegen der Verbrechen in Auschwitz Beschuldigten als Beleg für deren Täterschaft gewertet.[241] Das Urteil des

235 Vgl. Urteil des LG Frankfurt a.M. 19./20.8.1965, a.a.O. S. 447.

236 Vgl. Urteil des LG Frankfurt a.M. 19./20.8.1965, a.a.O. S. 450.

237 Vgl. Urteil des LG Frankfurt a.M. 19./20.8.1965, a.a.O. S. 448f.

238 Vgl. Urteil des LG Frankfurt a.M. 19./20.8.1965, a.a.O. S. 450.

239 Vgl. Urteil des LG Frankfurt a.M. 19./20.8.1965, a.a.O. S. 455.

240 Vgl. dazu Hermann Glaser: Totschweigen, entlasten, umschulden. Die »Bewältigung der Vergangenheit« im Nachkriegsdeutschland. Tribüne, H. 103, 1987. S. 117ff.

241 Vgl. Fritz Bauer: Zu den Naziverbrecher-Prozessen. Interview mit Fritz Bauer. SdG, H. 18, 1963. S. 567.

Frankfurter Gerichts im Auschwitz-Prozess, dem von Bauer schon vor Verfahrenseröffnung erwarteten »größte(n) Prozess der Bundesrepublik«[242], veranlasste ihn 1965 zu einer Urteilskritik, die noch einmal entgegen der subjektiven Teilnahmetheorie objektive Kriterien und die historische Realität als Grundlage der strafrechtlichen Abgrenzung von Täterschaft und Beihilfe einforderte. Ausgehend von einer Analyse der Rechtsprechung wies Bauer darauf hin, dass nach herrschender Auffassung zwar weitestgehend die Tat Hitlers und die der Haupttäter etc. als eine einheitliche betrachtet wird, dass die Gerichte aber hinsichtlich der Beteiligung aller übrigen Angeklagten noch immer dazu tendierten, deren Taten nicht als ein Mitwirken in einem System, sondern als Einzeltaten – wie auch im Fall Mulka geschehen – zu erfassen. Wieder lenkte Bauer den Blick auf die für das System notwendige Tatbeteiligung der einzelnen Angeklagten, indem er das Lager Auschwitz als »Mordwerkzeug« betrachtete und schließlich schreibt:

»Wer an dieser Mordmaschine hantierte, wurde der Mitwirkung am Morde schuldig, was immer er tat, selbstverständlich vorausgesetzt dass er das Ziel der Maschinerie kannte, was freilich für die, die in den Vernichtungslagern waren (...) von der Wachmannschaft angefangen bis zur Spitze, außer jedem Zweifel steht.«[243]

Bereits in der Anklageschrift gegen Heyde u.a. hatte die Frankfurter Staatsanwaltschaft auf der Grundlage objektivierbarer Kriterien die Massentötungen im Rahmen der »Euthanasie« und das »rechtliche Verhältnis der Handlungen«, sprich die Zuordnung der Handlung der Angeklagten Bohne und Heyde im Verhältnis zu den Taten der politischen Führung, »trotz der Vielzahl der Opfer und einer gewissen Dauer der Gesamtaktion wegen der Planmässigkeit und einheitlichen Begehungsweise nach natürlicher Betrachtung als eine Tat« betrachtet.[244] Demgegenüber kritisierte Bauer eine »Aufteilung der Beiträge der ganz überwiegenden Mehrzahl der Beteiligten – seien es Mittäter oder Gehilfen – in Episoden, die Auflösung des Geschehens und der Tätigkeit der Mitwirkenden in – im Zeitlupenstil aufzuklärende – Details« als »ein(en) historisch und rechtlich untaugliche(n) Versuch, ja ein unmögliches Unterfangen.« Diese Judikatur bewirke eine »punktuelle Aufklärung« und »Atomisierung des Gesamtgeschehens«.[245] Bauer argumentierte, dass

242 Fritz Bauer, a.a.O. S. 563.

243 Fritz Bauer: In unserem Namen. Justiz und Strafvollzug. In: Helmut Hammerschmidt (Hg.): Zwanzig Jahre danach. Eine deutsche Bilanz 1945 - 1965. Achtunddreißig Beiträge deutscher Wissenschaftler, Schriftsteller und Publizisten. München, Basel, Wien 1965. S. 308.

244 Anklageschrift der GStA vom 22.5.1962. S. 791f. HStA, Abt. 361a, Nr. 79ff.

245 Fritz Bauer: Ideal- oder Realkonkurrenz bei nationalsozialistischen Verbrechen. JZ, H. 20, 1967. S. 627.

»die Tätigkeit eines jeden Mitglieds eines Vernichtungslagers (...) vom Eintritt in das Lager, womit in aller Regel sofort die Kenntnis von dessen Aufgabe, Tötungsmaschinerie zu sein, verbunden war, bis zu seinem Ausscheiden eine natürliche Handlung dar(stellte), was immer er physisch zur Verwaltung des Lagers und damit zur ›Endlösung‹ beigetragen hat. Er hat fortlaufend, ununterbrochen mitgewirkt. (...) Alle Willensäußerungen sind unselbständige Elemente einer Gesamtaktion; schon die Anwesenheit ist psychische Beihilfe, die – soziologisch betrachtet – gerade bei Massenphänomenen nicht vernachlässigt werden darf. Jeder stützt den Nächsten, er macht ihm das kriminelle Tun leichter. Die Opfer während seines Lageraufenthaltes sind ihm zuzurechnen.«[246]

Während diese von Fritz Bauer und der Frankfurter Staatsanwaltschaft entwickelte Rechtsauffassung auf der Analyse der historischen Vernichtungspolitik basierte und bereits Grundlage der Anklageschrift gegen Heyde u.a. war und eine diesbezügliche Auseinandersetzung in der Strafrechtswissenschaft erst allmählich einsetzte, hatte sich im Verlauf des Ermittlungsverfahrens gegen Heyde u.a. schon früh abgezeichnet, dass sich die Verteidigung in keiner Weise mit der von der Staatsanwaltschaft angestoßenen rechtlichen Neubewertung der NS-Verbrechen beschäftigte.

Am 18. Januar 1960 hatte der in Frankfurt am Main tätige Rechtsanwalt Dr. Erich Schmidt-Leichner dem Landgericht in Frankfurt am Main eine Vollmacht vorgelegt und angezeigt, dass er neben Rudolf Schindler die Verteidigung von Heyde übernommen hat. Mit einem seiner ersten Schriftsätze legte er sogleich Beschwerde gegen den Antrag von Fritz Bauer vom 5. Januar 1960 ein, den Haftbefehl gegen seinen Mandanten abzuändern und wegen Mittäterschaft zum Mord zu erlassen. Schmidt-Leichner betrachtete die von Bauer vorgetragenen inhaltlichen Einwände gegen den Haftbefehl als formal unzulässig. Eine Änderung des Haftbefehls könne nur beantragt werden, wenn

»der Entscheidungssatz als solcher angegriffen wird. Der Entscheidungssatz des angefochtenen Beschlusses lautet indessen dahin, dass der Beschuldigte in Untersuchungshaft zu halten ist. Dieser Entscheidungssatz kann durch die Beschwerde in keiner Form verändert werden, da das Gesetz eine gesteigerte Form der Untersuchungshaft nicht kennt.«

Während Rechtsanwalt Rudolf Schindler die Verteidigung seines Mandanten auf die Basis einer der staatsanwaltschaftlichen Auffassung widersprechenden Rechtsauffassung zu stellen versuchte und hinsichtlich der Tatbeteiligung Heydes an der »Euthanasie« auf Beihilfe plädierte, verfolgte Rechtsanwalt Schmidt-Leichner von Beginn an eine andere Verteidigungsstrategie. Er setzte auf eine rein formale Entlegitimierung des Verfahrens. Mit Blick auf den Antrag der Staatsanwaltschaft auf Abänderung des Haftbefehls gegen Heyde, argumentierte die Verteidigung, es sei vollkommen gleichgültig wie der Haftbe-

246 Fritz Bauer, a.a.O. S. 628.

fehl begründet werde, da »dadurch eine Präjudizierung des weiteren Verfahrens nicht eintreten kann.«[247]

Während die Staatsanwaltschaft Ende Mai 1962 – nachdem sie die Anklageschrift vorgelegt hatte – davon ausging, dass die »Anklageerhebung unmittelbar bevorstehe«[248], beantragte Schmidt-Leichner am 3. August 1962 eine Verlängerung der der Verteidigung zustehenden Erklärungsfrist auf die Anklage, die das Gericht auf den 10. August 1962 terminiert hatte, »zunächst bis Ende November d.J.«. Die Verteidigung begründete ihren Antrag mit Verweis auf den Umfang der Anklageschrift, die über 800 Druckseiten umfasse. Schließlich habe auch die »Staatsanwaltschaft (...) etwa drei Jahre benötigt, um die Anklageschrift (...) fertigzustellen (...).« Zudem bemerkte der Rechtsanwalt, dass »(d)ie erforderlichen vorbereitenden Besprechungen mit den Angeschuldigten und zwischen den Verteidigern (...) wegen Urlaubsabwesenheit noch nicht einmal beginnen« konnten. Schmidt-Leichner machte geltend, dass der die Fristbestimmung regelnde § 201 StPO, »eine ausgesprochene Schutzvorschrift für den Angeschuldigten (...) (beinhaltet). Nicht nur dieser gesetzliche Schutzgedanke, sondern auch die selbst-verständliche Pflicht aller Prozessbeteiligten, von vornherein auf die Durchführung eines fairen Verfahrens hinzuwirken, gebietet deshalb eine ausreichende und geräumige Vorbereitungszeit.« Zugleich regte der Verteidiger an, »die Stellungnahme der StA herbeizuführen, damit von vornherein festgestellt wird, welche Aufgabe und welche Rechte dem Angeschuldigten und der Verteidigung in diesem Verfahren zugestanden werden sollen.«[249]

Bereits während der Voruntersuchung hatten sich Differenzen zwischen der Auffassung der Staatsanwaltschaft und der Verteidigung hinsichtlich der Abwicklung des Verfahrensablaufs abgezeichnet: Ende April 1961 hatte die Verteidigung gegenüber dem Landgericht angezeigt, dass »seitens der Staatsanwaltschaft zugesichert worden (war), dass nach Abschluss der Ermittlungen der Verteidigung die Akten in vollem Umfang zur Einsichtnahme zur Verfügung gestellt würden.« Die Verteidigung sei aber »(a)bgesehen von dem von der Staatsanwaltschaft bei Einreichung des Antrags auf Einleitung der Voruntersuchung überreichten Aktenvermerk (...) bisher nicht in der Lage (gewesen), die Ermittlungsakten zur Einsichtnahme zu erhalten.«[250] Der zuständige

247 RA Schmidt-Leichner am 18.1.1960 an das LG Frankfurt a.M. HStA, Abt. 631a, Nr. 3. Bl. 636ff.

248 StA Zinnall am 29.5.1962. HStA, Abt. 631a, Nr. 41. Bl. 7866.

249 RA Schmidt-Leichner am 3.8.1962 an das LG. HStA, Abt. 631a, Nr. 41. Bl. 8030ff.

250 RA Schindler am 27.4.1961 an das LG. HStA, Abt. 631a, Nr. 21. Bl. 3924. Der erwähnte »Aktenvermerk zu dem Ermittlungsverfahren gegen Prof. Dr. Werner Heyde und Rechtsanwalt Dr. Gerhard Bohne« der StaA vom 1.1.1961 fasste auf 519 Seiten die Ermittlungs-

Landgerichtsrat hatte das Schreiben von Rechtsanwalt Schindler daraufhin an Fritz Bauer weitergeleitet und ihn mit einem Vermerk auf der Rückseite des Briefes gebeten, das Gericht zu informieren, inwieweit der Verteidigung Akteneinsicht ermöglicht worden sei.[251] Die Staatsanwaltschaft teilte dem Gericht schließlich mit, mit der Verteidigung sei vereinbart worden, dass diese die »interessierenden Aktenunterlagen auf Grund des Aktenvermerks jeweils anforder(t)«. Allerdings bemerkte die Staatsanwaltschaft, dies sei »bisher nicht geschehen.«[252] Auf die Andeutung des Untersuchungsrichters, ihm seien »vertraulich Andeutungen« gemacht worden, »dass bei Aktenaushändigung an Rechtsanwalt Dr. Schmidt-Leichner gelegentlich schon Aktenteile abhanden gekommen seien«[253], reagierte die Staatsanwaltschaft mit der Empfehlung, der Verteidigung die Akteneinsicht wie üblich nur in den Diensträumen des Gerichts zu genehmigen und die Akten keinesfalls in die Kanzlei der Rechtsanwälte zu überlassen.[254] Am 12. Mai 1961 teilte der Untersuchungsrichter Rechtsanwalt Schindler dem Vorschlag der Staatsanwaltschaft folgend mit, dass die Einsicht in die Akten möglich und in den Diensträumen der Staatsanwaltschaft oder des Gerichts gewährt werde. Man erwartete jetzt die Anträge der Rechtsanwälte.[255]

Zudem reagierte der Untersuchungsrichter mit deutlichen Worten auf eine als subtile Unterstellung einer Verzögerung des Verfahrens seitens der Staatsanwaltschaft empfundene Bemerkung von Rechtsanwalt Schindler, dass nämlich noch fraglich sei, »(o)b die Erklärung von Herrn Professor Heyde, auch während der Voruntersuchung keine Aussagen zu machen, widerrufen wird, wenn die Verteidigung Gelegenheit hatte, entsprechend der Zusage der Staatsanwaltschaft Einsicht in die Ermittlungsakten zu nehmen«.[256] Es entstehe, so antwortete der Untersuchungsrichter, der »Eindruck (...), dass die Entschliessung der Verteidigung, ob der Angeschuldigte aussagen solle oder nicht, durch Umstände erschwert – wenn nicht unmöglich gemacht – werde, für die sie keine Verantwortung trage«. Der Untersuchungsrichter hob demgegenüber

ergebnisse und die Grundlagen einer späteren Anklageschrift zusammen. Vgl. HStA, Abt. 631a, Nr. 109 u. Nr. 110.

251 Der Lgrat am 28.4.1961 an Fritz Bauer. HStA, Abt. 631a, Nr. 21. Bl. 3924R.

252 StA Zinnall am 5.5.1961 an das LG. HStA, Abt. 631a, Nr. 21. Bl. 3925ff.

253 Der Untersuchungsrichter am 28.4.1961 an Fritz Bauer. HStA, Abt. 631a, Nr. 21. Bl. 3924R.

254 StA Zinnall am 5.5.1961 an das LG. HStA, Abt. 631a, Nr. 21. Bl. 3925ff.

255 Der Untersuchungsrichter am LG am 12.5.1961 an RA Schindler. HStA, Abt. 631a, Nr. 21. Bl. 3938.

256 RA Schindler am 27.4.1961 an das LG. HStA, Abt. 631a, Nr. 21. Bl. 3924.

hervor, dass auch bei ihm »bis heute noch kein konkreter Antrag auf Akteneinsicht gestellt worden ist.«[257]

Die Rahmenbedingungen für eine Akteneinsicht schienen der Verteidigung allerdings unakzeptabel. Am 15. Mai 1961 folgte der Antrag von Rechtsanwalt Schindler, der Verteidigung die Möglichkeit zur Akteneinsicht in der eigenen Kanzlei zu gewähren.[258] Auch diesmal verzichtete die Verteidigung auf eine exakte Nennung der zwecks Einsicht gewünschten Aktensignaturen. Die im Frühsommer 1961 zwischen Staatsanwaltschaft, Gericht und Verteidigung ausgetragene Auseinandersetzung um die Akteneinsicht sollte dabei nur ein Vorspiel zu den Diskussionen um die formale Abwicklung des Verfahrens sein, die Anklage und Verteidigung nach Fertigstellung der Anklageschrift austrugen.

War die Staatsanwaltschaft im Mai 1962 von der baldigen Eröffnung der Verhandlung gegen Heyde und Bohne ausgegangen, musste sie drei Monate später, im August 1962 gegenüber dem Landgericht darauf hinweisen, dass die Zeit für die Verteidigung nun »ausreichen (dürfte), um zu der Anklageschrift und zu der Frage der Eröffnung des Verfahrens Stellung nehmen zu können.«[259]

Dennoch konnte die Verteidigung eine Verlängerung der ihr eingeräumten Erklärungsfrist erreichen. Im Anschluss an den Bescheid des Landgerichts, das die Erklärungsfrist zunächst bis zum 15. Oktober 1962 verlängerte, beantragte Rechtsanwalt Schmidt-Leichner Ende September 1962 schließlich erneut eine Fristverlängerung. Diesmal begründete er seinen Antrag nicht nur mit dem umfangreichen Aktenbestand. Vielmehr verwies er auf Kooperations- und Abstimmungsschwierigkeiten mit dem zweiten Rechtsanwalt. Schmidt-Leichner erinnerte das Gericht daran, dass

»insgesamt nicht weniger als 84 Aktenbände einzusehen und durchzuarbeiten sind. Es wird mitgeteilt, dass sämtliche Ablichtungen erst bis Anfang September 1962 fertiggestellt sein werden, so dass sich in diesen Fällen praktisch eine Frist von nur 6 Wochen für die Verteidigung ergeben hätte. Tatsächlich liegen die Unterlagen der Verteidigung auch bis heute noch nicht vollständig vor. Es kommt hinzu, dass mir bisher keinerlei Unterlagen zugegangen sind, so dass allenfalls nur einer der Verteidiger die Möglichkeit des Beginns der Arbeit erhalten hat. Unter diesen Umständen wäre, wie ausdrücklich nochmals erklärt werden muss, eine sachgemäße Vorbereitung der Verteidigung in diesem Verfahren schlechterdings nicht möglich.«

257 Der Untersuchungsrichter am LG am 12.5.1961 an RA Schindler. HStA, Abt. 631a, Nr. 21. Bl. 3938.

258 RA Schindler am 15.5.1961an das LG. HStA, Abt. 631a, Nr. 21. Bl. 3950.

259 StaA am 10.8.1962 an das LG. HStA, Abt. 631, Nr. 41. Bl. 8034ff.

Wieder verwies Rechtsanwalt Schmidt-Leichner auf die Zeit, die die Ermittlungsarbeit der Staatsanwaltschaft in Anspruch genommen habe:

»Da der StA im Laufe des Ermittlungsverfahrens, das sich bereits jahrelang hinzieht, keinerlei Fristen gesetzt wurden, obwohl sich der Angeschuldigte in Haft befindet, würde es eine Beschränkung der Verteidigung darstellen, wenn ihr nunmehr, noch dazu unter Auslieferung der Fotokopien an nur einen Verteidiger, kurze Fristen gesetzt werden.«[260]

Am 10. Oktober 1962 nahm die Staatsanwaltschaft zu der erneut beantragten Fristverlängerung Stellung und brachte ihr Unverständnis zum Ausdruck: »Bereits seit dem Jahre 1961 ist Dr. Schmidt-Leichner mit der Verteidigung des Angeschuldigten (...) beauftragt. Schon während der staatsanwaltlichen Ermittlungen hätte er Gelegenheit bekommen, Akteneinsicht zu nehmen, wenn er sich darum bemüht hätte.« Die Staatsanwaltschaft listete akribisch auf, welche Aktenteile Schmidt-Leichner wann zur Einsicht zur Verfügung gestellt wurden und fuhr schließlich fort, dass »nicht bekannt (sei), dass Rechtsanwalt Dr. Schmidt-Leichner sich zu irgendeinem Zeitpunkt während der Voruntersuchung um Akteneinsicht bemüht hat. Jedenfalls hatte er ausreichend Gelegenheit, sich (...) mit dem Prozessstoff vertraut zu machen.« Zudem betonte die Staatsanwaltschaft, dass »erwartet werden (darf), dass die Verteidiger ihre Zusammenarbeit so koordinieren, dass weitere Exemplare der Fotokopien nicht mehr erforderlich sind.« Die Staatsanwaltschaft betrachtete daher den erneuten Antrag von Schmidt-Leichner vom 27. September 1962 als unbegründet.[261]

Am 12. Oktober 1962 beantragte schließlich auch Rechtsanwalt Schindler eine Fristverlängerung bis zum 28. Februar 1963. Dass die Verteidigung schon seit einiger Zeit im Besitz einiger Akten und der Aktennotiz vom Januar 1961 war, betrachtete er dabei als »unbeachtlich«, obwohl er erklärte, dass »(d)ie Anklageschrift (...) zwar ersichtlich die gleiche Tendenz« verfolge. Daneben wies Schindler auf den außergewöhnlichen Charakter der NS-Verfahren hin, die im Unterschied zu gewöhnlichen Strafsachen eine umfangreiche historische Materialsammlung bedeuteten, indem er darauf hinwies, dass »kein Rechtsanwalt in der Lage sein wird, neben der Erfüllung seiner sonstigen Verpflichtungen innerhalb der von der Strafkammer gesetzten Frist die zur Verfügung gestellten Unterlagen überhaupt nur lesen zu können.«[262]

Am 16. Oktober verlängerte der Vorsitzende des Landgerichts die Frist für die Erklärung auf die Anklageschrift für die Verteidigung bis zum 15. November 1962. Der Vorsitzende machte die Verteidigung darauf aufmerksam, dass

260 RA Schmidt-Leichner am 27.9.1962 an das LG. HStA, Abt. 631, Nr. 42. Bl. 8164f.

261 StA Zinnall am 10.10.1962 an das LG. HStA, Abt. 631, Nr. 42. Bl. 8160ff.

262 RA Schindler am 12.10.1962 an das LG. HStA, Abt. 631, Nr. 42. Bl. 8176ff.

»(d)amit (...) die der Verteidigung gewährte Erklärungsfrist den gleichen Zeitraum (umfasste), welcher der Staatsanwaltschaft vom Schluss der Voruntersuchung bis zur Anklageerhebung zur Verfügung gestanden hat (...).« Einen erneuten Antrag der Verteidigung wies er bereits im Vorfeld zurück: »Eine Verlängerung der Erklärungsfrist über den 15. November 1962 hinaus muss ich ablehnen.«[263] Und dennoch, einen Tag vor Ablauf der Erklärungsfrist, am 14. November 1962 beantragte Schmidt-Leichner bei dem Landgericht wieder eine Verlängerung der Erklärungsfrist auf die Anklageschrift »zunächst bis 15.2.1963«, da ihm die Ablichtungen der Akten nicht vorlägen.[264] Auch Rechtsanwalt Schindler hatte dem Landgericht bereits am 22. Oktober 1962 mitgeteilt, dass die »Einhaltung der Erklärungsfrist (...) bis zum 15. November 1962 (...) nicht möglich« sei. Den Hinweis des Gerichts auf die Zeit, die der Staatsanwaltschaft zur Verfügung gestanden habe, betrachtete er jetzt, und obwohl er einst das selbe Argument ins Spiel gebracht hatte, als »keine Rechtfertigung für die Setzung unangemessener Fristen«. Schindler begründete den erneuten Antrag mit der Einlassung, die Verteidigung sei »naturgemäß (noch) mit anderen Aufgaben, im Gegensatz zu den sachbearbeitenden Staatsanwälten, betraut.« Zudem drohte er mit der Niederlegung der Mandate.[265]

Die Staatsanwaltschaft teilte dem Landgericht Anfang November mit, dass sie Anträge auf weitere Fristverlängerungen für »so offenkundig unbegründet (hielt), dass es dazu keiner weiteren Ausführungen bedarf« und bat das Gericht vielmehr »über die Eröffnung des Hauptverfahrens nunmehr zu ent-scheiden.«[266]

Als die Staatsanwälte einige Tage später mit Generalstaatsanwalt Bauer zusammensaßen, um die Rechtsauffassung der Staatsanwaltschaft in verschiedenen NS-Verfahren zu diskutieren, sprach Bauer auch die Strategie der Verteidigung in den Prozessen an, wonach »zu beobachten sei, dass von Seiten der Verteidigung durch prozessuale Argumente der eigentliche Sinn dieser Prozesse verschleiert würde.«[267]

Einige Tage später, am 12. November 1962, wandte sich Fritz Bauer schließlich mit einer Presseerklärung und einer *Richtigstellung (...) über eine Gefährdung des Prozessbeginns in der Strafsache gegen Prof. Dr. Heyde u.A.* an die Öffentlichkeit. Darin stellte er fest, dass »die Behauptung, die Staatsanwaltschaft habe

263 Verf. vom Vorsitzenden des LG am 16.10.1962. HStA, Abt. 631, Nr. 42. Bl. 8202.

264 RA Schmidt-Leichner am 12.12.1962 an das LG. HStA, Abt. 631, Nr. 43. Bl. 8336.

265 RA Schindler am 22.10.1962 an das LG Limburg/Lahn. HStA, Abt. 631, Nr. 42. Bl. 8234f.

266 StA Zinnall am 5.11.1962 an das LG Limburg/Lahn. HStA, Abt. 631, Nr. 42. Bl. 8241ff.

267 Vermerk über die Besprechung der altpolitischen Dezernenten der Staatsanwaltschaft bei dem Oberlandesgericht und der Staatsanwaltschaft Frankfurt/M. und Wiesbaden am 7.11.1962 bei Herrn Generalstaatsanwalt Dr. Bauer. HStA, Abt. 631a, Nr. 131. zu Bl. 4990ff.

sich dagegen gewehrt, Rechtsanwalt Dr. Schmidt-Leichner Akteneinsicht zu gewähren« unrichtig sei.[268] Spätestens seit diesem Zeitpunkt konterkarierte die Strategie der Verteidigung die von Fritz Bauer und der Frankfurter Staatsanwaltschaft intendierte juristische Aufklärung der NS-Verbrechen, denn das Interesse der Öffentlichkeit richtete sich nunmehr auf die Verzögerungen des Verfahrens und weniger auf den Komplex der nationalsozialistischen »Euthanasie«. Nina Grunenberg schrieb später:

»Über die hunderttausend Toten wurde (...) kaum gesprochen. Obwohl die Anklageschrift seit dem 22. Mai 1962 fertig auf dem Tisch liegt, wurde der Prozesstermin fast zwei Jahre lang hinausgezögert. Statt dessen erregten der Fall Heyde/Sawade und jene Affären öffentliches Aufsehen, die sich um den Prozess ringelten wie Nattern, deren Nest man aufgedeckt hat.«[269]

Am 6. Dezember 1962 teilte das Landgericht Rechtsanwalt Schmidt-Leichner mit, dass eine weitere Verlängerung der Erklärungsfrist über den 20. Dezember 1962 hinaus nicht erfolgen könne. Zudem ermahnte das Gericht Schmidt-Leichner, dass er sich mit dem zweiten Verteidiger verständigen müsse, und erinnerte, dass die Akten bei der Geschäftsstelle des Landgerichts Limburg sowie im Tresorraum der Kreissparkasse in Limburg hinterlegt seien und dort während der Dienststunden zur Einsicht zur Verfügung stünden.[270] Schmidt-Leichner war empört. Die Ablichtung der Akten lägen ihm, so schrieb er eine Woche später, »bis heute nicht vor(...)«. Die Bedingungen, unter denen ihm das Gericht die Akteneinsichtnahme ermöglichte, hielt er weiterhin für völlig unangemessen:

»Der wiederholte Hinweis, dass mir die Akten bei der Geschäftstelle des Landgerichts Limburg während der Dienststunden zur Einsicht zur Verfügung stünden, kann mich im Interesse einer sachgerechten Verteidigung nicht veranlassen oder gar zwingen, die ungewöhnlich umfangreichen Akten noch dazu während der Dienststunden in Limburg einzusehen.«[271]

Am 15. Januar 1963 erklärte Schmidt-Leichner gegenüber dem Landgericht, dass die Frist zur Erklärung nun zwar abgelaufen, eine Einsicht aber nicht erfolgt sei. Er schrieb:

»(M)ir sind diese Unterlagen von keiner Seite zur Verfügung gestellt worden. Sofern (...) demnächst eine ›Eröffnung des Hauptverfahrens‹ erfolgen sollte, ist die Verteidigung (d.h. mir) insoweit ›rechtliches Gehör‹ nicht gewährt worden.«[272]

268 Presseerklärung von Fritz Bauer am 12.11.1962. HStA, Abt. 631a, Nr. 130. Bl. 4945ff.
269 Nina Grunenberg: Der merkwürdige Fall Heyde. FuR, H. 3, 1964. S. 25.
270 Brief LG vom 6.12.1962 an Schmidt-Leichner. HStA, Abt. 631, Nr. 43. Bl. 8330.
271 Brief Schmidt-Leichner vom 12.12.1962 an das LG. HStA, Abt. 631, Nr. 43. Bl. 8336ff.
272 RA Schmidt-Leichner am 15.1.1963 an das LG. HStA, Abt. 631a, Nr. 44. Bl. 8428.

Schmidt-Leichner scheute vor dieser Argumentation nicht zurück, obwohl ihm die Akten zur Verfügung standen und ihm also rechtliches Gehör durchaus gewährt wurde. Am 24. Januar 1963 eröffnete das Landgericht dennoch das Verfahren in der Strafsache gegen Heyde u.a.. In dem Eröffnungsbeschluss wird Heyde beschuldigt,

»von 1939 bis zum Beginn des Jahres 1942 in Hadamar, Bernburg, Brandenburg, Grafeneck, Hartheim, Sonnenstein, Dachau und an anderen Orten Deutschlands sowie in den von der deutschen Wehrmacht besetzten Ortsgebieten gemeinschaftlich mit anderen, darunter zum Teil mit den Angeschuldigten Dr. Bohne (...), heimtückisch, grausam – teilweise auch aus niederen Beweggründen – und mit Überlegung mindestens 100.000 Menschen getötet zu haben, indem er als sogenannter ›Obergutachter‹ und ab Sommer 1940 auch als Leiter der Tarnorganisation ›T4‹ unter der Tarnbezeichnung ›Aktion T4‹ und ›Sonderbehandlung 14f13‹ Heilanstaltsinsassen und Konzentrationslagerhäftlinge töten ließ (...).«[273]

Das Landgericht teilte der Generalstaatsanwaltschaft mit, dass beabsichtigt ist, »die Hauptverhandlung vor dem Schwurgericht am 28. März 1963 beginnen zu lassen.«[274]

Das Verfahren gegen Heyde u.a. schien nun endlich in Gang zu kommen. Im Juni 1963 kündigte auch die Verteidigung an, »zahlreiche Beweisanträge« vorzulegen[275], und die Generalstaatsanwaltschaft bat die Rechtsanwälte jene Anträge »alsbald zu stellen, um der Gefahr vorzubeugen, dass der Beginn der Hauptverhandlung sich weiterhin verzögert.«[276] Am 24. Juli 1963 lud der Landgerichtsdirektor die am Prozess beteiligten Parteien dann zu einer »möglichst baldige(n) mündliche(n) Erörterung der Verfahrenslage« ein. Er schrieb an die Prozessparteien:

»(I)ch (halte) diese Unterredung nicht zuletzt wegen der Besprechung der technischen Möglichkeiten der Überlassung weiteren Aktenmaterials und des Beginns der Hauptverhandlung für wesentlich (...), den ich (...) spätestens für Mitte bis Ende Oktober des Jahres ins Auge gefasst habe. Zu dieser Aussprache, die ich sehr begrüßen würde, stehe ich jederzeit, am

---

273 Beschluss LG vom 24.1.1963. HStA, Abt. 631a, Nr. 132. Bl. 5133f.

274 So der Lgdir vom LG Limburg/Lahn am 25.1.1963 an Fritz Bauer. HStA, Abt. 631a, Nr. 132. Bl. 5132.

275 RA Seidl kündigte die Beweisanträge gegenüber dem LG an. Vgl. Notiz des Lgdir vom 28.6.1963. HStA, Abt. 631, Nr. 64. Bl. 8729. Nachdem Schmidt-Leichner durch Beschluss des 2. Strafsenats des OLG Frankfurt a.M. vom 15.3.1963 als Verteidiger ausgeschlossen worden war, weil er als Zeuge im Verfahren aussagen sollte, hatte der in München tätige Rechtsanwalt Dr. Alfred Seidel, der bereits als Verteidiger im Nürnberger Ärzteprozess aufgetreten war, an seiner Stelle die Verteidigung von Heyde übernommen. Im Juli 1963 kehrte Schmidt-Leichner als Verteidiger von Heyde zurück in das Verfahren. Vgl. dazu HStA, Abt. 631, Nr. 64. Bl. 8607ff u. HStA, Abt. 631, Nr. 65. Bl. 8839ff.

276 Vgl. Notiz in: HStA, Abt. 631a, Nr. 64. Bl. 8729 und 8736.

zweckmäßigsten im Laufe der nächsten Woche, auf meinem Dienstzimmer Nr. 37 im 1. Stock des hiesigen Landgerichtsgebäudes zu Ihrer Verfügung.«[277]

Statt allerdings die Besprechung im Gericht wahrzunehmen, teilte Schmidt-Leichner am 30. Juli mit, die Akten zur Vorbereitung der Hauptverhandlung seien ihm noch immer nicht »von (s)einem (...) Kollegen RA. Dr. Schindler (...) zugegangen«. Dieser sei im Urlaub und er könne »nicht übersehen, ob und wann Herr Kollege Dr. Schindler (...) die bisher nur ihm zugänglich gemachten Fotokopien der Akten zur Verfügung stellen kann.« Zudem wies Schmidt-Leichner darauf hin, dass er bis Ende August nicht in Frankfurt sei, da er gemeinsam mit Sen.-Präs Sarstedt vom BGH einen Kurs des Deutschen Anwaltsvereins leite. Erst Anfang September könne deshalb seinerseits die Vorbereitung für das Verfahren beginnen. Auch eine Erörterung der Verfahrenslage könne erst nach seiner Rückkehr stattfinden.[278] Verärgert angesichts der erneuten Verzögerung ging der Landgerichtsdirektor den Ereignissen nach. Ende Juli 1963 schrieb er an Schmidt-Leichner:

»Da ich das Büro von Herrn Rechtsanwalt Dr. Schindler bereits am 24.7.1963 gebeten hatte, Ihnen umgehend die Ablichtungen der Akten zugänglich zu machen, habe ich heute dort angerufen, um festzustellen, ob dieser Bitte entsprochen worden ist. Rechtsanwalt Buschle als amtlicher Vertreter des in Urlaub befindlichen Rechtsanwalts Dr. Schindler teilte mir daraufhin mit, dass er heute morgen vergeblich versucht habe, Ihnen sämtliche bisher bei Rechtsanwalt Dr. Schindler befindlichen Aktenablichtungen auszuhändigen. Unter diesen Umständen geht das Gericht für die Bemessung der für Sie noch erforderlichen Vorbereitungszeit davon aus, dass Sie mit dem heutigen Tage in die Lage versetzt waren, die Fotokopien der Akten auf Ihrem Büro einzusehen.«

Noch einmal regte der Landgerichtsdirektor eine mündliche Besprechung an.[279] In einem Vermerk protokollierte er zudem das Telefongespräch mit Rechtsanwalt Buschle, der erklärt habe er sei

»heute morgen um 9 Uhr mit seinem PKW unter Mitnahme sämtlicher auf dem Büro des Rechtsanwaltes Dr. Schindler befindlicher Aktenablichtungen bei dem Büro des Rechtsanwalts Dr. Schmidt-Leichner vorgefahren, um diesem die Akten auszuhändigen. RA. Dr. Schmidt-Leichner habe jedoch zu seiner Überraschung die Übernahme der Akten abgelehnt, da er dieselben zur Zeit nicht gebrauchen könne. Er (...) fahre in den nächsten Tagen in Urlaub, aus dem er erst am 1.9.1963 zurückkehre. Alsdann müsse er zunächst eine Besprechung mit Herrn RA. Dr. Schindler durchführen, um anschließend die Akten übernehmen zu können. (...) Buschle sei daraufhin unverrichteter Sache mit den Aktenablichtungen wieder in das Büro des Rechtsanwaltes Dr. Schindler zurückgefahren.«

277 Lgdir an Schmidt-Leichner am 24.7.1963. HStA, Abt. 631a, Nr. 88. Bl. 162.
278 Schmidt-Leichner am 30.7.1963. an das LG. HStA, Abt. 631a, Nr. 65. Bl. 8875.
279 Lgdir an Schmidt-Leichner am 1.8.1963. HStA, Abt. 631a, Nr. 65. Bl. 8881.

Der Landgerichtsdirektor vermerkte, dass das »dargestellte Verhalten des Rechtsanwaltes Dr. Schmidt-Leichner (...) in gewissem Gegensatz zu den schriftsätzlichen Ausführungen steht«.[280] Anfang August 1963 reagierte Schmidt-Leichner:

»Ich kann nicht verstehen, wie das ›Gericht‹ für die Bemessung der für mich noch erforderlichen Vorbereitungszeit davon ausgeht, dass ich mit dem 1.8.1963 in die Lage versetzt worden bin, die Fotokopien der Akten auf meinem Büro einzusehen. Ich werde nach meiner Rückkehr, sobald es geht, mit der Einsicht der Akten beginnen und von mir dem Gericht mitteilen, welche Frist ich angesichts des Umfangs und der Bedeutung der Sache zur ausreichenden Vorbereitung benötige. (...) Die von dem Herrn Vorsitzenden angeregte mündliche Erörterung der Verfahrenslage soll nach meiner Rückkehr (...) stattfinden.«[281]

Am 6. September 1963, wiederum mehr als vier Wochen später, erwähnte der Landgerichtsdirektor gegenüber Rechtsanwalt Schindler, »dass die (...) angeregte mündliche Erörterung der Verfahrenslage mit Herrn Rechtsanwalt Schmidt-Leichner bis jetzt noch nicht stattgefunden hat.«[282] Und Ende September 1963 betonte der Landgerichtsdirektor in einem weiteren Brief an Schindler noch einmal die Dringlichkeit des Gesprächs. Wegen der anstehenden Eröffnung der Hauptverhandlung hielt er es »für zweckmäßig und geboten, dass die mündliche Erörterung der Verfahrenslage mit Herrn Rechtsanwalt Dr. Schmidt-Leichner tunlichst noch in diesem Monat stattfindet.«[283] Drei Tage später teilte Schmidt-Leichner dem Landgericht mit, dass er einem Beginn der Hauptverhandlung in absehbarer Zeit unter keinen Umständen zustimmen werde:

»Unter Bezugnahme auf meine früheren Eingaben erkläre ich erneut und mache hiermit aktenkundig, dass die notwendige Vorbereitung der Verteidigung auf eine Hauptverhandlung keineswegs abgeschlossen ist und dass die Terminsbestimmung in Kenntnis dieser Tatsache erfolgen soll. Ich erkläre erneut, dass ich vor Anfang nächsten Jahres als Verteidiger nicht hinreichend auf die Hauptverhandlung vorbereitet bin, dass ich Ende diesen Jahres den Stand der Vorarbeiten mitteilen werde und ausdrücklich bitte, vorerst keinen Termin zu bestimmen.«

Von einer Besprechung nahm der Rechtsanwalt gleichzeitig Abstand, indem er mitteilte,

»(e)ine mündliche Erörterung der Verfahrenslage mit dem Herrn Vorsitzenden ist von mir zu keiner Zeit angeregt worden. Nachdem mir (...) mitgeteilt worden ist, dass Hauptverhandlung ›in naher Zukunft‹ anberaumt werden soll, bedauere ich (...) erklären zu müssen,

280 Vermerk des Lgdir vom 1.8.1963. HStA, Abt. 631a, Nr. 65. Bl. 8879f

281 RA Schmidt-Leichner am 2.8.1963. HStA, Abt. 631a, Nr. 65. Bl. 8897.

282 Lgdir am 6.9.1963 an RA Schindler. HStA, Abt. 631a, Nr. 65. Bl. 9044.

283 Lgdir am 20.9.1963 an RA Schindler. HStA, Abt. 631a, Nr. 66. Bl. 9106.

dass ich an mündlichen Vorbesprechungen der Verfahrenslage vor der Haupt-verhandlung nicht teilnehmen werde.«[284]

Dass die Verteidigung entgegen früherer Äußerungen an einer Besprechung und Abstimmung der am Prozess beteiligten Parteien im Vorfeld der Hauptverhandlung kein Interesse zeigte, nahm der Landgerichtsdirektor nun nur noch mit »(B)efremden« zur Kenntnis.[285] Heyde war in der Zwischenzeit in die Strafanstalt Butzbach verlegt worden, nachdem die Staatsanwaltschaft dem Landgericht ihre »ernsthafte Besorgnis für die fluchtsichere Unterbringung dieses Untersuchungsgefangenen« mitgeteilt hatte.[286] Wegen »verstärkte(r) Selbstmordgefahr« ordnete das Landgericht noch im September 1963 außerdem »besondere Sicherungsmaßnahmen« für den Untersuchungsgefangenen Heyde an.[287] Anfang Dezember forderte das Landgericht bei der Strafanstalt dann schließlich einen Bericht wegen der »erhöhten Suizid-Gefahr« Heydes an, woraufhin der Direktor der Strafanstalt Butzbach mitteilte, dass er die Maßnahmen zur Sicherheit von Heyde als ausreichend einschätzte und er insbesondere die von der Staatsanwaltschaft angeregte »Fesselung« nicht beantragen wird.[288]

Laut einer Aktennotiz vom 14. November 1963 umfasste das Aktenmaterial in der Angelegenheit Heyde mittlerweile 100.000 Blatt[289], alle Termine, die Staatsanwaltschaft und Gericht für den Beginn der Hauptverhandlung angedacht hatten, waren hinfällig geworden. Dass sich die Situation für den in Haft befindlichen Heyde zuspitzte, bewirkte allerdings keine Beschleunigung des Verfahrens. Im Gegenteil: Am 13. November 1963 hatte Schmidt-Leichner sich »verpflichtet« gefühlt, »das Schwurgericht darauf hinzuweisen, dass durch die neuerlichen angeblichen Fluchtversuche von Professor Dr. Heyde und die Pflicht der Verteidigung, die merkwürdigen Zusammenhänge aufzuklären, eine erneute Verzögerung in der Vorbereitung zur Hauptverhandlung eingetreten ist (...).«[290] Das Landgericht gab nun das Vorhaben auf, die Hauptverhandlung noch im Jahr 1963 beginnen zu lassen.[291] Kurz vor Weihnachten machte der Landgerichtsdirektor einen neuen Zeitplan für den weiteren Verlauf des Verfahrens, nun plante er den Beginn der Hauptverhandlung für Mitte Februar

284 RA Schmidt-Leichner am 23.9.1963 an das LG. HStA, Abt. 631a, Nr. 66. Bl. 9125f.

285 Lgdir am 30.9.1063 an RA Schmidt-Leichner. HStA, Abt. 631a, Nr. 66. Bl. 9147

286 Beschluss des LG vom 1.9.1963. HStA, Abt. 631a, Nr. 65. Bl. 8986.

287 HStA, Abt. 631a, Nr. 66. Bl. 9130.

288 Der Direktor der Strafanstalt in einem Brief vom 10.12.1963. HStA, Abt. 631a, Nr. 67. Bl. 9342.

289 Aktennotiz vom 14.11.1963. HStA, Abt. 631a, Nr. 66. Bl. 9269.

290 RA Schmidt-Leichner am 13.11.1963 an das LG. HStA, Abt. 631a, Nr. 66. Bl. 9278ff.

291 Aktennotiz über die Nichtdurchführbarkeit der Hauptverhandlung vom 19.11.1963 durch den Lgdir. HStA, Abt. 631a, Nr. 66. Bl. 9293.

1964.[292] Noch am 23. Dezember 1963 teilte Schmidt-Leichner allerdings mit, dass ein »sachgemäßes Auftreten« der Verteidigung vor Gericht »vor Mitte März 1964 unmöglich ist«, da die Rechtsanwälte nun mit den neuerlichen Ereignissen – im Zusammenhang mit der Selbstmordgefahr ihres Mandanten – beschäftigt seien.[293] Am 10. Januar 1964 war es dann aber soweit: Das Landgericht terminierte den Beginn der Hauptverhandlung auf den 18. Februar 1964. Um 10 Uhr sollte die Verhandlung gegen Heyde u.a. im Schwurgerichtssaal des Landesgerichtsgebäudes in Limburg/Lahn beginnen, vier weitere Termine wurden für Februar anberaumt, und ab Anfang März 1964 plante das Gericht an jedem Montag, Dienstag und Mittwoch zu verhandeln. Das Gericht verschickte entsprechende Einladungen an alle Prozessbeteiligten, lud die Geschworenen ein und informierte den Angeklagten.[294]

Auch diesmal erhob Rechtsanwalt Schmidt-Leichner Einspruch. Ende Januar 1964 »bedauer(t)e« er »mitteilen zu müssen, (...) für den Fall der Aufrechterhaltung des Termins (...) (s)eine Verteidigung niederzulegen.« Neben den bereits bekannten Argumenten gab Schmidt-Leichner als Grund an, dass sein Mitverteidiger Schindler im Zusammenhang mit den Fluchtplänen ihres Mandanten noch unter »Verdacht einer Begünstigung« steht.[295] Bereits im November 1963 hatte jedoch die Generalstaatsanwaltschaft mitgeteilt, dass »wegen versuchter Gefangenenbefreiung« lediglich »Ermittlungen gegen ›Unbekannt‹ aufgenommen worden« waren. Gegen Schindler war kein Ermittlungsverfahren eingeleitet worden.[296] Diesmal allerdings wehrte das Gericht den erneuten Aufschub der Eröffnung des Prozesses ab. Der Verteidigung wurde mitgeteilt, »dass sich ein weiteres Hinauszögern des Beginns der Hauptverhandlung (...) bei einer über vier Jahre währenden Haftsache mit der Sicherstellung einer zügigen Erledigung des Verfahrens nicht länger vereinbaren lässt.«[297] Auch seitens der Generalstaatsanwalt bestanden »gegen das Auftreten von Rechtsanwalt Dr. Schindler (...) als Verteidiger (...) keinerlei Bedenken«. Und Bauer wies darauf hin, dass die Angelegenheit bereits am 21. Januar 1964, also einige Tage vor dem Schreiben von Schmidt-Leichner, in »persönlicher Rücksprache« geklärt worden war.[298]

292 Vgl. Notiz des LG vom 20.12.1963. HStA, Abt. 631a, Nr. 67. Bl. 9365.

293 RA Schmidt-Leichner am 23.12.1963 an das LG. HStA, Abt. 631a, Nr. 67. Bl. 9370.

294 Vgl. die diversen Schriftstücke an die Prozessbeteiligten in: HStA, Abt. 631a, Nr. 67. Bl. 9392ff.

295 RA Schmidt-Leichner am 24.1.1964 an das LG. HStA, Abt. 631a, Nr. 67. Bl. 9465.

296 Laut Mitteilung der GStaA vom 1.11.1963. HStA, Abt. 631a, Nr. 66. Bl. 9230.

297 LG am 28.1.1964 an RA Schmidt-Leichner. HStA, Abt. 631a, Nr. 67. Bl. 9472.

298 Bauer am 27.1.1964 an das LG. HStA, Abt. 631a, Nr. 67. Bl. 9478.

Am 30. Januar 1964 vermerkte der Landgerichtsdirektor schließlich in einer Aktennotiz, Schmidt-Leichner habe telefonisch mitgeteilt, dass nun seitens der Verteidigung gegen den Beginn der Hauptverhandlung »keine Einwände mehr erhoben werden«.[299] Nachdem die Anklageschrift der Staatsanwaltschaft über 20 Monate vorlag, schien der Eröffnung der Verhandlung gegen Heyde u.a. jetzt tatsächlich nichts mehr im Weg zu stehen.

Am 17. Februar, am Tag vor dem Beginn der Hauptverhandlung, sollte Heyde laut Anordnung des Landgerichts von Butzbach nach Limburg verlegt werden.[300] Sechs Tage vor dem Beginn der Hauptverhandlung stieg allerdings die Nervosität bei der Staatsanwaltschaft dann noch einmal merklich. Das Landgericht vermerkte in den Akten, dass Friedrich Tillmann »nach telegrafischer Mitteilung des Polizei-Präsidiums in Köln (...) an den Folgen eines angeblichen Unfalls verstorben ist.«[301] Tillmann war im Juli 1960 festgenommen worden, und im März 1963 hatte die Staatsanwaltschaft das Verfahren gegen ihn mit dem Heyde-Verfahren verbunden.[302] Der Leiter der Heimstatt St. Barbara in Castorp-Rauxel war im Rahmen der »Euthanasie« u.a. als Leiter der Büroabteilung der Zentraldienststelle T4 tätig gewesen, einmal im Monat hatte er in einer der Vergasungsanstalten eine Büroleitertagung abgehalten.[303] Tillmann war am 12. Februar 1964 aus dem Fenster eines Kölner Hochhauses gestürzt.[304] Noch am gleichen Tag vermerkte das Landgericht in den Akten, dass der Oberstaatsanwalt sofort gebeten wurde, den Leiter der Strafanstalt in Butzbach »über diesen Sachverhalt in Kenntnis zu setzen, da (...) wegen der möglichen Strahlwirkung erhöhte Wachsamkeit bei Dr. Heyde geboten sei.«[305]

Obwohl der Leiter der Strafanstalt noch am selben Nachmittag die erhöhte Überwachung von Heyde zugesagt hatte, musste Generalstaatsanwalt Fritz Bauer am nächsten Vormittag, laut Aktenvermerk um 10.50 Uhr, dem Landgericht mitteilen, dass Heyde sich »soeben in seiner Einzelzelle in der Strafanstalt Butzbach erhängt habe und verstorben sei.«[306]

---

299 Aktennotiz des Lgdir vom 30.1.1964. HStA, Abt. 631a, Nr. 67. Bl. 9483.

300 Vgl. Anordnung des Lgdir vom 6.2.1964. HStA, Abt. 631a, Nr. 68. Bl. 9512.

301 Vermerk des LG vom 12.2.1964. HStA, Abt. 631a, Nr. 68. Bl. 9541. (Hervorh. durch Unterstreichung im Orig.)

302 Vgl. Ernst Klee: Was sie taten – Was sie wurden. Ärzte, Juristen und andere Beteiligte am Kranken- oder Judenmord. Frankfurt a.M. 1992. S. 42.

303 Vgl. Ernst Klee, a.a.O. S. 35f.

304 Vgl. Ernst Klee, a.a.O. S. 47f.

305 Vermerk des LG vom 12.2.1964. HStA, Abt. 631a, Nr. 68. Bl. 9542.

306 Aktenvermerk vom 13.2.1964. HStA, Abt. 631a, Nr. 68. Bl. 9558. Die Vorgänge im Zusammenhang mit dem Selbstmord von Heyde hat Ernst Klee rekonstruiert: Ernst Klee: Was sie taten – Was sie wurden. Ärzte, Juristen und andere Beteiligte am Kranken- oder Judenmord. Frankfurt a.M. 1992. S. 45ff.

Nach dem Tod Heydes gab Fritz Bauer erneut eine Pressekonferenz. Seine Erklärung, »er habe den Verdacht, dass unter den Angeklagten ›die stillschweigende Übereinkunft‹ bestanden habe, den Prozess nicht stattfinden zu lassen«[307], sorgte für Aufsehen. Gegenüber dem Justizminister musste er daraufhin die Vorgänge schildern und zu seiner Behauptung Stellung nehmen. Bauer teilte dem Minister mit, dass er bereits Mitte Oktober 1963 eine Unterredung mit Rechtsanwalt Schindler gehabt habe und er seinem damals verfassten Gedächtnisprotokoll entnehmen könne, dass Schindler »mehrfach jedenfalls dem Sinn nach erklärt (habe), der Prozess findet nicht statt.« Auch gegenüber einem seiner Staatsanwälte habe Schindler geäußert, »die beste Lösung wäre es, wenn Heyde den Prozess verhindern würde. Die (...) Äusserung ›Der Prozess werde nie stattfinden‹ ist also zumindest dem Sinn nach von Rechtsanwalt Dr. Schindler so wie veröffentlicht gemacht worden.«[308]

Bereits in einem Gespräch mit dem NDR hatte Fritz Bauer im August 1963 über die »Verzögerungstaktik« der Verteidigung im Fall Heyde gesprochen. Auf die Frage, wann mit den Prozessen zu rechnen sei, hatte Fritz Bauer geantwortet:

»Ganz allgemein kann gesagt werden, dass die Verteidigung – und wir haben mit vielen Verteidigern zu tun – offenbar nicht sehr daran interessiert ist, die Prozesse zu beschleunigen. Die Begründung für die Verzögerungstaktik ist – jedenfalls mir – ziemlich unbekannt. Die Angeklagten sitzen. Aber die Verteidigung nimmt bislang wenig Rücksicht auf die Tatsache, dass die Angeklagten in Untersuchungshaft sind.«[309]

Am 18. Februar 1964 begann schließlich in Limburg das Verfahren gegen Heyde u.a.. Nachdem das Gericht im März 1963 beschlossen hatte, den Angeklagten Bohne aus gesundheitlichen Gründen aus der Haft zu entlassen und Bohne nach Argentinien geflohen war[310], nachdem sich Heyde und Tillmann durch Selbstmord dem Verfahren entzogen hatten, musste sich nun nur noch

307 Euthanasie-Heyde hat Selbstmord verübt. FuR, H. 3, 1964. S. 24. Vgl. auch den Bericht über das Ende des Verfahrens und die öffentliche Stellungnahme von Bauer: NS-Verbrechen – Euthanasie – Handvoll Asche. Der Spiegel vom 19.2.1964. S. 28ff.

308 Fritz Bauer am 3.4.1964 an den HMdJ. HStA, Abt. 631a, Nr. 108. Bl. 289f.

309 Fritz Bauer: Zu den Naziverbrecher-Prozessen. Interview mit Fritz Bauer. SdG, H. 18, 1963. S. 563.

310 Vgl. Ernst Klee, a.a. O. S. 44. Das Verfahren gegen Bohne wurde später mit dem Verfahren gegen Dietrich Allers, Reinhold Vorberg und Gustav Adolf Kaufmann verbunden. Der Prozess begann am 25.4.1967, Bohne wurde allerdings im Verlauf der Verhandlung für verhandlungsunfähig erklärt. Vgl. Helmut Kramer: »Gerichtstag halten über uns selbst«. Das Verfahren Fritz Bauers zur Beteiligung der Justiz am Anstaltsmord. In: Hanno Loewy, Bettina Winter (Hg.): NS-»Euthanasie« vor Gericht. Frankfurt a.M., New York 1996. S. 119. Vgl. auch Peter Brokmeier: Die Vorstufe der Endlösung. Zum Frankfurter Euthanasie-Prozess 1967/68. Gewerkschaftliche Monatshefte, H. 1, 1970. S. 28ff.

Hans Hefelmann im Verfahren gegen Heyde u.a. wegen Beteiligung an der nationalsozialistischen »Euthanasie« vor Gericht verantworten. Nina Grunenberg kommentierte den Auftakt des Verfahrens in *Freiheit und Recht*:

»Der erste floh, der zweite fiel aus dem Fenster, der dritte hängte sich an einem Heizungsrohr auf: Der ›Euthanasie‹-Prozess hatte – bis auf eine Ausnahme – keine Angeklagten mehr, als er vor dem Schwurgericht in Limburg eröffnet wurde.«[311]

Und *Der Spiegel* bilanzierte, dieser Prozess sollte

»(z)usammen mit dem ebenfalls von Bauer vorbereiteten Auschwitz-Prozess (...) als deutsches Gegenstück zu den alliierten Kriegsverbrecher-Tribunalen von Nürnberg und dem israelischen Eichmann-Verfahren in die Geschichte eingehen. Sieben Monate waren für die Verhandlung vorgesehen; 84 000 Seiten Gerichtsprotokolle, NS-Akten und Zeugenaussagen zusammengestellt. Umsonst. (...) Der Gefangene (...) missachtete den Traum des Generalstaatsanwalts von der Erziehung des Menschengeschlechts durch Prozesse. Er hängte sich auf.«[312]

Hefelmann hatte sich am 30. August 1960 der Staatsanwaltschaft München I gestellt, und war aufgrund eines gegen ihn vorliegenden Haftbefehls festgenommen worden. Der Diplom-Landwirt war u.a. als Leiter des »Reichsausschusses zur wissenschaftlichen Erfassung erb- und anlage-bedingten schwerer Leiden« an der Planung und Organisation der »Euthanasie« beteiligt gewesen und als Leiter der Abteilung der Kanzlei des Führers hatte er die Erfassung und Tötung behinderter Säuglinge und Kinder organisiert.[313] Im Januar 1962 war das Verfahren gegen ihn mit dem in Frankfurt anhängigen Verfahren gegen Heyde verbunden worden.[314] Während die Anklage Hans Hefelmann beschuldigte, an der nationalsozialistischen »Euthanasie« und der Ermordung von 70.000 Erwachsenen und mindestens 3.000 Kindern beteiligt gewesen zu sein[315], lehnte der in München ansässige Rechtsanwalt Hans Moser, der die Verteidigung von Hefelmann übernommen hatte, eine Eröffnung des Verfahrens gegen seinen Mandanten mit der Begründung ab, Hefelmann habe nur »verwaltungsmäßig, automatisch und in nicht verantwortlicher Stellung an den (...) Maßnahmen mitwirken müssen« und »(d)ass Dr. Hefelmann nur ein kleines Rädchen in dem Gesamtapparat bildete, ist wohl nicht ernstlich zu bezweifeln.«[316] Das Verfahren gegen Hefelmann wurde schließlich im September

311 Nina Grunenberg: Der merkwürdige Fall Heyde. FuR, H. 3, 1964. S. 24.

312 NS-Verbrechen – Euthanasie – Handvoll Asche. Der Spiegel vom 19.2.1964. S. 28 u. S. 38.

313 Vgl. Ernst Klee, a.a.O. S. 38.

314 Vgl. Beschluss vom 4.1.1962. HStA, Abt. 631a, Nr. 125. Bl. 3763a-

315 Vgl. Ernst Klee, a.a.O. S. 42.

316 RA Hans Moser am 12.10.1962 in einer Stellungnahme zur Anklageschrift an das LG Limburg/Lahn. HStA, Abt. 631a, Nr. 130. Bl. 4869ff. (Hervorh. im Orig.)

1964 vorläufig eingestellt, und im Oktober 1972 erfolgte die endgültige Einstellung des Verfahrens durch das Limburger Landgericht, nachdem Hefelmann eine dauernde Verhandlungs-unfähigkeit attestiert worden war.[317]

3. Die Verantwortung von NS-Funktionseliten – Streitpunkt: Rechtspflicht zum Widerstand

Das Scheitern des Verfahrens gegen den ehemaligen »Euthanasie«-Arzt Werner Heyde, den Juristen Gerhard Bohne u.a. bedeutete auch das vorläufige Scheitern der den Prozessen zugrunde liegenden Konzeption, die nationalsozialistische »Euthanasie« als ein Verbrechen zu verurteilen, das nur durch die Zusammenarbeit der unmittelbar Tatbeteiligten mit den Organisatoren und den Juristen funktioniert hatte, die auf eine rechtliche Sanktionierung der »Euthanasie« im NS-Staat verzichtet hatten.

Dennoch beantragte Fritz Bauer am 22. April 1965 bei dem Landgericht Limburg/Lahn die Eröffnung der Voruntersuchung gegen die Generalstaatsanwälte und Oberlandesgerichtspräsidenten als Gehilfen der national-sozialistischen »Euthanasie«. Im Unterschied zu den an der »Euthanasie« unmittelbar tatbeteiligten Ärzten und Organisatoren beschuldigte Bauer die noch lebenden Teilnehmer der Berliner Konferenz, die im April 1941 von Schlegelberger, Heyde und Brack über die »Euthanasie« informiert und u.a. angewiesen worden waren, Strafanzeigen wegen der »Euthanasie« unbearbeitet an das Reichsjustizministerium weiterzuleiten, »Beihilfe zum Mord« begangen zu haben. Die 16 Beschuldigten[318], unter ihnen der ehemalige Staatssekretär Franz Schlegelberger, acht Oberlandesgerichtspräsidenten und fünf Generalstaatsanwälte, hätten, so heißt es in der Anschuldigungsschrift, den Tätern »durch Rat und Tat wissentlich Hilfe geleistet«. Durch die »widerspruchlose« Hinnahme der in Berlin von Schlegelberger gegebenen Informationen und Weisungen hätten die Beschuldigten die Täter »in ihrem Entschluss, die Tötungen fortzusetzen«, »bestärkt«.[319]

317 Ausführlich dazu Ernst Klee, a.a.O. S. 53f.

318 Durch Anträge vom 11.8.1966 und 17.7.1967 wurden vier weitere Beschuldigte einbezogen. Vgl. dazu auch Helmut Kramer: Oberlandesgerichtspräsidenten und Generalstaatsanwälte als Gehilfen der NS-»Euthanasie«. Selbstentlastung der Justiz für die Teilnahme am Anstaltsmord. KJ, H. 1, 1984. S. 25ff, bes. S. 33.

319 Anschuldigungsschrift Fritz Bauers vom 22.4.1965 in: Hanno Loewy, Bettina Winter (Hg.): NS-»Euthanasie« vor Gericht. Frankfurt a.M., New York 1996. S. 147.

Die Anklageschrift der Frankfurter Staatsanwaltschaft gegen die Generalstaatsanwälte und Oberlandesgerichtspräsidenten qualifizierte den ursächlichen und funktionalen Beitrag der Juristen zur Stabilisierung des systematischen Handlungszusammenhangs im NS-Unrechtsstaat als Tatbestand der »psychischen Beihilfe«. Die »strafrechtliche, konkret fassbare Mitverantwortung«[320] der Beschuldigten für die Ermordung der kranken Anstaltsinsassen im Rahmen der nationalsozialistischen »Euthanasie« bestand nach Fritz Bauer gemäß §§ 211 und 49 StGB in der Förderung der Haupttat durch das Verhalten der Beschuldigten. Das strafrechtlich relevante Kriterium für den Tatbestand der Beihilfe bestand demnach darin, dass die Beschuldigten durch ihr Schweigen die Taten der Täter nicht erschwert, sondern sie »in ihrem Entschluss, die Tötungen fortzusetzen« bestärkt hätten.[321] Fritz Bauer knüpfte damit ausdrücklich an die Rechtsprechung des BGH zur Beihilfe an, wonach diese u.a. darin besteht, dem Täter sein Verhalten zu erleichtern oder ihm eine Förderung seiner Tat zu signalisieren.[322]

Die Anschuldigungsschrift von Fritz Bauer stützte die strafrechtliche Qualifizierung der Tatbeiträge, wie die Anklage gegen Heyde u.a., auf objektive Kriterien und machte die tatsächlichen Funktionen der Beschuldigten im NS-System zur Grundlage, die alle als »hohe Repräsentanten der Justiz kraft ihrer Stellung und ihres Amtes« angesehen werden konnten.[323] Davon ausgehend konstatierte Fritz Bauer in der Anschuldigungsschrift eine »Rechtspflicht« für die Oberlandesgerichtspräsidenten und Generalstaatsanwälte zum passiven Widerstand.

> »(So) war von den versammelten Spitzen der deutschen Justiz zu erwarten, dass sie widersprachen, notfalls sogar erklärten, ihr Amt zur Verfügung zu stellen, um zu verhindern, dass sie durch ihr Stillschweigen zu Gehilfen tausendfachen Mordes wurden. Ihre Schuld wird darin erblickt, dass sie sich gleichwohl zu schweigenden und untätigen Mitwissern haben machen lassen.«[324]

Mehr als ein Jahrzehnt nach dem Braunschweiger Remer-Prozess und vor dem Hintergrund der sich in den späteren fünfziger und sechziger Jahren anschließenden Auseinandersetzungen um die Anerkennung des Rechts des Subjekts zum Widerstand gegen den NS-Unrechtsstaat, machte Fritz Bauer das Widerstandsrecht explizit zum Gegenstand eines juristischen Verfahrens. Im De-

---

320 Anschuldigungsschrift, a.a.O. S. 165.

321 Anschuldigungsschrift, a.a.O. S. 147.

322 Vgl. dazu Helmut Kramer: »Gerichtstag halten über uns selbst«. Das Verfahren Fritz Bauers zur Beteiligung der Justiz am Anstaltsmord. In: Hanno Loewy, Bettina Winter (Hg.): NS-»Euthanasie« vor Gericht. Frankfurt a.M., New York 1996. S. 102.

323 Anschuldigungsschrift, a.a.O. S. 165.

324 Ebd.

zember 1965, nachdem dem zuständigen Landgericht Limburg/Lahn die ersten kritischen Stellungnahmen der Verteidiger zur staatsanwaltlichen Anschuldigungsschrift vorlagen, erläuterte Fritz Bauer gegenüber dem Untersuchungsrichter die Funktion des Prozesses:

»In seinem Verlauf soll untersucht werden, ob hochgestellte Juristen aus der Zeit der nationalsozialistischen Herrschaft über Deutschland, die nicht an der Planung und unmittelbaren Durchführung eines Verbrechens der damaligen Machthaber beteiligt waren und die diesen Massnahmen möglicherweise innerlich ablehnend gegenübergestanden hatten, gleichwohl durch ihr Verhalten mitschuldig geworden sind. (...) Nicht nur einer der Haupttäter, der verstorbene Professor Dr. Heyde, beruft sich darauf, das Verhalten der Angeschuldigten sei ihm eine Stütze gewesen (...), auch zahlreiche in untergeordneter Stellung an der sogenannten Euthanasie usw. Beteiligte berufen sich heute auf dieses schweigende Mitwissen ›der Justiz‹.«

Dabei hob er hervor, dass die in der Anklage konstatierte »strafrechtlich fassbare konkrete Pflicht« als die »Hauptfrage« des ganzen Verfahrens zu betrachten sei. Und er fügte hinzu, dass es sich deshalb bei dem Verfahren gegen die Elite der Justiz »sicherlich um ein aussergewöhnliches Strafverfahren« handelt.[325]

Die obligatorische Voruntersuchung gegen die beschuldigten Juristen wurde allerdings erst eröffnet, nachdem das Landgericht dem Untersuchungsrichter Ende Januar 1967 eine entsprechende Anweisung erteilte.[326] Zuvor hatte der Untersuchungsrichter die Eröffnung der Voruntersuchung im September 1966 abgelehnt.[327] Dass er den Antrag der Staatsanwaltschaft ein Jahr und vier Monate lang nicht bearbeitet hatte, kam nach Helmut Kramer einem »Sabotageversuch« gleich.[328]

Der Untersuchungsrichter begründete den Beschluss, die Voruntersuchung nicht zu eröffnen, mit Verweis auf die juristisch nicht überzeugenden Argumentationslinien von Fritz Bauer, die zuvor auch schon die Rechts-anwälte der Beschuldigten als Schwachstellen der staatsanwaltschaftlichen Anschuldigungsschrift kritisiert hatten. So lehnte der Untersuchungsrichter ein Verfahren gegen Schlegelberger mit derselben Begründung ab, die bereits der schleswig-holsteinische Generalstaatsanwalt einige Jahre zuvor im Zusammenhang mit der Übernahme des Verfahrens gegen Heyde u.a. vorgebracht hatte. Danach stand die Verurteilung des Beschuldigten im Nürnberger Juristenprozess ge-

325 Fritz Bauer am 24.12.1965 in einem Schreiben an den Untersuchungsrichter am LG Limburg/Lahn. HStA, Abt. 631a, Nr. 1740. Bl. 15.

326 Beschluss des LG Limburg/Lahn vom 26.1.1967. HStA, Abt. 631a, Nr. 1740. Bl. 152ff.

327 Vgl. Schriftsatz des Untersuchungsrichters vom 19.9.1966. HStA, Abt. 631a, Nr. 1740. Bl. 72ff.

328 Helmut Kramer, a.a.O. S. 94.

mäß dem Überleitungsvertrag einer erneuten Strafverfolgung entgegen.[329] Obwohl die Funktion Schlegelbergers während der Tagung der Generalstaatsanwälte und Oberlandesgerichtspräsidenten im April 1941 in Berlin nicht Gegenstand des Nürnberger Verfahrens gewesen und damit der Überleitungsvertrag einer strafrechtlichen Klärung dieses Tatbestandes zunächst nicht entgegenstand[330], lehnte das Landgericht Limburg am 21. Dezember 1966 die Eröffnung der Voruntersuchung gegen Schlegelberger ab.[331]

Daneben machte der Untersuchungsrichter wie auch die Verteidiger geltend, dass für die Beschuldigten der »wirkliche Umfang der Vernichtung lebensunwerten Lebens nicht zu erkennen« gewesen sei.[332] Der Untersuchungsrichter stützte diese Feststellung, die an die von Hans Welzel entwickelte Irrtumslehre erinnert, u.a. auf Notizen und die Aussage des beschuldigten ehemaligen Oberlandesgerichtspräsidenten Bergmann, wonach die auf der Tagung in Berlin Vortragenden die »Euthanasie« als »Durchführung eines Erlösungsaktes für Schwer- und Schwerstleidende und ihre Angehörigen« gerechtfertigt hatten.[333]

Als entscheidendes Argument für die Ablehnung der Eröffnung der Voruntersuchung gegen die beschuldigten Juristen, betrachtete der Limburger Untersuchungsrichter aber, dass »im höchsten Maße zweifelhaft (sei), ob für die Tagungsteilnehmer eine konkret fassbare Rechtspflicht zum Widerspruch bestand« und dass nach seiner Rechtsauffassung die »bezeichnete Tat unter kein Strafgesetz« subsumiert werden könne.

Die Auffassung der Staatsanwaltschaft, dass sich die Beschuldigten strafbar gemacht haben, weil sie gemäß der Weisung Schlegelbergers beispielsweise Strafanzeigen gegen die an der »Euthanasie« beteiligten Personen nicht verfolgt und unbearbeitet dem Reichsjustizministerium vorgelegt hatten[334] und sie trotz

---

329 Vgl. dazu oben S. 293. Schlegelberger war am 31. Januar 1951 aus der Haft entlassen worden.

330 Vgl. Helmut Kramer, a.a.O. S. 96. Fritz Bauer regte an, »vor der Entscheidung über die Eröffnung der Voruntersuchung bei dem Institut für ausländisches und internationales Strafrecht in Freiburg eine gutachtliche Stellungnahme darüber einzuholen, ob Bestimmungen des Überleitungsvertrages der Strafverfolgung in diesem Falle entgegenstehen.« Fritz Bauer am 24.12.1965 an den Untersuchungsrichter. HStA, Abt. 631a, Nr. 1740. Bl. 12ff.

331 Vgl. dazu die ausführliche Darstellung von Helmut Kramer, a.a.O. S. 95ff.

332 Schriftsatz des Untersuchungsrichters vom 19.9.1966. HStA, Abt. 631a, Nr. 1740. Bl. 72ff. So argumentierte auch die Verteidigung. Vgl. dazu die Schriftsätze der Verteidigung von Hagemann und Stäcker vom 27.12.1966 an LG Limburg/Lahn. HStA, Abt. 631a, Nr. 1740. Bl. 110ff

333 Schriftsatz des Untersuchungsrichters vom 19.9.1966. HStA, Abt. 631a, Nr. 1740. Bl. 72ff, bes. Bl. 73.

334 Die StaA wies in in ihrem Einspruch gegen den Beschluss des Untersuchungsrichters, die Voruntersuchung nicht zu eröffnen, am 21.10.1966 noch einmal explizit darauf hin, dass sich die ehemaligen Generalstaatsanwälte und OLG-Präsidenten durch die Befolgung der

Geltung des § 211 StGB und damit der Strafbarkeit von Mord die »Euthanasie« als eine staatlich durchgesetzte Mordaktion nicht kritisiert hatten, schien dabei unerheblich. Vielmehr wies der Untersuchungsrichter darauf hin, dass »nicht unberücksichtigt bleiben (darf), dass es sich für alle Tagungsteilnehmer – mitten im Kriege, zu einer Zeit, zu der Hitler noch an allen Fronten siegreich war – um ein politisch heißes Eisen handelte.« Der Untersuchungsrichter argumentierte im Sinne der in zahlreichen »Euthanasie«-Verfahren schon wirksam gewordenen Rechtsauffassung, die Widerstand als eine Handlungsalternative zu Täter- oder Gehilfenschaft im NS-Staat gar nicht mehr in den Blick nahm. »Aus der Anschuldigungsschrift ergibt sich (...) nicht, dass eine Diskussion nach den Vorträgen möglich war«, schrieb er und koppelte die Feststellung der Unmöglichkeit von Widerstand an die völlige Sinnlosigkeit widerständigen Verhaltens:

»Eine justizinterne kritisierende Aussprache wäre auch völlig nutzlos gewesen, wenn man bedenkt, dass sich die Hitlerdiktatur zu der in Betracht kommenden Zeit auf dem Machthöhepunkt befand. In diesem Zusammenhang ist auch auf die Stellung der Justiz hinzuweisen. Jede Reaktion, die sich gegen Hitler als Urheber der Aktion richtete, musste wohl erwogen sein, wenn nicht das Gegenteil dessen erreicht werden sollte, was beabsichtigt war.«[335]

Mit der Feststellung, dass »(g)egen die außernormativen Äußerungen des ›Führerwillens‹ (gemeint ist der Erlass Hitlers vom 1.9.1939, C.F.) (...) eine ausdrückliche Opposition nicht möglich« und es auch »sinnlos gewesen (wäre), die Verbindlichkeit solcher Führeranordnungen mit juristischen Argumenten in Frage stellen zu wollen, denn die ›Haupttäter haben sich ohnehin von höherer Warte aus über die Gesetze einfach hinweggesetzt‹, wie sich Bouhler in einem Aufsatz vom 19.11.1934 im Völkischen Beobachter ausgedrückt hat«[336], formulierte der Untersuchungsrichter die juristische Gegenposition zu der Rechtsauffassung von Bauer, derzufolge der objektive Unrechtsgehalt der »Euthanasie« vom Subjekt Widerstand verlangt. Zugleich hatte der Untersuchungsrichter eine Reproduktion nationalsozialistischer Auffassung zum Bestandteil seiner Argumentation gemacht.

Die von Bauer konstatierte Ursächlichkeit des Verhaltens der Beschuldigten für die nationalsozialistische »Euthanasie« wies der Untersuchungsrichter

Weisung, Strafanzeigen nicht zu bearbeiten, der »aktiven Mitwirkung« an der Durchsetzung der »Euthanasie« als Mord schuldig gemacht hätten. Vgl. das Schreiben der StaA an den Vorsitzenden der 1. Strafkammer des LG Limburg/Lahn vom 21.10.1965. HStA, Abt. 631a, Nr. 1740. Bl. 76ff.

335 Schriftsatz des Untersuchungsrichter vom 19.9.1966 an den Vorsitzenden der 1. Strafkammer. HStA, Abt. 631a, Nr. 1740. Bl. 72ff, bes. Bl. 74.

336 Untersuchungsrichter am 19.9.1966 an den Vorsitzenden der 1. Strafkammer HStA, Abt. 631a, Nr. 1740. Bl. 72ff, bes. Bl. 75.

mit der Einlassung zurück, es seien »keinerlei Anhaltspunkte dafür gegeben, dass der (...) sofortige Widerspruch mit an Sicherheit grenzender Wahrscheinlichkeit die Haupttat erschwert hätte.« Vor dem Hintergrund der Intention von Bauer, mit dem Verfahren das Widerstandsrecht erneut zu sanktionieren, ist in erster Linie bedeutsam, dass die von dem Untersuchungsrichter in dem Beschluss – wie die von den Verteidigern – herangezogenen Kriterien für die Ablehnung einer Verpflichtung zum Widerstand die Rechtsauffassung aktualisierte, die Hermann Weinkauff seit Mitte der fünfziger Jahre entwickelt hatte. Die Verteidiger der beschuldigten Juristen hatten dem Untersuchungsrichter mit ihren Einlassungen zur Anschuldigungsschrift dabei die wesentlichen Argumente geliefert.

Die Verteidiger hatten die von Fritz Bauer konstatierte Ursächlichkeit des Verhaltens der Beschuldigten für die nationalsozialistische »Euthanasie« zurückgewiesen, indem sie es als unzulässig bezeichneten, das Schweigen der Juristen auf der Berliner Tagung als Zustimmung zu deuten. Der Rechtsanwalt des beschuldigten Generalstaatsanwaltes a.D. Rudolf Christians argumentierte,

> »gegen die Angeschuldigten (werde) nichts weiter vorgetragen (...), als dass sie zu den Ausführungen in dem Vortrag eines der höchsten einschlägigen Staatsbeamten geschwiegen haben. In diesem Schweigen ist keine Einwilligung, geschweige denn eine Unterstützung der Thesen des Vortragenden zu erblicken. Ganz abgesehen davon, dass die versammelten Beamten überhaupt keine Verpflichtung hatten, zu den Ausführungen des Staatssekretärs Stellung zu nehmen (...).«[337]

Der Beschuldigte Generalstaatsanwalt a.D. Otto Stäcker äußerte sich ähnlich zum Tatbestand der Anschuldigungsschrift:

> »Mein Verhalten und das der anderen Angeschuldigten soll ursächlich dafür gewesen sein, dass die Täter sich in ihrem Vorgehen bei der Euthanasie-Aktion bestärkt fühlten (...). (D)as Verhalten der Angeschuldigten wird einmal dahin qualifiziert, dass sie durch ihr Schweigen (...) die ›schlüssige Zusage‹ gegeben hätten, weisungsgemäß Akten über Euthanasie-Fälle an den Reichsjustizminister weiterzuleiten, um damit die Euthanasie-Aktion zu decken. Gleichzeitig wird ihnen vorgeworfen, sie hätten es unterlassen, (...) Protest zu erheben.«

Dagegen führte der Beschuldigte an, »Schweigen gilt in unserer Rechtsordnung nicht als Zustimmung«, und er wies einen Zusammenhang zwischen dem Verhalten der Beschuldigten und der »Euthanasie« im NS-Staat zurück: »Die Behauptung, das Schweigen (...) habe die für die Euthanasie-Aktion Verantwortlichen bestärkt, die Aktion fortzusetzen, entbehrt jeder Grundlage.« Denn nach Stäcker »liefen die Maßnahmen der Euthanasie-Aktion ohne Kenntnis der Justiz schon seit 1939 unter Einschaltung eines großen Apparates«. Die

337 Schreiben von RA Erich Schiff an das LG Limburg/Lahn am 12.8.1965. HStA, Abt. 631a, Nr. 1739. Bl. 161ff.

Funktion der Berliner Tagung, eine »Scheinlegalisierung« der außernormativen Maßnahmen durchzusetzen, blendete er schlichtweg aus: »Die Verantwortlichen kümmerten sich überhaupt nicht um eine Stellungnahme der Justiz bei der Frage, ob die Aktion und in welcher Form sie durchzuführen oder fortzusetzen sei.«[338]

Bereits die Verteidigung des Beschuldigten ehemaligen Oberlandesgerichtspräsidenten Alexander Bergmann hatte in ihrer Stellungnahme zur Anschuldigungsschrift angemerkt, die Tagung der Generalstaatsanwälte und Oberlandesgerichtspräsidenten habe »rein informatorischen« Charakter gehabt und »eine Diskussion nach den Vorträgen (sei) weder gewünscht noch zugelassen« gewesen. Der Rechtsanwalt vertrat die Auffassung, die der Untersuchungsrichter dann wörtlich übernahm, dass »eine justizinterne kritisierende Aussprache im Rahmen der Hitlerschen Diktatur völlig nutzlos gewesen wäre.«[339] Auch der Beschuldigte Oberstaatsanwalt a.D. Dr. Harry Haffner exkulpierte sein Schweigen, indem er auf die Erfolglosigkeit eines Widerstandes hinwies. Ein Einspruch der Juristen hätte »zu nichts geführt«. In Übereinstimmung mit dem in der Rechtsprechung zur Exkulpation der Tatbeiträge der funktionellen Elite vielfach herangezogenen Bild von dem kleinen Führungskreis im NS-Staat um Hitler, fuhr er fort:

> »Die Mentalität der damals herrschenden Kaste wird völlig verkannt, wenn angenommen wird, dass sie sich durch derartige Einsprüche von einer Fortsetzung der bereits eingeleiteten Maßnahmen hätten abhalten lassen.«[340]

Der beschuldigte Rechtsanwalt, Notar und frühere OLG-Präsident Günther Nebelung gab zwar in einer Stellungnahme zu Protokoll, »bald nach der Tagung schriftlich Einwendungen gegen das Verfahren erhoben« zu haben. Aber auch er stellte eine Auswirkung seines Verhaltens in Frage:

> »Ich muss aber bezweifeln, dass durch meinen Widerspruch, auch durch Amtsniederlegung, die nach heutigen Begriffen gesetzeswidrige Aktion zum Stillstand gebracht worden wäre (...). Der Gedanke, dass ich mit meinem Widerspruch auf den Gang der Dinge irgend einen Einfluss hätte ausüben können, hat mir damals völlig ferngelegen. Es hat mir also das Be-

338 Stellungnahme von Otto Stäcker vom 11.8.1965 zur Anschuldigungsschrift. HStA, Abt. 631a, Nr. 1739. Bl.152ff.

339 Günther Lummert als Verteidiger von Bergmann am 17.9.1965 an den Untersuchungsrichter beim LG Limburg/Lahn. HStA, Abt. 631a, Nr. 1739. Bl. 178ff.

340 Schreiben des Beschuldigten Dr. Harry Haffner an das LG im Januar 1967 (genaue Datum unleserlich). HStA, Abt. 631a, Nr. 1740. Bl. 127ff.

wusstsein gefehlt, dass ich damit die Haupttäter an der Durchführung der Aktion in irgend einer Weise hätte hindern können.«[341]

Die Verteidigung des beschuldigten Amtsgerichtsrats und früheren ersten Staatsanwalt Wilhelm Hirte belegte die Auffassung, dass »selbst wenn Bedenken geäußert worden wären, (...) niemals Einstellung erreicht worden« wäre, mit dem Hinweis, die »Euthanasie« sei schließlich auch fortgesetzt worden, nachdem sogar Reichsjustizminister Gürtner im Juli 1940 gegenüber dem Reichsinnenministerium und gegenüber Hitler die Einstellung der »Euthanasie« eingefordert habe, da kein entsprechendes Gesetz vorgelegen habe. Unter Ausblendung der Tatsache, dass eine Legalisierung der als »Euthanasie« getarnten Ermordung von Menschen nicht möglich gewesen wäre, fügte der Rechtsanwalt hinzu, »klarer konnte seitens der Justiz nicht vorgegangen werden.«[342] Auch die Verteidigung des ehemaligen Oberlandesgerichtspräsidenten Karl Martin wies auf die Erfolglosigkeit eines Einspruchs der Juristen in der historischen Situation hin: »Wer die damalige Zeit kennt (...), der weiß genau, dass es gar keine Möglichkeit irgendeines Protestes gab, der einen Sinn gehabt hätte.« Was hätte Protest

»wohl für einen Sinn gehabt in einer Zeit, in der Adolf Hitler auf dem Höhepunkt seiner Macht erschien, in der ein Volk in Furcht und Angst lebte und in der niemand auf den Gedanke auch nur hätte kommen können, dass er mit einer Einzelaktion gegen die Machthaber irgendeinen Erfolg hätte erzielen können?«

Die Verteidigung von Martin warf die Frage auf,

»was denn ein Mann in der Position des Oberlandesgerichtspräsidenten eigentlich noch hätte mehr tun sollen, als durch die Art der Erfüllung der ihm erteilten Weisung eindeutig zum Ausdruck zu bringen, dass er nicht hinter dieser Weisung stand, sondern dass er nichts weiter tat, als sich eines lästigen und missbilligten Auftrags entledigte? (...) (K)ann doch eigentlich ein Mann nicht mehr tun, als als Staatsbeamter einer Weisung folgen, aber ganz klar und deutlich zu erkennen geben, dass er hinter dieser Weisung nicht steht. (...) Ist es nicht so, dass man immer dann, wenn man in den Kreis der weisungsgebundenen Beamtenschaft eintritt für sich selbst eine klare Unterscheidung schaffen muss und auch schafft

341 Der Beschuldigte Nebelung am 3.11.1965 an den Untersuchungsrichter beim LG Limburg/Lahn. HStA, Abt. 631a, Nr. 1740. Bl. 7ff. (Hervorhebung durch Unterstreichung im Orig.)

342 Verteidigung von Hirte am 1.11.1965 an das LG Limburg/Lahn. HStA, Abt. 631a, Nr. 1740. Bl. 1ff. Fritz Bauer hatte diese Position bereits 1960 mit der Bemerkung kritisiert, »der eine oder andere Jurist scheint zu glauben, alles wäre legal gewesen, wenn Hitler damals nur den Mordbefehl in Gesetzesform gegeben hätte.« Fritz Bauer: Die »Ungesühnte Nazijustiz«. NG, H. 3, 1960. S. 184.

zwischen dem, was Pflicht des weisungsgebundenen Beamten ist, und dem, was man persönlich mit der Kraft seiner eigenen Persönlichkeit und seiner Autorität deckt?«[343]

Die Verteidigung von Martin nahm auf einen inhalts- und wertungebundenen Pflichtbegriff als Rechtfertigungsgrund für das Verhalten der Juristen im NS-Staat Bezug, der dem aufklärerischen und an die Werte der demokratischen Ordnung gebundenen Postulat von Bauer entgegenstand, die Verknüpfung von objektivem Unrecht und subjektiver Verantwortlichkeit zu einem Ethos des Handelns zu machen.

Die Argumentation der Verteidiger und die des Untersuchungsrichters zeigte deutlich: Mitte der sechziger Jahre war die von dem ersten Präsidenten des BGH entwickelte Rechtsauffassung zum Widerstand äußerst einflussreich und wirksam. Die Verteidigung blendete nicht nur wie Weinkauff Handlungsalternativen von Juristen und durchaus während der NS-Zeit existierende Handlungsspielräume innerhalb der Justiz aus.[344] Zudem spiegelte die Rechtsauffassung der Verteidigung die von Weinkauff dargelegten Kriterien für die Anerkennung eines Widerstandsrechts, dass nämlich Widerstand »Aussicht auf Erfolg« haben müsse und keinesfalls eine »Einzelaktion« als rechtmäßiger Widerstand anerkannt werden dürfe.[345]

Dass Hermann Weinkauff das Widerstandsrecht gerade einer institutionalisierten gesellschaftlichen Elite eingeräumt hatte und somit die höchsten Juristen des Staates als Träger einer Widerstandspflicht im Sinne der Anschuldigung zur Verantwortung gezogen werden konnten, blieb dabei ausgeklammert. Ebenso blieb unberücksichtigt, dass hinsichtlich der im April 1941 in Berlin versammelten Spitzenrepräsentanten der Justiz kaum von einer »Einzelaktion« gesprochen werden konnte. Stattdessen entfaltete die Verteidigung mit ihrer Rechtsauffassung das Bild von der Justiz im NS-Staat, das später dann auch Hermann Weinkauff in der von ihm verfassten Studie *Die deutsche Justiz und der Nationalsozialismus. Ein Überblick*[346] entwarf. Demnach unterlag die Justiz, wie es die Verteidigung von Hagemann und Stäcker in ihrer Entgegnung auf die Anschuldigungsschrift formuliert hatte, »der völligen Entmachtung (...) durch Hitler« und »jeder Widerspruch gegen die Aktion (war deshalb) absolut sinn-

343 Verteidigung von Martin am 23.1.1967 an das LG Limburg/Lahn. HStA, Abt. 631a, Nr. 1740. Bl. 133ff.

344 Noch einmal sei hier auf das widerständige Verhalten von Amtsrichter Lothar Kreyssig verwiesen, das Weinkauff auch nachträglich, zum Beispiel in seiner Studie Die deutsche Justiz und der Nationalsozialismus. Ein Überblick. Stuttgart 1968, nicht zur Kenntnis nahm. Vgl. dazu oben S. 206.

345 Vgl. dazu oben S. 183ff.

346 Hermann Weinkauff: Die deutsche Justiz und der Nationalsozialismus. Ein Überblick. Stuttgart 1968. Vgl. dazu oben S. 203.

los, weil unnütz (...).« Eine »Rechtspflicht zum sofortigen Widerspruch verneint(en)«[347] die Verteidiger, indem sie auf der Grundlage der Wahrnehmung der Justiz als einem »Opfer« des Nationalsozialismus das Kriterium der Erfolglosigkeit von Widerstand als juristisch entscheidendes Merkmal heranzogen. Dabei ließen sie die Tatsache, dass öffentliche Proteste 1941 zum Stopp der »Euthanasie« geführt hatten[348], nicht unberücksichtigt. »Dem widerspricht auch nicht«, argumentierte die Verteidigung von Hagen und Stäcker, »dass die Aktion infolge der Proteste (...) kirchlicher Kreise schließlich eingestellt wurde. Das war Protest der Öffentlichkeit, die Hitler wegen der damaligen kriegsbedingten Situation nicht anzugreifen wagte. In einer vergleichbaren Situation befanden sich die Angeschuldigten der Justiz nicht.«[349]

Wie wirkungsmächtig die auch von Hermann Weinkauff formulierte Deutung von der Justiz im Nationalsozialismus war, die als Akteur in einem ihr fremden System agiert hatte, und wie einflussreich dabei gleichzeitig eine intentionalistische Erklärung des NS-Staates war, zeigte noch einmal exemplarisch die »persönliche Stellungnahme« des Beschuldigten Stäcker:

> »Der Generalstaatsanwalt Frankfurt/Main scheint davon auszugehen, dass den ›Spitzen der deutschen Justiz‹ in der Hitler-Zeit jedes rechtsstaatliche Denken abhanden gekommen war und sie willige Werkzeuge Hitlers waren. Er übersieht, dass rechtsstaatliches Denken sich nur in die Tat umsetzen lässt, wenn die staatliche Macht uneingeschränkt hinter dem Recht steht. Hitler als Inhaber aller staatlichen Macht stand aber keineswegs uneingeschränkt hinter dem bestehenden Recht. (...) Die Justiz hatte (...) nicht die Macht, die Macht Hitlers zu brechen.«[350]

Auch der Anwalt von Stäcker machte auf die Rolle Hitlers aufmerksam und negierte die historische Analyse des NS-Staates als einem funktionierenden und systematischen Handlungszusammenhang zwischen politischer Führung, Eliten und Gesellschaft:

---

347 Verteidigung von Hagemann und Stäcker am 27.12.1966 an das LG Limburg/Lahn. HStA, Abt. 631a, Nr. 1740. Bl. 110ff.

348 Der Anordnung Hitlers vom 24.8.1941, die »Euthanasie« an Erwachsenen abzubrechen, lagen verschiedene Ursachen zugrunde, u.a. die Predigt des Bischofs von Münster, Clemens August Graf von Galen, vom 3.8.1941, die eine breite Öffentlichkeit hergestellt hatte. Die Organisation der »T 4« blieb jedoch bestehen und die »Aktion 14f13« sowie die »Kindereuthanasie« wurden fortgesetzt. Vgl. Ernst Klee: »Euthanasie« im NS-Staat. Die »Vernichtung lebensunwerten Lebens«. Frankfurt a.M. 1994. S. 333ff.

349 Verteidigung von Hagemann und Stäcker am 27.12.1966 an das LG Limburg/Lahn. HStA, Abt. 631a, Nr. 1740. Bl. 110ff.

350 Stellungnahme von Otto Stäcker vom 11.8.1965 zur Anschuldigungsschrift. HStA, Abt. 631a, Nr. 1739. Bl. 152ff.

»Die Staatsanwaltschaft verkennt schließlich die völlige Entmachtung der Justiz durch Hitler, seinen anmaßenden und keinen Widerspruch duldenden Willen, allein zu bestimmen, was Recht und Unrecht ist, so dass jeder Widerspruch absolut sinnlos war.«[351]

Diese Deutung des Nationalsozialismus fand mit dem Begriff »Hitler-diktatur«[352] Eingang in den Beschluss des Untersuchungsrichters, die Eröffnung der Voruntersuchung abzulehnen. Bereits im Dezember 1965 setzte sich Fritz Bauer mit den Gegenargumenten der Verteidigung auseinander: »Dem Ansatzpunkt der rechtlichen Würdigung als ›psychischer Beihilfe‹ lässt sich nicht entgegenhalten, das Schweigen (...) nach einem allgemeinen Rechtsgrundsatz Ablehnung, nicht dagegen Zustimmung« bedeute. Zur Begründung dieser Rechtsauffassung und zur Begründung einer »Rechtspflicht« der Beschuldigten zum Widerstand verwies er noch einmal auf das objektive Kriterium der Funktion der Beschuldigten im NS-Staat, die er in einen Zusammenhang mit dem tatsächlichen Charakter der »Euthanasie« als Mord rückte:

»Wenn den versammelten Spitzen der deutschen Justiz ein Vorhaben mit solch in die Augen springender rechtlicher Problematik wie die ›Euthanasie‹ vorgetragen wurde dann konnte der Nichtjurist mit Fug erwarten, dass vorhandene Zweifel an der Rechtmässigkeit geäussert würden. Wenn dies nicht geschah, dann gewann er daraus – ob zu Recht oder Unrecht – ein gewichtiges Argument zur Zurückdrängung eigener Bedenken. Die weitere Tätigkeit wurde ihm innerlich leichter gemacht (...). Hier hätte sich die bei dem Juristen mit der Innehabung eines Amtes verbundene Berufung zur Mitarbeit an der Verwirklichung des Rechts bewähren müssen. Bei einem so offensichtlichen Verstoss gegen das Grundrecht des Menschen auf Leben erwuchs den Angeschuldigten aus ihrer Stellung und der konkreten Situation die rechtliche Pflicht, den Widerspruch zur sogenannten ›Euthanasie‹ zum geltenden Recht hinzuweisen (...).«

Damit hatte Bauer noch einmal den Zusammenhang von objektivem Unrecht und einer subjektiven Verpflichtung zum Widerstand konstatiert. Schließlich setzte sich Bauer mit dem zentralen Gegenargument der Erfolglosigkeit des Widerspruchs auseinander:

»Es kann auch von hier nicht mit grösserer Sicherheit (...) behauptet werden, die Maßnahmen wären bei einem Widerspruch der Justiz sofort eingestellt worden. Für eine solche Gewissheit fehlt es (...) an ausreichenden Beweisen. Es wird aber daran festgehalten, dass es darauf für die rechtliche Würdigung nicht ankommt: Es genügt für die Förderung der Tat,

351 Verteidigung von Stäcker am 30.9.1965 an das LG Limburg/Lahn. HStA, Abt. 631a, Nr. 1739. Bl. 186ff.

352 Schriftsatz des Untersuchungsrichters vom 19.9.1966. HStA, Abt. 631a, Nr. 1740. Bl. 72ff, bes. Bl. 74.

wenn die Haupttäter die von ihnen gewünschte Gewissheit mitnahmen, von der Justiz her seien keine Schwierigkeiten zu befürchten (...).«[353]

Damit entkräftete Bauer wiederholt das im Anschluss an Weinkauff in der Rechtsprechung wirksam gewordene Argument, das Widerstandsrecht sei an den Erfolg der Widerstandshandlung gebunden.

4. Vom »totalen« zum »partiellen« Recht – Zur Ausdifferenzierung des Widerstandsbegriffs bei Fritz Bauer

Fritz Bauer konnte eine der historischen Analyse des NS-Staates als einem Funktionszusammenhang von politischer Führung, Eliten und Gesellschaft adäquate strafrechtliche Verfolgung der Tatbeiträge der funktionellen Elite im NS-Staat nicht durchsetzen. Seiner Rechtsauffassung stand wirkungsmächtig eine auf Hitler und einen kleinen Führungskreis als allein verantwortliche Täter bezogene Erklärung des Nationalsozialismus sowie die u.a. von Hermann Weinkauff vertretene Auffassung eines elitären Widerstandsbegriffs entgegen, dessen argumentative Versatzstücke schließlich noch in der Negation der Widerstandspflicht der Juristen gegen Verbrechen im NS-Unrechtsstaat herangezogen werden konnten.

Nach dem Tod von Fritz Bauer am 30. Juni 1968 beantragte die Staatsanwaltschaft im März 1970 die Außerverfolgungsetzung der Angeschuldigten.[354] Das Landgericht Limburg entsprach mit Beschluss vom 27. Mai 1970 diesem Antrag.[355]

Während Fritz Bauer auf der Ebene der Justiz damit relativ einflusslos blieb, griff er in den sechziger Jahren parallel zu dem Versuch einer strafrechtlichen Ahndung der Eliten als mitverantwortliche Träger des NS-Systems, auf das – von ihm bereits erprobte – Mittel öffentlicher Stellung-nahme und Kritik zurück, um dem von ihm dargelegten Rechtsbegriff im Kontext der Realisierung der demokratischen Ordnung Wirksamkeit zu verschaffen.

---

353 Fritz Bauer am 24.12.1965 in einem Schreiben an den Untersuchungsrichter am LG Limburg/Lahn. HStA, Abt. 631a, Nr. 1740. Bl. 15.

354 Vgl. den Antrag der Generalstaatsanwaltschaft auf Außerverfolgungsetzung der Angeschuldigten vom 31. März 1970. In: Hanno Loewy, Bettina Winter (Hg.): NS-»Euthanasie« vor Gericht. Frankfurt a.M., New York 1996. S. 168ff. Vgl. auch Helmut Kramer, a.a.O. S. 98ff und Hans Christoph Schaefer: Unbewältigte Justizvergangenheit. Zur Einstellung des Ermittlungsverfahrens gegen die Oberlandesgerichtspräsidenten und Generalstaatsanwälte. In: Hanno Loewy, Bettina Winter (Hg.), a.a.O. S. 133ff.

355 Vgl. Helmut Kramer, a.a.O. S. 98.

Die wiederholte Konfrontation mit der Rechtsauffassung, wie sie auch Hermann Weinkauff entwickelt hatte, die konkrete Erfahrung der Negation einer Widerstandspflicht im Zusammenhang mit den Ermittlungen gegen die Generalstaatsanwälte und OLG-Präsidenten sowie die Wirksamkeit eines autoritären Staatsverständnisses im Heyde/Sawade-Verfahren bildeten den Kontext für eine Ausdifferenzierung seines Widerstandsbegriffs in der öffentlichen Debatte.

Im Braunschweiger Verfahren gegen Otto Ernst Remer ging es 1952 um die Durchsetzung der Anerkennung einer objektiven Berechtigung der Männer vom 20. Juli zum Widerstand gegen den NS-Unrechtsstaat. Nachdem mit dem Urteil des Braunschweiger Gerichts das Widerstandsrecht grundsätzlich anerkannt worden war, verschob sich – wie dargelegt – die Auseinandersetzung um das Widerstandsrecht. In das Zentrum der Debatte rückte die Frage nach dem subjektiven Recht und der subjektiven Verpflichtung zu einem aktiven und passiven Widerstand gegen den NS-Staat. Diese Auseinandersetzung spiegelte die in der Bundesrepublik sich manifestierende Bestimmung der Rolle des Subjekts im Staat, die Fritz Bauer als Realisierung und Konkretion eines elitären und hierarchischen Ordnungsdenkens kritisierte. In den sechziger Jahren war Bauer auch angesichts der Argumente, die ihm im Zusammenhang mit den Ermittlungen gegen Heyde/Sawade und Bohne sowie gegen die Generalstaatsanwälte und OLG-Präsidenten entgegentraten, mit einer Negation des Verantwortungsprinzips des Bürgers im Staat konfrontiert. Diese weitreichende Tendenz der Anerkennung eines in höchstem Maße hierarchischen Staatsgedankens vollzog sich parallel zur Etablierung der bundesrepublikanischen Gesellschaft und in der Perspektive von Bauer entgegen den Prinzipien einer demokratischen Ordnung, deren wesentliches politisches Strukturmerkmal auch Opposition und Kritik sein sollten.

Vor diesem Hintergrund bestimmte Fritz Bauer in den sechziger Jahren seinen Widerstandsbegriff neu. Er löste den Widerstandsbegriff von dem NS-Unrechtsstaat als dem einzigen Bezugsmoment. 1952 hatte Bauer in seinem Plädoyer im Braunschweiger Remer-Prozess das Widerstandsrecht an den Unrechtscharakter des NS-Staates gebunden und formuliert:

»Es gibt kein Widerstandsrecht im Rechtsstaat, solange die Menschenrechte gewahrt werden, solange eine Möglichkeit zur Opposition besteht und einem Parlament Gelegenheit zur Gesetzgebung gegeben ist, solange unabhängige Gerichte walten und die Gewalten geteilt sind.«[356]

356 Fritz Bauer: Eine Grenze hat Tyrannenmacht. GuT, H. 7, 1952. S. 200.

War die Begründung des objektiven Widerstandsrechts hier an den Unrechtscharakter des NS-Staates gekoppelt und rechnete Fritz Bauer Widerstand und Opposition als Kategorien politischen Verhaltens zwei grundsätzlich verschiedenen Ordnungssystemen zu, rückte er in den sechziger Jahren in der Erfahrung der weitreichenden Negation des subjektiven Rechts und der Pflicht zum Widerstand das Widerstandsrecht als eine Handlungskompetenz des Bürgers gegenüber dem Staat in das Zentrum.[357] Er unterschied von einem »totalen Widerstandsrecht« des Einzelnen gegenüber dem Staat, der wie der NS-Staat Menschenrechte aufhebt, ein »partielle(s) Widerstandsrecht« des Einzelnen gegenüber dem Staat, der Menschenrechte verletzt oder einschränkt.[358] Das »partielle Widerstandsrecht« betrachtete Bauer als eine notwendige politische Haltung des Bürgers in der Demokratie. Er schreibt: »Normales Mittel des Widerstandes sind eine unerschrockene öffentliche Meinung, politische, soziale und kulturelle Kritik und eine wache Opposition.«[359]

Bauer stellte einen normativen und beinahe dialektischen Zusammenhang zwischen dem Widerstandsrecht und dem Vollzug des demokratischen Meinungskampfes her und ordnete diesem die Funktion zu, den Bürgern die »Existenzberechtigung und Existenzverpflichtung von Kritik und Opposition einzuhämmern«[360], denn der »große Widerstand im Unrechtsstaat bleibt nur möglich, wenn der kleine Widerstand gegen das Unrecht im staatlichen Alltag geübt und wie eine kostbare Pflanze gehegt und gepflegt wird.«[361]

Das Widerstandsrecht manifestiert sich demnach in Form demokratisch legitimer Kritik und Opposition als Ethos und als demokratisches Rechtsprinzip im politischen Bewusstsein der Bürger. Indem Bauer den Widerstands-begriff in den sechziger Jahren nicht mehr nur ausschließlich in Bezug zu einem Unrechtsstaat setzte, sondern ausdrücklich Kritik und Opposition im demokratischen Rechtsstaat als Widerstand beschrieb, machte er deutlich, dass das Widerstandsrecht an das politische Bewusstsein der Bürger gebunden ist und eine Haltung des Bürgers in und gegenüber einem Staat bedeutet. Wenn Arthur Kaufmann später schreibt, Widerstand könne nicht als Rechtsprinzip gelehrt werden, sondern lediglich als Lebenshaltung gelebt werden[362], kommt

357 Fritz Bauer: Ungehorsam und Widerstand in Geschichte und Gegenwart. Vorgänge, H. 8/9, 1968. S. 291.

358 Fritz Bauer, a.a.O. S. 292.

359 Fritz Bauer: Widerstandsrecht und Widerstandspflicht des Staatsbürgers. In: Martin Niemöller u.a.: Tempelreinigung. Frankfurt 1962. S. 57.

360 Ebd.

361 Fritz Bauer, a.a.O. S. 58.

362 Vgl. Arthur Kaufmann: Vom Ungehorsam gegen die Obrigkeit. Aspekte des Widerstandsrechts von der antiken Tyrannis bis zum Unrechtsstaat unserer Zeit, vom leidenden Gehorsam bis zum zivilen Ungehorsam im modernen Rechtsstaat. Heidelberg 1991. S. 5.

eine Auffassung zum Tragen, von der aus eine Traditionslinie zurück zu Bauer gezogen werden kann. Das von Bauer formulierte Widerstandsrecht, das sich als Kritik, Opposition und Kampf um die Meinungen im Rechtsstaat manifestiert, hat weder den Charakter einer ultima ratio noch ist es ausschließlich Ausdruck einer Haltung gegenüber einem Unrechtsstaat. Vielmehr verpflichtet das Widerstandsrecht den einzelnen Bürger zum tagtäglichen Kampf um die Aufrechterhaltung der Menschenrechte.[363]

Bauer unterschied zwar in Anlehnung an die von Gustav Radbruch in der Erfahrung des NS-Staates entwickelten Kategorien zwischen dem Rechtsstaat und dem Unrechtsstaat. Er ging aber insofern über Radbruch hinaus, als dass er mit dem Begriff des Widerstandes das Subjekt als Träger von Rechten und Pflichten und normatives Bauglied des Staates dachte. Danach entsteht das Widerstandsrecht in einem Spannungsfeld von Verfassungswirklichkeit, Rechtsprechung und rechtlichem Haben sowie dem rechtlichen Soll und der Rechtsidee der Verfassung.[364] Dieser Spannungszustand bildet den Horizont, in dem das Widerstandsrecht und die Widerstandspflicht des Einzelnen reift. Die Auseinandersetzung mit dem Widerstand bedeutete für Bauer eine gegenwartsbezogene Pädagogik der Menschenrechte, die grundsätzlich in der Erfahrung des NS-Unrechts wurzelte und auf eine Verfestigung obrigkeits-staatlicher und autoritärer Denkmuster in der Bundesrepublik der fünfziger und sechziger Jahre reagierte. Somit wendet sich Bauers Begriff vom »partiellen« und »totalen Widerstandsrecht« gegen die Entpolitisierung des Widerstandes, die mit einer Überbetonung des Widerstandes als einer ethisch-moralischen Gewissensentscheidung in den fünfziger Jahren einsetzte, gegen die Negation der Handlungskompetenz des Subjekts und einen in der Bundesrepublik zu verzeichnenden Mangel an einer demokratischen Erziehung des Subjekts zu politischer Opposition und Kritikfähigkeit.

In einem seiner letzten öffentlichen Vorträge kritisierte Fritz Bauer im Juni 1968 die erst wenige Wochen zuvor vom Bundestag beschlossene Positivierung eines Widerstandsrechts im Grundgesetz der Bundesrepublik im Kontext der Notstandsgesetzgebung[365] als eine potentielle Verschleierung des Charakters des Widerstandsrechts. Er sagte:

»*(I)mmer* (...) stand außerhalb jeder Diskussion, dass mit dem Recht auf Ungehorsam und dem Recht auf Widerstand ein übergesetzliches Recht eines Menschen oder eines Volkes

363 Vgl. Fritz Bauer: Widerstand als geschichtlicher Auftrag. FuR, H. 10, 1965. S. 8.

364 Vgl. Fritz Bauer: Ungehorsam und Widerstand in Geschichte und Gegenwart. Vorgänge, H. 8/9, 1968. S. 290.

365 Vgl. dazu Christoph Böckenförde: Die Kodifizierung des Widerstandsrechts im Grundgesetz. JZ, H. 5/6, 1970. S. 168ff und Klaus Kröger: Widerstandsrecht und Verfassung. Tübingen 1971. (Recht und Staat in Geschichte und Gegenwart, 399)

oder einer Repräsentation des Volkes, ein Grund- und Freiheitsrecht gegenüber dem Staat gemeint gewesen ist.«[366]

Bereits in der von ihm verfassten *Einleitung* zu der von Jürgen Seifert drei Jahre zuvor vorgelegten Studie *Gefahr im Verzuge. Zur Problematik der Notstandsgesetzgebung* hatte Bauer auf die Gefahren eines »obrigkeitsstaatlichen Denkens« hingewiesen und vor dem »Ethos einer Staatsräson« gewarnt.[367] Ein letztes Mal kennzeichnete er in seinem Vortrag *Ungehorsam und Widerstand in Geschichte und Gegenwart* die politische Haltung des Bürgers und seine Handlungskompetenz gegenüber dem Staat, sein Recht und seine Verpflichtung zur Verteidigung der Menschenrechte, als den Kern des Widerstandrechts und der Widerstandspflicht.

366 Fritz Bauer: Ungehorsam und Widerstand in Geschichte und Gegenwart. Vorgänge, H. 8/9, 1968. S. 286. (Kursive Hervorh. im Orig.)

367 Fritz Bauer: Einleitung. In: Jürgen Seifert: Gefahr im Verzuge. Zur Problematik der Notstandsgesetzgebung. Frankfurt a.M. 1965. S. 12.

Schlussbetrachtung

»(W)ir stehen erst am Anfang der ersten wirklich freiheitlichen Periode unserer Geschichte. Freiheitliche Demokratie muss endlich das Lebenselement unserer Gesellschaft werden.«[1]

Als Gustav Heinemann am 1. Juli 1969 das Amt des Bundespräsidenten antrat – ein Jahr nach Fritz Bauers Tod und wenige Monate bevor die SPD zum ersten Mal in der Geschichte der Bundesrepublik Regierungsverantwortung übernahm und mit Willy Brandt den Kanzler stellte –, reflektierte er in seiner Ansprache vor dem Bundestag und dem Bundesrat in Bonn die Qualität der westdeutschen demokratischen Ordnung. Zwei Jahrzehnte nach Gründung der Bundesrepublik und 24 Jahre nach dem Ende der NS-Herrschaft dachte Heinemann über das Verhältnis von obrigkeitsstaatlichen Traditionen und der »Verwirklichung« der demokratischen Ordnung »durch den mündig mitbestimmenden Bürger« nach, dessen »Kritik und Mitarbeit« er in Abgrenzung zur Verwirklichung des diktatorischen Herrschaftssystems des Nationalsozialismus als zentrales Merkmal der Realisierung demokratischer Ordnung bestimmte.[2] Heinemann war skeptisch, sah die mit dem Grundgesetz institutionalisierte Demokratie in der politischen Kultur der Bundesrepublik nicht realisiert. Seine erste Rede verstand der eben erst gewählte Bundespräsident deshalb als einen »Appell an die Mündigkeit der Bürger«.[3]

Ähnlich skeptisch hatte sich Fritz Bauer im Gespräch mit Gerhard Zwerenz über den Erfolg einer aufklärenden und auf den Aufbau demokratischer Strukturen zielenden Auseinandersetzung mit den NS-Verbrechen, der Sanktionierung des Widerstandes und der von ihm initiierten »Bewältigung der Vergangenheit« geäußert. Im Gespräch mit Zwerenz zog er eine resignierte Bilanz:

1 Gustav Heinemann: Ansprache vor dem Deutschen Bundestag und dem Bundesrat in Bonn, 1. Juli 1969. In: Gustav W. Heinemann. Allen Bürgern verpflichtet. Reden des Bundespräsidenten 1969-1974. Gustav W. Heinemann – Reden und Schriften Band I. Frankfurt a.M. 1975. S. 13ff, bes. S. 15f.

2 Gustav Heinemann, a.a.O. S. 17.

3 Gustav Heinemann: Einleitung. In: Gustav W. Heinemann. Allen Bürgern verpflichtet. Reden des Bundespräsidenten 1969-1974. Gustav W. Heinemann – Reden und Schriften Band I. Frankfurt a.M. 1975. S. 9.

»Wir Emigranten hatten so unsere heiligen Irrtümer. (...) Dass Deutschland in Trümmern liegt, hat auch sein Gutes, dachten wir. Da kommt der Schutt weg, dann bauen wir Städte der Zukunft. Hell, weit, menschenfreundlich. Bauhaus. Gropius. Mies van der Rohe. So dachten wir damals. Alles sollte ganz neu und großzügig werden. Dann kamen die anderen, die sagten: ›Aber die Kanalisationsanlagen unter den Trümmern sind doch noch heil!‹ Na, und so wurden die deutschen Städte wieder aufgebaut, wie die Kanalisation es verlangte.«[4]

Schon anlässlich seiner Rede zum Gedenken an Anne Frank im Sommer 1963 formulierte Fritz Bauer mit einer rhetorischen Frage seine Skepsis hinsichtlich der Verankerung der Erinnerung an die Opfer der NS-Vernichtungspolitik in der bundesrepublikanischen Gesellschaft. Und er reflektierte die Marginalisierung einer kritischen Auseinandersetzung mit der Vergangenheit: »Wir hier gedenken der Anne Frank. Wieviele sonst?«[5] Mitte der sechziger Jahre zog er in einem Aufsatz für den von Helmut Hammerstein herausgegebenen Sammelband *Zwanzig Jahre danach. Eine deutsche Bilanz 1945-1965* auch mit Blick auf die politische Funktion der NS-Prozesse eine »magere Zwischenbilanz«[6]:

»Die Gleichgültigkeit, ja der Widerwille gegen den historischen und moralischen Unterricht, den die Strafprozesse darstellen könnten, finden sich nicht erst ›zwanzig Jahre danach‹; sie kennzeichnen die Zeit unmittelbar nach dem Zusammenbruch bis heute.«[7]

Die Konfrontation der Erwartungen und Hoffnung des Emigranten mit der erlebten Konsolidierung westdeutscher Staatlichkeit einerseits sowie die konkrete auf die weitreichende Abwehr der justitiellen Aufklärung des NS-Systems bezogene skeptische Einschätzung Bauers verweisen auf die etatistischen und elitären Vorstellungen von den Grundlagen der Politik, die sich in den späten fünfziger und in den sechziger Jahren in der öffentlichen, politischen und justitiellen Negation des auf die Verteidigung der Menschen-rechte und eine Aneignung demokratischer Handlungsprinzipien zielenden Widerstandsbegriffs manifestiert haben.

Zwar hatte das Braunschweiger Gericht mit der Verurteilung von Otto Ernst Remer im März 1952 die Legitimität des Widerstandes vom 20. Juli 1944 anerkannt, und der Remer-Prozess markiert, wie Rudolf Wassermann schreibt, eine »Wende in der Bewertung des 20. Juli«.[8] Auch Fritz Bauer war »hoch befriedigt über die Wirkung des Urteils in der Öffentlichkeit«, wie Wassermann

4 Gespräche mit Fritz Bauer. Aufgezeichnet von Gerhard Zwerenz. Streit, Zeit, Schrift, H. 6, 1968. S. 92.

5 Fritz Bauer: Lebendige Vergangenheit. Vorgänge, H. 7, 1963. S. 197.

6 Fritz Bauer: NS-Verbrechen vor deutschen Gerichten. Diskussion, H. 14, 1964. S. 5.

7 Fritz Bauer: In unserem Namen. Justiz und Strafvollzug. In: Helmut Hammerschmidt (Hg.): Zwanzig Jahre danach. Eine deutsche Bilanz 1945-1965. Achtunddreissig Beiträge deutscher Wissenschaftler, Schriftsteller und Publizisten. München, Basel, Wien 1965. S. 302.

8 Rudolf Wassermann: Zur juristische Bewertung des 20. Juli 1944. RuP, H. 2, 1984. S. 70.

berichtet[9], und vor allem für die Überlebenden und Angehörigen des Widerstandes bedeutete das Urteil im Kontext der dargelegten normativen Indifferenz gegenüber den Regimegegnern, der Anfang der fünfziger Jahre weitverbreiteten Verleumdungen und Kampagnen gegen den Widerstand sowie dessen weitreichende Entlegitimierung durch die Rechtsprechung westdeutscher Gerichte ein »Meilenstein der Nachkriegsgeschichte«.[10]

Fritz Bauers Rechtsposition zum Widerstand zielte jedoch auf eine Anerkennung der Legitimität von widerständigem Verhalten, die über die Rehabilitierung des historischen Widerstandes vom 20. Juli 1944 hinausverweisen sollte. Fritz Bauer postulierte Widerstand als demokratischen Gedanken, der in der Diktatur seine Relevanz erhält und in der Demokratie als strukturelle Kritik von Herrschaft weiter seine Bedeutung behält. Hier ging es um die Realisierung einer bürgerschaftlichen Idee politischer Partizipations-rechte und -pflichten, die in den Mittelpunkt demokratischer Ordnung als einem Gegenkonzept zur Erfahrung der Diktatur und der mit ihr einhergehenden historischen Negation des Individuums rückte. Im Zentrum der praktischen Realisierung demokratischer Ordnung stand in dieser Perspektive die Konstituierung einer citizenship als einer Zivilgesellschaft, die bürgerschaftliche Grundrechte zusichert, die auf einer in der politischen Kultur verankerten positiven Identifizierung des Bürgers mit der Demokratie basiert und eine kritische Öffentlichkeit postuliert. Damit fokussierte Fritz Bauer zwei zentrale Elemente des Demokratisierungsprozesses.[11] Als die »Quintessenz der (von Bauer formulierten) Demokratieprinzipien« fasst auch Ilse Staff in ihrem Aufsatz über Bauers politisches Denken das »Handlungskonzept« zusammen, das sich daraus für die Bürger der bundes-republikanischen Nachkriegsgesellschaft ergibt:

»Der wesentliche Gesichtspunkt ist (...), dass Demokratie für Fritz Bauer ›mitbürgerliche und mitmenschliche Solidarität‹ voraussetzt und – wie er es nennt – ›Gläubiger des Rechts‹ nicht nur der Staat, sondern gleichfalls der Bürger gegenüber seinem Mitbürger ist.«[12]

Fritz Bauers Widerstandsbegriff konkretisierte eine politische Haltung, die in Frontstellung und klarer Abgrenzung zum NS-Unrechtsstaat eine Ethik des Pluralismus zum normativen Kern hatte und einen Vorrang des Subjekts begründete. In einer Ethik des Pluralismus rückte Fritz Bauer den Menschen als einzig gültigen Bezugspunkt in den Mittelpunkt demokratischer Ordnung, in-

9 Rudolf Wassermann, a.a.O. S. 79.

10 Rudolf Wassermann, a.a.O. S. 68.

11 Vgl. zu Elementen von Demokratisierungsprozessen Hartmut Kaelble: Wege zur Demokratie. Von der Französischen Revolution zur Europäischen Union. Stuttgart 2001. S. 13.

12 Ilse Staff: Überlegungen zum Staat als »Vereinigung einer Menge von Menschen unter Rechtsgesetzen«. In memoriam Fritz Bauer. Blätter, H. 12, 1993. S. 1527 u. S. 1528.

dem er eine personale Identität des Einzelnen forderte, die die Handlungsfähigkeit und -befugnis des Bürgers im politischen System verlangte, und indem Bauer eine soziale Identität postulierte, die eine egalitäre Zuordnung der Menschen in der Gesellschaft einforderte. Das Fundament von Bauers politischer Haltung bildete ein an Gustav Radbruchs in den zwanziger Jahren entfaltetem Begriff der Gemeinschaft und Max Webers Konzept der Werturteilsfreiheit sowie Arthur Schopenhauers Ethik des Mitleids geschulter demokratischer Sozialismus. Die dabei von Bauer eingenommene skeptische, realistische und relativistische Perspektive steht in der Nachkriegszeit dem Denken von Albert Camus nahe, insofern sie auf eine Realisierung und praktische Lebensgestaltung gerichtet ist.
Gegenüber dieser politischen Haltung und der ihr adäquaten Rechtsauffassung dominierte eine Auffassung demokratischer Ordnung, die wesentlich aus zwei Elementen bestand: Sie rückte die Ordnungsfunktion des Staates als rein formale Kategorie in den Mittelpunkt staatlicher Ordnung, leitete hiervon ein Primat des Nationalen ab und vertrat einen streng hierarchischen Partizipationsbegriff, der eine institutionelle Elite zum Subjekt der Demokratie machte, den Menschen hingegen eine Rolle politisch unbedeutender Untertanen zuwies. Kritik bedeutete in dieser etwa von Hermann Weinkauff vertretenen Perspektive ein Angriff auf das Fundament der Nachkriegsgesellschaft.

Fritz Bauer konfrontierte dieses politische Denken allerdings mit einem Primat des mündigen Bürgers als dem Subjekt der Demokratie, das er nicht nur als politische Idee in den Diskurs der Nachkriegszeit einbrachte, sondern darüber hinaus in der politischen Praxis realisierte. Als politischer Akteur trat er seit Mitte der fünfziger Jahre offensiv in der bundesrepublikanischen Öffentlichkeit auf und initiierte einen kritischen Dialog mit den Deutungseliten der Bundesrepublik. Nachdem er Anfang der fünfziger Jahre im Kontext einer weitreichenden öffentlichen und juristischen Entlegitimierung von Widerstand zur Durchsetzung der Anerkennung des Widerstandsrechts gegenüber dem NS-Unrechtsstaat an die staatliche Vergangenheitspolitik angeknüpft hatte und etwa mit seiner Rechtsauffassung an die etwa im Kontext der von der Bundesrepublik angestrebten Souveränität Westdeutschlands betriebene geschichtspolitische Interpretation des 20. Juli 1944 als der deutschen nationalen Freiheitsbewegung anknüpfte, lassen die politische und juristische Handlungsstrategien von Bauer seit Mitte der fünfziger Jahre andere Akzente erkennen: Vor dem Hintergrund einer in den fünfziger und sechziger Jahren in Westdeutschland als unproblematisch wahrgenommenen Integration ehemaliger NS-Funktionsträger in die demokratischen Institutionen der Bundesrepublik sowie der gleichzeitig vollzogenen Einschränkung der dem Bürger zugestandenen politischen Handlungsbefugnis kritisierte Bauer zunehmend öffentlich eine von ihm diagnostizierte normative Indifferenz der westdeutschen Gesellschaft gegenüber dem NS-Unrechtssystem. Das noch heute in der Forschung oft entproblematisierte Phänomen der personellen Kontinuitäten trat Fritz Bauer mit den Rechtsauffassungen von Hermann Weinkauff, Hans Welzel oder Erich Günther Topf und der von ihnen praktisch vollzogenen Entlegitimierung eines Widerstandsrechts des Einzelnen in seiner konkreten Bedeutung für die demokratische Ordnung gegenüber. Bauer konfrontierte diese Aushöhlung demokratischer Normen mit kritischen Stellungnahmen und einer Konzeption von NS-Verfahren als Grundsatzprozesse hinsichtlich der Frage des Widerstandsrechts. Daneben differenzierte er seinen Widerstandsbegriff in den sechziger Jahren aus. Er unterschied von einem auf den NS-Unrechtsstaat bezogenen »totalen Widerstandsrecht« ein »partielles Widerstandsrecht«, mit dem der Bürger zur Realisierung von Kritik und Opposition und damit zur Realisierung seiner demokratischen Partizipationsrechte in der Demokratie aufgefordert wird. Fritz Bauer trat zudem als politischer Akteur in der Öffentlichkeit auf und lebte damit das Postulat einer handlungsfähigen und Existenz des Einzelnen in der Demokratie vor.

Die politische Haltung und Praxis von Fritz Bauer kann als eine kritische Vergangenheitspolitik kategorisiert werden. Der von Norbert Frei geprägte Begriff der Vergangenheitspolitik, der den staatlichen Umgang mit den NS-Tätern in der Bundesrepublik der frühen fünfziger Jahre bezeichnet[13], soll hier auf das Denken und die politische Praxis von Fritz Bauer Anwendung finden, um zu unterstreichen, dass sich das Politische nicht in legislativem und exekutivem Handeln erschöpfte. Politisches Handeln, zumal vergangenheits-politisch aufklärerisches Handeln in den ersten zwei Jahrzehnten der Bundesrepublik, war auf Initiativen Einzelner und einen Diskussionszusammenhang angewiesen, den gesellschaftskritische Zeitschriften und Jugendorganisationen herstellten.[14] Die von Fritz Bauer intendierte aufklärende, auf das Subjekt verweisende Auseinandersetzung mit der NS-Geschichte kann einem historisch-dialektischen Typus von gesellschaftlicher Kritik zugeordnet werden, die auf eine Durchsetzung einer politischen Idee von Partizipation zielte, die den Bürger als handelndes Subjekt in den Mittelpunkt rückte und in Theorie und Praxis eine Alternative zur staatlichen Vergangenheitspolitik entwickelte.

Wie sind nun die Debatten mit Blick auf die einleitend formulierte These zu bewerten, dass die Analyse der Widerstandsrezeption Aussagen über den Prozess der Konsolidierung der demokratischen politischen Kultur nach 1945

---

13 Vgl. Norbert Frei: Vergangenheitspolitik. Die Anfänge der Bundesrepublik und die NS-Vergangenheit. München ^{2}1997.

14 Vgl. dazu die Biographien kritischer Vergangenheitspolitiker in Claudia Fröhlich, Michael Kohlstruck (Hg.): Engagierte Demokraten. Vergangenheitspolitik in kritischer Absicht. Münster 1999.

ermöglicht? Peter Steinbach bewertet die Wirksamkeit des Verfahrens gegen Remer und den Einfluss des Engagements Bauers auf das politische Bewusstsein der westdeutschen Gesellschaft – ähnlich wie Fritz Bauer in den sechziger Jahren selbst – zurückhaltend. Der Prozess stellt danach einen »Schritt in der Akzeptanz des antinazistischen Widerstands«[15] dar. Auch Regina Holler formuliert in ihrer rezeptionsgeschichtlichen Forschungsarbeit den Befund, mit dem Verfahren gegen Remer sei eine »Ehrenrettung (der Widerstandskämpfer) mit Dauerwirkung«[16] nicht gelungen. Basis dieser Einschätzungen sind u.a. die bereits zitierten Ergebnisse von Umfragen, die die Haltungen der Deutschen zum Widerstand erfassen. Nur wenige Monate nach Abschluss des Remer-Verfahrens, im Dezember 1952, bejahen nur 20 Prozent der Befragten die Frage, ob es während des Krieges gerechtfertigt war, Widerstand zu leisten, 34 Prozent der Befragten der repräsentativen Umfrage halten es auch rückblickend für besser zu warten, 15 Prozent sprechen sich gegen den antinationalsozialistischen Widerstand aus und 31 Prozent trauen sich kein Urteil zu.[17]

Bedeuten Fritz Bauers Bilanz, also die negative Bilanz des historischen Akteurs, sowie die Ergebnisse rezeptionsgeschichtlicher Arbeiten, die skeptischen Schlussfolgerungen hinsichtlich einer Wirkung der Rehabilitierung des Widerstandes auf die politische Kultur der bundesrepublikanischen Gesellschaft, dass eine kritische Vergangenheitspolitik nicht nur erfolglos, sondern überdies im Kontext der Etablierung des demokratischen Systems normativ und strukturell bedeutungslos war?

Wird die Frage nach dem einleitend geschilderten Transformationsprozess vom diktatorischen NS-System, das einen extrem negativen Bezugspunkt für die postdiktatorische Gesellschaft bedeutete, hin zur westdeutschen demokratischen Ordnung im Zusammenhang mit der Bedeutung der Aufarbeitung der Geschichte des Nationalsozialismus diskutiert, gehen die Einordnungen weit auseinander. Seit Gründung der Bundesrepublik spiegeln politisch-publizistische und wissenschaftliche Debatten, die nur allzu oft miteinander verknüpft sind und sich gegenseitig bedingen, wie umstritten der Stellenwert der Thematisierung des Nationalsozialismus als normativer Bezugsrahmen und »politisches Layout«[18] für die Formierung der Demokratie ist.[19] Die Positionen rei-

15 Peter Steinbach: »Stachel im Fleisch der deutschen Nachkriegsgesellschaft.« APuZ, B 28/94, 1994. S. 7.

16 Regina Holler: 20. Juli 1944. München u.a. 1994. S. 128.

17 Vgl. Elisabeth Noelle, Erich Peter Neumann (Hg.): Jahrbuch der öffentlichen Meinung 1947-1955. Allensbach. ²1965. S. 138.

18 Gerd Roellecke: Der Nationalsozialismus als politisches Layout der Bundesrepublik Deutschland. Der Staat, H. 4, 1989. S. 505ff.

chen von der in der Nähe von Fritz Bauers Denken anzusiedelnden und von Karl Jaspers in seiner *Vorlesungsreihe über die geistige Situation in Deutschland* im Wintersemester 1945/46 an der Universität Heidelberg postulierten Auseinandersetzung mit der Schuldfrage und politischen Haftung als »Bedingung auch unserer politischen Freiheit«[20] bis hin zu der von Hermann Lübbe 1983 in seinem Abschlussvortrag *Der Nationalsozialismus im politische Bewusstsein der Gegenwart* im Rahmen der zum 50. Jahrestag der nationalsozialistischen Machtübernahme in Berlin veranstalteten Konferenz formulierten These, in der Nachkriegszeit sei nicht die Auseinandersetzung mit der Vergangenheit, sondern die »Diskretion« und »gewisse Stille« das »politisch nötige Medium der Verwandlung unserer Nachkriegsbevölkerung in die Bürgerschaft der Bundesrepublik« gewesen.[21] Bei Jaspers wurde die »Arbeit des Verstandes«, »das Klarwerden«[22], »eine restlose Selbstdurchleuchtung«[23] und eine kommunikative Auseinandersetzung mit der Vergangenheit zur existentiellen Voraussetzung einer Formierung demokratischer Ordnung.[24] Lübbe hingegen konstatierte eine »Evidenz der Niederlage und ihrer Schrecken«[25], die die Vergangenheit als »diskussions-unbedürftig«[26] erscheinen lässt. Während Jaspers, 1945 auf seinen Lehrstuhl für Philosophie an der Universität Heidelberg zurückgekehrt, bereits 1948 einen Ruf nach Basel angenommen und Deutschland unter dem Eindruck verlassen hatte, die Gesellschaft wehre die Vergangenheit ab[27], bilanzierte Lübbe in den achtziger Jahren eine durchaus gelungene Aufarbeitung der nationalsozialistischen Vergangenheit.

Zählte Bauer zu den radikalen Demokraten, die sich im Anschluss an Lübbe und mit Kurt Sontheimer fragen lassen müssen, ob ihre »Forderungen

19 Einen Überblick über die parlamentarischen Debatten gibt Helmut Dubiel: Niemand ist frei von Geschichte. Die nationalsozialistische Herrschaft in den Debatten des Deutschen Bundestages. München 1999.

20 Karl Jaspers: Die Schuldfrage. Von der politischen Haftung Deutschlands. München, Zürich ²1996. S. 82. (Erstausgabe 1946)

21 Hermann Lübbe: Der Nationalsozialismus im politischen Bewußtsein der Gegenwart. In: Martin Broszat u.a. (Hg.): Deutschlands Weg in die Diktatur. Internationale Konferenz zur nationalsozialistischen Machtübernahme. Referate und Diskussionen. Berlin 1983. S. 329ff, bes. S. 334f.

22 Karl Jaspers, a.a.O. S. 10.

23 Karl Jaspers, a.a.O. S. 61.

24 Vgl. Anson Rabinbach: Der Deutsche als Paria. Deutsche und Juden in Karl Jaspers' »Die Schuldfrage«. In: Bernhard Moltmann u.a. (Hg.): Erinnerung: zur Gegenwart des Holocaust in Deutschland-West und Deutschland-Ost. Frankfurt a.M. 1993. S. 169ff.

25 Hermann Lübbe: Verdrängung? Über eine Kategorie zur Kritik des deutschen Vergangenheitsverhältnisses. In: Herbert A. Strauss, Norbert Kampe (Hg.): Lerntag über den Holocaust in der politischen Kultur seit 1945. Berlin 1985. S. 54.

26 Hermann Lübbe, a.a.O. 53.

27 Zit.n. Hans Saner: Karl Jaspers. Reinbek 1970. S. 56.

und Erwartungen nicht überzogen, ja irreal gewesen waren, weil sie nicht mit der Wirklichkeit des Lebens rechneten«?[28] War Fritz Bauer ein »Zufrühgekommener«, wie Freunde meinten?[29] War er ein »seinen Zeitgenossen vorauseilende(r) (...) Avantgardist?[30] Begleitete die kritische Vergangenheitspolitik, wie Konservative meinen, die Regierungspolitik der frühen Bundesrepublik nur »wie mißtönendes Möwenkrächzen die Fahrt eines großen Schiffes?«[31]

Christoph Kleßmann hat darauf hingewiesen, dass mit diesem Blick auf die westdeutsche Geschichte »eine ganze politische Dimension ausgeblendet« wird.[32] Bezogen auf die Historiographie des Umgangs mit der NS-Vergangenheit bergen diese Einordnungen die Gefahr, die Position der offiziellen Vergangenheitspolitik der fünfziger und sechziger Jahre, die Abwehr der Vergangenheit und eine weitreichende Entlegitimierung des Widerstands, als eine quasi historische Notwendigkeit zu reproduzieren. Vor allem gerät hier die Rolle des vergangenheitspolitischen Kritikers Fritz Bauer als einem politischen Akteur im Kontext der Etablierung der demokratischen Ordnung nach 1945 aus dem Blick.

Werden im Anschluss an die eingangs vorgestellte Theorie der NS-Konflikte von Michael Schwab-Trapp und Thomas Herz und die von ihnen formulierte Theorie der Politischen Kultur die Debatten um Widerstand im NS-Staat analysiert, die auf einer unmittelbaren Ebene über politische Ziele, Interessen und Normen entscheidet, unterlag eine kritische Vergangenheitspolitik – auch im Kontext eines vorläufigen Endes des von Fritz Bauer gedachten und gelebten demokratischen Sozialismus[33] – weitgehend der Deutungsmacht eines elitären Politikbegriffs und der Etablierung des Deutungsmusters nationaler

28 Kurt Sontheimer: Die Adenauer-Ära. Grundlegung der Bundesrepublik. München 1991. S. 187.

29 Rudolf Wassermann: Fritz Bauer (1903-1968). In: Peter Glotz, Wolfgang R. Langenbucher (Hg.): Vorbilder für Deutsche. Korrektur einer Heldengalerie. München, Zürich 1974. S. 305. Vgl. auch die Rede von Helga Einsele im Rahmen der Feier zum Gedenken an Dr. Fritz Bauer am 15. November 1993 in Frankfurt am Main. In: Hessisches Ministerium für Justiz (Hg.): Fritz Bauer. Eine Denkschrift. Frankfurt a.M. 1993. S. 20.

30 Matthias Meusch: Von der Diktatur zur Demokratie. Fritz Bauer und die Aufarbeitung der NS-Verbrechen in Hessen (1956-1968). Wiesbaden 2001. S. 382.

31 So Hans-Peter Schwarz: Die Ära Adenauer. Gründerjahre der Republik. 1949-1947. (Geschichte der Bundesrepublik Deutschland, Bd. 2) Stuttgart 1981. S. 448.

32 Christoph Kleßmann: Ein stolzes Schiff und krächzende Möwen. Die Geschichte der Bundesrepublik und ihre Kritiker. GG, H. 4, 1985. S. 480.

33 Vgl. Helga Grebing: Demokratie ohne Demokraten? Politisches Denken, Einstellungen und Mentalitäten in der Nachkriegszeit. In: Everhard Holtmann (Hg.): Wie neu war der Neubeginn? Zum deutschen Kontinuitätsproblem nach 1945. Erlangen 1989. S. 10.

Identität. In einer systematischen Perspektive der geschilderten Konflikttheorie muss dieser Befund allerdings ergänzt werden.

Im Anschluss an Schwab-Trapp und Herz können die Konflikte um die Vergangenheit auch als Wertkonflikte beschrieben werden, die »jene sehr allgemeinen und elementaren Aspekte der Kultur«, nämlich die Regeln politischer Autorität, diskutieren und neu bestimmen.[34] Eine kritische Vergangenheitspolitik, die zur Bildung einer oppositionellen Öffentlichkeit in der Ära Adenauer beigetragen hat, kann demnach als ein systematischer Beitrag zur Etablierung des demokratischen Systems bewertet werden. Die biographische Perspektive ermöglicht in der Zusammenschau der Einzelbefunde der Arbeit die Feststellung, dass der politische Akteur Fritz Bauer als Generalstaatsanwalt und Beamter im historischen Kontext eines weitverbreiteten »Rückzugs ins Private«[35] dezidiert die Rolle des politisch engagierten Bürgers übernahm und damit die Suche nach dem Bürger als Subjekt in der Demokratie selbst tätig vorgelebt und realisiert hat. Erinnert sei in diesem Zusammenhang an das Engagement von Fritz Bauer im Rahmen der Gründung der Humanistischen Union und der *Kritischen Justiz*, an seine öffentlich formulierte Kritik an dem Urteil des BGH, das ein Widerstandsrecht eines Soldaten mangels Erfolgsaussicht negierte und an seine öffentliche Stellungnahme zur parlamentarischen Debatte über seinen Vortrag über *Die Wurzeln faschistischen und nationalsozialistischen Handelns.*[36]

In der Perspektive der Werteforschung kann die kritische Vergangenheitspolitik als ein Veränderungsimpuls[37] erfasst werden, der zur Etablierung von Opposition, Kritik und bürgerschaftlicher Partizipation und damit zur Konstituierung einer demokratischen politischen Kultur beigetragen hat. Die seit den späten fünfziger Jahren von Fritz Bauer verfolgte Strategie öffentlicher vergangenheitspolitischer Kritik kann als ein Beitrag zu einer Entwicklungsphase neuer partizipatorischer Formen in der westdeutschen Gesellschaft konturiert werden. Im Rahmen der Etablierung der demokratischen Ordnung

34 Thomas Herz, Michael Schwab-Trapp: Konflikte über den Nationalsozialismus nach 1945. Eine Theorie der politischen Kultur. In: Dies. (Hg.): Umkämpfte Vergangenheit. Diskurse über den Nationalsozialismus seit 1945. Opladen 1997. S. 21.

35 Vgl. Rudolf Wassermann: Kontinuität oder Wandel? Konsequenzen aus der NS-Herrschaft für die Entwicklung der Justiz nach 1945. Schriftenreihe der Niedersächsichen Landeszentrale für Politische Bildung. Hannover 1984. S. 24.

36 Fritz Bauer in der FR am 14.7.1962.

37 Klaus Schönhoven spricht von einer »Fülle von Veränderungsimpulsen«, die sich »wechselseitig verstärkten« und seit den späten fünfziger Jahren eine »Periode des gleitenden Übergangs« und ein Ende der Nachkriegszeit bedeuteten. Vgl. Klaus Schönhoven: Aufbruch in die sozialliberale Ära. Zur Bedeutung der 60er Jahre in der Geschichte der Bundesrepublik. GG, H. 1 , 1999. S. 128.

nach ihrer Institutionalisierung durch das Grundgesetz, kann das politische Handeln Fritz Bauers als *ein* Konstruktionsprinzip betrachtet werden, und der Befund der vorliegenden Arbeit kann danach als ein ideengeschichtlicher Hintergrund für den von der Werteforschung ausgemachten Umbruchcharakter der sechziger Jahre eingeordnet werden, der einen »Übergang von Pflicht- und Akzeptanzwerten wie Disziplin, Gehorsam, Leistungsbereitschaft (...) hin zu Selbstentfaltungswerten mit (...) partizipatorischen und emanzipatorischen Komponenten, die sich dann auch in unkonventionellen politischen Verhaltensweisen« spiegelt.[38] Die politische Haltung und die politische Praxis von Fritz Bauer gehören insgesamt zu den von Hartmut Kaelble beschriebenen langfristig wirksamen Implikationen, die den großen Demokratisierungsschub nach 1945 bewirkten.[39]

Die Qualität der westdeutschen Demokratie basiert demnach auf einem höchst ambivalenten historischen Entwicklungsprozess. Während in den späten fünfziger und in den sechziger Jahren eine demokratische Kultur eingeübt und – oft unter erheblichen persönlichen Risiken für die Akteure[40] – realisiert wurde, manifestierte sich bei weiten Teilen der Angehörigen der westdeutschen Deutungselite eine etatistische und elitäre Auffassung von Politik, die wenigstens auf eine Ungleichzeitigkeit in der Realisierung demokratischer Ordnung auf einer werthaften Ebene einerseits und einer materialen Ebene andererseits schließen lässt. Aus der Analyse der Widerstandsrezeption lässt sich danach neben einem Plädoyer für ein politisches Engagement des Bürgers, das Postulat herleiten, die Qualität von Demokratie am Maßstab der Realisierung beider Ebenen politischer Kultur festzumachen.

Geht man im Anschluss an Michael Greven davon aus, dass ein Vergessen oder die Ignoranz der historischen Entstehung der politischen Kultur der Bundesrepublik, die als Gegenkultur zur Diktatur erkämpft wurde, den Prozess der Aufweichung politischer und demokratischer Normen begünstigt[41], müssen die beschriebenen Ambivalenzen reflektiert werden, wenn von »Ausgangspunkten einer Erfolgsgeschichte«[42] der westdeutschen Demokratie die

38 Klaus Schönhoven, a.a.O. S. 140f.

39 Vgl. Hartmut Kaelble: Wege zur Demokratie. Von der Französischen Revolution zur Europäischen Union. Stuttgart 2001. S. 7ff.

40 Fritz Bauer galt als »Nestbeschmutzer« und erhielt täglich Drohbriefe. Nach Helga Einsele äußerte er als Reaktion auf die Angriffe. »Wenn ich mein Büro verlasse, befinde ich mich im feindlichen Ausland.« Vgl. die Rede von Helga Einsele im Rahmen der Feier zum Gedenken an Dr. Fritz Bauer am 15. November 1993 in Frankfurt am Main. In: Hessisches Ministerium der Justiz (Hg.): Fritz Bauer. Eine Denkschrift. Frankfurt a.M. 1993. S. 21.

41 Vgl. Michael Th. Greven: Die politische Gesellschaft. Opladen 1999.

42 Kurt Sontheimer: Die Adenauer-Ära. Grundlegung der Bundesrepublik. München 1991. S. 188.

Rede ist. Die Rekonstruktion und Analyse der Auseinandersetzung um den Widerstand als Kampf »(w)ider die Tabuisierung des Ungehorsams« und als materialer und systematischer Suche nach dem Subjekt der demokratischen Ordnung kann die Dimensionen der Begriffe und Normen der politischen Gesellschaft in späteren und gegenwärtigen Auseinandersetzungen schärfen.

Der Widerstand vom 20. Juli scheint heute in der Gesellschaft »angekommen« zu sein. Anlässlich des 60. Jahrestags des 20. Juli 1944 bewerteten im Sommer 2004 über 70 Prozent der befragten Deutschen in einer Meinungsumfrage das Attentat positiv.[43] Widerständiges Handeln von Einzelnen aber löst noch in den späten neunziger Jahren kontroverse Debatten aus. Lothar Fritze behauptetet etwa, der Hitler Attentäter Johann Georg Elser sei ein »Durchschnittsbürger« gewesen, der seine »politische Beurteilungskompetenz« überschritten habe.[44] Die Mitte der sechziger Jahre, in der Erfahrung der Ausgrenzung und Abwehr eines Widerstandsrechts des Einzelnen, formulierte Aufforderung von Fritz Bauer, die Gesellschaft müsse »die Pflicht zum Nein gegenüber unmenschlichen Anordnungen« anerkennen und der – auf die Verantwortung aller Bürger verweisenden – Nachsatz, »das (...) wird von uns allen gefordert«[45], scheint nach diesem Befund ihre Bedeutung noch nicht verloren zu haben.

---

43 So die Bilanz von Johannes Tuchel zit. n. Klaus Wiegrefes Titelgeschichte zum 20. Juli: Helden und Mörder. Der Spiegel vom 12.7.2004, S. 35, Umfrageergebnisse S. 44.

44 Vgl. etwa die Debatte über den Text von Lothar Fritze in der FR vom 8.11.1999.

45 Fritz Bauer: Antinazistische Prozesse und politisches Bewußtsein. In: Hermann Huss, Andreas Schröder (Hg.), Antisemitismus, Frankfurt a.M. 1965. S. 185.

Dank und Widmung

Das vorliegende Buch ist eine leicht überarbeitete Fassung meiner Dissertation, mit der ich im Februar 2004 mein Promotionsverfahren am Otto-Suhr-Institut für Politikwissenschaft im Fachbereich Politik- und Sozialwissenschaften der Freien Universität Berlin abgeschlossen habe.

Die Studie hat zwei Doktorväter, beiden gilt mein erster und großer Dank. In einem Seminar von Prof. Dr. Joachim Perels an der Universität Hannover entstand die Idee, den Widerstandsbegriff von Fritz Bauer zu untersuchen. Joachim Perels hat meine Arbeit seitdem begleitet und unterstützt. Er hat mein Manuskript nicht nur gelesen, sondern studiert, kommentiert, redigiert und in zahlreichen Arbeitssitzungen am Institut oder im Arbeitszimmer in seiner Wohnung in Hannover mit mir diskutiert. In der Hoffnung, dass ich noch viele dieser lehrreichen und konstruktiven Gespräche mit ihm führen kann, danke ich auch Frau Perels für den stets so herzlichen Empfang. Prof. Dr. Peter Steinbach hat mir zunächst als Stipendiatin an der Forschungsstelle Widerstandsgeschichte von Gedenkstätte Deutscher Widerstand und Otto-Suhr-Institut der FU Berlin in einem von der VW-Stiftung geförderten Projekt zum Umgang mit dem Nationalsozialismus in beiden deutschen Staaten und seit April 1999 als Wissenschaftliche Mitarbeiterin im Bereich der Historischen Grundlagen der Politik am OSI die institutionelle Sicherheit und Freiräume gegeben, um meine Arbeit zu schreiben. Vielmehr noch: Ich konnte meine Arbeit im Colloquium des Arbeitsbereichs vorstellen und danke den MitarbeiterInnen des Arbeitsbereichs für Ihre Kritik. Peter Steinbach hat bei unseren Treffen immer wieder dafür gesorgt, dass der größere Kontext meiner Untersuchung sichtbar wird. Dafür danke ich ihm in der Hoffnung, einige dieser Gedanken und Anregungen sind in meiner Arbeit erkennbar. Ich habe an der Gedenkstätte Deutscher Widerstand, der die Forschungsstelle Widerstandsgeschichte auch räumlich zugeordnet ist, ein sehr produktives, anregendes und herzliches Arbeitsklima erfahren, für das ich allen dortigen MitarbeiterInnen außerordentlich danke. Mit Anneke de Rudder konnte ich regelmäßig Arbeitsergebnisse austauschen und Fragen debattieren, dafür danke ich ihr.

Andrea Genest hat zunächst als Kollegin und dann als meine beste Freundin in Berlin meine Arbeit immer mit offenem Ohr und Herz sowie ihrer Klugheit kommentiert und angeregt. Ihre Einschätzungen und ihre Freundschaft sind für mich unverzichtbar und unschätzbar wertvoll. Dass sich die ausgezeichnete Arbeitsatmosphäre an der Gedenkstätte Deutscher Widerstand und der Forschungsstelle entfalten kann, ist PD Dr. Johannes Tuchel, dem Leiter des Hauses, zu verdanken. Ihm und seiner Stellvertreterin Ute Stiepani danke ich für ihre große Unterstützung meiner Arbeit.

In Gesprächen hat zudem Dr. Helmut Kramer meine Arbeit angeregt. Dr. Michael Kohlstruck danke ich für die kontinuierlichen und produktiven Diskussionen in den vergangenen Jahren. Ich freue mich immer über seine Briefe, die mich auf neue Literatur und ältere, oft gleich in Kopie beigelegte, von ihm ausgegrabene Texte aufmerksam machen. Für diesen im Wissenschaftsbetrieb nicht immer selbstverständlichen Austausch danke ich ihm sehr. Seit 2003 arbeite ich mit Jasmin Lorch zusammen. Nach der Geburt meiner ersten Tochter ist meine Zeit knapper geworden, umso mehr danke ich ihr, dass sie mich immer schnell und professionell mit Literatur versorgt.

Für die Korrektur des Manuskripts danke ich PD Dr. Horst-Alfred Heinrich, Katja Fröhlich und Hubert Kögl. Susanne Brömel von der Gedenkstätte Deutscher Widerstand hat mir bei der Auswahl und ersten technischen Bearbeitung des auf der Titelseite abgebildeten Dokuments und Fotos geholfen.

Stellvertretend für die Unterstützung durch die MitarbeiterInnen in den Archiven, Ministerien und Staatsanwaltschaften, in denen ich recherchiert und Quellen ausgewertet habe, danke ich dem Leitenden Archivdirektor des Hauptstaatsarchivs Wiesbaden Dr. Klaus Eiler, Staatsanwältin Ursula Solf von der Staatsanwaltschaft Frankfurt am Main und Frau Dr. Ulrike Strauß vom Niedersächsischen Staatsarchiv Wolfenbüttel.

Ich freue mich sehr, dass das Fritz Bauer Institut in Frankfurt am Main meine Arbeit in die Wissenschaftliche Reihe aufgenommen hat. Dr. Irmtrud Wojak hat die leichte Überarbeitung meines Manuskripts begleitet. Ich danke ihr und hoffe, dass meine Detailstudie für ihre Biographie über Fritz Bauer ein hilfreicher Ausgangspunkt ist.

Tina Erhardt hat die Produktion des Buches im Campus Verlag begleitet, Petra Zimlich ist als Lektorin in der Abteilung Wissenschaft für die Betreuung meiner Publikation zuständig. Beiden danke ich für ihre geduldige Kooperation.

1965 hat Fritz Bauer eine Einleitung für Jürgen Seiferts Arbeit *Gefahr im Verzuge* verfasst. Als hessischer Generalstaatsanwalt und als SPD-Mitglied unterstützte Bauer die kritische Auseinandersetzung mit der Notstandsverfassung von Jürgen Seifert, der 1961 als Mitglied des Sozialistischen Deutschen

Studentenverbundes (SDS) aus der SPD ausgeschlossen worden war. Nachdem Fritz Bauer vergeblich versucht hatte, den ausgebildeten Juristen Seifert als Mitarbeiter für die Staatsanwaltschaft Frankfurt zu gewinnen, begleitete er dessen politische und wissenschaftliche Arbeit, bei der Seifert ähnlich wie Bauer juristische Methoden als *ein* analytisches Instrumentarium von Politik einsetzte. Die Analyse von Herrschaftsstrukturen und eine notwendig damit verbundene politische Arbeit verstanden Bauer und Seifert als einen konkreten »Kampf gegen die Aushöhlung und Beseitigung rechtsstaatlich demokratischer Verfassungspositionen« (Joachim Perels). Nachdem ich Einblicke in das politische Denken und die erkenntnisleitende Methode von Jürgen Seifert während meines Studiums in Hannover vor allem in den von ihm als Professor für Politische Wissenschaft wöchentlich veranstalteten tagespolitischen Colloquien erhalten habe, hat er meine Arbeit über den Widerstandsbegriff von Fritz Bauer zuerst mit Skepsis, später mit begeistertem Interesse verfolgt. Jürgen Seifert ist im Juni 2005 gestorben. Ihm widme ich die vorliegende Studie über Fritz Bauers Widerstandsbegriff und die Aufarbeitung von NS-Verbrechen.

Berlin, im Oktober 2005 Claudia Fröhlich

Anhang

Abkürzungsverzeichnis

APuZ	Aus Politik und Zeitgeschichte. Beilage zur Wochenzeitung Das Parlament
AT	Arnoldshainer Texte: Schriften aus der Arbeit der Evangelischen Akademie Arnoldshain
BEG	Bundesergänzungsgesetz zur Entschädigung für Opfer der nationalsozialistischen Verfolgung
BGH	Bundesgerichtshof
Bl.	Blatt
Blätter	Blätter für deutsche und internationale Politik
BZG	Beiträge zur Geschichte der Arbeiterbewegung
CDU	Christlich Demokratische Union
DA	Deutschland Archiv. Zeitschrift für das vereinigte Deutschland
Der Staat	Der Staat. Zeitschrift für Staatslehre und Verfassungsgeschichte, deutsches und europäisches öffentliches Recht
DH	Dachauer Hefte. Studien und Dokumente zur Geschichte der nationalsozialistischen Konzentrationslager
DJ	Deutsche Justiz: Rechtspflege und Rechtspolitik
DP	Deutsche Partei
DRiZ	Deutsche Richterzeitung
DSZNZ	Deutsche Soldaten-Zeitung und National-Zeitung
EVA	Europäische Verlagsanstalt
Exilforschung	Exilforschung. Ein internationales Jahrbuch
F.A.Z.	Frankfurter Allgemeine Zeitung
FDP	Freie Demokratische Partei

FH	Frankfurter Hefte. Zeitschrift für Kultur und Politik
FR	Frankfurter Rundschau
FuR	Freiheit und Recht. Die Stimme der Widerstandskämpfer für ein freies Europa
GA	Goltdammer`s Archiv für Strafrecht
GEP	Geschichte, Erziehung, Politik
Gestapo	Geheime Staatspolizei
GG	Grundgesetz
GG	Geschichte und Gesellschaft. Zeitschrift für historische Sozialwissenschaft
GSR	German Studies Review
Gsta	Generalstaatsanwalt
GstaA	Generalstaatsanwaltschaft
GuG	Geschichte und Gegenwart. Vierteljahreshefte für Zeitgeschichte, Gesellschaftsanalyse und politische Bildung
GuT	Geist und Tat. Monatsschrift für Recht, Freiheit und Kultur
GVG	Gerichtsverfassungsgesetz
GWU	Geschichte in Wissenschaft und Unterricht
HZ	Historische Zeitschrift
IWK	Internationale wissenschaftliche Korrespondenz zur Geschichte der deutschen Arbeiterbewegung
JR	Juristische Rundschau
JZ	Juristenzeitung
KJ	Kritische Justiz
KZG	Kirchliche Zeitgeschichte: internationale Halbjahresschrift für Theologie und Geschichtswissenschaft
LG	Landgericht
Lgdir	Landgerichtsdirektor
Lgrat	Landgerichtsrat
MDR	Monatsschrift für deutsches Recht
MGM	Militärgeschichtliche Mitteilungen
MschrKrim	Monatsschrift für Kriminologie und Strafrechtsreform

NB	Neues Beginnen. Zeitschrift der Arbeiterwohlfahrt
NG	Die Neue Gesellschaft
NG/FH	Die Neue Gesellschaft/Frankfurter Hefte
NJ	Neue Justiz
NJW	Neue juristische Wochenschrift
NPL	Neue politische Literatur: Berichte über das internationale Schrifttum
NSDAP	Nationalsozialistische Deutsche Arbeiterpartei
NSRB	Nationalsozialistischer Rechtswahrerbund
NSV	Nationalsozialistische Volkswohlfahrt
NZ	Neue Zeitung
NZZ	Neue Zürcher Zeitung. Internationale Ausgabe
OLG	Oberlandesgericht
OKH	Oberkommando des Heeres
Osta	Oberstaatsanwalt
Psyche	Psyche. Zeitschrift für Psychoanalyse und ihre Anwendungen
PVS	Politische Vierteljahresschrift
RA	Rechtsanwalt
RDB	Reichsbund der Deutschen Beamten
RLB	Reichsluftschutzbund
RNZ	Rhein-Neckar-Zeitung
RuP	Recht und Politik. Vierteljahreshefte für Rechts- und Verwaltungspolitik
SA	Sturmabteilung
SBZ	Sowjetische Besatzungszone
SD	Sicherheitsdienst
SdG	Stimme der Gemeinde zum kirchlichen Leben, zur Politik, Wirtschaft und Kultur
SJZ	Süddeutsche Juristen-Zeitung
SoPaDe	Sozialdemokratische Partei Deutschlands (im Exil)
SPD	Sozialdemokratische Partei Deutschlands
SRP	Sozialistische Reichspartei
SS	Schutzstaffel
StA	Staatsanwalt
StaA	Staatsanwaltschaft
StGB	Strafgesetzbuch

SZ	Süddeutsche Zeitung
Tribüne	Tribüne. Zeitschrift zum Verständnis des Judentums
Universitas	Universitas. Zeitschrift für interdisziplinäre Wissenschaft
VdS	Verband deutscher Soldaten
VfZ	Vierteljahrshefte für Zeitgeschichte
Vorgänge	Vorgänge. Zeitschrift für Bürgerrechte und Gesellschaftpolitik
VVN	Vereinigung der Verfolgten des Nazi-Regimes
WBG	Wissenschaftliche Buchgesellschaft
WdA	Die Welt der Arbeit. Wochenzeitung des Deutschen Gewerkschaftsbundes
ZfG	Zeitschrift für Geschichtswissenschaft
ZfP	Zeitschrift für Politik
ZRP	Zeitschrift für Rechtspolitik

Archivalien, Periodika, Gedruckte Quellen und Literatur, ausgewählte Schriften und Interviews von Fritz Bauer

I. Archivalien

1. Niedersächsisches Staatsarchiv (NdsStA), Wolfenbüttel
   62 Nds. Fb.3 Zg 51/1985, Nr. 2/01-2/16
   61 Nds. Fb.1, Nr. 24/01-24/08

2. Hessisches Hauptsstaatsarchiv (HStA), Wiesbaden
   Abt. 631a, Nr. 1-453
   Abt. 631a, Nr. 1734-1782

3. Hessisches Ministerium der Justiz und für Europaangelegenheiten (HMJE), Wiesbaden
   Personalakte Dr. Fritz Bauer

4. Niedersächsisches Ministerium für Justiz und für Europaangelegenheiten (NMdJE), Hannover
   Personalakte Dr. Erich Günther Topf

Personalakte Joachim Heppe

5. Humanistische Union (HU), Berlin
    Bestand Beitrittserklärungen
    Bestand Mitgliederversammlung

6. Gedenkstätte Deutscher Widerstand (GDW), Berlin
    Margret-Boveri-Archiv
    Sammlung Rundbriefe der Stiftung Hilfswerk 20. Juli 1944

7. Archiv der sozialen Demokratie der Friedrich-Ebert-Stiftung (AdsD der FES), Bonn
    Sammlung Personalia Fritz Bauer
    SPD-Bundestagsfraktion, III. WP.

8. Archiv der Frankfurter Rundschau (FR), Frankfurt a.M.
    Ausschnittsammlung Remer-Prozeß
    Dossier Fritz Bauer
    Dossier Hermann Weinkauff
    Dossier Otto Ernst Remer

9. Briefe an die Verfasserin
    Kurt Nelhiebel, 31.7.1995
    Bundespräsidialamt, 28.5.1997
    Helmut Kramer, 18.7.1995.

II. Periodika

Aufbau
Aus Politik und Zeitgeschichte

Badische Neueste Nachrichten
Blätter für deutsche und interationale Beziehungen
Berliner Morgenpost

Central European History

Dachauer Hefte
Daily Telegraph
Deutsche Justiz

Deutsche Post
Deutsche Richterzeitung
Deutsche Soldaten-Zeitung und National-Zeitung
Deutsche Zeitung und Wirtschaftszeitung
Diskus

Frankenpost (Hof)
Frankfurter Allgemeine Zeitung
Frankfurter Hefte
Frankfurter Rundschau
Freiburger Rundbrief
Freiheit und Recht

Die Gegenwart
Geschichte in Wissenschaft und Unterricht
Geschichte und Gesellschaft
Geist und Tat
Gewerkschaftliche Monatshefte
Gießener Freie Presse
Goltdammer`s Archiv für Strafrecht

Heidelberger Tageblatt
Holzarbeiter-Zeitung

Kritische Justiz
Kursbuch

Juristenzeitung

Leviathan

Monatsschrift für deutsches Recht
Monatsschrift für Kriminologie und Strafrecht
Münchner Merkur

Neue Presse (Frankfurt a.M.)
Die Neue Gesellschaft
Die Neue Zeitung
Neues Beginnen
Neutralität

Nürnberger Nachrichten
Neue juristische Wochenschrift

Das Parlament
Passauer Neue Presse
Politische Studien
Politische Vierteljahresschrift

Rhein-Neckar-Zeitung
Rheinische Post

Sozialistische Tribüne
Der Spiegel
Stimme der Gemeinde
Stuttgarter Zeitung
Süddeutsche Juristen-Zeitung
Süddeutsche Zeitung

Tägliche Rundschau
Der Tag
Die Tat
Telegraf
Tribüne

Quick

Vierteljahrshefte für Zeitgeschichte
Vorgänge

Die Welt
Welt am Sonntag
Welt der Arbeit

Die Zeit
Zeitschrift für Geopolitik
Zeitschrift für Geschichtswissenschaft
Zeitschrift für Politik

III. Gedruckte Quellen und Literatur[1]

Abendroth, Wolfgang: Der deutsche politische Widerstand gegen das »Dritte Reich«. In: Ders.: Antagonistische Gesellschaft und politische Demokratie. Neuwied 1972. S. 518ff.

Adorno, Theodor W.: Einleitung. In: Der Positivismusstreit in der deutschen Soziologie. Von Theodor W. Adorno, Hans Albert, Ralf Dahrendorf, Jürgen Habermas, Harald Pilot, Karl R. Popper. München 1993. (Zuerst 1969). S. 7ff.

— Studien zum autoritären Charakter. Frankfurt a.M. 1973.

— Was bedeutet: Aufarbeitung der Vergangenheit. (Zuerst 1959) In: Ders.: Eingriffe. Neun Kritische Modelle. Frankfurt a.M. [18]1996. S. 125ff.

— ; Horkheimer, Max: Elemente des Antisemitismus. Grenzen der Aufklärung. In: Dies.: Dialektik der Aufklärung. Philosophische Fragmente. Amsterdam 1947. S. 199ff.

— ; Horkheimer, Max: Vorurteil und Charakter. FH, H. 4, 1952. S. 284ff.

Albrecht, Willy (Hg.): Kurt Schumacher, Reden – Schriften – Korrespondenzen. Bonn 1985.

Alemann, Ulrich von; Forndran, Erhard: Methodik der Politikwissenschaft. Stuttgart, Berlin, Köln [4]1990.

Angermair, Rupert: Widerstandsrecht. In: Görres-Gesellschaft (Hg.): Staatslexikon. Recht, Wirtschaft, Gesellschaft. Bd. 8. Freiburg i.Br. 1963. S. 670ff.

Arendt, Hannah: Besuch in Deutschland. Berlin 1993. (Erstveröffentlichung 1950).

— Der Auschwitz-Prozeß. In: Dies.: Nach Auschwitz. Essays & Kommentare 1. Hg. v. Eike Geisel u. Klaus Bittermann. Berlin 1989. S. 99ff. (Critica Diabolis, 21).

— Eichmann in Jerusalem. Ein Bericht von der Banalität des Bösen. München [9]1995. (amerikanische Originalausgabe 1964).

— Elemente und Ursprünge totaler Herrschaft. München [3]1993.

Arndt, Adolf: Agraphoi nomoi. Widerstand und Aufstand. NJW, H. 10, 1962. S. 430ff.

— Rechtsdenken in unserer Zeit. Positivismus und Naturrecht. Ein Vortrag. Recht und Staat in Geschichte und Gegenwart, H. 180, 1955.

Arndt, Claus: Bürger oder Rebell. Zum Widerstandsrecht im Grundgesetz. APuZ, B 39, 1983. S. 25ff.

Arnot, Alexander: Widerstandsrecht. Bemerkungen zu der gegenwärtigen Auffassung in der Bundesrepublik Deutschland. Hamburg 1966.

Assmann, Aleida; Friese, Heidrun (Hg.): Identitäten. Frankfurt a.M. [2]1999.

Auschwitz-Prozeß 4 Ks 2/63 Frankfurt am Main. Hg. v. Irmtrud Wojak i.A. des Fritz Bauer Instituts. Köln 2004.

Autorenteam der Hochschulinitiative Demokratischer Sozialismus (HDS): Zur Einführung in die Theorie des Demokratischen Sozialismus: programmatische Grundsätze, Forschungsschwerpunkte, Literaturbericht, Bibliographie. Köln 1977. (Studientexte der Hochschulinitiative Demokratischer Sozialismus)

Bästlein, Klaus: »Nazi-Blutrichter als Stützen des Adenauer-Regimes«. Die DDR-Kampagnen gegen NS-Richter und -Staatsanwälte, die Reaktion der bundesdeutschen Justiz und

---

[1] Zur besseren Lesbarkeit wurde in Zitaten aus der nachgewiesenen Literatur bei häufig benutzten Begriffen (etwa Prozeß) eine Angleichung an die neue Rechtschreibung vorgenommen (etwa Prozess).

ihre gescheiterte »Selbstreinigung« 1957-1968. In: Helge Grabitz, Klaus Bästlein, Johannes Tuchel (Hg.): Die Normalität des Verbrechens. Bilanz und Perspektiven der Forschung zu den nationalsozialistischen Gewaltverbrechen. Festschrift für Wolfgang Scheffler zum 65. Geburtstag. Berlin 1994. S. 408ff. (Reihe Deutsche Vergangenheit. Bd. 112).

— Der Nürnberger Juristenprozeß und seine Rezeption in Deutschland. In: Lore Maria Peschel-Gutzeit (Hg.): Das Nürnberger Juristen-Urteil von 1947. Historische Zusammenhänge und aktuelle Bezüge. Baden-Baden 1996. S. 9ff.

Baratta, Alessandro: Relativismus und Naturrecht im Denken Gustav Radbruchs. Archiv für Rechts- und Sozialphilosophie, H. 4, 1959. S. 505ff.

Barck, Simone: Widerstands-Geschichten und Helden-Berichte. Momentaufnahmen antifaschistischer Diskurse in den fünfziger Jahren. In: Martin Sabrow (Hg.): Geschichte als Herrschaftsdiskurs: Der Umgang mit der Vergangenheit in der DDR. Köln, Weimar, Wien 2000. S. 119ff. (Herrschaftsstrukturen und Erfahrungsdimensionen der DDR-Geschichte. Bd. 3)

Baumann, Jürgen: Beihilfe bei eigenhändiger voller Tatbestandserfüllung. NJW, H. 13, 1963. S. 561ff.

— Die Psychologie des bürokratisch organisierten Mordes. FH, H. 3, 1966. S. 199ff.

— Die Tatherrschaft in der Rechtsprechung des BGH. NJW, H. 9, 1962. S. 374ff.

— Gedanken zum Eichmann-Urteil. JZ, H. 4, 1963. S. 110ff.

— Schuld und Verantwortung. Ein Beitrag zur juristischen Würdigung des Falls Eichmann. Freiburger Rundbrief, H. 53/56, 1962. S. 29ff.

Benz, Wolfgang: Bürger als Mörder und die Unfähigkeit zur Einsicht: Der Auschwitz-Prozeß. In: Uwe Schultz (Hg.): Große Prozesse: Recht und Gerechtigkeit in der Geschichte. München 1996. S. 382ff.

— Nachkriegsgesellschaft und Nationalsozialismus. Erinnerung, Amnesie, Abwehr. DH, H. 6, 1990. S. 12ff.

— Nationalsozialistische Verfolgung und Widerstand – Etappen bundesrepublikanischer Erinnerung. In: Brandenburgische Gedenkstätten für die Verfolgten des NS-Regimes. Perspektiven, Kontroversen und internationale Vergleiche. Hg. v. Ministerium für Wissenschaft, Forschung und Kultur des Landes Brandenburg in Zusammenarbeit mit der brandenburgischen Landeszentrale für politische Bildung. Berlin 1992. S. 81ff.

— Zwischen Hitler und Adenauer. Studien zur deutschen Nachkriegsgesellschaft. Frankfurt a.M. 1991.

— ;Pehle, Walter H. (Hg.): Lexikon des deutschen Widerstandes. Frankfurt a.M. 1994.

Benzler, Susanne: Die vollendete Sinnlosigkeit. Noch einmal: Auschwitz. Vorgänge, H. 5, 1991. S. 56ff.

— Justiz und Anstaltsmord nach 1945. In: Redaktion Kritische Justiz (Hg.): Die juristische Aufarbeitung des Unrechts-Staats. Baden-Baden 1998. S. 383ff.

Berghoff, Hartmut: Die bundesdeutsche Gesellschaft und ihre nationalsozialistische Vergangenheit in den Fünfziger Jahren. GWU, H. 2, 1998. S. 96-114.

Bergmann, Werner: Antisemitismus in öffentlichen Konflikten. Kollektives Lernen in der politischen Kultur der Bundesrepublik 1949-1989. Frankfurt a.M., New York 1997. (Schriftenreihe des Zentrums für Antisemitismusforschung Berlin. Bd. 4).

— Die Reaktion auf den Holocaust in Westdeutschland von 1945 bis 1989. GWU, H. 6, 1992. S. 327ff.
— ; Erb, Rainer; Lichtblau, Albert (Hg.): Schwieriges Erbe. Der Umgang mit dem Nationalsozialismus und Antisemitismus in Österreich, der DDR und der Bundesrepublik Deutschland. Frankfurt a.M., New York 1995. (Schriftenreihe des Zentrums für Antisemitismusforschung Berlin. Bd. 3).
Bethke, Hildburg: Der Eid – ein Stück unbewältigte Vergangenheit der Kirche. In: Dies. (Hg.): Eid, Gewissen, Treuepflicht. Frankfurt a.M. 1965.
BGH vom 14.7.1961 in NJW, H. 5, 1962, S. 195ff.
BGH 5 StR 529/55 vom 10.1.1956 in: Entscheidungen des Bundesgerichtshofes in Strafsachen. Bd. 7/8. Berlin, Köln 1955/1956. S. 393ff.
Biographisches Handbuch der deutschsprachigen Emigration nach 1933. Bd. 1: Politik, Wirtschaft, öffentliches Leben. Werner Röder, Herbert A. Strauss (Leitung und Bearb.) München u.a. 1980.
Bobbio, Norberto: Das Zeitalter der Menschenrechte. Ist Toleranz durchsetzbar? Berlin 1999.
Böckenförde, Christoph: Die Kodifizierung des Widerstandsrechts im Grundgesetz. JZ, H. 5/6, 1970. S. 168ff.
Böhret, Carl; Jann, Werner; Kronenwett, Eva: Innenpolitik und politische Theorie. Opladen 1979.
Bonhoeffer, Dietrich: Die Kirche vor der Judenfrage. In: Dietrich Bonhoeffer. Gesammelte Schriften. Bd. II. Hg. v. Eberhard Bethge. München 1959. S. 44ff.
Braese, Stephan: »In einer deutschen Angelegenheit« – Der Frankfurter Auschwitz-Prozeß in der westdeutschen Nachkriegsliteratur. In: Fritz Bauer Institut (Hg.): »Gerichtstag halten über uns selbst ...«. Geschichte und Wirkung des ersten Frankfurter Auschwitz-Prozesses. Jahrbuch 2001 zur Geschichte und Wirkung des Holocaust. Frankfurt a.M., New York 2001. S. 217ff.
Brede, Werner: Schopenhauer, Arthur. In: Metzler-Philosophen-Lexikon. Hg. v. Bernd Lutz. Stuttgart 1989. S. 711ff.
Brochhagen, Ulrich: Nach Nürnberg. Vergangenheitsbewältigung und Westintegration in der Ära Adenauer. Berlin 1999. (Erstausgabe 1994).
— Vergangene Vergangenheitsbewältigung. Zum Umgang mit der NS-Vergangenheit während der fünfziger und frühen sechziger Jahre. Mittelweg 36, H. 5, 1992. S. 145ff.
Brokmeier, Peter: Die Vorstufe der Endlösung. Zum Frankfurter Euthanasie-Prozeß 1967/68. Gewerkschaftliche Monatshefte, H. 1, 1970. S. 28ff.
Broszat, Martin: Der Bedeutungswandel eines Begriffs der Zeitgeschichte. SZ vom 22.11.1986.
— Der Nationalsozialismus: Weltanschauung, Programm und Wirklichkeit. Stuttgart 1960.
— Nach Hitler. Der schwierige Umgang mit unserer Geschichte. Beiträge von Martin Broszat. Hg. v. Hermann Graml u. Klaus-Dietmar Henke. München 1986.
— Siegerjustiz oder strafrechtliche »Selbstreinigung«. Aspekte der Vergangenheitsbewältigung der deutschen Justiz während der Besatzungszeit 1945-1949. VfZ, H. 4, 1981. S. 477ff.
— (Hg.): Zäsuren nach 1945. Essays zur Periodisierung der deutschen Nachkriegsgeschichte. München 1990. (Schriftenreihe der VfZ. Bd. 61).

Büchel, Regine: Der Deutsche Widerstand im Spiegel von Fachliteratur und Publizistik seit 1945. Bericht und Bibliographie. München 1975. (Schriften der Bibliothek für Zeitgeschichte. Bd. 15).

Buchheim, Hans; Boszat, Martin; Jacobsen, Adolf; Krausnick, Helmut: Anatomie des SS-Staates. Gutachten des Instituts für Zeitgeschichte. München [6]1994.

Buchstein, Hubertus: Ernst Fraenkel als Klassiker? Leviathan, H. 4, 1998. S. 458ff.

Bude, Heinz; Greiner, Bernd (Hg.): Westbindung. Amerika in der Bundesrepublik. Hamburg 1999.

Bumke schwieg. Der Spiegel vom 13.12.1961. S. 38f.

Bundesergänzungsgesetz zur Entschädigung für Opfer der nationalsozialistischen Verfolgung (BEG) vom 18.9.1953 im Bundesgesetzblatt Nr. 62, 1953. S. 1387ff.

Büsch, Otto; Furth, Peter: Rechtsradikalsmus im Nachkriegsdeutschland. Studien über die »Sozialistische Reichspartei«. Berlin, Frankfurt a.M. 1957.

Buscher, Frank M.: Kurt Schumacher, German Social Democracy and the punishment of nazi crimes. Holocaust and genocid studies, Vol. 5, No. 3, 1990. S. 261ff.

— The U.S. High Commission and German Nationalism, 1949-52. Central European History, H. 1, 1990. S. 57ff.

Büttner, Ursula (Hg.): Das Unrechtsregime. Internationale Forschung über den Nationalsozialismus. Bd. 2: Verfolgung – Exil – Belasteter Neubeginn. Hamburg 1986. (Hamburger Beiträge zur Sozial- und Zeitgeschichte. Bd. 22).

Camus, Albert: Der Mensch in der Revolte. Essays. Reinbek 1994.

— Der Mythos von Sisyphos. Ein Versuch über das Absurde. Reinbek 1992.

— Die Pest. Reinbek 1995.

Cartarius, Ulrich (Bearb.); Forschungsgemeinschaft 20. Juli: Bibliographie »Widerstand«. München u.a. 1984.

Castagne, Fritz: Widerstand und Widerstandsrecht. Replik und Frage an Fritz Bauer. Vorgänge, H. 1, 1969. S. 27.

Coppi, Hans; Danyel, Jürgen; Tuchel, Johannes (Hg.): Die Rote Kapelle im Widerstand gegen den Nationalsozialismus. Berlin 1994.

Creating Social Democracy. A Century of the Social Democratic Labor Party in Sweden. Ed. by Klaus Misgeld, Karl Molin, Klas Åmark. Pennsylvania 1992.

Dahrendorf, Ralf: Liberal und unabhängig. Gerd Bucerius und seine Zeit. München 2000.

Daniel, Jens (d.i. Rudolf Augstein): Da tritt der Philosoph herein. Der Spiegel vom 17.8.1960. S. 12.

Danyel, Jürgen: Bilder vom »anderen Deutschland«. Frühe Widerstandsrezeption nach 1945. ZfG, H. 7, 1994. S. 611ff.

— Die geteilte Vergangenheit. Gesellschaftliche Ausgangslagen und politische Dispositionen für den Umgang mit Nationalsozialismus und Widerstand in beiden deutschen Staaten nach 1949. In: Jürgen Kocka (Hg.): Historische DDR-Forschung. Aufsätze und Studien. Berlin 1993. S. 129ff.

— (Hg.): Die geteilte Vergangenheit: Zum Umgang mit Nationalsozialismus und Widerstand in beiden deutschen Staaten. Berlin 1995 (Zeithistorische Studien. Bd. 4).

Das Nürnberger Juristen-Urteil von 1947. Hg. v. Peschel-Gutzeit. Baden-Baden 1996.

Das Parlament. Sonderausgabe vom 20. Juli 1952.

Das Tagebuch der Anne Frank. Heidelberg 1950.

Demokratie von außen. Hg. v. Dieter Rossmeissl. München 1988.

Der Nürnberger Ärzteprozeß 1946/1947. Wortprotokolle, Anklage- und Verteidigungsmaterial, Quellen zum Umfeld. Mikrofiche-Ausgabe. Hg. v. Klaus Dörner, bearb. v. Karsten Linne. München 1999.

deRudder, Anneke: »Warum das ganze Theater?« Der Nürnberger-Prozeß in den Augen der Zeitgenossen. In: Jahrbuch für Antisemitismusforschung. Bd. 6. Hg. v. Wolfgang Benz. Frankfurt a.M. u.a. 1997. S. 218ff.

Die Kabinettsprotokolle der Bundesregierung. Bd. 4. 1951. Bearb. v. Ursula Hüllbüsch. Boppard am Rhein 1988.

Die Märtyrer mahnen. Hg. v. Senator für Sozialwesen Otto Bach. Berlin o.J.

Die Rechtsprechung der Nürnberger Militärtribunale. Sammlung der Rechtsthesen der Urteile und gesonderten Urteilsbegründungen der dreizehn Nürnberger Prozesse. Hg. v. Institut für Völkerrecht an der Universität Göttingen, bearb. v. Kurt Heinze u. Karl Schilling. Bonn 1952.

Diestelkamp, Bernhard: Kontinuität und Wandel in der Rechtsordnung, 1945 bis 1955. In: Ludolf Herbst (Hg.): Westdeutschland 1945-1955. Unterwerfung, Kontrolle, Integration. München 1986. S. 85ff. (Schriftenreihe der VfZ, Sondernummer)

— ;Jung, Susanne: Die Justiz in den Westzonen und der frühen Bundesrepublik. APuZ, B 13/14, 1989. S. 19ff.

Diner, Dan (Hg.): Ist der Nationalsozialismus Geschichte? Zu Historisierung und Historikerstreit. Frankfurt a.M. 1987.

— (Hg.): Zivilisationsbruch. Denken nach Auschwitz. Frankfurt a.M. 1988.

Dirks, Walter: Der restaurative Charakter der Epoche. FH, H. 9, 1950. S. 942ff.

— Unbewältigte Vergangenheit – demokratische Zukunft. FH, H. 3, 1960. S. 153ff.

— Widerstand, Hochverrat, Landesverrat. FH, H. 7, 1951. S. 475ff.

Doering-Manteuffel, Anselm: Deutsche Zeitgeschichte nach 1945. Entwicklung und Problemlagen der historischen Forschung zur Nachkriegszeit. VfZ, H. 1, 1993. S. 1ff.

— Westernisierung. Politisch-ideeller und gesellschaftlicher Wandel in der Bundesrepublik bis zum Ende der 60er Jahre. In: Axel Schildt, Detlef Siegfried, Karl Christian Lammers (Hg.): Dynamische Zeiten. Die 60er Jahre in den beiden deutschen Gesellschaften. Hamburg 2000. S. 311ff.

— Wie westlich sind die Deutschen? Amerikanisierung und Westernisierung im 20. Jahrhundert. Göttingen 1999.

Dönhoff, Marion Gräfin: Biedermeier in Karlsruhe. Ein Richterspruch, der nicht klärte, sondern verwirrte. Die Zeit vom 5.1.1962.

— Das »heimliche« Deutschland der Männer des 20. Juli. Die Zeit vom 18.7.1946.

Döscher, Hans-Jürgen: Verschworene Gesellschaft. Das Auswärtige Amt unter Konrad Adenauer zwischen Neubeginn und Kontinuität. Berlin 1995.

Dreßen, Willi: Die Zentrale Stelle der Landesjustizverwaltungen zur Aufklärung von NS-Verbrechen in Ludwigsburg. DH, H. 6, 1990. S. 85ff.

Dubiel, Helmut: Niemand ist frei von Geschichte. Die nationalsozialistische Herrschaft in den Debatten des Deutschen Bundestages. München 1999.

— ;Frankenberg, Günther: Entsorgung der Vergangenheit. Widerspruch gegen eine neokonservative Legende. Die Zeit vom 18.3.1983.

Dudek, Peter; Jaschke, Hans Gerd: Die Deutsche National-Zeitung. Inhalte, Geschichte, Aktionen. München 1981.

— »Vergangenheitsbewältigung«. Zur Problematik eines umstrittenen Begriffs. APuZ, B 1-2, 1992. S. 44ff.

Echternkamp, Jörg: Mit dem Krieg seinen Frieden schließen – Wehrmacht und Weltkrieg in der Veteranenkultur 1945-1960. In: Thomas Kühne (Hg.): Von der Kriegskultur zur Friedenskultur? Zum Mentalitätswandel in Deutschland seit 1945. Hamburg 2000. (Jahrbuch für Historische Friedensforschung, 9). S. 78ff.

Ehrungen für Fritz Bauer. RuP, H. 3, 1968. S. 103.

Einaudi, Jean-Luc: Pour l'exemple: L'affaire Fernand Iveton. Paris 1986.

Emrich, Ulrike; Nötzold, Jürgen: Der 20. Juli 1944 in den offiziellen Gedenkreden der Bundesrepublik und in der Darstellung der DDR. APuZ, B 26, 1984. S. 3ff.

Engelmann, Bernt: Dr. Hermann Weinkauff. In: Ders.: Die Unsichtbare Tradition. Bd. 2: Rechtsverfall, Justizterror und das schwere Erbe. Ein Beitrag zur Geschichte der deutschen Strafjustiz von 1919 bis heute. Köln 1989. S. 259ff.

Erd, Rainer: Zur Gründungsgeschichte der KJ. Dokumentation »30 Jahre Kritische Justiz«. http://www.kj-online.de/kj/kj30/kj30.htm (2.4.2003).

Erdsiek, Gerhard: Zur Naturrechtstagung der Internationalen Juristenkommission – Aktives und passives Widerstandsrecht. NJW, H. 5, 1962. S. 192f.

Eschebach, Insa: NS-Prozesse in der sowjetischen Besatzungszone und der DDR. Einige Überlegungen zu den Strafverfahrensakten ehemaliger SS-Aufseherinnen des Frauenkonzentrationslagers Ravensbrück. In: Die frühen Nachkriegsprozesse. Hg. v. KZ-Gedenkstätte Neuengamme. Bremen 1997. S. 65ff.

Euthanasie-Heyde hat Selbstmord verübt. FuR, H. 3, 1964. S. 24.

Fall 3. Der Juristenprozeß. Hg. v. Peter Alfons Steininger u. Kurt Leszczynski. Berlin 1969.

Fangmann, Helmut: Die Restauration der herrschenden Staatsrechtswissenschaft nach 1945. In: Udo Reifner (Hg.): Das Recht des Unrechtsstaats: Arbeitsrecht und Staatsrechtswissenschaft im Faschismus. Frankfurt a.M., New York 1981. S. 211ff.

Faulenbach, Bernd: Die Bedeutung der NS-Vergangenheit für das deutsche Selbstverständnis. Weitere Beiträge zum »Historikerstreit« und zur Frage der deutschen Identität. Archiv für Sozialgeschichte. Bd. XXX. 1990. S. 532ff.

— NS-Interpretation und Zeitklima. Zum Wandel in der Aufarbeitung der jüngsten Vergangenheit. APuZ, B 22. 1987. S. 19ff.

Fenner, Christian: Demokratischer Sozialismus und Sozialdemokratie. Realität und Rhetorik der Sozialismus Diskussion in Deutschland. Frankfurt, New York 1977.

Fetscher, Iring: Politisches Denken im Frankreich des 18. Jahrhunderts vor der Revolution. In: Ders., Herfried Münkler (Hg.): Pipers Handbuch der politischen Ideen. Bd. 3: Neuzeit. Von den Konfessionskriegen bis zur Aufklärung. München 1985. S. 423ff.

Finker, Kurt: Der 20. Juli 1944. Militärputsch oder Revolution? Berlin 1994.

Fleiter, Rüdiger: Die Ludwigsburger Zentrale Stelle und ihr politisches und gesellschaftliches Umfeld. GWU, H. 1, 2002. S. 32ff.

Fraenkel, Ernst: Demokratie und öffentliche Meinung. Vortrag auf Einladung der Katholischen Akademie in Bayern vom 18.5.1963. In: Ernst Fraenkel: Deutschland und die westlichen Demokratien. Hg. v. Alexander v. Brünneck. Frankfurt a.M. 1990. S. 232ff.

— Der Doppelstaat. Recht und Justiz im »Dritten Reich«. Frankfurt a.M. 1984. (amerikan. Originalausgabe 1941; dt. Erstausgabe 1974).

— Der Pluralismus als Strukturelement der freiheitlich-rechtsstaatlichen Demokratie. Festvortrag anläßlich des 45. Deutschen Juristentages in Karlsruhe vom 22. September 1964. In: Ernst Fraenkel: Deutschland und die westlichen Demokratien. Hg. v. Alexander v. Brünneck. Frankfurt a.M. 1990. S. 297ff.

— Strukturdefekte der Demokratie. In: Ders., Kurt Sontheimer: Zur Theorie der pluralistischen Demokratie. Bonn 1964. (Schriften der Bundeszentrale für politische Bildung). S. 3ff.

— Strukturanalyse der modernen Demokratie. APuZ, B 49, 1969. S. 3ff.

— Um die Verfassung (1932). In: Franz Nuscheler, Winfried Steffani (Hg.): Pluralismus. Konzeptionen und Kontroversen. München 1972. (Piper Sozialwissenschaft. Bd. 13). S. 147ff.

Frankenberg, Günter; Müller, Franz J.: Juristische Vergangenheitsbewältigung – Der Volksgerichtshof vorm BGH. KJ, H. 2, 1983. S. 145ff.

Frankfurter Auschwitz-Prozeß. RuF, H. 8/9, 1965. S. 32ff.

Frei, Norbert: Amnestiepolitik der Bonner Anfangsjahre. Die Westdeutschen und die NS-Vergangenheit. Universitas, H. 606, 1996. S. 1147ff.

— Erinnerungskampf. Zur Legitimationsproblematik des 20. Juli 1944 im Nachkriegsdeutschland. In: Christian Jansen (Hg.): Von der Aufgabe der Freiheit: politische Verantwortung und bürgerliche Gesellschaft im 19. und 20. Jahrhundert. Festschrift für Hans Mommsen zum 5. November 1995. Berlin 1995. S. 493ff.

— Vergangenheitspolitik. Die Anfänge der Bundesrepublik und die NS-Vergangenheit. München [2]1997.

— ; Laak, Dirk van; Stolleis, Michael (Hg.): Geschichte vor Gericht. Historiker, Richter und die Suche nach Gerechtigkeit. München 2000.

Freudiger, Kerstin: Die juristische Aufarbeitung von NS-Verbrechen. Tübingen 2002.

Freund, Michael: Der Angeklagte aus Versehen. Zum Prozeß gegen Remer. Die Gegenwart, H. 6, 1952. S. 166ff.

— Zur Problematik des 20. Juli. Bemerkungen zu einem Jahrestag. Die Gegenwart, H. 14/15, 1946. S. 16ff.

Freundlich, Elisabeth: »Von den Schwierigkeiten, das Gesetz des Dschungels zu zerschlagen: vorläufige Bemerkungen zum Frankfurter Auschwitz-Prozeß«. Blätter, H. 8, 1964. S. 629ff.

Friebe, Helmut: Nochmals: Der 20. Juli (Leserbrief). NZ vom 24.10.1951.

Friedländer, Ernst: Es gibt Wichtigeres als Hedler. Die Zeit vom 23.2.1950.

Friedrich, Jörg: Die kalte Amnestie. NS-Täter in der Bundesrepublik. Zürich, München 1994 (erw. und überarb. Neuausgabe).

— Freispruch für die Nazi-Justiz. Die Urteile gegen NS-Richter seit 1948. Eine Dokumentation. Reinbek b. Hamburg 1983.

Fritz Bauer in memoriam. Hg. v. Hessischen Minister der Justiz. o.O. 1969.

Fritz Bauer Institut (Hg.): Auschwitz: Geschichte, Rezeption und Wirkung. (Jahrbuch 1996 zur Geschichte und Wirkung des Holocaust). Frankfurt a.M., New York 1996.

— (Hg.): »Gerichtstag halten über uns selbst ...« Geschichte und Wirkung des ersten Frankfurter Auschwitz-Prozesses. Hg. im Auftrag des Fritz Bauer Instituts von Irmtrud Wojak. (Jahrbuch 2001 zur Geschichte und Wirkung des Holocaust). Frankfurt a.M., New York 2001.

Fröhlich, Claudia: Die Gründung der »Zentralen Stelle“ in Ludwigsburg – Alibi oder Beginn einer systematischen justitiellen Aufarbeitung der NS-Vergangenheit? In: Gerhard Pauli, Thomas Vormbaum (Hg.): Justiz und Nationalsozialismus – Kontinuität und Diskontinuität. Fachtagung in der Justizakademie des Landes NRW. Berlin 2003. S. 199ff.

— ; Kohlstruck, Michael (Hg.): Engagierte Demokraten. Vergangenheitspolitik in kritischer Absicht. Münster 1999.

Fromm, Erich: Das Menschenbild bei Marx. Mit den wichtigen Teilen der Frühschriften von Karl Marx. Frankfurt a.M. 1988.

Frommel, Monika: Welzels finale Handlungslehre. Eine konservative Antwort auf das nationalsozialistische Willensstrafrecht – oder die Legende von der »Überwindung des Wertneutralismus« im Strafrecht. In: Udo Reifner, Bernd Rüdeger Sonnen (Hg.): Strafjustiz und Polizei im Dritten Reich. Frankfurt a.M., New York 1984. S. 86ff.

Geist und Tat. Sonderausgabe zum Remer-Prozeß. Juni-H., 1952.

Giordano, Ralph: Die zweite Schuld oder Von der Last Deutscher zu sein. München 1990. (Originalausgabe 1987).

Gisevius, Hans Bernd: Adolf Hitler. Versuch einer Deutung. München 1963.

Glaeßner, Gert-Joachim: Demokratie und Politik in Deutschland. Opladen 1999.

Glaser, Hermann (Hg.): Das Nürnberger Gespräch 1965. Haltungen und Fehlhaltungen in Deutschland. Freiburg 1966.

— (Hg.): Das Nürnberger Gespräch 1966. Aufklärung heute – Probleme der deutschen Gesellschaft. Freiburg 1967.

— (Hg.): Das Nürnberger Gespräch 1967. Erkennen und Handeln – Gegenwart und Zukunft der deutschen Gesellschaft. Freiburg 1967.

— (Hg.): Das Nürnberger Gespräch 1968. Opposition in der Bundesrepublik. Freiburg 1968.

— Kleine Kulturgeschichte der Bundesrepublik Deutschland 1945-1989. Bonn [2]1991.

— Totschweigen, entlasten, umschulden. Die »Bewältigung der Vergangenheit« im Nachkriegsdeutschland. Tribüne, H. 103, 1987. S. 117ff.

Godau-Schüttke, Klaus-Detlev: Die Heyde/Sawade-Affaire: Juristen und Mediziner in Schleswig-Holstein decken den NS-Euthanasiearzt Prof. Dr. Werner Heyde und bleiben straflos. In: Helge Grabitz, Klaus Bästlein, Johannes Tuchel (Hg.): Die Normalität des Verbrechens. Bilanz und Perspektiven der Forschung zu den nationalsozialistischen Gewaltverbrechen. Festschrift für Wolfgang Scheffler zum 65. Geburtstag. Berlin 1994. (Reihe Deutsche Vergangenheit. Bd. 112). S. 444ff.

— Die Heyde/Sawade-Affäre. Wie Juristen und Mediziner den NS-Euthanasieprofessor Heyde nach 1945 deckten und straflos blieben. Baden-Baden 1998.

— Ich habe nur dem Recht gedient. Die »Renazifizierung« der Schleswig-Holsteinischen Justiz nach 1945. Baden-Baden 1993.

Göhler, Gerhard: Vom Sozialismus zum Pluralismus. Politiktheorie und Emigrationserfahrung bei Ernst Fraenkel. PVS, H. 1, 1986. S. 6ff.

— ; Klein, Ansgar: Politische Theorien des 19. Jahrhunderts. In: Hans-Joachim Lieber (Hg.): Politische Theorie von der Antike bis zur Gegenwart. Bonn 1991. S. 259ff. (Studien zur Geschichte und Politik. Bundeszentrale für politische Bildung. Bd. 299).

Görtemaker, Manfred: Geschichte der Bundesrepublik Deutschland. Von der Gründung bis zur Gegenwart. München 1999.

Grabitz, Helge: NS-Prozesse heute. ZRP, H. 1, 1982. S. 14ff.

Graml, Hermann: Der Fall Oster. VfZ, H. 1, 1966. S. 26ff.

Grebing, Helga: Demokratie ohne Demokraten? Politisches Denken, Einstellungen und Mentalitäten in der Nachkriegszeit. In: Everhard Holtmann (Hg.): Wie neu war der Neubeginn? Zum deutschen Kontinuitätsproblem nach 1945. Erlangen 1989. S. 6ff. (Erlanger Forschungen, Reihe A, Geisteswissenschaften. Bd. 50)

— Politische und soziale Probleme der Arbeiterklasse am Ende des Zweiten Weltkrieges und in der unmittelbaren Nachkriegszeit. IWK, H. 1, 1986. S. 1ff.

Greiffenhagen, Martin: Vom Obrigkeitsstaat zur Demokratie. Die politische Kultur in der Bundesrepublik. In: Peter Reichel (Hg.): Politische Kultur in Westeuropa. Frankfurt a.M., New York 1984.

Gress, Franz; Jaschke, Hans-Gerd: Politische Justiz gegen rechts: Der Remer-Prozeß 1952 in paradigmatischer Perspektive. In: Ingo Müller, Rainer Eisfeld (Hg.): Gegen Barbarei. Frankfurt a.M. 1989. S. 453ff.

Greve, Michael: Der justitielle und rechtspolitische Umgang mit den NS-Gewaltverbrechen in den sechziger Jahren. Frankfurt a.M. 2001.

Greven, Michael Th.: Die fehlende Demokratietheorie in der Kritischen Theorie. In: Wolfgang Merkel, Andreas Busch (Hg.): Demokratie in Ost und West. Für Klaus von Beyme. Frankfurt a. M. 1999. S. 73ff.

— Die politische Gesellschaft. Opladen 1999.

Greven, Michael Th.: Output-Legitimation. »Der Zweck heiligt die Mittel« in der Demokratie nicht. In: Michael Buckmiller, Joachim Perels (Hg.): Opposition als Triebkraft der Demokratie. Bilanz und Perspektiven der zweiten Republik. Jürgen Seifert zum 70. Geburtstag. Hannover 1998. S. 477ff.

Grimme, Adolf: Widerstand vom Geist her. Sammlung, H. 10, 1947. S. 537ff.

Grosse, Heinrich W.: Dietrich Bonhoeffer, sein Ankläger Manfred Roeder und die Lüneburger Nachkriegsjustiz. In: Jahrbuch der Gesellschaft für Niedersächsische Kirchengeschichte. Bd. 93. Blomberg 1995. S. 243ff.

Gruchmann, Lothar: Ein unbequemer Amtsrichter im Dritten Reich. VfZ, H. 3, 1984. S. 463ff.

— Euthanasie und Justiz im Dritten Reich. VfZ, H. 3, 1972. S. 235ff.

Grunenberg, Nina: Der merkwürdige Fall Heyde. FuR, H. 3, 1964. S. 24ff.

Güde, Max: Widerstandsrecht und Widerstandspflicht. Stuttgarter Zeitung vom 20.07.1955. S. 3.

Gustav W. Heinemann. Allen Bürgern verpflichtet. Reden des Bundespräsidenten 1969-1974. Gustav W. Heinemann – Reden und Schriften Band I. Frankfurt a.M. 1975.

»Habt ein besseres Gedächtnis«. Über Fritz Bauer und den Auschwitz Prozeß. Radiofeature von Malte Linde. Westdeutscher Rundfunk 1996.

Habermas, Jürgen; von Friedeburg, Ludwig; Oehler, Christoph; Weltz, Friedrich: Student und Politik. Eine soziologische Untersuchung zum politischen Bewußtsein Frankfurter Studenten. Neuwied 1961.

Hanack, Ernst-Walter: Zur Problematik der gerechten Bestrafung nationalsozialistischer Gewaltverbrecher. JZ, H. 11/12, 1967. S. 329ff.

Hankel, Gerd; Stuby, Gerhard: Strafgerichte gegen Menschheitsverbrechen. Zum Völkerstrafrecht 50 Jahre nach den Nürnberger Prozessen. Hamburg 1995.

Hannover, Heinrich: Die Republik vor Gericht 1954-1974. Berlin 21998.

— ; Hannover-Drück, Elisabeth: Politische Justiz 1918-1933. Frankfurt a.M. 1966.

Haueisen, Heinz: Auschwitz – eine Herausforderung an die Frankfurter Justizbehörden. In: Horst Henrichs, Karl Stephan (Hg.): Ein Jahrhundert Frankfurter Justiz; Gerichtsgebäude A: 1889-1989. Frankfurt a.M. 1989. S. 185ff. (Schriften zur Frankfurter Geschichte, Bd. 27).

Hayman, Ronald: Jean-Paul Sartre. Leben und Werk. München 1988.

Hedler-Urteil. BGH, Urteil vom 8.5.1952 - 5 StR 182/52 (LG Kiel). NJW, H. 30, 1952. S. 1183.

Heinemann, Ulrich: Die Last der Vergangenheit. Zur politischen Bedeutung der Kriegsschuld- und Dolchstoßdiskussion. In: Karl-Dietrich Bracher u.a. (Hg.): Die Weimarer Republik 1918-1933. Bonn ^{2}1988. S. 371ff.

Henke, Klaus-Dietmar: Die Grenzen der politischen Säuberung in Deutschland nach 1945. In: Ludolf Herbst (Hg.): Westdeutschland 1945-1955. Unterwerfung, Kontrolle, Integration. München 1986. S. 127ff. (Schriftenreihe der VfZ, Sondernummer).

Herbert, Ulrich: Als die Nazis wieder gesellschaftsfähig wurden. Vom raschen Wiederaufstieg der NS-Eliten und von der Frage: Wie konnte aus der Bundesrepublik dennoch eine stabile Demokratie werden? Die Zeit vom 10.1.1997.

— Best. Biographische Studien über Radikalismus, Weltanschauung und Vernunft 1903-1989. Bonn ^{3}1996.

— Wandlungsprozesse in Westdeutschland. Belastung, Integration, Liberalisierung 1945-1980. Göttingen 2002.

— Zweierlei Bewältigung. In: Ders., Olaf Groehler: Zweierlei Bewältigung. Vier Beiträge über den Umgang mit der NS-Vergangenheit in beiden deutschen Staaten. Hamburg 1992.

Hermann Weinkauff 70 Jahre. DRiZ, H. 4, 1964. S. 106f.

Herz, Thomas; Schwab-Trapp, Michael: Umkämpfte Vergangenheit. Diskurse über den Nationalsozialismus seit 1945. Opladen 1997.

Hessischer Landtag III. Wahlperiode. Drucksachen Abteilung I.

Hessischer Landtag III. Wahlperiode. Drucksachen Abteilung IV.

Hessisches Ministerium für Justiz (Hg.): Fritz Bauer. Eine Denkschrift. Frankfurt a.M. 1993.

Heuss, Theodor: In Memoriam. In: Theodor Heuss: Politiker und Publizist: Aufsätze und Reden. Ausgew. u. kommentiert v. Martin Vogt. Tübingen 1984. S. 302ff.

— Symbol der Selbstachtung unseres Volkes: Der Aufstand vom 20. Juli 1944. Ansprache in der Freien Universität Berlin, 19. Juli 1964. In: Reden der deutschen Bundespräsidenten Heuss, Lübke, Heinemann, Scheel. Eingel. v. Dolf Sternberg. München, Wien 1979. S. 129ff.

— Zum 20. Juli 1944. In: Bulletin des Presse- und Informationsamtes der Bundesregierung, Nr. 94, 19. Juli 1952. S. 927.
Hey, Bernd: Die NS-Prozesse – Versuch einer juristischen Vergangenheitsbewältigung. GWU, H. 6, 1981. S. 331ff.
— Zeitgeschichte und Vergangenheitsbewältigung. In: Bernd Hey, Peter Steinbach (Hg.): Zeitgeschichte und Politisches Bewußtsein. Köln 1986.
Heymann, Arlette: Les libertés publiques et la guerre d'Algérie. Paris 1972.
Hilberg, Raul: The Destruction of the European Jews. Chicago 1961. (Die Vernichtung der europäischen Juden. Die Gesamtgeschichte des Holocaust. Berlin 1982.)
Hofer, Walther: Der Nationalsozialismus. Dokumente 1933-1945. Frankfurt a.M., Hamburg 1957.
Hoffmann, Peter: Widerstand gegen Hitler und das Attentat vom 20. Juli 1944. Konstanz 1994. (Portraits des Widerstands. Bd. 2)
— Widerstand, Staatsstreich, Attentat. Der Kampf der Opposition gegen Hitler. München, Zürich ^{4}1985. (Erstausgabe 1969)
— Zu dem Attentat im Führerhauptquartier »Wolfschanze“ am 20. Juli 1944. VfZ, H. 12, 1964. S. 254ff.
Hofstätter, Peter: Bewältigte Vergangenheit? Die Zeit vom 14.6.1963.
Holler, Regina: 20. Juli 1944. Vermächtnis oder Alibi? Wie Historiker, Politiker und Journalisten mit dem deutschen Widerstand gegen den Nationalsozialismus umgehen. Eine Untersuchung der wissenschaftlichen Literatur, der offiziellen Reden und der Zeitungsberichterstattung in Nordrhein-Westfalen von 1945-1986. München u.a. 1994. (Kommunikation und Politik. Bd. 26).
Honolka, Bert: Die Kreuzelschreiber – Ärzte ohne Gewissen, Euthanasie im Dritten Reich. Hamburg 1961.
Huch, Ricarda: In einem Gedenkbuch zu sammeln ... Bilder deutscher Widerstandskämpfer. Hg. u. eingel. v. Wolfgang Matthias Schwiedrzik. Leipzig 1997.
Hübscher, Arthur: Denker gegen den Strom. Bonn 1973.

Ihr trugt die Schande nicht – Ihr wehrtet Euch. Hg. v. Senator für Sozialwesen. Berlin 1953.
Informationszentrum Berlin (Hg.): Der 20. Juli 1944. Reden zu einem Tag der deutschen Geschichte. Berlin 1984.
Iwand, Hans-Joachim: 20. Juli 1944. Geänderte und vervollständigte Bearbeitung der Sonderausgabe der Wochenzeitung Das Parlament: »Die Wahrheit über den 20. Juli 1944«, bearb. v. Hans Royce. Hg. v. der Bundeszentrale für Heimatdienst. Bonn ^{2}1954.

Jäger, Herbert: Betrachtungen zum Eichmann-Prozeß. MschrKrim, H. 3/4, 1962. S. 73ff.
— Erinnerung an Fritz Bauer. Strafverteidiger, H. 7, 1993. S. 389f.
— Strafrecht und nationalsozialistische Gewaltverbrechen. KJ, H. 2, 1968. S. 143ff.
— Verbrechen unter totalitärer Herrschaft. Studien zur nationalsozialistischen Gewaltkriminalität. Olten, Freiburg i.Br. 1967.
Jakob Kaiser. Gewerkschafter und Patriot. Hg. u. eingel. v. Tilman Mayer. Köln 1988.
Jakob Kaiser zum 20. Juli 1950. Ansprache in NWDR am 20.7.1950 um 20 Uhr. Typoskript in der Margret Boveri Sammlung der Gedenkstätte Deutscher Widerstand, Berlin.
Jakobi, Claus: Vor sieben Jahren. Die Zeit vom 19.7.1951.

Jasper, Gotthard: Wiedergutmachung und Westintegration. Die halbherzige justizielle Aufarbeitung der NS-Vergangenheit in der frühen Bundesrepublik. In: Ludolf Herbst (Hg.): Westdeutschland 1945-1955. Unterwerfung, Kontrolle, Integration. München 1986. (Schriftenreihe der VfZ, Sondernummer). S. 183ff.

Jaspers, Karl: Die Schuldfrage. Von der politischen Haftung Deutschlands. München, Zürich ²1996. (Erstausgabe 1946)

— Wohin treibt die Bundesrepublik? Tatsachen, Gefahren, Chancen. München 1966.

Jeismann, Karl-Ernst: Die deutsche Geschichte als Instrument im politischen Streit. NG/FH, H. 34, 1987. S. 362ff.

Just-Dahlmann, Barbara; Just, Helmut: Die Gehilfen. NS-Verbrechen und die Justiz nach 1945. Frankfurt a.M. 1988.

Justiz im Dritten Reich. Eine Dokumentation. Hg. v. Ilse Staff. Frankfurt a.M. 1964.

Justiz im Dritten Reich. Eine Dokumentation. Hg. v. Ilse Staff, Frankfurt a.M. 1978.

Justiz und NS-Verbrechen. Sammlung Deutscher Strafurteile wegen nationalsozialistischer Tötungsverbrechen 1945-1966. Bd. Iff. Hg. v. Christiaan F. Rüter. Amsterdam 1975ff.

Kaelble, Hartmut: Wege zur Demokratie. Von der Französischen Revolution zur Europäischen Union. Stuttgart 2001.

Kaiser, Jakob: Drei Jahre danach. Neue Zeit vom 20.7.1947.

Kalinowsky, Harry: Kampfplatz Justiz. Politische Justiz und Rechtsextremismus in der Bundesrepublik Deutschland. 1949-1990. Pfaffenweiler 1993. (Studien und Materialien zum Rechtsextremismus. Bd. 3)

Kalthoener, Elmar: Die Abgrenzung von Täterschaft und Teilnahme in der Rechtsprechung des Bundesgerichtshofes. NJW, H. 45, 1956. S. 1662ff.

Kampits, Peter: Existentialistische Ethik. In: Annemarie Pieper (Hg.): Geschichte der neueren Ethik. Bd. 2: Gegenwart. Tübingen, Basel 1992. S. 173ff. (UTB für Wissenschaft. Bd. 1702)

Kaufmann, Arthur: Das Widerstandsrecht. In. Ders.: Grundprobleme der Rechtsphilosophie. Eine Einführung in das rechtsphilosophische Denken. München 1994. S. 186ff.

— Die Naturrechtsdiskussion in der Rechts- und Staatsphilosophie der Nachkriegszeit. APuZ, B 33, 1991. S. 3ff.

— Vom Ungehorsam gegen die Obrigkeit. Aspekte des Widerstandsrechts von der antiken Tyrannis bis zum Unrechtsstaat unserer Zeit, vom leidenden Gehorsam bis zum zivilen Ungehorsam im modernen Rechtsstaat. Heidelberg 1991. (Heidelberger Forum. Bd. 72)

— (Hg.): Widerstandsrecht. Darmstadt 1972. (Wege der Forschung. Bd. CLXXIII)

Kempner, Robert W.: Eichmann und Komplizen. Zürich, Stuttgart, Wien 1961.

— Generalstaatsanwalt Dr. Fritz Bauer gestorben. In: Das Reichsbanner. Organ des Reichsbanners Schwarz-Rot-Gold, H. 7/8, 1968. o.S.

Kershaw, Ian: Der NS-Staat. Geschichtsinterpretationen und Kontroversen im Überblick. Reinbek 1994.

Kielmansegg, Peter Graf: Lange Schatten. Vom Umgang der Deutschen mit der nationalsozialistischen Vergangenheit. Berlin 1989.

Kirchheimer, Otto: Politische Justiz. Verwendung juristischer Verfahrensmöglichkeiten zu politischen Zwecken. Neuwied, Berlin 1965.

Kirn, Michael: Verfassungsumsturz oder Rechtskontinuität? Die Stellung der Jurisprudenz nach 1945 zum Dritten Reich insbesondere die Konflikte um die Kontinuität der Beamtenrechte und Art. 131 Grundgesetz. Berlin 1972. (Schriften zum Öffentlichen Recht. Bd. 194).

Kittsteiner, Heinz Dieter: Das deutsche Gewissen im 20. Jahrhundert. In: Richard Faber (Hg.): Politische Religion – religiöse Politik. Würzburg 1997. S. 227ff.

— Die Entstehung des modernen Gewissens. Frankfurt a.M. 1991.

Klee, Ernst: »Euthanasie« im NS-Staat. Die »Vernichtung lebensunwerten Lebens«. Frankfurt a.M. 1994. (Erstausgabe 1985)

— Was sie taten – Was sie wurden. Ärzte, Juristen und andere Beteiligte am Kranken- oder Judenmord. Frankfurt a.M. 1992.

Klemperer, Klemens von: Naturrecht und der deutsche Widerstand gegen den Nationalsozialismus. Ein Beitrag zur Frage des deutschen »Sonderwegs«. VfZ, H. 3, 1992. S. 323ff.

Kleßmann, Christoph: Die doppelte Staatsgründung. Deutsche Geschichte 1945-1955. Bonn 1991. (Schriftenreihe der Bundeszentrale für Politische Bildung. Studien zur Geschichte und Politik, 289)

— Ein stolzes Schiff und krächzende Möwen. Die Geschichte der Bundesrepublik und ihre Kritiker. GG, H. 4, 1985. S. 476ff.

Klingenstein, Grete: Über Herkunft und Verwendung des Wortes »Vergangenheitsbewältigung«. GuG, H. 4, 1988. S. 301ff.

Klügel, Eberhard (Hg.): Die Lutherische Landeskirche Hannovers und ihr Bischof 1933-1945. Berlin 1965.

Kluke, Paul: Das Recht des Widerstandes gegen die Staatsgewalt in der Sicht des Historikers. Hannover 1957. (Schriftenreihe der Landeszentrale für Heimatdienst in Niedersachsen, Reihe A, H. 7)

Knauß, Robert. In Munzinger-Archiv/Internationales Biographisches Archiv 46/1952 vom 3. November 1952.

Knauß, Robert: Die Soldaten und der 20. Juli. Die Zeit vom 24.10.1951.

Kogon, Eugen: Das Recht auf den politischen Irrtum. FH, H. 7, 1947. S. 641ff.

— Der Fall Hedler. FH, H. 4, 1950. S. 426ff.

— Der SS-Staat. Das System der deutschen Konzentrationslager. München [10]1997. (Erste Auflage Berlin 1947).

— Die deutsche Revolution. Gedanken zum zweiten Jahrestag des 20. Juli 1944. FH, H. 4, 1946. S. 17ff.

— Rechtsgrundsätze des Auschwitz-Urteils. NJW, H. 41, 1965. S. 1901. (unwesentlich gekürzte Fassung eines Radiokommentars, gesendet am 21. August 1965 im Hessischen Rundfunk).

Kohlstruck, Michael: Der Widerstand gegen den Nazismus und die Vergangenheitsbewältigung. GEP, H. 5, 1994. S. 486ff.

— Zwischen Geschichte und Mythologisierung. Zum Strukturwandel der Vergangenheitsbewältigung. In: Helmut König, Michael Kohlstruck, Andreas Wöll (Hg.): Vergangenheitsbewältigung am Ende des 20. Jahrhunderts. Leviathan, Sonderheft 18, 1998. S. 86ff.

Kolakowski, Leszek: Die Hauptströmungen des Marxismus. Erster Band. München, Zürich 1977.

Koppel, Wolfgang: Ungesühnte Nazi-Justiz: Hundert Urteile klagen ihre Richter an. Karlsruhe 1960.

Korte, Detlef: Der Hedler-Skandal 1949-53. In: Demokratische Geschichte. Jahrbuch zur Arbeiterbewegung und Demokratie in Schleswig-Holstein. Bd. IX. 1995. S. 275ff.

Kramer, Helmut (Hg.): Braunschweig unterm Hakenkreuz. Bürgertum, Justiz und Kirche – Eine Vortragsreihe und ihr Echo. Braunschweig 1981.

— Die Aufarbeitung des Faschismus durch die Nachkriegsjustiz in der Bundesrepublik Deutschland. In: Hans-Ernst Böttcher (Hg.): Recht Justiz Kritik. Festschrift für Richard Schmid zum 85. Geburtstag. Baden-Baden 1985. S. 107ff.

— Entstehung, Funktion und Folgen des nationalsozialistischen Rechtssystems. Ein Literaturbericht. KJ, H. 2, 1987. S. 218ff.

— »Gerichtstag halten über uns selbst.« Das Verfahren Fritz Bauers zur Beteiligung der Justiz am Anstaltsmord. In: Hanno Loewy, Bettina Winter (Hg.): NS-»Euthanasie« vor Gericht – Fritz Bauer und die Grenzen juristischer Bewältigung. Frankfurt a.M. 1996. S. 83ff.

— Oberlandesgerichtspräsidenten und Generalstaatsanwälte als Gehilfen der NS-»Euthanasie«. Selbstentlastung der Justiz für die Teilnahme am Anstaltsmord. KJ, H. 1, 1984. S. 26ff.

Kraus, Herbert (Hg.): Die im Braunschweiger Remerprozeß erstatteten moraltheologischen und historischen Gutachten nebst Urteil. Hamburg 1953.

Krause, Peter: Der Eichmann-Prozeß in der deutschen Presse. Frankfurt a.M., New York 2002.

Kremendahl, Hans: Pluralismustheorie in Deutschland. Entstehung, Kritik, Perspektiven. Leverkusen 1977.

Kriele, Martin: Die Rechtfertigungsmodelle des Widerstands. APuZ, B 39, 1983. S. 12ff.

Kröger, Horst: Fremdling in der Stadt. Gedenkblatt für Fritz Bauer. Die Zeit vom 12.7.1968.

Kröger, Klaus: Widerstandsrecht und Verfassung. Tübingen 1971. (Recht und Staat in Geschichte und Gegenwart, 399)

Kröger, Ulrich: Die Ahndung von NS-Verbrechen vor westdeutschen Gerichten und ihre Rezeption in der deutschen Öffentlichkeit 1958 bis 1965, unter besonderer Berücksichtigung von »Spiegel«, »Stern«, »Zeit«, »SZ«, »FAZ«, »Welt«, »Bild«, »Hamburger Abendblatt«, »NZ« und »Neuem Deutschland«. Hamburg 1973.

Kruse, Falko: NS-Prozesse und Restauration. Zur justitiellen Verfolgung von NS-Gewaltverbrechen in der Bundesrepublik. KJ, H. 2, 1978. S. 109ff.

— Zweierlei Maß für NS-Täter? Über die Tendenz schichtenspezifischer Privilegierung in Urteilen gegen nationalsozialistische Gewaltverbrecher. KJ, H. 3, 1978. S. 236ff.

Kühne, Thomas: Zwischen Vernichtungskrieg und Freizeitgesellschaft. Die Veteranenkultur der Bundesrepublik (1945-1995). In: Klaus Naumann (Hg.): Nachkrieg in Deutschland. Hamburg 2001. S. 90ff.

Künneth, Walter: Das Widerstandsrecht als theologisch-ethisches Problem. München 1954.

KZ-Verbrechen vor deutschen Gerichten. Bd. II. Einsatzkommando Tilsit. Der Prozeß zu Ulm. Hg. v. H.G. van Dam u. Ralph Giordano. Frankfurt a.M. 1966.

Laage, Clea: Die Auseinandersetzung um den Begriff des gesetzlichen Unrechts nach 1945. KJ, H. 4, 1989. S. 409ff.

Lämmert, Eberhard: Zum Auslegungsspielraum von Gesetzestexten. In: Helmut Brackert, Jörn Stückrath (Hg.): Literaturwissenschaft. Ein Grundkurs. Reinbek 1992. S. 145ff.

Langbein, Hermann: Auschwitz vor Gericht. Das Mosaik des Grauens. Zwischenbilanz zum Auschwitz-Prozeß in Frankfurt. FuR, H. 7, 1964. S. 35f.

— Das Urteil im Auschwitz-Prozeß ist verkündet. FuR, H. 10, 1965. S. 14ff.

— Der Auschwitz-Prozeß: eine Dokumentation. Band 1 u. 2. Frankfurt a.M. 1995. (Originalausgabe Wien 1965)

— Langsamer Weg zur Gerechtigkeit. Eine Dokumentation zum Abschluß des Auschwitz-Prozesses. Die Welt vom 21.8.1965.

Lange, Astrid: Was die Rechten lesen: fünfzig rechtsextreme Zeitschriften. Ziele, Inhalte, Taktik. Hg. v. der Arbeitsstelle Neonazismus der Fachhochschule Düsseldorf. München 1993.

Latzel, Klaus: Soldatenverbände gegen die Ausstellung »Vernichtungskrieg« – der lange Schatten des letzten Wehrmachtsberichts. In: Michael Th. Greven, Oliver von Wrochem (Hg.): Der Krieg in der Nachkriegszeit. Der zweite Weltkrieg in Politik und Gesellschaft der Bundesrepublik. Opladen 2000. S. 325ff.

Leber, Annedore: Das Gewissen entscheidet: Bereiche des deutschen Widerstandes 1933-1945. Hg. in Zusammenarbeit mit Willy Brandt und Karl Dietrich Bracher. Berlin u.a. 1957.

— (Hg.): Das Gewissen steht auf. Lebensbilder aus dem deutschen Widerstand 1933-1945. Neu hg. v. Karl Dietrich Bracher in Verb. mit der Forschungsgemeinschaft 20. Juli e.V. Mainz 1984.

— Das Gewissen steht auf: 64 Lebensbilder aus dem deutschen Widerstand 1933-1945. Hg. in Zusammenarbeit mit Willy Brandt und Karl Dietrich Bracher. Berlin u.a. 1954.

— Erinnerung und Besinnung. Zum 20. Juli. Telegraf vom 20.7.1947.

— Juli 1944 – Juli 1948. Telegraf vom 20.7.1948.

Leicht, Robert: Obrigkeitspositivismus und Widerstand. In: Arthur Kaufmann (Hg.): Gedächtnisschrift für Gustav Radbruch. Göttingen 1968. S. 191ff.

Lepsius, Rainer M.: Das Erbe des Nationalsozialismus und die politische Kultur der Nachfolgestaaten des »Großdeutschen Reiches«. In: Ders.: Demokratie in Deutschland. Soziologisch-historische Konstellationsanalysen. Ausgewählte Aufsätze. Göttingen 1993. S. 229ff. (Kritische Studien zur Geschichtswissenschaft. Bd. 100)

— Die Prägung der politischen Kultur durch institutionelle Ordnungen. In: Ders. (Hg.): Interessen, Ideen und Institutionen. Opladen 1990. S. 63ff.

Leverkuehn, Paul: Verteidigung Mansteins. Hamburg 1950.

Lichtenstein, Heiner: NS-Prozesse – viel zu spät und ohne System. APuZ, B 9/10, 1981. S. 3ff.

— Verdrängt oder bewältigt? NS-Verbrechen und deutsche Justiz. In: Bundeszentrale für politische Bildung (Hg.): Deutsche Juden – Juden in Deutschland. Bonn 1991. S. 61ff.

Loewy, Hanno: Das gerettete Kind. In: Stephan Braese u.a. (Hg.): Deutsche Nachkriegsliteratur und der Holocaust. Frankfurt a.M., New York 1998. S. 19ff.

— (Hg.): Holocaust: Die Grenzen des Verstehens. Eine Debatte über die Besetzung der Geschichte. Reinbek 1992.

— ; Winter, Bettina (Hg.): NS-»Euthanasie« vor Gericht. Fritz Bauer und die Grenzen juristischer Vergangenheitsbewältigung. Frankfurt a.M., New York 1996. (Wissenschaftliche Reihe des Fritz Bauer Instituts. Bd. 1).

Lorenz, Einhart: Mehr als Willy Brandt. Die Sozialistische Arbeiterpartei Deutschlands (SAP) im skandinavischen Exil. Frankfurt a. M. u.a. 1997.

Lübbe, Hermann: Der Nationalsozialismus im deutschen Nachkriegsbewußtsein. HZ, Bd. 236, 1983. S. 579ff.

— Der Nationalsozialismus im politischen Bewußtsein der Gegenwart. In: Martin Broszat u.a. (Hg.): Deutschlands Weg in die Diktatur. Internationale Konferenz zur nationalsozialistischen Machtübernahme. Referate und Diskussionen. Berlin 1983. S. 329ff.

— Es ist nichts vergessen, aber einiges ausgeheilt. Der Nationalsozialismus im Bewußtsein der deutschen Gegenwart. F.A.Z. vom 24.1.1983.

— Verdrängung? Über eine Kategorie zur Kritik des deutschen Vergangenheitsverhältnisses. In: Herbert A. Strauss, Norbert Kampe (Hg.): Lerntag über den Holocaust in der politischen Kultur seit 1945. Berlin 1985. S. 50ff.

Luxemburg, Rosa: Zur russischen Revolution. In: Dies.: Gesammelte Werke. Bd. 4. August 1914 bis Januar 1919. Hg. v. Institut für Marxismus-Leninismus beim ZK der SED. Berlin 1974.

Mann, Reinhard: Widerstand gegen den Nationalsozialismus. NPL, H. 4, 1977. S. 425.

Manstein, Erich von: Verlorene Siege. Bonn 1955.

Martini, Winfried: Die NS-Prozesse im ost-westlichen Spannungsfeld. Pfaffenhofen 1969.

Marx, Karl: Zur Judenfrage. In: Siegfried Landshut (Hg.): Karl Marx. Die Frühschriften. Stuttgart 1953. S. 171ff.

Merseburger, Peter: Der schwierige Deutsche. Kurt Schumacher. Eine Biographie. Stuttgart ²1995.

Messerschmidt, Manfred: Die Wehrmacht im NS-Staat. Zeit der Indoktrination. Hamburg 1969.

Meusch, Matthias: Von der Diktatur zur Demokratie. Fritz Bauer und die Aufarbeitung der NS-Verbrechen in Hessen (1956-1968). Wiesbaden 2001.

Meyer, Winfried: Unternehmen Sieben. Eine Rettungsaktion für vom Holocaust Bedrohte aus dem Amt Ausland/Abwehr im Oberkommando der Wehrmacht. Frankfurt a. M. 1993.

Miller, Max: Kollektive Erinnerung und gesellschaftliche Lernprozesse. Zur Struktur sozialer Mechanismen der »Vergangenheitsbewältigung«. In: Werner Bergmann, Rainer Erb (Hg.): Antisemitismus in der politischen Kultur nach 1945. Opladen 1990. S. 79ff.

Miller, Susanne: Die Behandlung des Widerstands gegen den Nationalsozialismus in der SPD nach 1945. In: Ursula Büttner (Hg.): Das Unrechtsregime. Internationale Forschung über den Nationalsozialismus. Bd. 2: Verfolgung – Exil – Belasteter Neubeginn. Hamburg 1986. S. 407ff. (Hamburger Beiträge zur Sozial- und Zeitgeschichte Bd. XXII)

Misgeld, Klaus: Die »Internationale Gruppe demokratischer Sozialisten« in Stockholm 1942-1945. Zur sozialistischen Friedensdiskussion während des Zweiten Weltkrieges. Uppsala 1967.

Mitscherlich, Alexander; Mielke, Fred: Das Diktat der Menschenverachtung. Heidelberg 1947.

— ; Mielke, Fred: Medizin ohne Menschlichkeit. Dokumente des Nürnberger Ärzteprozesses. Frankfurt a.M. 1960.

Mitscherlich, Margarete; Mitscherlich, Alexander: Die Unfähigkeit zu trauern. Grundlagen kollektiven Verhaltens. München, Zürich 1991. (Erstausgabe 1967)

Mitscherlich-Nielsen, Margarete: Die Notwendigkeit zu trauern. Psyche, H. 11, 1979. S. 981ff.

Moller, Sabine: Die Entkonkretisierung der NS-Herrschaft in der Ära Kohl. Hannover 1998. (Diskussionsbeiträge/Institut für Politische Wissenschaft der Universität Hannover. Bd. 24).

Mommsen, Hans: Widerstandsforschung und politische Kultur in Deutschland und Österreich. BZG, H. 4, 1993. S. 3ff.

Mommsen, Theodor: Die Geschichte des deutschen Widerstands im Lichte der neueren Forschung. APuZ, B 50, 1986. S. 3ff.

Morsey, Rudolf: Die Bundesrepublik Deutschland. Entstehung und Entwicklung bis 1969. München [3]1995. (Oldenbourg Grundriss der Geschichte. Bd. 19)

Mühlen, Patrick von zur: Die SPD zwischen Anpassung und Widerstand. In: Jürgen Schmädeke, Peter Steinbach (Hg.): Der Widerstand gegen den Nationalsozialismus. Die deutsche Gesellschaft und der Widerstand gegen Hitler. München, Zürich 1985. S. 87ff.

Müller, Ingo: Furchtbare Juristen. Die unbewältigte Vergangenheit unserer Justiz. München 1989.

Müller, Klaus-Jürgen; Mommsen, Hans: Der deutsche Widerstand gegen das NS-Regime. In: Klaus-Jürgen Müller (Hg.): Der deutsche Widerstand 1933-1945. Paderborn u.a. 1986. S. 13ff.

Müller, Rolf-Dieter; Volkmann, Hans-Erich (Hg.): Die Wehrmacht. Mythos und Realität. München 1999.

Müller-Heidelberg, Till: Die Humanistische Union als älteste deutsche Bürgerrechtsorganisation. Geschichte und Perspektiven. Vorgänge, H. 3, 2001. S. 13ff.

— Von der antiklerikalen Intervention zur Bürgerrechtsbewegung: Die Humanistische Union. In: Michael Buckmiller, Joachim Perels (Hg.): Opposition als Triebkraft der Demokratie. Hannover 1998. S. 140ff.

Müssener, Helmut: Exil in Schweden. Politische und kulturelle Emigration nach 1933. München 1974.

Narr, Wolf-Dieter: Die Einbürgerung der Demokratie. Der Wandel der politischen Kultur durch gewaltfreien Protest. In: Michael Buckmiller, Joachim Perels (Hg.): Opposition als Triebkraft der Demokratie. Bilanz und Perspektiven der zweiten Republik. Jürgen Seifert zum 70. Geburtstag. Hannover 1998. S. 164ff.

Naumann, Bernd: Auschwitz. Bericht über die Strafsache gegen Mulka u.a. vor dem Schwurgericht Frankfurt. Frankfurt a.M., Hamburg 1968. (gek. u. bearb. Ausgabe; Erstausgabe: 1965)

Naumann, Klaus: Nachkrieg. Vernichtungskrieg, Wehrmacht und Militär in der deutschen Wahrnehmung nach 1945. Mittelweg 36, Juni/Juli-H., 1997. S. 11ff.

Negt, Oskar: Keine Demokratie ohne Sozialismus. Über den Zusammenhang von Politik, Geschichte und Moral. Frankfurt a.M. 1977.

Nehmer, Bettina: Die Täter als Gehilfen? Zur Ahndung von Einsatzgruppenverbrechen. In: Redaktion Kritische Justiz (Hg.): Die juristische Aufarbeitung des Unrechts-Staats. Baden-Baden 1998. S. 635ff.

Neidert, Rudolf: Beredtes Schweigen. Der Jahrestag des 20. Juli 1944 im Spiegel der juristischen Fachpresse. FuR, H. 7, 1966. S. 13ff.

Nelhiebel, Kurt: Einem Nestbeschmutzer zum Gedenken. Über Fritz Bauers Wirken als politischer Mensch. Radioessay gesendet von Radio Bremen am 19.12.1993.

Nemitz, Kurt: Das Regime der Mitläufer. Soziologische Notizen zur Renazifizierung. NG, H. 3, 1955. S. 39ff.

Neumann, Franz: Behemoth. Struktur und Praxis des Nationalsozialismus 1933-1944. Frankfurt 1993. (amerikan. Originalausg. 1942, erw. Fassung 1944, dt. Erstausgabe 1977)

— Über die Grenzen berechtigten Ungehorsams (1952). In: Ders.: Demokratischer und autoritärer Staat. Beiträge zur Soziologie der Politik. Frankfurt a.M. 1967. S. 118ff.

Noelle, Elisabeth; Neumann, Erich (Hg.): Jahrbuch der öffentlichen Meinung 1947-1955. Allensbach [2]1965.

— Jahrbuch der öffentlichen Meinung 1958-1964. Allensbach 1965.

— Jahrbuch der öffentlichen Meinung 1965-1967. Allensbach, Bonn 1967.

Oberreuter, Heinrich (Hg.): Pluralismus. Grundlegung und Diskussion. Opladen 1980. (Uni-Taschenbücher, 925).

Odersky, Walter: Die Rolle des Strafrechts bei der Bewältigung politischen Unrechts. Heidelberg 1992. (Juristische Studiengesellschaft Karlsruhe Schriftenreihe. Bd. 204).

Oertzen, Peter v.: Karl Marx. In: Walter Euchner (Hg.): Klassiker des Sozialismus. Bd 1. Von Gracchus Babeuf bis Georgi Walentinowitsch Plechanow. München 1991. S. 139ff.

Ormond, Henry: Gebt der Wahrheit die Ehre. Auszüge aus der Replik des Nebenklägers im Auschwitz-Prozeß. FuR, H. 10, 1965. S. 16ff.

— Replik des Rechtsanwalts Henry Ormond im Auschwitz-Prozeß. FH, H. 12, 1965. S. 827ff.

— »Rückblick auf den Auschwitz-Prozeß«. Tribüne, H. 16, 1965. S. 1723ff.

— »Zwischenbilanz im Auschwitz-Prozeß«. Tribüne, H. 11, 1964. S. 1183ff.

Oster, Achim: Wandlungen um den 20. Juli. Heidelberger Tageblatt vom 20.7.1949.

Paech, Norman: Das Versprechen von Nürnberg: Zur Aktualität der Prozesse nach fünfzig Jahren. In: Die frühen Nachkriegsprozesse. Hg. v. KZ-Gedenkstätte Neuengamme. Bremen 1997. S. 12ff.

Paget, Reginald T.: Manstein. Seine Feldzüge und sein Prozeß. Wiesbaden 1952.

Pauli, Gerhard: Die Zentrale Stelle der Landesjustizverwaltungen zur Verfolgung nationalsozialistischer Gewaltverbrechen in Ludwigsburg – Entstehung und frühe Praxis. In: Die Zentralstellen zur Verfolgung nationalsozialistischer Gewaltverbrechen – Versuch einer Bilanz. Hg. vom Justizministerium des Landes NRW. Recklinghausen 2001. S. 45ff. (Juristische Zeitgeschichte NRW. Bd. 9).

Pechel, Rudolf: Deutscher Widerstand. Erlenbach-Zürich, u.a. 1947.

— Die Rollkommandos der Rufmörder. Opposition gegen Hitler wird verunglimpft – Widerstandskämpfer schutzlos – Unglück des Wirtschaftswunders – Aufsehenerregender Vortrag. Telegraf (Berlin) vom 12.11.1958.

Pendas, Devin O.: »Ich wußte nicht, was Auschwitz ist.« Der Auschwitz-Prozeß im Spiegel der Presse. Manuskript eines Vortrages am Fritz Bauer Institut, Frankfurt am Main vom 25. November 1997.

Perels, Joachim: Amnestien für NS-Täter in der Bundesrepublik. KJ, H. 3, 1995. S. 382ff.

— Die Bewahrung der bürgerlichen Gesellschaft in der Zeit des tiefsten Sturzes. Carl Schmitts Positionen nach 1945. In: Gerhard Haney, Werner Maihofer, Gerhard Sprenger (Hg.): Recht und Ideologie. Festschrift für Hermann Klenner zum 70. Geburtstag. Freiburg, Berlin 1996. S. 420ff.

— Die hannoversche Landeskirche im Nationalsozialismus als Problem der Nachkriegsgeschichte. In: Jörg Calließ (Hg.): » ... daß Schuld auf unserem Wege liegt.« Die Hannoversche Landeskirche im Nationalsozialismus. Loccum 1998. S. 32ff. (Loccumer Protokolle, 58/97).

— Die Nachwirkung der NS-Diktatur im demokratischen Rechtsstaat. In: Ders.: Das juristische Erbe des »Dritten Reiches«. Beschädigungen der demokratischen Rechtsordnung. Frankfurt a.M., New York 1999. S. 11ff.

— Die Restauration der Rechtslehre nach 1945. In: Redaktion Kritische Justiz (Hg.): Die juristische Aufarbeitung des Unrechts-Staats. Baden-Baden 1998. S. 237ff. (Zuerst in KJ, H. 4, 1984. S. 359ff.).

— Die schrittweise Rechtfertigung der NS-Justiz. Der Huppenkothen-Prozeß. In: Peter Nahamowitz, Stefan Breuer (Hg.): Politik-Verfassung-Gesellschaft: Traditionslinien und Entwicklungsperspektiven. Otwin Massing zum 60. Geburtstag. Baden-Baden 1995. S. 51ff.

— Die Zerstörung von Erinnerung als Herrschaftstechnik. Adornos Analysen zur Blockierung der Aufarbeitung der NS-Vergangenheit. In: Helmut König, Michael Kohlstruck, Andreas Wöll (Hg.): Vergangenheitsbewältigung am Ende des 20. Jahrhunderts. Leviathan, Sonderheft 18, 1998. S. 53ff.

— Der Umgang mit Tätern und Widerstandskämpfern nach 1945. KJ, H. 3, 1997. S. 357ff.

— Späte Entlegitimierung der NS-Justiz. In: Ders.: Das juristische Erbe des »Dritten Reiches«. Beschädigungen der demokratischen Rechtsordnungen. Frankfurt a.M., New York 1999. S. 215ff. (Zuerst in: KJ, H. 4, 1996. S. 504ff.)

— Theologie des Widerstands: Dietrich Bonhoeffer. Vorgänge, H. 1, 51-62.

— Vergessen – Gedenken – Erinnern. FR vom 10.4.1999.

— Vermächtnis des Widerstands. Tribüne, H. 138, 1996. S. 187ff.

— Wider die »Normalisierung« des Nationalsozialismus. Interventionen gegen die Verdrängung. Hannover 1996.

— Verpaßte Chancen. Zur Bedeutung der Nürnberger Nachfolgeprozesse vor dem Hintergrund der ungenügenden Strafverfolgung von NS-Tätern in der BRD. In: Die frühen Nachkriegsprozesse. Hg. v. KZ-Gedenkstätte Neuengamme. Bremen 1997. S. 30ff

— ; Wojak, Irmtrud (Hg.): Fritz Bauer. Die Humanität der Rechtsordnung. Ausgewählte Schriften. Frankfurt, New York 1998.

Peters, Karl: Gedanken eines Juristen zum Eichmann-Prozeß. In: Karel Ihlenfeld (Hg.): Eckart-Jahrbuch 1961/62. Witten, Berlin 1961. S. 229ff.

Petersen, Hans Uwe: Dänemark und die antinazistischen Flüchtlinge 1940/41. In: Ders. (Hg.): Hitlerflüchtlinge im Norden. Asyl und politisches Exil 1933-1945. Kiel 1991. S. 55ff.

Pfister, Bernhard; Hildmann, Gerhard (Hg.): Widerstandsrecht und Grenzen der Staatsgewalt. Bericht über die Tagung der Hochschule für Politische Wissenschaften, München, und der Evangelischen Akademie, Tutzing, 18.-20. Juni 1955, in der Akademie Tutzing. Berlin 1956.

Pieper, Annemarie (Hg.): Die Gegenwart des Absurden: Studien zu Albert Camus. Tübingen, Basel 1994. (Basler Studien zur Philosophie. Bd. 3).

Pisa, Karl: Schopenhauers Ethik. Ein Beitrag zur Bewältigung der Gegenwart. In: Schopenhauer. Hg. v. Jörg Salaquarda. Darmstadt 1985. S. 284ff.

Plum, Günter: Widerstand und Resistenz. In: Martin Broszat, Horst Möller (Hg.): Das Dritte Reich. München 1983. S. 248ff.

Poliakov, Léon; Wulf, Josef: Das Dritte Reich und seine Diener. Dokumente. Berlin ^{2}1956.

Politische Theorie des Demokratischen Sozialismus. Hg. v. Karl Theodor Schuon. Marburg 1986.

Pollmann, Klaus Erich: Traditionen des Rechtsradikalismus im Raum Braunschweig. In: Bernd Weisbrod (Hg.): Rechtsradikalismus in der politischen Kultur der Nachkriegszeit. Die verzögerte Normalisierung in Niedersachsen. Hannover 1995. S. 231ff.

Pollmann, Leo: Sartre und Camus. Literatur der Existenz. Stuttgart u.a. ^{2}1971.

Popitz, Heinrich: Der entfremdete Mensch. Zeitkritik und Geschichtsphilosophie des Jungen Marx. Basel 1953. (Philosophische Forschungen Neue Folge. Bd. 2).

Proske, Rüdiger: Prozeß um den 20. Juli. Die Braunschweiger Verhandlungen gegen Otto Ernst Remer. Der Monat, H. 43, 1952. S. 16ff.

Puvogel, Ulrike; Stankowski, Martin: Gedenkstätten für die Opfer des Nationalsozialismus. Eine Dokumentation. Bd. 1. Bonn ^{2}1995.

Rabinbach, Anson: Der Deutsche als Paria. Deutsche und Juden in Karl Jaspers' »Die Schuldfrage«. In: Bernhard Moltmann u.a. (Hg.): Erinnerung: zur Gegenwart des Holocaust in Deutschland-West und Deutschland-Ost. Frankfurt a.M. 1993. S. 169ff. (AT. Bd. 79)

Radbruch, Gustav: Der Relativismus in der Rechtsphilosophie. In: Ders.: Der Mensch im Recht. Göttingen ^{3}1969. S. 80ff. (Zuerst in Archives de Philosophie du Droit, H.1/2, 1934)

— Einführung in die Rechtswissenschaft. Leipzig $^{5/6}$1925.

— Gesetzliches Unrecht und übergesetzliches Recht. In: Ders.: Der Mensch im Recht. Göttingen ^{3}1969. S. 111ff. (Zuerst in SJZ, H. 5, 1946. S. 105ff.)

— Kommentar zu einem Urteil des OLG Frankfurt über die Vernichtung »lebensunwerten Lebens«. SJZ, H. 11, 1947. S. 631ff.

— Kulturlehre des Sozialismus. Ideologische Betrachtungen. Stuttgart, Berlin 1922.

— Rechtsphilosophische Besinnung. In: Ders.: Der Mensch im Recht. Göttingen 31969. S. 105ff. (Zuerst in RNZ vom 12.9.1945).

— Rechtsphilosophie. Hg. v. Erik Wolf und Hans-Peter Schneider. Stuttgart ^{8}1973.

— Vom individualistischen zum sozialen Recht. In: Ders.: Der Mensch im Recht. Göttingen ^{3}1969. S. 35ff. (Zuerst in Hanseatische Rechts- und Gerichtszeitschrift, September 1930)

— Zur Diskussion über die Verbrechen gegen die Menschlichkeit. SJZ, Sonderheft, 1947. S. 131ff.

Rasehorn, Theo: Der Untergang der deutschen linksbürgerlichen Kultur: beschrieben nach den Lebensläufen jüdischer Juristen. Baden-Baden 1988.

— Rechtspolitik und Rechtsprechung. In: Karl-Dietrich Bracher u.a. (Hg.): Die Weimarer Republik 1918-1933. Bonn [2]1988. S. 407ff.

Rauh-Kühne, Cornelia: Die Entnazifizierung und die deutsche Gesellschaft. Archiv für Sozialgeschichte. Bd. 35. 1995. S. 35ff.

Raulff, Ulrich: Das Leben – buchstäblich. Über neuere Biographik und Geschichtswissenschaft. In: Christian Klein (Hg.): Grundlagen der Biographik. Theorie und Praxis des biographischen Schreibens. Stuttgart 2002. S. 55ff.

Redeker, Konrad: Bewältigung der Vergangenheit als Aufgabe der Justiz. NJW, H. 24, 1964. S. 1097ff.

Reichel, Peter: Politik mit der Erinnerung. Gedächtnisorte im Streit um die nationalsozialistische Vergangenheit. München, Wien 1995.

— Politische Kultur der Bundesrepublik. Opladen 1981.

— Politische Kultur. Zur Geschichte eines Problems und zur Popularisierung eines Begriffs. APuZ, B 42, 1982. S. 13ff.

— Vergangenheitsbewältigung in Deutschland. Die Auseinandersetzung mit der NS-Diktatur von 1945 bis heute. München 2001.

— Zwischen Dämonisierung und Verharmlosung: Das NS-Bild und seine politische Funktion in den 50er Jahren. Eine Skizze. In: Axel Schildt, Arnold Sywottek (Hg.): Modernisierung im Wiederaufbau. Bonn 1998. S. 679ff.

Renz, Werner: Der erste Frankfurter Auschwitz-Prozeß. Völkermord als Strafsache. 1999 Zeitschrift für Sozialgeschichte des 20. und 21. Jahrhunderts, H. 2, 2000. S. 11ff.

Restauration im Recht. Veröffentlichung der Hochschule für Wirtschaft und Politik Hamburg. Opladen 1988. (Jahrbuch für Sozialökonomie und Gesellschaftstheorie).

Richter, Horst-Eberhard: Der ureigenste Platz des Arztes ist stets an der Seite der Hilfsbedürftigen. FR vom 18.10.1996.

Riesman, David: Die einsame Masse. Eine Untersuchung der Wandlungen des amerikanischen Charakters. Reinbek 1962. (amerikanische Originalausgabe 1950)

Riggert, Ernst: Zur Lage in den deutschen Soldatenbünden. Gewerkschaftliche Monatshefte, H. 1, 1953. S. 39ff.

Ritter, Gerhard: Carl Goerdeler und die deutsche Widerstandsbewegung. München 1964.

Roellecke, Gerd: Der Nationalsozialismuns als politisches Layout der Bundesrepublik Deutschland. Der Staat, H 4, 1989. S. 505ff.

Rohe, Karl: Das Reichsbanner Schwarz Rot Gold. Ein Beitrag zur Geschichte der politischen Kampfverbände zur Zeit der Weimarer Republik. Düsseldorf 1966. (Beiträge zur Geschichte des Parlamentarismus und der politischen Parteien. Bd. 34).

— Politische Kultur und kulturelle Aspekte politischer Wirklichkeit. In: Dirk Berg-Schlosser, Jakob Schissler (Hg.): Politische Kultur in Deutschland. Bilanz und Perspektiven der Forschung. Opladen 1987. S. 39ff. (PVS, Sonderheft 18/1987).

Rondholz, Eberhard: Die Ludwigsburger Zentrale Stelle zur Aufklärung nationalsozialistischer Verbrechen. In: Redaktion Kritische Justiz (Hg.): Die juristische Aufarbeitung des Unrechts-Staats. Baden-Baden 1998. S. 669ff.

Rothfels, Hans: Die deutsche Opposition gegen Hitler. Eine Würdigung. Frankfurt a.M., Hamburg 1969.

Rottleuthner, Hubert: Einführung in die Rechtssoziologie. Darmstadt 1997.

Roxin, Claus: Straftaten im Rahmen organisatorischer Machtapparate. GA, H. 7, 1963. S. 193ff.

— Täterschaft und Tatherrschaft. Hamburg 1963. (Hamburger Rechtsstudien, H. 50).

Rudolph, Hermann: Mehr als Stagnation und Revolte. Zur politischen Kultur der sechziger Jahre. In: Martin Broszat (Hg.): Zäsuren nach 1945. Essays zur Periodisierung der deutschen Nachkriegsgeschichte. München 1990. S. 141ff. (Schriftenreihe der VfZ, Bd. 61)

Rückerl, Adalbert: Die Strafverfolgung von NS-Verbrechen 1945-1978. Eine Dokumentation. Heidelberg, Karlsruhe 1979.

— Die Zentrale Stelle der Landesjustizverwaltungen zur Aufklärung von NS-Verbrechen. In: Justiz und Nationalsozialismus (Bd. 2). Die Bundesrepublik Deutschland und die NS-Verbrechen. Bad Boll 1981. S. 35ff.

— NS-Verbrechen vor Gericht. Versuch einer Vergangenheitsbewältigung. Heidelberg 1984. (Recht – Justiz – Zeitgeschehen. Bd. 36)

— Vergangenheitsbewältigung mit Mitteln der Justiz. APuZ, B. 43/82, 1982. S. 11ff.

Rüping, Hinrich: Staatsanwälte und Parteigenossen. Haltung der Justiz zur nationalsozialistischen Vergangenheit zwischen 1945 und 1949 im Bezirk Celle. Baden-Baden 1994.

Sack, Fritz: Strafrecht und Kriminalität in einer freiheitlichen Gesellschaft – einige Folgerungen für das Verständnis zwischen Rechtsanwalt und Mandant. In: Werner Holfort (Hg.): Strafverteidiger als Interessenvertreter. Berufsbild und Tätigkeitsfeld. Neuwied, Darmstadt 1979. S. 132ff.

Sändig, Brigitte: Albert Camus. Eine Einführung in Leben und Werk. Leipzig ^{3}1992.

Safranski, Rüdiger: Schopenhauer und Die wilden Jahre der Philosophie. Eine Biographie. Frankfurt a.M. 2001.

Sahm, Ulrich: Das Ermittlungsverfahren gegen Dr. Manfred Roeder (1946-1951). In: Ders.: Rudolf von Scheliha 1897-1942. Ein deutscher Diplomat gegen Hitler. München 1990. S. 297ff.

Saner, Hans: Karl Jaspers. Reinbek 1970.

Sarcinelli, Ulrich (Hg.): Demokratische Streitkultur. Theoretische Grundpositionen und Handlungsalternativen in Politikfeldern. Opladen 1990.

Sax, Walter: Der Bundesgerichtshof und die Täterlehre. Gedanken zum Staschynskij-Urteil. JZ, H. 11/12, 1963. S. 329ff.

Schenck zu Schweinsberg, Krafft Frhr.: Die Soldatenverbände in der Bundesrepublik. In: Georg Picht (Hg.): Studien zur politischen und gesellschaftlichen Situation der Bundeswehr. Erste Folge. Witten, Berlin 1965. S. 96ff.

Scheuring, Bodo: Der 20. Juli 1944 – damals und heute. APuZ, B 28, 1994. S. 15ff.

Schiffers, Reinhard: Grundlegung des strafrechtlichen Staatsschutzes in der Bundesrepublik Deutschland 1949-1951. VfZ, H. 38, 1990. S. 589ff.

— Zwischen Bürgerfreiheit und Staatsschutz. Wiederherstellung und Neufassung des politischen Strafrechts in der Bundesrepublik Deutschland 1949-1951. Düsseldorf 1989.

Schildt, Axel: Der Umgang mit der NS-Vergangenheit in der Öffentlichkeit der Nachkriegszeit. In: Wilfried Loth, Bernd-A. Rusinek (Hg.): Verwandlungspolitik. NS-Eliten in der westdeutschen Nachkriegsgesellschaft. Frankfurt, New York 1998. S. 19ff.

— Gründerjahre. Zur Entwicklung der westdeutschen Gesellschaft in der »Ära Adenauer«. Blätter, H. 1, 1989. S. 22ff.

— Nachkriegszeit. Möglichkeiten und Probleme der Periodisierung der westdeutschen Geschichte nach dem Zweiten Weltkrieg und ihre Einordnung in die deutsche Gesellschaft des 20. Jahrhunderts. GWU, H. 9, 1993. S. 567ff.

— Vor der Revolte: Die sechziger Jahre. APuZ, B 22/23, 2001. S. 7ff.

— ; Sywottek, Arnold (Hg.): Modernisierung im Wiederaufbau. Die westdeutsche Gesellschaft der 50er Jahre. Bonn 1993.

Schissler, Jakob (Hg.): Politische Kultur und politisches System in Hessen. Frankfurt a.M. 1981.

Schlabrendorff, Fabian von: Offiziere gegen Hitler. Zürich, Wien, Konstanz [2]1951.

Schlette, Heinz-Robert: Albert Camus: Welt und Revolte. Freiburg, München 1980.

Schmädeke, Jürgen; Steinbach, Peter (Hg.): Der Widerstand gegen den Nationalsozialismus. Die deutsche Gesellschaft und der Widerstand gegen Hitler. München, Zürich 1985.

Schmid, Richard: Ein Gedenken für Fritz Bauer. Vorgänge, H. 7, 1968. S. 241.

— Fritz Bauer 1903-1968. KJ, H. 1, 1968. S. 60f.

— Justiz in der Bundesrepublik. Pfullingen 1967. (Politik in unserer Zeit. Bd. 8)

— Rezension zu Hermann Weinkauff: Die deutsche Justiz und der Nationalsozialismus. Ein Überblick. Stuttgart 1968. KJ, H. 1, 1969. S. 102ff.

Schmidt, Gerhard: Selektion in der Heilanstalt 1939-1945. Frankfurt a.M. 1983. (Zuerst 1965)

Schmidt-Leichner, Erich: Zur Problematik der Irrtumslehre. GA, Jahrgang 1954. S.1ff.

Schminck-Gustavus, Christoph U.: Der »Prozeß« gegen Dietrich Bonhoeffer und die Freilassung seiner Mörder. Bonn 1995.

Schmollinger, Horst W.: Die Sozialistische Reichspartei. In: Richard Stöss (Hg.): Parteien-Handbuch: die Parteien der Bundesrepublik Deutschland 1945-1980. Bd II. Opladen 1984. S. 2274ff.

Schmuhl, Hans-Walter: Rassenhygiene, Nationalsozialismus, Euthanasie: Von der Verhütung zur Vernichtung »lebensunwerten Lebens« 1880-1945. Göttingen 1987.

Schneider, Hans-Peter: Gustav Radbruch. In: Kritische Justiz (Hg.): Streitbare Juristen. Eine andere Tradition. Baden-Baden 1988. S. 295ff.

Schneider, René: Das Widerstandsrecht in Staatsrecht und Staatstheorie der Gegenwart. Zürich 1964. (Züricher Beiträge zur Rechtswissenschaft, Neue Folge. Bd. 245).

Schneider, Ulrich (Hg.): Auschwitz – ein Prozeß. Geschichte – Fragen – Wirkungen. Köln 1994.

Schönhoven, Klaus: Aufbruch in die sozialliberale Ära. Zur Bedeutung der 60er Jahre in der Geschichte der Bundesrepublik. GG, H. 1, 1999. S. 123ff.

Schopenhauer im Denken der Gegenwart. Hg. v. Volker Spierling. München, Zürich 1987.

Schopenhauer, Arthur: Preisschrift über das Fundament der Moral. Mit einer Einleitung, Bibliographie und Registern hg. v. Hans Ebeling. Hamburg 1979.

— Preisschrift über die Freiheit des menschlichen Willens. Mit einer Einleitung, Bibliographie und Registern hg. v. Hans Ebeling. Hamburg 1978.

Schorn, Hubert: Der Richter im Dritten Reich. Frankfurt a.M. 1959.

Schreiber, Gerhard: Deutsche Kriegsverbrechen in Italien. Täter, Opfer, Strafverfolgung. München 1996.

Schüle, Erwin: Die Justiz der Bundesrepublik und die Sühne nationalsozialistischen Unrechts. VfZ, H. 4, 1961. S. 440ff.

Schulz, Birger: Der Republikanische Richterbund (1921-1933). Frankfurt a.M. 1982.

Schulz, Klaus Peter: Die Wurzeln des sozialen Defaitismus. Gewerkschaftliche Monatshefte, H. 1, 1951. S. 2ff.

Schuon, Karl Theodor: Pluralismus. In: Thomas Meyer u.a. (Hg.): Lexikon des Sozialismus. Köln 1986. S. 482ff.

Schwan, Alexander: Politische Theorien des Rationalismus und der Aufklärung. In: Hans-Joachim Lieber (Hg.): Politische Theorien von der Antike bis zur Gegenwart. Bonn ^{2}1993. S. 157ff.

— ; Schwan, Gesine: Sozialdemokratie und Marxismus. Hamburg 1974.

Schwan, Gesine: Die politische Relevanz nicht verarbeiteter Schuld. In: Wolfgang Benz (Hg.): Jahrbuch für Antisemitismusforschung 2, Frankfurt a.M., New York 1993. S. 281ff.

— Folgen nicht verarbeiteter Schuld für die demokratische politische Kultur. In: Wolfgang Jäger, Hans-Otto Mühleisen, Hans-Joachim Veen (Hg.): Republik und Dritte Welt. Festschrift für Dieter Oberndörfer zum 65. Geburtstag. Paderborn u.a. 1994. S. 413ff. (Studien zur Politik. Bd. 27)

— Politik und Schuld. Die zerstörerische Macht des Schweigens. Frankfurt a.M. 1997.

Schwarz, Hans-Peter: Die Ära Adenauer. Gründerjahre der Republik. 1949-1947. (Geschichte der Bundesrepublik Deutschland, Bd. 2) Stuttgart 1981.

Schweppenhäuser, Gerd (Hg.): Soziologie im Spätkapitalismus. Darmstadt 1995.

Seifert, Jürgen: Als Bürgerrechtler gegen einen Cäsar im neuen Gewande. FR vom 30.10.1986.

Seim, Jürgen: Hans Joachim Iwand. Eine Biografie. Gütersloh 1999.

— Iwand-Studien. Köln 1999.

Seydewitz, Ruth; Seydewitz, Max: Unvergessene Jahre. Begegnungen. Berlin 1984.

Silone, Ignazio: Unser Weg: die Wahrheit. Sozialistische Tribüne, H. 1, 1945. S. 1ff.

Simon, Dieter: Zäsuren im Rechtsdenken. In: Martin Broszat (Hg.): Zäsuren nach 1945: Essays zur Periodisierung der deutschen Nachkriegsgeschichte. München 1990. S. 153ff. (Schriftenreihe der VfZ. Bd. 61)

Söllner, Alfons: Demokratie als Lernprozeß. Drei Stichworte zur Entwicklung der politischen Kultur in der Bundesrepublik Deutschland. Mittelweg 36, H. 4, 1995. S. 84ff.

— Zwischen totalitärer Vergangenheit und demokratischer Zukunft. Emigranten beurteilen die deutsche Entwicklung nach 1945. Exilforschung. Bd. 9. 1991. S. 146ff.

Sontheimer, Kurt: Deutschlands Politische Kultur. München, Zürich 1990.

— Die Adenauer-Ära. Grundlegung der Bundesrepublik. München 1991.

Sophokles: Antigone. Stuttgart 1994.

Spendel, Günter: Die »Standgerichtsverfahren« gegen Admiral Canaris u.a. in der Nachkriegsrechtsprechung. In: Ders.: Rechtsbeugung durch Rechtsprechung: 6 strafrechtliche Studien. Berlin, New York 1984.

Staff, Ilse: Fritz Bauer (1903-1968). »Im Kampf um des Menschen Rechte“. In: Kritische Justiz (Hg.): Streitbare Juristen. Eine andere Tradition. Baden-Baden 1988. S. 440ff.

— Hitler ist kein Alibi. FuR, H. 4, 1964. S. 14f.

— Überlegungen zum Staat als »Vereinigung einer Menge von Menschen unter Rechtsgesetzen«. In memoriam Fritz Bauer. Blätter, H. 12, 1993. S. 1520ff.

Steffensen, Steffen: Fritz Bauer (1903-1968). Jurist und Volkswirt. In: Exil in Dänemark. Deutschsprachige Wissenschaftler, Künstler und Schriftsteller im dänischen Exil nach 1933. Hg. von Willy Dänhardt und Birgit S. Nielsen. Heide 1993. S. 171ff.

Steinbach, Peter: Der Widerstand als Thema der politischen Zeitgeschichte. Ordnungsversuche vergangener Wirklichkeit und politischer Reflexionen. In: Gerhard Besier, Gerhard Ringshausen (Hg.): Bekenntnis, Widerstand, Märtyrium. Von Barmen 1934 bis Plötzensee 1944. Göttingen 1986. S. 11ff.

— Die Vergegenwärtigung von Vergangenem. Zum Spannungsverhältnis zwischen individueller Erinnerung und öffentlichem Gedenken. APuZ, B 3-4, 1997. S. 3ff.

— »Enttabuisierung« der Zeitgeschichte als Vergangenheitsbewältigung? KZG, H. 1, 1992. S. 121ff.

— Mit der Vergangenheit konfrontiert. Vom Erkennen der NS-Verbrechen zur »Wiedergutmachung«. Tribüne, H. 97, 1986. S. 88ff.

— Mit der Vergangenheit konfrontiert. Vom Erkennen der NS-Verbrechen zur »Wiedergutmachung«. Tribüne, H. 98, 1986. S. 137ff.

— Mit der Vergangenheit konfrontiert. Vom Erkennen der NS-Verbrechen zur »Wiedergutmachung«. Tribüne, H. 99, 1986. S. 166ff.

— Nationalsozialistische Gewaltverbrechen. Die Diskussion in der deutschen Öffentlichkeit nach 1945. Berlin1981.

— NS-Prozesse und historische Forschung. In: Heiner Lichtenstein, Otto Romberg (Hg.): Täter – Opfer – Folgen. Der Holocaust in Geschichte und Gegenwart. Bonn 1995. S. 136ff. (Schriftenreihe der Bundeszentrale für politische Bildung. Bd. 335).

— »Stachel im Fleisch der deutschen Nachkriegsgesellschaft«. Die Deutschen und der Widerstand. APuZ, B 28, 1994. S. 3ff.

— Toleranz und Liberalität als Maßstab. Die Zeitschrift Tribüne und unsere politische Kultur. Tribüne, H. 100, 1986. S. 42ff.

— Unbewältigter Widerstand. NS-Opposition im Spannungsfeld der Nachkriegszeit. Universitas, H. 7, 1989. S. 629ff.

— Vergangenheitsbewältigungen in vergleichender Perspektive. Politische Säuberung, Wiedergutmachung, Integration. Berlin 1994. (Historische Kommission zu Berlin, Beiheft 18)

— Von der Schwierigkeit des Gedenkens. In: Bernd Hey, Peter Steinbach (Hg.): Zeitgeschichte und Politisches Bewußtsein. Köln 1986. S. 13ff.

— Wem gehört der Widerstand gegen Hitler? DH, H. 6, 1990. S. 56ff.

— (Hg.): Widerstand. Ein Problem zwischen Theorie und Geschichte. Köln 1987.

— Widerstand gegen den Nationalsozialismus. Geschichte und Deutung im Spannungsfeld der Traditionsbildung. In: Rudolf Lill, Heinrich Oberreuter (Hg.): Machtverfall und Machtergreifung. München 1983. S. 305ff.

— Widerstand im Widerstreit. Der Widerstand gegen den Nationalsozialismus in der Erinnerung der Deutschen. Paderborn u.a. 1994.

— Widerstand und politische Sensibilität. Widerstandsdiskussion im politischen und generationsbedingten Wandel. In: Bernd Hey, Peter Steinbach (Hg.): Zeitgeschichte und Politisches Bewußtsein. Köln 1986. S. 189ff.

— Widerstandsforschung im politischen Spannungsfeld. APuZ, B 28, 1988. S. 3ff.

— ; Tuchel, Johannes (Hg.): Widerstand gegen den Nationalsozialismus. Bonn 1994. (Schriftenreihe der Bundeszentrale für Politische Bildung. Bd. 323).

Steltzer, Theodor: Revolutionen als Pflicht und Staatsverbrechen. Grundsätzliches zur Widerstandsbewegung. NZ vom 24.1.1951.

Stenographische Berichte des Deutschen Bundestages, I. Wahlperiode.

Stenographische Berichte des Landtages von Rheinland-Pfalz, IV. Wahlperiode.

Stratenwerth, Günter: Verantwortung und Gehorsam. Zur strafrechtlichen Wertung hoheitlich gebotenen Handelns. Tübingen 1958.

Straub, Jürgen: Personale und kollektive Identität. Zur Analyse eines theoretischen Begriffs. In: Aleida Assmann, Heidrun Fiese (Hg.): Identitäten. Frankfurt a.M. ²1999. S. 73ff.

Streim, Alfred: Der Umgang mit der Vergangenheit am Beispiel der Zentralen Stelle der Landesjustizverwaltungen zur Aufklärung von NS-Verbrechen in Ludwigsburg. In: Formen des Widerstandes im Südwesten 1933-1945. Hg. v. Landeszentrale für politische Bildung Baden-Württemberg u. Haus der Geschichte Baden-Württemberg. Ulm 1994. S. 320ff.

— Die Verfolgung von NS-Gewaltverbrechen in der Bundesrepublik Deutschland. In: Nationalsozialismus und Justiz. Die Aufarbeitung von Gewaltverbrechen damals und heute. Münster 1993. S. 17ff. (Agenda Geschichte. Bd. 3)

Szabó, Anikó: Vertreibung, Rückkehr, Wiedergutmachung. In der Zeit des Nationalsozialismus verfolgte Hochschullehrer: Die Universität Göttingen als Fallbeispiel. Diss. phil. an der Fakultät für Geistes- und Sozialwissenschaften der Universität Hannover 1997.

Szczesny, Christian: Mein Großvater Gerhard Szczesny und die Humanistische Union. Vorgänge, H. 3, 2001. S. 25ff.

Tagung der Oberlandesgerichtspräsidenten und Generalstaatsanwälte. DJ, 2.5.1941. S. 533f.

Tauber, Kurt P.: Beyond Eagle and Swastika. German Nationalism since 1945. Middletown, Connecticut 1967.

Taylor, Telford: Die Nürnberger Prozesse. Hintergründe, Analysen und Erkenntnisse aus heutiger Sicht. München 31996.

Theodor Heuss. Die großen Reden. Der Staatsmann. Tübingen 1965.

— Politiker und Publizist. Aufsätze und Reden. Ausgew. und komm. von Martin Vogt. Tübingen 1984.

Thielicke, Helmut: Evangelische Ethik. Bd. II. 2. Tübingen 1958.

— Grenzsituationen der Staatlichkeit. In: Ders.: Theologische Ethik. II. Entfaltung. 2. Ethik des Politischen. Tübingen 1958. S. 399f.

Ueberschär, Gerd R. (Hg.): Der Nationalsozialismus vor Gericht. Die alliierten Prozesse gegen Kriegsverbrecher und Soldaten 1943-1952. Frankfurt a.M. 1999.

— Der nicht endende Kampf um die Erinnerung. Schwierigkeiten, Wege und Stationen der Erforschung und Würdigung des deutschen Widerstandes. FR vom 12.7.1994.

– (Hg.): Der 20. Juli 1944. Bewertung und Rezeption des deutschen Widerstandes gegen das NS-Regime. Köln 1994.
– Gegner des Nationalsozialismus 1933-1945. Volksopposition, individuelle Gewissensentscheidung und Rivalitätskampf konkurrierender Führungseliten als Aspekte der Literatur über Emigration und Widerstand im Dritten Reich zwischen 35. und 40. Jahrestag des 20. Juli 1944. MGM, H. 1, 1984. S. 141ff.
– (Hg.): Hitlers militärische Elite. Bd. 2: Vom Kriegsbeginn bis zum Weltkriegsende. Darmstadt 1998.

Vilmar, Fritz: Das Prinzip Brüderlichkeit. Mehr Radikalität als im Marxismus. In: Hans Jürgen Schultz (Hg.): Brüderlichkeit. Die vergessene Parole. Stuttgart 1977. S. 171ff.
Vollmacht des Gewissens. Probleme des militärischen Widerstandes gegen Hitler. Bd. 1. Hg. v. der Europäischen Publikation e.V. Frankfurt a.M., Berlin 1960.
Vollnhals, Clemens: Zwischen Verdrängung und Aufklärung. Die Auseinandersetzung mit dem Holocaust in der frühen Bundesrepublik. In: Ursula Büttner (Hg.): Die Deutschen und die Judenverfolgung im Dritten Reich. Hamburg 1992. S. 357ff. (Hamburger Beiträge zur Sozial- und Zeitgeschichte. Bd. 29)

Wagner, Peter: Fest-Stellungen. Beobachtungen zur sozialwissenschaftlichen Diskussion über Identität. In: Aleida Assmann, Heidrun Fiese (Hg.): Identitäten. Frankfurt a.M. [2]1999. S. 44ff.
Walser, Martin (Hg.): Die Alternative oder Brauchen wir eine neue Regierung? Reinbek 1961.
– Unser Auschwitz. Kursbuch, H. 1, 1965. S. 189ff.
Warlo, Johannes: NSG-Verfahren in Frankfurt am Main. Versuche einer justitiellen Aufarbeitung der Vergangenheit. In: Horst Henrichs, Karl Stephan (Hg.): Ein Jahrhundert Frankfurter Justiz; Gerichtgebäude A: 1889-1989. Frankfurt a.M. 1989. S. 155ff. (Schriften zur Frankfurter Geschichte, 27)
Wassermann, Rudolf: Auch die Justiz kann aus der Geschichte nicht aussteigen: Studien zur Justizgeschichte. Nomos 1990.
– Die Prozesse gegen die nationalsozialistischen Gewaltverbrecher. JR, H. 1, 1964. S. 16ff.
– Ein Streiter ohne Furcht und Tadel. Nachruf für Fritz Bauer. RuP, H, 2, 1968. S. 41.
– Fritz Bauer (1903-1968). In: Peter Glotz, Wolfgang R. Langenbucher (Hg.): Vorbilder für Deutsche. Korrektur einer Heldengalerie. München, Zürich 1974. S. 296ff.
– Fritz Bauers Plädoyer im Remer-Prozeß. Eine Erinnerung. Strafverteidiger, H. 1, 1985. S. 40ff.
– Gibt es ein Recht auf zivilen Ungehorsam? Gewaltfreier Widerstand und Rechtsordnung. ZfP, H. 4, 1983. S. 343ff.
– Ist Bonn doch Weimar? Zur Entwicklung der Justiz nach 1945. Neuwied, Darmstadt 1983.
– Justiz nach Weimar und Hitler. Entwicklungen und Tendenzen in der Bundesrepublik. APuZ, B 27, 1982. S. 3ff.
– Kontinuität oder Wandel? Konsequenzen aus der NS-Herrschaft für die Entwicklung der Justiz nach 1945. Hg. v. der Niedersächsischen Landeszentrale für Politische Bildung. Hannover 1984. (Grundfragen der Demokratie. Bd. 5)

— Recht, Gewalt, Widerstand. Vorträge und Aufsätze. Berlin 1985. (Politologische Studien. Bd. 32)

— Was kann Schopenhauer dem Rechtsdenken in der Gegenwart bedeuten? In: Volker Spierling (Hg.): Schopenhauer im Denken der Gegenwart. 23 Beiträge zu seiner Aktualität. München, Zürich 1987. S. 301ff.

— Wo Buße not tat, wurde nach Entlastung gesucht. Zur Aufarbeitung der NS-Vergangenheit durch die Justiz. RuP, H. 1, 1983. S. 5ff.

— Zur juristischen Bewertung des 20. Juli 1944. Der Braunschweiger Remer-Prozeß als Meilenstein der Nachkriegsgeschichte. RuP, H. 2, 1984. S. 68ff.

Weber, Jürgen (Hg.): Die Bundesrepublik wird souverän. München [2]1992.

— ; Steinbach, Peter (Hg.): Vergangenheitsbewältigung durch Strafverfahren? NS-Prozesse in der Bundesrepublik Deutschland. München 1984. (Akademiebeiträge zur politischen Bildung. Bd. 12)

Weber, Max: Schriften zur Wissenschaftslehre. Hg. u. eingel. v. M. Sukale. Stuttgart 1991.

Wege der deutschen Camus-Rezeption. Hg. v. Heinz Robert Schlette. Darmstadt 1975.

Weinkauff, Hermann: 75 Jahre Reichsgericht. Rede am 2. Oktober 1954. DRiZ, H. 12, 1954. S. 251ff.

— Der Naturrechtsgedanke in der Rechtsprechung des Bundesgerichtshofes. In: Werner Maihofer (Hg.): Naturrecht oder Rechtspositivismus? Bad Homburg 1962. S. 555ff.

— Das Naturrecht in evangelischer Sicht. In: Werner Maihofer (Hg.): Naturrecht oder Rechtspositivismus? Bad Homburg 1962. S. 210ff.

— Das Naturrecht und die Große Justizreform. Gedanken über die Grundfragen der Rechtsprechung. Die Abschiedsrede des Chefpräsidenten beim Bundesgerichtshof, Dr. Hermann Weinkauff. FR vom 6.4.1960.

— Das Widerstandsrecht in juristischer Sicht. In: Görres-Gesellschaft (Hg.): Staatslexikon. Recht, Wirtschaft, Gesellschaft. Bd. 8. Freiburg i.Br. 1963. S. 677ff.

— Die deutsche Justiz und der Nationalsozialismus. Ein Überblick. Hg. v. Institut für Zeitgeschichte. Stuttgart 1968. (Quellen und Darstellungen zur Zeitgeschichte. Bd. 16/I)

— Die Militäropposition gegen Hitler und das Widerstandsrecht. In: Europäische Publikation e.V. (Hg.): Vollmacht des Gewissens. Bd. 1. Frankfurt a. M., Berlin 1960. S. 139ff.

— Über das Widerstandsrecht. Vortrag gehalten vor der Juristischen Studiengesellschaft in Karlsruhe am 24. Februar 1956. Karlsruhe 1956. (Juristische Studiengesellschaft Karlsruhe Schriftenreihe. Bd. 20)

Weisbrod, Bernd (Hg.): Rechtsradikalismus in der politischen Kultur der Nachkriegszeit. Die verzögerte Normalisierung in Niedersachsen. Hannover 1995. (Quellen und Untersuchungen zur Geschichte Niedersachsens nach 1945. Bd. 11)

Weisenborn, Günther: Der lautlose Aufstand. Bericht über die Widerstandsbewegung des deutschen Volkes 1933-1945. Hamburg 1953.

— Rede über die deutsche Widerstandsbewegung. Aufbau, H. 6, 1946. S. 571ff.

Welzel, Hans: Anmerkung zum Urteil des OGH, Strafsenat, StS 19/49 vom 5.3.1949. MDR, H. 6, 1949. S. 370ff.

— Das Gesinnungsmoment im Recht. In: Festschrift für Julius von Gierke. Berlin 1950. S. 291ff.

— Über den substantiellen Begriff des Strafgesetzes. In: Probleme der Strafrechtserneuerung. Festschrift für E. Kohlrausch. Berlin 1944. S. 101ff.

— Vom irrenden Gewissen. Tübingen 1949.

Wenzlau, Joachim Reinhold: Der Wiederaufbau der Justiz in Nordwestdeutschland 1945 bis 1949. Königstein 1979. (Athenäum Rechtswissenschaft Justiz und Gesellschaft. Bd. 8)

Werle, Gerhard: Der Holocaust als Gegenstand der bundesdeutschen Strafjustiz. NJW, H. 40, 1992. S. 2529ff.

— Der Holocaust als Gegenstand der bundesdeutschen Strafjustiz. In: Bernhard Moltmann u.a. (Hg.): Erinnerung: zur Gegenwart des Holocaust in Deutschland-West und Deutschland-Ost. Frankfurt a.M. 1993. S. 99ff. (AT. Bd. 79)

— ; Wandres, Thomas: Auschwitz vor Gericht: Völkermord und bundesdeutsche Strafjustiz. Mit einer Dokumentation des Auschwitz-Urteils. München 1995. (Beck`sche Reihe. Bd. 1099)

Wernicke, Horst: Albert Camus. Aufklärer – Skeptiker – Sozialist. Essay über einen Entwurf vom brüderlichen Menschen. Hildesheim, Zürich, New York 1984.

Wiegandt, Manfred H.: Der Weg Gerhard Leibholz' in die Emigration. In: Redaktion Kritische Justiz (Hg.): Die juristische Aufarbeitung des Unrechts-Staats. Baden-Baden 1998. S. 47ff.

Wiggershaus, Rolf: Theodor W. Adorno. München 1987.

Wiggershaus, Norbert: Zur Bedeutung und Nachwirkung des militärischen Widerstandes in der Bundesrepublik Deutschland und in der Bundeswehr. In: Militärisches Forschungsamt (Hg.): Aufstand des Gewissens. Der militärische Widerstand gegen Hitler und das NS-Regime 1933-1945. Herford, Bonn 1985. S. 501ff.

Wilke, Jürgen (u.a.): Holocaust und NS-Prozesse. Die Presseberichterstattung in Israel und Deutschland zwischen Aneignung und Abwehr. Köln, Weimar, Wien 1995. (Medien in Geschichte und Gegenwart. Bd. 3)

Wischmeyer, Wolfgang: Fritz Bauer: Die Ewiggestrigen haben ihn nicht geliebt. F.A.Z. vom 18.7.1993.

Wittke, Stefan: Teilexkulpation von KZ-Tätern? In: Redaktion Kritische Justiz (Hg.): Die juristische Aufarbeitung des Unrechts-Staats. Baden-Baden 1998. S. 547ff.

Wöll, Andreas: »Wegweisend für das deutsche Volk«. Der 20. Juli 1944: Öffentliche Erinnerung und Vergangenheitsbewältigung in der Bundesrepublik. In: Helmut König, Michael Kohlstruck, Andreas Wöll (Hg.): Vergangenheitsbewältigung am Ende des 20. Jahrhunderts. Leviathan, Sonderheft 18, 1998. S. 17ff.

— ; Schaal, Gary S. (Hg.): Vergangenheitsbewältigung: Modelle der politischen und sozialen Integration in der bundesdeutschen Nachkriegsgeschichte. Baden-Baden 1997.

Wojak, Irmtrud: Die Verschmelzung von Geschichte und Kriminologie. Historische Gutachten im ersten Frankfurter Auschwitz-Prozeß. In: Norbert Frei, Dirk van Laak, Michael Stolleis (Hg.): Geschichte vor Gericht. Historiker, Richter und die Suche nach Gerechtigkeit. München 2000. S. 29ff.

— Herrschaft der Sachverständigen? Zum ersten Frankfurter Auschwitz-Prozeß. KJ, H. 4, 1999. S. 605ff.

Wolfrum, Edgar: Geschichte als Politikum – Geschichtspolitik. Internationale Forschungen zum 19. und 20. Jahrhundert. NPL, H. 3, 1996. S. 376ff.

— Geschichtspolitik in der Bundesrepublik Deutschland. Der Weg zur bundesrepublikanischen Erinnerung 1948-1990. Darmstadt 1999.
Wrochem, Oliver von: Die Auseinandersetzung mit Wehrmachtsverbrechen im Prozeß gegen den Generalfeldmarschall Erich von Manstein 1949. ZfG, H. 4, 1998. S. 330ff.
— Rehabilitation oder Strafverfolgung. Kriegsverbrecherprozeß gegen Generalfeldmarschall Erich von Manstein im Widerstreit britischer Interessen. Mittelweg 36, Juni/Juli-H., 1997. S. 26ff.

IV. Ausgewählte Schriften und Interviews von Fritz Bauer[2]

Die Abrechnung mit den Kriegsverbrechern. Sozialistische Tribüne, H. 2, 1945. S. 11ff.
Antinazistische Prozesse und politisches Bewußtsein. Dienen NS-Prozesse der politischen Aufklärung? In: Hermann Huss, Andreas Schröder (Hg.): Antisemitismus. Zur Pathologie der bürgerlichen Gesellschaft. Frankfurt a. M. 1965. S. 167ff.
Aug um Auge – Zahn um Zahn? WdA, H. 17, 1959. Sonderseite.
Aug um Auge – Zahn um Zahn? Hintergründe der Kriminalität. WdA, H. 18, 1959. Sonderseite.
Aug um Auge – Zahn um Zahn? Potpourri der Halbwahrheiten. WdA, H. 20, 1959. Sonderseite.
Aug um Auge – Zahn um Zahn? Soziale Hilfe statt Vergeltung. WdA, H. 19, 1959. Sonderseite.
Was hat Auschwitz mit dem »Deutschen Menschen« zu tun? Podiumsdiskussion mit Fritz Bauer. In: Hermann Glaser (Hg.): Das Nürnberger Gespräch 1965 – Haltungen und Fehlhaltungen in Deutschland. Ein Tagungsbericht. Freiburg 1966. S. 107ff
Warum Auschwitz-Prozesse? Neutralität. Kritische Schweizer Zeitschrift für Kultur und Politik, H. 6/7, 1965. S. 7ff.

Zum Begriff des Verletzten in der StPO, JZ, H. 10, 1953. S. 289ff.
Brief aus Dänemark. Sozialistische Tribüne, H. 8-9, 1945. S. 23ff.

Diensteid und Grenzen der Dienstpflicht. In: Hildburg Bethke (Hg.): Eid, Gewissen, Treuepflicht. Frankfurt a.M. 1965. S.122ff. (Antworten, Bd. 88)

Einleitung. In: Jürgen Seifert: Gefahr im Verzuge. Zur Problematik der Notstandsgesetzgebung. Frankfurt a.M. 1965. S. 7ff. (Sammlung »res novae« Veröffentlichungen zu Politik, Wirtschaft, Soziologie und Geschichte, Bd 18)

---

2 Verzeichnet sind vor allem die in der vorliegenden Untersuchung zitierten Schriften von Fritz Bauer. Weitere Literatur von Bauer ist zu finden in der Ausgewählte(n) Bibliographie der Schriften von Fritz Bauer in: Joachim Perels, Irmtrud Wojak (Hg.): Fritz Bauer. Die Humanität der Rechtsordnung. Ausgewählte Schriften. Frankfurt, New York 1998. S. 429ff und im Verzeichnis der Schriften Bauers von Matthias Meusch: Von der Diktatur zur Demokratie. Fritz Bauer und die Aufarbeitung der NS-Verbrechen in Hessen (1956-1968). Wiesbaden 2001. S. 388ff.

Das Ende waren die Gaskammern. Vor 25 Jahren sind die Nürnberger Gesetze erlassen worden. Stuttgarter Zeitung vom 15.9.1960.

Familie und Verbrechen. Gesundheitspolitik, H. 5, 1959. S. 285ff.

Auf der Flucht erschossen ... . Streit, Zeit, Schrift, H. 6, 1968. S. 93ff.

Fritz Bauer ist tot. (Auszüge aus einem privaten Briefwechsel) Gewerkschaftliche Monatshefte, H. 8, 1968. S. 490ff.

Gedanken zur Strafrechtsreform. Wie steht die SPD zum Entwurf der großen Strafrechtskommission? NG, H. 4, 1959. S. 281ff.

Zu zwei Gedichten. Streit, Zeit, Schrift, H. 6, 1968. S. 110ff.

Warum Gefängnisse? GuT, H. 6, 1949. S. 489ff.

Genocidium. In: Rudolf Sieverts (Hg.): Handwörterbuch der Kriminologie. Berlin 1965. S. 268ff.

Gespräche mit Fritz Bauer. Aufgezeichnet von Gerhard Zwerenz. Streit, Zeit, Schrift, H. 6, 1968. S. 89ff.

Die neue Gewalt. Die Notwendigkeit der Einführung eines Kontrollorgans in der Bundesrepublik Deutschland. München 1964.

Im Gleichschritt marsch? Widerstandspflicht aus Nächstenliebe. Diskus. Frankfurter Studentenzeitung, H. 10, 1961. S. 1f.

Eine Grenze hat Tyrannenmacht. GuT, H. 7, 1952. S. 194ff .

Grundgesetz und »Schmutz- und Schundgesetz«. JZ, H. 2, 1965. S. 41ff.

Herrschaft der Sachverständigen. FR vom 10.1.1963.

Ideal- oder Realkonkurrenz bei nationalsozialistischen Verbrechen. JZ, H. 20, 1967. S. 625ff.

Justiz als Symptom. In: Hans Werner Richter (Hg.): Bestandsaufnahme. Eine deutsche Bilanz 1962. Sechsunddreissig Beiträge deutscher Wissenschaftler, Schriftsteller und Publizisten. München, Wien, Basel 1962. S. 221ff.

Im Kampf um des Menschen Rechte. Vorgänge, H. 6, 1969. S. 205 ff. (zuerst in: Elga Kern (Hg.): Wegweiser in der Zeitwende. München, Basel, Wien 1955. S. 176ff.)

Die Kriegsverbrecher vor Gericht. Zürich 1945. (Neue Internationale Bibliothek, Bd. 3)

Von der Kriminalität der »weißen Kragen". Die Neue Rundschau, H. 2, 1966. S. 282ff.

Kriminologie des Völkermords. In: Peter Schneider, Hermann J. Meyer (Hg.): Rechtliche und politische Aspekte der NS-Verbrecherprozesse. Studium Generale der Johannes Gutenberg-Universität, WS 1966/67. Mainz 1968.

Kriminologie und Prophylaxe des Völkermords. RuP, H. 3, 1967. S. 67f.

Im Mainzer Kultusministerium gilt ein seltsames Geschichtsbild. FR vom 14.7.1962.

Im Labyrinth der Kriegsverbrecher-Prozesse. Die unklare Rechtslage ermöglicht widerspruchsvolle Entscheidungen. Stuttgarter Zeitung vom 7.3.1961.

Das Land der Kartelle. GuT, H. 1, 1952. S. 167ff.

Was ist Landesverrat? Der aus ideellen Gründen handelnde Täter trägt ein unberechenbares Risiko. Der Spiegel (Hamburg) vom 7.11.1962. S. 93ff. (Gekürzt auch in: FR vom 7.11.1962)

Das Lehrstück von Kain und Abel. Interview mit Generalstaatsanwalt Dr. Fritz Bauer. Frankenpost (Hof) vom 24.12.1964.

Wir aber wollen Male richten euch zum Gedächtnis. Dortmund 1961. (Dortmunder Vorträge, Bd. 46)

Ein kommunistisches Manifest von heute. Sozialistische Tribüne, H. 3, 1945. S. 9ff.

Der junge Mensch, das Recht und die Publizistik. NB, H. 4, 1959. S. 45ff.

Das Menschenbild im Strafrecht. NG, H. 5, 1956. S. 333ff.

Mörder unter uns. SdG, H. 22, 1958. S. 790ff.

Mythologisierung der »Pflicht«. Tribüne, H. 14, 1965. S. 1493f.

Nachwort. In: Hermann Schreiber: Die zehn Gebote – Der Mensch und sein Recht. Berlin, Darmstadt 1962. S. 383ff.

In unserem Namen. Justiz und Strafvollzug. In: Helmut Hammerschmidt (Hg.): Zwanzig Jahre danach. Eine deutsche Bilanz 1945-1965. Achtunddreissig Beiträge deutscher Wissenschaftler, Schriftsteller und Publizisten. München, Basel, Wien 1965. S. 301ff.

Im Namen des Unrechts. Stuttgarter Zeitung vom 19.4.1961.

Zu den Naziverbrecher-Prozessen. Interview mit Fritz Bauer. SdG, H. 18, 1963. S. 563ff.

Die »Ungesühnte Nazi-Justiz«. NG, H. 3, 1960. S. 179ff.

NS-Verbrechen vor deutschen Gerichten. Versuch einer Zwischenbilanz. Diskussion. Zeitschrift für Probleme der Gesellschaft und der deutsch-israelschen Beziehungen, H. 14, 1964. S. 4f.

Oster und das Widerstandsrecht. Eine juristische Betrachtung. Politische Studien, H. 15, 1964. S. 188ff.

Der Prozeß Jesu. Tribüne, H. 16, 1965. S. 1710ff.

Zu den Prozeßberichten von G.H. Mostar. Stuttgarter Zeitung vom 30.11.1951.

Vom Recht auf Widerstand. Das Vermächtnis des 20. Juli an die Justiz. Stuttgarter Zeitung vom 20.7.1962

Unser Recht ist preußisch-autoritär. Hamburger Echo vom 28.10.1959.

Vom Rechte, das mit uns geboren ist, von dem ist, leider nie die Frage. Kritische Bemerkungen zur Strafrechtsreform. Hörfunkfeature mit Fritz Bauer, Hessischer Rundfunk, 1966. (Gesendet am 9. 8.1966, Hessischer Rundfunk 1. Programm)

Rechtsradikalismus eine deutsche Krankheit? Vorwärts-Illustrierte, März-Heft, 1967. S. 8f.

Die Reformbedürftigkeit der Strafrechtsreform. München 1968. (Sonderreihe aus »gestern und heute«, Bd. 20)

Die Rückkehr in die Freiheit – Probleme der Resozialisierung. In: Burghard Freudenfeld (Hg.): Schuld und Sühne. München 1960. S. 139ff.

Schopenhauer und die Strafrechtsproblematik. In: Arthur Hübscher (Hg.): 49. Schopenhauer-Jahrbuch. Für das Jahr 1968. Frankfurt a. M. 1968. S. 13ff.

Die Schuld im Strafrecht. Vorgänge, H. 10, 1963. S. 297ff.

Die Schuld im Strafrecht. In: Club Voltaire. Jahrbuch für kritische Aufklärung I. Hg. v. Gerhard Szczesny. München 1963. S. 114ff.

Selbstreinigung klappt nicht. Interview. WdA, H. 13, 1962. S. 3.

Sexualtabus und Sexualethik im Spiegel des Strafgesetzes. In: Schuld und Sühne in der Bundesrepublik. Dokumentationen und Zeitgeschichtliche Beiträge. München 1967. S. 1ff. (Sonderreihe aus »gestern und heute«, Bd. 29)

Die SPD zum Strafvollzug. RuP, H. 1, 1966. S. 11ff.

Von Spitzbuben, Verbrechern und ehrenwerten Leuten. In: Werden. Jahrbuch für die deutschen Gewerkschaften. Köln 1959. S. 103ff.

Staat und Sexus. Bemerkungen zu J.C. Murray. FH, H. 1, 1963. S. 49ff. (Auch in: littera (Hg.): Literatur unterm Fallbeil: Jugendgefährdend? Frankfurt a.M. 1964. (littera, Bd. 3) S. 9ff.)

Straffälligkeit nach der Entlassung. Bewährungshilfe, H. 3, 1957. S. 180ff.

Vom kommenden Strafrecht. Karlsruhe 1969.

Ein modernes Strafrecht tut not. Die Problematik von Strafrecht und Strafvollzug bewegt heute noch wie vor Jahrzehnten die Menschen. Gewerkschafter, H. 8, 1959. S. 12f.

Das Strafrecht und das heutige Bild vom Menschen. In: Leonhard Reinisch (Hg.): Die deutsche Strafrechtsreform. München 1967. S. 11ff.

Strafrecht, Wertordnung und pluralistische Gesellschaft. In: Richard Schwarz (Hg.): Menschliche Existenz und moderne Welt. Ein internationales Symposium zum Selbstverständnis des heutigen Menschen Teil 1. Berlin 1967. S. 596ff. (Bildung/Kultur/Existenz, Bd. 2)

Streik und Strafrecht. Arbeit und Recht. Zeitschrift für Arbeitsrechtspraxis, H. 3, 1955. S. 65ff.

Politischer Streik und Strafrecht. JZ, H. 21, 1953. S. 649ff.

Auf der Suche nach dem Recht. Stuttgart 1966. (Das moderne Sachbuch, Bd. 53)

Gegen die Todesstrafe. SdG, H. 20, 1958. S. 726ff.

Wozu Todesstrafe? NB, H. 6, 1959. S. 81ff.

Ungehorsam und Widerstand in Geschichte und Gegenwart. Vorgänge, H. 8/9, 1968. S. 286ff.

Die »Ungesühnte Nazi-Justiz«. NG, H. 3, 1960. S. 179ff.

Das »gesetzliche Unrecht« des Nationalsozialismus und die deutsche Strafrechtspflege. In: Arthur Kaufmann (Hg.): Gedächtnisschrift für Gustav Radbruch. Göttingen 1968. S. 302ff.

Was ist »unzüchtig«? Vorgänge, H. 4/5, 1962. S. 8ff.

Diese Verbrechen einfach vergessen? Holzarbeiter-Zeitung, H. 2, 1965. S. 8f.

Das Verbrechen und die Gesellschaft. München, Basel, Wien 1957.

Lebendige Vergangenheit. Vorgänge, H. 7, 1963. S. 197ff.

Die Verjährung der nazistischen Massenverbrechen. Tribüne, H. 12, 1964. S. 1249ff. (Auch in: ÖTV (Hg.): Vergessen, vergeben, verjähren? Stuttgart 1965. S. 25ff.)

Die Verjährung nazistischer Mordtaten. Vorgänge, H. 2, 1965. S. 49.

Verjährung – Ja oder Nein. Stuttgarter Nachrichten vom 5.12.1964.

Vorwort. In: Arthur Weinberg, Fritz Bauer (Bearb.): Anwalt der Verdammten. Die bekanntesten Plädoyers von Clarence Darrow. Stuttgart 1963. S. 7ff.

Vorwort. In: Heinz Kraschutzki: Die Gerechtigkeitsmaschine. Karlsruhe 1970. S. 11ff.

Warum sind sie zurückgekehrt? Deutsche Post, H. 24, 1963. S. 657f.

Wertordnung und pluralistische Gesellschaft. In: Leonhard Reinisch (Hg.): Die deutsche Strafrechtsreform. München 1967. S. 24ff.

Widerstand als geschichtlicher Auftrag. Das Widerstandsrecht in unserer Geschichte. FuR, H. 10, 1965. S. 1ff.

Widerstand gegen die Staatsgewalt. Dokumente der Jahrhunderte. Frankfurt a. M., Hamburg 1965.

Widerstand heißt Verantwortlichkeit. In: Deutscher Gewerkschaftsbund (Hg.): Der 20. Juli. Düsseldorf 1956. (Fest und Feier, Schriftenreihe für Jugendarbeit, H. 6)

Die Widerstandsidee in Vergangenheit und Gegenwart. Gemeinschaft und Politik. Zeitschrift für Geopolitik, H. 9/10, 1965. S. 289ff.

Das Widerstandsrecht des kleinen Mannes. GuT, H. 1, 1962. S. 78ff.

Widerstandsrecht und Widerstandspflicht des Staatsbürgers. In: Martin Niemöller u.a.: Tempelreinigung. Frankfurt 1962. S. 41ff. (Auch in: Arthur Kaufmann (Hg.): Widerstandsrecht. Darmstadt 1972. (Wege der Forschung, Bd. CLXXIII) S. 482ff.)

Die Wiederaufnahme teilweise abgeschlossener Strafverfahren. JZ, H. 7/8, 1952. S. 209ff.

Nach der Wurzel des Bösen fragen. Die Tat, H. 10, 1964. S. 11.

Die Wurzeln faschistischen und nationalsozialistischen Handelns. Frankfurt a.M. 1965. (Sammlung »res novae«, Veröffentlichungen zu Politik, Wirtschaft, Soziologie und Geschichte, Bd. 43)

Jüdische Geschichte

Karl Erich Grözinger
JÜDISCHES DENKEN. THEOLOGIE – PHILOSOPHIE – MYSTIK
Band 1: Vom Gott Abrahams zum Gott des Aristoteles
2004 · 636 Seiten · ISBN 3-593-37512-5
Band 2: Von der mittelalterlichen Kabbala zum Chassidismus
2005 · Ca. 800 Seiten · ISBN 3-593-37513-3

Julia Schäfer
VERMESSEN – GEZEICHNET – VERLACHT
Judenbilder in populären Zeitschriften 1918-1933
2005 · 436 Seiten · ISBN 3-593-37745-4

Birgit Schreiber
VERSTECKT: JÜDISCHE KINDER IM NATIONALSOZIALISTISCHEN DEUTSCHLAND UND IHR LEBEN DANACH
Interpretationen biographischer Interviews
Band 3 · Biographie- und Lebensweltforschung
2005 · 456 Seiten · ISBN 3-593-37746-2

Bettina Bannasch, Almuth Hammer (Hg.)
VERBOT DER BILDER – GEBOT DER ERINNERUNG
Mediale Repräsentationen der Schoah
2004 · 420 Seiten · ISBN 3-593-37485-4